### 《列国志》编辑委员会

主　任　陈佳贵
副主任　黄浩涛　武　寅
委　员　（以姓氏笔画为序）
　　　　于　沛　王立强　王延中　王缉思
　　　　邢广程　江时学　孙士海　李正乐
　　　　李向阳　李静杰　杨　光　张　森
　　　　张蕴岭　周　弘　赵国忠　蒋立峰
　　　　温伯友　谢寿光
秘书长　王延中（兼）　谢寿光（兼）

中国社会科学院重大课题
国家"十五"重点出版项目

# 列国志

GUIDE TO THE WORLD STATES

中国社会科学院《列国志》编辑委员会

# 南非

● 杨立华 主编

社会科学文献出版社
SOCIAL SCIENCES ACADEMIC PRESS (CHINA)

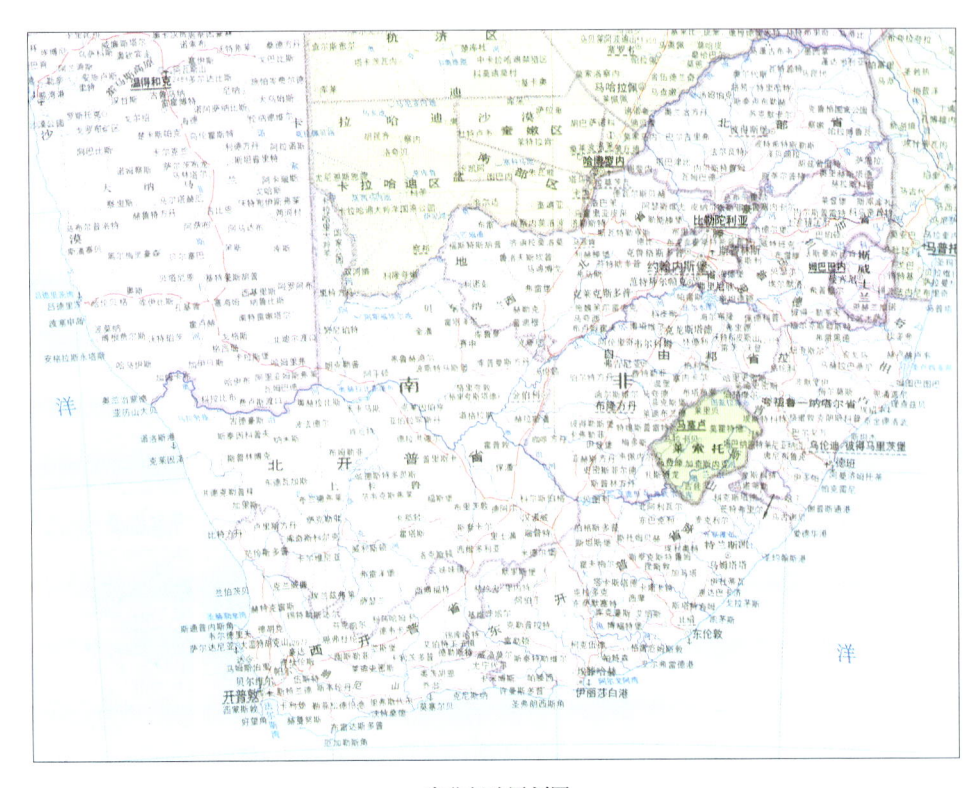

南非行政区划图

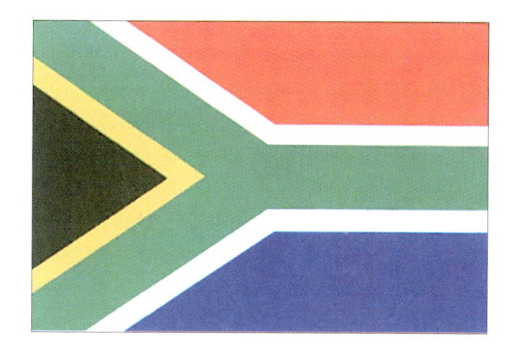

南非共和国国旗

南非共和国国徽

南非行政首都比勒陀利亚蓝花楹盛开的季节

南非立法首都开普敦

南非司法首都布隆方丹

南非政府大楼——联邦大厦
（魏翠萍　摄影）

南非约翰内斯堡的金矿

德班港

南非最大的黑人城镇索韦托

桌山与开普敦港湾

南非苏特兰的南半球最大的光学望远镜

南非西开普省葡萄种植农场

2004年非国大竞选集会
（魏翠萍摄影）

南非总统祖马与新婚妻子共舞

南非球迷

南非国花帝王花

南非野生动物瞪羚

南非野生动物园的斑马
（魏翠萍摄影）

# 前　　言

自 1840 年前后中国被迫开关、步入世界以来，对外国舆地政情的了解即应时而起。还在第一次鸦片战争期间，受林则徐之托，1842 年魏源编辑刊刻了近代中国首部介绍当时世界主要国家舆地政情的大型志书《海国图志》。林、魏之目的是为长期生活在闭关锁国之中、对外部世界知之甚少的国人"睁眼看世界"，提供一部基本的参考资料，尤其是让当时中国的各级统治者知道"天朝上国"之外的天地，学习西方的科学技术，"师夷之长技以制夷"。这部著作，在当时乃至其后相当长一段时间内，产生过巨大影响，对国人了解外部世界起到了积极的作用。

自那时起中国认识世界、融入世界的步伐就再也没有停止过。中华人民共和国成立以后，尤其是 1978 年改革开放以来，中国更以主动的自信自强的积极姿态，加速融入世界的步伐。与之相适应，不同时期先后出版过相当数量的不同层次的有关国际问题、列国政情、异域风俗等方面的著作，数量之多，可谓汗牛充栋。它们

对时人了解外部世界起到了积极的作用。

当今世界，资本与现代科技正以前所未有的速度与广度在国际间流动和传播，"全球化"浪潮席卷世界各地，极大地影响着世界历史进程，对中国的发展也产生极其深刻的影响。面临不同以往的"大变局"，中国已经并将继续以更开放的姿态、更快的步伐全面步入世界，迎接时代的挑战。不同的是，我们所面临的已不是林则徐、魏源时代要不要"睁眼看世界"、要不要"开放"问题，而是在新的历史条件下，在新的世界发展大势下，如何更好地步入世界，如何在融入世界的进程中更好地维护民族国家的主权与独立，积极参与国际事务，为维护世界和平，促进世界与人类共同发展做出贡献。这就要求我们对外部世界有比以往更深切、全面的了解，我们只有更全面、更深入地了解世界，才能在更高的层次上融入世界，也才能在融入世界的进程中不迷失方向，保持自我。

与此时代要求相比，已有的种种有关介绍、论述各国史地政情的著述，无论就规模还是内容来看，已远远不能适应我们了解外部世界的要求。人们期盼有更新、更系统、更权威的著作问世。

中国社会科学院作为国家哲学社会科学的最高研究机构和国际问题综合研究中心，有11个专门研究国际问题和外国问题的研究所，学科门类齐全，研究力量雄

# 前言

厚，有能力也有责任担当这一重任。早在20世纪90年代初，中国社会科学院的领导和中国社会科学出版社就提出编撰"简明国际百科全书"的设想。1993年3月11日，时任中国社会科学院院长的胡绳先生在科研局的一份报告上批示："我想，国际片各所可考虑出一套列国志，体例类似几年前出的《简明中国百科全书》，以一国（美、日、英、法等）或几个国家（北欧各国、印支各国）为一册，请考虑可行否。"

中国社会科学院科研局根据胡绳院长的批示，在调查研究的基础上，于1994年2月28日发出《关于编纂〈简明国际百科全书〉和〈列国志〉立项的通报》。《列国志》和《简明国际百科全书》一起被列为中国社会科学院重点项目。按照当时的计划，首先编写《简明国际百科全书》，待这一项目完成后，再着手编写《列国志》。

1998年，率先完成《简明国际百科全书》有关卷编写任务的研究所开始了《列国志》的编写工作。随后，其他研究所也陆续启动这一项目。为了保证《列国志》这套大型丛书的高质量，科研局和社会科学文献出版社于1999年1月27日召开国际学科片各研究所及世界历史研究所负责人会议，讨论了这套大型丛书的编写大纲及基本要求。根据会议精神，科研局随后印发了《关于〈列国志〉编写工作有关事项的通知》，陆续为启动项目

拨付研究经费。

为了加强对《列国志》项目编撰出版工作的组织协调，根据时任中国社会科学院院长的李铁映同志的提议，2002年8月，成立了由分管国际学科片的陈佳贵副院长为主任的《列国志》编辑委员会。编委会成员包括国际片各研究所、科研局、研究生院及社会科学文献出版社等部门的主要领导及有关同志。科研局和社会科学文献出版社组成《列国志》项目工作组，社会科学文献出版社成立了《列国志》工作室。同年，《列国志》项目被批准为中国社会科学院重大课题，国家新闻出版总署将《列国志》项目列入国家重点图书出版计划。

在《列国志》编辑委员会的领导下，《列国志》各承担单位尤其是各位学者加快了编撰进度。作为一项大型研究项目和大型丛书，编委会对《列国志》提出的基本要求是：资料详实、准确、最新，文笔流畅，学术性和可读性兼备。《列国志》之所以强调学术性，是因为这套丛书不是一般的"手册"、"概览"，而是在尽可能吸收前人成果的基础上，体现专家学者们的研究所得和个人见解。正因为如此，《列国志》在强调基本要求的同时，本着文责自负的原则，没有对各卷的具体内容及学术观点强行统一。应当指出，参加这一浩繁工程的，除了中国社会科学院的专业科研人员以外，还有院外的一些在该领域颇有研究的专家学者。

# 前言　South Africa

　　现在凝聚着数百位专家学者心血、约计200卷的《列国志》丛书，将陆续出版与广大读者见面。我们希望这样一套大型丛书，能为各级干部了解、认识当代世界各国及主要国际组织的情况，了解世界发展趋势，把握时代发展脉络，提供有益的帮助；希望它能成为我国外交外事工作者、国际经贸企业及日渐增多的广大出国公民和旅游者走向世界的忠实"向导"，引领其步入更广阔的世界；希望它在帮助中国人民认识世界的同时，也能够架起世界各国人民认识中国的一座"桥梁"，一座中国走向世界、世界走向中国的"桥梁"。

《列国志》编辑委员会
2003年6月

# CONTENTS

# 目　录

序　　言 / 1

## 第一章　国土与人民 / 1

第一节　自然地理 / 1
　　一　地理位置 / 1
　　二　行政区划 / 1
　　三　地形 / 4
　　四　河流 / 4
　　五　气候 / 6

第二节　自然资源 / 8
　　一　矿产 / 8
　　二　生物 / 10

第三节　居民与宗教 / 11
　　一　人口 / 11
　　二　民族 / 15
　　三　语言 / 27
　　四　宗教信仰 / 29

第四节　民俗与节日 / 32
　　一　民俗 / 32
　　二　公共节日 / 38

# CONTENTS

# 目 录

**第二章** 历　史 / 41

第一节　古代简史——殖民者入侵前的非洲人社会 / 41
　　一　人类发祥地之一 / 41
　　二　原住民族的社会形态 / 42
第二节　近代简史——欧洲殖民者对南非的
　　　　侵略和征服 / 52
　　一　开普殖民地时期 / 53
　　二　欧洲殖民者向北部扩张——殖民争夺和
　　　　对非洲人的征服 / 60
　　三　矿业的开发和南非的统一 / 64
第三节　现代简史——20世纪上半期 / 76
　　一　英属南非联邦时期 / 76
　　二　第二次世界大战期间种族主义政策的松动 / 82
　　三　20世纪上半期非洲人民族主义运动的
　　　　兴起和发展 / 83
第四节　当代简史——种族隔离制度走向极端 / 87
　　一　国民党推行种族隔离制度的背景 / 87
　　二　种族隔离制度的法律支柱 / 89
　　三　种族主义制度的镇压机器 / 98

# CONTENTS
# 目 录

第五节 当代简史——黑人的反抗和种族隔离
制度的衰败 / 103
  一 20世纪40年代黑人运动的革命性转折 / 104
  二 20世纪中期反对种族隔离法令的群众运动 / 107
  三 20世纪60年代从非暴力反抗到武装抵抗 / 111
  四 20世纪70年代黑人觉醒运动和群众运动的
    重新高涨 / 114
  五 20世纪80年代黑人解放运动的高潮 / 117
  六 白人统治的危机 / 121

第六节 20世纪90年代初期废除种族隔离制度的
政治变革 / 129
  一 从对抗到对话 / 129
  二 政治过渡阶段的矛盾变化和利益冲突 / 135
  三 分享权力的协议 / 148
  四 走向全民大选 / 153

第七节 著名人物（以出生先后为序）/ 155
  一 沙卡（Shaka, 1787~1828年）/ 155
  二 路易斯·博塔（Louis Botha, 1862~1919年）/ 156
  三 扬·史末资（Jan Christian Smuts,
    1870~1950年）/ 157

# CONTENTS
# 目 录

四 卢图利酋长（Chief Albert Luthuli, 1898~1967年）/ 158
五 优素福·达杜（Yusuf Dadoo, 1909~1983年）/ 159
六 奥利弗·坦博（Oliver Reginald Tambo, 1917~1993年）/ 161
七 纳尔逊·曼德拉（Nelson Mandela, 1918~  ）/ 163
八 罗伯特·索布克韦（Robert Mangaliso Sobukwe, 1924~1978年）/ 164
九 乔·斯洛沃（Joe Slovo, 1926~1995年）/ 165
十 曼戈苏图·布特莱齐酋长（Mangosuthu Buthelezi, 1928~  ）/ 167
十一 德斯蒙德·图图主教（Bishop Desmond Tutu, 1931~  ）/ 168
十二 弗雷德里克·威廉·德克勒克（F. W. De Klerk, 1936~  ）/ 169
十三 塔博·姆贝基（Thabo Mbeki, 1942~  ）/ 170
十四 史蒂夫·比科（Steve Biko, 1946~1977年）/ 171

## 第三章 政 治 / 173

第一节 宪法与政治制度 / 173
一 种族主义的宪法与政治制度 / 173

# CONTENTS
# 目 录

二 废除种族隔离制度的宪政革命 / 176
第二节 政权体制 / 183
　一 立法机构与立法程序 / 183
　二 行政机构与政府体制 / 189
　三 司法体制与司法机构 / 206
第三节 政党与团体 / 221
　一 政党 / 222
　二 非营利组织 / 235

## 第四章　经　济 / 236

第一节 经济发展综述 / 236
　一 概况 / 236
　二 政治过渡期保持宏观经济稳定 / 237
　三 黑人经济地位的提高 / 241
　四 新兴产业成为经济增长点 / 243
　五 固定资产投资走势渐强 / 245
第二节 农业 / 247
　一 农业经济现状 / 247
　二 农产品 / 250
　三 农业政策 / 261

# CONTENTS
# 目 录

第三节 矿业／265

　　一 矿产资源与矿业开发／265

　　二 矿业在经济中的地位／268

　　三 主要矿业部门／271

　　四 矿业改革／280

第四节 能源工业／281

　　一 概况／281

　　二 煤炭／282

　　三 电力／283

　　四 液体和气体能源／285

　　五 其他能源／286

　　六 能源有效利用战略／286

第五节 制造业／287

　　一 概况／287

　　二 冶金工业／291

　　三 化学工业／293

　　四 汽车工业／293

　　五 通信和电子产业／294

　　六 纺织服装业／295

第六节 交通与通信／298

# CONTENTS

# 目 录

　　一　概况／298

　　二　铁路运输／299

　　三　公路运输／302

　　四　水运与港口／303

　　五　输油管线／305

　　六　航空／307

　　七　通信业／309

第七节　商业／311

　　一　商业发展历程／311

　　二　商业现状／314

　　三　商业组织／318

第八节　财政与金融／320

　　一　财政／320

　　二　金融／329

第九节　对外经济关系／338

　　一　对外贸易／339

　　二　黄金和外汇储备／345

　　三　外资和外债／348

　　四　国际经济关系／349

第十节　旅游业／353

# CONTENTS

# 目 录

  一　旅游资源 / 353

  二　旅游产业政策 / 358

  三　旅游业发展状况 / 359

第十一节　国民生活 / 363

  一　社会发展政策 / 363

  二　就业、收入 / 365

  三　社会福利 / 375

  四　住房 / 379

## 第五章　军　事 / 382

第一节　建军简史 / 382

  一　南非军队的建立和英国的影响
   （1910~1948年）/ 382

  二　南非军队的阿非里卡人化和现代化
   （1948年~20世纪70年代早期）/ 384

  三　"全面战争"中的南非军队
   （20世纪70年代早期~80年代晚期）/ 388

  四　南非军队的转型（1994年以后）/ 393

第二节　国防和军队体制 / 400

  一　国防体制 / 400

# CONTENTS

# 目 录

二 国防开支 / 401

三 兵役制度与军阶 / 403

第三节 军种、装备 / 404

一 陆军 / 405

二 海军 / 406

三 空军 / 408

第四节 军事工业 / 411

一 军事工业的起步

（二战期间至 20 世纪 60 年代初）/ 411

二 军事工业实现自给并获得发展

（20 世纪 60 年代初~80 年代）/ 412

三 军事工业的重组（20 世纪 90 年代至今）/ 414

第五节 对外军事关系 / 416

一 同英、美的军事关系 / 416

二 同以色列的军事关系 / 420

三 同非洲国家的军事关系 / 425

## 第六章 教育、科学、文艺、卫生、体育 / 429

第一节 教育 / 429

一 教育立法 / 429

# CONTENTS
# 目 录

二　种族隔离时期的教育状况／430

三　新政府的教育政策和教育改革／433

四　教育结构／437

第二节　科学技术／445

一　科技体系／445

二　科技政策／448

三　重大科技战略、计划和项目／450

四　科技优势／452

五　重大科技成果／454

六　对外科技合作／454

第三节　文艺／457

一　文学／457

二　戏剧、电影／466

三　音乐、舞蹈／468

四　美术／469

五　博物馆、纪念馆／470

第四节　医疗卫生／473

一　医疗卫生体制概况／473

二　医疗卫生立法和政策／474

三　医疗卫生管理部门／475

# CONTENTS

# 目 录

  四 医疗保健种类 / 477
  五 医疗卫生人力资源 / 479
  六 医疗机构 / 482
  七 南非常见的疾病和防治 / 483
 第五节 体育 / 485
  一 体育事业发展简要回顾 / 485
  二 主要体育立法 / 487
  三 体育机构和组织 / 488
  四 传统体育强项及竞技水平 / 488
  五 发展体育和娱乐业的计划 / 489

## 第七章 对外关系 / 492

 第一节 对外关系概况 / 492
  一 种族隔离时期 / 492
  二 政治过渡阶段 / 503
  三 新南非的外交 / 507
 第二节 同非洲国家的关系 / 517
  一 融入非洲 / 517
  二 与非洲国家的经济关系 / 522
  三 南非与南部非洲一体化进程 / 527

# CONTENTS

# 目 录

第三节　同欧洲国家及欧盟的关系 / 531

　一　与英国的关系 / 531

　二　与德国的关系 / 539

　三　与法国的关系 / 543

　四　与西欧其他国家的关系 / 546

　五　与欧盟的关系 / 549

第四节　同美国的关系 / 553

　一　种族隔离时期南非与美国的关系 / 553

　二　新南非与美国的关系 / 561

第五节　同苏联/俄罗斯的关系 / 568

　一　与苏联的关系 / 569

　二　与俄罗斯的关系 / 575

第六节　同中国的关系 / 581

　一　历史纽带 / 582

　二　两国正式建交 / 587

　三　双边关系的发展 / 589

　四　国际领域的合作 / 595

第七节　多边外交 / 598

　一　南非与联合国 / 599

　二　南非与英联邦 / 604

# CONTENTS

# 目　录

　　三　南非与不结盟运动 / 605
　　四　南非与南北对话 / 606
　　五　南非与南南合作 / 606

**参考文献** / 608
　　一　外文参考文献 / 608
　　二　中文参考书目 / 616
　　三　相关网站 / 617
　　四　报刊 / 618

# 序　言

南非共和国位于非洲大陆的南端，国土面积为121.9万平方公里，相当于其前宗主国英国的5倍，大于英国、法国和德国面积的总和，在非洲国家中领土面积列第10位。在这片土地上，蕴藏着世界上多种重要矿藏，其中铂、铬、钒的储量居世界首位。19世纪后半叶，钻石的发现和采掘拉开了南非矿业繁荣的序幕。随后黄金矿业兴起，南非在一个半世纪以来是世界最大的黄金和铂生产国。同时，南非建立起门类比较齐全的制造业、现代化农业，拥有相当完备的金融体系和基础设施。发达的矿业和相关工业，把南非与世界经济联系在一起，这是南非长期受到世界（特别是西方世界）关注的基本原因。

南非被世界瞩目的另外一个原因是它的种族主义制度。南非在欧洲列强的殖民争夺当中，是形成白人移民社团最大的非洲国家。除了宜人的气候和战略地位之外，矿业带来的无尽财富，使得大量欧洲移民定居南非，并由此带来了残酷的殖民战争和罪恶的种族主义制度。在旧制度下，占南非人口10%左右的白人获取了80%以上的土地和财富；而以纳尔逊·曼德拉和图图主教为代表的非洲人直到1994年才获得南非公民权和投票权，占人口90%的"非白人"才得到平等发展的权利。试想一下，要维持如此反人道的统治，白人种族主义政权需要建立怎样的镇压机器，而南非各族黑人经历了怎样的苦难和不懈的奋斗才获得了自

由。南非人民反对种族隔离制度的斗争,被看做是人类的共同事业,得到世界正义力量的同情和支持。

任何社会的发展都不可能长期违背绝大多数人民的意志。南非白人种族主义政权虽然拥有经济实力和镇压手段,但是到20世纪80年代后期,南非社会经济的发展和黑人反抗运动的壮大,使得种族隔离制度难以维持,白人种族主义政权陷入政治、经济困境。但是黑人反抗运动对白人种族主义政权的压力,能够迫和,而不足以迫降。因此,通过谈判解决南非的种族冲突,成为对立双方的明智选择。

长达三个半世纪的白人种族主义统治于1994年终结。南非成功实现了政治变革,保持了经济、社会的稳定过渡,新南非种族平等的民主制度得到世界的赞赏,被国际社会誉为奇迹。当前,种族、民族冲突仍然是世界性的难题。因此,南非探索的多种族社会共存与和解的道路,具有普遍的意义,对人类社会发展是有价值的贡献。

本书从南非的历史写到今天,希望向读者全面介绍南非的自然、历史、政治、经济、军事、社会和对外关系,同时着重阐述了新南非的宪政改革、经济政策和发展潜力及其在非洲和国际舞台上的地位和作用。这是为了适应中国与新南非合作关系日益发展的需要。为此,书中提供了翔实的资料和线索,为读者和研究者进一步了解南非提供参考。

本书由中国社会科学院西亚非洲研究所杨立华研究员主编,参与撰写工作的人员还包括:长期研究南非或多年在中国驻南非大使馆工作的罗毅、杜小林、刘重义等专家,从事国际科技领域编译工作的资深翻译王为,中国社会科学院西亚非洲研究所贺文萍研究员,以及本所以南非为研究方向的博士生徐国庆。

各章编写者如下:

第一章　杨立华、杜小林(第四节之一　民俗)

# 序言

第二章　杨立华
第三章　杨立华
第四章　杨立华
第五章　徐国庆
第六章　罗　毅（第一节、第四节）
　　　　王　为（第二节）
　　　　刘重义（第三节）
　　　　杜小林（第五节）
第七章　杨立华、贺文萍（第五节之一　与苏联的关系）

　　本书的完成，得到中国社会科学院《列国志》重大课题的支持和西亚非洲研究所《列国志》编审组的指导。书稿审定过程中，中国现代国际关系研究院南非问题专家曾强研究员花费了大量心血，提出了宝贵的修订意见；中国社会科学院西亚非洲研究所温伯友研究员对修订稿进行了全面的核对。对他们的贡献表示诚挚的感谢。同时还要感谢中国社会科学院西亚非洲研究所图书资料室的同事们给予作者的热心帮助。本书的出版得到社会科学文献出版社人文科学图书事业部的有力支持，对他们的热忱和严谨表示敬意并致谢。

　　对书中的不足，欢迎读者指正。

本书作者<br>2008 年仲夏

# 第一章

# 国土与人民

## 第一节 自然地理

一 地理位置

南非共和国位于非洲大陆南端,在南纬22度至35度、东经17度至33度之间,面积为121.9万平方公里。东南西三面为印度洋和大西洋所环绕,两大洋交汇于好望角附近的海域,海岸线长约3000公里。陆地边界从西北到东南与纳米比亚、博茨瓦纳、津巴布韦、莫桑比克和斯威士兰接壤;另一邻国莱索托被南非领土所围绕。距开普敦市东南1920海里的大西洋中的王子岛和马里恩岛,1947年被南非兼并。[①]

二 行政区划

南非是单一制共和国,行政首都(中央政府所在地)为比勒陀利亚/茨瓦内,立法首都(议会所在地)为开普敦,司法首都(最高法院所在地)为布隆方丹。

---

① *South Africa Yearbook 2003/2004*, p.8.

# 南非

在种族主义制度之下,南非分为白人的4个行政省和10个"黑人家园"。4个省是开普省、纳塔尔省、德兰士瓦省和奥兰治自由邦;10个"黑人家园"为博普塔茨瓦纳、西斯凯、加赞库鲁、夸恩德贝莱、坎瓜内、夸祖鲁、莱伯瓦、夸夸、特兰斯凯和文达。"白人南非"占南非领土面积的87%,而"黑人家园"只有南非领土面积的13%。

1994年废除种族隔离制度,建立种族平等的新体制之后,根据南非宪法(1996年),全国划分为9个省。从西南到东北,它们依次是西开普省、东开普省、夸祖鲁/纳塔尔省、北开普省、自由邦、西北省、豪廷省、姆普马兰加省和林波波省。各省有立法、任免公务人员的权力,负责本省经济、财政和税收等事务。每个省有自己的立法机构、省长和行政管理机构。各省有独特的地貌、植被和气候。

表1-1 南非各省面积、人口、省会

单位:%

| 省 别 | 占全国面积 | 占全国总人口 | 省 会 |
| --- | --- | --- | --- |
| 西开普省 | 10.6 | 10.09 | 开普敦(Cape Town) |
| 东开普省 | 13.9 | 14.36 | 比绍(Bisho) |
| 夸祖鲁/纳塔尔省 | 7.6 | 21.03 | 彼得马里茨堡/乌伦迪(Pietermaritzburg/Ulundi) |
| 北开普省 | 29.7 | 1.84 | 金伯利(Kimberley) |
| 自由邦 | 10.6 | 6.17 | 布隆方丹(Bloemfontein) |
| 西北省 | 9.5 | 8.19 | 马弗京(Mafikeng) |
| 豪廷省 | 1.4 | 19.62 | 约翰内斯堡(Johannesburg) |
| 姆普马兰加省 | 6.5 | 6.97 | 内尔斯普雷特(Nelspruit) |
| 林波波省* | 10.2 | 11.77 | 波罗克瓦尼(Polokwane) |

资料来源:*South Africa Yearbook 2003/2004*。

\* 2002年6月,北方省改名为林波波省。

新体制建立后，以前的 10 个"黑人家园"分别划归 9 个行政省。各省之间经济发展不平衡，处于中心地带的豪廷省占国土面积的 1.4%，但 1994 年的产值占国内生产总值近 37.73%；经济规模占第二、三位的夸祖鲁/纳塔尔省和西开普省，1994 年的产值分别占国内生产总值的 14.89% 和 14.08%；其余各省的产值占国内生产总值的比重均在 10% 以下。原"黑人家园"所在省份，经济普遍较落后。

表 1-2  南非 9 省占国民经济比例

单位：%

| 省份 \ 项目 | 1994 年占 GDP | 2003 年占 GDP |
| --- | --- | --- |
| 西开普省 | 14.08 | 14.5 |
| 东开普省 | 7.59 | 8.1 |
| 夸祖鲁/纳塔尔省 | 14.89 | 16.5 |
| 北开普省 | 2.09 | 2.4 |
| 自由邦 | 6.19 | 5.5 |
| 西北省 | 5.56 | 6.5 |
| 豪廷省 | 37.73 | 33.0 |
| 姆普马兰加省 | 8.15 | 7.0 |
| 林波波省（原北方省） | 3.70 | 6.5 |

资料来源：1994 年 GDP 根据 *South Africa Yearbook 1997*, pp.4-19 编制。2003 年 GDP 来自南非国家统计署 2004 年 11 月 30 日公布的统计公报（*Statistics South Africa*, p.19）。

根据 1998 年地方政府市政机构法（the Local Government: Municipal Structures Act）规定的行政区划原则，废除南非原有的 843 个市政单位，全国地方行政单位整合为 284 个，包括 6 个大都市、231 个地方委员会和 47 个地区委员会。

6个大都市包括：茨瓦内（Tshwane，行政首都比勒陀利亚及周围地区）、约翰内斯堡（Johannesburg）、埃库尔呼来尼（Ekurhuleni，建立于 2000 年，包括原东兰德地区的 9 个城镇）、埃特科威尼（Ethekwini，建立于 2000 年，包括德班市及周围地区）、开普敦（Cape Town）、纳尔逊·曼德拉市（Nelson Mandela，原伊丽莎白港）。①

三　地形

南非地表主要有两种地文类型：内陆高原、高原与沿海之间的平原地带。南非高原是北起撒哈拉的非洲高原向南延伸的终端。纵贯撒哈拉以南非洲的高原是由中生代和第三纪隆起的古老岩石为基底，其上是后来形成的沉积矿床。南非高原包括两大区域，即内陆的卡拉哈里盆地南端（海拔 600~1200 米）及其外缘的高地（海拔平均在 1200 米）。高原的东侧外缘是陡峭的德拉肯斯山脉，海拔最低处约为 1500 米；山脉最高处位于山脉的纳塔尔段，海拔为 3482 米。德拉肯斯山脉与海岸线之间是狭长的沿海平原，东南沿海平原宽度在 80 公里至 240 公里之间，西南部为开普山脉及坡地和沿海褶皱带，西部沿海平原宽度仅为 60~80 公里。②

四　河流

由于周期性干旱，南非只有 1/4 地区的河流全年有水，主要在开普半岛南部和西南部以及东部沿海山区。另外 1/4 地区的河流在旱季无水。而西部内陆广大地区的河流只在

---

① *South Africa Yearbook 2003/2004*, Chapter 12 Government.
② *South Africa Official Yearbook 1989/1990*, pp. 6–7; *South Africa Official Yearbook 1997*, p. 2.

第一章　国土与人民

雨季见水，其余时间河床干枯，有的河流枯水期曾达到6个月。

南非境内的主要河流有两条，林波波河（The Limpopo River）与奥兰治河（The Orange River）。北部的林波波河是南非的第二大河。该河发源于南非与博茨瓦纳东部边界的马迪科威自然保护区（Madikwe Game Reserve）附近的鳄鱼河，向东北方向流经南非与博茨瓦纳、津巴布韦的边界，在南非、津巴布韦和莫桑比克3国交界处流入莫桑比克，然后汇入印度洋。林波波河全长1680公里，流域面积38.5万平方公里。该河多险滩，不利航运。

奥兰治河是南非最长的河流，发源于德拉肯斯山脉的莱索托高原。莱索托境内河段称为辛古河（Senqu），进入南非境内称为奥兰治河。该河由东向西横贯南非，全长约2250公里[1]，是非洲第六大河。[2] 上游流经熔岩、石灰岩和泥岩区，致使河水多泥沙。在北阿利瓦尔附近，河流侵蚀形成宽约48公里、深305米以上的河谷。在普利斯卡进入中游，阿平顿以下河流分为很多岔流，中间有一些河间岛，河面最宽处达6.4公里。下游自奥赫拉比斯瀑布向西，流经与纳米比亚的边界，在亚历山大湾汇入大西洋。河口宽约4公里，多为沙洲。奥兰治河流域上游地区雨量充沛，在瓦尔河河口以上地区，年降雨量达1500~2000毫米。河流径流量也很丰富，在普里斯卡附近年径流量达678425立方米。瓦尔河河口以下为干旱地区，年降雨量仅为50~200毫米，河水补给量也相应减少。由于水位季节性变化大，水量不稳定，多瀑布险滩，河床、河口泥沙沉积，不能通航[3]，但是具有丰富的水电资源。奥兰治河流域面积超过97.3万平方公里（包括其

---

[1] *South Africa Official Yearbook 1978*, p. 18.
[2] Globalgeografia.com.
[3] 《简明不列颠百科全书》第1卷，第355页。

# 南非

最大的支流瓦尔河）。

瓦尔河发源于德拉肯斯山脉东北段布莱登附近，向西流经约翰内斯堡以南豪廷省与自由邦交界区域，然后流向西南，在北开普省道格拉斯附近（金伯利市以西）汇入奥兰治河，全长1210公里。源头海拔1829米，河口海拔1067米。该河基本上是一条高原河流，河床很浅，不通航。左岸主要支流有克勒普河、沃尔赫河、法尔斯河等；右岸有斯洪斯普勒伊奇河和哈茨河。瓦尔水库发挥调节瓦尔河流量的作用，瓦尔水坝的发电量占南非水力发电总量的80%。[1]

穿越东部高原山脉的河流，虽不能用于航运，但提供了丰富的水电资源和旅游资源。

其他源于内陆高原的较小河流多切过"大断崖"注入印度洋，少数向西流入大西洋。主要有：自由邦与北方4省交界的法尔河（The Vaal），夸祖鲁/纳塔尔省的图盖拉河（The Tugela），东开普省的森迪斯河（The Sundays）和大鱼河（The Great Fish），西开普省的奥利凡茨河（The Olifants），林波波省的莱塔巴河（The Letaba）及自由邦东部的卡利登河（The Caledon）等。这些河流的中上游建有不少水库，提供工农业用水和电力。[2]

地下水是南非许多地区全年供水的可靠来源，年采地下水量为22亿立方米。

## 五 气候

南非位于南纬22度至35度的半沙漠和沙漠地带，全国2/3以上的国土气候干旱。干旱为周期性灾害，影响

---

[1] 《简明不列颠百科全书》第8卷，第81页。
[2] 南非故事 http://cooltang.com/sa/。

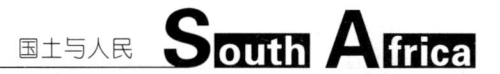

全国半数地区。内陆中部地区，特别是中部草原和大卡鲁高原干旱严重。

南非气候多样，东北部沿海是亚热带气候，西南部开普平原为地中海型气候，东部高山有降雪的冬天，西北部沙漠干旱炎热，东西温差大于南北温差。南非从南到北虽然有13个纬度的差别，但是由于东北部地势逐渐升高，北部与南部的温度差别不大。南非三面环海，对调节气候有一定作用，与同纬度的国家相比气温较低；而三面环海对其气候有重要影响。从赤道向南流动的莫桑比克暖流冲刷着南非的东海岸，从南极洲向北流动的本格拉寒流经过南非的西海岸[①]，加上两洋交汇海域洋流，影响着南非次大陆的气候，造成东西海岸气温相差很大，东西温差约为摄氏6度，南北温差约为摄氏0.5度左右。南非的夏季在10月至次年3月间，夜间气温平均为15摄氏度，午间最高温度可达35摄氏度；冬季为4月至9月，气温在0摄氏度上下至20摄氏度之间。虽然地区气候有差别，但是南非全境一般气候温和，西南和南部沿海地带经常出现大风。

表1-3 南非主要城市季节平均气温

单位：摄氏度

| 城　　市 | 夏　季 | 冬　季 |
| --- | --- | --- |
| 开普敦 | 20 | 12.6 |
| 德　班 | 23.6 | 17 |
| 约翰内斯堡 | 19.4 | 11.1 |
| 比勒陀利亚 | 22.4 | 12.9 |

资料来源：Lew Leppan, *The South African Book of Records*. Cape Town: Don Nelson, 1999。转引自南非官方网站 South Africa. info, the Official Gateway。

---

① http://www.southafrica.net/.

# 南非

南非日照充足，而降雨量小，全国年均降雨量为 464 毫米，大大低于世界平均 860 毫米的降雨量。南非东部和南部沿海地区年均降雨量为 2000 毫米，但全国有 20% 的地区年均降雨量在 200 毫米以下，48% 的地区年均降雨量在 200 毫米至 600 毫米之间，只有 30% 地区年均降雨量高于 600 毫米。南非全国 65% 的地区年降雨量少于 500 毫米，即低于旱地农业所需要的最小降雨量。南非缺少具有航运价值的河流或湖泊，由于周期性干旱，西部很多河流只在雨季见水。多样的气候为南非的农业生产提供了有利的条件。[①]

## 第二节 自然资源

### 一 矿产

南非的地下矿藏极其丰富，蕴藏于多样的地质结构之中。

韦特沃特斯兰德盆地，有世界储量最丰富的金矿带，南非 98% 的黄金产自这个地区。过去一个世纪中，世界黄金产量的 47% 左右产自南非。

在姆普马兰加省、林波波省和西北省，从东到西有一个方圆 5 万平方公里的浅碟形地质构造，蕴藏着世界上很大一部分重要矿物，包括铂和铂类金属、铬、钒、镍、莹石和硅酸盐。

西开普省西北部有世界储量最大的锰矿。

金伯利一带有世界著名的钻石矿，产量居世界前列。

南非的煤炭储量也很丰富，产量居世界第 6 位，主要分布在

---

① *South Africa Yearbook 2003/2004.*

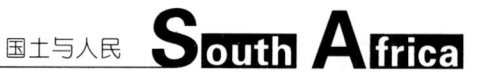

夸祖鲁/纳塔尔省、姆普马兰加省和林波波省。[1] 磷酸铜、钛、铁矿和蛭石、锆石矿主要蕴藏于林波波省的火成岩复合地带。

南非多种矿物的蕴藏量居世界前列，世界排名首位的矿藏包括：锰、铬、铂类矿物、黄金、钒、铝硅酸盐、蛭石。[2]

表1-4 南非矿产储量（2004年）

| 矿 品 | 单位 | 储量 | 占世界(%) | 世界排名 |
| --- | --- | --- | --- | --- |
| 铂族金属 | 公斤 | 70000 | 87.7 | 1 |
| 锰矿石 | 千吨 | 4000 | 80 | 1 |
| 铬矿石 | 百万吨 | 5500 | 72.4 | 1 |
| 钒 | 千吨 | 12000 | 44.4 | 1 |
| 黄金 | 吨 | 36000 | 40 | 1 |
| 蛭石 | 千吨 | 14 | 40 | 1 |
| 铝硅酸盐 | 千吨 | 50 | 37 | 1 |
| 钛金属 | 千吨 | 244 | 29 | 2 |
| 锆 | 千吨 | 14 | 19.4 | 2 |
| 萤石 | 百万吨 | 80 | 17 | 2 |
| 锑 | 吨 | 250 | 6.4 | 3 |
| 磷酸盐岩 | 千吨 | 25000 | 5 | — |
| 铀 | 吨 | 298 | 1.0 | 4 |
| 锌 | 千吨 | 15 | 3.3 | 6 |
| 煤炭 | 十亿吨 | 33.8 | 3.6 | 7 |
| 铅 | 百万吨 | 3 | 2.1 | 7 |
| 银 | 吨 | 10 | 1.8 | 9 |
| 铁矿石 | 百万吨 | 1500 | 0.9 | 9 |
| 铜 | 千吨 | 13 | 1.4 | 14 |

资料来源：South Africa Yearbook 2005/2006。

---

[1] South Africa Official Yearbook 1989/1990, pp. 317 - 323.
[2] South Africa Yearbook 2003/2004.

## 二 生 物

南非是生物多样性水平最高的国家之一，排名世界第3。该国的自然遗产极其丰富，在世界所占比例惊人。南非生物多样性的重要原因是它具有多样的气候，包括热带地中海型和温带气候，适宜生物的繁衍。

### （一）植物

南非国土的最大部分是草原。高原草地的植物主要是各种草类、低矮灌木以及金合欢属植物（主要是骆驼荆棘和白荆棘）。西北部由于降雨量少，植被逐渐稀疏。而在干热的纳马夸兰（Namqualand）地区有种类众多的储水多汁植物，比如芦荟属和大戟属植物。在南非东北部，草地和热带草原生长着茂密的灌木丛。这个地区有著名的猴面包树，生长在克鲁格国家公园地区。

南非有2万多种不同的植物，大约占全球植物种类的1/10，其中约8000种集中在西开普省。南非境内发现有1800种维管植物，其中80%为世界独有。根据《保护和可持续利用南非生物多样性白皮书》（1997年），南非是世界上在本国范围内有一个包含所有植物种类园区的6个国家之一。开普角植物园区（Cape Floral Kingdom）是世界六大主要植物群之一，主要包括针状坚叶常青植物。园区中有极其丰富的绚丽多彩的开花类植物，居于首位的是南非的国花Proteas（以希腊海神Proteas命名的），它包括130多种不同的类型。开普角植物园区拥有世界上类似气候或热带地区已知物种最多样和密集的园区。南非还有其他具有世界性保护意义的密集生物，比如，世界上1/3的多汁类植物种类发现于南非。按照生物统计学，南非共有8个陆生植物聚集群，分为70个草科类型。

尽管南非植物种类丰富，但是它的森林覆盖面积只占国土面积的10%，其中大部分集中在潮湿的印度洋沿岸的平原地区和相邻山脉的坡地之上。树木种类主要是栽植的外来树种，例如桉树类和松树类。当地的原始雨林由于经济价值低，被早期的白人农场主大量毁灭而几近灭绝，只剩下少量的零星雨林。目前，南非的硬木类树种，如黄木、臭木和铁木类树木受到最严格的保护。

（二） 动物

南非的动物种类很丰富，拥有世界上5.8%的哺乳类动物物种，16%的海洋鱼类物种，以及5.5%已经分类的昆虫类物种。以数量计算，在南非发现的哺乳类动物、鸟类、爬行类和两栖类动物占世界第26位，占非洲第5位。南非著名的五大野兽是狮子、豹、大象、野牛和犀牛。

南非海洋生物的多样性，部分原因是其东西海岸海流的巨大差异。西海岸的本格拉冷流和东海岸的厄加勒斯暖流汇集的海域，成为世界上异源海洋生物最多的地区之一。南非沿海发现的植物和动物超过1万种，约占世界范围已知沿海物种的15%。南非水域有3700种海洋物种是世界其他地区未发现的。[①]

南非有世界著名的野生动物园和自然保护区，成为旅游业取之不尽的资源。

## 第三节　居民与宗教

### 一　人口

南非是一个多种族、多民族国家。宜人的气候和丰富的资源，使南非成为非洲大陆白人移民最多的国家。随着白人殖民者的进入，南非出现了混血种人，并输进亚洲劳工，

---

① *White Paper on the Conservation and Sustainable Use of South Africa's Biological Diversity*, May 1997, Draft for Discussion, South Africa Department of Environmental Affairs and Tourism.

## 南非

但是人口的绝大多数仍是当地的土著——非洲人。

据南部非洲发展银行的数字,1991年南非总人口为3891.5万,其中非洲人2910.8万,占74.8%;"有色人"(混血种人)330.78万,占8.5%;亚洲裔人101.18万(包括约2万华人),占2.6%;白人548.7万,占14.1%。[①] 南非的人口密度为平均每平方公里31人;但是在种族隔离制度下划归为"土著人保留地"的"黑人家园"地区,人口密度为平均每平方公里45人,有些地区高达70人。

1994年南非结束种族隔离制度,建立民族平等的新制度以来,先后在1996年和2001年进行过两次人口普查,为纠正南非旧制度在资源和发展机会方面的种族歧视,实现社会的平衡发展提供了依据。

1996年人口统计结果,南非总人口在1996年10月10日午夜为40583573人。其中非洲人占77.4%,为31127631人;白种人(欧洲移民后裔)占人口的12.2%,为4434697人;"有色人"(即混血种人)占人口的8%,为3600446人;亚洲裔人占人口的2.4%,为1045596人,其中除2万左右华裔人外,其余基本上是印度人后裔。

2001年的人口统计同样是以当年10月10日午夜为准,统计结果在2003年7月公布。2001年南非人口为44819778人,比1996年增加430万人,年均人口增长率为2%。其中男性21685415人,女性23662839人。人口中79%登记为非洲人,9.6%登记为白人,8.9%登记为有色人,2.5%登记为印度人或其他亚洲裔人。[②]

南非人口的城市化程度在非洲为最高,但各种族人口的比例不同。根据南非1992年官方年鉴的数字,南非白人中的城市人

---

[①] *South Africa Foundation*, *South Africa 1993*, p.10.
[②] *Policy and Law Online News* 09 July 2003, http://www.polity.org.za.

口占90%，亚洲裔人中的城市人口占93%，"有色人"（混血种人）中的城市人口占82%，非洲人中的城市人口占53.79%，城市人口占全国人口的70%。①。但是1992年官方年鉴的数字并没有包括4个所谓独立的"黑人家园"。根据2001年南非人口统计的数字，南非的城市化总水平为56.26%。各族群中城市化比例最高的为印度裔人和其他亚洲裔人，达到97.49%；其次是白人，为89.87%；有色人当中城市化比例为86.78%；非洲人（黑人）的城市化比例最低，仅为47.47%。②

表1-5 南非人口城市化一览表（2001年）

| 族群 | 总人口 | 城市人口 | 农村人口 | 城市化比例(%) |
|---|---|---|---|---|
| 黑人 | 35433492 | 16820234 | 18613258 | 47.47 |
| 有色人 | 3987419 | 3460376 | 527043 | 86.78 |
| 印度人/亚洲裔人 | 1113183 | 1085279 | 27904 | 97.49 |
| 白人 | 4285683 | 3851681 | 434002 | 89.87 |
| 总计 | 44819777 | 25217571 | 19602206 | 56.26 |

资料来源："Migration and Urbanisation in South Africa", Statistics South Africa 2006, Report no. 03-04-02 (2006). Table 4: Adjusted 2001 urbanisation level。

根据2001年人口统计，南非人口的年龄结构为：14岁以下人口占32.05%；15~64岁人口（经济活跃人口）占63%；65岁以上人口占4.94%。

按照2001人口统计数据计算，南非各省当中，以夸祖鲁/纳塔尔省人口最多，占全国总人口的21.03%。工业金融中心地带的豪廷省居第2，占19.72%。科萨人集中的东开普省居第3，占14.36%。其他各省占全国总人口比例分别为：林波波省占11.77%，

---

① *South Africa Official Yearbook 1992*, p.24.
② "Migration and Urbanisation in South Africa", *Statistics South Africa 2006.*

表 1-6 南非人口的种族与年龄结构

| 年龄组 | 非洲黑人 | 有色人 | 印度人/亚洲裔人 | 白 人 | 年龄组总人数 |
| --- | --- | --- | --- | --- | --- |
| 0~4 | 3752195 | 392887 | 74609 | 230124 | 4449815 |
| 5~14 | 8303755 | 837649 | 187817 | 586251 | 9915472 |
| 15~24 | 7640756 | 775009 | 212546 | 647833 | 9276144 |
| 25~34 | 5755087 | 667255 | 197184 | 656314 | 7275840 |
| 35~44 | 4260444 | 582617 | 127436 | 675739 | 5646236 |
| 45~54 | 1645191 | 370870 | 135438 | 573900 | 2725399 |
| 55~64 | 1532090 | 208453 | 83996 | 446020 | 2270559 |
| 65~74 | 982643 | 112482 | 37712 | 286560 | 1419397 |
| 75~84 | 435640 | 38450 | 11842 | 152550 | 638482 |
| 85岁以上 | 108265 | 8832 | 1887 | 38348 | 157332 |
| 人口总计 | 34416066 | 3994504 | 1070467 | 4293639 | 43774676 |

资料来源：根据南非统计局 2001 年人口调查公报/概要数据编制。

西开普省占 10.09%，西北省占 8.19%，姆普马兰加省占 6.97%，自由邦占 6.04%，东开普省占 1.83%。

表 1-7 南非各省人口数字表

| 省 份 | 1996 年人口统计 | 2001 年人口统计 |
| --- | --- | --- |
| 西开普省 | 3956875 | 4524335 |
| 东开普省 | 6302525 | 6436763 |
| 夸祖鲁/纳塔尔省 | 8417021 | 9426017 |
| 北开普省 | 840321 | 822727 |
| 自由邦 | 2633504 | 2706775 |
| 西北省 | 3354825 | 3669349 |
| 豪廷省 | 7348423 | 8837178 |
| 姆普马兰加省 | 2800711 | 3122990 |
| 林波波省 | 4929368 | 5273642 |
| 南非总人口 | 40583573 | 44819776 |

资料来源：根据南非统计局 1996 年和 2001 年人口调查数字编制。

第一章 国土与人民

表1-8 南非各省的本国和外籍人口

| 国籍<br>省份 | 南非 | 南部非洲<br>发展共同体<br>(不含南非) | 非洲其<br>他国家 | 欧洲 | 亚洲 | 北美 | 中南<br>美洲 | 澳大利<br>亚和新<br>西兰 | 总数 |
|---|---|---|---|---|---|---|---|---|---|
| 西开普省 | 4482450 | 9816 | 4307 | 22000 | 2366 | 1538 | 1244 | 615 | 4524336 |
| 东开普省 | 6421702 | 6040 | 2274 | 4559 | 1441 | 317 | 329 | 102 | 6436764 |
| 夸祖鲁/纳塔尔 | 9387421 | 16619 | 3486 | 14742 | 2010 | 736 | 630 | 373 | 9426017 |
| 北开普省 | 820665 | 1370 | 161 | 340 | 81 | 29 | 67 | 14 | 822727 |
| 自由邦 | 2677794 | 26702 | 436 | 1028 | 602 | 73 | 117 | 24 | 2706776 |
| 西北省 | 3616745 | 49096 | 644 | 1492 | 972 | 161 | 181 | 58 | 3669349 |
| 豪廷省 | 8628209 | 142007 | 12435 | 41915 | 7117 | 2588 | 1983 | 925 | 8837179 |
| 姆普马兰加省 | 3089243 | 30778 | 474 | 1743 | 430 | 164 | 112 | 46 | 3122990 |
| 林波波省 | 5232547 | 37750 | 767 | 942 | 1287 | 225 | 92 | 32 | 5273642 |
| 南非总人口 | 44356776 | 320178 | 24984 | 88761 | 16306 | 5831 | 4755 | 2189 | 44819780 |

资料来源：根据南非统计局2001年人口统计表编制。

## 二 民族[①]

南非居民主要有4个种族，包括非洲人、白种人、"有色人"（混血种人）和亚洲裔人。

非洲黑人是南非的原住民族，占总人口的3/4以上，是南非的主体民族，分为9个部族：祖鲁人、科萨人、斯威士人、恩德贝勒人、南索托人、北索托人、茨瓦纳人、聪加人和文达人。

白种人（欧洲移民后裔）占人口的10%左右，主要有阿非里卡人（即操南非荷兰语的白人），占58%；英语白人，占

---

① 民族部分主要参考书目：*Peoples of Africa*; *Peoples of Southern Africa*, The Diagram Group, *Facts on File*, Inc. 1997; *South Africa Yearbook 1997*; *A History of South Africa*, by Leonard Thompson, Yale University Press, 1990; 李毅夫、赵锦云主编《世界民族大辞典》，吉林文史出版社，1994。

15

## 南非

39%；其余3%分别为操葡、德、荷、希腊、意、法语的欧洲裔人和犹太人。

"有色人"的称谓特指南非早期白人移民与亚洲裔（主要为马来人）和非洲裔奴隶的混血种人的后代，占人口的8%~9%。

亚洲裔人在南非人口中不到3%，其中95%以上是印度人后裔，华裔南非公民大约为2万人。根据南非2001年人口统计数字，亚洲国家出生的南非公民（拥有国籍）共4.09万，其中亚洲裔人2.77万。另外还有不是南非公民的亚洲人1.63万。

（一）原住民族——非洲人

1. 桑人（San）

科伊人（Khoikhoi，曾被称为霍屯督人）和桑人（曾被称为布须曼人）后裔的统称，系南部非洲的跨界民族，肤色棕黑，头发卷曲，有自己的语言，信奉传统神灵纳帝（Nadi）。在非洲现不足10万人，南非境内仅约4500人。

他们的祖先是南部非洲最早的居民，发源于津巴布韦西部和博茨瓦纳北部，至少在2万年前就生活在这里。后逐渐南迁，2000年前到达非洲南端的开普半岛，形成游牧的科伊人社会和以狩猎与采集为生的桑人社会。在公元初的几个世纪，班图语非洲人开始向南部非洲迁徙。人数众多的班图人逐渐排挤桑人和科伊人，迫使桑人和科伊人向西或西南退却，有些桑人和科伊人被班图人同化。17世纪以后，欧洲殖民者不断向北扩张，桑人和科伊人被大肆杀戮。到19世纪初，南非境内的桑人已为数不多，生活在干旱的开普西北部。逃到博茨瓦纳和纳米比亚的桑人加入当地的桑人社会。开普南端的科伊人是最早遭遇欧洲殖民者的非洲人，随着殖民者向内地的侵入，失去土地的科伊人被迫向白人出卖劳动力，或沦为奴隶；有些逃往纳米比亚或南非西北内地，以狩猎为生。开普殖民地的科伊人在18世纪初遭到欧洲传入的天花的传染，几近灭绝。

2. 班图人（Bantu）

非洲人（即班图人）占总人口的 3/4 以上。班图人经过长期融合、演化，形成九大族群：祖鲁人（Zulu）、科萨人（Xhosa）、恩德贝勒人（Ndebele）、斯威士人（Swazi）、南索托人（Southern Sotho）、北索托人（Northern Sotho）、茨瓦纳人（Tswana）、聪加人（Tsonga）和文达人（Venda）。其中祖鲁人、科萨人、恩德贝勒人和斯威士人属于恩古尼语系，索托人和茨瓦纳人属索托语系。

（1）恩古尼人（The Nguni People） 南非班图语非洲人的一支，属尼格罗人种，约占南非人口的 2/3，主要有祖鲁人、科萨人、斯威士人和恩德贝勒人。他们于公元 3 世纪前迁移到南非东部。多保持传统宗教，也有众多基督教徒或锡安教教徒。传统社会实行一夫多妻制，各妻室独居，形成克拉尔家庭，按父系组织社会。从事农牧混合经济，男子多到白人工矿业和农场出卖劳动力。城市化程度已超过 50%。

祖鲁人（Zulu） 南非最大的非洲人部族，主要居住在东部沿海的夸祖鲁/纳塔尔省。属班图尼格罗人种，为东南非洲最大的班图人族体，系恩古尼人北支，与斯威士人、科萨人社会文化相近。操伊西祖鲁语，属尼日尔－刚果语支，有文字。多保持万物有灵传统信仰，部分人信仰基督教。传统社会实行一夫多妻制，以牲畜为彩礼，各妻室独居，形成克拉尔家庭，按父系组织社会。存在年龄等级制，男子行成年仪式。从事农牧混合经济，妇女从事农耕；男子放牧，并从事各种手工业，如铁加工、皮革品制作以及木刻。

祖鲁的称谓最初源于一个宗族的姓氏，后成为整个部族的统称。1816 年前，为丁吉斯瓦约统治下的姆特特瓦大部落的属部。1816～1828 年，恰卡取得祖鲁酋长之职，实行军事与政治改革，征服并吸收毗邻各恩古尼人支系，逐渐形成祖鲁王国，保持尚武

# 南非

传统。曾与白人殖民者进行长期斗争，1879年举行最后一次武装起义，打败英军于伊森德赫勒瓦纳（Isandklwana），该地成为祖鲁民族英雄的象征，后遭英国殖民军残酷镇压，大片土地被掠夺。由于土地缺乏，大量成年男子被迫到白人农场和矿山做工。1948年以后，南非当局推行分而治之的"班图斯坦计划"，1970年将祖鲁人划归为"夸祖鲁黑人家园"。祖鲁人传统势力强大，农村仍保持酋长制，祖鲁王具有重要的文化和社会地位。在长期反对殖民主义和种族主义的斗争中，民族意识不断增强，成立了政治组织"祖鲁文化解放运动"（简称"因卡塔"），参加推翻种族隔离制度的斗争。1994年大选中，因卡塔自由党赢得10.7%的选票，进入全国团结政府。因卡塔自由党是夸祖鲁/纳塔尔省的第一大党，控制该省政府。

**科萨人（Xhosa）** 南非第二大非洲人部族。操伊西科萨语，含有科伊桑人语言的特点。早期有三大分支，即庞多、滕布和科萨。经过长期的融合与迁徙，现今科萨人的分支主要有：姆庞多（Mpondo）、滕布（Thembu）、赫鲁比（Hlubi）、恩格奎卡（Ngqika）和格卡莱卡（Gcaleka）。各分支由众多的同宗氏族组成，随着酋长子孙的繁衍，新的酋长领地不断出现和扩大，科萨人逐渐扩散在东南沿海到德拉肯斯山脉的广大地区，即现今的东开普省。科萨人各分支的联系既有婚姻的纽带，也通过政治和军事联盟而得以保持。传统社会实行多妻制，各妻室独居。牛是财富的象征，至今仍有以牛作婚姻彩礼的习俗。经济生活以畜牧业为主，农业在近现代渐居主要地位，使用铁制农具。多信奉基督教，农村地区仍保持传统信仰，崇拜祖先。历史多以口头文学相传，包括诗歌、故事等，其中大多已形成文字。

在1779～1878年与殖民者的长期抗争之后，科萨人的土地沦为英属开普殖民地的一部分。1856～1857年间，一场由欧洲传入的牛肺疫蔓延到科萨人的牧场，大批牲畜死亡。科萨人听信

第一章 国土与人民　South Africa

"先人"的告诫,杀掉牛群,毁掉庄稼,以求自救,结果是自我毁灭,成千上万科萨人饿死,大批人逃离家园。由于土地不足,大量男子到工矿谋生。随着城市化进程,工矿业中心约翰内斯堡及周围地区也聚居了大量科萨人。在种族隔离制度下,科萨人地区被分为两个"黑人家园":特兰斯凯和西斯凯,二者曾接受白人当局以种族分割南非的计划,分别于1976年和1981年宣布"独立"。废除种族隔离制度后,"黑人家园"的划分随之废止,统一划为东开普省。

**斯威士人（Swazi）**　南非的斯威士人与邻国斯威士兰王国的主体民族（90万人）和莫桑比克境内的少数民族斯威士人属同族,为班图语恩古尼人的北支,与祖鲁人社会文化相近,操斯威士语（或斯瓦提语）。公元15世纪以前来到现今莫桑比克地区。1750年,恩格瓦尼二世带领其臣民到达现今斯威士兰地域,当时领地名与族名均为恩格瓦尼。索布查一世在1815～1839年间执掌王位。姆斯瓦提一世继位后（1839～1865年）,建立起中央集权的王国和按年龄等级组织的社会。在19世纪30年代"姆菲卡尼战乱"和布尔人大迁徙中,吸收了部分祖鲁人、索托人和聪加人。半数以上居民信奉基督教;斯威士的传统宗教也广为流行,如信奉造物主和先人的神灵,使用草药,求助于占卜师,善舞蹈。以农业为主,19世纪以来每年"收果节"期间国王与臣民同乐。南非境内的斯威士人,在白人种族主义政权统治下没有公民权和平等的经济权利,被限制在坎格瓦尼"黑人家园"。1994年废除种族隔离制度后,划归姆普马兰加省,占该省人口的30%。

**恩德贝勒人（Ndebele）**　属班图恩古尼人,公元2世纪左右迁徙到南部非洲。今天的恩德贝勒人由恩古尼人各族后裔融合而成。南非境内的恩德贝勒人分为南北两支:北支已融入索托人社会,不再成为单独的族体;南恩德贝勒人在18世纪发生分裂,幸存的两部分是恩德尊扎（Ndzundza）和马纳拉（Manala）。恩

## 南非

德尊扎是较大的一支，19世纪中叶在马博果王的统治下，曾一度繁荣，后被布尔人（荷语殖民者）征服，失去了土地，沦为奴隶。1910年南非联邦成立后，受白人种族主义政权统治。1977年在白人当局操纵下，建立恩德贝莱"黑人家园"。1994年种族隔离制度废除后，成为姆普马兰加省一部分，占该省人口的11.3%，约34万人。

**（2）索托-茨瓦纳人（The Sotho-Tswana People）** 南非班图语非洲人的另一支，其中包括南索托人、北索托人和西索托人（即茨瓦纳人），共约680万人，占南非人口的27%左右（根据1997年南非官方年鉴各省人口数字计算）。他们主要分布在现今南非的自由邦、林波波省和西北省，少量居住在北开普省。

**索托人（Sotho）** 其祖先来自现今尼日利亚东部。2000多年前，他们逐步发展起以农耕为基础、能制造和使用铁器的生产方式。在南迁的过程中，大约在公元1000年已定居在德拉肯斯山脉以西的高地草原和奥兰治河、瓦尔河及图盖拉河谷地区。他们逐渐吸收了当地原住民——科伊桑人的语言和文化。大约在1400年前后，索托人形成氏族社会，每个氏族以某种动物为其象征，如野猫、豪猪或鳄鱼。氏族集团逐渐形成三大分支：南索托人、北索托人和西索托人（茨瓦纳人）。茨瓦纳人现在被看做是与索托人有别的另一族群。

17世纪，佩迪（Pedi）人的氏族集团在北索托人中占统治地位，并建立了延续200多年的巴佩迪帝国。同期，南索托人的生活比较和平富足，直至19世纪20年代的"姆菲卡尼战乱"和饥荒。其后，巴佩迪的土地被阿非里卡人（即布尔人）侵占，后来成为南非德兰士瓦省的一部分。1948年实行种族隔离制度之后，北索托人被驱赶到几块边远土地上，组成莱博瓦"黑人家园"。南索托人中，一半以上为莱索托的国民，其余居住在南非的奥兰治自由邦。种族隔离时期，南索托人被限制在夸夸

"黑人家园"。1994年南非建立不分种族的新制度后,"黑人家园"被废除,北索托人主要分布在林波波省,南索托人主要居住在自由邦。

**茨瓦纳人（Tswana）** 是南部非洲班图语非洲人的重要分支,现人数约360万,分布在奥卡万戈沼泽地带东南到林波波河地区和沼泽地带西南到库如曼河地区。这片地区包括博茨瓦纳东部和西北部,以及南非种族隔离时期的博普塔茨瓦纳"黑人家园"的几块土地。南非境内的茨瓦纳人共约210万,现主要居住在西北省,少数居住在北开普省。

大约在公元3~4世纪,茨瓦纳人迁徙到南部非洲,到15世纪左右,成为索托人当中分立的一支。茨瓦纳人实行一夫多妻制,社会有鼓励亲族人（堂兄弟姐妹）之间通婚的习俗,旨在保持家族财富和维系族亲之间的关系,但是多数婚姻是在不同家族间进行。经济以农耕和畜牧为主,男女长幼各有分工:男子放牧、建造屋舍并狩猎,协助耕种土地;女子负担从土地耕种到收获的大部分农业劳动（主要农作物包括:高粱、玉米、小米、蔬菜和水果）,以及从事做饭等家务劳动;儿童通常帮助家里取水和打柴。19世纪后半叶以来,大量男子到矿山和工厂出卖劳动力。茨瓦纳人成年后,特别是男子,都要参加不同年龄的军团,既参加大规模的农牧业劳动,也担负军事义务。19世纪上半叶的"姆菲卡尼战乱"中,躲避祖鲁大军的毗邻部族向西南奔逃,茨瓦纳人的生活受到侵扰。

欧洲殖民者在19世纪初侵入茨瓦纳人地区,一部分被分割为英国保护领地（即现今的博茨瓦纳）,其余划归南非。在英布战争中,很多茨瓦纳人协助英军作战或修筑工事。南非境内的茨瓦纳人与其他非洲人一样,没有平等的政治经济权利。1948年实行种族隔离制度后,茨瓦纳人被划归为博普塔茨瓦纳"黑人家园",并于1979年由白人政府操纵宣布"独立"。1994年新政

府成立后,该"黑人家园"随之取消,并入相关省份。

(3)文达人(Venda) 南部非洲班图语非洲人的一支,人口约64万,主要分布在林波波河以南与津巴布韦接壤的地区,少量居住在津巴布韦境内。文达人虽分为若干分支,习俗传统有别,但具有共同的语言和文化,是班图人当中独立的部族。

从东非大湖区南迁的文达人,约在公元1100年到达林波波河流域。500年后,第一批文达人于1600年左右跨过林波波河进入现今南非境内。其基础社会单位是家庭,实行一夫多妻制,按男女双系续谱和继承财产。强悍的文达人以弓箭作武器,曾称雄南非东部,后因内部纷争而失去优势。大部分文达人居住在水源丰富的河谷地带,以石料和茅草建屋舍;其余分布在高地西北的干旱地带。文达人组成农业村落,种植玉米、高粱、小麦和豆类。在殖民时期以前,畜牧业和手工业有相当发展,编织、制陶和铁加工业也很闻名。

1840年左右,文达人的土地被阿非里卡人(布尔人)侵占。1867年举行起义,赶走白人殖民者。但后来被布尔人武装击败,在1898年的大屠杀后,幸存的文达人逃到林波波河以北地区,后逐渐迁回。1910年南非联邦成立后,文达人遭受白人种族主义统治。1948年实行种族隔离制度,文达人被限制在当局炮制的文达"黑人家园"。"黑人家园"内有一些林业和淡水渔业,以及少量工矿和手工业。由于土地不足,就业困难,大约10%的人口到白人区打工。1979年按照白人政府意愿宣布文达"独立"。1994年取消种族隔离制度后,文达人居住区归入林波波省。

(4)聪加人(Tsonga) 南非境内的聪加人有120多万,属班图尼格罗人种,为南部非洲聪加人的一个特殊支系,与恩古尼人和索托人融合而成,但仍与其部族主体——莫桑比克的聪加人关系密切,同操聪加语。传统社会实行一夫多妻制,按父系续谱和继承财产。主要从事农业,兼营畜牧业和渔业。手工艺术以木雕、编织为主。在种族隔离制度下,与其他非洲人部族一样无平等的政治经济权利,被划归加赞库鲁"黑人家园",缺乏经济发展条件,大批劳动力到白人农场和工矿谋生。1994年南非新政府成立后,"黑人家园"被废止,划入林波波省,聪加人占该省人口22.7%。

3. 南非非洲人族群人数与分布

根据1996年南非人口调查的数字,南非非洲人按照族群人数排列如下:

祖鲁人是南非第一大族群,人口约920万(1996年人口统计数字),主要分布于夸祖鲁/纳塔尔省、姆普马兰加省及豪廷省。

科萨人为南非第二大族群,人口约720万,主要分布于东开普、西开普两省。

北索托人操塞佩提语和索托语,人口680万。分北、南两支。北索托系索托人南迁的东支,亦称塞佩提人(Sepedi)。现主要分布于林波波省和姆普马兰加省。

南索托人与莱索托王国的巴苏陀人同族,现主要分布于自由邦和豪廷省。

茨瓦纳人与博茨瓦纳境内的茨瓦纳人同族,人口330万,主要分布于西北省和北开普省。

聪加人是恩古尼人的北支,与莫桑比克境内的聪加人同族,人口176万,现主要分布于林波波省。

斯威士人与斯威士兰王国的斯瓦蒂人同族,操恩古尼语系的斯瓦蒂语,人口101万,主要分布于姆普马兰加省。

恩德贝勒人属祖鲁人支系,人口59万,主要分布于姆普马兰加省。

文达人主要分布于林波波省,人口88万,文化传统与索托人相近。[1]

---

[1] 参见中华人民共和国驻南非共和国大使馆网站,http://www.chinese-embassy.org.za.

## （二）欧洲人后裔

南非的白种人（欧洲移民后裔）占全国人口的12.2%，为518.5万（1996年数字）。其中阿非里卡人（即操南非荷兰语-阿非里卡语的白人），占58%，约300多万人；英语白人，占39%，约200万人；其余3%分别为操葡、德、荷兰、希腊、意、法语的欧洲裔人和犹太人，约10万人。

### 1. 阿非里卡人（Afrikaners）

旧称布尔人（Boers），南非最早的白人移民的后裔，属欧罗巴人种。以荷兰裔为主，融合法国、德国移民，形成南部非洲特有的非洲白人民族。初期操荷兰语，逐渐吸收土著民族和外来奴隶的语言成分，形成以荷兰语为基础的阿非里卡语（Afrikaans）。他们与欧洲母国早已脱离政治联系，虽然在文化和宗教上依然具有荷兰的影响，但是思想和心理状态已形成独有的排他和自我封闭的特征。现有人口300多万，约占南非总人口7.5%。除南非外，约7万阿非里卡人居住在纳米比亚，少量居住在肯尼亚和津巴布韦。

阿非里卡人定居南非，始于1652年荷兰东印度公司在好望角建立要塞和补给站，后形成白人移民社会，并与非洲人和马来人奴隶混血，至1707年时人数达2000人左右，并开始用"阿非里卡人"称谓。起初泛指非洲出生的白人，以及欧洲人与非洲人、马来人混血的后代。后来仅指白人，混血人被称为"有色人"。

早期白人主要从事农业，故称布尔人（荷兰语"农夫"之意）。随着白人移民的增多，布尔人不断向内陆扩张，强占土著科伊桑人的土地和牲畜，屠杀土著居民。到18世纪末，荷属开普殖民地已扩张到开普敦以东以北约600~700公里的地区。1795年英国占领开普殖民地，并于1806年确立英国殖民统治。布尔人不满，在19世纪30年代向东北部"大迁徙"，沿途驱赶掠杀非洲土著人，遭到班图语各部族的顽强抵抗。布尔人凭借武力优势，占据了奥兰治河到林波波河的广大地区，先后建立德兰士瓦共和国和奥兰治自由邦。1866年和1886年这里先后发现钻石矿和黄金矿,英国资本和移民蜂拥而至,英布矛盾加剧。英布战争(1899~1902年)中,布尔人败北,两个布尔人共和国成为英国殖民地。1910年阿非里卡人与英裔人联手建立南非联邦。由于阿非里卡人在白人中占多数,使得1910年以来的历届白人政府都是阿非里卡人的政党执政。阿非里卡人依靠国家政权力量,逐渐在金融、工矿业得到发展,改变了以农业为主的生活方式,长期实行种族隔离政策,压制"非白人"的发展。1994年废除种族隔离制度后,其右翼仍主张阿非里卡人自治。

2. 英语白人(English)

英语白人占南非人口的5%,现有人数在200万左右。英国移民于19世纪末开始到开普殖民地,初期多为传教士,在当地非洲人中传教并办学。1814年英国统治开普殖民地之后,不少英国商人来到开普敦。1820年英国开始大批向南非移民,其中有无地的农民、买卖人或手艺人,及少量的专业技术人员。与早期法、德移民不同,英国移民保持了自己的语言、文化、宗教和社会传统,没有同化于布尔人社会。但是,英国移民始终未能超过荷语白人的数量。英国在南非的殖民统治,使英语白人在政治文化上逐渐占据优势,并在经济上居主导地位。1910年南非联邦建立后,随着英国在南非政治上的影响日渐减少,英语白人在南非的政治势力也逐渐减弱。英语白人与宗主国的联系与认同,虽加强了其经济实力,但却妨碍了他们在政治上的自主发展。但是至今,英语白人在南非的经济和文化领域仍占有优势。

(三)有色人(Coloureds)

南非的混血种人,是早期欧洲移民与非洲人和亚洲裔开普殖民地奴隶的混血后代,现约有350万人,绝大部分居住在西开普省。操阿非里卡语,信奉荷兰归正教。开普马来人约10万,为早期来到开普殖民地的马来人、印度人、僧伽罗人、阿拉伯人和马达

加斯加人的混血后裔，信奉伊斯兰教，居住在开普敦附近。有色人虽与阿非里卡人有血缘关系、语言宗教相同，但是没有平等的政治经济权利。在种族隔离时期，白人政府曾给有色人有限的选举权，成立了"有色人议会"管理其内部事物，但是绝大多数有色人抵制这种选举。有色人的称谓虽带有种族歧视的含义，但仍沿用至今。

（四）亚洲人后裔

占南非人口的近3%，约102万人，其中除2万左右华裔人外，其余基本上是印度人后裔。

1. 印度人（Indians）

南非印度裔人约有100万，其中80%居住在夸祖鲁/纳塔尔省，其余居住在约翰内斯堡和比勒陀利亚地区。最早的印度移民是1860年到英属纳塔尔殖民地甘蔗种植园的劳工。1911年停止招募印度劳工时，印度移民已达15万。印度人也在铁路、矿山和茶种植园从事奴隶般的劳动。大部分印度人以合同劳工的身份来到南非，合同期满后，大多留在南非。约有10%为自费移民，多数是商人，构成印度人的富裕阶层。1893年，甘地来到南非从事律师职业，发起非暴力的不服从运动，反对白人的种族歧视，对非洲人民族解放运动有很大影响。1984年白人政府给印度人有限选举权，成立"印度人议会"，遭到绝大多数印度人的抵制。1994年种族隔离制度废除后，印度人获得平等的政治权利，在南非的政治经济和社会发展当中发挥重要作用。

2. 华人（Chinese）

南非华裔公民2万人左右，约占南非总人口的0.5‰。欧洲殖民者从占据非洲南端的开普半岛之初，就面临劳动力缺乏问题，因而从非洲和东南亚国家运进奴隶，同时陆续引进中国的工匠和技师，以满足开发的需要。据《南非华人史》（叶惠芬等著）所述，华人到南非始于1660年，至19世纪末约有几百名华人到达南非，在开普、纳塔尔和伊丽莎白港地区落户，其中多为广东、福建籍人。迄今为止的南非官方年鉴对华人进入南非的记述,均以20世纪初南非金矿招募中国劳工为起点,从1904~1906年,共有6万余名中国劳工被运到南非约翰内斯堡地区,其中多数来自山东。到1910年2月,合同期满的华工绝大部分离开南非回国。几千名华工因采矿条件的险恶和奴隶般的待遇,而客死他乡,伤残者更多。极少数华工继续留在当地谋生。

现今南非华人的先辈,多数在20世纪20年代移居南非。他们绝大多数来自广东的梅县、顺德和佛山等地,到南非后经营零售商业或其他小本生意。以后陆续有华人迁往南非,至20世纪60年代初,总数已约6000人。这些华人已融入当地社会,第三、四代南非华人很多不会讲汉语,而操英语或阿非里卡语,但仍保持中华民族的生活习俗和互助友爱的传统。在种族隔离制度下,华人被划归"有色人种",受到各种歧视,没有政治权利。为了争取自己的应有地位与合法权利,南非华人长期以来就有自己的社团组织"南非华人公会"。20世纪70年代中期以后,香港、台湾两地移往南非的人数增多。1994年之前,拥有南非国籍的华人约为2万。此外还有大量未入南非国籍的华人。20世纪90年代中期以后,从中国大陆到南非居住的华人数量大幅度增长。目前在南非的华人数量难以找到精确统计。根据南非2001年人口统计数字,来自亚洲的南非公民人数为1.6万多人。未成为南非公民的华人人数更多。据报道,目前在南非生活着大约20万华人。

三 语言

(一)官方语言

白人种族主义制度下,英语和阿非里卡语为白人政府规定的官方语言。英语为第一大公共应用语言。

**南非**

现今南非境内的非洲人部族中的科萨人、祖鲁人、聪加人、文达人、斯威士人和恩德贝勒人的语言，都属恩古尼语；现今的南、北索托人和茨瓦纳人的语言均为索托语。也有把聪加语和文达语各列为单独语种的分法，但这些部族语言的互通性是公认的。以阿非里卡语为母语的人口除了阿非里卡人之外，还包括300多万混血种人（即"有色人"）。以英语为母语的南非人除英语白人外，还有印度人。南非是一个多种语言的国家，大多数南非人都操双语或两种以上的语言。非洲人除本部族的语言外，还需要掌握英语和阿非里卡语以谋生计。此外，白人中有一部分人仍然操欧洲母国的语言，亚洲裔人在使用英语和阿非里卡语的同时，还保留了自己的民族语言。

1994年新政府成立后，根据南非民族的多样性，《南非宪法》规定的官方语言有11种，包括英语、阿非里卡语、祖鲁语、科萨语、斯瓦提语、恩德贝莱语、南索托语、佩迪语（北索托语）、茨瓦纳语、聪加语和文达语。

根据2001年人口统计，以祖鲁语作为母语的人口占23.8%，科萨语占17.6%，阿非里卡语占13.3%，佩迪语占9.4%，英语占8.2%，茨瓦纳语占8.2%，恩德贝勒语占1.6%。虽然以英语为母语的人口只占8.2%，但是英语是南非最通用的语言，也是大多数南非人的第二语言。

（二）语言政策

1996年南非宪法规定，人人拥有使用自己选择的语言和参加文化活动的权利，但是任何人的这些行为都不能违背宪法规定的公民权利。

为了纠正历史上原住民族的语言被歧视的地位和使用的限制，新宪法要求政府采取积极措施，提高非洲民族语言的地位并推动这些语言的使用。

2003年制定的《国家语言政策框架》提出以下指导原则：

——促进和保护语言和文化的多样性；

——通过加强语言平等和语言权利来巩固民主制度；

——确信语言多样性是一种资源；

——鼓励学习母语之外的南非语言。

南非艺术和文化部制定和采取一系列促进本地语言发展的措施，其中包括"电话翻译服务工程"（Telephone Interpretation Service of South Africa）。这项工程被认为是支持非洲民族语言使用和发展的历史性突破。中央政府和省级政府在公务中可以根据实际情况使用两种或两种以上的官方语言。

除11种官方语言外，南非对处于濒危状态的南非原住民当中的科伊族和桑族的语言采取了保护和抢救措施。1999年在北开普省的阿平顿成立了科伊族和桑族的民族语言机构，调查该民族语言的使用情况，采集录音资料，并对其用语和词汇进行标准化。[1]

### 四　宗教信仰

南非宪法保障公民的宗教信仰自由，南非政府的政策是不干涉宗教活动。

南非非洲人社会信奉传统宗教。传统宗教没有文字的教义，但是以家族文化、部族传统习俗、宗教礼仪和忌讳等成为非洲人生活准则的一部分，如崇拜先知、信奉祖先。

从18世纪中叶欧洲传教士进入南非，到非洲人社区，包括土著人保留地，进行传教活动。第一批到科伊人当中传教的是18世纪30~40年代进入南非地区的德国摩拉维亚教派。18世纪末，英国伦敦传教会给开普带来激进的福音派。荷兰归正教的影响主要在西开普地区的有色人中间。美国国外传教士董事会

---

[1] *South Africa Yearbook 2003/2004.*

## 南非

（ABCFM）于1835年来到南非，到1851年有11个传教站。教会兴办学校和医疗机构，吸引了大量非洲人皈依基督教。教会在非洲人中传播欧洲文化，由此产生了非洲人知识阶层。

南非的基督教信徒约占人口80%。南非有很多官方和非官方的基督教教会组织。其中最重要的是南非教会理事会（South African Council of Churches），但是它并不代表南非所有的基督教教会。非洲人当地教会，阿非里卡人教会等，都有自己的宗教联系组织。南非的城市和农村人口中，参加教会活动很普遍。

除了教会之外，还有一些属于准教会组织的基督教组织在南非很活跃，从事传教和传播福音，提供援助和训练。宗教在南非社会中有重要地位：在广播和电视中有定时的宗教节目，社会上也有很多祈祷的场所，很多报纸每天刊登基督教圣经的信息。有关宗教的杂志、报纸和书籍在宗教书店出售。

非洲人独立教会（African Independent Churches）是最大的基督教团体，大约有4000多个基督教教堂，信众约1000万人，遍布城乡。比如，在夸祖鲁/纳塔尔省农村地区，有数百个教堂；在最大的黑人城镇索委托至少有900个教堂。锡安基督教教会（Zion Christian Church）是非洲人独立教会中最大的一支，人数约400万。该教会每年复活节和9月有100多万教徒集聚在林波波省的莫瑞亚的锡安山城（Zion City Miria）举行宗教活动。这种宗教仪式在南非已经有80多年历史。

阿非里卡人的基督教教会主要是新教，其中最大的是荷兰归正教，教徒约350万人。

罗马天主教在南非虽然不占主要地位，但是近年来信众在增加，人数近300万。南部非洲天主教主教会成立于50多年前，是这个教会的重要代表。

南非还有卫理公会教徒260万人，英国圣公会教徒近200万人，路德教教徒约100万人，还有一些有几十万信徒的教会。

非洲人传统宗教在非洲社会中有很强的文化基础，不同的团体有各自的宗教仪式，但是有一些共同的特点。传统宗教都承认超然力量的存在，但是处于最重要地位的是先人，即族群中已经逝去的长者。先人被看做是村社的一部分，与精神世界有不可分割的联系，并且具有控制一切事物的力量。这些先人不是上帝，但是由于他们能给村社带来好运或厄运，因此与先人保持良好的关系非常重要，通常需要定期举行祭奠仪式。虽然由于西方传教士的影响，大部分非洲人信奉了基督教，但仍有几百万非洲人信奉非洲人传统宗教。

在多种族的南非，还存在其他宗教。印度人大多数信奉印度教（约60万人），占南非印度人的2/3；其余1/3印度人信奉伊斯兰教或基督教。

南非的穆斯林人数约有400万，而且增长很快。其中的大部分是开普马来人，主要是开普殖民地初期来自印度尼西亚的奴隶的后裔，20%是印度人后裔。

南非犹太人不到10万，其中绝大多数信奉犹太教。

南非的亚洲裔人当中也有佛教信徒，但是人数不多。[①]

表1-9　南非信教人数（根据南非2001年人口调查数字）

| 宗　教 | 人　数 | % | 宗　教 | 人　数 | % |
| --- | --- | --- | --- | --- | --- |
| 基督教 | 35750636 | 79.8 | 其　他 | 283814 | 0.6 |
| 非洲传统宗教 | 125903 | 0.3 | 不信教 | 6767165 | 15.0 |
| 犹太教 | 75555 | 0.2 | 未确定 | 610971 | 1.4 |
| 印度教 | 551669 | 1.2 | 人口总数 | 44819777 | |
| 伊斯兰教 | 654064 | 1.5 | | | |

资料来源：*South Africa Yearbook 2005/2006*。

---

① "The Land and Its People", *South Africa Yearbook 2005/2006*.

## 第四节 民俗与节日

### 一 民俗

**（一）家庭及民居**

家庭是南非社会的基本单元，包括核心家庭、大家庭或部落。在传统黑人社会中，部落是最重要的聚居单位，相当于一个民族。部落给予成员以经济依靠和感情归属，扮演着核心家庭对白人和有色人所起的作用。核心家庭是部落底层的支持基础。现代社会快速的经济转型，已影响到部落和家庭的结构。对有色人和阿非里卡人来说，大家庭和核心家庭都很重要，而英裔白人则更看重核心家庭的作用。[1]

南非的民居与建筑反映了人文丰富、气候多样和贫富差距明显等社会特点。

传统的黑人民居以恩德贝勒人的房屋为代表，多为圆形，即圆柱形屋身，屋顶或为拱顶、尖顶及平顶，建筑取材多为草、泥或石块，房屋装饰色彩绚丽。庭院往往有一定空间且较复杂，与部落集体生活及家庭成员等级划分相适应。另外，祖鲁族的穹顶圆形草屋也很有名，典型的为十多间草屋呈蜂窝状排布，不过现在已不多见，反而是"圆锥加圆柱形"甚至长方形房屋较为常见，材料也逐渐选用现代建筑材料了。

在开普地区，白人建造的老式房屋有荷兰风格。在伊丽莎白、德班和彼得马里茨堡等地，风格明显受英国建筑的影响，取材也多用石料和烧制的砖块。南非当代民居中，高楼大厦较少，风格

---

[1] "非洲社会与文化"，http://www.kwintessential.co.uk/resources/global-etiquette/south-africa-country-profile.html。

第一章 国土与人民

上考虑到当地的气候条件，注意与环境融合与协调，同时又强调个性，避免雷同，即使在经济发达的大都市约翰内斯堡等地也是如此。在中产阶级以上的居住区，别墅、花园公寓和双层公寓最为常见。别墅一般是独门独户的豪宅大院。花园公寓是自家带一个前后花园的公寓。双层公寓则不带前后花园。蓝天白云下，绿树映衬中的红瓦屋顶就成为这类民居建筑的一大特色。政府管理部门规定：就整个小区和建筑群而言，必须留有足够的绿地和空间，让建筑物融入大自然之中，不能为了多盖房而破坏整体环境，更不能见缝插针搞建筑，为一时一己之利而损坏整体和长远利益；在外观上，哪怕是两处民宅间都不能雷同，"千人一面"更不可能。

随着南非白人城镇的发展，对黑人劳动力的寻求也日益增长。在南非白人政府实施种族隔离政策期间，在中心城市旁边并保持一定距离的区域建起若干黑人城镇。黑人城镇中的住房多以波楞瓦或铁皮为顶、形似纸盒的简单窝棚，屋内缺乏基本的生活、卫生设施。住房一间挨着一间，单调暗淡，与精致多彩的白人住房形成鲜明对比。20世纪后期，黑人当中少数中产阶级的居民在黑人城镇的有些区域也建起自己的单层或双层住宅，与周围的火柴盒式简陋的黑人住房形成对照。

1994年以来，新南非经过各方面十多年的努力，以前的黑人城镇中新建起许多低成本住房，使黑人居住条件得到改善。然而统计数据表明，到2006年，南非仍有14.5%的家庭住在条件较差的非正式房屋（informal dwellings）中。

（二）婚姻及习俗

南非人的婚姻大致分为两类，一类是现代民事婚姻，另一类是传统乡俗婚姻。[1]

---

[1] Sheri & Bob Stritof, "Your Guide to Marriage", http://marriage.about.com/od/southafrica/p/southafrica.htm.

## 南非

现代民事婚姻一般要求男女都要达到21岁才能成婚；未达这个年龄而想结婚的，必须得到双方父母的同意，未得到父母同意擅自结婚的，父母有权宣布婚姻无效。在父母不同意情况下，当事人也可寻求高等法院法官的同意使婚姻有效。当男方小于18岁、女方小于15岁而欲结婚时，除经父母同意外，还必须征得国家内政部门的同意。

民事婚姻必须经过官方部门登记，同时至少有两人见证婚礼，结婚手续才算完备。婚后财产由夫妻共同所有，除非婚前签订合同对财产划分有专门说明。法律禁止包括堂表亲在内的血亲婚姻。对于同性者婚姻问题，2006年11月南非国民议会通过法案（Civil Union Bill），宣布同性恋者有权结婚。南非1994年宪法就规定，不能因性别取向不同而遭受歧视。新通过的法案，消除了以往有关婚姻法案与宪法精神的不相一致，虽然引起争议，但在人权保护方面是进步的。

传统乡俗婚姻指的是"根据土著非洲人习惯法，由双方商定并通过仪式而形成的婚姻"[①]。1988年通过的《承认乡俗婚姻法》，从法律上第一次承认乡俗婚姻中可以存在一夫多妻的情况。法律规定，乡俗婚姻的成立要满足一些条件，其中包括双方均满18岁，并且必须得到双方父母的同意，婚后3个月之内必须到国家内政部门登记，且男女双方各自家庭须有一个代表见证。男方可以娶多妻，但此前必须得到法庭出具的对家庭内部不同妻子之间财产划分的法律文件。

祖鲁族的婚俗在黑人传统婚姻习俗中比较有代表性。祖鲁族的男子要想娶一个女子时，首先要征得女方父亲的同意，并献上一定数量的牛，一般情况下，男方的彩礼为13头牛。祖鲁男人的财富是由其所拥有的牛羊数量来衡量的。一个祖鲁部族的酋长

---

① 南非内政部网站：http://www.home-affairs.gov.za/custom_marriage.asp。

第一章 国土与人民

在他拥有的财产可以负担的范围内娶尽可能多的老婆,通常是 1~11个。①

2002年12月,祖鲁国王的公主嫁给前总统曼德拉的曾侄孙,在东开普省农村举行了隆重的婚礼,不仅使人们领略了多姿多彩的婚俗,而且也因祖鲁和科萨两大部族各自代表家庭的联姻被传为佳话。传统婚礼程序大致如下:首先是远道而来的新娘向婆家的长老请安,祖鲁公主南迪跳着舞、低着头到曼德拉面前鞠躬敬礼,接着便跳步后退。此时新郎径直跳到新娘面前,用自己的矛去刺新娘的盾,用这一特殊的方式向新娘致意。然后送亲队伍开始即兴表演,数百名强壮骠勇的祖鲁男子和袒胸露背的祖鲁少女尽情歌舞。接着是迎亲仪式,新娘在父王等家人的护送下,象征性地乘轿车(以前是坐牛车)进入新郎的迎亲队,并加入步行者行列。国王等娘家人和曼德拉夫妇等婆家人在露天下紧靠着牛圈席地而坐,新娘走到大家中间,在婆家人指导下,开始"入门"前的受训。约10分钟后,南迪(新娘)右手持一根利矛走到牛圈门口,猛地向下用力,将矛直扎在牛圈门口的正中央,这赢得一阵热烈掌声,也表示着新娘已正式成为"婆家主人",可以宰杀自己牛圈中的肥牛以款待四方宾客,然后在草地上开始烧煮牛肉进行晚宴。此次新郎家的彩礼是120头牛和2匹马,超出平常很多,这和公主的身份相配。②

(三) 社交礼仪和禁忌

1. 社交礼仪

南非的社交礼仪可以概括为"黑白分明","英式为主"。所谓"黑白分明"是指受到种族、宗教、习俗的制约,南非的

---

① Lauren Folkard, "Unusual South African Customs", http://users.iafrica.com/a/au/aug/YEP/custom.htm.
② 李新烽:"南非祖鲁王嫁女记",载人民网,2003年1月8日。

黑人和白人所遵从的社交礼仪不同。英式为主是指在很长的一段历史时期内,白人掌握着南非政权,白人的社交礼仪特别是英国式社交礼仪广泛流行于南非社会。目前,在社交场合,南非人所采用的普遍见面礼节是握手礼,双眼注视对方并报以微笑,对交往对象的称呼主要是"先生"、"小姐"或"夫人"。对一些女士来说,除非她们率先伸手,否则仅需点头而不必握手。如果被邀请到家中做客,一般要准时到达。在黑人部族中,尤其是在广大农村,南非黑人往往会表现出与社会主流不同的风格。比如,他们习惯以鸵鸟毛或孔雀毛赠予贵宾,客人此刻得体的做法是将这些珍贵的羽毛插在自己的帽子上或头发上。

2. 禁忌

南非黑人非常敬仰自己的祖先,他们特别忌讳外人对自己的祖先言行失敬。跟南非人交谈,下面的话题不涉及为宜:评论白人的功过;评论不同黑人部族或派别之间的关系及矛盾;非议黑人的古老习惯;对生男孩表示祝贺。[①]

(四)服饰

在城市中,南非人的穿着打扮基本西方化了。大凡在正式场合,他们都讲究着装端庄、严谨。因此在进行官方交往或商务交往时,最好穿样式保守、色彩偏深的套装,不然就会被对方视为失礼。黑人通常还有穿着本民族服装的习惯,不同的部族着装上各有特色。祖鲁族男性喜穿兽皮制作的带毛的围裙或背心等,其部族的服饰最有特色。其他部族通常将皮革加工后,制作成各式衣服,其中一种用羚羊皮做的名为卡罗斯的斗篷或外套很有名。西开普省的穆斯林妇女多穿宽筒长裤、长外衣并披长巾;印度裔南非人保留着本民族的着装传统。

---

① 东北新闻网,http://www.nen.com.cn,2006年11月8日。

## （五）饮食习俗

南非黑人的主要食物是玉米、高粱和小麦，薯类、瓜类和豆类食品在他们的日常饮食中也占很大比例。牛肉、羊肉是他们主要的副食品。以前一般不吃猪肉和鱼类，现在有所改变。饮料主要是牛奶、羊奶和土制啤酒。黑人爱吃熟食和烤牛肉、烤羊肉。著名的饮料是如宝茶（南非特有的一种植物饮料）。在南非黑人家做客，主人一般送上刚挤出的牛奶或羊奶，有时是自制的啤酒，客人一定要多喝，最好一饮而尽。南非白人平日以吃西餐为主，经常吃牛肉、羊肉、鸡肉、鸡蛋和面包，爱喝咖啡与红茶。南非的葡萄酒和啤酒世界著名。

由于历史的因素，南非菜系的烹调方法分别受荷兰、法国、意大利、中东国家和马来菜系的影响，从而形成了风味独特的饮食结构。早在布尔人及一小部分英国人从开普地区向内陆大迁徙时期，为了防止面包和牛肉腐烂变质，他们将浸过盐的牛肉和面包晒干，以便能保存更长时间，于是便形成了干肉条（biltong）和干面饼（rusks）两种传统食物。[1] 这两种食物因记述了南非的一段历史而成为南非文化的一部分。日常生活中，人们更多享用的是其他一些美食，如肉系列中的咖哩鸡、香辣优酪乳鸡、烤鸡（tandoori）和铁锅炖肉（potjiekos）等。铁锅炖肉的制作法是将铁锅置于木炭上，以小火慢烤，锅内可放牛肉、羊肉、海鲜和野鸡等，再加入各种蔬菜和调料等。南非的马来菜系中有一道叫波波提（bobotie）的肉菜，以碎牛肉或羊排为主，配以特殊香料调味，再搭配风干桃子、杏果或葡萄干，这是马来厨师运用南非当地原料制作的一种崭新美食。南非人也喜欢吃鳟鱼、鲱鱼和大平鱼（kingklip）等鱼类。鹿肉、鸵鸟肉和野猪肉等也很受欢迎。

---

[1] Lauren Folkard, "Unusual South African Customs", http：//users.iafrica.com/a/au/aug/YEP/custom.htm.

由于气候宜人，南非人经常在户外聚会时吃烤肉（braaivleis or barbecue）。

## 二 公共节日

**南**非总统曼德拉1994年11月23日签署批准的《公共假日法》（Act No.36 of 1994），规定了新制度下的公共假日。该法规定了公共假日的定义及实施办法，确定12个公共假日为带薪假日。公共假日如果是星期天，次日星期一则为公共假日。除圣诞节、新年和复活节外，其他几个节日都有政治和历史含义。

**人权日** 每年3月21日是南非的人权日，用来纪念1960年3月21日反对种族隔离制度下歧视和限制非洲人的通行证法。泛非主义者大会发起反通行证法的群众示威，非国大主席卢图利烧毁自己的通行证，并号召黑人群众响应。和平示威遭到南非白人政府警察当局的残酷镇压，61名示威者被杀害，180人受伤，被称为"沙佩维尔惨案"，引起国际舆论的震惊。南非当局宣布实行紧急状态法，取缔非国大和泛非大等黑人解放组织，2000多名反对种族隔离的人士被拘捕。联合国通过第134号决议，谴责这一暴行，要求南非当局取消种族隔离。

**自由日** 1994年4月27日南非举行第一次不分种族的全国民主大选，从而结束了长达3个世纪的白人种族主义统治。4月27日被定为自由日，以纪念这个历史性日子。

**青年日** 1996年6月16日在南非最大的黑人城镇索韦托发生了2万多名中小学生参加的游行示威，抗议南非当局强制在非洲人学校推行阿非里卡语（即南非荷兰语）教学，反对种族歧视的"班图教育制度"，游行虽然遭到镇压，但是全国性的学潮持续数周。警察向手无寸铁的学生们开枪，致使约700名学生丧生。这一天曾被命名为"索韦托日"，后改为"青年日"，以纪念 1976 年的索韦托学生运动。

**全国妇女日** 1956 年南非白人当局开始对黑人妇女施行通行证法。当年 8 月 9 日，南非妇女联合会组织两万名妇女举行抗议游行。这一天成为南非妇女反抗种族主义压迫的纪念日。

**遗产日** 每年 9 月 24 日是南非的遗产日。根据南非法律界定，遗产包括：全部野生动、植物，风景公园，具有科学和历史意义的遗址，国家纪念碑性质的建筑，历史性建筑物，艺术品，文学和音乐作品，口头文学，博物馆馆藏及记录。每年的纪念主题由南非政府艺术文化科技部（该部后来分为艺术文化部和科技部）确定。1996 年的主题是纪念南非现国歌的作者厄诺克·桑彤加（Enoch Sontonga，1873～1897 年）。他当年谱写的圣歌《上帝保佑非洲》，后来在非洲大陆流行，1994 年开始成为新南非国歌的主体部分。

**和解日** 12 月 16 日确定为和解日，充分显示了南非新制度的包容性。历史上的这一天，曾是种族对抗血战的日子。19 世纪 30 年代，早期荷兰殖民者后裔—布尔人（即阿非里卡人）农民在向南非东北部开疆扩土的过程中，不断侵占原住民——南非最大的非洲人部族祖鲁人的土地，引起激烈的对抗。1838 年 12 月 16 日，1 万祖鲁大军攻击 470 人的阿非里卡人牛车队。阿非里卡人的牛车队围成圆阵，利用火枪击败祖鲁人，3000 名祖鲁斗士丧生，而只有 3 名阿非里卡人受伤。在南非种族隔离时期，12 月 16 日被白人政府定为阿非里卡人的"宣誓日"。南非废除种族隔离制度建立民族团结政府后，保留了这一节日，但改名为"和解日"，旨在促进民族和解与团结。

南非政府根据每年的特殊情况，还确定一些特殊的假日。在世纪之交确定了"2000 年特别假日"。根据南非财政部和南非储备银行的建议，南非政府于 1999 年 5 月 7 日发布公告，决定 1999 年 12 月 31 日至 2000 年 1 月 2 日为公共假日，以保证 3 天

## 南非

非工作日来完成电脑网络系统的年代转换,检验2000年系统的正常运转,使转换损失降到最低。

表1-10  南非公共假日(2005)

| | |
|---|---|
| 1月1日 | 新年 |
| 3月21日 | 人权日(Human Rights Day) |
| 3月25日 | 复活节前的星期五 |
| 3月28日 | 家庭日(复活节后的星期一) |
| 4月27日 | 自由日(Freedom Day) |
| 5月1日 | 劳动节(Workers Day) |
| 6月16日 | 青年日(Youth Day) |
| 8月9日 | 全国妇女日(National Women's Day) |
| 9月24日 | 遗产日(Heritage Day) |
| 12月16日 | 和解日(Day of Reconciliation) |
| 12月25日 | 圣诞节 |
| 12月26日 | 亲善日 |

## 第二章

# 历 史

## 第一节 古代简史——殖民者入侵前的非洲人社会[①]

### 一 人类发祥地之一

**根**据大量的考古发现,人类学家普遍认为,非洲是人类的发祥地,即使不是单一的人类起源地,也是起源地之一。非洲是所有大陆中唯一发现了从猿到人进化的所有阶段的遗骨化石。[②]

在南非出土的大量人类遗骨化石证明,人类的进化历史有几百万年之久。

1897年,在南非的克鲁格斯多普附近的斯特尔克方丹洞穴(Sterkfontein Caves)中,发现了大量骨化石。1913年,在南非德兰士瓦东部的博斯考普(Boskop),发现一个头骨的碎片。1924年,在南非汤恩发现的头骨化石(Taung Child)被认定为

---

① 本节主要参考资料:*South Africa Yearbook 2004/2005*;Leonard Thompson, *A History of South Africa*, Yale University Press, 1990。
② 参见葛佶主编《简明非洲百科全书》(撒哈拉以南非洲),中国社会科学出版社,2000,第57页。

南方古猿的遗骨化石。此后，在南非其他地方，以及东非的肯尼亚、坦桑尼亚、埃塞俄比亚和乍得湖地区，也发现了南方古猿遗骨化石。近期，在南非的斯特尔克方丹洞穴发现了灵长类动物的化石，这里最近被宣布为"世界遗产"。

近年来，开普南端的布罗姆博斯洞穴（Blombos Cave）的考古发掘取得了突破性进展。发表在2002年1月10日科学杂志以及发表在2001年12月人类进化杂志的文章，揭示了南非最新的考古发现。南非和美国的古生物学家，在南非开普半岛印度洋沿岸最南端距离开普敦200英里的布罗姆博斯洞穴中，发现两块匀称精致的刻有几何图形的赭石石块。经过复杂的年代测定，科学家认定，这两块人工雕刻的赭石石块的年代应该在7万年前，比其他石器时代的艺术早3.5万年。这一发现引起人类学家思考更古远的"现代行为"的起源。与欧洲中心论的论断不同。非洲南端已经成为古生物学研究的热点之一。发现这两块刻有几何图形赭石石块的地层，还发掘出大量做工考究的捕鱼和狩猎的工具。赭石的利用本身表明，当时已经有一定水平的文化，因为赭石来自20英里之外的地方。这里也是发现最古老的人类足迹化石的地区。考古学家认为，这些足迹化石大约有11.7万年的历史，被称为"夏娃的脚印"[①]。南非考古学家在人类起源的古人类学研究方面处于世界前列。考古发现和研究证明，非洲南端是人类最早的发祥地之一。

二　原住民族的社会形态

今天南非疆界内的非洲人，自远古以来就在这里繁衍生息。根据在南非各地的考古发现，南非次大陆在300

---

① http://www.accessexcellence.org/WN/SU/caveart.html/; *South Africa Yearbook 2005*, Chapter 2 History.

## 第二章 历 史

百万年以前，甚至更早，就有人类存在。现代人在 10 万年前就已经在南部非洲生存。[①] 公元初年，人类社会已经在南部非洲广大地区繁衍生息数千年，他们以狩猎、捕鱼和采集为生。到 15 世纪末期欧洲人"发现"这片土地时，非洲原住居民早已是这里的主人。南非的原住民族群主要有桑人（San，亦被欧洲殖民者称为布须曼人）、科伊人（Khoikhoi，亦被称为霍屯督人）和班图人（Bantu，亦被称为尼格罗人）。

（一）科伊桑人

桑人和科伊人也被人类学家和历史学家统称为科伊桑人（Khoisan）。

1. 桑人是南部非洲最早的居民

在公元前 1.5 万年左右，桑人已经广泛分布于南部非洲地区。桑人体形瘦小，成年人身高多数在 1.5 米以下，肤色为浅棕色或橄榄色。[②] 桑人分布在开普半岛西北部的干旱地带和山峦之间，生活方式包括狩猎和采集。对他们当时的生存环境，后人描述为动荡和危险。但是，相关研究认为，桑人与自然关系密切，对利用自然环境有丰富的经验，因此他们的狩猎和采集生活方式是稳定的，也有保障。桑人的食物当中 60% 是采集的植物，因此他们熟悉大量能食用的植物。同时，桑人也通过狩猎当地的野生动物特别是小动物获取食物，他们还食用某些昆虫。

桑人的社会以家庭为基本单位，并存在由数个家庭结成小规模、松散的群体，每个群体人数大约在 20~80 人不等，随季节和食物来源的多寡而变化。桑人的群体不是封闭固定的。桑人家庭可以另外选择其他的组合，这种社会组织形式适合于狩猎和采

---

① *South Africa Yearbook 2004/2005*: *The Land and Its People*.
② Leonard Thompson, *A History of South Africa*, Yale University Press, 1990, pp. 6 – 7.

集的流动生活方式。桑人居住在洞穴或以便于拆装和移动的材料搭建的营地。他们逐水草和狩猎场而居，不断迁移，因此没有占有多余物品的必要和可能。历史学家认为，由于桑人的生存环境能够支持他们的生活方式，因此不能以现代意义的贫穷衡量他们的生活。桑人家庭中有男女分工，妇女在距离住宿地比较近的地方采集可食用植物，同时照看孩子；男人主要从事狩猎等活动。桑人善于以木头和石头为材料制作工具，并在箭头顶端涂上蛇、昆虫和有毒植物的毒汁。他们以兽皮制作衣服。从考古发现分析，桑人当年的生活方式有闲暇时间进行获取衣食之外的活动。桑人用木头、羊肠线和鸵鸟羽毛制作乐器，在山崖石洞内用赭石绘画。[1]

桑人是山崖壁画艺术的创造者，南部非洲各地发现的桑人岩壁绘画中，最古老的有2.8万年，[2] 从这些山崖壁画中可以看到当年桑人生活的踪影。桑人的基因在南部非洲现存的其他人种当中都有发现，不仅是科伊桑人与白人的混血后代——现在的"有色人"有科伊桑人的基因，而且班图语各族非洲人和欧洲移民后裔当中也有科伊桑人的基因。但是在18～19世纪，桑人被白人殖民者杀戮几近灭绝，幸存的小股桑人躲避到沙漠深处和偏远地区，继续保持原有的生活方式。

对桑人的称谓，最初来自游牧的科伊人对开普地区狩猎采集的相邻族群的称呼。据考证，"Sa"表示"inhabit"即居住之意，表示桑人是这片土地的原住居民。而"San"是丛林的意思，根据专家分析后来可能把San直接翻译为Bushman（丛林之人）。17世纪荷兰人到开普半岛定居后，曾听到科伊人称那些生

---

[1] Leonard Thompson, *A History of South Africa*, Yale University Press, 1990, pp. 7–9.
[2] *South Africa Official Yearbook 1989/1990*: History.

第二章 历 史

活在开普山脉以北、没有私家牲畜的桑人为 Sonqua，即贫穷的人。白人后来则把桑人称为布须曼（Bushman），也以此称呼其他游牧的非洲人和白人殖民者的奴隶，这种称谓带有贬义。20世纪60年代，学术界开始使用"桑人"的称谓，以代替布须曼这个带有贬义的称呼。近年来，学界认为桑人和布须曼没有太大区别，更多的是翻译的问题，因此布须曼一词又开始使用。[①]

### 2. 科伊人与桑人同族

大约在公元前2200年，博茨瓦纳北部的桑人开始有家畜，并向南部移动。由于人口增多的压力，科伊人为了获得更多的牧场，不断南迁。有些考古证据显示，科伊人祖先的一部分从现今纳米比亚北部沿海岸线向南迁移到开普半岛南端，然后向东到达现今的东开普地区。也有研究认为，科伊人祖先的一部分沿着奥兰治河向西迁移；另一部分向南游牧到东开普，然后沿海岸线向西到达开普半岛。到公元5世纪，科伊人已经分布在开普半岛的东部、南部和西部沿海地区，以及奥兰治河流域和纳米比亚的大片地区。这一带是靠近沿海的大片草原，雨量较充足。科伊人以半游牧生活方式为主，夏季和冬季选择不同的草场，最初驯养的畜种是羊，后来牛也成为家畜。科伊人牲畜的来源可能是在南迁的过程中，接触到了向非洲南部迁徙的铁器时代的班图人。由于科伊人家庭拥有家畜，他们的私人财产中除了少量可以携带的兽皮衣物和必要的武器之外，又增加了羊和牛。由于食物来源更加可靠，科伊人的饮食结构也发生了重大变化，体形比前人更高大、更健壮。

科伊人的社会结构比较松散，由家庭血亲关系和受庇护者组成氏族；氏族在酋长松散的管理下形成氏族集团，但是经常发生

---

① Christopher Saunders and Nicholas Southey, *A Dictionary of South Africa History*, Cape Town and Jonannesburg: David Philip, 1998, p. 149.

分裂。氏族集团之间因为争夺牲畜、牧场和水源而经常相互袭击。科伊人的住所由木材和芦苇席子构成，便于拆装和用牛车搬运，其他用具的制作也适合游牧生活。由于私有财产的出现，科伊人当中逐渐发生贫富分化。

科伊人与从事狩猎、采集的桑人的关系既共存又争斗。科伊人用牛奶换取桑人的野生动物的肉。桑人有时偷袭科伊人的牲畜，但是也有些桑人依附于科伊人，并逐渐被同化。科伊桑人与各个班图人部族也有密切的联系，相互通婚，特别是与奥兰治河以北的特拉平人（Tlhaping）和东开普地区的科萨人通婚的较多，因此科萨人口语中含有科伊桑人发音的元素。

公元15世纪，当欧洲人船队在开普半岛沿岸停泊时，他们最先遇到的非洲人是科伊人。17世纪60年代，荷兰人在开普半岛建立定居点之后，科伊人的土地和牧场受到威胁，生活方式和社会结构遭到破坏，科伊人的数量大幅度减少。据估计，奥兰治河以南的科伊人在17世纪中期大约有20万人，到18世纪末减少到2万人。科伊人与南非其他原住民族一样，与欧洲殖民者进行过殊死的抗争。[1]

（二）班图人[2]

南非东半部地区分布着从事半农半牧的班图人，这一带雨水充沛，适合农耕。据考古证明，来自非洲中部的班图人在公元3世纪之前就已跨过林波波河，进入德拉肯斯山脉东麓和东部沿海平原。班图人从中部非洲带来了农作物物种和栽培技术，以及铁器时代的文化。班图人最初分布在现今南非东部沿海雨量充沛的

---

[1] Christopher Saunders and Nicholas Southey, *A Dictionary of South Africa History*, Cape Town and Jonannesburg: David Philip, 1998, pp. 98 – 99.
[2] "班图"一词的使用更多的是人类学和语言学的概念。20世纪60年代南非白人种族主义政权用"班图"代替"土著人"作为对非洲黑人的称呼，有所谓"班图斯坦"一词（后改称为"黑人家园"）。黑人倾向于称自己为非洲人。

## 第二章 历史

地区,后来逐渐向内陆草原地带迁移,在那里发展起粗放的饲养牛的生产方式。在这种生产方式下,酋长制度逐渐兴起,其权威建立依据的是拥有牛的数量,因此,班图人社会形成相应的等级制度和保护制度。

### 1. 生产方式

班图人的生产方式被历史学家认定为混合农业,包括农业、牧业和金属冶炼业。班图人的农业耕作采取轮休方式,一块土地经过一年或数年的耕种后休耕一段时间,使土地恢复肥力。农业劳动主要由妇女承担,每个已婚妇女都要耕种至少一片土地。主要的农作物是高粱,也种植谷米、南瓜、西瓜和葫芦,还种植烟草,有些地区也种植豆类和薯类作物。农耕和收获实行协作方式,一个村落或几个村落的妇女一块干活,轮流耕作各自的土地。有重活时,男子也参加农业劳动。班图妇女还善于用高粱酿酒,会制作陶器。男人负责牛的饲养,并拥有家庭的财产权。狩猎在班图社会中长期存在,为他们提供肉食和做衣服的兽皮。狩猎是班图男子一项重要的劳动,特别是在猎杀大型动物时,需要众多男子共同参与。[1]

在班图人中,已出现手工业和农牧业的分工。班图人通过采矿和加工铁、铜、锡和黄金制品,掌握了冶炼技术,从而推动了区域性贸易和专门手工艺的推广。在今天南非的东北部曾发现公元3~4世纪班图人的炼铁遗址。炼铁已经是一种专业化的职业,铁匠在班图人中享有特殊的地位。班图人的铁制品包括梭镖、短斧、双刃刀、锄头、钻、铲等用具并成为班图人主要的交换物品。大部分班图人农民使用铁制农具,但由于铁矿在南部非洲分布不均,也有的班图人仍然使用木制农具。在班图人中,铁器主要用

---

[1] Leonard Thompson, *A History of South Africa*, Yale University Press, 1990, p. 19.

于生产，铜制品则主要用于装饰。班图人也会制作食盐。由于各地区资源分布不同，因而需要交换和贸易。而分工和专门行业的发展，促进了不同部族和不同地区之间的贸易，贸易网把南部非洲联结在一起。班图农业社会与以狩猎和放牧为生的科伊桑人之间有货物交换，班图人用铜制的装饰品和烟草与科伊桑人交换肉和牛。①

班图人的私人财物包括武器、斧头、锄头、家庭用具、衣物和装饰品。班图男人因拥有牛和粮食，因此掌握家庭的经济大权。但是，班图人没有土地私有权概念，土地属于村社，各个家庭只有耕作的权利。班图人家庭可以在村社的土地上建造房屋，种植蔬菜。在种植季节，妇女对自己开垦的土地有控制权，但是庄稼收获之后和下一个播种季之前，土地属于村社，任何一家的牲畜都可以在村社土地上放牧。

### 2. 婚姻与家庭

婚姻是班图人与经济相关的重要的社会生活。通常在男女结婚之前，双方亲属要经过复杂的谈判过程，并且交换财物。牛是班图人财富的象征，也是婚嫁的交换物，确定婚嫁最重要的条件是男方父母或亲属需送给女方父母若干头牛作为聘礼。恩古尼各部族称之为罗伯拉（lobola），索托各部族称之为伯哈里（bohali）。这种方式加强了结姻双方家庭的联系，也是各自父母控制子女的一项制度。

班图人实行一夫多妻制，但在很大程度上视男子的财产而定。富裕的班图男人，有条件娶多房妻子。有权势的酋长，甚至可以娶100多个妻子，其中一位是"长房妻子"，她是整个家族后代的母亲，这种制度一直延续到现代。在班图人社会中积累权

---

① Leonard Thompson, *A History of South Africa*, Yale University Press, 1990, pp. 16 - 17；参见葛佶"种族主义经济的形成与发展"，《南非政治经济的发展》第6章，中国社会科学出版社，1994。

第二章 历 史

力的手段，是通过控制血亲及其家属的劳动。男子在班图人社会中占主导地位，有家室的年长男子控制整个家庭，安排农业生产、负责养牛、建房、手工艺制作和贸易活动。①

男子的成年礼在社会中占有重要地位，对男孩成年仪式的控制权属于酋长。割礼是世界广泛流行的成人仪式，在非洲也普遍实行而且历史久远。割礼多在青春期进行，男孩子切除阴茎的包皮之后，将取得成年男子的资格。在索托人的部族村社中，酋长如果也有一个儿子到了成人年龄，他有权建立一个成人仪式学校，掌握指定割礼手术师的权力，并因此在村社巩固自己的地位。按照科萨人的习惯，成人礼不是简单动个手术切除包皮，而是为男青年准备进入成年进行的复杂仪式，这对任何一个非洲男子都是生命攸关的大事。没有施行割礼的男人，不能继承其父亲的财产，不能结婚，不能在宗教仪式上做司仪。他不被看做是成年人，而仍被视为孩子。

班图人很看重家庭和亲情，并且把亲情和责任延伸到核心家庭之外。班图人尊重老人，照顾生病的亲属。在祖鲁族和科萨族当中，对家庭成员的爱护使得外部入侵者很难从他们的家族中买走奴隶。②

3. 社会组织

班图人的社会组织在15世纪就已形成权力集中的酋长领地。随着人口的繁衍和氏族的增多，酋长领地越来越多。但是，这些酋长领地还没有形成统一的国家，相互之间的纽带是亲族关系。班图人的居住方式根据自然条件而不同。在东部沿海地区，由于土地肥沃，一家一户分散耕作放牧；而在西部沙漠边缘地区，则

---

① Leonard Thopson, *A History of South Africa*, Yale University Press, 1990, pp. 22–23.
② Leonard Thompson, *A History of South Africa*, Yale University Press, 1990, p. 22.

是居住在集中的村镇当中。以酋长领地为社会组织的班图人,在自己的土地上自由往来,在酋长和部落会议的民主统治之下生活。土地属部落共有,酋长有分配土地的权力。

班图人社会已经形成富裕和贫穷的不同阶层。但是根据班图人的传统习惯,富人要借牲畜给贫人,使穷人得到牛奶和食物,而不至于饿死,同时也形成一种依附关系,这是班图人等级社会的基础。

世袭的酋长制是班图人的政治单位,酋长领地人口多寡不等,有一千多人的,也有几千人或几万人的酋长领地。小的酋长领地由一个村落组成,以酋长为中心直接管辖;大的酋长领地则由多个各自为中心的村落组成,大酋长掌管整个领地。酋长领地有些以本族的祖先的名字命名,例如科萨(Khosa)和祖鲁(Zulu)。索托—茨瓦纳人以氏族中占统治地位家族的名字命名,比如昆纳(Kwena)、塔翁(Taung)和卡特拉(Khatla)等。根据口头传说,现今科萨人的一部分——滕布人的祖先可以向上追溯 20 代,到 500 多年前的兹维德(Zwide)酋长统治时期。[1]

部落理事会是酋长管理族群事务的主要机构,通常在酋长家附近的大树下召集各家族的头领议事。酋长通过部落理事会会议安排族群事务,听取各方面的意见,解决纠纷,接待宾客。酋长是该领地最富有的人,领地居民向他缴纳牛、羊作为解决纠纷的酬劳,从相邻部落缴获的牲畜也全部交给酋长。他还有权力要求其居民为他干活,帮助他的妻子们收获庄稼,因为酋长要用这些食物招待来自其他部落的客人。但是,酋长的权力也是有限的,他通常没有常备军、警察和监狱。酋长权力的实施依靠部落理事会成员的合作,包括男性亲属和平民,其中很多是和他同时经历

---

[1] Duncan Innes, *Anglo American and the Rise of Modern South Africa*, New York: Monthly Review Press, 1984, pp. 21, 24 - 30; Brian Willan, *Sol Plaatje*, University of California Press, 1984, p. 28.

成人仪式的同龄伙伴。同时，酋长也需要得到族人的尊重。在族群会议上，男人有发言权，也可以对酋长和部落理事会成员提出批评。不被重视的人，可以离开这个酋长领地，投靠其他酋长。因此，酋长领地或部落是开放的，投奔其他酋长领地的人通常会受到欢迎，因为增加了其人力。索托人有一个谚语说明了人的重要："没有人民，就没有酋长。"① 因此，在班图人社会中，男人有很大程度的平等权利。

班图人在适宜的农业环境中，人口不断增长，到17世纪中期白人开始在南非开普半岛定居时，班图人的总数大概在100万~200万人，占据着南非大部分水源充沛的地带。随着班图人数量的增加，出现了对土地和水源的更大需求，班图人渐渐向西部桑人狩猎地区和科伊人的放牧区域渗入，其间既有征服和杀戮，也有融合与互通。

**4. 语言文化**

南非各族非洲人有各自的语言，但是历史上没有形成文字。因此，这里的历史除考古发现作为证据之外，民间的口头传说是其历史的重要依据。南非历史学家所收集的口头传说，大多说明分布在南起大鱼河北至赞比西河地带的班图人缘于同一祖先，其语言虽分为恩古尼（NGUNI）和索托（SOTHO）两类，但这两种语言有"相似的语法和许多共同的词汇"。现今南非境内的非洲人部族中的科萨人、祖鲁人、聪加人、文达人、斯威士人和恩德贝勒人的语言，都属恩古尼语；现今南、北索托人和茨瓦纳人的语言均为索托语。也有把聪加语和文达语各列为单独语种的分法，但这些部族语言的互通性是公认的。

班图人尊重长者和先人，这种文化传统使祖先的精神力量对

---

① Leonard Thompson, *A History of South Africa*, Yale University Press, 1990, p. 26.

现实社会有重要的影响力。宗教人士与先人灵魂沟通并乞求先人的帮助，个人遇到疾病、灾难就会杀牛宰羊祭奠先人，或者寻求巫师的帮助。

班图人的混合农业社会逐渐发展起自己的文化。根据在南非林波波河谷地带的马普恩古布韦（Mapungubwe）和图拉迈拉（Thulamela）的考古发现，以及其他多处考古发掘现场的发现，证明当时班图人社会已经具有很复杂的政治和物质文化。这些文化的发展是南非的班图人与东非地区的贸易经济联系的结果，是该大陆非洲人文化的组成部分。

欧洲人侵入南非之前，西部沙漠地带和西南部的冬季降雨地区依然是科伊桑人的游牧区，班图农户并没有向那些地区迁移。白人的土地扩张破坏了科伊桑人的社会和生存环境。在白人殖民者侵入南非最南端的开普半岛，并在那里定居的最初阶段，南非东部的班图人社会依旧保持自己的形态。在17世纪中叶，欧洲白人殖民者侵入南非之前，这里的非洲人社会循着自己的道路发展和演变。

## 第二节 近代简史——欧洲殖民者对南非的侵略和征服

南非的历史虽不始于欧洲白人的到来，但是南非多种族社会的形成却是欧洲殖民者入侵的结果，南非的疆界也是在殖民扩张和争夺中确定的。对土地、资源和劳动力的争夺，贯穿在殖民过程的始终。

15世纪末期，葡萄牙人巴托罗缪·迪亚斯的船队曾因遭遇风暴而在开普半岛东海岸的摩泽尔湾（Mossel Bay）停泊（1487年）。之后，葡萄牙航海家范斯科·达·伽玛（Vasco da Gama，约1460~1524年）率领的远征舰队于1497年11月绕过好望角，驶往印度。到16世纪末，荷兰、英国、法国以及北欧国家驶往亚洲的商船也开始使用这条航线,并在开普半岛补充淡水,用烟草、铜、铁与当地的科伊人(Khoikhoi)交换牛羊肉,而且有在这里建立中途补给站的设想。但是,最早在非洲南端设立定居点的欧洲殖民者,是17世纪上半叶"达到商业繁荣顶点"的荷兰人。

一 开普殖民地时期

(一)荷属开普殖民地

1652年4月,荷兰人范吕贝克奉荷兰东印度公司之命,率领80名公司雇员组成的远征船队到达开普半岛南端的海湾,因为岸边耸立一座顶平如桌面的山峰,遂称之为桌山和桌湾。荷兰东印度公司雇员们在这里种地、养畜,为来往的荷兰船队提供肉类、蔬菜和水果。1657年荷兰东印度公司决定准许9名公司雇员解除与公司的关系,在桌山脚下建立私人农场。此后,陆续有更多的雇员由公司准许获得土地,成为"自由民"。这些脱离荷兰东印度公司的早期欧洲移民,是荷兰语"布尔人"的祖先。在开普半岛南端出现了一些欧洲白人定居点,荷属开普殖民地由此开始。之后,荷兰东印度公司陆续把从欧洲大陆其他国家招收的雇员和难民运到开普。法、德移民与荷兰移民逐渐融为一体而失去自己的文化特征。

1688年,150名逃避宗教迫害的法国胡格诺派教徒被安置到开普殖民地的荷兰移民中间,与他们逐渐融为一体。在此期间,不少德国移民为躲避战乱和贫困而逃到开普,他们大多与这里的荷兰人通婚,失去了自己的文化特征。荷兰东印度公司有意推行同化政策,以荷兰语为官方语言,规定荷兰规正教为唯一宗教。[①] 但是,开普殖民地吸引的欧洲移民为数很少。17世纪涌向

---

① T. R. H. Davenport, *South Africa*: *A Modern History*, Southern Book Publishers, 1989, p. 23.

北美的欧洲移民和难民多达25万;① 在18世纪初，开普殖民地的白人（包括荷兰东印度公司雇员）仅约2000人。② 因此，开普殖民地建立伊始，就依赖奴隶劳动。

随着过往船队需求的增长，劳动力呈现不足。荷兰东印度公司在1658年和1659年向开普殖民地运进两船奴隶，一船来自达荷美，另一船来自安哥拉。自此，开普殖民地奴隶制开始形成。此后，不断有奴隶被运到开普殖民地。他们中除少数来自莫桑比克和马达加斯加之外，大部分来自亚洲国家，如印度尼西亚、印度、锡兰（今斯里兰卡）。到1711年，荷属开普殖民地的奴隶人数已超过白人"自由民"数量。③ 不仅荷兰东印度公司拥有奴隶，白人私人也占有奴隶。奴隶的劳动力不仅被占有，妇女奴隶的人身也被白人殖民者占有。由于白人移民中男多女少，有些欧洲人与妇女奴隶结婚，但为数很少，多数是婚外占有女奴隶。这样就产生了开普殖民地的混血种人，后来被南非当局称为"有色人"。

白人殖民者到开普不久，就与当地非洲人发生了冲突。居住在开普半岛南部的科伊人的牧场不断被白人殖民者侵占，牲畜被掠夺，科伊人则以攻击白人的牲畜和财产相报复。1659年爆发公开的冲突。在1659～1660年和1673～1677年间，科伊人为保卫自己的家园与荷兰殖民者展开两次战争。在1673～1677年间，荷兰东印度公司发动一系列军事行动，企图征服科伊人。白人经过四次征伐，并利用科伊人内部的纠纷，迫使科伊人的首领们同意向公司进贡，并接受公司对纠纷进行仲裁。白人移民越来越向开普半岛内地侵入，科伊人的土地越来越少。失去土地的科伊

---

① 黄绍湘:《美国史纲》，重庆出版社，1987，第58页。
② Leonard Thompson, *A History of South Africa*, Yale University Press, 1990, p. 35.
③ Leonard Thompson, *A History of South Africa*, Yale University Press, 1990, p. 36.

## 第二章 历　史

人，不得不向荷兰东印度公司和殖民者出卖劳动力，或沦为奴隶。那些不愿屈服于白人的科伊人，则被迫逃向内地，以狩猎为生。加入白人社会的科伊人，在18世纪初遭到荷兰商船带来的天花的传染，死者众多。1713年流行的天花，几乎使开普的科伊人灭绝。[1]

白人殖民者对狩猎的桑人的征杀，发生在18世纪70~90年代。脱离荷兰东印度公司的白人移民中，一部分成为游牧民，他们不断向北扩张，霸占桑人和科伊人的狩猎地，遇到土著人的抵抗。18世纪70年代，土著人集结起来，游动袭击白人牲畜和住地，令白人殖民者生畏。白人移民组成民团，从开普敦的公司得到枪支弹药，并利用归顺了白人的科伊人屠杀土著人。1774年，一支300多人的白人民团攻击科伊桑人，500多人被杀。在18世纪后期，科伊桑人对欧洲殖民者的侵扰进行了顽强的反抗。在1786~1795年间，共有2400多科伊桑人被杀，科伊桑人近乎灭绝。[2]

经过白人殖民者一个半世纪的征杀和掠夺，南非西半部的土著人社会基本被毁灭。荷属开普殖民地，成为一个外来种族杂合而成的社会。荷、德、法移民后裔融合成一个白人群体，后来自称为阿非里卡人，他们是开普殖民地的统治民族。白人与奴隶或与科伊人妇女的混血后代，成为后来被称为"有色人"的社会集团，他们充当白人的劳工。处于社会最下层的是奴隶。到1795年荷兰东印度公司破产，荷兰被法国打败，而英国乘机夺取开普殖民地之时，开普殖民地的白人大约为1.4万人，奴隶近1.5万人（另一说法是2.5万人）。白人殖民者的多数是占据沿

---

[1] Leonard Thompson, *A History of South Africa*, p. 39; T. R. H. Davenport, *South Africa: A Modern History*, p. 25.

[2] Christopher Saunders and Nicholas Southey, *A Dictionary of South Africa History*, Cape Town and Jonannesburg: David Philip, 1998, pp. 98-99.

海平原的农场主和分散在开普半岛内陆地区的游牧民。他们的文化教育落后，政治管理松散。但是白人殖民者依靠武器的优势，已扩张到开普敦以北、以东约 600~700 公里的广大地区。荷属开普殖民地的阿非里卡人经济基本上是农牧业，主要服务于东印度公司来往船队的补给。开普敦是殖民地唯一的城市和出海口，居住着约 5000 白人和 1 万奴隶，其中有少数人服务于白人的商业。[1]

### （二）英国入侵

1795 年英国占领开普殖民地，以此地作为对抗法国的战略基地，控制欧洲通往东方的航道。根据 1803 年的《亚眠条约》，荷兰人的巴达维亚共和国重新获得开普的管辖权，但很快又于 1806 年最终落入英国人之手。英国对开普殖民地的所有权，在 1814 年的维也纳会议上得到确认。荷兰人的开普殖民地持续了一个多世纪的封闭和严格管制的经济制度受到巨大冲击，被纳入工业化的英国统治的国际贸易体系。开普殖民地随之开始了英国化的改造。

英国人的到来和英国殖民当局的政策，使开普殖民地出现了新的特点和变化，主要是：政治和文化的英国化；奴隶制度的废止；种族关系的制度化；资本主义经济的发展；英殖民军队加快了向东北部扩张和对非洲人的征服。

英国为了在开普殖民地确立统治地位，实行鼓励英国人向开普移民的政策。在 18 世纪 90 年代，虽然有英国传教士已到开普殖民地，在当地非洲人中传教并开办学校，但是大量英国移民的到来是在 1814 年之后，其中有不少英国商人来到开普敦。为了解决英国国内的失业和社会动荡，英国政府在 1820 年把 5000 名英国人安置到开普东部的阿尔戈阿湾的定居点，这里后来被称为

---

[1] Leonard Thompson, *A History of South Africa*, p.46.

伊丽莎白港。这批移民中的一部分迁至伊丽莎白港东北100多公里处的格雷姆斯敦,建立了一个英裔人的定居点。英国移民当中有无地的农民、买卖人和手艺人,还有少量的专业技术人员。与早期的法、德两国移民不同,他们保持了自己的语言、宗教、社会传统,没有同化于布尔人社会。之后,英国政府继续支持英人移居开普殖民地。但是,英裔白人始终未能超过布尔人的数量。[1]

英国殖民当局在行政管理、司法制度方面逐渐英国化。1853年英国给开普殖民地建立两院制议会的权力,制定殖民地内部问题的立法,但英国政府有否决权,而殖民地行政机构管理者仍由对伦敦负责的官员担任;选举权给所有男性成年居民,虽不分种族,但有财产条件的限制,选民需要拥有价值25英镑的财产或50英镑工资。[2] 英语被规定为殖民地政府、法庭的官方用语,也是公立学校的教学用语。荷兰归正教虽然继续得到官方支持,但是英国教会的影响逐渐扩大。布尔人社会在开普殖民地政治、文化的影响受到抑制。

在英国对开普殖民地的同化中,基督教福音派教会起了关键作用。福音派传教士们宣扬英国帝国主义解放劳工和传播文明,旨在使原住民接受欧洲基督教文化。英国传教士当中最著名的当属一个名为约翰·菲力普的人,他在1819年以英国传教协会督办的身份来到南非,为被压迫的科伊桑人呼吁。由于传教士努力的结果,1828年英国殖民当局颁布了法令,在开普殖民地范围内"保障有色人种"的民事权利,取消了对他们的法律歧视。[3]

---

[1] *South Africa Official Yearbook 1989/1990*, p. 42.
[2] Leonard Thompson, *A History of South Africa*, p. 64.
[3] *South Africa Yearbook 2004/2005*: History.

英国的殖民统治使英人在殖民地经济上占据主导地位。为了满足英国毛纺织业的发展，英人引进美利奴种羊，使开普的畜牧业大发展。羊毛成为开普的主要出口商品，外贸的绝大部分被英国人所控制。同时，邮政、通讯、金融机构也发展起来，并开始修建第一条铁路——从开普敦至威灵敦，全长92公里。[①]

废除奴隶制是引起开普殖民地社会变化，导致英、布分歧的另一重要因素。英国议会于1807年通过法令，禁止英人参与奴隶贸易；1833年又通过解放所有英国殖民地奴隶的法令，并规定了4~6年的过渡期。开普殖民地近200年的奴隶制虽然被废止，但是，获得人身自由的奴隶，以及包括科伊人（当时被称为"开普有色人"）的自由是有限的。他们虽然摆脱了奴隶身份，但并没有改变被奴役的地位，大多数人仍为白人农场主干活。废奴使奴隶们获得了有限的流动和择业的自由，一部分科伊人和奴隶离开布尔人农场，使长期依赖奴隶劳动的布尔人感到不满，特别是布尔人农牧场主的抱怨更多。这是促使布尔人大举北迁，逃避英国殖民统治的原因之一。

然而，英人和布尔人在对待黑人政策上的区别，只是程度的不同，在建立白人至上的社会制度这一点上二者是共同的。开普英国殖民当局虽然取消了以前歧视有色人种的立法，规定非白人与白人在法律面前平等，但是他们的经济状况和政治地位没有根本的变化。限制有色人种流动的通行证法，对限制选举权的财产规定，以及教育和社会生活中的种族歧视，都以隐蔽的立法方式而继续存在。

白人殖民者利益的一致，最鲜明地体现在对班图语非洲人的血腥征服之中。在英国人到来之前，布尔人农牧民已向东部扩张，屡屡进犯操班图语的科萨人的土地。然而，在19世纪末的

---

① *South Africa Official Yearbook 1982*, p. 392.

3次冲突中，布尔人并没有得手，因为他们在这里遇到的非洲人不仅有人数上的优势，而且其社会组织也比科伊桑人更严密，对白人殖民侵略的抵抗也更有效。单凭布尔民团的力量，很难向东部推进。

改变这一地区力量对比的是英国殖民军队。定居在开普东部的英国移民和布尔游牧民，都企图向雨水充沛的科萨人地区扩张。1811～1812年，英国殖民政府调动正规军队大举侵犯科萨人的土地。殖民军队在布尔人民团和归顺了白人的有色人组成的辅助部队的协同下，毁坏科萨人的家园，把科萨人驱赶到大鱼河以东。之后，科萨人几次联合起来发动反击，重创英国殖民军队，迫使白人移民弃地西逃，但终因不敌英军而失败。到1835年，科萨人大酋长欣查被捕遭杀害，随后其他酋长相继投降。英人侵占到凯河西岸，定此地为女王阿德莱德省。

除人祸之外，科萨人还遭到天灾的巨大打击。1857～1858年，一场由欧洲传入的牛肺疫蔓延到科萨人的牧场，致使大批牲畜死亡。科萨人听信所谓"先人的告诫"，杀掉牛群、毁掉庄稼以求得救，结果是自我毁灭。成千上万的科萨人饿死，大批逃离家园，到开普殖民地出卖劳动力。英国殖民当局则乘机占据科萨人的土地，向东开普地区安置白人移民。然而，科萨人的反抗并没有停止。从1778年到1878年的100年间，布尔人和后来的英国人曾与科萨人进行了9次所谓"卡弗尔战争"，才最终控制了大鱼河流域和大凯河西岸的土地。英国殖民军队与科萨人之间的侵略与反侵略战争，一直持续到19世纪末，开普殖民地的北部边界才推进到纳塔尔南端，操班图语的科萨人也成为英属开普殖民地的臣民。

1865年，开普殖民地进行第一次官方人口统计，在48万总人口中，欧洲裔人为18万，占37.5%；科伊人和其他混血种人（即后来统称的有色人）为20万，占41.6%；归入开普殖

民地的班图语非洲人为 10 万，占 20.8%。① 随着开普殖民地向东部和北部非洲人地区的扩张，白人在人口中的比例越来越小，非洲人作为人口的绝大多数是白人无法改变的事实。

二 欧洲殖民者向北部扩张——殖民争夺和对非洲人的征服

**英**国的殖民统治与布尔人的殖民利益之间的冲突，引起 19 世纪中期这两股白人殖民势力向北部扩张。英国人沿海岸线北进，布尔人则推向中部、北部高原。在此期间，英、布殖民者之间的争夺越发激烈，白人殖民者与非洲人之间的战争也更加残酷。

从 18 世纪 70 年代开始，开普地区的欧洲殖民者开始侵入距离开普敦 700 公里远的班图人居住地区，引起班图人的抵抗。班图人酋长国相对紧密的社会结构和经济制度，使得欧洲人难以在短期内征服和破坏班图人社会。双方之间的战争持续了一个世纪，直到 19 世纪后期欧洲殖民势力才控制了南非的东部地区。

南非现今的疆域，形成于 19 世纪 30 年代以后 70 多年的血战之中。它更多的是白人殖民利益的需要，而不是非洲人的意志和选择。南非社会带有明显的白人殖民争夺的印记，到处可见白人殖民者掠夺分割的痕迹，也能见到非洲人殊死抵抗所留下的遗产。种族对立压倒了白人之间的争执，决定着南非社会的发展轨迹。

(一) 布尔人北迁与祖鲁人的血战

英国的政治文化影响引起布尔人的反感。废除奴隶制是引起开普殖民地社会变化，导致英、布分歧的另一重要因素。英国议会 1833 年通过解放所有英国殖民地奴隶的法令，使长期依赖奴隶劳动的布尔人感到不满，并引起开普殖民地的布尔人大举北

---

① Leonard Thompson, *A History of South Africa*, p. 66.

## 第二章 历 史

迁。布尔人向北部大迁移的原因和性质,众说不一。大批布尔人离开英属开普殖民地,虽然出于不满英国殖民当局的统治,但却不具有反殖民主义性质,因为其意图和手段是确立布尔人对非洲人的单独殖民统治,其实质乃是殖民争夺。

经过两三年的探察和准备,开普殖民地东部的布尔人在1834年9月分几股向北和东北方向前进。1834～1840年间共有约6000布尔人北上,相当于开普殖民地白人总数的10%,其中大部分是开普东部的布尔人游牧民,同时被他们带走的还有大约同样数量的奴隶和仆人。布尔人很快占据了奥兰治河以北的高原地带、瓦尔河两岸和图戈拉河流域的大片沃土。[①]

布尔人很快得手的重要原因,是利用了19世纪初期北部班图人的恩古尼人部落之间为争夺土地和水源的战争所造成的虚空。19世纪初期的30年间,这一带从事农牧业的非洲人接连遭遇大旱,使人口增长与土地不足的矛盾越发突出。由于人口不断增长对土地的压力,以及东部沿海葡萄牙殖民地奴隶贸易活动的骚扰,南非境内班图人的社会秩序出现动乱。

当时,位于现今夸祖鲁/纳塔尔地区的班图人酋长国当中,祖鲁王国日益强大,成为一个高度集权的王国。在19世纪20年代,祖鲁王国在其领袖沙卡(Shaka,1787～1828年)的统率下,占领了非洲东南部大片土地,迫使很多非洲人酋长领地俯首称臣。部族之间的战争接连不断。征战之中,祖鲁王国逐渐称雄,统一了北恩古尼的所有王国,控制了现今纳塔尔北部的广大地区,而且建立了一支4万人的组织严密的军队。祖鲁王国的军队,是整个南非地区非洲人社会中组织最严密、最勇猛善战的一支力量。1828年,祖鲁王国首领沙卡被其左右和兄弟暗杀后,

---

① Leonard Thompson, *A History of South Africa*, p. 67; T. R. H. Davenport, *South Africa: A Modern History*, p. 50.

丁干（Dingane）称王继续征杀。祖鲁大军的征战远至中部非洲地区。为了抵御战乱，南部非洲的一些班图人部落建立了自己的国家，其中有莫舒舒领导的莱索托，以及其他索托—茨瓦纳人的酋长国。这个战乱和国家重组的时期是南部非洲历史当中颇有争议的时期。据达文珀的《南非史》所引的资料，在沙卡征伐前，祖鲁地区共有94个部落，征战当中有50个部落被毁灭或逃到其他部落，20个部落逃离家乡到其他地方安置。[①] 还有一些非洲人逃到开普殖民地，成为白人的劳工。这场被称为"姆菲卡尼"（Mfecane）的持续战乱，使大量非洲人丧生，农牧业被荒废，战败部落的社会组织遭到破坏。布尔人乘虚而入，掠夺非洲人的牲畜和土地，杀戮、驱逐土著居民。

此时的祖鲁王丁干握有几万人的大军，在白人不断的领土要求面前，决心排除入侵者对其领地的威胁。1838年2月6日，丁干佯装签约，诱来布尔人头目皮特·雷梯夫一行，祖鲁武士将他们杀死。随后，祖鲁王国军队袭击布尔人定居点，杀人掠畜，令白人胆寒。布尔人加紧补充力量集结兵力。当年12月16日，布尔人与祖鲁人展开决战。安德里斯·比勒陀利乌斯率领的布尔人突击队，侵入祖鲁王国腹地，在姆佛洛希河岸以57辆牛车围成圆阵，人手一枪并配有两门火炮。祖鲁军队近万人，手持矛和盾，向布尔人牛车阵连连发动进攻。约3000祖鲁勇士死在布尔人的枪弹下，血流成河，祖鲁军队最后败退，布尔人占领纳塔尔中部。

## （二）英国吞并纳塔尔

英国人在向东开普移民的同时，一小批英国人于1824年来到现今的德班港附近，建立一个定居点，取名纳塔尔港。英国的商人和传教士与祖鲁王国小心相处，取得土地，立足扎根。1838

---

[①] T. R. H. Davenport, *South Africa: A Modern History*, p. 110.

## 第二章 历　史

年12月布尔人打败丁干，在纳塔尔得势后，继续向南进犯，遂与英国殖民利益发生冲突。英国军队随即到达纳塔尔维持秩序，但并未常驻。为阻止布尔人威胁开普殖民地的东北边界，英军在1842年5月第二次出兵纳塔尔。一年之后，开普殖民地总督宣布，布尔人在纳塔尔南部建立的纳塔尔共和国接受英国统治。英国吞并纳塔尔后，布尔人绝大部分离开这里，撤到德拉肯斯山脉西北的高原，随即与居住在山地高原的非洲人（索托—茨瓦纳人）发生冲突。布尔人想取得出海口的企图，也随之破灭。英国殖民军队随即出兵纳塔尔，一年之后英国吞并纳塔尔。

英国在纳塔尔的殖民统治，与祖鲁王国的冲突不断加剧。1878年底，英国殖民当局要求当时的祖鲁国王——塞茨瓦约（Cetshwayo）解散他的军队，但遭到拒绝。1879年初，英国殖民军队分四路进攻祖鲁王国。祖鲁人巧用计策，调虎离山，伏击敌人，使英军伤亡惨重，一个英军纵队几乎全军覆没。英军后来的进攻也未能成功。祖鲁人在此后的4次战役中，均显示了极其高超的作战能力。恩格斯曾高度赞扬祖鲁人的反侵略战争："卡弗尔人——祖鲁人在数年前……曾做出了任何欧洲军队都不能做的事情。他们没有枪炮，仅仅用长矛和投枪武装起来，在英国步兵……的弹雨之下，竟然一直向前冲到刺刀跟前，不止一次打散英军队伍，甚至使英军溃退……"[①] 后来，英国从本土调来军队，又增加了大炮，才在对祖鲁人的战争中最后得手。1887年，祖鲁王国的土地被英国殖民当局兼并，成为纳塔尔殖民地的一部分。

英国占据纳塔尔后，移民步伐加快。1849~1850年间，大约5000名英格兰人和苏格兰人被安置到这里。到1870年，纳塔尔的白人移民已达1.8万人（英国人1.5万，布尔人3000）。但是，白人殖民者始终处在非洲人的海洋之中。当时，纳塔尔殖民

---

① 《马克思恩格斯选集》第4卷，人民出版社，1972，第39页。

地的非洲人有27万，相当于白人的15倍。[①] 为了控制非洲人向白人区流动，英国人开始推行"土著人保留地制度"，到1864年纳塔尔已有42个土著人居住地。英国殖民官员西奥菲勒斯·谢普斯通在纳塔尔实行利用非洲人酋长的间接统治，后来在西非也实行此法。

吞并纳塔尔之后不久，英国又在1848年宣布对奥兰治河与瓦尔河之间的地带拥有主权。但是，随着其统治地域的扩大，英国殖民当局不仅与布尔人发生冲突，而且面临非洲人的不满和反抗。为了稳定其在开普和纳塔尔殖民地的统治，英国在1852年和1854年先后承认德兰士瓦和奥兰治自由邦为独立的布尔人共和国。19世纪中期，在现今的南非疆界范围内，形成开普和纳塔尔两个英属殖民地与德兰士瓦和奥兰治自由邦两个布尔人共和国共存的局面。

为解决甘蔗种植园劳动力的不足，英国在其殖民地印度招募契约劳工，1860~1866年间约有6000印度人来到纳塔尔；到1907年，有近10万印度人"输入"南非。印度人大多在这里定居，成为南非多种族社会的一部分。

此时的南非，仍是一个以农牧业为主的社会，与同期的北美相比，商业和工业很少，交通和通讯也很落后。白人殖民扩张的目标，主要是掠夺非洲人的耕地和牧场。非洲人虽然失去了很多土地，但是其社会组织、生产方式和家庭结构还维持着以往的秩序。对南非社会根本性的冲击则是矿业的兴起。

三 矿业的开发和南非的统一

19世纪60年代，南非的地位与英国的其他非洲殖民地差别不大。英国在这里的经济利益有限，投资和贸易都很少。两个英国殖民地和两个布尔人共和国的岁收只约75万

---

[①] Leonard Thompson, *A History of South Africa*, p.97.

第二章 历 史 South Africa

英镑,其中 3/4 是开普殖民地的岁收。当时南非白人仅有 25 万人,相当于同期美国白人的 1%;南非铁路总长度仅有 112 公里,当时美国铁路已达 6.1 万公里。[①] 矿业的开发,改变了南非的面貌。

(一)矿业带动了工业革命

非洲人在南部非洲各地挖掘露天的铜矿、铁矿和金矿已经有一千多年的历史。19 世纪 60 年代,白人也在开普殖民地西北部挖掘铜矿,在德兰士瓦东部挖掘金矿,但是都没有形成现代的矿业。

1867 年,在瓦尔河与哈特斯河交汇处附近发现了钻石,引起轰动。两三年间,几千人蜂拥而至,有白人,也有黑人,挥锹抡镐寻找钻石。1869 年在金伯利附近又发现了钻石矿带。到 1872 年,这一带聚集了大约 2 万白人和 3 万黑人,挖掘钻石。欧洲投机家、投资者涌向金伯利,钻石矿业迅速兴起,德贝尔斯钻石公司(De Beers)由此发家。1871 年,英国宣布钻石矿区所在的格里夸兰地区归英国所有,1880 年并入英属开普殖民地。

19 世纪后期南非矿业的快速发展,是资本主义进入垄断、资本输出成为趋势的时期发生的。这使南非矿业的兴起,只经过很短的自由竞争阶段。钻石矿业在不到 15 年的时间,就完成了从个体操作、小公司竞争到大公司垄断的过程。金伯利在 1871 年就已成为世界最大的钻石生产地;到 1890 年,钻石收入已占开普殖民地岁收的一半以上。

1886 年,在威特沃特斯兰德发现巨大的黄金矿带,黄金城——约翰内斯堡随之兴起。金矿业的发展带动了相关工业的发展,资本、劳工大量聚集到这里,金矿业的发展规模和速度都超过钻石业。由于钻石巨头们在 20 年间积累的雄厚资本大量转移

---

① Leonard Thompson, *A History of South Africa*, pp. 107 - 108.

## 南非

到金矿开发，因此金矿业从一开始就被垄断资本主要是英国资本所控制。仅次于英国资本的是德国资本。南非的黄金产量在1898年超过美国和澳大利亚，成为世界最大产金国，占世界黄金年产量的27.55%。第一次世界大战后，矿业巨头奥本海默家族转向美国资本市场。欧内斯特·奥本海默创建的"南非英美公司"是南非矿业中最大的垄断公司，其原始资本的1/2来自美国的大财团，是实力雄厚的跨国集团。

矿业使南非成为世界经济的一部分，矿业的发展带动了南非的工业革命。矿业的发展，带动了相关工业，如能源工业（煤矿）、建筑业、炸药生产、铁路建设的发展，金融业、通讯业也随之兴旺。矿业也推动了工业城市的兴起和城市人口的增长。

金伯利钻石城是南非第一个工业城市。在此以前，南非的城市大致为两类：一类是港口城市，如开普敦、伊丽莎白港、东伦敦和德班，由欧洲殖民者的定居点发展而成，是殖民行政当局的所在地，商业中心和面向海外的窗口。另一类是由于布尔人行政管理的需要而建立的城市，如布隆方丹和比勒托利亚。人口超过1000人的城镇不到20个，人口聚集点大多为村镇。钻石业的开发使人口集中加快，到1874年，金伯利人口已达5万，仅次于殖民老城开普敦。[①] 金矿业的发展，很快形成以约翰内斯堡为中心的工业地区。到19世纪末，约翰内斯堡的白人为7.5万人（白人矿工为1.2万人），金矿的非洲人矿工达10万人。[②]

但是，南非的工业化并不彻底，与之相伴随的始终有一个非洲人的传统生产方式。在这里，存在着一个处于控制地位，服务

---

① Wilson and Thompson, *Oxford History of South Africa*, Vol. II, Oxford University Press, 1971, p. 172.
② Leonard Thompson, *A History of South Africa*, p. 120; Shula Marks and Richard Rathbone ed., *Industrialisation and Social Change in South Africa*, Longman, 1982, p. 12.

第二章 历 史

于白人资本的现代化经济，同时保留着一个为白人资本提供廉价劳动力的前资本主义经济形态。因此，南非的经济结构具有殖民地的特征。

（二）非洲人传统社会被破坏

南非工业化初期，虽有现成的国际资本，却没有现成的无产阶级。

矿业是劳动密集型产业，除来自欧洲主要来自英国的技术工人之外，大量的非技术性劳动要靠当地人承担。但是，19世纪60年代，布尔人社会和非洲人社会都处于前资本主义的农业社会。布尔人侵占了大量非洲人的土地，并占有大量黑人作为其农工，这是英国资本发展的一个障碍。同时，布尔人的土地扩张与英国殖民利益的冲突日益尖锐。双方对土地和劳动力的争夺，导致一系列的战争，掠夺土地的殖民战争一直持续到19世纪末，非洲人的武装反抗才被镇压下去。非洲人的土地大部被白人占据，只剩下零星的"土著人保留地"。传统农业遭到破坏，人口对土地的压力越来越严重，大批非洲人男子离开土地到矿区出卖劳动力。

廉价黑人劳工是矿业利润的主要来源。为了迫使非洲人离开土地而出卖劳动力，英国殖民当局对非洲人进行强制无产阶级化。除了以武力剥夺非洲人的土地之外，殖民当局征收苛捐杂税，使非洲人在农村难以为生，并制定法律强迫非洲人出卖劳动力。英国殖民当局制定法律，强制非洲人到矿上做工。1894年通过的《格伦格雷法》规定：每一成年非洲男子，除非在上一年的12个月内在自己的聚居地之外曾劳动满3个月，否则必须缴纳10先令劳动税。《格伦格雷法》最初只适用于凯河以西的格伦格雷地区，但不久就被推广到整个德兰士瓦地区。这一法令成为非洲人身上的枷锁，迫使他们与矿主订立合同，从事一定时期的劳动，期满后即回原籍，这就形成了南非的流动劳工制度。

# 南非

来到矿山的非洲人劳工被集中居住在工棚内,矿主又以防盗为名在工棚周围围上铁丝网,派人看守,形同监狱。①

这种剥夺和压迫给非洲人带来巨大的苦难,遭到非洲人的强烈反抗,1878年和1879年先后爆发了格里夸起义和佩迪起义。英国殖民当局动用重兵,耗费大量财力,并联合布尔人军队,才把起义镇压下去。佩迪人的大部分土地,被布尔人的德兰士瓦共和国占去,而不得不到矿上出卖劳动力。到1884年,佩迪人占金伯利钻石矿黑人劳工的40%。② 同期,英国殖民军队还联合布尔人民团,发动了征服祖鲁人的战争(1879年),并最后镇压了科萨人的反抗(1877年、1881年)。非洲人失去了自主地位,非洲人的土地已大部被白人占据,而被分割在零零星星的"土著人保留地"内。传统农业遭到破坏,人口对土地的压力越来越严重,大批非洲人男子离开土地到矿区出卖劳动力。在1871~1875年间,曾有30万非洲人男子到钻石矿干活,每年平均保持在约1万人。金矿对劳动力的需求更多,1890年非洲人矿工共1.5万人,1893年达到2.9万人。③ 但是,劳动力短缺的状况仍在不断加剧,原因之一是金矿的开采深度不断增加,二是南非金矿石的含金量很低,因此需要大量的、而且是廉价的劳动力。由于英国在1816年确定了金本位制,之后各国相继效仿,因此南非金矿的利润主要不是来自供求关系所引起的价格变化,而是靠压低成本,而主要是压低非洲人矿工的工资。

非洲人矿工基本上是非技术性的、为期一年的合同工;同时,非洲人没有和土地割断联系,生活来源的一部分仍靠农村的

---

① 葛佶:"种族主义经济的形成与发展",见杨立华等编著《南非政治经济的发展》第六章,中国社会科学出版社,1994,第100页。
② Duncan Innes, *Anglo American and the Rise of Modern South Africa*, New York: Monthly Review Press, 1984, p. 26.
③ Duncan Innes, *Anglo American and the Rise of Modern South Africa*, pp. 50–51.

耕种和放牧，不断有大批非洲人离开矿区，因此非洲人劳动力对矿业的供应不稳定，矿业的大规模发展受到劳动力短缺的限制。为了解决劳工短缺，钻石矿使用大量犯人采矿。1873～1887年间，金伯利矿曾使用近7万犯人。[①] 对犯人劳工的管理手段，很多被沿用到对非洲人矿工的控制。但是非洲人有相对的人身自由，离矿而去的事情经常发生。于是，控制劳工供应的流动劳工制度就成为南非矿业的主要用工制度，其主要内容包括：非洲人矿工住在兵营式的单身宿舍区，不能携带家属；非洲人矿工必须携带通行证（1895年制定通行证法）；合同期满前不得离去，否则为非法（1872年钻石矿的主仆法）；非洲人不能组织工会。这样，矿业资本家就可以压低非洲人矿工的工资，降低开采成本，靠大量廉价非洲劳工的血汗牟取暴利。白人资本和黑人劳工的矛盾，是南非社会发展的基本矛盾。非洲人的"保留地"虽仍存在传统农业，但其主要功能是为白人资本生产廉价劳动力，非洲人本身的发展完全被压抑。流动劳工制度使大量非洲人青壮年男子长期离家外出做工，农业多由妇女承担，造成了很多家庭破裂。非洲人社会失去了自主发展的条件，完全服务于白人资本的需求。

钻石矿和金矿的技术工人大多来自欧洲，主要来自英国。他们有组织工会的传统，到南非后很早就组织白人工会，如1892年成立的威特沃特斯兰德矿雇员和技工工会。因此，矿主不敢任意压低白人矿工的工资。白人矿工的工资相当于黑人矿工所得的11倍，而且，矿主还为白人矿工提供住房补贴。[②] 因此，从南非工业化开始，工人阶级就被分裂为两部分，矿业中的种族隔离和种族歧视最为严重。

---

[①] Duncan Innes, *Anglo American and the Rise of Modern South Africa*, p. 32.
[②] Leonard Thompson, *A History of South Africa*, p. 150.

## （三）英布战争

矿业的开发所引起的工业化和城市化，对布尔人的生产方式和统治方式也产生前所未有的冲击。英、布之间的矛盾和争夺也随之加剧。

### 1. 英布矛盾加剧

工业化带来的城市化，打破了业已形成的种族地域分布。自我封闭的德兰士瓦布尔人共和国，被金矿资本所冲破，大量外部白人带着资本和技术涌入布尔人的领地，英语成为矿业的用语，英国文化在约翰内斯堡处于统治地位。和非洲人一样，布尔人也是被动地卷入工业化和城市化，但是他们大多受教育程度较低，没有技术，更无资本，只能从事非技术性工作，收入很低，这无疑对自认为是上帝选民的布尔人的自信心是一种打击。因此，他们仍留恋农村生活，觉得在那里离上帝更近。由于此时土地扩张已近极限，布尔人中的无地者不得不进入城市谋生。布尔人既受到英国资本和英国文化的冲击，又遇到非洲人在劳动力市场上的竞争，这对自认为是上帝选民的布尔人无疑是对其自信心的打击。布尔人的领袖们则担心城市生活会使布尔人失去民族特征，抵挡不住英国文化的影响，因而感到是一种威胁。

同时，矿业的发展也使非洲人的城市化进程加快。非洲人大量进入开普殖民地北部的钻石矿区，改变了西开普地区的种族人口比例。兰德金矿地带和金融与工业中心约翰内斯堡成为各种族聚集的场所，使布尔人在德兰士瓦人口中的比例大大下降，也形成了对布尔人的文化和心理的冲击。布尔人担心，与非洲人在劳动力市场上竞争会破坏种族界限。

19世纪80年代，帝国主义国家对非洲的争夺更为激烈，英国的从开普到开罗的梦想终因力不从心而成泡影。但是，英国在南部非洲的殖民争夺中得手，巩固和扩大了其势力范围。英国在南部非洲的扩张，既同布尔人共和国的利益有冲突，又面临新崛起的德国的挑战。英国的意图是扼制德兰士瓦布尔人共和国的势力，阻止其独立，以免构成英国向北扩张的障碍；同时切断布尔人共和国向海洋的通道，以阻止其经济独立而摆脱英国的控制。1883年德国侵占西南非洲后，英国急忙在1884年柏林会议上与德国确定划分非洲势力范围的基本原则，并在1890年《赫尔果兰条约》中正式划定英、德非洲殖民地的疆界。英国承认德国占领西南非洲，德国承认英国占有沃尔维斯湾（亦称鲸湾）。1885年，英国吞并贝专纳（今博茨瓦纳），并宣布斯威士兰为其保护国，以阻止德兰士瓦布尔人共和国向西发展，或向东取得出海口。为了阻止布尔人北上，英国政府在1889年授权英国南非公司侵占林波波河以北地带——马肖纳兰（今津巴布韦）并于1890年，宣布该地为英国殖民地。至此，南非的疆界形成。

英国政府加紧实现其组成英属南非联邦的计划，即把开普和纳塔尔殖民地与两个布尔人控制的共和国统一起来，以适应其资本主义发展的需要。

布尔人所要求的是建立自己的势力范围，摆脱英国的控制和英国文化的影响。按照白人至上的信条，在布尔人共和国，任何非洲人都不能享受政治权利，对非白人的统治不能有丝毫松动。英国在1877年吞并德兰士瓦后不久，布尔人的反抗就开始了。1880年，在P.克罗格领导下，布尔人造反，打败英国殖民军队。1881年，英国同意德兰士瓦成立自治政府，享受有限的独立。19世纪90年代，德兰士瓦布尔人共和国实力渐增，摆脱英国控制的欲望更为强烈，拒绝加入英属殖民地关税同盟。同时，布尔人共和国与矿业资本的利益冲突不断发生。为了防止英国人在政治上扩大影响，德兰士瓦布尔人共和国政府采取措施限制"外来人"的选举权，规定在该共和国居住14年以上的白人男子才有选举权。因为当时以英国人为主的"外来人"男子已相

当于当地布尔人男子的人数①,德兰士瓦布尔人共和国政府规定只有白人男子才有选举权。为了增强与英国对抗的力量,德兰士瓦布尔人共和国政府还与德国建立了外交关系。

## 2. 英布战争(1899~1902年)

这些动向引起了英国的担忧。19世纪90年代后半期,英布矛盾日渐尖锐。英国为压制德兰士瓦布尔人共和国,使其保留在英国的势力范围内,曾在1895年底进行一次军事侵略,但很快失败。1899年初,居住在德兰士瓦的外来白人,其中大部分为英国人。他们以英国人无平等选举权、受虐待为由,联名要求英国政府干涉。英国政府已在1898年与德国和葡萄牙分别达成协议,使德兰士瓦布尔人共和国不可能继续得到外部的武器供应。但是,德兰士瓦布尔人共和国总统克罗格已从欧洲购买大量武器,准备镇压"外来人"的反政府活动,并对付英国的干涉。克罗格在1899年10月11日向英国发出最后通牒,要求停止英军在边境地区的调动,遭英国拒绝,于是英布开战。历时两年半的英布战争,被列宁称为帝国主义战争的开始。

战争开始之后,英国皇家海军封锁了海上通道,同时与莫桑比克的葡萄牙殖民当局达成不准军事设备过境的协议,使德兰士瓦布尔人共和国得不到外部的武器补给。当时,欧洲和美国舆论虽然同情德兰士瓦布尔人共和国,但是没有一个外国政府给德兰士瓦布尔人共和国提供支持。另外,德兰士瓦布尔人共和国武装与英国军队的人数相差很大。德兰士瓦布尔人共和国能征集的作战人员仅8.8万人;而英国军队总数达45万人之多,其中36.5万是来自英国本土的军队,还有5.3万来自南非的英国移民当局的武装,3.1万来自加拿大、澳大利亚和新西兰。

---

① *South Africa Official Yearbook 1989/1990*; Leonard Thompson, *A History of South Africa*, p. 136.

第二章　历　史　South Africa

　　这是英、布殖民者之间最后一次战场上的较量。布尔人军队借助地利人和以游击战袭击英军,骚扰开普和纳塔尔殖民地,阻断英军的补给,并围困英军驻守的城镇,使英军遭到重创,2万多名英军战死南非。但是,到1900年,英国军队打破围困,逐渐占据主动,阻止德兰士瓦布尔人共和国武装的进攻,抓获4000名俘虏,并占据了布尔人的重要城镇布隆方丹、约翰内斯堡和比勒陀利亚。英国倚仗财力和军力的雄厚,先后投入45万兵力,耗资2亿英镑,最终击败布尔人。布尔人军队损失近半,并有两万多布尔人平民,包括儿童因病或饿死于集中营。英军的"焦土政策"使布尔人的农牧场几乎被战争毁灭殆尽。两年半的战争使布尔人元气大伤,最终放弃抵抗。1902年5月31日,英布双方在比勒陀利亚签订《韦雷尼欣和约》(Peace of Vereeniging)。

　　英布战争是白人殖民者之间的争夺。交战双方达成协议,不准黑人参战,也不准使用印度人。但是在战争中双方都使用了大量黑人,非洲人同样饱受战争之苦。黑人普遍倾向于较开明的英国人,反对种族主义强烈的布尔人,因此,他们在后勤和翻译方面给英国人不少帮助。据彼得·沃里克在《黑人与南非战争》一书中所述,有1万~3万非洲人参加了英军的作战。[1] 然而英国毫无报恩之意,战争结束后,即把非洲人抛在一边。

**(四) 南非的统一**

　　英布战争结束后,英国政府加紧实现其组成英属南非联邦的计划。

　　为了确保英国的长期统治,英国驻开普殖民地高级专员米尔纳有一个从英国大量移民的设想。然而,仅有约3000英国人移居南非,远没有实现米尔纳欲使英人超过布尔人的计划。除纳塔

---

[1] Peter Warwick, *Black People and the South Africa War 1899 – 1902*, Ravan Press、Cambridge University Press, 1983, p.5.

尔外，其他三个地区的英国人都少于布尔人。布尔人占南非白人总数的一半以上，这一点对南非政治的发展有长远的影响。

1906年，英国自由党上台执政，实行与布尔人和解的政策，先后准许德兰士瓦和奥兰治殖民地成立自治政府，形成四个英属殖民地共存的局面。经济发展需要一个统一的市场，而四个殖民地之间在交通、关税和贸易方面的纠纷已成为经济发展的障碍。同时，由于劳动力的短缺和争夺，白人经济需要建立一个统一的劳工市场，以"合理"分配黑人劳工。

战争期间（1899~1902年）韦特沃特斯兰德金矿几乎关闭，很多非洲人离开金矿返回农村。战后，大量的英国资本投向南非金矿，矿业的恢复急需大量劳动力。同时，南非金矿采掘深度增加使成本提高，因此金矿的利润更加依赖非洲人廉价劳工。但是，由于非洲人的季节性流动，同时金矿的生产条件恶劣，矿工死亡率极高，加上黑人矿工工资低廉，只及白人矿工工资的1/10，很多非洲人离开金矿返回农村，因而难以保持劳工的稳定供应。各矿业公司间为争夺劳工进行竞争，使非洲人增大了讨价还价的空间，黑人矿工工资有所增长，使矿业公司难以达到降低成本提高利润的目的。矿业资本家也不愿雇佣白人做非技术性工作，因为成本更高。

矿业资本家把输入中国劳工看作"唯一的希望"（英国驻南非高级专员米尔纳之说）。为了解决劳动力的不足，英国政府决定利用1860年的《北京条约》第5款的规定，在中国招募劳工。英国政府与中国清政府在1904年5月达成协议，在中国招募契约矿工。从1904年5月到1906年11月，共有63695名中国劳工被运到南非，占矿工总数的40.22%。华工的辛勤而高效的劳动，扭转了金矿的困难局面。到1906年底，南非金矿恢复并超过战前水平，重新成为世界最大的黄金生产地。但是，由于英国工会的反对和德兰士瓦内部对引进中国劳工的不满，英国政府于 1907 年 1 月决定停止招募华工。1910 年 2 月，最后一批 3 年期满的华工回国。[①] 华工撤走后，东非殖民地的非洲人（莫桑比克人）成为金矿劳动力的重要来源。如何最大限度地使用非洲人劳工，仍是矿业资本的一个难题，这是矿业资本要求政治统一的原因之一。

在政治上，白人也有统一的要求。面对占人口绝大多数的非洲人，白人在政治上有共同对付非洲人的需要。另外，除纳塔尔外，其他三个以布尔人占白人多数的殖民地都有统一起来排斥英国控制的意图。以上这些因素，使南非白人携起手来，把四个殖民地合为一体。

1908 年 10 月，四个殖民地的代表团在德班市开会，讨论制定宪法。1909 年，四个殖民地议会通过宪法草案。该宪法草案呈送英国议会通过后，成为南非第一部宪法，即 1909 年《南非法》。这是一部种族主义的宪法，它奠定了南非白人种族主义制度的基础。1910 年 5 月 31 日，英属南非联邦成立，格莱斯敦勋爵任南非联邦总督，路易斯·博塔成为南非第一届白人政府的总理。

至此，多种族的南非社会形成。1910 年，南非联邦的人口共 592.5 万。其中非洲人为 400 万，"有色人"（混血种人）50 万，印度人 15 万，白人 127.5 万。[②] 占人口少数的欧洲移民是统治民族，而占人口绝大多数的原住居民非洲人、"有色人"和印度人处于被压迫民族的地位。统一的南非分割成为两个对立的世界。

---

[①] 陈翰笙：《华工出国史料汇编》第八、九、十辑，中华书局，1984，第 146~149 页；Peter Richardson, *Chinese Mine Labour in the Transvaal*, University of Melbourne, the Macmillan Press Ltd, 1982, p. 105, 168, 172, 176.

[②] Leonard Thompson, *A History of South Africa*, p. 153.

## 第三节　现代简史——20世纪上半期

1910年建立的南非联邦，乃是英帝国所属的一个自治领，其地位类似加拿大、澳大利亚和新西兰。它的政治制度依照"英国宪法的原则"，英国总督是最高行政长官，立法的批准权在英国议会，英国政府对南非的行政有干预的权力。这种状态直到1961年南非脱离英联邦，才完全结束。

南非联邦成立后，白人主要考虑的是巩固自己的权力，即强化对非洲人的统治。白人种族主义统治的手段，随着双方力量对比的改变，即黑人对白人种族主义统治的威胁程度而变化。剥夺黑人的政治、经济权利，压制他们的发展，使他们完全为资本的利益而存在，是南非种族主义统治的实质。1910～1990年，南非的种族主义制度维持了80年，经历了从确立到强化到衰败的过程。

### 一　英属南非联邦时期

#### （一）白人中政治力量的消长

1910年5月31日，英属南非联邦成立，格莱斯敦勋爵任总督，路易斯·博塔成为南非第一届白人政府的总理。南非联邦乃是英帝国所属的一个自治领。但是，英国的影响和南非英语白人的政治力量逐渐减弱。英语白人在经济和文化领域占有优势，他们与宗主国的联系与认同，虽加强了其经济实力，但妨碍了他们在政治上的自主发展。虽然英语白人有优越感，但是，由于其人数不到白人总数的一半，因此，随着英国在南非政治上的影响日渐减少，他们在南非的政治势力也逐渐减弱。与宗主国的联系也使英裔白人保留了退路，因而他们对南非的"故土意识"一般不如阿非里卡人强。

荷语白人（布尔人）称自己为阿非里卡人，意为本地出生的人。他们与欧洲母国早已脱离了政治联系，虽然在文化和宗教上依然具有荷兰的影响，但是思想和心理状态上已形成独有的特征，"恐英"和"恐黑"是其基本的心态。"恐英"是出于经济力量弱和文化的落后，唯恐被英人所同化，因此极力抵制英国的影响，自我封闭以求民族特征的保存；"恐黑"是由于人数比黑人少，在就业竞争中并不具备优势，因此主张严格的种族界限，压制和牺牲黑人以保证自己的发展。阿非里卡人的这种共同心理，使其具有强烈的集体存亡意识，因而其政党的发展也比英语白人强。阿非里卡人的种族主义和民族主义的强化，各种排他性的文化和经济组织起了很大作用，其中影响最大的是1918年建立的阿非里卡人兄弟会。这个由阿非里卡上层男人组成的秘密团体，成为种族主义政策的思想库。阿非里卡人和英语白人政治力量的不平衡，使得1910年以来的历届南非白人政府都是阿非里卡人的政党掌权，所不同的是其代表人物与英国关系的远近，对南非英语白人的态度，以及坚持种族主义的程度。

南非联邦建立后，两部分白人间的矛盾依然存在。但是，南非的欧洲移民数量大大少于非洲人，因此，白人内部的矛盾比起种族矛盾始终处于次要地位。白人的主要考虑是巩固自己的权力，即强化对非洲人的统治。

**（二）白人种族主义制度的确立**

1910年南非联邦建立后，白人政府通过一系列立法，保证了白人对南非的政治统治，对南非土地和资源的占有，以及对黑人劳工的控制和剥削。

**1. 白人独占的种族主义政治制度和政治权力**

1909年《南非法》奠定了白人种族主义制度的基础。根据该法，参与国家政治完全属于白人的特权。南非的立法、行政和司法机构全部由白人占据；而"非白人"则完全被排斥在南非

政治权力之外。除了开普省继续保留以前实行的选举制度，即给予有一定经济地位的"有色人"和非洲人选举权，纳塔尔省保留一部分"有色人"的选举权之外，其他的"非白人"均被剥夺了选举权。该法还规定，"非白人"无权进入议会。

非洲人反对剥夺他们的政治权利，于1909年在布隆方丹召开南非土著人大会。在此基础上，1912年1月8日成立了全国性的非洲人民族主义组织"南非土著人国民大会"，1923年改名为"南非非洲人国民大会"（简称非国大），旨在维护非洲人的民族权益，反对白人的种族主义统治。由于非洲人占南非人口的绝大多数，白人政府视其为主要威胁，是白人政权从政治上排斥的主要对象，因此对非洲人的政治权利限制得最严，剥夺得最彻底。1936年的《土著人代表法》取消了对开普省非洲人保留的一点选举权，规定有选举资格的开普省非洲人只能选3名白人，作为"土著人的代表"进入众议院；南非全国的非洲人只能选4名白人，代表他们进入参议院；非洲人的代表，只能进入"土著人代表委员会"。

南非的"有色人"占总人口的9.2%，亚洲裔人（主要是印度人）占人口的2.6%（1985年南非人口统计数字）。由于少于白人的人数，在白人当局眼中，他们不单独构成对白人统治的威胁，因此曾程度不同地享受有限的选举权，他们的社会地位比非洲人略高。"有色人"由于历史上与布尔人的血缘关系和文化影响，即操阿非里卡语和信仰荷兰归正教，因此被认为没有独特的民族特性，政治上也徘徊于非洲人和布尔人之间。南非印度人有90多万，是印度本土之外最大的印度人社团，他们保持了自己的文化传统，并与母国——印度保持着联系，同时有一定的经济力量，既与白人统治者有矛盾，也与土著非洲人有冲突。南非印度人的政治倾向从激进到保守的都有，主要取决于其经济地位。但是，第二次世界大战后，随着种族矛盾的加剧。南非印度人和"有色人"先后被剥夺了有限的选举权,与非洲人一样,同样处于被压迫民族的地位。

白人独占政治权力的制度,在19世纪80年代初期有所改变。当时的博塔政权为了缓和种族矛盾,改善在国际上的形象,进行了宪法改革。在白人议会之外,另立"有色人"议会和亚洲人议会,形成"三院制"议会。这种制度不仅在议席分配上保证了白人占压倒多数的地位,而且通过划分"内部事务"和"一般事务",使"有色人"议会和亚洲人议会无权过问国防、财政、外交、司法和工商业等方面重大问题,只有权管理本种族内部的教育、文化和社会福利。这种改革不过是为白人政权披上一个多种族的外衣,大权仍旧掌握在白人手里,而"有色人"和印度人只被给予有限的咨询权利。而且,这个宪法改革完全排斥占人口绝大多数的非洲人,继续剥夺他们的政治权利,因而遭到南非国内外的普遍反对和谴责。

**2. 种族主义的土地制度**

经过250年的殖民掠夺和征服,到1910年南非联邦组成时,南非土地的绝大部分已被白人占有。非洲人所剩的土地,即所谓"非洲人保留地",总共约900万公顷,仅占南非领土的7.35%,而且是一百多片互不相连的地块。除特兰斯凯保留了较大的一片土地和海岸线之外,其他的"非洲人保留地"都分散在内地的贫瘠地带。为了使这种殖民性质的土地占有合法化和固定化,白人政府于1913年制定《土著人土地法》,禁止非洲人在"非洲人保留地"之外占有或购买土地。但是,非洲人农业地区人口稠密,土地过度使用而退化严重,收获不足以糊口,更交不起各种苛捐杂税。大批非洲人被迫到"非洲人保留地"之外谋生。一些非洲人到白人农场租种土地,有些则在闲置的土地上耕种。为了阻止非洲人在"非洲人保留地"以外占地的势头,白人当局在1936年制定《土著人托管和土地法》,依此法成立了南非

土著人托管机构,南非政府将在10年之内,从白人手里购买620万公顷的土地并入"非洲人保留地",最终使"非洲人保留地"占到南非领土的12.7%左右,以此作为非洲人与白人之间最终的土地划分。即使这样一个杯水车薪的计划,也迟迟不能兑现,到1939年,"非洲人保留地"的面积仅达到南非领土的11.7%。[①] 1936年土地法所规定的土地划分,成为1948年上台的南非国民党政府在20世纪50年代实行"班图斯坦计划"的根据。"班图斯坦"后来又被称为"黑人家园",所有南非的非洲人都被划归某个黑人家园,城镇地区的非洲人也包括在内。城镇地区的非洲人由于被剥夺了公民权利,因此不能拥有土地权利,他们的住所只能租用而不能拥有。

在剥夺非洲人土地的同时,白人政府也通过立法限制南非印度人占有土地和财产。在南非联邦成立后,不准南非印度人进入奥兰治自由邦,并限制南非印度人在德兰士瓦省占有土地。不经准许,南非印度人不能从一个省迁移到另外一个省。1943年的《贸易和占地(德兰士瓦和纳塔尔)限制法》,及1946年的《亚洲人土地使用权和印度人代表法》规定,南非印度人未经批准,不得在德兰士瓦和纳塔尔从白人手中获得固定财产。

开普省的"有色人"保留地,约有166.9万公顷(根据1909年《教会土地和公共保留地法》)。[②]

**3. 对黑人劳工控制和剥削的种族主义劳工制度**

南非联邦成立之前,四个殖民地早已有各自的种族主义劳工法,如《主仆法》和《通行证法》等。在此基础上,联邦政府于1911年制定了两个针对非洲人的劳工法——《土著劳工管理

---

① Muriel Horrell, *Legislation and Race Relations*, Johannesburg: South African Institute of Race Relations, 1971, pp. 3 – 4; Leonard Thompson, *A History of South Africa*, pp. 163 – 164.

② Muriel Horrell, *Legislation and Race Relations*, p. 84.

## 第二章 历 史

法》和《矿山和工厂法》。前者规定,中断雇佣合同为非法行为,防止非洲工人特别是矿工的流失,保证了雇主的利益。《矿山和工厂法》是南非第一部照顾白人的职业保留法。该法规定,只允许白人从事技术性工作,尤其是限制德兰士瓦省和奥兰治自由邦的"非白人"获得竞争技术性职业的证书。这是白人工会施加压力的结果,目的是保证白人工人的就业机会,特别是使没有技术而又自以为种族优越的阿非里卡人获得就业保护。非洲人被剥夺了竞争技术性工作的权利,只准从事最脏、最累和收入最低的工作。

第一次世界大战期间,南非的制造业第一次取得大的发展。兰德矿区的制造业企业增加一倍多,从 862 家增长到 1763 家,非矿业工人增加了 50%,达到 9 万人。[1] 非洲人大量涌入城市寻找工作,成为制造业工人,并成为永久性的城镇居民。非洲人在劳工市场上,与失去土地到城市来谋生的"穷白人"发生就业竞争。黑人工人的工资只及白人工人收入的 1/15,因而雇主愿意雇佣黑人从事非技术性或半技术性工作,以获得更多的利润。白人工会组织罢工,抗议雇佣黑人,要求在就业领域规定更严格的肤色限制。1923 年《(城市地区)土著人法》是加强对非洲人劳工控制的法律,该法规定,在"白人城镇"周围划定非洲人住区与"白人区"相隔离;并规定,限制非洲人进入城市,把没有工作的"多余的"非洲人赶出"白人区"。在南非全国实行更加严格而统一的《通行证法》,并规定对非洲人实行宵禁。这是南非第一个有关居住区域实行种族隔离的立法,也是白人政府限制非洲人城市化的最早的法令。[2] 1924 年,保守的阿非里卡

---

[1] Shula Marks and Richard Rathbone, *Industrialisation and Social Change in South Africa*, Longman, 1982, p.31.
[2] Muriel Horrell, *A History of South Africa*, p.3.

## 南非

人国民党和以白人工会为支持基础的工党结盟,参加大选而获胜,组成联盟政府,并以种族主义意识强烈著称的赫尔佐格任政府总理。随后,一系列种族主义法律出笼。1924年,赫尔佐格政府提出在公共部门实行"文明劳动"政策,旨在给尽可能多的白人提供就业,并以"文明"价格付给工资,即使他们从事的是非技术性工作。1924年的《工业调解法》规定了白人工会的权利,但是不承认非洲人工人的"雇员"资格,不准非洲人工人组织工会或举行罢工。该法的目的是安抚白人工人,给予白人工人特别是白人工会领导人很多特权,使白人工人的罢工在20世纪20年代后半期大为减少,以牺牲黑人工人的利益换来资本家与白人工人之间的妥协。

### 二 第二次世界大战期间种族主义政策的松动

第二次世界大战期间,南非参加盟军一方作战,并成为盟军的弹药、食品、服装和战略矿产品的重要供应国。开普海上航线成为盟军船队通往北非和亚洲战场的关键通道,由此南非的港口也得以繁荣。由军需带动的南非制造业迅速发展,使得它对劳动力需求激增。但是,战争期间大量白人应征参战,使得劳动力不足,熟练工人更加短缺,很多半技术性工作不得不向黑人开放。于是,非洲人以更大的规模进入工厂,涌入城镇。到1946年,在制造业工人中,非洲人占51%,非洲人城市人口已达230万,占非洲人总数的1/4,超过了当时南非白人的总和。①

二战期间,独立的非洲人行业工会开始出现。到1945年,非洲人工会成员已有15.8万人,相当于当时工商企业中非洲人

---

① *South Africa Official Yearbook 1978*, p. 27; Leonard Thompson, *A History of South Africa*, p. 178.

工人的40%。尽管史末资政府以不准妨碍战事为名,制定了限制罢工的法令,但是在1939~1945年间,共发生罢工304次,参加罢工的黑人达5.8万人。[①]

战争期间,史末资政府出于国内稳定的需要,并受到国际社会反法西斯、反种族主义舆论的影响和压力,曾一度放松对非洲人的控制,放宽了就业和培训的"肤色壁垒",提高了制造业中非洲人工人的工资,1942年还宣布放松《通行证法》的实施。但史末资政府很快收回承诺,因为黑人力量的增长已引起白人至上主义者的恐慌。阿非里卡人的国民党煽起种族情绪,增强了自己的势力。

二战后,大批退伍军人加入劳工市场,使就业竞争更为激烈,排斥和限制黑人的主张在白人中甚为强烈。1946年,南非国民党的一个调查委员会对种族问题提出一份报告。这个称为保罗·索尔的报告建议,严格实施对"有色人"的隔离措施;强化"非洲人保留地"制度;取消教会对非洲人学校的控制;废除《土著人代表委员会》和非洲人在议会的白人代表。报告还提出,建立劳工局招募非洲人劳工,以满足白人农村和城市的需要;城市地区的非洲人工人不准带家属,而要扩大流动劳工制度。这个报告成为南非国民党1948年大选的纲领,并且是国民党上台后推行的种族隔离制度的蓝图。

三 20世纪上半期非洲人民族主义运动的兴起和发展

(一) 从武装抵抗转向合法斗争

在白人武装征服南非的200多年间,非洲人为保卫自己的土地,进行过英勇卓绝的武装抵抗,留下了许多可

---

[①] Ken Luckhardt and Brenda Wall, *The History of the South Africa Congress of Trade Unions*, London: Lawrence and Wishart, 1980, p.61, 63.

# 南非

歌可泣的战绩，为非洲大陆抗击殖民侵略的历史写下了辉煌的篇章。1910年白人的南非联邦建立之前，非洲人进行过最后一次以部族为基础的武装抵抗。1906年，祖鲁人在酋长本巴塔领导下举行武装起义，抗议白人当局征收人丁税，反对英国殖民统治的斗争。起义遭到残酷镇压，本巴塔酋长被砍头，共有4000多非洲人被杀。1910年南非联邦建立，开始了南非历史的一个新阶段，白人种族主义政权在继续暴力镇压的同时，更多地以立法、行政手段确立和巩固其统治。而黑人的反抗斗争则从反对殖民侵略和扩张，转为反对白人种族主义统治、争取合法权利的民族解放运动。

南非有非洲大陆最早的非洲人民族主义运动，其先驱是一批在教会学校接受初、中等教育后留学欧美的非洲人知识分子。南非黑人和非洲其他地方的黑人一样，是通过传教士所办的教会学校接受了西方的文化。19世纪中叶，进入教会学校的非洲人儿童约1万人；到19世纪末增加到10万人；到南非联邦成立前的1909年，增加到17万人。[1] 一部分非洲人到英、美留学，他们受到基督教文化的影响，看到美国黑人为争取人权所进行的努力和成果，也感受到英国的议会民主制度，因而产生了改良南非种族主义制度的愿望。

20世纪初期，在英布战争结束后，英人与布尔人准备携手统治南非时，非洲人面临着被排斥被剥夺的命运，政治意识日益强烈。南非各地出现了非洲人的社会组织，其成员大多是受过教育的非洲人。这些团体最初大多以部族为基础，但并没有多少酋长的支持。与此同时，"有色人"也成立了"非洲人民组织"，印度人在甘地领导下于1894年成立了"纳塔尔印度人大会"，

---

[1] Peter Walshe, *The Rise of African Nationalism in South Africa*, *The African National Congress 1912 – 1952*, C. Hurst & Company University of California Press, 1970, p. 7.

继续开展消极反抗运动。"非欧洲人"反对白人独占南非政治权利的运动形成了第一次斗争浪潮。

## (二) 20世纪初期超越部族界限的非洲民族主义运动

共同的命运使非洲人很快从地区和部族的局部形成全国性的联合。在白人主导的南非联邦成立之前,非洲人的代表在布隆方丹召开"南非土著人会议",呼吁给非洲人以选举权。但是在1909年英国议会通过《南非法》无视非洲人的存在,根本没有听取他们的呼声,就确认了两个布尔人共和国剥夺非洲人选举权的事实,并且取消了非洲人原来在开普殖民地已有的非洲人参加议会的权利,以及在纳塔尔的选举权。不仅如此,白人的联邦政府上台伊始,就接连制定一系列法律,把白人对南非土地的占有和对南非的政治、经济的控制固定下来。在白人联合起来对非洲人、"有色人"和亚洲人实行种族主义统治的同时,非洲人打破部族界限,团结起来维护自己的权利和民族利益。非洲民族主义运动的先驱——皮克斯莱·塞米提出的建立永久性的土著人全国组织的想法,在1912年得以实现。

1912年1月8日,来自南非的酋长和非洲人组织的代表聚集在布隆方丹,决定成立"南非土著人国民大会",并决定起草该组织的宪章(完成于1919年)。南非土著人国民大会1923年改名为南非非洲人国民大会,简称非国大(ANC)。约翰·杜比牧师(John Langalibalele Dube,1871～1946年)被选为第一任主席,他是祖鲁族人,曾就读美国耶鲁大学神学院。当选第一任总书记的是茨瓦纳族的索尔·普拉吉(Solomon Tshekisho Plaatje,1876～1932年),在英布战争期间曾为英军作翻译。非洲民族主义的倡导者皮克斯莱·塞米(Pixley KaIsaka Seme,1881～1951年)被选为司库。[①] 该组织的创始人都是有一定社会地位的非洲人,

---

① 南非非洲人国民大会网站,http://www.anc.org.za/。

大多是教会学校培养的基督教徒并取得英美律师资格和学位。①直到第二次世界大战前,非国大的领导层主要是律师、记者和其他上层非洲人;有色人和印度人组织也是由中产阶级领导。

非洲民族主义运动的先驱对非洲人的政治、经济地位的急剧恶化感到焦虑,同时也担心他们自己的地位会下降到贫困非洲人的地步,因而提出维护土著民族利益的政治主张。南非土著人国民大会的纲领号召非洲人不分部族团结起来共同行动,维护自己的权利和自由。南非非洲人民族主义运动,从开始就以非洲人的民族团结为目标,因为在白人统治下,非洲人各部族的命运是一致的,而单个部族的力量不足以对抗白人政权。同时,南非黑人的城市化程度比其他非洲国家高,他们的反抗从一开始就以城市非洲人小资产阶级上层为核心和领导者。

土著人国民大会成立后的第一个重大行动,是反对1913年的《土著人土地法》。该法把南非领土7.35%的土地划定为非洲人保留地,禁止非洲人在保留地之外占有土地。非洲人对此强烈反对,土著人国民大会呼吁白人政府注意该法给非洲人带来的苦难,但是当局置之不理。于是土著人国民大会决定派一个代表团到英国请愿,期望英国政府否决《土著人土地法》。这次行动的积极倡导者是该组织的第一任总书记索尔·普拉吉。为了准备这次请愿,普拉吉四处奔走,进行调查,并据此写成《南非土著人的生活》一书。代表团到伦敦后,虽然得到不少英国公众的同情和支持,但是英帝国政府反应冷淡。代表团未获成果,后来分散回国。普拉吉只身留在英国游说,后又到加拿大和美国活动,呼吁人们关注南非土著人的遭遇。

以土著人国民大会为核心的非洲民族主义运动,在团结南非各部族非洲人维护自己的合法权利,反对剥夺非洲人的土地,争

---

① Leonard Thompson, *A History of South Africa*, p.175.

取政治平等的斗争中发挥了重要作用，为后来南非的非洲民族主义运动的主流一直超越部族界限而健康发展打下了基础。但是，由于其领导人大多是政治上温和的上层非洲人，因此它的斗争纲领和方式都是改良性质的，主张在合法的范围内进行非暴力反抗。他们最大的弱点是对英帝国政府抱有不切实际的期望，以为英国政府会迫使南非当局改变政策。他们甚至对南非白人政府存在幻想，以为南非当局会被说服而改变政策。这些早期民族主义者的第二个弱点是脱离下层群众。由于崇拜西方议会制度，迷信合法斗争，因而没有把注意力放在发动群众，特别是没有把非洲人工人运动当做自己的基础。

从20世纪20年代初到30年代中期，除了非洲土著人国民大会的活动之外，南非黑人工人运动也开始兴起，出现过"工商业工会"组织的反对《通行证法》、要求取消肤色限制、给予非洲人有限的公民权利的斗争，以及"全非洲人大会"掀起的反对剥夺开普省非洲人选举权的运动。1921年成立的南非共产党，最初限于在白人工人中活动，在20年代后半期开始在非洲人工会中工作，并开始与非国大建立联系。但是，非洲民族主义运动在20世纪20~30年代发展较慢，一直没有突破争取有限的民主权利和非暴力合法斗争的局限，也没有提出反对白人统治和民族解放的要求。

## 第四节 当代简史——种族隔离制度走向极端

一 国民党推行种族隔离制度的背景

20世纪40年代，南非国内的黑人力量逐渐增长，同时，非洲大陆的民族解放运动出现高涨，这些在南非白人

中引起一种"恐黑症",唯恐失去白人的特权和白人的统治。国民党领导人 DF·马兰(DF Malan)在竞选演说中声称,"南非所面临的问题是欧洲人能够保持统治、纯洁和文明,还是被淹没在南非黑人的汪洋大海之中;是能够制止到处破坏、侵略成性的共产主义癌症,还是容忍它进一步破坏我们的自由、宗教、我们的南非国家和我们欧洲人的存在。"① 在1948年大选中,"土著人问题"成为白人政治争论的焦点。国民党指责史末资的统一党政府对黑人统治的措施不彻底、不强硬,给黑人力量的增长提供了方便。国民党打出"维护白种人的纯洁、保证白种人的特权"的口号争取选民。这种宣传不仅在一向保守、偏执的阿非里卡人中大有市场,而且赢得一部分英语白人的人心。国民党以5个议席的微弱多数战胜统一党。从此,南非历史进入了一个最黑暗的时期。

种族主义制度不是南非独特的产物,在其他欧洲移民占统治地位的国家都有类似的歧视、压迫土著居民和"非欧洲人"的政策。但是,阿非里卡人国民党所主张的种族隔离有其独特的背景和目的。其背景是南非的土著居民始终占人口的绝大多数而其目的是剥夺占人口绝大多数的土著居民的南非国籍,使他们在自己的土地上变成外国人,因而丧失在南非的政治、经济权利。这个政策违背南非的社会发展趋势,无视非洲民族的生存和发展,是一种唯意志的、靠强力推行的构想,因此它的反社会性和反人道性是绝无仅有的。实行彻底的种族隔离是阿非里卡种族主义势力的梦想,也是阿非里卡人谋求在南非的政治、经济发展和统治地位的手段。

种族隔离(Apartheid)一词成为这个黑暗制度的代名词。按照马兰的解释,种族隔离即各种族的分离,它的两个基本原则是分治(Separation)和托管(Trusteeship)。所谓"分治"是指

---

① Robert W Peterson, *South Africa & Apartheid*, 1975, p. 7.

非洲人的一切事务——"存在的权利"和"发展的自由"必须在他们各自的范围内进行;所谓"托管"是指他们的"存在和发展要接受白人的领导和管辖"。

## 二 种族隔离制度的法律支柱

马兰政府上台后,立即按照种族隔离的原则,制定了一系列法令,把南非已有的种族歧视和种族压迫制度推向极端。种族隔离制度的法律支柱,通常指以种族为基础的《人口登记法》、《集团住区法》、《土著人法》(即通行证法)和对非洲人分而治之的《班图权力法》及《促进班图自治政府法》。种族隔离制度企图从政治、经济和地域上把白人和黑人完全分开,不仅使非洲人丧失了合法权利,而且使"有色人"和印度人以前拥有的有限权利也被剥夺。

### (一) 肤色——不可逾越的壁垒

#### 1. 种族血统净化政策

"维护白种人血统的纯洁"是国民党政府宣称的首要使命。它上台不久即制定了《禁止混婚法》(1949年)和《不道德法修正案》(1950年),规定白人与"非白人"之间的婚姻为非法,并且禁止白人与"非白人"之间的性关系。这个政策造成了很多悲剧,使不同种族组成的家庭在南非成为非法、无安身之处。有些白人与黑人结婚后,被迫移居国外;有的不得不搬出白人区,并不断遭到当局的骚扰。这个政策是虚伪和自欺欺人的。这不仅是指阿非里卡人的先辈们曾与开普殖民地的奴隶和土著科伊桑人混血,形成今天占南非人口11%的"有色人",而且经过多代的混血,今天阿非里卡人的血液中"约有7%的基因来自欧洲之外"。[①] 据DF. 马兰的侄孙里安·马兰查证,第一个来到开

---

① Leonard Thompson, *A History of South Africa*, p. 45.

普的马兰,是第一批逃到南非的法国胡格诺派教徒中的一员。到马兰家族的第三代,就有一位名为大卫者,与一位黑人妇女萨拉相爱,生有若干混血后代,并于1788年乘马私奔。①

2. 种族登记和鉴定

按种族进行人口登记,是种族隔离制度的基础。为了以肤色为依据实行全面的种族隔离,南非当局在1950年制定《人口登记法》,对白人、"有色人"和土著人(后称班图人)的划分规定了标准。南非联邦建立后,曾有一些法律中包含对不同种族的定义,但并不严格,只要外部特征符合,人们可以改变为地位较优越的种族。国民党政府规定了更严格、更繁琐的条件,② 对于大多数人,不存在种族认定问题。但是,对那些种族归属难以确定、或不符合规定标准的人,官方就要对其背景进行调查,甚至使用污辱性的手段,有时干脆用铅笔卷卷头发,以其曲直程度来定该人的种族,荒谬和错误可见一斑。每年都有成百上千的人,被人口登记部门纠正种族认定。一直到20世纪80年代,这种政策仍不放弃。1982/1983年度,共有690人被重新确定种族,其中,462个"有色人"改为白人,4个白人变成"有色人",71个非洲人定为"有色人",11个"有色人"成为非洲人,37个"有色人"归入印度人,31个印度人甄别为"有色人"。1984/1985年度,有800人受到这样的处理。③ 到1989年,重新认定种族的人仍然不少,数字达1123人。④ 种族认定对每一个南非

---

① Rian Malan, *My Traitor's Heart*, London: Vintage Edition, 1991, pp. 16 – 28.
② Muriel Horrell, *Legislation and Race Relations*, Johannesburg: South African Institute of Race Relations, 1971, p. 9.
③ Graham Leach, *South Africa: No Easy Path to Peace*, London: Methuen, 1987, p. 74.
④ *Race Relations Survey 1989/1990*, Johannesburg: South African Institute of Race Relations, 1990, p. 39.

## 第二章 历 史

人都是强制的,而且是命运攸关的。因为,国民党政府对各个种族的地位、权利和活动范围有诸多严格的限定。

### 3. 种族政治分离

按种族实行政治分离,是国民党政府确保白人对南非政治统治的手段。其做法主要是:取消黑人在白人议会中的象征性代表权;禁止成立跨种族的政党和组织,即所谓禁止政治混合。1948年国民党政府上台不久,即取消了纳塔尔省和德兰士瓦省中有一定经济地位的印度人享有的选举3个白人代表进入众议院、选举2个白人代表进入参议院和选举2人(可以是印度人)进入纳塔尔省议会的权利。1951年国民党当局提出《选民分别代表法》,旨在剥夺"有色人"在开普省享有的选举权,而只允许开普省的"有色人"选举4名白人代表进入众议院和2名白人代表进入开普省议会。纳塔尔省已注册的"有色人"选民继续保留选民资格,直至死亡,但是不准许其他"有色人"再进行选民注册;政府指定一名参议员代表"有色人"的利益。该法由于在议会没有得到2/3多数的同意,而未被通过。国民党政府通过扩大参议院的手段,在1956年使该法得以通过。"有色人"的这种间接的由白人代表的权利,在1968年《选民分别代表法修正案》中被终止。[①] 由于混血的"有色人"和印度人不是南非的土著民族,他们没有传统上的土地,因此白人政府只能把他们包括在白人的领地之内,但是没有平等的公民权利。

国民党当局在政治上排斥非洲人的做法更为极端。从20世纪50年代初开始,国民党政府在立法中改变了对非洲人的称呼,把"土著人"改为"班图人",意图是模糊非洲人是南非的土著居民的概念,以便为国民党从政治上和地域上剥夺非洲人的存在

---

① Muriel Horrell, *Legislation and Race Relations*, pp. 15 – 18; *South Africa Yearbook 1989/1990*, pp. 122 – 123.

权利制造理论根据。1951年的《班图权力法》，是1948年上台的国民党政府种族隔离政策的重要方面，是实行黑人与白人政治分治并对非洲人分而治之的立法。该法废除了1936年成立的"土著人委员会"，不承认非洲民族的共同利益，决定对非洲人实行按部族分而治之。1959年《促进班图自治政府法》，取消了非洲人选举4名白人代表进入参议院的权利，割断了非洲人在白人政治体制中唯一象征性的联系。非洲人不仅被剥夺了有限的选举权，还将被剥夺南非国籍，只能在按部落划分的"班图斯坦"（后称"黑人家园"）拥有公民权。

为了使各个种族在政治上绝对分离，国民党政府在1968年制定《禁止政治干扰法》。该法规定，禁止任何人参加种族混杂的政党；不得支持任何吸收非本种族成员的政党，也不得支持其他种族的候选人参加竞选或进入政府机构；禁止在与会者的多数不属于本种族的集会上发表讲话。这种极端的种族主义政策，不仅使倡导种族和解的黑人民主运动失去合法地位，而且迫使一些开明的白人政党放弃种族开放政策。因此提倡全民选举权的自由党被迫解散，进步联邦党不得不停止吸收其他种族成员。[1]

国民党政府自1948年上台后执政40多年，不仅剥夺了所有"非白人"的基本政治权利，而且排斥英语白人参加政府。其历届政府内阁部长几乎全部由阿非里卡人担任，而且公务员中也很少有英语白人。这不仅使阿非里卡人独揽了南非政府，而且给阿非里卡人提供了大量就业机会。维沃尔德（1958～1966年南非总理）在20世纪60年代初，曾任命两名英语白人进入其内阁，遭到国民党内的反对。对英语白人的态度，是导致国民党内部明智派（Verligtes）和极端保守派（Verkramptes）争论的问题之一。由此看来，国民党的政策不仅是极端的种族主义，而且是狭

---

[1] Muriel Horrell, *Legislation and Race Relations*, pp. 17–18.

隘的阿非里卡民族主义。1948年国民党政权上台之后，实行的实际上是一党专政，权力不仅是白人独占，而且是由阿非里卡人垄断，这种实质上的一党专政导致了滥用权力和严重腐败。

4. 居住区域的种族隔离

实行居住区域的种族隔离，是国民党种族主义政策的重要支柱，以此来保持白人的生活方式和阿非里卡人的民族特征，同时也为南非当局在教育和社会生活方面实行种族隔离提供了方便。南非原已形成白人与黑人住区分开的局面，但有相互穿插的地方。1950年的《集团住区法》企图改变这种混杂现象。一个地区被指定为某个种族的住区后，其他种族的人必须在限期内搬出，如有不动产必须转让产权。开普省的"有色人"第一次被置于这种政策之下。开普敦市的第六区长期以来是"有色人"住区，后来重新定为白人区，"有色人"被强制搬出，至今仍可见搬迁遗留的废墟。非洲人是强制搬迁政策的主要对象和受害者。1954年《土著人重新安置法》公布后，南非当局开始强制清除"白人区"内的"黑点"。约翰内斯堡西区的索菲亚镇等3个非洲人定居点成为第一批受害者，一万个非洲人家庭被迁至远离白人城市的黑人城镇。此后，更多的非洲人家庭遭此噩运。《集团住区法》还殃及几十万印度人和成千上万的白人。强制搬迁，造成巨大的财产损失和社会动荡。

5. 控制城镇非洲人数量

种族隔离解决不了白人经济对黑人劳工的依赖，甚至白人的家庭生活也离不开黑人的劳动。但是，国民党政府为了排除黑人的威胁，决定把"白人区"内的非洲人控制在白人经济所需要的最低限度。于是，一系列控制城镇地区非洲人的法令相继出笼，其中最为臭名昭著的是《通行证法》。1952年的《土著人法》，名为"取消通行证和调整证件法"，实则是更严格的通行证法。该法废除了过去南非各省实行的通行证，代之以全国统一

的"土著人身份证"。所有16岁以上的非洲人都必须随身携带通行证，以被盘查，非洲人妇女第一次被强加这种限制。每年都有数以万计的非洲人，由于违反该法的种种规定而被关押。在1948~1981年，因违反通行证法而被抓被关的至少有1250万人次。南非监狱中，有1/3的因犯是因违反通行证法而被判刑。[1] 1952年的《土著人法修正案》，对非洲人进入白人城镇规定了更广泛更严格的限制。该法规定建立"劳工局"，以控制寻找职业者的流动，不经批准，非洲人在城区停留不得超过72小时。1956年的《（城市地区）土著人法修正案》公布之后，南非当局开始大规模驱逐"闲散和不需要的"非洲人。在1960~1980年间，共有200多万非洲人被赶出"白人区"。[2] 南非负责非洲人事务的部长承认，被驱逐者中有45.686万人是由于"意识形态原因"而被强制搬走的。[3]

### 6. 种族主义的教育制度

种族隔离的教育制度，是国民党政府保持白人至上、黑人低下的种族主义统治的重要手段。相关的立法包括：1953年的《班图教育法》，把各省的非洲人教育统统置于土著人事务部管辖之下，不经该部批准，任何学校不准建立；1963年的《有色人教育法》，把"有色人"学校置于"有色人"事务部之下，并规定任何人开办的私立学校都不准招收14名以上"有色人"学生，除非该校符合当局的有关规定，或转到"有色人"事务部控制之下；1965年的《印度人教育法》规定，印度人的中、小学由印度人事务部控制。高等教育的种族隔离始于20世纪50年代末。1959年的《扩充大学教育法》规定，按种族分别

---

[1] *Apartheid: The Facts*, London: International Defence and Aid Fund for Southern Africa, 1983, p.44.
[2] 〔南非〕1981年3月18日《兰德每日邮报》。
[3] Graham Leach, *South Africa: No Easy Path to Peace*, Op. cit., p.86.

建立非洲人、"有色人"和印度人的大专院校。

(二)"黑人家园"计划——分割南非的阴谋

1. 地域、政治的分割

尽管国民党当局制定了一系列限制、压迫黑人的种族隔离法令，但是它仍然不能排除对占人口绝大多数的非洲人的恐惧。于是，在20世纪50年代初，抛出了一个剥夺非洲人南非国籍的计划，即"班图斯坦"（后改称"黑人家园"）政策。1951年的《班图权力法》和1959年的《促进班图自治政府法》是"班图斯坦"计划的两项基本法令。以前历届白人政府在对非洲人实行种族压迫和歧视的同时，承认非洲人与白人同属一个政治实体——南非。而国民党政府的"班图斯坦"政策，否认南非是一个统一体，要把它分成白人的南非和若干个"黑人民族国家"。该计划的内容主要有两方面：一是土地的分割。南非当局把"非洲人保留地"规定为"黑人家园"，其他87%的土地归于白人统治的南非。二是政治分离。国民党政府既不承认非洲人在南非的公民权，也不承认非洲人是一个统一的民族。它武断地把占南非人口75%的非洲人划归10个"黑人家园"，即：莱伯瓦（北索托人）、夸夸（南索托人）、博普塔茨瓦纳（茨瓦纳人）、加赞库鲁（聪加人）文达（文达人）、坎瓜内（斯威士人）、夸恩德贝莱（恩德贝勒人）、夸祖鲁（祖鲁人），科萨人被分成两个"家园"——特兰斯凯和西斯凯。占非洲人总数近1/2的城镇非洲人，也被划归各个"黑人家园"。按照南非当局的计划，"黑人家园"要由自治到独立，成立各自的"民族国家"。某个"黑人家园"一旦宣布独立，划归该家园的非洲人即丧失了南非国籍，他们在白人区就成了外籍人，无权提出任何政治要求。

2. 非洲部族领导人的地位

南非的"黑人家园"制度并不是非洲人传统社会的自然延

续，而是白人当局按照自己的意愿确定的管理形式。部落结构并不是按照传统习俗，而是由白人当局为了统治便利而制造或改造的。1910年南非联邦法奠定了按部落对非洲人分而治之的基础。1927年成立的土著人事务部负责对所有部落进行登记，他们发现，虽然纳塔尔地区祖鲁人的部落各有不同，但是人们从一个部落转到另一个部落的情况很普遍，一直都在进行。因此要把南非的部落完全划分清楚有很大困难；而且，非洲人部族之间的交往和通婚也很多见，这在城镇地区更明显。在最大的黑人城镇索韦托，非洲人不同部落之间通婚的家庭约占50%。[1] 1927年的法律规定，总督是所有部落的最高长官，有权任命或罢免酋长，有权划分部落或命名新部落。这种权力也授予土著人事务部及其各种委员会。因此，在有些地方，政府指定的酋长比传统酋长还多，这是"黑人家园"制度的基础。凡是不符合白人当局要求或不听从"黑人家园"政权旨意的传统领导人，均遭到排挤或迫害。因此，"黑人家园"上层人士并不能完全代表非洲人传统的领导人，他们只是在种族隔离制度下得到好处的一部分传统势力。

3. "黑人家园"独立计划的障碍

国民党政府这个异想天开的计划，在推行过程中遇到难以逾越的障碍。首先是广大非洲人的反对，特别是城镇非洲人反对归属于任何"黑人家园"，反对剥夺他们的南非国籍和他们在南非应有的政治、经济权利。同时，大多数"黑人家园"领导人都拒绝独立，在土地问题和南非国籍问题上不予让步。夸祖鲁的领导人布特莱齐说，用南非国籍换一个毫无意义的独立，将意味着黑人的自我毁灭。他认为，唯一的办法是在一个南非内解决问

---

[1] Sebastian Mallaby, *After Apartheid: The Future of South Africa*, (US) Times Books, 1992, p. 15.

## 第二章 历 史

题。"黑人家园"政策行不通的物质障碍是,这些地区是白人掠夺后剩下的零零星星的地块,缺乏独立发展经济的起码条件。经过多年的合并,当时的"黑人家园"仍然分成大小38块,人口最多的夸祖鲁是由11个地区组成。南非50%以上的非洲人,聚居在这些贫瘠的地区,土地不足,农业凋敝,"黑人家园"只能养活其人口的1/4。[1] "黑人家园"地方政府靠南非当局财政拨款度日,到20世纪80年代末,"黑人家园"内的收入仅为年岁入的1/3。[2]

南非当局炮制"黑人家园"的目的,并不是要使它们独立发展经济,而是使这些地区继续成为白人南非的"廉价劳动力储存所"。南非当局对"黑人家园"内黑人企业的发展设置种种限制和障碍,以高利率、拒绝发放营业执照等手段阻碍黑人兴办企业。由于这些地区交通不便,电力缺乏,基础设施落后,到"黑人家园"投资的白人企业为数很少。到20世纪70年代末,制造业仅占"黑人家园"内生产总值的4.7%。[3] 矿业在博普塔茨瓦纳和莱伯瓦有所发展,但是这里矿产的勘探和开发完全由白人控制,家园政府只能得到矿区的出租费。"黑人家园"内的工矿业所能吸收的劳动力非常有限,大批非洲人男子流入白人区寻找工作,成为流动劳工或往返劳工。他们占"黑人家园"内成年男子的约1/3,其中大多数是20岁到45岁的青壮年。[4] 这种状况不仅使"黑人家园"地区经济发展无望,而且使非洲人的家庭生活遭到破坏。

---

[1] 〔南非〕1976年1月24日《星报》。
[2] *Race Relations Survey 1988/1989*, *Apartheid: The Facts*, London: International Defence and Aid Fund for Southern Africa, 1983, p. 44.
[3] Colin Legum, *Africa Contemporary Record*, 1977–1978, p. 909.
[4] Barbara Rogers, *Divide and Rule South Africa's Bantustans*, London: International Defence and Aid fund, 1976, pp. 60–61.

### 4. 分割计划与南非经济发展的矛盾

"黑人家园"政策的推行与南非经济发展的矛盾也日益突出。国民党当局为了实现地域的种族隔离,推行大规模土地合并计划。这不仅使黑人家园大片土地荒芜,农业遭到破坏,成千上万的非洲人被迫离开自己的土地而接受重新安置;而且牵涉到很多白人企业和农场的财产转移和土地买卖,影响这些地区的生产和投资。此外,随着地价不断上涨,土地合并计划需要的资金大增,成为南非政府沉重的财政负担。很多白人纳税者抱怨说,为了满足国民党政府的种族地域隔离的奢望,付出的代价太高。另外,南非当局限制非洲人劳工进入白人区的政策,加剧了劳动力短缺,特别是技术工人不足的状况更为严重,引起白人资本家的不满。

南非当局的"黑人家园"政策,不仅在国内遭到强烈的反对,而且受到国际社会的谴责。在1976～1981年,特兰斯凯、博普塔茨瓦纳、文达和西斯凯先后宣布"独立"。除了南非当局之外,世界上没有任何一个国家承认这四个"黑人家园"的虚假独立。

## 三 种族主义制度的镇压机器

### (一) 南非成为黑人民族的监狱

南非的白人种族主义统治,由于是少数人对多数人的剥夺和压迫,因此它的维持主要靠暴力镇压。一个武装到牙齿的白人社会和一个被剥夺了基本自卫手段的黑人社会在南非并存。

南非联邦成立不久,即于1912年颁布《防务法》和《警察法》,并相继建立了联邦国防部队和南非警察力量。1912年《防务法》规定,只有白人才能加入武装力量。尽管在以往的殖民争夺过程中,阿非里卡人和英语白人都曾利用土著人,或以黑人打黑人,或利用黑人打自己的白人敌手。但是一殆征杀结束,白

## 第二章 历史

人殖民者就立即解除黑人的武装,并且明令禁止黑人拥有武器。在两次世界大战中,南非参加盟军方面作战,很多黑人参军服役,但是除少数"有色人"外,大多数黑人只能参加非战斗部队,而且战争一结束即被解散。南非统一的警察力量,始建于1913年,它是一支武装警察,分为现役和后备役两部分,担负治安和防务双重任务。

1948年国民党执政后,为了镇压黑人的反抗,一方面加强白人的武装力量;一方面使黑人陷入手无寸铁的状况,南非当局实行更严格的禁止黑人携带武器的法令,以剥夺黑人的任何武装反抗的手段。1958年的《携带危险武器法》规定,禁止非洲人持有枪支,不准在住宅之外携带火器、梭镖、斧头、匕首、3.5英寸以上的刀子、铅头或铁尖头手杖。[1]

与此同时,国民党当局还制定了镇压民主运动和黑人反抗的一系列法令。国民党上台伊始,它即于1950年制定了《镇压共产主义条例》,把任何反抗种族主义政策的行为都定为共产主义的罪行。之后,它又接连立法,禁止非洲人在宗教、体育和婚礼之外举行10人以上集会;禁止抗议、鼓动或资助反抗活动;不准在白人区召开有非洲人参加的会议。它还制定了南非特有的宣布个人为非法的法令,即被宣布为非法的人,不准加入任何组织,其行动受到警察的管制,没有言论和出版的自由,其言论不能被引用。对违犯这些法律的人,可以不经审判而关押,到20世纪60年代初,每次拘留期限增加到90天,后又延长至180天。1960年沙佩维尔惨案后,南非当局通过《非法组织法》、《紧急状态法规》和一系列的其他安全法令,对黑人的反抗进行大规模镇压。[2] 南非成为警察国家。

---

[1] Muriel Horrell, *Legislation and Race Relation*, p. 93.
[2] Muriel Horrell, *Legislation and Race Relation*, pp. 88–95.

## (二) 加强警察力量

20世纪50年代初，南非白人政权的外部威胁不大。虽然南非的种族主义政策引起联合国的关注，但是南非与西方国家的关系良好，仍能得到英国和其他西方国家在军事上的支持。国民党当局的主要安全考虑是国内黑人的反抗，因此，在20世纪50年代，南非当局一方面制定了一系列镇压民主运动的法令；一方面大力加强其警察力量，以镇压反对种族隔离的群众运动。从1952年至1958年间，南非警察人数增加了50%。[1] 到1961年，又新增了后备役警察，由白人志愿人员分担警察职责，并随时准备加入正规警察之中。到1964年，警察人数达到3.4万人。[2] 1973年，又建立由退役警察组成的警察后备力量。到20世纪70年代中期，警察不仅是南非当局镇压国内黑人运动的工具，而且成为镇压纳米比亚民族解放斗争和邻国黑人独立运动的工具。同时，南非警察还是下层阿非里卡人的一条就业出路，1948年以后，南非警察主要雇佣比较贫穷、受教育程度低的阿非里卡人。

随着黑人反抗运动的发展，南非警察人力不足，而不得不吸收越来越多的黑人，但黑人绝大多数是下层警察，其地位和待遇低下。大多数黑人受雇当警察是出于经济原因，为解决就业问题。到20世纪80年代中期，南非警察力量有近10万人，其中现役警察占一半。[3] 在现役警察中，黑人占近50%，但其中的黑人警官仅50多人，两人为校官。[4] 黑人警察除了在黑人住区执行任务外，还被派到纳米比亚和罗得西亚（现津巴布韦）参与

---

[1] Gavin Cawthra, *Brutal Force: The Apartheid War Machine*, London: International Defence and Aid Fund for Southern Africa, 1986, p. 12.

[2] W. J. Foltz and Henry S. Bienen, *Arms and the African*, Yale University Press, 1985, p. 12.

[3] Graham Leach, *Africa Contemparary Record 1977–1978*, p. 262.

[4] Graham Leach, *Africa Contemparary Record 1977–1978*, p. 178.

镇压那里的解放运动。南非警察人数，只占人口的2‰，但是，南非警察是一支武装力量，其武器和防暴装备在世界上属上乘。南非警察还设有特种部队，它的主要任务是对民主运动进行秘密破坏和暗杀行径。

（三）监狱——政治压迫的工具

1. 监狱

在种族隔离制度下，南非人民特别是黑人的行动受到各类种族主义法令的限制。不断强化的"安全法令"，给南非警察广泛的权力，他们可以拘捕和关押任何被怀疑有可能威胁国家安全的人。从20世纪60年代初以来，南非监狱不断爆满，成为世界上关押人数占人口比例最高的国家。在1960~1967年间，由于参加反对种族隔离运动而被关押的人数高达12万人。1976年索韦托学生暴动后，有4.4万人以威胁国家安全罪而被监禁。[①] 到20世纪90年代初，南非共有监狱202所，其中188所为男监狱，14所为女监狱（103所男监狱中有女牢房），还有两所未成年人监狱。在90年代初，共监禁犯人9.53万人，监狱管理人员共2.26万人。[②]

南非的政治犯，主要被关押在两所监狱。黑人"有色人"和印度人的男性政治犯大多被关押在臭名昭著的罗本岛监狱。20世纪60年代初期，一批又一批黑人政治领袖和解放战士被关进罗本岛，最多时达1000多人，其中最著名的是黑人领袖纳尔逊·曼德拉。白人政治犯被关押在比勒托利亚中心监狱；一些黑人女政治犯也被囚禁在这里。还有少数政治犯被关在其他监狱。

南非的监狱和整个南非社会一样，也实行种族隔离制度。囚犯不仅按种族分别关押，而且对白人、"有色人"、印度人和非

---

① Apartheid: The Facts, *International Defence and Aid Fund for Southern Africa*, London: 1983, p.66.

② *South Africa Official Yearbook 1991/1992*, p.59.

## 南非

洲人囚犯的衣食实行不同标准，其他待遇也有区别。非洲人受到最劣等的待遇，"有色人"和印度人处境稍好，白人囚犯享受多一点"优待"。如在罗本岛监狱，非洲人不给睡衣和长裤，非洲人的牢房也没有床单和枕头。早饭吃玉米粥，只给非洲人半匙糖，"有色人"和印度人可以得到一匙。其他监狱也大致如此。

2. 酷刑

酷刑，在种族主义的南非监狱是司空见惯的现象，每年都有人被折磨至死者，而南非警方多以"自杀"和"疾病"为借口，搪塞舆论。很多受害者是在被安全警察拘留期间遭拷打至死的。南非当局规定的不经审判的拘留期限，1961年仅为12天，1963年改为90天，1965年又延长到180天，后来又有对有嫌疑的"恐怖主义分子"可以无限期关押的法令。警方可以在宣布释放某人的当时，立即宣布新的拘捕令，将其长期关押而不进行审判。黑人领袖曼德拉的妻子温妮·曼德拉，在1969年5月以莫须有的罪名与另外19人一起被警察拘捕，关押491天之久，最后被宣布无罪释放。南非安全警察对政治犯迫害的手段极其残忍。从1963年规定可以"90天不经审判的拘留"后，酷刑更为严重。被关押者不准与外界联系，在关押期间遭到连续的审问和毒打。在1963～1983年间，共有57人在拘留期间被害至死。[1] 最骇人听闻的是引起国际舆论谴责的斯蒂夫·比科被害事件。比科是20世纪70年代初兴起的"黑人觉醒运动"的创始人，他在1977年3次被拘禁，受尽折磨，最后导致脑骨多处破碎而死。白人当局的惨无人道，不仅对黑人，对白人政治犯亦是如此。南非共产党前领导人、著名律师布拉姆·费舍尔是阿非里卡人，因献身解放事业，1965年被判终身监禁，于1975年

---

[1] Apartheid: The Facts, *International Defence and Aid Fund for Southern Africa*, London: 1983, p. 62.

因癌症死在狱中。葬礼之后，南非当局竟然要求把他的骨灰放回牢房，继续服刑。

**（四）暗杀**

暗杀是南非当局镇压民主运动的最卑鄙的手段。许多年中，南非警察的特种部队、军事情报特务机构和暗杀组织，采取投毒、放置炸弹、暗杀等手段，多次迫害解放组织成员、宗教领袖和白人民主进步人士。

**（五）军队参与镇压黑人反抗**

从 20 世纪 60 年代初开始，南非的国内外形势使白人种族主义政权面临前所未有的挑战，黑人的反抗已从和平示威转向暴力反抗。南非在 1961 年退出英联邦后，在国际上更加孤立。南部非洲国家——安哥拉、莫桑比克、前罗得西亚和前西南非洲的黑人解放运动，都开始进行武装斗争，白人种族主义政权的安全防线南移。到 70 年代，南非的青年学生和工人反对种族隔离政策的运动掀起高潮。80 年代中期，南非的种族主义政权与解放运动的对抗空前激烈，呈现决战的形势。南非当局镇压国内黑人反抗，主要依靠在 50 年代大力发展起来的警察部队，但是从 60 年代初期开始，南非大肆扩充军队和军工生产，以图在国际环境越来越对南非政权不利的形势下，保持白人的统治。到 80 年代中期，博塔政权为了阻挡黑人运动的发展，宣布全国进入紧急状态，军队开进黑人城镇，直接参与镇压；同时，南非军队在全国范围内，快速动员，训练部队，为南非警察提供帮助。

## 第五节　当代简史——黑人的反抗和种族隔离制度的衰败

南非黑人在白人种族主义统治之下，丧失了合法的政治权利和生存发展的条件，但是他们从来没有放弃

### 南非

"解放他们的祖国,赢得自由、持久和平与幸福的历史使命"[1]。

## 一 20世纪40年代黑人运动的革命性转折

第二次世界大战期间和战后,南非的黑人解放运动发生了革命性转折,由前期非洲人上层为主体的运动,发展成为广泛的群众运动;由争取有限的民主权利到提出反对任何形式的白人统治并要求民族自决;由消极被动的抗议、请愿,发展到突破合法斗争界限、直接向种族主义制度提出挑战。这个转变的出现,除了非洲大陆民族独立运动高涨和泛非主义的影响这一国际因素之外,还由于南非国内的两个重要因素:一是第二次世界大战期间南非黑人工人队伍的壮大和黑人工人罢工斗争的开展,二是一代年轻的、激进的非洲民族主义活动家的成长。

### (一) 黑人工人运动的发展

南非黑人工人队伍在二战期间迅速扩大,原因是战争期间军需物品需求的增加和进口物品减少满足不了国内市场的需要,从而刺激了南非制造业的发展。1940年,制造业在国民生产总值中占11.6%,到二战结束时已达到15%。[2] 制造业产值在1943年第一次超过矿业。[3] 制造业的大发展,引起对工人需求的激增。战时大量白人应征参战,加剧了劳工短缺,于是大批非洲人涌入城镇,进入工厂。1936年,非洲人工人已经占到制造业工人的44%,1946年增加到51%。[4] 在制造业、矿业和运输业的

---

[1] Nelson Mandela, *The Struggle is My Life*, London: International Defence & Aid Fund for Southrn Africa, 1978, p. 124.
[2] *South Africa Official Yearbook 1978*, pp. 357 – 359.
[3] Tom Lodge, *Black Politics in South Africa Since 1945*, London and New York: Longman, 1983, p. 11.
[4] *South Africa Official Yearbook 1978*, p. 507.

## 第二章 历 史

全部劳工中,非洲人在1946年占66%。[1] 与此同时,非洲人的城市化进程也加快了。1936年城镇非洲人约为100万人,到1949年增加到230万人,占南非非洲人总数的1/3,已接近当时南非白人人数的总和。[2]

黑人工人阶级用自己的劳动创造了南非的繁荣,但是南非的发展并没有给黑人带来好处,他们仍然贫困和受压迫。战后,食品短缺,生活费用上涨,再加上警察的欺压和繁重的税收,黑人工人的处境更遭。20世纪40年代初,独立的非洲人工会纷纷成立,掀起反对种族压迫、要求增加工资和改善劳动条件的罢工。1941年成立的"非欧洲人工会委员会",到1945年年已有15个工会加入其中,会员总数接近16万人,相当于当时工商业中非洲工人的10%。[3] 同期,参加非国大的南非共产党成员在非洲人矿工中开展工作,成立了"非洲人矿工工会",它的第一任主席是著名的南非共领导人DB·马克思。到1944年,"非洲人矿工工会"已拥有会员2.5万人。[4] 在20世纪40年代上半期,非洲人工人的罢工斗争持续不断。与此同时,"有色人"和印度人工会的斗争也在发展。罢工浪潮在战后的1946年达到高峰,当年8月,有7.3万名非洲人矿工进行长达一周的罢工,波及21个矿,使其中的11个矿完全瘫痪。[5] 罢工沉重打击了南非矿业,当月矿业的产量降到1937年以来的最低点。[6]

---

[1] *South Africa official Yearbook 1978*, p. 469.

[2] *South Africa: Time Running Out, The Report of the Study Commission on US Pollcy Toward Southern Africa*, University of California Press, 1981, p. 181.

[3] Ken Luckhardt and Brenda Wall, *The History of the South African Congress of Trade Unions*, London: Lawrence and Wishart, 1980, p. 61.

[4] Ibid., p. 67.

[5] Edward Roux, *Time Longer Than Rope, A History of the Black Man's Struggle for Freedom In South Africa*, The University of Wisconsin Press, 1964, p. 341.

[6] Ken Luckhardt and Brenda Wall, *The History of the South Africa Congress of Trade Unions*, p. 69.

黑人工人的罢工遭到当局的残酷镇压，工会组织也被严重破坏。但是，20世纪40年代的罢工斗争显示了黑人工人阶级的力量，对种族主义统治是一个巨大的冲击。罢工在提高黑人工人工资方面取得一定的成果：1931~1940年间，非洲工人的平均实际收入只提高9.8%，而在1941~1946年间提高了51.8%。[1] 在1937~1938年，私人企业中非洲人平均收入占白人平均工资的19.8%；到40年代中期，这个比例上升到26.6%。但是，1948年国民党上台后，这个比例在1957年时又下降到18.5%，低于1938年的水平。[2] 20世纪40年代黑人罢工斗争更重要、更长远的意义是对黑人政治的影响。

（二）非国大的振兴

在黑人群众运动的推动和种族矛盾日益尖锐的形势下，非国大开始调整方针和策略。第二次世界大战期间，很多年轻的黑人工会活动家和年轻的知识分子参加非国大，为该组织带来了活力。1943年，非国大当中的年轻人建立了"非洲人国民大会青年联盟"。青年联盟的骨干是一批激进的、有才干的青年政治活动分子。纳尔逊·曼德拉、沃尔特·西苏鲁、奥利弗·坦博、罗伯特·索布克韦等都是当年非国大青年联盟的中坚，并从这里成长为杰出的民族主义运动领袖。在非国大青年联盟的推动下，非国大改变了以往30年消极被动的反抗方式，制定了更激进的纲领和策略。1949年，非国大通过《行动纲领》，提出"民族自决"、"反对任何形式的白人统治"等政治口号，并决定冲破合法斗争的局限，采取积极抵制、不服从、不合作的方式，发动罢工和群众运动，以反对白人种族主义统治。

---

[1] Ken Luckhardt and Brenda Wall, *The History of the South Africa Congress of Trade Unions*, p. 60.

[2] Jack and Ray Simons, *Class and Colour in South Africa 1850–1950*, International Defence and Aid Fund for Southern Africa, 1983, p. 555.

## 二 20世纪中期反对种族隔离法令的群众运动

1948年,极端种族主义的阿非里卡人政党——国民党上台后,南非历史进入最黑暗的一页。DF. 马兰政府上台伊始,抛出一系列森严的种族隔离法令,剥夺了黑人的政治、经济权利和居住、行动的自由,人民的不满和反抗情绪非常强烈。非国大在1949年通过《行动纲领》后,在50年代初组织了一系列反对种族隔离法的群众运动。南非出现了历史上第一次全国性群众斗争高潮,其中规模最大、影响最深的是1952年的"蔑视不公正法运动"和1955年的"人民大会运动"。

这个时期,南非印度人的斗争也出现高潮。1946年,南非印度人曾在纳塔尔和德兰士瓦地区掀起反对限制印度人居住区域的消极抵抗运动,得到刚刚获得国家独立的印度政府的支持,由于印度政府的努力,使联合国第一次考虑到南非的种族歧视问题。50年代初,南非印度人开展运动,反对国民党当局剥夺他们的选举权,反对种族隔离政策。印度人的反抗引起非国大领导人的注意,并从他们的斗争方式中得到启发。非国大开始与印度人大会合作,采取共同行动。同时期加入到反对种族隔离法律群众斗争中的还有西开普地区的一部分"有色人"和一些白人民主人士。1950年,南非共产党在《镇压共产主义条例》公布之前自行解散,此后几年间,其成员在白人民主人士中进行工作,支持黑人的斗争。50年代初,出现了多种族的反对种族隔离运动。

### (一) 蔑视不公正法运动

1952年初,非国大向南非总理马兰发出最后通牒,要求他废除《通行证法》、《班图权力法》、《集团住区法》、《选民代表法》和《镇压共产主义条例》遭到南非当局的拒绝。于是,非

国大和南非印度人大会共同发起"蔑视不公正法运动"。数以万计的志愿者响应号召,以行动向种族隔离法提出挑战。当年6月26日,这一运动从伊丽莎白港开始,很快发展到全国各大城市。黑人从只准白人通过的入口进入车站、邮局和其他公共场所,坐在专为白人保留的座位上;有些黑人在夜晚走上街头,抗议对黑人实行宵禁;一些白人民主人士也参加了蔑视不公正法运动,走进只许黑人出入的大门。在东开普地区,斗争还向"非洲人保留地"和农村地区蔓延。这次运动一直持续到1952年底,共有8500人因"蔑视法律"而被关押。当局对曼德拉等领导人宣布禁令,限制他们的行动,禁止他们参加群众集会。

这次运动虽然没有达到迫使当局取消种族主义法令的目的,但是它取得很大的政治成果。首先,这次大规模的群众运动对刚上台不久的国民党政府是一个冲击,显示了广大黑人强烈反对种族隔离制度。第二,斗争促进了非洲民族主义运动的发展,壮大了非国大的力量,其成员从运动前的7000多人增加到10万人之多。第三,这次运动推动了非洲黑人与印度人和"有色人"的团结与合作,为后来的进一步联合做了准备。第四,这次斗争引起联合国大会对南非种族隔离问题的关注。

(二)人民大会运动

20世纪50年代中期,南非当局加紧推行居住区域的种族隔离,强行清除"白人区"内的"黑点",迫使大批黑人搬出"白人区"。同时,南非当局开始实行《班图教育法》,禁止教会学校吸收黑人学生,把对黑人的教育完全置于当局的控制之下,不允许对黑人的教育超出培训劳工的水平。非国大从1954年开始准备发动群众,反对强制黑人搬迁,反对种族主义的教育法令,并且筹备人民大会运动,要求在南非实行民主制度。这些行动得到印度人大会、有色人人民组织和(白人)民主人士大会的响应,并建立了大会联盟和8人全国行动委员会。非国大主席、卢图利大酋长担任全国行动委员会主席。

1955年6月26日,"人民大会"在约翰内斯堡附近的克利普顿正式召开,来自各种族的2884名代表聚集一堂,其中2222名非洲人、320名印度人、230名"有色人"和112名白人。非国大主席卢图利称,这次大会是南非联邦成立以来第一个真正有代表性的会议。

"人民大会"通过了著名的《自由宪章》(Freedom Charter)。"宪章"提出,南非属于所有生活在这里的黑人和白人;每个人都应有选举权和被选举权;各民族平等,共同享有南非的财富和土地;每个人都应有基本人权、就业权利、受教育权利和住房保证。这是在反对种族主义统治的政治运动中第一次提出比较完整的社会变革方案,它对后来解放运动的发展有很大影响,成为非国大和其他与之相近的群众组织的政治纲领。《自由宪章》提出:"南非属于所有生活在这里的人们,黑人和白人;任何政府都不应宣称统治权力,除非它符合全体人民的意愿。"[①]《自由宪章》勾画了未来社会的种族平等、民主的蓝图,但是没有提出实现这些目标的途径,这有待于非国大和其他民族解放组织在后来的斗争中去探索。

(三) 和平反抗遭遇暴力镇压

20世纪50年代反对种族隔离法的群众运动,虽然冲破了消极与合法的局限,但是除了庞多兰地区农民反对"班图斯坦"计划的起义之外,基本上仍是非暴力形式的反抗。然而,白人当局的镇压不断加剧。1956年12月,当局出动警察在全国进行大搜捕。曼德拉等156名人民大会运动的领导人和积极分子被关进

---

[①] Thomas Karis and Gail M. Gerhart, *From Protest to Challenge*, *A Documentary History of African Politics in South Africa 1882 – 1964*, Volume 3, Hoover Institution Press, Stanford University, 1977, p. 205.

监狱，当局以"叛国罪"指控他们，对他们进行了长达 4 年的审判，后因无证据而撤销指控。

1959～1960 年的反对《通行证法》运动，是 20 世纪 50 年代非暴力群众运动的高峰，也是它的终结。1959 年，非国大酝酿和筹备发动反对《通行证法》运动。此时，该组织发生分裂，长期存在于非国大内部的思想分歧达到不可弥合的程度。非国大当中的"非洲主义者"认为，非国大的领导违背了 1949 年"行动纲领"的非洲民族主义方针；反对在组织上与印度人和白人联合；"多种族主义"的口号不能唤起非洲人的民族意识，不能使非洲人在心理上摆脱自卑和对白人的依赖，主张非洲人单独行动。1959 年 4 月 6 日，脱离非国大的非洲主义者另外组成"阿扎尼亚泛非主义者大会"（简称泛非大），它的第一任主席是著名的非洲民族主义者罗伯特·索布克韦（Robert Mangaliso Sobukwe）。他是 20 世纪 40 年代非国大青年联盟的创始人之一，被公认为才智出众、道德高尚。

泛非大成立之时，正是非洲大陆独立运动蓬勃发展的时期。与此同时，南非国内黑人的反抗也日渐激烈，城镇地区的群众暴动接连发生：德班市附近发生黑人群众不满警察暴行，奋起杀死 9 名警察的事件；庞多兰地区农民反对当局的"班图斯坦"计划，聚集山上举行起义。泛非大领导人认为，当时的形势有利于他们发动一场群众运动。

泛非大成立不久，立即着手组织反《通行证法》运动，并在 1960 年 3 月 21 日率先开始行动。泛非大主席索布克韦和其他几位领导人身先士卒，不携带通行证，到警察局门前自愿被捕。索布克韦从此身陷囹圄。成千上万的非洲人响应泛非大的号召，把通行证放在家里，到警察局门前示威。在黑人城镇沙佩维尔，一万多黑人群众围住警察局，警察开枪打死 69 名非洲人，打伤 180 人，造成震惊世界的沙佩维尔惨案。在其他地区也爆发了黑人群众示威游行和警察枪杀黑人的事件。当局的镇压激起人民更大规模的反抗。开普敦附近的兰加镇有5万黑人响应泛非大的号召,游行到开普敦市中心,要求取消《通行证法》。非国大起初认为这次运动准备不足,但在群众纷纷行动起来的时候,非国大也积极支持并投入这场运动。非国大主席卢图利酋长烧掉自己的通行证,并号召所有黑人都参加这一运动。南非各地的黑人积极响应,烧毁通行证,举行罢工。反对《通行证法》运动形成了全国性的高潮。

南非当局在1960年3月30日宣布实行紧急状态法,并在全国范围进行大搜捕,有几千名黑人运动积极分子被捕。南非当局的暴行引起国际舆论的愤怒,当年4月1日,联合国安理会第一次通过谴责南非政府的决议,要求它采取措施缓和种族矛盾。但是白人当局一意孤行,4月8日宣布取缔非国大和泛非大。

在失去合法存在的条件之后,南非黑人解放组织面临新的考验和选择。

三 20世纪60年代从非暴力反抗到武装抵抗

非洲人国民大会从1912年成立到1960年被当局取缔,进行了半个世纪的合法斗争。它的一代又一代领导人为维护非洲民族的利益,一直试图用公开合法的斗争向当局施加压力,迫使其放弃种族主义政策。南非黑人运动长期采取非暴力斗争原则,主要有两个原因。一是力量对比的悬殊。1906年本巴塔领导的起义被镇压之后,非洲人以部族为基础的武装抵抗基本结束。为了剥夺非洲人进行武装反抗乃至自卫的手段,南非法律明文禁止非洲人持有枪支,不准非洲人在住宅之外携带任何"凶器",包括带铁尖头的手杖。面对武装到牙齿的白人政权,黑人运动领导人一直避免与当局发生暴力对抗,尽力在合法范围内活动。二是坚持非暴力原则有其思想根源。非洲民族运动早期

## 南非

领导人大多经过教会学校的教育,忍耐、服从、人道主义、和平主义等思想对他们影响很深。甘地倡导的非暴力、不合作的消极抵抗方式,对非洲人也有很深影响。20世纪50年代是南非黑人非暴力群众运动蓬勃发展时期,广大黑人的政治觉悟和组织程度比以前有很大提高。但是实践证明,单凭非暴力的、公开的斗争不足以动摇白人种族主义统治。

20世纪50年代末到60年代初,南非的种族矛盾不断加剧。黑人群众中要求以暴力对抗暴力的情绪日益强烈,很多地区出现了自发的暴力反抗小组。

在保存组织、继续斗争成为生死攸关的形势下,非国大执委会采纳了曼德拉从20世纪50年代初期就一再提出的进行暴力反抗的建议,决定由曼德拉负责建立非国大的军事力量——"民族之矛";并决定精简领导机构、转入地下;同时派奥利弗·坦博(Oliver Reginald Tambo)到国外建立代表机构,开展外交活动,争取国际支持。非国大转入地下后,其各级组织加紧执行曼德拉提出的组织整顿计划,即M计划,建立起严密的街道小组和区域、城镇领导机构,组成地下联络网,为以后的长期斗争打下基础。"民族之矛"于1961年11月建立,曼德拉担任它的第一任总司令。同年10月,非国大主席卢图利酋长获得诺贝尔和平奖,以表彰他长期倡导非暴力主义,这也是非国大非暴力反抗的里程碑。与此同时,非国大开始了它的武装斗争。1961年12月16日,即南非历史上祖鲁人浴血奋战、抗击布尔人侵略的纪念日——"丁干日","民族之矛"发动了第一次武装行动,袭击政府办公机构和电站,在德班、伊丽莎白港和约翰内斯堡进行了一系列爆炸行动。为了在人力和物力上为以后的游击战争做准备,曼德拉于1962年初秘密出国,对许多非洲国家和英国进行了为期半年的访问,并在阿尔及利亚接受短时间的军事训练。

与此同时,泛非大也转入地下,并在1961年组成自己的武装力量——"波戈"。"波戈"的活动主要是袭击警察所，杀死警察、密探和与当局合作的黑人傀儡，并准备武装起义。

20世纪60年代初期，非国大和泛非大的武装斗争在目标和策略上各有不同。"民族之矛"按照非国大以唤起白人良知、迫使当局谈判为目标的战略，主要袭击政府办公机构和军事、经济目标，避免伤及"软目标"。"波戈"则按照泛非大推翻白人统治的目标，主要袭击警察所，杀伤警察、密探和听命于白人当局的黑人傀儡。从1961年底到1962年初，南非黑人解放组织连续发动了200多次武装袭击和破坏活动。这些武装行动虽然是分散和小规模的，但鼓舞了黑人的斗志，引起白人社会的恐慌。

白人当局采取大规模的逮捕、不经审判的关押等手段，很快把初期的黑人武装斗争镇压下去。非国大和泛非大的组织遭到严重破坏。曼德拉、西苏鲁等非国大主要领导人于1962～1963年相继被捕。历时8个多月的"利沃尼亚案"审判轰动了南非国内外。联合国安理会在1964年6月9日通过决议，要求南非当局停止审判，对被告实行赦免。南非黑人的反抗和复仇情绪达到了极点。在南非国内外舆论的强大压力下，南非当局未敢加害曼德拉等黑人领袖。1964年6月12日，曼德拉等7人被判终身监禁，关押到罗本岛黑人政治犯监狱。泛非大主席索布克韦在1963～1969年也被囚禁在罗本岛。

在指挥机构遭到严重破坏之后，非国大幸存的领导成员被迫转移到国外，"民族之矛"的武装斗争方针由破坏战略转变为准备长期的游击战争。同时，泛非大在邻国莱索托准备武装起义计划，但在1963年3月被当局破获，大批"波戈"战士落入南非当局手中，被监禁到罗本岛。此后，虽然仍有一些"波戈"小股力量在国内活动，但是泛非大的领导机构和主要力量也转移到国外。

从20世纪60年代中期到70年代中期，非国大和泛非大的

国内组织在艰难的条件下继续斗争,流亡国外的领导机构主要致力于训练游击战士,争取国际社会的支持。这个时期,南非国内的黑人群众运动处于低潮,除体育协会和宗教团体之外,任何公开的黑人政治组织和有组织的反抗斗争都难以存在。

四 20世纪70年代黑人觉醒运动和群众运动的重新高涨

20世纪70年代中期,南非的种族矛盾日益尖锐,黑人群众的反抗情绪不断高涨。同时,南部非洲民族独立斗争的胜利,是促进南非黑人解放运动重新高涨的国际因素。莫桑比克和安哥拉在1975年相继独立,改变了南部非洲地区政治力量的对比,极大地鼓舞了南非黑人反对白人种族主义统治、要求实现多数人统治的斗争。

(一)黑人觉醒运动

20世纪60年代末70年代初兴起的"黑人觉醒运动",是南非黑人运动走向高潮的起点。黑人觉醒运动的核心是黑人大学生于1969年成立的"南非学生组织",著名的黑人青年领袖史蒂夫·比科(Stephen Bantu Biko)是该组织的第一任主席,也是黑人觉醒运动的创始人。黑人觉醒运动,最初是黑人大学生和青年知识分子中的黑人文化复兴运动,后来发展成为教育和动员黑人群众的广泛的社会运动,填补了非国大和泛非大领导机构流亡国外所形成的黑人政治运动的空白。

比科是一位才华横溢的青年领袖,有很强的政治责任感和非凡的号召力。他认为,黑人解放首先应该是思想和心理上的解放,黑人应该自立,他号召黑人丢掉自卑心理,树立自尊和自信。黑人觉醒运动倡导黑人团结,认为非洲人、"有色人"和印度人都是黑人,都是被压迫民族,应当团结起来反对白人统治,争取黑人的权力。这是黑人觉醒运动带给南非黑人政治中的新观

第二章 历 史

念，从此黑人这个概念在南非成为一种政治属性，即泛指非洲人、"有色人"和印度人，这对促进黑人之间的政治团结起到很大的作用。

千千万万黑人青年受到黑人觉醒运动的鼓舞，比科成为公认的黑人领袖。白人当局则把比科和他的运动视为洪水猛兽，从1973年开始，不断对比科和其他黑人领导人进行监禁、迫害，比科几乎每年都受到无端的指控并被关押。但是，黑人群众中的反抗情绪越来越强烈，"结束白人统治，实现多数人统治"日益成为广大黑人的愿望和目标。

（二）索韦托学生暴动

1976年6月16日索韦托学生暴动，是南非种族矛盾的总爆发，是黑人反抗情绪达到不可抑制程度的表现。

黑人学生对种族主义教育制度的不满，是这次暴动的起因。南非当局控制着非洲人的教育，实行种族歧视政策，给非洲人学校的经费很少。非洲人学生的人均教育经费只及白人学生的1/10。黑人学校的设备和师资力量大大低于白人学校。同时，班图教育部还在70年代初企图强迫非洲人中、小学用阿非里卡语授课，遭到学生和家长的反对。因为，黑人教师和学生都要从头学习阿非里卡语，无疑将加大黑人学生掌握知识的困难；而且阿非里卡语被看做种族主义统治者的语言，更引起黑人的反感。1976年6月，在索韦托的学生和家长要求当局取消这个决定而被拒绝后，"南非学生运动"决定上街游行，以示抗议。

1976年6月16日，索韦托城1.5万多名10~20岁的学生响应号召，参加示威游行。荷枪实弹的警察向和平示威的学生开枪，约有100名学生倒在血泊中。[1] 警察的暴行激怒了学生们，

---

[1] South Africa: Time Running Out, The Report of the Study Commission on US Policy Toward Southern Africa, University of California Press, 1981, p.113.

## 南非

也引起广大黑人的愤慨。索韦托的学生们烧毁黑人城镇地方政府的建筑物,捣毁任何象征种族主义统治的东西,烧毁警车,还打死一名白人警察。全国各地的黑人学生都起来响应索韦托学生代表会的号召,举行罢课、示威、暴动。教师和家长也组织起来,声援学生们的行动。黑人工人阶级也支持学生的斗争,几十万非洲人和"有色人"工人举行罢工,抗议当局镇压学生。南非全国掀起持续18个月的群众反抗浪潮。黑人斗争的压力,迫使当局在当年7月5日宣布取消在非洲人中、小学校用阿非里卡语授课的决定。这是学生们的胜利,也是70年代中期黑人运动显示力量、迫使当局做出让步的开始。

南非当局对黑人反抗斗争的发展甚为恐慌,进行残酷镇压。1977年9月27日,黑人青年领袖史蒂夫·比科被害死在狱中。10月19日,黑人觉醒运动所属的17个组织和基督教协会被当局取缔。很多青年领袖被投入监狱,大批黑人青年逃离南非。据南非警方报道,大约有4000名黑人青年离开南非,加入到非国大和泛非大在国外的队伍。南非当局的镇压行径引起国际社会的强烈反响,联合国安理会在1977年通过对南非实行强制性武器禁运的决议,反对种族隔离运动在世界范围展开。

南非国内的黑人群众运动并没有像60年代初那样被镇压下去。1978~1979年间,黑人政治组织又发展起来,如在黑人觉醒运动基础上建立的"阿扎尼亚人民组织",以及"南非学生大会"、"索韦托市民协会"等。1980年,黑人觉醒运动在国外建立代表机构,开展外交活动和准备武装斗争,黑人工人运动也出现强劲的发展势头。南非的黑人解放组织——非国大和泛非大利用莫桑比克和安哥拉独立后有利的国际环境,加强了国内的武装斗争和恢复组织的工作。20世纪70年代中期以后,南非的政治局势再也没有平静过,白人种族主义统治开始陷入困境。

## 五 20世纪80年代黑人解放运动的高潮

20世纪80年代,是南非黑人解放运动向白人种族主义政权展开全面进攻的10年,力量对比逐渐向有利于黑人方向转变,反抗与镇压都达到白热化的程度,南非社会经历了深刻的变化。

1980年津巴布韦人民战胜史密斯白人政权,赢得独立,使南非成为种族主义制度最后的堡垒。1978年上台的博塔(PW. Botha)政权,处在国际上日益孤立、国内黑人反抗不断加剧的形势下,惊呼南非处在"共产主义的全面进攻"之中。为了阻止黑人革命运动在南非的发展,维护白人的政权,博塔当局制定了军事、内政、外交的"总体战略"。南非当局在70年代大肆扩军备战的基础上,在80年代进一步增加军事开支,发展军火工业,改进武器装备;同时还扩大征兵范围和服役期限,以动员一切力量维持种族主义制度。博塔政府通过"国家安全委员会"提高了军方在政府决策中的地位,并通过直至基层的国家安全管理系统对全国进行控制。同时,博塔政府还进行了有限度的改革。但是,不仅没能缓和黑人的反抗,而且引起白人社会的分化和国民党的分裂。

### (一) 反对"三院制议会"的斗争

博塔政权为了给白人统治披上多种族的外衣,为了把"有色人"和印度人从黑人反抗的阵营分化出来,在1983~1984年进行"宪法改革",即在白人议院之外,另立"有色人"议院和印度人议院。"三院制议会"不仅在议席分配上保证了白人占压倒多数,而且通过划分"内部事务"和"一般事务",使"有色人"议院和印度人议院无权过问防务、财政、外交、司法等重大问题,只有权管理本种族内部的教育、文化和社会福利。所谓的宪法改革是继续把占人口75%的非洲人排斥在南非政治权力

之外，这不但没有缓和种族矛盾，反而激起广大黑人的愤怒。80年代中期，出现了席卷全国的黑人城镇暴动。人们冲击南非当局炮制的黑人地方当局，与警察进行暴力对抗，使绝大多数黑人城镇的傀儡政府陷于瘫痪。广大黑人组织起"街道委员会"、"市民代表组织"，管理和调解黑人城镇的事务，并组织群众开展抵制白人商店、抗租抗税等斗争。

### （二）黑人工人运动的迅猛发展

南非经济对黑人劳工的依赖，使得黑人工人的力量不断增长。尽管20世纪60年代以来南非当局把大批非洲人驱赶到"黑人家园"，但是南非经济的发展所吸收的黑人劳动力却在不断增长。据1970年南非官方人口调查数字，在811万就业人员中，非洲人为570万，占70.3%；非洲人、"有色人"和亚洲人占就业总数的81.4%。同年，在制造业、矿业和交通运输业的254万工人中，非洲人占68.9%，达到175万；非洲人、"有色人"和亚洲人共占84.5%。白人区内的非洲人1960年仅占南非洲人的38%；到1970年占53%，增长到820万。[1]"白人区"内每天还有100多万来自"黑人家园"的非洲人"往返劳工"。[2]

在20世纪80年代南非国内群众运动蓬勃发展的时期，最突出的是黑人工人运动的壮大。由于南非工业对技术工人的需求不断增加，技术工人的短缺现象严重，资方呼吁南非政府取消阻碍经济发展的对黑人歧视、限制的法令。同时，黑人工人的罢工斗争对南非经济的压力越来越明显。南非当局不得不修改种族主义的劳工法。为了保持劳工队伍的稳定，把黑人工人运动纳入官方允许的轨道，南非当局于1979年5月通过了《工业调解修正法案》，承认非洲人组织工会的权利，取消原劳工法中有关黑人就

---

[1] *South Africa Official Yearbook 1978*, p. 465, 466, 417.

[2] *South Africa Official Yearbook 1978*, p. 28.

业限制的规定。与白人当局的愿望相反，黑人工会不仅没有被控制和软化，而且发展迅猛，斗争性更强。到80年代中期，黑人工会组成两个全国性的工会联合会——"南非工会大会"和"全国工会联合会"，共有会员近百万，成为黑人群众运动中最有组织、战斗力最强的一支队伍。

（三）联合民主阵线的形成

在黑人工会发展的同时，黑人学生、妇女、宗教界和黑人市民组织纷纷出现，在反对"三院制议会"的斗争中，于1983年形成两个全国性的统一阵线：一个是"联合民主阵线"，它支持非国大、赞同不分种族的原则；另一个是"全国论坛"，倾向于黑人觉醒运动和泛非大的黑人自立主张。这两个联合会虽然在是否团结白人民主人士的问题上存在分歧，但是在反对种族主义统治、争取黑人的平等权利方面是一致的。它们在领导群众反对"三院制议会"、抵制黑人地方政府选举、组织大规模的为死难者举行葬礼和群众抗议集会等活动中，发挥了很大作用。

联合民主阵线和全国论坛所属组织，到"黑人家园"地区发展组织，动员群众，与白人当局支持的部落保守势力发生冲突。祖鲁人大酋长加查·布特莱齐领导的祖鲁民族文化复兴运动——"因卡塔"，被白人当局利用来抗衡联合民主阵线等支持非国大的黑人群众运动。20世纪80年代后期，在祖鲁人聚居的纳塔尔省造成黑人之间连续几年的流血冲突，对黑人解放斗争是极大的削弱和破坏。但是，非洲人传统领导人的多数主张黑人团结，在80年代公开站到人民运动一边，并在1987年6月成立了"南非传统领导人大会"。该组织在1989年8月派代表到赞比亚与非国大领导人会晤，讨论非洲人酋长在当前斗争及未来南非社会中的作用。

（四）黑人解放组织加强国内的斗争

博塔政权的总体战的主要打击目标，是领导机构设在国外的

黑人解放组织——非国大和泛非大。当局在边境地带设重兵防范，在国内追捕杀害游击战士，并不断袭击解放组织在邻国的办事处和住所，暗杀在国外的解放组织代表。南非以军事威胁和经济压力接连迫使邻国与之签署互不侵犯条约，使非国大等组织在国外的基地被迫远离南非边界。但是，武装斗争仍在发展，而且在国内训练游击战士，并发动群众进行暴力反抗。武装行动的次数、水平和规模都有很大提高。相继出现袭击炼油厂、电站、军事基地，甚至袭击南非防范严密的核电站等武装行动，对南非社会震动很大。武装斗争成为牵制和消耗白人当局镇压力量的重要手段。

随着群众反抗斗争的发展，非国大等解放组织在80年代后期注重加强与国内群众运动的联系，推动和指导群众斗争，开展对国内各阶层的工作。1985年，以黑人城镇为中心的群众斗争风暴掀起更大高潮。非国大主席奥利弗·坦博发出"要使南非无法统治"的号召后，黑人斗争的目标集中对准黑人地方当局。不少黑人地方官吏辞职或逃离黑人城镇。很多黑人警察不敢回黑人城镇的家，而在警察局外面搭帐篷居住。黑人城镇建立了各种自卫组织，黑人青年不仅敢于用石头、汽油瓶弹还击警察的镇压，有些还拿起枪参加地下武装斗争。

（五）镇压与反抗的决战

南非当局在1985年7月21日宣布对36个黑人城镇施行紧急状态法，但是局势仍不能控制。1986年出现了更大规模的罢工、罢课。黑人工会在五一节和6月16日索韦托学生暴动纪念日发动了两次有150万工人参加的大罢工。博塔政权为了阻挡黑人运动的发展，在1986年6月12日又宣布全国进入紧急状态，军队开进黑人城镇，在斗争最激烈的黑人城镇周围架起一人高的铁丝网进行封锁。南非当局还使用不经审判而关押的手段，大肆逮捕迫害黑人运动领导人和积极分子。1985~1988年共有5.2

万人被关押，其中1/3是十几岁的青少年。[1] 据南非官方公布的数字，从1984年9月到1988年12月，共有4012人死于暴力，其中1113人直接被军警所杀。[2] 1988年，南非当局取缔了近80个群众组织，其中包括白人青年反征兵组织。由于群众组织和黑人工会的领导人很多被关押，或不能公开活动，因此，黑人宗教领袖在80年代的反对种族隔离的群众运动中发挥了重要作用。德斯蒙德·图图主教由于为正义与和平所做的不懈的努力，获得1984年诺贝尔和平奖。图图主教和阿兰·博萨克牧师等宗教领袖，在南非国内外奔走呼号，谴责博塔政府的镇压行径，因而也受到南非当局的骚扰和迫害。

但是，南非当局的镇压已不能阻止黑人解放运动的发展。在残酷的镇压之下，虽然斗争几起几落，但是并没有被压倒。它逐渐适应了在紧急状态下发动群众开展斗争，壮大了自己的力量。到1988年底，不仅非洲人、"有色人"和印度人的解放斗争得到巩固和发展，而且形成了包括白人民主运动的广泛的统一战线，即"群众民主运动"，成为议会外最大的反对派联盟。

## 六 白人统治的危机

### （一）白人社会的分化

随着种族矛盾的日渐激化，南非在国际上日益孤立，南非经济越来越陷入困境，白人中离心和思变的倾向明显增加。由于对前途的思考和选择，20世纪80年代南非白人社会出现前所未有的分化。阿非里卡人的分裂，是南非白人种族主义统治面临危机的最重要的征兆。80年代，阿非里卡人中出现

---

[1] Baruch Hirson, *Year of Fire, Year of Ash——the Soweto Revolt: Roots of a Revolution?* Zed Press, 1979, p. 184.
[2] 〔英国〕《经济季评》，1989~1990年南非简况，第3页；〔南非〕1988年11月1日《星报》。

了两次不同方面的分裂。一次是1982年极右翼的造反;另一次是1986~1987年左翼的"叛逆"。国民党政府从维护阿非里卡人和其他白人资本的利益出发,不得不修改阻碍经济发展的法律,改革种族隔离制度。

阿非里卡人当中的极右翼,反对任何触动种族隔离制度的变革。他们指责博塔政府的改革是出卖阿非里卡人的民族利益,是政治自杀。在他们看来,对种族隔离的任何松动,都会导致黑人多数统治。极右翼白人坚持与黑人在政治、经济和社会生活方面的绝对分离;否则,宁可建立"白人家园",或者恢复过去的布尔人共和国。1982年初,以德兰士瓦省国民党主席特罗尔尼切为首的右翼,从国民党分裂出去,另组保守党。它的基础主要是德兰士瓦省和奥兰治自由邦的农村和城镇中白人低收入阶层。这部分人保守,受教育程度低,经济地位脆弱,没有种族隔离制度的保护,他们在与黑人的竞争中并不具有优势。保守党利用这些人对前途的担心,煽动种族主义情绪,以加强自己的力量。保守党在1987年白人议会选举中得到26.4%的选票、22个议席,成为南非白人议会内第一大反对党。[①] 南非的经济困难使白人中失业增加,"穷白人"问题重新提出,给了保守党扩大支持基础的机会。

然而,右翼白人要保持"白人南非"的主张是个不切实际的幻想。随着黑人政治经济力量的增强,保留种族隔离制度的希望更为渺茫。阿非里卡人当中的现实派,看到了变革的必然趋势,逐渐承认今后必须与黑人共存。思变的动向首先来自阿非里卡人知识界。被称为阿非里卡人思想库的斯泰伦博什大学,一向以保守著称,但是在1987年初,该校几十名教授对种族隔离的思想基础、对博塔政府的改革方向和进程提出了疑问。他们认为,只有彻底改变种族隔离制度,与黑人分享权力,南非才有希

---

① 〔南非〕1988年11月16日《星报》。

望。该校300多名学者宣布,不再支持国民党。他们的行动得到其他地区的阿非里卡人学者、企业家和专业人员的响应。国民党当中的开明派议员,也对博塔政府的政策提出批评。1987年白人大选前,有3名国民党议员退出该党,以独立身份参加竞选,随后组成独立党,并在1989年4月与开明白人的进步联邦党和全国民主运动合并为民主党。民主党是白人当中第三大党,主要支持者是英语白人,特别是经济界和上层知识分子,在白人中的支持率约占20%。

白人经济界要求变革,主要出于经济利益的需要。南非白人资本家对种族隔离一向采取实用主义态度。他们财富的积累,特别是矿业的发展,是依赖大量的黑人廉价劳动力;但是他们不是种族隔离的卫道士,他们看重的不是肤色而是金钱。他们曾希望博塔的改革能为南非资本的更大发展开辟道路,但是当博塔的镇压政策招致国际范围的经济制裁浪潮和严重的政局动荡,白人资本家作出了另外的选择。1985年9月,以南非最大的资本集团——南非英美公司为首的工商业资本家代表团,到赞比亚首都卢萨卡会见非国大领导人,探讨南非的前途。这个举动在南非白人中影响很大,此后追随者络绎不绝。

白人民主运动在20世纪80年代有明显的发展。在白人大学生和青年当中,出现了对种族隔离制度的批判。影响最大的白人青年反种族隔离组织是1983年成立的"反对征兵运动",它提出"你在为谁打仗"、"不做种族隔离制度的炮灰"等口号,动员白人青年拒绝服兵役。成千上万的白人青年以各种方式逃避兵役,还有一些人不怕坐牢公开宣布拒绝应征。1987年8月,有23名白人青年集体抵制服兵役,此后人数不断增加,到1989年9月有800名白人青年加入这个行列。[1] 这个组织在1988年被当

---

[1] 〔英国〕《经济季评》,1989~1990南非简况,第6页。

局禁止活动,一些拒绝服兵役的青年被判6年以下监禁,但是这个运动的发展势头并没有减弱。同时,其他白人民主运动组织也活跃起来,其中以"南非民主选择研究会"的影响最大。该组织不仅在国内组织各种有关南非前途的讨论会,而且多次组织白人民间团体到国外与非国大等解放组织会谈,讨论结束种族隔离后南非的社会发展。1989年7月,一个庞大的由115名白人组成的代表团到卢萨卡,与非国大的90人高级代表团会谈,就南非白人在南非社会变革中的作用进行了广泛的讨论。80年代后期,共有30多个来自南非白人各界的代表团,到国外与非国大公开会晤。白人中对种族隔离的批判和对南非前途的新选择,无疑是对博塔政权形成压力。

### (二) 国际制裁对南非的压力

南非当局对反对种族隔离制度斗争的镇压,引起国际社会的强烈谴责,形成前所未有的制裁南非的浪潮。博塔当局1983～1984年间对邻国做出缓和姿态的目的之一,是为改善南非在国际上的形象。但是,1985年7月博塔宣布对36个黑人城镇实行紧急状态法之后,美欧各大银行纷纷停止向南非提供贷款,并要求南非偿还到期债务,引起南非货币兰特的大幅度下跌,形成严重的金融危机。当年,南非资本外逃达104亿兰特(约合42亿美元)。[①]1986年6月,博塔当局又宣布全国进入紧急状态,军队开进黑人城镇,博塔还在当年8月召开的国民党年会上宣称坚持种族隔离。这些举动促使国际社会要求制裁南非的运动达到新的高潮。

非国大开展大量的外交活动,呼吁西方国家的政府对南非实行强制性制裁。非国大主席奥利弗·坦博在联合国有关制裁南非的大会上说,"除非国际社会现在采取坚决的行动,否则南非将难免一场血战。"坦博还接连会见英国、美国和南非的企业家和

---

① 〔南非〕1989年3月3日《星报》。

银行家，呼吁他们对南非当局施加压力。南非黑人宗教领袖图图主教和博萨克牧师（Reverend Allan Aubrey Boesak）也到美欧等地奔走呼吁。

西欧、北美各国公众掀起声势浩大的运动，向本国政府和与南非有关系的公司、银行施加压力，要求它们断绝与南非的经济关系。1986年10月，美国议会通过《全面反对种族隔离法》之后，美国在南非的大公司——通用汽车公司、国际商同机器公司、柯达影像公司、可口可乐公司和埃克森石油公司，相继宣布退出南非。英国巴克莱银行也宣布出卖它在南非巴克莱银行中40%的股份。1985～1988年间，南非的资本外逃共计200亿兰特（约合91亿美元）。到1988年底，外汇储备仅为19亿美元，只够6周的进口费用。[①] 南非的进出口结余基本用于偿还外债，投入生产的资金很少。另外，经济制裁使南非的对外贸易受到限制，争取外资和引进技术遇到困难。南非经济在80年代长期处于低增长，有些年份甚至出现负增长，黑人失业状况越来越严重，白人中的失业人数也在增加。同时，维护种族隔离制度的浩大开支和对外侵略的沉重负担，使南非经济陷入前所未有的困境，并由此导致严重的政治危机。

**（三）种族隔离制度的修正**

博塔上台后，曾提出"不适应，则灭亡"的警告，并试图以有限的改革挽救白人统治的危机。1980年南非当局开始推出"三院制议会"改革。1983年通过相关宪法，即在白人的议院（166人组成）之外，另立"有色人"议院（80人组成）和印度人议院（40人组成）。但是，这两个议院的权力只限于内部事务，而关乎南非国家的一般性事务的决定权仍然由占议员多数的白人议院掌握。这种有限的改革已经无济于事。

---

① 〔南非〕1986年5月23日《金融时报》。

## 南非

南非政治经济形势的变化已超出白人当局的控制，种族主义的统治大势已去。在 1979 年修改种族主义的劳工法后，80 年代中期博塔当局在种族矛盾加剧的压力下，又取消了一些使用公共设施的种族隔离法。1985 年废除了禁止不同种族通婚和禁止不同种族的两性间性关系的法律，1986 年取消了《通行证法》。但是，博塔当局的改革对广大黑人来说，已经太少太晚了。正像曼德拉在狱中对来访者评论博塔的"改革"时所说："我未曾有过娶一位白人妇女的奢望，也不曾有过到白人的游泳池游泳的想法。我们和白人的根本争端是政治平等问题。"

作为剥夺非洲人公民权和南非国籍主要手段的"黑人家园"政策，到 80 年代已陷于失败。博塔当局曾有对城镇非洲人实行"双重国籍"的设想，但是行不通。1986 年，南非公布《恢复南非国籍法》，同意已经宣布独立的四个"黑人家园"中的一部分非洲人恢复南非国籍，这无疑是承认在政治上实行完全的种族隔离政策的失败。1988 年 4 月，博塔在议会讲话时第一次提出，"黑人领导人应当参加（议会）选举团（竞选总统）"。虽然博塔所指的黑人领导人是那些与当局合作的人，但是这表明，他不得不承认南非是一个国家，黑人多数是排斥不掉的。

在南非国内外要求释放黑人领袖曼德拉的呼声日益强烈的形势下，博塔政府在阻止和反对白人民间团体出国会晤黑人解放组织的同时，却利用驻外机构和国际会议与非国大的代表接触。南非当局不断放出释放曼德拉的风声，博塔政府的 4 名部长，从 1986 年下半年已开始与狱中的曼德拉进行对话。南非《每周邮报》文章评论认为，"过去 5 年间，南非的政治变化，没有一个像暗中使非洲人国民大会合法化这样迅速。"[①] 但是，博塔政府

---

① 〔南非〕1989 年 8 月 10 日《每周邮报》。

第二章 历 史

对释放曼德拉的政治后果没有把握,因此一直坚持有条件释放曼德拉的立场,使政局的变化难以突破。

(四) 南部非洲军事力量对比的变化

博塔当局在内政陷入困境的同时,外交也面临难题。南非从20世纪70年代中期卷入安哥拉内战,多次大规模出兵侵略该国,其借口是打击安哥拉南部的西南非洲人民组织的基地。连续十几年的侵略战争,不仅使南非在经济上消耗巨大,而且人员伤亡也越来越多,安哥拉在某种程度上成了南非的越南。从1987年底到1988年初,安哥拉战场的形势出现了令南非军方吃惊的变化,南非失去了空中优势。用先进的米格战斗机武装并经过苏联训练的安哥拉空军,袭击入侵的南非军队,半年内使南非军队伤亡数百人,其中白人死亡60人,包括2名高级军官;损失16架战斗机、4架直升机及几十辆军车。同时,安哥拉和古巴军队开进离纳米比亚边境很近的地区,并装备有先进的雷达系统和坦克、导弹,引起南非军方的惊恐。[①] 当南非白人从报纸、广播、电视中看到几十名南非白人军人阵亡名单时,舆论大哗,很多白人开始转而批评博塔政府卷入安哥拉内战的做法。

除安哥拉战争之外,南非对纳米比亚的占领也越来越成为沉重的负担。西南非洲人民组织自70年代后期加强武装斗争以来,南非在纳米比亚长期维持一支10万多人的军队,其中有白人6.79万人,加上在纳米比亚培植对抗西南非洲人民组织的政治势力的费用,南非政府对纳米比亚的统治每年要花费10亿美元。[②] 南非白人当中要求结束对纳米比亚占领的呼声日益强烈。

南非在安哥拉战场失去主动权之后,不得不大幅度调整政

---

① 〔英国〕1988年4月1日、5月27日《非洲秘闻》。
② 引自伦敦战略研究所《1988~1989年度军事力量对比报告》(中文译稿)。

策，以古巴从安哥拉撤军为条件，同意撤出入侵安哥拉的南非军队，并同意按照联合国第435号决议解决纳米比亚的独立问题。

（五）走向和解

1989年1月，南非总统博塔轻度中风，随后于2月3日辞去国民党主席职务，留任总统。国民党德兰士瓦省主席FW. 德克勒克（FW De Klerk）被选为国民党主席。这是国民党自1948年上台执政以来第一次出现两驾马车的现象。在1989年白人大选年，这显然对国民党不利。国民党的政策出现了矛盾和混乱，一方面保证要维护白人的特权，另一方面又作出改变种族隔离的许诺，对谈判问题也没有明确的方针。同时，力不从心的博塔继续在内政和外交决策中按个人意志行事，与德克勒克的政策分歧公开化，使国民党政府陷入内乱。博塔的专横态度，已日益为国民党所不容，党内要求博塔辞职的呼声日益强烈。在1989年8月14日召开的内阁会议对博塔施加压力，博塔无奈，愤然辞职。在9月的白人大选中，国民党虽保住了议会中多数席位，但是实力大为削弱，得票率不足50%，国民党的地位跌到20世纪50年代以来的最低点。

在博塔当局陷入内政外交困境的时候，非国大和黑人群众民主运动在很大程度上掌握了局势发展的主动权，采取了促进政治解决的方针。非国大在1988年拟订了"制宪纲领"，在国内的黑人组织和白人民主团体中讨论，为政治解决做准备。南非群众民主运动在1989年掀起大规模的蔑视种族隔离运动，号召黑人、白人联合起来共同冲击种族隔离制度。

纳米比亚的独立进程开始之后，国际社会强烈要求南非彻底废除种族隔离制度，要求白人政府与黑人领导人谈判。美、英等西方大国政府对南非当局晓以利害，以谈判作为解除对南非制裁的条件。美国总统布什则进一步作出姿态，会见访美的南非大主教图图等南非黑人宗教领袖和南非联合民主阵线的领导人西苏鲁夫人等。美国驻赞比亚使馆也与非国大保持接触。非国大还在1989年初，获准在华盛顿设立办事处。英联邦国家（除英国政府外）、不结盟运动和非洲统一组织，都决定继续保持对南非的经济制裁，以迫使其谈判。这些压力对急于摆脱经济困境的南非当局来说，不是无足轻重的。

20世纪80年代，南非白人种族主义的政权和被压迫的黑人多数的力量对比，发生了有利于黑人多数的变化。广大黑人不能照旧生活下去，白人政权也不能照旧统治下去。种族隔离制度已走到其终点。

## 第六节 20世纪90年代初期废除种族隔离制度的政治变革

南非20世纪90年代初的政治转折看似突然，其实是对立双方长期斗争的结果，力量对比的变化在80年代后期已基本定局。白人种族主义政权尽管拥有政治、经济实力和镇压手段，但是南非社会经济的发展和黑人反抗运动的壮大，已使其难以再推行种族隔离制度。黑人解放组织和群众民主运动，在国际社会的支持下，使白人政权陷入政治、经济困境，但是黑人反抗运动对白人种族主义政权的统治所构成的压力，能够迫和，而不足以迫降，因此通过谈判改变南非的种族隔离制度是双方的共同选择。

一　从对抗到对话

（一）取消党禁，释放曼德拉

1. 非国大的政策准备

1990年是南非政治发展的转折点。2月2日，南非总统FW.德克勒克在议会开幕时宣布，取消对非国大、

泛非大和南非共产党等组织的禁令；释放由于参加这些组织而被关押的人；部分地解除紧急状态；撤销对 33 个反对种族隔离组织的限制；宣布将无条件释放黑人领袖纳尔逊·曼德拉。南非政治进入对话和谈判阶段。

非国大在谈判问题上比较主动。20 世纪 80 年代后期，非国大提出谈判的动议。1987 年，南非共产党总书记兼非国大中央执委会成员、"民族之矛"参谋长乔·斯洛沃（Joe Slovo）首次提出谈判的意向。这其中不排除戈尔巴乔夫上台后苏联的政策变化，使非国大的武装斗争所得到的支持面临困难。但是非国大从来没有把武装斗争夺取政权作为现实的目标，而更多的是作为"武装的宣传"，向白人统治当局施加压力的手段。因此，谈判的方针不是出于苏联的压力，而是非国大的长期政策，南非内部力量对比的变化使谈判成为可能。1988 年非国大制定"制宪纲领"，在国内黑人运动和白人民主团体中讨论，为政治解决做准备。1989 年，在国民党政权陷入内部争论和白人忙于大选之机，非国大先发制人，把它制定的谈判原则交给南部非洲前线国家认可，并很快在 1989 年 8 月 21 日的非洲统一组织南部非洲特别委员会哈拉雷会议上通过，称为《哈拉雷宣言》。非国大提出的谈判先决条件得到国际社会的普遍支持，得到联合国的承认。与此同时，非国大还注意统一国外组织和国内群众运动的思想，扩大与国内各界的接触，以期形成广泛的统一战线和共同纲领。

2. 曼德拉的推动

曼德拉的推动，对非国大与南非当局的谈判起到举足轻重的作用。曼德拉在 1986 年与南非当局司法部长科特西等对话之初，就提出与博塔总统会晤的要求，但是博塔直至其政治生涯接近尾声才迈出这一步。1989 年 7 月 5 日，曼德拉从维克多·维尔斯特监狱的囚禁所被接到总统官邸"饮茶"。这是白人当局首脑第一次在南非国内与非国大领导人正式接触，无疑是一个明确的政

第二章 历　　史 South Africa

治姿态。曼德拉交给博塔一份政策声明，阐述了他对南非局势的看法，以及突破政治僵局的出路。曼德拉指出："我们国家日益深重的政治危机，是一个长时间引起我极度关切的问题。目前我认为，为了国家的利益，非洲人国民大会和政府有必要紧急会晤，通过谈判找到一个有效的政治解决办法。……事实非常清楚，非洲人国民大会拒绝宣布放弃暴力斗争，并不是政府面临的真正问题。真正的问题是，政府还没有准备进行谈判，没有准备与黑人分享权力。……这是政府拒绝与我们对话的真正原因；也是它要求我们解除自己的武装，而同时它却继续使用暴力对付我们的人民的原因所在。……我相信，绝大多数南非人，无论是黑人还是白人，都希望看到非洲人国民大会和政府紧密合作，为我们国家的新时代奠定基础。在这个时代，种族歧视和偏见，镇压和反抗，死亡和破坏，都将成为过去。"[1]

曼德拉与博塔会见后，于1989年7月12日向南非人民，特别是向广大黑人发表正式声明，以使他们对政治解决、对今后的谈判有思想准备。

### 3. 德克勒克的新面目

德克勒克政府在1989年9月大选后上台。为了摆脱经济困境和在国际上的孤立地位，德克勒克虽然继续坚持以种族集团为基础的政治解决方案，但是作出了一系列与黑人和解的姿态。例如，准许黑人举行和平集会和示威，并第一次向大选中遭警察镇压的死难黑人家属表示慰问；取消海滨和一些居住区的种族隔离；会见图图大主教等黑人领袖；无条件释放沃尔特·西苏鲁等8位老资格的黑人运动领导人。至此，利沃尼亚案被判终身监禁的非国大领导人中，只有曼德拉一人仍在狱中。

曼德拉与德克勒克在1989年12月6日举行了第一次会晤。

---

[1] *The Madela Document*, Published by the ANC, January 1990, Lusaka, Zambia.

曼德拉阐明了在南非实现和平的设想,并与德克勒克讨论了克服谈判障碍的问题。曼德拉坚持,黑人运动在走到谈判桌之前必须取得合法地位,与白人当局平等对话,因此,在释放他的同时,必须取消对非国大等组织的禁令,使其在国内合法地进行政治活动。

进入1990年,南非的政治气氛更趋向和解,释放曼德拉的风声不断传出。虽然德克勒克政府对释放曼德拉和取消党禁同步进行仍有顾虑,唯恐政治冲击难以控制。但是,临近2月时,已有2000多名记者和电视摄影组从世界各地飞抵南非,等待着南非的事变。德克勒克政府为了在世界面前赢得一个改革的形象,已不能后退。

德克勒克1990年2月2日在议会发表讲话,宣布取消党禁和释放曼德拉,在南非社会引起巨大的震动。议会中的白人保守党议员惊呆了,不知道德克勒克玩的是什么把戏,竟敢放虎归山。而南非广大黑人、白人民主运动,乃至整个世界都认为,德克勒克向结束白人种族主义统治迈出决定性的一步。南非的政治解决进程自此开始。

(二) 消除谈判障碍的进程

取消党禁后,南非的政治气候仍很严峻。全国紧急状态法还在施行,南非军队还未撤出黑人城镇,大批政治犯仍在狱中,镇压性的治安法规还威胁着黑人组织的正常活动。因此,促使德克勒克政府消除谈判障碍,创造谈判气氛,是非国大在合法化后的首要任务。国际社会也以此作为判断南非当局有无谈判诚意的尺度。非国大利用国内外的有利形势,采取稳住经济界、抓住德克勒克政府、顶住白人右翼威胁的策略,全力推进政治谈判。

1. 关于谈判先决条件的对话

1990年5月2~4日,以曼德拉为首的非国大代表团和以德克勒克为首的南非政府代表团,在开普敦举行了历史性的第一次正式会谈，形成了《格卢特·斯库尔备忘录》。双方对保持局势稳定和促进和谈取得了共识。对于释放政治犯和对解放组织成员的赦免问题，决定成立一个联合工作小组对此提出报告。南非政府方面许诺，将取消紧急状态和修改国内治安法规。在第一次会谈后，南非当局于6月8日取消了纳塔尔省以外地区的紧急状态。

8月6日举行第二次正式会谈，双方主要审议通过了联合工作小组的报告，签署了《比勒托利亚备忘录》。在有争议的政治犯定义问题上，双方同意联合工作小组报告提出的原则，即政治犯是指那些出于完成某个特定事业的政治动机（不是个人目的）而违犯法律构成犯罪（包括杀人罪）的人。这一规定，使非国大等解放组织的游击战士和参加过暴力反抗而被监禁的群众得以无条件释放，而白人右翼组织也可以利用这个规定为其成员的种族主义杀人行为辩护。对于解放组织成员的大赦和流亡人员归国问题的规定是，一般人员的大赦从1990年10月1日开始；对特殊案例的审查要逐个进行，最晚于1991年4月底完成。双方还决定建立各级联络机构，以制止暴力冲突。

鉴于此，非国大宣布暂停武装斗争。

但是，南非当局一直在与非国大争夺政治解决进程的主动权，以拖延战略来扼制非国大的发展势头。德克勒克政府没有按照协议的时间表释放政治犯和对流亡人员实行大赦，而是节外生枝，在政治犯的鉴别和流亡人员回国手续方面提出种种刁难。政治犯的释放不仅没有按期在1991年4月底完成，而是拖延到1992年11月才最后解决。对流亡人员的大赦，南非当局一直坚持个案审查，直到1991年8月中旬才与联合国难民事务高级专员办事处签订协议，对4万多名南非流亡人员予以赦免。联合国在南非设立难民事务机构，以确保流亡人员安全返国。与此同时，非国大将其关押在国外的32名南非当局的特务释放回国。

## 2. 废除种族隔离的基本立法

为了造成正常的政治活动环境,南非当局必须废除限制黑人的立法。1991年2月到6月的南非议会年会的主要工作是清理种族隔离法令,共有80多项种族主义法令被废除,还有近140项立法中的种族主义内容被删改。其中最主要的是废除了作为种族隔离制度支柱的几项法律,即1913年和1936年的《土著人土地法》、1950年的《人口登记法》、1966年的《集团住区法》和1984年的《黑人住区发展法》。

这些法令的取消是向废除种族隔离制度迈出的重要一步。它表明德克勒克当局放弃了种族隔离的大格局,承认南非是一个统一的政治体,依照法律每个南非人都有平等的土地权利,有流动和选择住区的权利。废除了按种族进行人口登记的法律,也就使一切以种族为基础的立法失去依据,自然也使南非白人政府的宪法失去合法性。至此,种族隔离法上还保留着维护白人政治统治的宪法,整个国家机器还掌握在白人统治者手里,这些要留待制宪谈判来解决。但是,南非的政治解决进程已不可逆转,通过谈判结束种族隔离制度已成趋势。

### (三)第一次民主南非大会(CODESA)——制宪谈判的起点

1991年11月29~30日,南非20个政党在约翰内斯堡召开制宪谈判前的预备会议。白人保守党抵制这个会议,黑人觉醒运动所属的阿扎尼亚人民组织也没参加;南非其他主要政党——非国大、泛非大、国民党、因卡塔自由党等都出席了会议。这是南非大多数政党第一次坐在一起聚会。会议决定当年12月20日召开讨论制宪问题的民主南非大会,并选举了两名南非最高法院的法官(一名白人,一名印度人)担任民主南非大会的主持人,会议还决定由每个政党派一名代表组成筹划指导委员会。

与会的泛非大由于对会议地点和程序有不同意见而在第二天

退出会议,它指责非国大和国民党操纵会议,并决定不参加预期的民主南非大会。

12月20~21日,具有历史意义的民主南非大会第一次会议在约翰内斯堡附近的世界贸易中心举行,19个政党和组织的200多名代表参加了会议。由于这次大会不是民主产生的代表机构,因此不具有制宪权力,它的任务是通过多党谈判,确定共同接受的制宪原则。这次会议主要就制宪原则、制宪机构和过渡期限问题交换了意见。会议的任何决议都采取协商一致的原则,出现分歧,则以大多数一致而通过的原则。会议最后签署的《意向声明》宣布,与会政党要为建立一个统一的南非而努力;在新国家里,将没有种族隔离或其他形式的种族歧视和压迫;表示要为治愈过去的分裂和创伤而努力工作,在民主的价值基础上建立一个自由和开放的社会。会议还成立了5个工作小组,负责对制定新宪法和过渡性行政安排提出报告。

## 二 政治过渡阶段的矛盾变化和利益冲突

处在从种族隔离向种族平等社会过渡中的南非,各种政治力量都在调整和确定自己在变革中的位置和立场,力图影响政治解决进程,以争取自己的最大利益。1990年2月之后,影响南非政治力量变化的最重要因素是黑人政治组织的合法化,由此引起新旧矛盾的交织和新的利益组合。

在各种政治力量的较量中,对全局关系最大的有以下三种矛盾:非国大与白人当局争夺政治主动权的斗争,黑人运动内部的分歧和黑人不同利益集团的冲突,执政的国民党与右翼保守党对白人选民的争夺。争论很快从是否主张改革和谈判转变到争夺未来新南非的权力。

### (一)非国大与国民党当局的争夺与让步

在政治过渡阶段,南非的主要矛盾仍是彻底废除种族主义制

度，使黑人得到充分的合法权利，还是维护白人的统治和既得利益。因此，谈判虽然已经开始，但是对立双方的较量依然很激烈。

黑人政党合法化后，改变了南非政治舞台的面貌。非国大在国内公开活动之后，其政治影响和组织力量都得到加强，它作为南非最主要的黑人政治组织，很快处于南非政治的中心地位，改变了国民党政权独家控制形势的局面。同时，非国大在国际上的地位也有很大提高，被当做未来的执政党看待。曼德拉在国内外的崇高威望，他对非国大吸引国内支持者和争取国际支援大有促进。因此，在双方就谈判先决条件的对话中，非国大处于主动地位。在谈判先决条件基本实现之后，非国大提出尽快选举制宪会议和成立临时政府的主张，这是关系到由谁来制定新宪法、由谁掌握过渡阶段的权力问题。非国大和其他黑人解放组织否认白人议会和政府的合法性，它们主张一人一票选举产生的制宪会议才有权制定新宪法，在制宪期间成立过渡政府管理国家、监督大选。而德克勒克当局则坚持现有议会和政府的合法性，主张由多党会议起草新宪法，但要由南非现议会通过；提出可以吸收黑人政党参加过渡时期的政治决策和管理，但是在产生新宪法之前不会交出权力。

德克勒克当局的意图是在政治过渡期间削弱非国大。1990年8月之后，德克勒克当局除了拖延政治犯的释放和对非国大流亡人员回国设置障碍外，更重要的手段是怂恿和利用黑人之间的暴力冲突，牵制非国大的发展，同时继续利用军警打击非国大。虽然德克勒克当局已宣布取消党禁，但是南非军警继续以非国大等组织为主要的防范和打击目标，不仅暗中资助和训练反对非国大的部落政治势力，而且继续操纵"黑人家园"的地方武装。同时，军警中的秘密部队和暗杀组织一直没有解散，继续在黑人居住区横行，杀害黑人解放组织的成员和其他进步人士。南非军

## 第二章 历 史

事情报机构还收买杀手，制造流血事件，嫁祸于非国大，以诋毁非国大的声誉。南非军队和警察卷入暴力冲突的丑闻，不断被新闻媒体揭露，而白人当局一再否认，直至真相大白。1991年7月南非《每周邮报》刊登了南非保安警察暗中资助因卡塔的文件后，法律与秩序部长伏洛克承认曾经给因卡塔25万兰特（约10万美元）。陷入窘境的德克勒克当局不得不紧急改组内阁，国防部长马兰和法律与秩序部长伏洛克被撤职，降格使用。德克勒克宣布取消给黑人政治组织的所有秘密拨款，并成立独立的委员会调查此类事件。1992年6月博伊帕通黑人居住区发生48人被残杀的严重流血事件后，报界揭露南非警察中一个称为"纳米比亚人"的分队参与了这次屠杀。在南非国内外的谴责和压力之下，德克勒克才宣布解散南非军队中以镇压黑人而臭名昭著的31旅和32旅，解散警察中的秘密部队，禁止在公共场所携带危险武器等措施。但是，博伊帕通流血事件的血迹未干，1990年9月又发生西斯凯"黑人家园"保安部队开枪扫射非国大游行队伍的暴行。

持续不断的流血事件笼罩在黑人城镇上空的恐怖气氛，使非国大的组织发展遇到困难。一些"黑人家园"地方武装控制的区域成为对非国大的禁区。不少人出于人身安全的考虑而不敢加入非国大，一些黑人产生疏远政治的情绪。同时，非国大内部也出现对谈判方针的批评和不满，特别是黑人青年要求对当局采取更强硬的立场。暴力冲突的加剧，迫使非国大两次中断与德克勒克当局的对话和谈判。非国大政治谈判方针的成败，主要看它能不能继续赢得绝大多数黑人的支持。在谈判的同时不放弃群众运动，是非国大在1991年全国代表大会上确定的方针。发动群众运动，特别是全国大罢工，是非国大—南非共—南非工会大会三方联盟的主要压力手段。1992年，在恶性暴力事件不断发生、德克勒克当局拖延政治过渡以图改变力量对比的情况下，以非国

大为首的三方联盟决定开展3个月的群众示威和罢工运动,迫使德克勒克当局有效地制止暴力冲突,加快政治谈判进程。1992年8月初群众运动达到高潮,南非各地有400多万人参加了全国罢工,并有20多万人参加了在南非政府大楼前的群众集会和游行。这次大罢工被称为"黑人公决",显示了非国大在城镇黑人中的支持度很高。非国大发动群众运动的成功,得到南非舆论的承认,也得到联合国和其他国际组织的赞赏。

非国大的另一个压力手段,是促使国际社会继续关注南非问题,特别是促使联合国介入南非的政治解决进程。除了继续保持对南非当局的经济制裁和武器禁运之外,非国大要求国际社会对南非的政治过渡进行监督。在曼德拉的要求下,联合国安理会在1992年7月18日讨论南非问题,并通过第765号决议。联合国秘书长加利指定万斯为特别代表访问南非,就有效制止暴力和创造谈判条件提出建议。联合国的50人观察组陆续进驻南非,英联邦、欧共体和非洲统一组织的观察小组也相继到达南非。国际社会的监督,有助于暴力冲突的缓解和对南非军警行为的监督。德克勒克政府也改变了反对国际社会干预南非问题的立场,而同意接受国际社会的监督和介入。

但是,国际社会的影响是有限的,南非问题的解决主要取决于国内的力量对比。经过一系列的双边会谈和民主南非大会5个工作小组的讨论协商,以非国大和德克勒克当局为主要谈判对手的双方,不仅在统一的南非、一人一票的选举、基本人权、司法独立等方面取得基本一致,而且在政治过渡的方式上的分歧也逐步消除,双方互有让步。德克勒克当局改变了以前坚持的只同意吸收其他政党代表参与咨询的过渡性安排,同意成立多党过渡执行机构;改变了坚持现有议会是唯一立法机构的立场,同意选举过渡议会以制定和通过新宪法。对此,非国大作出的让步是,在制宪议会选举产生之前,承认现有议会继续履行立法职能,同意把民主南非大会的决议交由现议会通过成为法律。但是，在如何分配未来政府的权力这一根本问题上，双方仍存在分歧和继续较量。

(二) 黑人之间的冲突

黑人内部的政治冲突主要表现在两方面：一是黑人解放组织之间的分歧；二是黑人解放组织与"黑人家园"保守势力之间的矛盾。

1990年2月以前，只有"黑人家园"内以部落为基础的政治组织才可合法存在，其他黑人运动，包括黑人工会组织，或被取缔或受到严格的限制。取消党禁之后，黑人解放运动的领导机构回到国内，发展组织，壮大力量。黑人政治出现前所未有的活跃局面，同时相互之间的竞争和冲突也有所增加。

1. 黑人解放组织之间的争论

黑人解放组织之间的争论，先是集中在是否应该与德克勒克政府谈判。取消党禁之后，关于消除谈判障碍的对话是非国大单独与德克勒克政府进行的。当时泛非大和黑人觉醒运动拒绝与当局谈判，认为当时没有与德克勒克政府谈判的基础，怀疑当局的谈判诚意。后来随着政治犯的释放和谈判条件的逐渐成熟，泛非大调整了政策，接受了非洲统一组织《哈拉雷宣言》关于南非制宪谈判的原则。于是，非国大和泛非大同意建立广泛的统一战线，形成共同纲领，推动民主选举制宪会议以制定新宪法。1991年10月，有近百个政党和组织参加的爱国阵线成立大会在德班召开，这是南非历史上反对种族隔离的政治组织最广泛的联合。爱国阵线以选举制宪会议和成立过渡政府为当前的纲领。黑人觉醒运动所属的阿扎尼亚人民组织，由于反对大会邀请白人民主党和"有色人"工党而未参加爱国阵线，但是同意其纲领。祖鲁族为主的因卡塔自由党不同意组成爱国阵线，指责这是"反对白人的联合"。

爱国阵线的组成，使双方力量对比有利于黑人多数，是促成民主南非大会的重要原因。但是非国大和泛非大的合作维持的时间很短，泛非大在民主南非大会预备会议期间因所提动议未获通过，指责非国大和德克勒克政府操纵会议而退出谈判。双方对白人的态度和对武装斗争的政策上也有明显的不同。非国大在坚持黑人多数统治的同时，提倡种族和解。泛非大的口号则更具非洲主义色彩，在要求归还非洲人的土地问题上的政策更为激进。泛非大仍没有宣布停止武装斗争，并继续以"一个殖民者，一颗子弹"的口号鼓动黑人群众。在黑人群众不断遭到军警的恶劣对待，针对黑人的暴力事件不断出现的形势下，泛非大的口号在激进的黑人青年中很得人心。不同政治倾向的黑人政治组织之间的竞争继续存在，但是基本是和平方式的较量。黑人之间的暴力冲突，主要发生在支持非国大的群众与"黑人家园"保守势力的追随者之间。

2. "黑人家园"保守势力与非国大的较量

非国大的发展使"黑人家园"保守势力感到威胁，以前在反对白人种族主义统治的过程中非洲民族的共同利益，现在被新的利益冲突所代替。

非国大等解放组织取得合法地位后，加强了在农村和"黑人家园"地区的发展，推动了当地的民主运动。它们的活动对"黑人家园"政权构成了威胁。面对"黑人家园"制度行将废除的前景，"黑人家园"领导人出现了分化。10个"黑人家园"地方政权中，支持和反对非国大的几乎各占一半。与非国大合作、向黑人解放运动靠拢的，有一直同情非国大的坎瓜内"黑人家园"领导人马布扎和特兰斯凯"黑人家园"的军事领导人霍洛米萨；采取敌视非国大、对抗民主进程的"黑人家园"政权中，以夸祖鲁、博普塔茨瓦纳和西斯凯为最甚，而最有影响的部族政治组织是以夸祖鲁为基础的因卡塔自由党（Inkata

Freedom Party)。20世纪80年代后期,当联合民主阵线和南非工会大会在纳塔尔地区发展组织而威胁到布特莱齐的权力基础时,这种传统与现代的矛盾就爆发成流血冲突。扩大到约翰内斯堡周围的暴力冲突,也大多是来自夸祖鲁地区"黑人家园"的流动劳工与附近黑人城镇居民之间的矛盾。非国大为了争取非洲传统领导人支持黑人解放运动,曾在20世纪80年代建立了"传统领导人大会"。这个组织被保守的"黑人家园"政权领导人视为异己,认为是破坏他们的统治基础。

南非的非洲人也有部族情绪或偏见,祖鲁人的部族意识比其他部族强烈。但是非国大与因卡塔的冲突不能仅以部族因素解释,因为冲突的开始是在纳塔尔地区的祖鲁人之间进行的,而不是祖鲁人与科萨人之间的部族纠纷。因卡塔的基础在夸祖鲁地区,支持者多为受传统势力影响比较大的农村人口和年长者。非国大的支持者多为城镇祖鲁人,特别是青年和有知识的人。因卡塔虽然已宣布要成为全国性的政党,但是它所宣传的仍主要是祖鲁人的尚武精神和祖鲁王族的光荣历史。而青年和城镇祖鲁人并不囿于部族意识,更愿接受现代意识和民主思想。

非国大的支持者与因卡塔支持者之间的冲突,也不能一概称为黑人内部的暴力冲突。白人政府、南非军警一直在支持和资助因卡塔,除在南非国内对因卡塔成员军训之外,南非军队还安排一些因卡塔成员到以色列接受军训。[①] 南非当局一直企图利用因卡塔抗衡非国大,因此对因卡塔成员携带刀枪、长矛进行集会和游行,采取听之任之或鼓励态度。而且,一些右翼白人也加入因卡塔,企图借助因卡塔保护白人在纳塔尔地区的利益。布特莱齐的一个主要白人顾问,长期以来颇得布特莱齐信任,他在多党谈判中所采取的强硬立场甚至使因卡塔中的温和派感到过分。布特

---

① 〔南非〕1992年1月2日《每周邮报》。

莱齐还得到欧美一些国家右翼势力的鼓励和支持,他被当做西方保守势力的代言人,以抗衡非国大。

夸祖鲁/纳塔尔地区暴力冲突严重,还有其社会经济原因。祖鲁族是非洲人中最大的部族。该地区人口密度相当南非全国平均人口密度的2倍,夸祖鲁"黑人家园"的土地占纳塔尔省的38%,但人口占该省的55%,该家园内1/3的人口没有土地。[①]夸祖鲁"黑人家园"内就业机会很少,除自然农业和"黑人家园"行政机构吸收一部分劳动力之外,大量的祖鲁人被迫到纳塔尔中南部的白人城市周围寻找工作,很多人则到约翰内斯堡周围的工业区充当流动劳工,住在单身男劳工宿舍,生活条件比附近的黑人城镇居民更差。这些黑人劳工单身宿舍不仅为犯罪团伙提供了有利场所,而且为挑动黑人之间暴力冲突的"第三种力量"提供了方便。

祖鲁族大酋长布特莱齐是"黑人家园"领导人中最有政治影响的人物,认为未来的政府中应该有他的重要位置。他领导的因卡塔,是以部族为基础的政党中唯一把影响力扩大到"黑人家园"之外的组织。因卡塔在谈判中坚持扩大地方权力,要求实行地方高度自治的联邦制。

博普塔茨瓦纳是4个已宣布独立的"黑人家园"之一,由于矿业和旅游业收入,其经济状况较其他"黑人家园"为好。该"黑人家园"的领导人曼戈皮和布特莱齐一样,是第一代的"黑人家园"首席部长,已维持20多年的统治。曼戈皮要求保持博普塔茨瓦纳的独立性,只与未来的新南非保持松散的联系。曼戈皮和布特莱齐对地方权力的要求虽有差异,但是他们在维护

---

① Tom Lodge and Bill Nasson, *All Here and Now*: *Black Politics in South Africa in the 1980s*, *Updated South Africa*: *Time Running Out*, Ford Foundation, 1991, p. 246.

"黑人家园"制度带给他们的既得利益方面是共同的,因此结成联盟对抗非国大和谈判进程。

"黑人家园"保守势力与非国大争夺的不是土地,而是政治影响、势力范围,这是南非的特点——土地的划分是由白人政府决定的,黑人之间的争夺不能改变土地占有状况,因此争夺的是人、支持者,因为未来的权力决定于大选的结果。

### (三) 白人内部的矛盾变化

20世纪90年代初期,南非废除种族隔离制度的谈判进程开始,白人内部的三大政治派别出现了国民党与民主党的趋同,而与保守党的分歧加大,呈现改革与反对改革两大势力。国民党与保守党争夺白人选民的较量成为白人内部的主要政治矛盾,关系到谈判进程的发展。

德克勒克政府的改革逐渐被大多数白人所接受,并得到国际社会的鼓励,国民党的地位也得到加强。开明派白人的民主党,地位不如以前,因为民主党的很多政策主张已被国民党接纳,一些成员也加入了国民党。在过去40年国民党统治期间,民主党的前身进步联邦党是白人议会中批评种族隔离法律的声音。在政治改革进程中,民主党没有提出更新的政策,但是它仍然是一支促进和解的力量。民主党的支持者主要是英语白人,特别是经济界和上层知识分子。它在白人中的支持度能否继续保持20%,是该党担心的问题。英语白人的很大一部分加入了国民党,因此国民党已不单纯是阿非里卡人的政党。据南非斯泰伦博什大学南非政治研究中心1991年底的调查,国民党在白人中的支持度为50%,在白人上层中的支持度为65%,在白人经济界的支持度为50%。[1] 在改革过程中,国民党越来越多地需要英语白人的支持。

---

[1] 〔南非〕1991年10月9日《星报》。

# 南非

大多数白人的向背是白人政治中的敏感问题。德克勒克政府的改革能否得到大多数白人选民的支持，关系到能否继续推动政治谈判。执政的国民党在白人中的主要竞争对手是保守党。南非的白人政治，仍然主要是阿非里卡人之间的争论。

在改革进程开始之后，保守党先打出保留种族隔离制度的旗帜，利用白人对未来黑人政府的恐惧而反对德克勒克政府与非国大谈判，指责德克勒克是政治自杀。当谈判已面临不可阻挡的形势时，保守党提出建立"白人家园"、阿非里卡人自治、恢复布尔人共和国等要求，以便在南非联邦之内保留一块排斥黑人的地区。保守党和其他白人右翼组织的自治方案虽然很少有可行性，但是在黑人地区暴力冲突不断加剧、白人住区也出现暴力流血事件的情况下，保守党的势力有所上升。1991年底到1992年初，保守党接连在两个城市的议会补缺选举中战胜国民党，一度使国民党的执政地位面临挑战，迫使德克勒克政府决定对政治改革进行白人公决。

1992年3月17日的白人公民投票是南非白人政治的转折点。占南非白人多数的阿非里卡人对改革的态度几乎是支持与反对各占一半，因此白人公决的结果很大程度上要看英语白人的投票。英语白人大多比较开明，支持取消种族隔离制度。但是，由于40多年来一直是阿非里卡人的国民党执政，英语白人中有相当多数人对政治表现冷漠，有一部分人只持英国护照，准备在必要时离南非而去。但是对这次公决，英语白人表现出空前的政治热情。非国大等反对种族隔离组织也采取了现实的态度，既明确表示反对仅在白人中进行公民投票，但不采取反对行动，并号召白人投赞成票。白人公决以85.5%的高投票率和68.7%的赞成票，使德克勒克获得了大多数白人对继续制宪谈判的授权。这说明，改革虽然必然触动白人以往的优越生活，很多白人对与黑人分享权力感到不安，但是，和平的变革以及国际社会的承认与支持，比起保守党上台将出现的内战和流血，更具有吸引力。

这次白人公决对保守党和整个右翼势力是巨大的打击，说明它们所提出的反对与黑人分享权力、坚持按种族分割南非、建立排斥其他种族的白人家园等主张已遭到大多数白人的拒绝。白人公决之后，右翼已失去使改革进程逆转的势头。保守党出现分裂，约占保守党议员 1/3 的"新右派"主张参与谈判，拉出队伍另组"阿非里卡人民族联盟"。

除政治手段外，白人右翼的武装破坏一直是谈判进程的隐患。极右翼白人组织曾有 100 多个，后来合并为 20 个左右。极右组织派别林立，内讧不止。其中势力最大的是阿非里卡抵抗运动，人数约 1 万，是由狂热的种族主义分子组成的准军事组织。1993 年 4 月 10 日，暗杀南非共产党总书记克里斯·哈尼的凶手就是该组织成员，而在幕后操纵和提供枪支者是保守党在南非议会总统委员会的成员德比·刘易斯。恐怖暗杀活动，是右翼白人企图挑起种族仇杀、破坏谈判进程的手段。非国大冷静而有效地把黑人群众的愤慨引导到推动政治过渡方面，使极右翼白人的阴谋没有得逞，但是极右势力的暴力破坏活动仍然不断。

经过几个月的筹划，包括保守党在内的白人右翼政党和组织在 1993 年 5 月成立"阿非里卡民族阵线"，第一次形成白人右翼的联合，并以阿非里卡人自治为其纲领。该阵线的领导人是南非前武装部队司令康斯坦丁·维尔容，这引起人们对右翼武装反抗的担心。"阿非里卡民族阵线"成立之后出现的最严重的一次武装行动，是 1993 年 6 月 25 日冲击多党谈判会场。阿非里卡抵抗运动和其他极右翼组织的几千名武装分子，用军用车冲进会场，打砸闹事达两个小时，威胁谈判代表的安全。警察在现场旁观，不加以有力制止，引起各界对警察能否保护民主进程的怀疑。

南非在政治解决进程中，虽然暴力流血事件不止，但是冲突

基本上是局部的，没有出现全国性的内战，也没有发生武装力量之间的对抗，尽管过渡时期多种武装力量并存的局面极易导致这种危险。但是，除南非当局的军事力量之外，其他武装都不足以造成全国性内战。白人极右翼准军事组织大约有1万~2万人，其中很多是前军警成员，拥有大量枪支，有很大的破坏性。但是他们没有单独控制的地域，仅在德兰士瓦省北部比较集中。内战的最大危险是出现白人右翼与夸祖鲁"黑人家园"的武装力量联合，再加上南非军警中倾向右翼的势力。但是据南非军事分析家估计，南非军警响应白人右翼武装起义的可能性不大。南非常备军有3.6万人，其中黑人占多数；[①] 正规警察部队有8.6万人，其中黑人接近一半。军警的下层虽不乏右翼的同情者和支持者，但是军队的上层军官是支持德克勒克的改革和服从政府的。南非的军队和警察已不能单独控制局势，非国大提出的对武装力量实行多党共管已势在必行。

### （四）超越种族的政治结合

改革进程中南非政治的另一个特点，是超越种族界限的政治联合。非国大和南非共产党是最早倡导和实行不分种族的组织路线的政党，它们合法化后，更进一步在各个种族中发展成员。以种族和部族为基础的政治组织中，多数也开始向其他种族和部族开放。因卡塔自由党在1990年7月宣布吸收祖鲁族以外的成员之后，一些右翼白人，包括白人青年中的右翼分子，加入因卡塔。纳塔尔省的一些国民党议员也转而支持因卡塔，对白人选民颇有影响。据有些民意测验显示，当时因卡塔在纳塔尔省白人中的支持度约为30%。[②] 白人国民党和民主党也向其他种族开放。保守党是与黑人右翼势力结盟。

---

[①] 伦敦国际战略研究所1993年估计数字。
[②] 〔南非〕1993年8月26日《每周邮报》。

## 第二章 历 史

国民党在1990年10月宣布向所有种族开放。它虽然在非洲人中争取支持者有困难，但是在争取"有色人"和印度人上层的支持方面有进展。"有色人"工党在三院制议会中的"有色人"议院议员中，先后有30多人倒向国民党，"有色人"工党仅以2票的多数维持着在"有色人"议院的多数党地位。南非300多万"有色人"，过去虽然曾经遭受种族隔离制度的压迫，但是他们在血源和文化上与阿非里卡人的关系，使他们在心理上有某种认同。另外，面对非洲人这个大多数，"有色人"中很多人对未来能否得到公正对待而担忧，而宁愿选择已宣布放弃旧政策的国民党。印度人中的有产阶级，担心未来非国大政府实行社会主义经济政策，印度人在纳塔尔省与祖鲁人也有纠纷和争斗，因此不少印度人也把国民党作为今后的靠山。据南非"市场监督"在1993年7月的民意测验，国民党在"有色人"中的支持度为46%，在印度人中得到39%的支持；而非国大在"有色人"和印度人中的支持度分别为16%和17%。[①] 国民党在非洲人当中也争取到一些支持者。国民党把有些非洲人安排到重要位置，以吸引更多的非洲人。

民主党也在黑人城镇发展成员，在"有色人"和印度人中争取支持者。

保守党虽然继续坚持种族主义，但是在实际的利害面前也到黑人中寻找同盟。1992年10月，保守党和阿非里卡民族联盟与夸祖鲁的因卡塔，以及与博普塔茨瓦纳和西斯凯"黑人家园"政权，结成"关注南非集团"。这个由白人右翼和黑人保守势力组成的集团，主张尽可能地削弱未来的中央政府，扩大地方政府的权力。1993年10月，右翼党派又组成右翼自由联盟（Freedom Front），企图拖延或阻挠政治过渡。

---

① 〔南非〕1993年9月30日《星报》。

在政治变革中,一部分白人做出了另外的选择——加入非国大。特别是一些有影响的阿非里卡人,如前国防部长马兰的女儿,种族隔离制度的设计师维沃尔德的孙子,公开谴责阿非里卡人右翼,表明支持非国大。有些阿非里卡人因为支持非国大而受到右翼分子的恐吓和骚扰,甚至受到邻居的谩骂。但是加入非国大的白人在不断增加。民主党和国民党的议员有人转向非国大,一些白人城市地方议员也成为非国大的成员。据南非《星报》和"702广播电台"的民意调查,非国大在白人中的支持度为4%。[①]

白人与黑人跨种族的利益结合还发生在工会组织。在失去种族隔离制度的保护之后,白人工人的失业情况比以前严重,有些白人工人到黑人工会寻求帮助;一些生活无着的白人上街乞讨。总之,过渡时期出现的种族和阶级利益的交叉日益明显。

三 分享权力的协议

南非由种族隔离制度向种族平等的民主制度的转变,是一个深刻的、内容广泛的、长期的社会过程。这个过程的起点是政治权力的转变,随之,将有经济结构、社会组织和文化心理等诸多方面的变化。

对未来政治权力的分配,黑人的期望很高,白人的担心很重,而关键是如何找到共同接受的解决办法。正如曼德拉1989年在狱中写给当时的白人总统博塔的信里所阐述的,"两个中心问题将必须引起注意……第一,在统一的国家内的多数人统治的要求;第二,南非白人对这个要求的担忧,以及白人坚持要得到结构上的保证,以使多数人统治不意味着对白人的统治。……政府和非国大将面对的最重要的工作,是协调这两种立场。只有双

---

[①] 〔南非〕1993年8月2日《星报》。

方都愿意做出让步，才能取得一致。"① 除了黑人与白人的不同利益要求这个主要矛盾之外，随着谈判的进展，地方势力、处于少数的其他种族都提出自己对未来地位的要求。

制宪谈判的过程就是各种政治力量对如何分享权力的讨价还价的过程，主要集中在三个问题上：立宪权、政府组成、地方自治权。

### （一）立宪权

由于南非特定的人口构成，只要进行一人一票的选举就会出现黑人占多数的议会，非国大就会成为多数党。德克勒克当局极力要在制宪中形成对多数的制约机制，得到一个最大的保险系数，来限制和平衡黑人的权力。要不要给议会中的少数（白人）保留否决权问题，是导致民主南非大会第二次会议的失败，使谈判陷入僵局的原因。

1992年5月民主南非大会第二次会议之前，非国大和南非当局在通过新宪法所需议会多数的比例问题上发生严重分歧。非国大主张，制宪会议应是根据一人一票的选举结果，各政党按比例代表制组成的一院制立宪机构，负责起草和通过新宪法。根据国际通用的原则，新宪法条款的通过需要制宪会议2/3多数的赞成。为了避免长期议而不决造成混乱，非国大主张规定制宪会议的期限，并预先制定克服制宪僵局的措施。国民党则坚持白人否决权的要求。国民党主张，制宪机构为两院制议会，其中由种族、地区和党派平摊席位的上院，具有制宪、修宪和批准宪法的权力，而且对大选产生的下院有否决权；制宪机构通过任何议案，都必须经75%以上的议员同意。国民党还反对强制规定政治过渡期限，企图拖延过渡期而继续掌握权力。非国大参加谈判的代表团为了避免僵局，曾提出让步到70%，并同意人权法案要75%多数通过。但是国民党仍未接受，使谈判陷入僵局，成

---

① *The Madela Document*, January 1990.

立过渡行政委员会的问题也随之搁浅。

为了迫使白人当局加快政治谈判进程,非国大发动一系列群众运动和罢工斗争,得到黑人群众的广泛响应。德克勒克在愤怒的多数面前不得不做出让步,不再坚持75%的多数才能通过新宪法和上院否决权的要求;改变了反对规定过渡期限的立场,提出3年过渡的建议。

从多党制宪谈判委员会提出的宪法草案(1993年8月20日)有关立宪机构的条款看来,双方都作出了让步。草案提出,议会由国民议会和参议院两院组成。国民议会的400名议员,200名出自各党全国候选人名单,其余200名由各党的地区候选人中产生,两部分均按大选中各党所得选票比例组成。参议院由每个省/地区各出10名议员,通过按比例代表制组成的省/地区立宪机构选举产生。国民议会和参议院共同构成制宪会议;新宪法的通过,需要制宪会议全体成员的2/3多数通过;制宪会议通过新宪法的期限不得超过2年。

(二) 未来政府权力的分配

关于未来政府的组成,非国大与国民党当局从完全对立的两种主张到立场逐渐接近,达成在大选后建立过渡性的全国团结政府、过渡期为5年的协议。

南非自1910年以来,白人政府一直实行多数党组阁的英国威斯敏斯特制度。1948年国民党执政以后,实行的实际上是一党专政,权力不仅由白人垄断,而且是阿非里卡人独占,内阁成员是清一色的阿非里卡男人。政治谈判开始之后,面临政治权力的转移,国民党提出的是一个削弱、架空新政府的主张。它要求未来的中央政府变成一个轮流坐庄的联席会议,总统职位由各党代表组成的委员会产生,委员会主席由各主要政党每年轮换一次,内阁不能一党独占,而要多党组阁。

非国大在其民主南非宪法草案中提出的制宪目标,是民主的

## 第二章 历　史

多数人统治和建立强有力的中央政府的方案，旨在使未来的新政府有力量纠正种族隔离制度所造成的黑人与白人在政治、经济上的不平等。它主张总统应由选举产生，将是国家元首和政府首脑，总统指定总理和内阁成员。实现多数人统治，是非国大和其他黑人解放运动多年奋斗的目标，是对长期白人统治的否定。但是南非的现实是，白人在政治、经济、军事方面还有很强的力量，黑人解放运动面对的"不是一个被打败的敌人"，因此在实现多数人统治之前，需要一个过渡。虽然曼德拉在1989年就已提出相互让步的思想，但是非国大准备并能够妥协到什么程度，直到1992年底才明确并具体化。

在过渡期间分享权力的计划，是非国大的一项重大的政策调整。1992年10月初，非国大全国执委会成员兼南非共产党主席乔·斯洛沃，以个人名义提出分享权力的设想。他认为，为了取得可以接受的一揽子解决办法，应该把握住必要的让步，因为革命性的夺取政权的主张是不现实的。他提出的妥协方案包括：制定和通过新宪法之后，仍实行几年的分享权力制度，包括政府由多党按比例代表制组成；在改组行政机构（包括警察和军队）时，考虑到现有的合同并提供退休补贴。斯洛沃提出，作出让步的条件是"不能永久性地阻挡今后向充分的不分种族的民主制度过渡"。非国大全国工作委员会在1992年11月提出分享权力的文件，交全国执行委员会通过，同时在基层组织传达讨论。分享权力的主张使一些小党有了参政的希望，排除了他们对非国大独家掌权的担忧，从而减少了谈判障碍。

国民党原来企图形成它与非国大分权的局面，因此提出参加政府的政党在大选中的得票率最低限度为15%（后降至10%），使其他小党则无缘分享政府权力。非国大提出的参加政府的政党的最低得票率为5%，过渡期为5年，到20世纪末再实行多数人统治的原则。非国大的分权方案能使过渡政府具有广泛的代表性。

在双边和多边会谈中，非国大与国民党和其他政党多方协商，最后共同接受的方案是，以得票率5%作为参加政府的最低限度。

分享权力的计划，对恢复制宪谈判产生了促进作用。1993年4月1日制宪谈判正式恢复，参加的政党和组织达26个，包括泛非大和保守党。

### （三）地方与中央分权的争论

地方和中央的权力如何划分，是制宪谈判中一个重大的争议。鉴于过去的种族隔离制度造成的南非的政治分割和经济不平等，非国大和其他黑人解放组织坚持南非是统一的主权国家，并主张建立强有力的中央政府，以利于国家的团结，并使新政府有能力改变旧制度造成的不平等。德克勒克的国民党、一部分"黑人家园"政权和白人右翼政党，则主张削弱未来的中央政府，强化地区政权。但是地方分权要走多远，今后南非实行单一制、联邦制还是邦联制的争论，成为制宪谈判进展的最大障碍。

在主张尽可能地削弱未来的中央政府、扩大地方权力的政党中，其要求程度各不相同。执政的国民党提出联邦制，是为了制约今后黑人占多数的政府的权力；但是它反对以种族或部族为基础划分区域，主张南非是统一体。

白人保守党和其他极右翼团体，则以种族隔离为出发点，以保护阿非里卡人的社会文化为口号，提出要求建立"白人家园"，甚至要求恢复旧日的布尔人共和国。但是，无论根据原有的经济区，还是拟议中的地区划分方案，在任何一个区域内白人都不占多数，更不要说阿非里卡人占多数。但是保守党和另外一些极右组织要求的是德兰士瓦省和奥兰治自由邦，甚至包括开普省北部的大片土地，这种要求在地理上和经济上没有现实性。一些右翼组织已经与非国大会谈，探讨它们的自治问题，并要求非国大作为未来的政府考虑它们的利益。但是右翼白人中的顽固派，宣称不惜以武装反抗来实现阿非里卡人的自治。

与白人极右翼的分裂主张相呼应的,是"黑人家园"保守势力的地方自治和保持独立性的要求。博普塔茨瓦纳的曼戈皮政权企图尽可能地保持独立,要求实行邦联制。夸祖鲁的领导人布特莱齐以前一直反对白人当局的"黑人家园"独立政策,他现在提出的夸祖鲁/纳塔尔自治计划,虽然是在南非之内实行区域自治,但是要求很大的独立性和立法权,包括制定该地区的宪法。因卡塔要求新宪法中明确规定联邦制,确定地方自治的原则和地方的立法权力。它不仅要求夸祖鲁/纳塔尔自治,而且提出不准触动夸祖鲁"黑人家园"。

非国大对于中央与地方权力分配问题调整了政策,确定了承认和加强地区权力的政策,同意建立照顾各地区不同利益的机制,提出在大选中为地区候选人保留一定比例,地区的边界和权力的变更需要议会 2/3 多数通过。

参加制宪谈判的大多数政党都接受以下的原则,即:坚持南非的统一;地区划分不以种族/部族为基础,而是以区域经济发展为前提;只有民主选举的制宪会议才有最后的制宪权;地区政府的立法不能违背国家宪法的基本原则。

四 走向全民大选

南非各种政治力量在未来政治中的地位,最终决定于大选的结果。多党谈判会议在 1993 年 7 月初确定 1994 年 4 月 27 日为大选日期,并开始讨论过渡宪法草案。然而,保守党和因卡塔在 7 月中旬先后宣布退出多党谈判,并以诉诸武力相威胁。白人和黑人右翼的要求显然不可忽视,非国大和德克勒克政府都在与阿非里卡人民阵线和因卡塔进行会谈,力图争取它们回到多党谈判,但是成效不大。然而南非的政治过渡进程已不能再拖延。非国大和德克勒克政府都认为,在地区分权问题上已作出足够的让步,必须推动政治进程,如期大选,以使南非摆脱

政治不确定状态，尽快恢复经济。

在走向第一次全民大选的路上，有两个关键性的保障，一是建立多党过渡行政委员会，结束国民党单独掌握行政权力的局面；二是组成维持和平部队，以保证大选的正常进行。

多党谈判委员会于1993年9月7日就《过渡行政委员会法案》达成协议，9月23日南非议会正式通过该法案，使南非的政治过渡有了法律约束。过渡行政委员会将由参加谈判委员会的所有政党组成，具有广泛的代表性，也是南非黑人第一次对南非政府组成具有一定的发言权。与过渡行政委员会同时产生的，还将有独立的选举委员会、新闻媒介委员会和广播委员会。以上四个委员会的使命，是为1994年4月的大选"铺平竞赛场地"，以保证自由、公正的选举。在大选、成立新政府之后，过渡行政委员会结束其使命。

过渡行政委员会的权力，主要是对政治过渡的监督权和对影响公正选举的决议和立法的否决权。依照《过渡行政委员会法案》，该委员会下设7个专门委员会，分别负责地区/地方政府、法律秩序、防务、情报、财政、外交和妇女等方面的工作。专门委员会的成员由过渡行政委员会提名，经总统任命。各专门委员会与现政府相关部门有共同的职能，起监督和协调作用。过渡行政委员会和3个有关防务和安全的专门委员会的决议需要3/4多数通过，其他4个专门委员会的决议实行2/3多数通过的原则。过渡行政委员会的决议，经议会通过后即成为强制性法律。

为了保证大选如期、公正地举行，需要创造一个自由的政治活动环境，确保各个政党能自由地争取支持和举行集会，任何政府部门和机构都不能利用权力为某个政党的利益服务。实现这一目标的关键，是对军事力量的控制。《过渡行政委员会法案》规定，各类武装力量必须向防务委员会报告它们的活动，并接受该委员会对其成员和机构的调查。对警察力量的控制，也有类似的规定。为了控制和消除政治性暴力冲突，该法案规定，由防务委员会建立一支由多党武装力量组成的全国维持和平部队，并由参加这一部队的各武装力量的代表组成全国维和部队指挥委员会。维和部队的组建、训练和装备由防务委员会负责。任何参加这支部队的政党和组织，都必须对它的武装力量遵守和执行过渡行政委员会的指挥、停止暴力行动做出书面保证。非国大已经对此做出承诺，并将参加维和部队。泛非大改变了不参与维和部队的立场，它和南非政府就实现和平、停止暴力问题于1993年11月初达成协议。这为泛非大的"阿扎尼亚人民解放军"参加维和部队铺平了道路，对多党维持和平部队的组成也有促进作用。维和部队的任务，将主要是对付右翼的挑战。

参加多党制宪谈判会议的21个政党和组织，在1993年11月17日通过《过渡宪法草案》，并对组成全国统一的军队和警察达成协议。曼德拉和德克勒克及其他19个政党的领导人签署了该草案。同时通过的还有新的选举法案。11月22日《过渡宪法草案》经南非议会批准后，南非即在法律上结束白人的政治统治。随之，成立过渡行政委员会，建立全国维持和平部队，组成独立的选举委员会，进入多党联合管理的过渡阶段，向第一次全民大选迈进。

## 第七节　著名人物（以出生先后为序）

### 一　沙卡（Shaka，1787~1828年）

南非祖鲁王国的首领，卓越的军事领导人。沙卡的父亲是祖鲁人一个小部落的酋长，其母亲没有合法地位，因此沙卡和母亲投奔当时一位祖鲁人领袖丁吉司瓦约

(Dingiswayo)的门下。沙卡加入丁吉司瓦约的军队,并很快升任最高指挥官。丁吉司瓦约被另一个部落的竞争者杀害后,沙卡继任该部落酋长,并征服了其他祖鲁部落。18世纪末,南部非洲众多的非洲人小部落逐渐合并,形成一些较大的社会组织。19世纪初,北部恩古尼人部落之间为争夺土地和水源,出现大规模的战乱。其中祖鲁王国通过战争征服了很多部落,取得大片土地。到19世纪20年代,沙卡统率下的祖鲁王国已经成为南部非洲最强大的王国。祖鲁王国逐渐称雄,统一了北恩古尼的所有王国,控制了现今纳塔尔北部的广大地区,建立了一支4万人的组织严密、勇猛善战的军队。1828年,祖鲁王国首领沙卡被其左右和兄弟暗杀后,丁干(Dingane)称王继续征杀,并于1838年与入侵纳塔尔地区的布尔人(荷兰裔)展开决战。沙卡建立的祖鲁军队,成为后来祖鲁人反抗英国殖民军队的重要力量。

二 路易斯·博塔(Louis Botha,1862~1919年)

南非联邦第一任总理。博塔的曾祖父大约在1672年从德国来到南非南端的开普地区定居务农;其祖父后来随大迁徙(1830~1840)北上。博塔1862年8月27日出生在英属纳塔尔殖民地的格雷敦(Greytown),1869年全家搬到奥兰治自由邦。博塔在当地德国教会学校接受教育,后来从军,成为布尔人将军和政治家。

在第二次英布战争(1899~1902)中,博塔自1900年3月起担任德兰士瓦的布尔人军队的总司令与英军作战。但是,博塔主张南非应当由荷兰语和英语白人共享,因此力促布尔人与英人和解,建立统一的南非。看到两个布尔人共和国在战争中遭受的破坏,博塔认为继续打仗将使布尔人蒙受更多的灾难,因此他说服自由邦的布尔人宣布和平意愿,以保存其共和国,随后开始与英国殖民军队的谈判。在共同统治非洲人和"有色人"利益的基础上,布尔人同意与英人签订和平条约。在博塔的推动下,布尔人接受了与英人分享权力的协定,同时放弃独立。1902年英布双方签署《韦雷尼欣和约》(Peace of Vereeniging)。随后,博塔在促成全民大会召开,并通过建立统一政府的南非宪法过程中发挥了关键作用。

根据1909年的《南非法》,南非联邦于1910年正式成立,博塔成为联邦第一任总理。博塔政府执政伊始,就在1913年制定了《土著人土地法》,限制非洲人在保留地之外占有土地。第一次世界大战爆发后,博塔政府出兵占领了德属西南非洲(今纳米比亚)。1919年博塔参加了战后的凡尔赛和会,并得到国联认可统治西南非洲。从欧洲回到南非后不久,博塔因心脏病死在比勒陀利亚的家中。

### 三 扬·史末资(Jan Christian Smuts,1870~1950年)

南非著名的政治家和军事家。史末资1870年5月24日出生于南非开普殖民地的里比克西部,幼年时母亲教他用英文读书写字,12岁上学,经过5年的正规教育,他以优异成绩在维多利亚学院高中毕业。1891年在好望角大学获得文学和科学两个学科第一名。同年10月,进入英国剑桥大学学习法律,1894年以第一名的成绩毕业。1895年回到南非开普敦,从事律师职业。后来对政治发生兴趣,放弃了律师职业,担任检察长和克鲁格领导下的南非共和国执行委员会顾问。

在第二次英布战争中,史末资参与了游击战阶段的计划和实施,他的卓越军事战略才能得到发挥,成为布尔人共和军的将军。1902年他以德兰士瓦共和国法律顾问的身份参加了"韦雷尼欣和平"会议。和平协议签订后,史末资到比勒陀利亚继续做律师。1907年进入博塔的德兰士瓦殖民地政府担任教育部长

和殖民事务干事,致力于四个英属殖民地的政治统一,在起草1909年南非宪法中发挥重要作用。

1910年南非联邦成立,史末资担任第一届政府的内政、国防和矿业部长。但是由于他的亲英态度,使他在阿非里卡人当中不受欢迎。第一次世界大战期间,史末资在德属西南非洲(今纳米比亚)和德属东非地区担任战地将军,并成为英帝国战时内阁的成员。1919年他与博塔一起参加巴黎和会。在博塔去世后,史末资成为南非联邦总理。由于对1922年兰德罢工的镇压,史末资在1924年大选中败给国民党的赫尔佐格。1933年史末资进入赫尔佐格政府,担任副总理和司法部长。

1939年史末资与赫尔佐格在参战问题上发生分歧,在大选中击败主张中立的赫尔佐格,接任南非总理。但是,史末资主张站在英国一方参加第二次世界大战的政策,使政府中的很多阿非里卡人与他疏远。史末资在二战期间参与盟军的决策,与丘吉尔密切合作,1941年被提升为英国军队的元帅。二战后初期,史末资直接参与了联合国的组建以及联合国宪章的起草工作。1950年9月11日,史末资在比勒陀利亚去世。

四 卢图利酋长(Chief Albert Luthuli,1898~1967年)

南非非洲人国民大会主席(1952~1967年),非洲大陆第一位诺贝尔和平奖获得者(1960年)。

卢图利属于南非非洲人祖鲁族,祖籍在南非纳塔尔省的格鲁特威尔(Groutville),出生地在南罗得西亚(现今津巴布韦)南部的布拉瓦约附近。父亲是第七安息日教会传教士。10岁左右被送回祖籍,进入教会学校,后以教师为职业。1935年,卢图利成为格鲁特威尔保留地的酋长,这不是世袭职务,而是经过选举而被授予的,从此卢图利陷入南非的种族主义政治。20世纪30~40年代,南非白人政府颁布一系列法律剥夺非洲人的选举

第二章　历　史

权、土地权和其他生存权利，使非洲的处境更加艰难。

1945年卢图利参加南非非洲人国民大会，1951年被选为纳塔尔省非国大主席。1946年他被吸收进土著人代表委员会（当局1936年设立的土著人事务咨询机构）。不久，因为矿工罢工遭到镇压，该机构与当局关系恶化，于1946年被解散。1952年卢图利酋长是蔑视种族隔离法律的群众运动的领导者之一，当局要求他在继续担任格鲁特威尔保留地酋长和保留与非国大关系之间作选择。卢图利拒绝退出非国大，并发表声明将继续参与人民反对非正义制度的斗争。1952年底，卢图利开始担任该组织的主席，直至他去世。卢图利和曼德拉等100多名反抗运动的领袖遭到白人当局的软禁，1956年被当局关押，成为"叛国罪"的156个被审判者之一，后因缺少证据被无罪释放。在1960年的反通行证法运动中，卢图利公开烧掉通行证，并号召人民起来响应。为此，卢图利酋长再次被拘禁，释放后被软禁在纳塔尔的斯坦格尔（Stanger）。

1961年诺贝尔委员会授予卢图利1960年度诺贝尔和平奖，以表彰他在反对种族隔离运动中的贡献。1962年他被选为英国格拉斯哥大学名誉校长。1963年他的传记《给我的人民自由》（Let My People Go）出版。虽然遭到软禁，而且身体状况恶化，卢图利继续担任非国大的主席。1967年7月21日卢图利酋长在软禁地附近散步时，被火车撞倒去世。人们一直怀疑其真正的死因。

五　优素福·达杜（Yusuf Dadoo，1909～1983年）

南非印度人政治活动家，曾任南非共产党全国主席。

优素福·达杜的父亲19世纪80年代从印度移居到南非纳塔尔省。19世纪后半期，大量的印度劳工被招募到英属纳塔尔殖民地甘蔗种植园从事奴隶般劳动，在铁路和矿山卖苦力，其中大部分以合同劳工的身份来到南非，合同期满后，大多留在

南非，形成南非的印度人社团。达杜1909年出生在南非西兰德地区的克鲁格多普（Krugerdorp）。

达杜上学时期经常参加印度人的集会，圣雄甘地的追随者们发动群众支持印度人国民大会反对英国殖民统治的斗争。达杜对英帝国主义的憎恨在他回印度读高中期间更为强烈。作为长子，达杜的父亲希望他中学毕业后经商，但是达杜坚持继续学习，并在1929年到伦敦。但是到达伦敦仅几个月，达杜等人就因为参加示威而被捕。后来转到爱丁堡大学读书，在学习的同时，参加各种政治活动，并开始阅读马克思主义著作。他认识到南非印度人大会只有和非洲人、"有色人"的组织联合起来，才能取得自由。1936年达杜回到南非，当局正在加紧制定分割非洲人的班图斯坦政策，而国内的反抗运动处于混乱状态，南非共产党还没有摆脱宗派主义的困扰。

达杜联合志同道合的印度人活动家，努力推动民族解放运动的团结，特别是发动工人运动。1938年达杜参与建立了"非欧洲人联合阵线"，其领导人当中有些是共产主义者。达杜担任该阵线的总书记，经常到黑人城镇的集会上讲话、动员群众；在非洲人中也有很高威望，因此黑人城镇索威托的一个广场被命名为达杜广场。1939年在达杜领导下在德兰士瓦印度人大会内部建立了民族主义核心，组织成千上万人的大型集会。达杜在该地区巡游演讲，他的雄辩和信念吸引了众多的追随者。在发动印度人社会的同时，达杜还积极促进"非欧洲人的团结"。在斗争中，达杜结识了南非共产党领导人JB.马克思，并于1939年加入南非共产党。二战期间，由于宣传反对帝国主义的战争，达杜多次被捕。他指出，南非"非欧洲人"的斗争不是孤立的，而是世界上被压迫人民斗争的一部分。

二战后，南非国民党执政，加紧对共产主义运动和民族解放斗争的镇压。在1950年当局公布《镇压共产主义法》之前，南非共产党自行解散，转入地下。达杜参与南非共产党地下组织的恢复和重建，于 1953 年被选入南非共产党中央委员会。在 20 世纪 50 年代南非各族人民反对种族隔离制度的群众斗争中，达杜是杰出的领导者之一。达杜始终坚持非洲人是南非民族解放运动的主体力量，因此与非洲人国民大会的领导人密切合作，参与了"大会联盟"的组建。

在 1960 年的沙佩维尔惨案和随后南非当局对民主运动的大规模镇压后，南非共产党决定派达杜到国外，建立国际联系，为南非人民的斗争争取国际社会的支持。达杜以伦敦为基地到世界其他地区宣传南非的斗争情况，同时保持和国内组织的密切联系。1972 年南非共产党主席逝世，达杜被选为党主席。达杜为争取对南非人民斗争的支持，代表南非共产党在国际上开展政治活动，访问过很多国家，参加过一系列国际会议。1983 年 9 月，达杜在伦敦去世，葬在距离马克思墓很近的海特盖特墓地。

六　奥利弗·坦博（Oliver Reginald Tambo，1917～1993 年）

非洲人国民大会任期最长的主席（1962～1993 年），承担该组织流亡时期的领导责任。坦博 1917 年 10 月 27 日出生在南非开普殖民地东部庞多兰地区的比扎纳（Mbizana），属于科萨族。父母信奉基督教。在家乡小学毕业后，到约翰内斯堡的圣比得学院读中学。高中毕业后，进入东开普的黑尔堡大学，1941 年获得科学学士学位。在黑尔堡大学期间，坦博开始参与民族解放的政治活动，领导学生的民主选举，因此被校方开除，没能完成学业。1942 年坦博回到约翰内斯堡的圣比得学院任科学和数学教师。他在该校教授的很多学生后来都成为非国大的重要骨干。

1944 年坦博加入非国大，成为该组织青年联盟的发起人之

一和第一任总书记。1948年坦博被选为德兰士瓦非国大青年联盟主席，1949年成为青年联盟全国副主席。同时期，坦博和青年联盟的其他领导人一样，很快进入非国大的全国领导机构。1948年坦博和西苏鲁一起被选入非国大全国执行委员会，推动非国大在1949年通过了《行动纲领》，使非国大更加注重发动群众运动，而不仅限于进行抗议请愿。坦博放弃了教师工作，投身到20世纪50年代初反对种族隔离法律的群众运动，并与曼德拉一起在约翰内斯堡建立了第一个非洲人律师事务所。1955年由于非国大总书记西苏鲁被当局以叛国罪案起诉并禁止活动，坦博被指定担任总书记的职责，同时为该案涉及的大量蔑视不公正法的民主斗士提供法律援助。

1958年坦博成为非国大副主席。1960年沙佩维尔惨案之后，非国大和其他解放组织被当局取缔，坦博受命到国外建立非国大领导机构，争取国际支持。在非洲国家政府的帮助下，坦博在埃及、加纳、摩洛哥和伦敦建立了非国大的使团。在坦博领导下，到1990年时非国大在27个国家建立了使团。

1961年非国大开展武装斗争之后，坦博在争取非洲国家支持与合作方面发挥了巨大作用，确保了非国大武装力量得到训练和营地设施。1965年坦桑尼亚和赞比亚为非国大的武装力量"民族之矛"提供了训练营地。

1967年非国大主席卢图利去世，坦博成为代主席，并在1969年非国大在坦桑尼亚的蒙罗格罗会议上得到确认。在坦博领导下，非国大在国际上日益活跃。坦博在联合国和其他国际会议上谴责南非种族隔离制度，到世界各地争取支持。70年代中期，莫桑比克和安哥拉摆脱葡萄牙殖民统治取得独立，对非国大的斗争给予巨大的支持。

1985年坦博再次当选为非国大主席，并继续担任该组织政治军事委员会领导人。在20世纪80年代南非人民反对种族隔离的斗争高潮中,坦博领导非国大加强国内斗争,并与白人民主人士和团体在国外会谈,商讨南非的未来,为非国大在90年代初的战略调整进行思想和组织准备。1990年南非取消党禁,非国大领导机构回到国内,坦博继续担任非国大主席,因积劳成疾在1993年去世。坦博对非国大流亡近30年间的无与伦比的贡献,得到南非人民和世界舆论的公认。坦博主席多次率团访问中国,是中国人民的老朋友。

七　纳尔逊·曼德拉（Nelson Mandela，1918~　）

南非最著名的非洲民族主义领袖和杰出的政治家,1994年5月10日宣誓就任南非总统。1918年7月18日,曼德拉出生在南非东部特兰斯凯省首府乌姆塔塔城附近的库奴,父亲是科萨人滕布部落的一位酋长。1938年曼德拉考入南非第一所黑人高等学校——黑尔堡大学,两年后因领导学生运动被停学。翌年,青年曼德拉去约翰内斯堡继续就读,并投身政治。1944年曼德拉加入非洲人国民大会,成为该组织青年联盟的创始人之一。同年,曼德拉与伊威林·梅思结婚。他们生有二子一女。

在20世纪50年代反对种族隔离法令的群众运动中,曼德拉是主要的组织者,当选为非国大全国副主席。1955年底成为被当局指控的156名"叛国罪"被告人之一。颠簸的生涯使家庭生活出现裂痕,1958年曼德拉与梅思离婚。同年,与温妮·马迪基泽拉结婚,他们生有两个女儿。1960年非国大和泛非大被当局取缔后,曼德拉领导非国大建立地下组织,创建武装力量"民族之矛"。1962年初,曼德拉秘密出访非洲国家和英国,争取国际社会的支持,为长期的游击战做准备,但返回南非后不久于当年8月被捕。1964年与另外7名非国大领导人一起被判终生监禁。曼德拉在狱中度过近28个春秋。

20世纪80年代后期,在南非国内民主运动出现全国性的高

潮，白人统治陷入困境的形势下，曼德拉利用自己的威望和特殊地位，在狱中开始与白人当局对话，以推动南非问题的政治解决。1990年2月11日，曼德拉获得自由。1991年7月，在非国大合法化后召开的第一次全国代表大会上，以全票当选为非国大主席。曼德拉坚持和解方针，领导非国大代表团与白人政府对话，推动多党谈判，制定过渡时期《临时宪法》。1993年，曼德拉与德克勒克共同获得诺贝尔和平奖。

1994年南非举行第一次不分种族的民主选举，非国大赢得执政地位，曼德拉被选为新南非第一位非洲人总统。曼德拉坚持民族和解政策，使南非在政治经济过渡中保持稳定，为新南非赢得宝贵的政治、经济、社会的发展时期。1996年新宪法通过后，78岁高龄的曼德拉明确表示不谋求连任非国大主席，并将在1999年第一届政府任期届满时卸去总统职务。执政的非国大顺利地完成了政治权力的新老交接，曼德拉的主动让位，得到国内和国际的普遍赞誉。卸任后的曼德拉继续为南非人民的利益，为世界的和平与公正，发挥着独特的作用。

曼德拉与温妮于1992年4月离婚。

八　罗伯特·索布克韦（Robert Mangaliso Sobukwe，1924～1978年）

索布克韦是南非著名的非洲人民族主义者，是阿扎尼亚泛非主义者大会的创始人之一。1924年出生于南非开普省格拉夫-雷奈特。其父是农场雇工。他少年时期学习优异，后到黑尔堡大学就读。在大学期间参与反对种族主义的政治活动，于1948年加入非洲人国民大会青年联盟。1949年选为黑尔堡大学学生代表委员会主席。1952年公开支持蔑视种族隔离法令的群众运动。50年代初曾在一所高中任教，1954年受聘于南非威特沃特斯兰德大学，任非洲研究讲师，并移居约翰内斯堡。此间，编辑《非洲人》刊物，开始批评非国大"受到左翼自由主义和多种族主义的控制"。他本人强烈主张南非的未来属于非洲人，不赞成与白人合作。

1959年主张"非洲主义"的派别从非国大分离出去，组成"泛非主义者大会"（简称泛非大）。索布克韦被推选为泛非大第一任主席。他的雄辩、智慧及其对非洲人事业的信念得到公认。1960年3月21日泛非大发动反对通行证法运动，索布克韦辞去教师职务，安顿好家人，不携带通行证，义无反顾地走向警察局，沿途众多支持者跟随他，其中很多人被警察抓捕，包括索布克韦本人。他被判3年监禁。在即将期满时，南非白人议会专门通过一项授权司法部长无限期延长关押政治犯的法律，即1963年的《普通法修正案》。随后，他被转移到罗本岛监狱，继续关押了6年。

1969年获释后，他与家人住在金伯利，但是受到12小时软禁，禁止参加任何政治活动。被软禁期间，他获得伦敦大学经济学荣誉学位，并开始攻读法学学位。1975年开始在金伯利从事律师事务。他曾被几所美国大学邀请任教，但是南非当局禁止他出国。1978年2月27日，索布克韦去世。

九　乔·斯洛沃（Joe Slovo，1926～1995年）

南非共产党领导人，非洲人国民大会武装力量"民族之矛"的创始人之一，著名的反对种族隔离的斗士和战略家。斯洛沃1926年5月23日出生在立陶宛，9岁随父母迁居南非约翰内斯堡，以躲避对犹太人的迫害。1940年初中毕业后，第一份工作是在药品批发店做店员，在这里接触到社会主义思想，参加了全国分销工人工会。1942年参加南非共产党，从1953年开始进入中央委员会。第二次世界大战期间志愿参加反对希特勒纳粹的战斗，加入南非军队到埃及和意大利参战，这为他日后组建非国大的武装力量积累了经验。

二战后，斯洛沃继续他的学业，1946年考入南非威特沃特斯兰大学法律系，于1950年毕业获得法学学士学位。在大学期间，斯洛沃积极投身政治活动，1949年与露丝·费斯特结婚。露丝的父亲是南非共产党的司库，露丝也是活跃的政治家。1950年当局颁布《镇压共产主义法》，斯洛沃和露丝被禁止参加公开活动。斯洛沃在50年代的大会联盟运动中发挥了重要作用，是《自由宪章》的起草者之一。为此，斯洛沃与其他155名反种族隔离运动骨干一起成为以"叛国罪"审判的被告，遭到拘禁，后因当局败诉被无罪释放。60年代初非国大等组织被取缔后，斯洛沃为非国大创建武装力量发挥了重要作用。1963年根据南非共产党和非国大的指示，斯洛沃秘密离开南非，开始了在英国和其他非洲国家流亡27年的生活，继续筹划武装斗争。1966年，斯洛沃进入伦敦经济学院学习，获得法学硕士学位。

1969年斯洛沃被任命为非国大革命委员会成员，直至1983年该委员会解散。此间，他帮助非国大起草战略文件，被公认为非国大中最主要的理论家。1977年斯洛沃转移到莫桑比克的马普托，在那里建立了武装斗争指挥部，策划了大量深入南非境内的武装行动。

1982年与斯洛沃同在莫桑比克的露丝被信封炸弹夺去生命。1984年斯洛沃与多尔妮结婚。同年，由于莫桑比克与南非签订了《恩科马提条约》，斯洛沃等不能继续在莫桑比克活动，撤离到赞比亚。1985年斯洛沃成为非国大中央执行委员会的第一位白人成员，1986年他被任命为南非共产党总书记，1987年担任"民族之矛"总司令。

1990年南非解除党禁后，斯洛沃回到南非，在非国大与各类政治组织的对话和与南非政府的谈判中发挥了关键作用。他提出著名的"夕阳条款"，解决了权力分享的障碍，促进了全国团结政府的建立。1994年南非举行第一次民主选举，斯洛沃在曼德拉政府中担任住房部长，开始参与新南非的建设。1995年斯洛沃因病去世。在非国大为他举行的葬礼上，曼德拉高度评价了他对南非解放事业的贡献。

十　曼戈苏图·布特莱齐酋长（Mangosuthu Buthelezi，1928～　）

**前**夸祖鲁"黑人家园"的首席部长，现任因卡塔自由党领导人。1928年8月27日，布特莱齐出生在南非纳塔尔省的马拉巴蒂尼。他是祖鲁王族的后代，其曾外祖父是历史上有名的祖鲁王塞茨瓦约；外祖父所罗门是丁尼祖鲁王，是祖鲁民族文化运动即"因卡塔"的创始人。1947年，他考入非洲人青年民族主义者云集的黑尔堡大学，加入非国大青年联盟。后又到纳塔尔大学继续学业，1951年大学毕业获学士学位。此后，布特莱齐就职于南非当局的班图管理部。1953年继任布特莱齐部落酋长。

1970年，布特莱齐担任"夸祖鲁地方当局"首席行政官。1977年，夸祖鲁"黑人家园"建立自治政府，布特莱齐任首席部长。但是，他始终反对"黑人家园""独立"，表示不能用黑人的南非国籍去换取一个毫无意义的"独立"。布特莱齐在1975年重建祖鲁文化解放运动——因卡塔，以争取黑人解放和建立不分种族、民主统一的南非为目标，主张通过和平谈判结束种族隔离。布特莱齐一再呼吁南非当局释放曼德拉。80年代，当支持非国大的联合民主阵线和南非工会大会在夸祖鲁所在的纳塔尔省发展组织，威胁到布特莱齐的权力基础时，他的立场向右转，因卡塔成员与支持非国大的群众之间出现严重的流血冲突。1990年初南非解除党禁，开始政治谈判。为了保护既得利益，布特莱齐的因卡塔在制宪谈判中提出恢复祖鲁王国，要求建立高度自治的联邦制，并一度与白人极右翼结盟。

1994年首次全民大选时，因卡塔成为南非第三大党，布特莱齐进入内阁，担任内政部长。1996年《南非共和国宪法》取消了临时宪法中少数党参加组阁的条款。新宪法通过后，因卡塔自由党继续留在政府内，布特莱齐继续担任内政部长职务。2004年大选中，因卡塔自由党的支持率大幅度下降，布特莱齐在大选后不再担任内政部长，但继续担任因卡塔自由党主席。

十一　德斯蒙德·图图主教（Bishop Desmond Tutu, 1931～　）

图图主教是南非著名的反对种族隔离的黑人宗教领袖，1984年获得诺贝尔和平奖。德斯蒙德1931年10月7日出生在南非德兰士瓦的克勒克斯朵普（Klerksdorp），父亲是教师。图图幼年时在一个宽容、同情的环境中长大，"从来不知道仇恨"。在约翰内斯堡的班图中学毕业后，图图选择与父亲同样的教师职业。在比勒陀利亚师范学院毕业后，获得南非大学的艺术学士学位，开始在班图学校教书。图图在这里结识了莉（Leah），并结婚，育有四个子女。

图图少年时遇到著名的公开批评种族隔离制度的特雷沃·哈德尔斯顿主教，影响了他对人生道路的选择。1958年图图决定离开班图教育系统，加入南部非洲大主教辖区的牧师行列。1960年在圣比得理论学院获得圣职候选人资格，1961年在约翰内斯堡成为一名教士，后来到英国伦敦学习并获得神学硕士学位。1967年返回南非，进入东开普地区艾利斯神学院担任神职，曾担任南非著名的黑尔堡大学的牧师。1970年到博茨瓦纳、莱索托和斯威士兰的大学神学系担任讲师。1972年图图成为第一位担任约翰内斯堡圣马丽大教堂教长的黑人，1975年又担任另一个高级神职——南非教会理事会总干事。在种族隔离制度下，黑人的政治反抗遭到镇压，图图是敢于公开批评白人当局，呼吁国际社会支持南非人民争取平等和自由的少数宗教领袖之一。1984年图图获得诺贝尔和平奖,表彰他以和平手段反对种族隔离制度所表现出的勇气和英雄主义精神。1985年图图被选为约翰内斯堡大主教,1986年被选为开普敦大主教,1987年被选为全非洲教会大会主席。

1994年南非建立民主平等的新制度,1995年图图主教担任新政府成立的真相与和解委员会(TRC)主席。TRC的最终报告完成于2003年3月21日,即南非的人权日,共审理2.2万多个案例。图图主教在完成这一历史任务后感到:TRC的成功,"确保我们避免了众多生命遭受涂炭的种族冲突的灾难"。

十二 弗雷德里克·威廉·德克勒克(F. W. De Klerk,1936~  )

南非白人种族主义政权最后一任总统,1994年5月就任新南非全国团结政府第二副总统。1936年3月18日,德克勒克出生在南非约翰内斯堡。其家族在阿非里卡人的国民党中具有显赫地位,其父曾任国民党政府部长和上院主席,其姑父斯揣敦曾任国民党政府总理(1954~1958)。德克勒克1958年毕业于波特切夫斯特鲁姆大学,获法学学士学位。1959年与大学同学玛丽克结婚。1961年开始经营律师事务所。1972年德克勒克当选南非上议院议员;1978年进入政府,出任邮电通讯部长;后来,他又担任过社会福利部、体育部、矿业能源部、内务部和教育部长等职。1984年以后,先后兼任白人议会部长委员会主席、议会议长。1989年,时任总统的博塔因中风不能务事,德克勒克当选国民党主席后就任政府总统。德克勒克出任总统后,采取一系列重大改革决策,包括解除党禁,释放曼德拉等黑人领袖,与非国大等黑人解放组织进行对话,废除一系列种族隔离法令等,为南非的制宪谈判创造了条件。德克勒克在国内外

的声望也随之提高。1993 年 7 月，他和曼德拉一起接受美国总统授予的费城自由勋章；10 月获诺贝尔和平奖；12 月被美国《时代》周刊选为 1993 年新闻人物，德克勒克达到了他政治生涯的顶峰。1994 年南非全国团结政府成立，德克勒克代表国民党进入新政府，担任第二副总统。1996 年《南非共和国宪法法案》在总统和政府一章当中，取消少数党参加组阁的条款，国民党退出全国团结政府，德克勒克不再担任副总统职务，随后退出政坛。

十三　塔博·姆贝基（Thabo Mbeki，1942～　）

**前**任南非共和国总统。姆贝基 1942 年 6 月 18 日出生在南非东开普地区特兰斯凯的伊杜提瓦（Idutywa）。其父母都是教师，也是南非民族解放运动的活动家。父亲戈文·姆贝基（Govan Mbeki）是非国大的重要领导人之一，20 世纪 60 年代初与曼德拉、西苏鲁等黑人领袖一起被关押在罗本岛监狱。姆贝基很小就参加反对种族主义统治的政治斗争，14 岁加入非国大青年联盟，很快成为学生运动的积极分子。1959 年他在家乡洛弗达尔学校的学习被迫中断，来到约翰内斯堡，在西苏鲁和诺科维等领导人的帮助下开展活动。

20 世纪 60 年代初，在非国大等组织被当局取缔后，姆贝基根据非国大的指示离开南非到坦桑尼亚，后到英国就学。1966 年在英国苏塞克斯大学获得经济学硕士学位。之后到非国大主席坦博和南非共领导人达杜在伦敦的办事处工作。1970 年到苏联接受短期军事训练，并于当年到赞比亚的卢萨卡，被任命为革命委员会的助理秘书。70 年代，姆贝基在南部非洲国家开展工作，与国内的黑人觉醒运动等组织联系，后被派遣去尼日利亚代表非国大开展工作。1978 年回到卢萨卡，被指定为非国大主席坦博的政治秘书。20 世纪 80 年代，姆贝基担任非国大宣传部长并负责外交工作。在与南非国内白人民主人士、商业界、体育文化界团体的对话当中,姆贝基的智慧和风度得到赞赏。从1989年开始,姆贝基参与非国大与南非白人政府的谈判,并起到关键性作用。

1994年南非举行第一次民主选举,非国大成为执政党,姆贝基被曼德拉总统任命为全国团结政府第一副总统。1997年被选举为非国大主席。1999年曼德拉总统任期届满宣布不再连任,姆贝基出任非国大执政的第二届政府总统,2004年大选后连任总统。

姆贝基是非洲复兴的积极倡导者,推动了《非洲发展新伙伴计划》的制定和实施,在国际舞台为非洲争取权利和利益。姆贝基多次访问中国,推动南非与中国的战略合作。

## 十四 史蒂夫·比科(Steve Biko,1946~1977年)

南非黑人觉醒运动的创始人,杰出的黑人青年领袖。1946年12月18日比科出生在南非东开普省的威廉王城。1952年比科上小学,当时正是南非政府开始推行班图教育法时期,为黑人提供的教育只是为培训劳动力。在东开普的拉沃达尔学校上学期间,比科的哥哥被当局监禁9个月,罪名是参加了泛非主义者大会的武装组织"波戈",比科本人也受到警察的讯问并被学校开除。这使少年比科对白人种族主义政权充满憎恨,对他后来的政治趋向有很大影响。此后,比科到德班郊区的圣弗朗西斯教会学校读书,高中毕业后考入纳塔尔大学医学院。

比科在大学学习期间,正值60年代末70年代初南非学生运动兴起时期。1969年比科发起建立了"南非学生组织"(SASO),成为该组织的第一任主席。SASO为黑人社区提供法律、医疗服务,并帮助黑人社区建立家庭手工业。1972年比科参与组建"黑人大会"(BPC),在德班周围地区建立社会服务

项目，以改善黑人的生活状况。黑人大会团结了 70 多个黑人觉醒团体，其中包括"南非学生运动"（SASM）和"黑人工人工程"（BWP）。比科被选为黑人大会第一任主席，遂被纳塔尔大学当局开除。之后，比科全身心投入德班的黑人社区项目的工作。比科是一位才华横溢的青年领袖，有很强的政治责任感和非凡的号召力。他认为，黑人解放首先应该是思想和心理上的解放。他认为黑人应该自立，号召黑人丢掉自卑，树立自尊和自信。黑人觉醒运动倡导黑人的团结，认为非洲人、"有色人"和印度人都是黑人，都是被压迫民族，应当团结起来反对白人统治，争取黑人的权力。千千万万黑人青年受到黑人觉醒运动的鼓舞，比科成为公认的黑人觉醒运动的领袖。

白人当局则把比科和他的运动视为洪水猛兽，从 1973 年开始不断对比科和其他黑人领导人进行监禁、迫害。比科几乎每年都受到无端的指控并被关押。1973 年比科遭到种族主义当局的软禁，回到家乡威廉王城。但是比科继续组织黑人运动，帮助建立了津迈勒信托基金（Zimele Trust Fund），为政治犯及其家庭提供援助。1975 年 8 月至 1977 年 9 月期间，比科被拘禁四次。1977 年 8 月 21 日，比科被东开普安全警察拘捕，关押在伊丽沙白港，遭多次刑讯。1977 年 9 月 7 日比科在刑讯中头部受伤，后处于半昏迷状态，虽然医生建议转移到医院，但是安全警察却把比科放在一辆越野车后部颠簸 1200 公里转移到比勒陀利亚中心监狱。9 月 12 日，比科裸露身躯死在监狱的地板上。白人当局对比科残酷折磨至死，引起国内和国际社会的愤怒和谴责。比科成为南非反抗斗争的烈士。1987 年根据比科生平拍摄的电影《呐喊自由》（Cry Freedom）在非洲大陆和国际社会引起强烈反响，成为反对南非种族隔离的呼声。

2007 年比科牺牲 30 周年之际，南非举办比科思想讲座，号召人民发扬比科精神，建设有凝聚力的新南非。

# 第三章

# 政　治

## 第一节　宪法与政治制度

一　种族主义的宪法与政治制度

1993年南非过渡时期临时宪法的制定是南非政治发展的转折点。在此之前，南非的宪法和政治制度是以保护白人种族主义统治为宗旨。南非政权遵循白人至上的原则，其核心权力长期被阿非里卡男人控制。

**（一）南非联邦时期（1910~1960年）**

19世纪末到20世纪初的英布战争，以1902年交战双方签订《韦雷尼欣和约》告终。由此开始了英语白人和布尔人携手统治南非，推行种族主义制度。1908年召开了代表白人利益的国民大会，制定了南非第一部宪法——1909年《南非法》（South Africa Act 1909）。该法经过英帝国上、下议院通过，再经英王爱德华七世批准，成为南非四个原英属殖民地统一为英属南非联邦的法律依据。1910年建立的南非联邦，仍然在英国殖民管辖之下。根据1909年的《南非法》，英王对南非联邦的立法和行政拥有最高权力，这些权力将延续到他的继承人（爱德华七世于1910年5月6日去世，乔治五世继位）。这种状态直到

## 南非

1961年南非脱离英联邦才完全结束。

1909年《南非法》是一部种族主义的宪法，奠定了南非白人种族主义制度的基础，也开始了排斥非洲人和其他有色人种参与南非政治的历史。1910年5月31日南非联邦成立。白人联邦的建立，遭到非洲人和其他有色人种的反对。1912年南非非洲人国民大会的建立，标志着非洲人争取政治平等和民族解放的斗争形成全国性的阵线。

1948年南非国民党以不到半数的选票赢得白人的大选，开始在南非推行更为严苛的种族隔离制度，并于50年代进一步推行在地域上分割南非的"黑人家园"制度，南非黑人面临被剥夺南非国籍的威胁。1955年非洲人国民大会和其他进步组织发起人民大会运动，制定了《人民宪章》，提出南非属于所有生活在其土地上的人民，无论黑人和白人，所有公民不分男女都享有普遍选举权；要求建立民主平等的政治制度。1961年3月南非各界非洲人的代表在彼得马里茨堡召开大会，要求举行代表南非所有成年人（不分男女）的全国大会，以制定一部不分种族的民主宪法。但是非洲人民族主义组织的要求不仅没有被采纳，反而遭到镇压。

### （二）白人南非共和国时期（1960~1993年）

1960年南非政治斗争出现激烈对抗。随着阿非里卡人政治经济力量的加强，其极端种族主义和民族主义情绪也日益突出，脱离英国管辖，要求独立地位的倾向更为强烈。1960年10月5日，南非举行白人公决，赞成改变南非对英国的附属地位，更名为南非共和国。但是代表阿非里卡人政治要求的国民党政府，对非洲人和其他有色人种的反抗种族隔离制度的运动采取排斥和镇压的政策。非洲人的反抗在1960年出现高潮，3月21日非国大和泛非大组织的反对通行证法的和平示威遭到当局的残酷镇压，69名黑人被枪杀，随后当局宣布取缔这两个组织。南非白人政权的暴行引起世界舆论的谴责。1961年3月在伦敦召开的英联邦会议

## 第三章 政　治

上，南非受到其他成员国的谴责。但是南非一意孤行，1961年4月南非议会通过南非共和国的法案，同年5月31日南非共和国宪法①生效，南非退出英联邦。但是，南非共和国宪法与1909年《南非法》没有根本的区别，南非仍然实行英国的威斯敏斯特议会制度，依然是白人种族主义统治。南非共和国以宪法修正案的方式，确立和继续1948年国民党上台后消除英国影响的改革。

在强化白人共和国的同时，南非当局加紧推行"黑人家园"政策。1948年以前的历届白人政府在对非洲人实行种族压迫和歧视的同时，承认非洲人与白人同属一个政治实体——南非。而国民党政府的"班图斯坦"政策，否认南非是一个统一体，而把它分成白人的南非和若干个"黑人民族国家"即所谓"黑人家园"。南非当局推出1970年的《班图家园公民资格法》和1971年的《班图家园宪法条例》，强行加快"黑人家园"的自治和独立进程。从1976年至1981年，特兰斯凯、博普塔茨瓦纳、文达和西斯凯先后宣布"独立"，但是得不到国际社会承认。

20世纪70年代中期莫桑比克和安哥拉的独立，以及1980年罗得西亚白人政权垮台后建立非洲民族主义组织执政的津巴布韦共和国，使得南部非洲的力量对比发生根本性变化，南非白人政权陷入孤立。为了缓和国内外的压力，南非当局在1980年开始修改宪法，给予"有色人"和印度人有限的参政权利。议会制度的改革包括1980年12月31日取消参议院，只保留众议院，成立总统委员会。总统委员会的职能是就重要的国家事务对政府提供咨询和建议。该委员会的60名成员由总统指定，其中除白人之外，还吸收"有色人"、印度人和华人社团的代表。② 1983年南非议会通过的宪法③

---

① *Republic of South Africa Constitution Act 32 of 1961.*
② *South Africa Yearbook 1982*，p. 119.
③ *Republic of South Africa Constitution Act 110 of 1983.*

# 南非

规定建立三院制议会：白人议院166席，"有色人"议院80席，印度人议院40席。1984年9月南非三院制议会的宪法开始生效。

三院制议会不仅在设置上保证了白人议院压倒多数的地位，而且通过划分"内部事务"和"一般事务"，使"有色人"议院和印度人议院无权过问防务、财政、外交、司法和工商业等重大问题，只有权管理本种族内部的教育、文化和社会福利。这部宪法规定总统为国家行政首脑，改变了以前的总理内阁制。当时的总统PW·博塔独揽大权，以应对他所谓的"共产主义的全面进攻"。

纳米比亚的独立进程开始之后，南非的政治走向已经不能完全由白人决定。南非黑人解放运动，特别是非国大及其领袖纳尔逊·曼德拉对南非政局的影响作用日益明显。南非当局高官与狱中的曼德拉开始对话，博塔总统本人也与1989年7月5日与曼德拉会见。但是博塔按照个人意志控制政治进程的做法遭到国民党内多数的反对，迫使其下台。1989年9月继任总统德克勒克表现出通过谈判寻求政治解决的意向。1990年2月德克勒克政府释放曼德拉和其他黑人运动领袖，取消党禁。南非政治开始了制宪谈判进程。

## 二 废除种族隔离制度的宪政革命

南非从种族隔离制度向种族平等的民主制度的多党制宪谈判于1991年底开始，经过两年的协商和讨价还价之后，就分享权力达成一致，1993年11月通过《过渡宪法法案》；1993年12月22日，南非议会通过临时宪法——《南非共和国宪法法案》[①]，标致着在法律上废除白人种族主义统治。

### （一）临时宪法

1993年《南非共和国宪法法案》，是南非过渡阶段的临时宪

---

① *Constitution of the Republic of South Africa Act 200 of 1993.*

法，未来南非的新宪法的最后文本，由大选后产生的制宪议会制定和通过。临时宪法是过渡阶段国家管理的基本法规，为南非的稳定过渡提供了法律保障。其主要目标是在政治上废除种族隔离制度，使各种族在法律上获得平等权利。临时宪法所包含的制宪原则，对制定新宪法具有约束力。这些原则主要包括：（1）所有南非人拥有统一的国籍；（2）建立一个民主制宪的主权国家；（3）男女平等，各种族平等；（4）规定受法律保护的基本人权法案；（5）议会由国民议会和参议院组成；（6）建立全国团结政府；（7）全国划分为9个省，各省具有一定的立宪和行政权力；（8）制宪议会负责起草和通过最终的宪法；（9）建立独立公正的司法制度，包括一个宪法法庭。临时宪法规定保护私有财产权利和对土地实行有偿收买政策。临时宪法体现了南非的多种族、多部族和多样文化、多种利益要求的特点，如官方语言即有11种，它们都有平等使用和发展的权利。

临时宪法规定，议会由国民议会和参议院两院组成。国民议会中的400名议员，200名出自各党全国候选人名单，其余200名由各党的地区候选人中产生，两部分均按大选中各党所得选票比例组成。参议院由每个省/地区各出10名议员，通过按比例代表制组成的省/地区立宪机构选举产生。多党谈判会议在1993年7月初确定1994年4月27日为大选日期。

临时宪法规定，国民议会和参议院共同构成制宪议会，负责制定最终的南非宪法。新宪法的通过，需要制宪议会全体成员的2/3多数赞成；制宪议会通过新宪法的期限，不得超过新政府成立后两年，即在1996年6月底以前完成。

第一次全民大选根据临时宪法的规定，南非在1994年4月26～29日举行了历史上第一次不分种族的大选。非洲人国民大会赢得63%的选票，成为占主导地位的政党；国民党居第二位，得票率为20%；因卡塔自由党赢得10.7%的选票，位居第三。

得票率在5%以下的政党依次为自由阵线、民主党、泛非主义者大会和非洲人基督教民主党。根据选举结果,按照临时宪法规定的比例代表制和分享权力的原则,组成议会和全国团结政府。非洲人国民大会主席纳尔逊·曼德拉当选为新南非第一任总统。

(二) 新宪法

1. 制宪过程

以非国大为主导的全国团结政府成立后,最重要的任务是在两年内制定新宪法,以取代1993年的临时宪法,为新体制的巩固奠定法律基础。根据临时宪法的规定,如果新宪法草案不能如期制定和通过,则必须进行全民公决;如果公决结果否定了宪法草案,总统必须解散议会,宣布举行新的大选。这样将造成宪法危机,影响南非的政治过渡进程,新体制的确立将受到威胁。

从历时两年的制宪进程来看,谋求和解与稳定是南非政治发展的主流。南非参政的各党,除了祖鲁族的因卡塔自由党之外,都参加了制定新宪法的谈判。由490名议员组成的制宪议会,下设7个专门委员会,对包含15章251条的临时宪法进行辩论和修订。主要的争论有两点:一是中央和地方权力的划分;二是对基本权利法案中有关条款的分歧。最后,谈判各方同意加强省级政府的立法和财政权力,但是不能威胁国家的统一。对于公民基本权利一章中,是否写入建立单一语言学校、资方关闭工厂的权利和保护私有财产的权利等方面的争论,直至临时宪法规定的制宪期限前夕,非国大和国民党两大党才相互让步,达成协议。非国大同意在宪法中写进保护公民的财产权利,同时规定政府有权根据公共利益有偿征用土地。非国大在排他性的单一语言学校问题上也做出让步,同意在单一民族聚居区可以选择单一语言进行教学,这主要是为了照顾保守的阿非里卡人的要求。国民党对劳资条款做出让步,同意取消宪法草案中有关资方在罢工期间有权关闭工厂的条款,同意按照1995年《劳工法》中有关规定,保护劳资双方的合法权益。

南非新宪法的制定过程，体现了民主原则，公众参与程度非常广泛。南非各种民间团体和利益集团以论坛的方式发表意见，向有关专门委员会提出制宪要求。同时，制宪议会通过互联网和其他大众媒介向全国公众征求意见和建议。据报道，两年间共有200多万条来自民间的建议提交制宪议会。

1996年5月制宪议会就《南非共和国宪法法案》达成一致。5月8日南非议会以421票赞成、2票反对、10票弃权通过了《南非共和国宪法法案》（1996年第108号法令）。新宪法的批准，要经过南非宪法法院的最后裁决。依照程序，制宪议会向宪法法院提交报告，逐条说明新宪法符合临时宪法规定的制宪原则。同时，宪法法院还接受公民个人的意见书和政党的书面及口头辩论。宪法法院从1996年7月1日开始，经过两个月的审定，于9月5日做出裁决，认定新宪法在地方政府和劳资关系等8个方面与1993年临时宪法规定的制宪原则有不符合之处，因而被驳回，由制宪议会修改后再议。10月11日，制宪议会通过了宪法修正案，随后宪法法院再度开庭审议。南非共和国宪法于1996年12月4日经宪法法院通过。1996年12月10日，曼德拉总统签署新宪法，1997年2月4日开始生效并分阶段实施。

### 2. 新宪法的主要内容

1996年南非宪法全文分序言、14章共243条。南非宪法是南非国家的最高法律，任何其他法律或政府行为都不能取代宪法。南非宪法以种族平等、男女平等和保障公民广泛的民主权利为特征，与种族歧视的旧宪法形成鲜明对比，被认为是世界上最进步的宪法之一，得到国际社会的高度评价。

坚持国家统一原则。南非真正意义的国家统一始于1994年。1910年南非联邦成立时，虽然有疆界的统一，但没有政治的统一。到1948年后则进一步实行地域的分割，即"黑人家园"政

## 南非

策。1994年才开始政治统一的历史任务。经过近两年制宪谈判而制定的1996年南非新宪法，标志着政治统一的确立。新宪法第1章第1条对南非共和国国体的界定指明：南非共和国是统一的、主权独立的民主国家。

宪法序言中申明，宪法的宗旨是：（1）治愈过去的分裂，建立一个基于民主价值、社会公正和基本人权的社会；（2）改善所有公民的生活质量，解放每一个人的潜力；（3）为民主和开放的社会奠定基础，在这个社会中，政府根据人民的意愿，每一个公民都得到法律的平等保护；（4）建设一个统一民主的南非，使其在世界民族大家庭中得到主权国家的应有地位。

建立国家遵循的价值包括：（1）人的尊严，实现平等和促进人权与自由；（2）没有种族主义和性别歧视；（3）宪法的至高无上地位和实行法制；（4）成年人普遍选举权，全国统一的选民名册，定期选举，多党制民主政府，确保负责、应答和公开。

对于公民资格，宪法第3条规定，实行统一的公民权；所有公民平等享受公民资格赋予的权利和利益，并平等地承担公民的义务和责任。

保障基本人权。宪法第2章规定了基本人权，共33条。宪法法院保护这些权利，并判定政府的行为是否与相关的宪法条款相符。基本人权条款的修订须经国民议会2/3多数和省务院9省中至少6省通过。

基本人权一章明确规定保障公民权利、人格尊严、平等和自由的民主价值，适用于一切法律并约束立法、行政和司法机构。详细规定公民享有下列权利：平等权、人格尊严权、生命权、自由与人身安全权、不受奴役与强制劳动权、隐私权、宗教信仰与观念自由权、言论自由权、集会示威请愿权、结社权、政治权利、公民权、行动及居住自由权、择业自主权、劳动权、享受无害环境权、财产权、住房权、享受医疗及社会保障权、儿童权益、受教育权、语言与文化自择权、社区受保护权、获取信息权、公正管理与被管理行为权、诉讼权、被拘者起诉权等。其中平等权作为首要基本权利包括：法律面前人人平等，国家采取立法等措施保证并促进公民充分均等地享有一切权利与自由，保护公民不在种族、性别、孕育、婚姻、民族与社会血统、肤色、性倾向、年龄、残疾、宗教、意识、信仰、文化、语言和出身等方面受到直接或间接的歧视。政治权利指公民的政治选择自由，包括：组建政党、参加或受雇于政党、从事竞选活动、参与自由公正的定期选举等。人权法案对上述各项权利的限制行为做了严格规定，特别单列实施国家紧急状态的规定，以防人权因此受到侵害。任何法律不得与该法案相抵触。

承认多样性，照顾少数人的利益。承认多样性，主要指民族文化的多元和政治的多元。

对于民族文化的多样性，南非新宪法以专门条款保障民族语言、文化、宗教的自由，包括生活方式、政治取向、宗教信仰和文化归属。

宪法第1章第6款关于语言的规定，明确11种语言为官方语言。考虑到历史上对原住民的民族语言很少使用而造成的现状，国家要采取实际的积极措施以提高这些语言的地位并推进其使用。中央政府和各省政府必须至少使用两种官方语言。为了推动南非各族语言的发展，宪法第1章第5条第5款规定，全国立法机构成立"泛南非语言董事会"。目的是为11种官方语言，以及科伊、纳马和桑人的传统语言和手语的发展创造条件，并尊重所有南非人使用自己语言的权利。

宪法第2章基本人权第15条规定，保证宗教信仰和主张的自由，同时规定宗教活动必须遵循自由和自愿原则，必须符合宪法有关条款的规定。

宪法第14章第235款对自治问题做了专门规定：南非人民

## 南非

作为一个整体的自治权利已在宪法中明确,但是不排除在这个权利的框架内承认任何一个社会群体自治权利的概念,这个群体在南非共和国的领土范围内有共同的文化和语言传统,或者由国家立法机构确定的其他方式。

南非过渡时期国家统一面临的主要挑战来自两个方面:一是阿非里卡人保守势力要求建立"民族国家",二是因卡塔自由党代表的祖鲁族传统势力要求实行联邦制。1993年临时宪法对传统领导人问题和对阿非里卡人"民族国家"的诉求规定了法律上的安排,二者最终没有抵制1994年大选,放弃了对单一制统一国家的挑战。

新政府建立后,制定了《民族国家理事会法》(1994年第30号法令),使按照临时宪法成立的阿非里卡人"民族国家理事会"(Volkstaat Council)成为正式的法定机构。其职责是向政府提供有关"阿非里卡人家园"的合理性和现实性。但是,该理事会在1996年初也并没有得出任何有意义的结论。[①] 尽管如此,1996年南非宪法仍然保留了有关阿非里卡人对"民族国家"问题继续探求的条款。

实行三权分立。南非宪法第3章规定,实行立法、行政、司法三权分立制度,中央、省级和地方政府相互依存,各行其权。遵循政府合作治理原则:各级政府不得越权,不得相互侵犯地域、功能和机构完整;议会通过立法手段协调各级政府间的关系,制定相应机制和程序解决各级政府间的争执;法院有权裁定政府机关是否妥善依法解决各级政府间的争执。

修改宪法的序言,须经国民议会3/4的议员和省务院中的6

---

① Hendrik W. van der Merwe and Thomas J. Johnson, *Resitution in South Africa and the Accomodation of an Afrianer Ethnic Minority*, *The International Journal of Peace Studies*, July 1997, http://www.gmu.edu/acdemic/ijps/vol2 - 2/merwe.htm.

省通过；修改宪法的其他条款须经国民议会 2/3 的议员通过；如修改宪法时涉及省务条款，须经省务院中 6 个省通过。

各省议会可根据实际需要制定本省法规，但不得违反宪法。

宪法规定加强宪政民主的机构。

南非宪法第 9 章规定了加强宪政民主的其他政府机构及其职能，包括：

——公共保护者（相当于反贪局长，任期限于 7 年。）

——南非人权委员会

——促进和保护文化、宗教、语言社会团体权利委员会

——性别平等委员会

——审计总长（任期为 5～10 年，不能连任。）

——选举委员会

南非总统根据国民议会的推荐，任命公共利益保护者、审计总长和其他 4 个委员会的成员。这些机构具有宪法赋予的独立地位，只受宪法和法律约束，执行公务必须公正、不偏不倚。其他政府部门必须通过立法和其他方式支持和保护这些机构的独立性、公正性、尊严和效率。任何个人或政府机构不得干预这些机构的运行。这些机构对国民议会负责，每年至少向议会报告一次工作。

## 第二节 政权体制

废除种族隔离制度后，南非实行三权分立，各级立法、行政、司法权力机构相互独立。

### 一 立法机构与立法程序

**（一）立法机构**

议会是南非的立法机构，有权根据宪法制定南非的法律。根据 1993 年临时宪法，议会为两院制，由国民

## 南非

议会和参议院组成。1996年《南非共和国宪法法案》规定,国民议会不变,参议院改为全国省务院。

国民议会开会时对公众开放,1994年新议会建立以后,采取一系列措施方便公众进入,其目的是使立法机构更加负责任,并动员公众参与立法进程。措施之一是建立了议会网站(www.parliament.gov.za),鼓励公众提出评论和反馈意见。比如,2002/2003年度,共提交85个法案,通过69项法律;其间,共接到4202个问题和2321项动议,当年共有21806人次访问议会。

### 1. 国民议会

相当于众议院。它按照议会党团比例代表制选举产生,组成人数至少为350名议员,最多时达400名议员。南非的多党议会制度实行政党比例代表制,而不是选区代表制。这种体制,使各族群和政治派别,特别是力量较小的政党有机会进入议会,参与立法和监督政府。国民议会的一半席位从各党的省级候选人名单中产生,各省席位按人口比例分配;另一半席位根据全国大选得票比例在各党全国候选人名单中产生。

通过选举产生的国民议会任期5年,由议会选举的议长主持,一名副议长辅助。

1994年大选产生的国民议会,选举弗瑞尼·金瓦拉女士(Frene Ginwala,非国大成员,印度裔)为议长,芭莱卡·姆贝特女士(Baleka Mbete)为副议长。2004年金瓦拉退休,上一届副议长芭莱卡·姆贝特女士当选议长,格温德琳·马赫兰古-恩卡宾德(Ms Gwendoline Lindiwe Mahlangu-Nkabinde)当选为副议长。

根据宪法的规定,经选举产生的国民议会代表人民,确保民主治理。国民议会的职能包括:选举总统,为讨论公共事务提供全国性的论坛,通过法律,审查和监督政府的行政行为。

国民议会根据宪法第4章第50款的规定,如果解散,或者任期届满,总统必须颁发布告,宣布新一届议会大选日期。选举日期必须在国民议会解散或届满的 90 天内进行。如果国民议会通过自行解散决议且本届议会当选已满 3 年,总统须准予解散。

表 3-1 根据 1994 年、1999 年和 2004 年大选结果组成的各届国民议会

|  | 1994 | 1999 | 2004 |
| --- | --- | --- | --- |
| 注册选民数 | * | 17895414 | 20674926 |
| 投票选民数 | 19533498 | 15977142 | 15863554 |
| 投票率 | 86% | 89.28% | 76.73% |
| 全国性参选党 | 19 | 13 | 21 |
| 议会党团数 | 7 | 13 | 12 |
| 非洲人国民大会(ANC) | 252 议席 | 266 议席 | 279 议席 |
| 国民党(NP/1999 年改为 NNP) | 82 议席 | 28 议席 | 7 议席 |
| 因卡塔自由党(IFP) | 43 议席 | 34 议席 | 28 议席 |
| 民主党(DP)** | 7 议席 | 38 议席 |  |
| 民主联盟(DA)** |  |  | 50 议席 |
| 自由阵线(FF 后为 FF+) | 9 议席 | 3 议席 | 4 议席 |
| 泛非主义者大会(PAC) | 5 议席 | 3 议席 | 3 议席 |
| 非洲人基督教民主党(ACDP) | 2 议席 | 6 议席 | 6 议席 |
| 联合民主运动(UDM) |  | 14 议席 | 9 议席 |
| 联合基督教民主党(UCDP) |  | 3 议席 | 3 议席 |
| 阿扎尼亚人民组织(AZAPO) |  | 1 议席 | 2 议席 |
| 少数阵线(MF) |  | 1 议席 | 2 议席 |
| 自由联盟(FA) |  | 2 议席 |  |
| 阿非里卡人团结运动(AEW) |  | 1 议席 |  |
| 独立民主人士(ID) |  |  | 7 议席 |

资料来源:本表根据南非独立选举委员会 1994 年、1999 年和 2004 年大选统计结果,并参考 1995 年和 2000 年南非官方年鉴资料编制。

*1994 年之前非洲人被剥夺了选举权,故没有统一的选民名册,而是凭各种身份证件参加首次全民大选的投票。

**民主党于 2000 年 6 月与新国民党联合为民主联盟(DA),后新国民党(NNP)的主体退出民主联盟,一部分新国民党成员加入民主联盟。

# 南非

国民议会必须在大选结果公布后 14 天内召开第一次会议，会期由宪法法院院长决定。国民议会自行决定召开其他会议的时间和会期，以及议会的休会期。总统可以在特殊情况下召集国民议会举行非常会议。

1994 年南非举行第一次全民大选以来，议会每 5 年按期选举。1999 年和 2004 年大选结果，非洲人国民大会继续在议会中占主导地位。

2. 全国省务院

相当于参议院，由 54 名常务委员和 36 名特别代表组成，其宗旨是在全国性的政府事务中代表各省的利益。每省代表团成员 10 人，分别由省长、3 名特别代表（由省长任命）和 6 名常任代表（由省议会选派，依各政党在省议会中的比例选出）组成，并须确保少数党的名额。

全国省务院设主席一名，常务副主席一名，另一名副主席由各省推举其代表团中一名常任代表轮流担任，任期一年。实行一省一票制，由各省代表团团长代表本省投票，9 省中的 5 省投票可决定一般性事务。全国省务院的职权主要包括：参与修宪，在宪法所规定的功能领域内立法，审议通过国民议会通过的议案等。

全国省务院在作出任何决议之前，要从各省得到授权。国民议会通过的议案如涉及省务，须提交全国省务院表决；如全国省务院要求修改，国民议会须重议。全国省务院通过的所有议案均须提交国民议会通过。如两院就某议案不能达成一致，由两院联合仲裁委员会（各 9 名代表）选定主导复议的一院，直至最终由国民议会的 2/3 多数通过。议案通过后交总统签署。总统有权将议会通过的议案退回重议直至提交宪法法院裁决该议案是否违宪。全国省务院无权提出有关财政的议案，因为这是财政部的特许权力。

全国省务院可以自行决定召开会议的时间、会期和休会期。在特殊情况下，总统可以召集全国省务院召开非常会议。

全国省务院现任主席为姆宁瓦·马赫兰古（Mr Mninwa Johannes Mahlangu），常务副主席为佩吉·霍兰德（Mrs Peggy Maud Hollander）。

全国省务院设立了专门网站（www.parliament.gov.za/ncop），连接国民议会和各省的立法机构及各地方政府。该网站提供立法草案的信息，使公众能够通过电子媒体呈递意见。

关于议会成员改变政党归属的规定，根据 2003 年南非宪法修正案（Act 2 of 2003）关于议会议员改变政党归属的决定，从 2003 年 3 月 21 日开始的两周内，国民议会和省立法机构议员可以转到其他政党而不会失去议员资格。发生政党合并或分裂情况时，相关议员也按照此修正案的规定保留席位。到 4 月 4 日期限结束后，非洲人国民大会席位上升到 275 席，达到了 2/3 多数。[1]

### 3. 传统领导人议院

根据南非宪法第 12 章的规定，承认非洲传统领导人依照习惯法形成的机构、地位和作用，同时要服从宪法。全国传统领导人议院成立于 1997 年 4 月。南非 9 个省当中有传统领导人的 6 个省相应成立了省传统领导人议院。各省传统领导人议院提名 3 名代表参加全国传统领导人议院。该议院就传统领导人的作用和非洲传统社会的习惯法向中央政府提供咨询。

### 4. 妇女议员

妇女在南非议会占有重要地位。不仅国民议会正副议长一直是妇女担任，全国省务院副议长也由妇女担任，而且在南非议会（国民议会和全国省务院）490 名议员当中，有 117 名妇女议员，

---

[1] *South Africa Yearbook*, 2004/2005, Chapter 12.

其中109名为国民议会议员,8名为全国省务院议员。南非议会妇女议员比例排在世界前10名,在南部非洲国家中居第2位。1999年大选中妇女议员增加2名,达到119名妇女议员;其中96人来自非洲人国民大会,占妇女议员的80%。1999年南非政府内阁29名部长中有9名女部长,占其中的31%,接近1/3。①

(二) 立法程序

南非新政府成立初期,最重要的任务是改造种族隔离制度的法律体系和国家机器。按照1993年临时宪法的规定,一般性议案,两院均可提出议案,但需要两院分别通过;出现争议,由两院联席会议按半数以上多数票通过。有关财政、省的边界和权限、修改宪法等特殊议案,分别规定了限制条款。其中财政议案只能由国民议会提出,由两院联席会议通过;遇有争议,由国民议会再次讨论通过后,呈交总统裁定。有关省的专门议案,不仅需要两院分别通过,而且需要经该省参议员的多数通过。修改宪法,则必需两院联席会议2/3多数通过。1996年的南非宪法对立法程序的规定与临时宪法基本一致,随着全国省务院代替参议院,在具体措辞方面有所不同。

1994~2006年,除了1996年的南非新宪法之外,议会共制定并通过了926项法律或法律修正案,形成较为完善的新法律体系。②

根据南非宪法第4章的规定:

1. 关于所有议案:(1) 均可提交国民议会;(2) 只有内阁成员、副部长或国民议会专门委员会成员可以提交议案;(3) 但是只有负责全国财政事务的内阁成员可以向国民议会提交有关资金

---

① Mavivi Myakayaka-Manzini, *Women Empowered-Women in Parliament in South Africa* 1998, http://www.parliament.gov.za/misc/cabinet.html.

② www.parliament.gov.za/acts.

## 第三章 政　　治

方面的议案（指涉及拨款或征税方面的议案）；（3）除涉及资金的议案外，其他议案也可以提交全国省务院；（4）只有全国省务院成员或专门委员会的成员可以向全国省务院提交议案；（5）国民议会通过的议案，如果有必要，必须提交全国省务院。全国省务院通过的议案，则必须提交国民议会。

2. 关于修改宪法的议案：（1）必须经国民议会75%的成员通过；并且经全国省务院通过，至少需要6个省的支持投票。

对宪法第2章基本权利的修改，必须经国民议会至少2/3成员的通过；并且经全国省务院通过，至少需要6个省的支持投票。

修改宪法其他条款的议案，需要国民议会至少2/3成员通过；如果该议案与全国省务院有关，如改变省的边界、权力、运作或机构，修改涉及省务的特别条款，则需要全国省务院得到至少6个省的支持投票。

修改宪法的议案，不能包括宪法修改以外的内容或与修订相关联的事项。

宪法修正议案在提交议会之前，至少有30天时间，由议案提交人或委员会按照国民议会的规则和程序，必须在中央政府公报中予以公布，以征求公众意见。

修改宪法的议案须经国民议会通过，并通过适当程序经全国省务院通过，然后必须提交总统同意。

## 二　行政机构与政府体制

### （一）中央政府的构成和运作原则

1. 宪法对政府的相关规定

南非宪法第3章对各级政府的运作做了原则规定，各级政府必须维护国家的和平、统一，维护共和国的不可分割性，必须保障全国人民的幸福。

南非国家政府体制由中央、省级和地方三级政府构成，它们

之间既相互区别又相互依存和联系。

中央政府实行总统内阁制。总统兼政府首脑，领导内阁工作。总统在国民议会议员中选举产生，当选总统后不再具有议员身份。副总统、政府内阁部长和副部长主要由总统从国民议会议员中任命，当选后其议员身份维持不变。总统可任命两名非国民议会议员担任部长。

**总统** 南非总统是国家元首和政府首脑，依照宪法和法律领导国家，维护国家利益和团结统一。副总统必须协助总统维持政府的运行。

**内阁** 内阁由总统、副总统和内阁部长组成。内阁由总统领导。总统指定副总统、内阁部长，赋予他们权力和职责，并有权罢免他们。总统可以从指定国民议会的任何成员担任部长，但是指定非国民议会成员担任内阁部长的人数不能多于2人。总统还指定1名内阁成员在国民议会中负责有关政府的事务。

政府部门副部长也由总统从国民议会成员中指定。

2. 从全国团结政府到合作性政府

根据2003年临时宪法规定，政府由总统、至少两名副总统和最多27名部长组成。总统由国民议会选举产生，既是国家元首，也是政府首脑。在国民议会中占有80个席位（即20%的议席）的政党，就有权提名1位副总统；如果没有政党或只有1个政党获得满80个席位，则由第一和第二大党各提名1位副总统。内阁部长由总统任命。内阁按照各党在国民议会中的比例组成。在国民议会占有至少20议席（即5%的议席）并决定参加全国团结政府的政党，就有权利得到1名或1名以上内阁职位。

1994年4月的第一次全民大选，解决了中央和省一级政权的转换，地方行政权力机构的改造则是在新政府领导之下进行的。

**曼德拉政府** 1994年第一次全民大选结果，组成了以非洲

## 第三章 政 治

人国民大会为主体的全国团结政府。非洲人国民大会主席纳尔逊·曼德拉出任南非第一任民族团结政府总统。该党还取得第一副总统（塔博·姆贝基）和18个内阁部长职务。国民党主席德克勒克担任第二副总统，该党还取得5个内阁部长职务。因卡塔自由党主席布特莱齐担任内政部长，该党还取得另外两个内阁部长职务。财政部长由无党派人士担任。

1996年新宪法与1993年临时宪法的最大区别是取消了多党联合组阁的有关条款。过渡时期实行多党分享权力的做法，是根据1993年多党谈判陷入僵局期间非国大提出的"夕阳条款"，即过渡时期与少数党分享权力的方案所达成的协议。非国大当时的意图是解除白人政党对黑人多数统治的恐惧，作出这一让步的条件是不能在最终宪法中规定永久性的分享权力。因此，非国大在制定新宪法的过程中，主张在过渡时期结束后实行多数党执政，即以前白人政府实行的英国式的议会制度——威斯特敏斯特制度。国民党在制宪谈判中虽然希望少数党继续参政，但是并没有把这一点作为拒绝宪法草案的条件。

1996年《南非共和国宪法法案》在总统和政府一章当中，没有少数党参加组阁的条款。虽然在宪法附件中规定，在1999年大选前继续执行临时宪法有关全国团结政府的条款，但是新宪法规定，在议会占简单多数的党就有权组阁，从而确定了多数党执政的体制。曼德拉总统在新宪法通过后对制宪议会的讲话中明确表示，民主的多数人统治是南非宪法所遵循的普遍民主原则。新宪法通过后，国民党退出全国团结政府，德克勒克不再担任副总统职务。但是，因卡塔自由党继续留在政府内，因卡塔的领导人布特莱齐继续担任重要的内政部长职务。新政府成立初期，非国大与国民党和因卡塔自由党的合作，对南非顺利完成政治过渡、保持经济社会稳定发挥了积极作用。同时，多党协商的做法也有助于缓和冲突，防止矛盾激化。

## 南非

**表 3-2　南非第一届全国团结政府内阁名单（1995 年 5 月 31 日）**

| 职　务 | 姓　名 | 所属政党 |
| --- | --- | --- |
| 总统 | 纳尔逊·曼德拉(Nelson Mandela) | 非国大 |
| 副总统 | 塔博·姆贝基(Thabo Mbeki) | 非国大 |
| 副总统 | 弗里德里克·W. 德克勒克(FW de Klerk) | 国民党 |
| 农业部长 | AI·范尼科尔(Kraai van Niekerk) | 国民党 |
| 文化艺术科技部长 | 本·恩古巴尼(Ben Ngubane) | 因卡塔自由党 |
| 狱政部长 | 弗希·姆基迈拉(Vusi Mzimela) | 非国大 |
| 国防部长 | 乔·姆迪希(Joe Modise) | 非国大 |
| 教育部长 | 斯布思索·本古(Sibusiso Bengu) | 因卡塔自由党 |
| 环境与旅游部长 | 达伟·德威列(Dawie de Lilliers) | 国民党 |
| 财政部长* | 克里斯·利本伯格(Chris Liebenberg) | 无党派 |
| 外交部长 | 阿尔弗雷德·恩佐(Alfred Nzo) | 非国大 |
| 总务部长 | 克里斯·费斯米尔(Chris Fismer) | 国民党 |
| 卫生部长 | 恩科萨扎娜·祖马(Nkosazana Zuma,女) | 非国大 |
| 内政部长 | 蒙格苏图·布特莱齐(Mangosutho Buthelezi) | 因卡塔自由党 |
| 住房部长 | SD 姆坦比-恩康杜(SD Mtembi-Nkondo,女) | 非国大 |
| 司法情报部长 | 杜拉·奥马尔(Dr. Dullah Omar) | 非国大 |
| 劳工部长 | 梯托·姆伯威尼(Tito Mbowini) | 非国大 |
| 土地部长 | 德里克·罕尼康(Derek Hanekom) | 非国大 |
| 矿业与能源部长 | 皮克·博塔(Pik Botha) | 国民党 |
| 邮政通讯广播部长 | 帕罗·乔丹(Dr. Pallo Jordan) | 非国大 |
| 省务与制宪部长 | 罗尔夫·迈耶(Roelf Meyer) | 国民党 |
| 公有企业部长 | 斯泰拉·希考(Dr. Stella Sigcau) | 非国大 |
| 公共服务与管理部长 | 佐拉·斯克威依亚(Dr. Zola Skweyiya) | 非国大 |
| 公共工程部长 | 杰夫·拉德比(Jeff Radebe) | 非国大 |
| 安全部长 | 西德尼·姆法马迪(Sydney Mufamadi) | 非国大 |
| 体育与文娱部长 | 史蒂夫·茨威梯(Steve Tshwete) | 非国大 |
| 贸易与工业部长 | 特里沃尔·曼纽尔(Trevor Manuel) | 非国大 |
| 交通部长 | 迈克·马哈拉伊(Mac Maharaj) | 非国大 |
| 水利与林业部长 | 卡德尔·阿斯梅尔(Prof. Kader Asmal) | 非国大 |
| 福利与人口发展部长 | 阿贝·维廉姆斯(Abe Williams) | 国民党 |
| 总统府部长 | 杰伊·奈杜(Jay Naidoo) | 非国大 |

资料来源：根据 *South Africa Official Yearbook 1995*、南非议会网站、非国大网站资料编制。

\* 曼德拉政府的第一任财政部长是国民党籍的德里克·凯斯（Derek Keys）。凯斯 1994 年 9 月由于个人原因辞职。曼德拉总统任命无党派人士利本伯格接任财长。

# 第三章 政治

**表 3-3　政府各部副部长名单（1995）**

| 职　务 | 姓　名 |
| --- | --- |
| 外交部 | 阿齐兹·帕哈德（Aziz Goolam Hoosein Pahad） |
| 国防部 | 罗纳尔德·卡斯里尔斯（Ronald Kasrils） |
| 安全部 | 乔·马修斯（Joe Mathews） |
| 教育部 | 雷尼尔·斯寇曼（RS Schoeman） |
| 贸易与工业部 | 弗姆齐莉·姆兰博-努卡（Phumzile Mlambo-Ngcuka，女） |
| 财政部 | 亚历克·欧文（Alec Erwin） |
| 内政部 | 马杜纳（PM Maduna） |
| 省务与制宪部 | 瓦里·穆萨（Valli Moosa） |
| 土地部 | 图比·梅耶（Tobie Meyer） |
| 环境与旅游部 | 班图·霍洛米萨（Bantu Holomisa） |
| 文化艺术科技部 | BS 马班德拉（BS Mabandla，女） |
| 福利与人口发展部 | 弗雷泽-莫莱凯梯（G Fraser-Moleketi，女） |
| 情报部 | JM 恩兰拉（JM Nhlanhla） |
| 司法部 | JB 迈伯尔格（JB Myburgh） |

资料来源：*South Africa Official Yearbook 1995*，p. 59；*South Africa Official Yearbook 1997*，p. 39。

　　国民党退出全国团结政府和除西开普省之外的其他省政府，主要着眼于 1999 年大选。新政府成立后，国民党认为作为参政党，对政府决策的影响力有限，反而妨碍其提出明确的政策和树立自己的形象，对争取选民不利。因此国民党决定作为反对党存在，重点放在保住该党在西开普省的主导地位，同时加强在其他省与非国大的竞争。但是，事态的发展并没有如国民党所愿，反而力量日渐衰落。

　　非国大在两年的执政过程中积累了经验，对政府的变化也有所准备。内阁的调整在 1996 年初即已开始。1996 年 3 月政府预算公布后，担任财政部长的无党派人士利本伯格宣布辞职。曼德拉总统随后宣布全国团结政府成立以来的第一次重大

内阁调整。财政部长由先前担任贸易和工业部长的特里沃尔·曼纽尔接任,前副财长亚历克·欧文接任贸易和工业部长。国民党退出全国团结政府后,曼德拉总统任命非国大成员填补了国民党的4个内阁部长和3个副部长职位。新政府保持正常运行。

**姆贝基政府** 南非第二次民主大选于1999年6月2日完成,非洲人国民大会(简称非国大)以66.35%的高得票率再次胜出,非国大主席塔博·姆贝基于6月16日宣誓就任南非总统。非国大在国民议会的席位达到266席(上届为254席),离2/3多数只差一席,几乎获得单独修改宪法的资格。依照1996年南非新宪法,非国大可以单独组阁。但是,姆贝基新内阁继续保留因卡塔自由党的3个内阁部长职位和2个副部长职位。因卡塔领袖布特莱齐继续留任重要的内政部长一职,显示了非国大继续与因卡塔合作的愿望和需要。1999年大选后,虽然非洲人国民大会是执政党,但是并没有单独组阁,继续吸收其他政党的议员参加内阁,担任重要阁员的党除了因卡塔自由党外,还有阿扎尼亚人民组织。南非内外对姆贝基政府的期望值很高,尤其对新内阁管理经济的能力看好。

2004年大选非国大的得票率超过修改宪法所需的2/3多数,达到近70%。非洲人国民大会在3次大选中的得票率稳步上升,保持了在南非政治中的主导地位。南非政治分析家普遍认为,非国大将在相当时期内保持执政党地位。而代表其他族群或政治派别利益的在野各政党的总支持率下降,而且分化重组速度加快。变化最明显的是前白人执政党国民党的分化,它反映了阿非里卡人的分化。该党在1996年德克勒克退出政坛后势力逐渐变弱,后更名新国民党,一度与代表英裔白人和大资本的民主党结盟,后又与非国大合作,2004年大选该党一部分选票又被新近成立的独立民主派人士党拉走,地位一落千丈。该党在西开普省与非

第三章　政　治

国大联合执政。新国民党决定与非国大合并，双方探讨合作的方式。2004年大选后组成的新内阁，仍然是多党合作的政府，重组后的新国民党领导人担任环境与旅游部长职务。2004年大选中，因卡塔自由党的支持率下降到6.97%，该党领导人布特莱齐宣布在大选后不再担任内政部长，但是他保证将发挥道义的建设性的反对党作用。

第二届姆贝基内阁于2004年6月成立。2005年6月，时任副总统的雅各布·祖马（Jacob Zuma）因涉嫌腐败被解职，弗姆齐莉·姆兰博-努卡（女）出任副总统。

**莫特兰迪政府**　姆贝基总统的第二任期于2009年届满，按照南非宪法规定不可再连任，继任人问题提上日程，引发非洲人国民大会内部的权力斗争。围绕前副总统祖马腐败的调查，使争夺继任总统人选的斗争白热化。2007年12月16日至20日，非国大全国代表大会在林波波省首府波洛夸内召开。选举结果祖马以2329票当选非国大主席，姆贝基以1505票落选。姆贝基希望第三次连任非国大主席的意愿被多数代表拒绝。祖马阵营控制了非国大全国执行委员会的多数，"左翼"力量成为非国大的主流势力。

2008年9月中旬，彼得马里茨堡高级法院尼克尔森法官的一项司法裁决，认定国家检察署2007年12月对非国大主席雅格布·祖马的腐败起诉无效，并指出姆贝基总统干预了该项起诉，因而使起诉"政治化"。非国大全国执行委员会9月19日决定，在任期届满之前"召回"姆贝基总统。随之，姆贝基辞职。9月25日，南非议会以绝大多数票通过了非国大的提名，选举非国大副主席莫特兰迪为新南非的第三任总统，任期7个月。

**祖马政府**　2009年4月22日，南非举行第四次民主大选。大选结果，非国大得票率为65.7%，继续保持执政党地位。根

据南非宪法的相关规定，南非国民议会在5月6日选举非国大主席祖马为新南非第四任总统。5月9日举行新总统就职典礼，5月10日祖马宣布新内阁组成名单。接替姆贝基总统职位的莫特兰迪被任命为祖马政府的副总统。新内阁由以前的28个部增加到34个部。内阁调整的突出特点是使经济计划和发展置于政府工作的首位，同时加强政府内部的协调与监管机制。为此，总统事务部建立两个部级设置，一个是国家计划部，负责制定国家发展计划，并协调政府相关经济部门之间的关系；另一个是政府工作监督和评估及总统事务管理部。

**3. 中央政府运作机制**

南非新政府面临两方面的任务。首先是政治变革的制度化，制定与新宪法相一致的一系列政策；同时解决种族隔离制度遗留的结构性问题，使南非的发展赶上世界的快速变化。1994年以来，南非政府的政策目标是改造种族隔离的社会关系，建设平等、没有种族主义、没有性别歧视的民主社会。为了落实"重建与发展计划"的具体目标，南非政府的运作采取政府部门归口协调的方式，组成5个"口"（clusters）统筹相关方面的工作。相关部门组成1个"口"，由各部门的总司长组成，协调该领域的工作，并成为决策之前政策辩论的场所。

政府和行政管理口关注的主要方面包括：制定新宪法和建立新的立法体系；把以前"班图斯坦"（"黑人家园"）的管理机构纳入中央政府的公务体系，以建立全国统一的公共管理系统。政府和行政管理口的工作重点是提高政府的效率，主要关注政府内部的运作。其中包括政府治理的一体化整合，督促政府计划的执行，改进政府运作能力，改造地方政府，对"非洲发展新伙伴计划"（NEPAD）的支持，以及公共部门反对腐败等方面。

表 3-4　南非政府内阁名单 (2005)

| 职　务 | 姓　名 | 所属政党 |
| --- | --- | --- |
| 总　统 | 塔博·姆贝基<br>(Thabo Mbeki) | 非国大 |
| 副总统 | 弗姆齐莉·姆兰博-努卡<br>(Phumzile Mlambo-Ngcuka,女) | 非国大 |
| 总统府部长 | 伊索普·帕哈德<br>(Essop Goolam Pahad) | 非国大 |
| 外交部长 | 恩科萨扎娜·祖马<br>(Nkosazana Clarice Dlamini Zuma,女) | 非国大 |
| 国防部长 | 帕特里克·勒科塔<br>(Mosiuoa Gerard Patrick Lekota) | 非国大 |
| 安全部长 | 查尔斯·恩夸库拉<br>(Charles Nqakula) | 非国大 |
| 情报部长 | 罗纳尔德·卡斯里尔斯<br>(Ronald Kasrils) | 非国大 |
| 教育部长 | 纳莱蒂·潘多<br>(Naledi Pandor,女) | 非国大 |
| 贸易与工业部长 | 曼迪西·姆帕尔瓦<br>(Mandisi Mpahlwa) | 非国大 |
| 财政部长 | 特里沃尔·曼纽尔<br>(Trevor Andrew Manuel) | 非国大 |
| 内政部长 | 诺西维薇·马皮萨-恩夸库拉<br>(Nosiviwe Mapisa-Nqakula,女) | 非国大 |
| 司法与宪法发展部长 | 布丽吉特·马班德拉<br>(Bridgitte Mabandla,女) | 非国大 |
| 省及地方政府事务部长 | 西德尼·穆法马迪<br>(Fholisana Sydney Mufamadi) | 非国大 |
| 公职与行政事务部长 | 婕拉尔丁·弗雷泽-莫莱凯蒂<br>(Geraldine Joslyn Fraser-Moleketi,女) | 非国大 |
| 劳工部长 | 门巴提西·姆德拉德拉纳<br>(Membathisi Mdladlana) | 非国大 |

续表 3-4

| 职　务 | 姓　名 | 所属政党 |
|---|---|---|
| 社会发展部长 | 佐拉·斯奎伊亚<br>(Zola Sidney Themba Skweyiya) | 非国大 |
| 卫生部长 | 蔓托姆巴扎纳·查巴拉拉-姆西芒<br>(Mantombazana Edmie Tshabalala-Msimang,女) | 非国大 |
| 交通部长 | 杰弗里·哈迪拜<br>(Jeffrey Thamsanqa Radebe) | 非国大 |
| 通信部长 | 媛韦·马特塞佩-卡萨布里<br>(Ivy Matsepe-Casaburri,女) | 非国大 |
| 农业与土地事务部长 | 托科·迪迪扎<br>(Angela Thoko Didiza,女) | 非国大 |
| 水利与林业事务部长 | 布伊·宋吉卡<br>(Buyi Sonjica,女) | 非国大 |
| 环境与旅游事务部长 | 马蒂内斯·范斯考克韦克<br>(Marthinus van Schalkwyk) | 新国民党 |
| 矿业与能源部长 | 林迪威·本尼迪克塔·亨德里克斯<br>(Lindiwe Benedicta Hendricks,女) | 非国大 |
| 国有企业部长 | 亚历克·欧文<br>(Alec Erwin) | 非国大 |
| 住房部长 | 琳迪韦·西苏鲁<br>(Lindiwe Nonceba Sisulu,女) | 非国大 |
| 公共工程部长 | 丝黛拉·西格考<br>(Stella Sigcau,女) | 非国大 |
| 狱政部长 | 恩孔德·鲍尔弗<br>(Ngconde Balfour) | 非国大 |
| 艺术与文化部长 | 帕洛·乔丹<br>(PalloJordan) | 非国大 |
| 科学与技术部长 | 莫西布迪·曼基纳<br>(Mosibudi Mangena) | 阿扎尼亚人民组织 |
| 体育与娱乐部长 | 马肯凯西·斯托菲尔<br>(Makenkesi Stofile) | 非国大 |

资料来源：根据 *South Africa Yearbook 2005/2006*，Chapter 12。南非议会网站，非国大网站资料编制；参考中国驻南非使馆网站，2006 年 4 月 25 日。

### 表3-5　政府各部副部长名单（2005）

| 职　务 | 姓　名 |
|---|---|
| 外交部 | 阿齐兹·帕哈德（Aziz Goolam Hoosein Pahad）<br>苏·范德尔·梅韦（Sue van der Merwe,女） |
| 国防部 | 姆卢莱基·乔治 Mluleki George |
| 安全部 | 苏珊·莎班古（Susan Shabangu,女） |
| 教育部 | 恩维尔·苏迪（Enver Surty） |
| 贸易与工业部 | 罗伯·戴维斯（Rob Davies）<br>伊莉莎白·塔贝蒂（Elizabeth Thabethe,女） |
| 财政部 | 贾布·莫莱凯蒂（Jabu Moleketi） |
| 内政部 | 马卢西·吉加巴（Malusi Gigaba） |
| 司法与宪法发展部 | 乔尼·德兰克（Johnny de Lange） |
| 农业与土地事务部 | 德克·杜托伊特（Dirk Cornelius du Toit） |
| 矿业与能源部 | 卢卢（欣瓦娜（Lulu Xingwana,女） |
| 公共工程部 | 恩托皮莱·克甘亚戈（UDMNtopile Kganyago） |
| 环境与旅游事务部 | 雷乔伊丝·马布达法西（Rejoyce Thizwilondi Mabudafhasi,女） |
| 通信部 | 拉达哈克里丝娜·帕达雅切（Radhakrishna "Ray" Padayachie） |
| 艺术与文化部 | 恩托姆巴萨娜·博塔（Ntombazana Botha,女） |
| 狱政部 | 洛蕾塔·雅各布斯（Loretta Jacobus,女） |
| 省及地方政府事务部 | 诺马雅拉·汉加娜（Nomatyala Hangana,女） |
| 社会发展部 | 琼·本杰明（Jean Benjamin,女） |
| 卫生部 | 诺兹韦·马德拉拉-劳特利奇（Nozizwe Madlala-Routledge,女） |
| 体育与娱乐部 | 格特·奥斯蒂伊曾（Gert Oosthuizen） |
| 科学与技术部 | 德里克·哈内科姆（Derek Hanekom） |

资料来源：*South Africa Yearbook 2005/2006*，Chapter 12。
参考中国驻南非使馆网站 20060425。

社会管理口的任务集中于减少贫困。它通过一系列计划的实施，解决收入、人力资源和财产匮乏问题。对此，自1994年以来，南非政府通过改变旧体制下以种族为根据发放社会救济金的

制度，代之实行覆盖全社会的补助制度，包括全国60岁以上公民、抚养孩子有贫困的家庭、参加民族解放战斗的老战士等需要补助的群体。1994～2004年间，南非政府用于这些群体的补助增加了近4倍。[①]

经济口的主要任务是落实"重建与发展计划"。它在经济建设、满足人民基本需求、实现国家和社会的民主化、开发人力资源、建设国家等方面，协调各部门的工作。1996年的"增长、就业与分配计划"，是南非政府促进经济稳定增长的宏观经济框架。2001年财政部推出"宏观经济改革战略"，于2002年在内阁正式通过。这些战略和计划加大了政府干预经济发展的力度。1994年以来，在保证宏观经济稳定的同时，经济增长呈现40年以来的最好局面。这不仅带来了居民收入的增加，而且改善了投资环境，为经济的进一步发展打下基础。

司法、预防犯罪和安全口的相关部门的工作重点之一，是改造种族隔离制度遗留的旧体制，使司法安全部门的工作性质、机构和运作得到统一与合理化。它的职责是维护宪法权威和国家安全，其服务面向全体国民。

国际关系与和平安全口相关各部门的工作，旨在贯彻南非新政府的外交政策。南非民主制度的建立，使其摆脱了种族隔离时期的外交孤立。新南非在地区、非洲大陆和世界事务中日益发挥着重要作用，成为受尊重的国际社会成员。[②]

（二）省政府

按照1993年临时宪法的规定，南非改变了原来的四个省、10个"黑人家园"的行政区划，重新划分为9个省，它们是：东开普省、北开普省、西开普省、西北省、奥兰治自由邦（现改为

---

① *South Africa Yearbook 2004/2005*，Gov Democracy.
② *South Africa Yearbook 2004/2005*，Gov Democracy.

自由邦)、夸祖鲁/纳塔尔省、比勒陀利亚-威特沃特斯兰德-韦里尼京省（现改为豪廷省）、东德兰士瓦省（现改为姆普马兰加省）和北德兰士瓦省（后改为北方省，现名为林波波省）。

依据南非宪法，南非9个行政省的政府有各自的立法机构。除中央政府外，各省和地方政府均实行比例代表制和合作执政的制度。省立法机构由30~80人组成，通过选举按照政党比例代表制产生。地方政府实行议政合一制度，只可通过地方法规（BY-LAWS）。

省级立法机构选举其中1名成员担任该省省长。各省行政委员会由省长和10名以下由省长任命的成员组成。每个在省立法机构中占有至少10%席位的政党，有权按比例代表制得到行政委员会中1个或1个以上的职位。

除了可以制定省级一般法律之外，省立法机构可以制定本省的宪法，但是需要省立法机构2/3多数通过。而且省的宪法必须与国家宪法相符合，并且需要得到国家宪法法院的确认。

根据国家宪法，各省在全国性的事务方面可以同时拥有立法和行政权力，诸如：农业；娱乐场、赛马、赌博等文化事项；各级教育事务，高等教育和技术学院的教育除外；环境问题；卫生服务；住房；语言政策；自然保护；（警察）治安事务；省级公共媒体；公共交通；地区规划与发展；道路交通规则；旅游业；促进贸易和工业发展；传统权力机构；城市和农村发展；车辆注册，以及福利事业等领域。

这些权力的实施可以加强各省行政能力，以承担相应的责任。

省一级在有些领域还具有排他性的管理权限，比如，屠宰场、救护事务、酒类注册、博物馆（除国家博物馆）、本省的规划、省内文化事务、省内娱乐活动、省内道路交通等。

各省行政委员会（即省政府）的组成包括：省长（由省立法机构选举产生）和若干委员。省行政委员会决议的形成按照

协商一致的原则,如同中央政府的内阁决策一样。

总统协调会议是总统与省长讨论全国、省级和地方重要事务的协商论坛,每季度召开一次。①

1994年大选结果后,非国大在7个省获得多数,出任省长并主导省行政委员会。国民党在西开普省获得多数,出任省长并组织省行政委员会。因卡塔自由党在夸祖鲁/纳塔尔省赢得多数,担任省长并主导省政府。

在1995年和1996年两次地方选举中,非国大巩固了在7个省的多数党地位,在另外两个省的支持度也有所提高。国民党在西开普省保持了控制地位,因卡塔自由党继续在夸祖鲁/纳塔尔省的选举中赢得多数,但是其支持率从1994年大选的50.3%降至44.4%。

根据1999年大选结果,非国大在全国9个省当中,不仅保持了原来在7个省占绝对优势的执政地位,而且在另外两个省的支持率也有大幅度上升,对国民党和因卡塔自由党的势力范围构成挑战。在国民党执政的西开普省,非国大的支持率达到42.62%,成为第一大党。国民党在西开普省失去主导地位(由53.2%降为34.38%),它依靠民主党,与民主党(14.18%)在该省继续联合执政。在夸祖鲁/纳塔尔省,非国大的支持率达到39.77%,已接近祖鲁族为主的因卡塔自由党的40.45%。② 据南非媒体分析,布特莱齐之所以未如传说的那样出任副总统,是因卡塔自由党不愿用该省省长职位与非国大作交换。双方经过几周的谈判,非国大放弃对省长职位的竞争,打破了省政府组阁僵局,因卡塔自由党与非国大继续联合执政。③

在2004年4月14日进行的新南非第三次大选中,非国大在

---

① *South Africa Yearbook 2004*, Chapter 12.
② 南非独立选举委员会1999年6月9日公布的大选结果。
③ 〔南非〕1999年6月21日《星报》。

豪登省、东开普、北方省（林波波）、姆普马兰加省、自由州、西北省和北开普省中获得绝对多数，在西开普省和夸祖鲁/纳塔尔省得票率最高。2005年9月部分国会议员改变政党归属之后，非国大首次实现在全国9省议会议席达到或超过半数的目标。

（三）地方政府

南非通过1994年大选在中央和省一级建立了新政府之后，开始通过地方选举统一基层政权。根据1993年临时宪法，南非各省分别在1995年11月和1996年5～6月举行了地方选举，目的在于改变地方权力机构的种族分割状态，同时改造非洲人社区酋长专制的传统权力，加强民选代表的作用。根据1998年《市政结构法》[1]及其2000年的修正案，在市政委员会增加传统领导人的代表性，代表比例为20%。[2] 地方基层政权的民主化和一体化，对南非社会发展的意义重大。地方政府的主要形式为市政委员会、地区（DISTRICT）委员会和地方（LOCAL）委员会。根据南非宪法和1997年地方政府组织法（Act 52 of 1997），经过有机整合的地方政府可以选派10名非全职代表参加全国省务院的会议，维护当地的利益。

南非在种族隔离时期，曾经有1200个按照种族分治的地方市政单位。到1996年地方政府选举，地方权力机构经过改造整合之后，地方市政单位减至800多个。为了进一步改造种族隔离制度下地方政府的种族分割状态，推进社会转型与整合，并加强地方政府的作用，南非于2000年改革地方行政建制，将原有800个地方政府精减为284个，目的在于有利于地方经济的发展，便于提供公共服务，使过去被忽视的地区得到发展。[3]

---

[1] *Municipal Structures Act*, 1998.
[2] *South Africa Yearbook 2004/2005*, Chapter 12.
[3] *South Africa Yearbook 2004/2005*.

南非的284个市政当局,包括大都市政府(6个)、地方市政当局(231个)和区级市政当局(47个)。6个大都市包括:茨瓦尼(首都比勒陀利亚及周围地区)、约翰内斯堡、埃库尔呼来尼(建立于2000年,包括原东兰德地区的9个城镇)、埃特科威尼(建立于2000年,包括德班市及周围地区)、开普敦、曼德拉市(原伊丽沙白港)。

2006年3月,南非举行第三次地方政府选举,全国投票率为48.4%。各主要政党的得票率分别为:非国大66%,民主联盟16%,因卡塔自由党8%,独立民主人士党2%。非国大在总共6324个地方政府议席中占据5418席,并控制了全国6大都市中的5个,赢得231个地方政府中的174个。[1]

地方政府的主要职责是发展当地经济,为当地居民提供服务,特别是为种族隔离制度造成的经济弱势群体提供服务。对白人统治时期按种族分割的基层政权机构进行统一和改造之后,地方的行政管理和社会经济发展得到改善。

根据南非官方年鉴(2005~2006年)的数据,截止到2005年7月,南非全国67%的人口得到基本饮用水供应;284个地方市政当局之中有64%的市政厅向49%的人口提供免费的电力供应。

**(四) 公务员队伍的改造**

南非的旧公务员队伍基本上是白人的领域,而且是阿非里卡人的天下。据报道,在非基础产业部门就业的白人中,有44%是公共部门的雇员。改造120万人的旧公务员队伍,对南非新政府的运作至关重要。

新政府在1994年公布的"重建与发展计划"中提出,"到本世纪末,公共部门的人员构成,包括准国有企业的雇员,必须

---

[1] 参见中国驻南非使馆网站南非内政20060425。

# 第三章 政　治

反映全国的种族和性别状况",以纠正种族隔离制度下保护白人、歧视黑人的就业制度。新的就业制度要符合南非社会的民族多样性,尤其要给予历史上被剥夺发展权利的人群以肯定的支持。南非政府对公共部门就业人员的种族和性别比例的规定,被称为"肯定行动"(Affirmative Action)。这与20世纪60年代美国的黑人人权运动后所实行的"肯定行动"相类似,只不过南非的问题更严重、更普遍。

南非1993年临时宪法和1996年宪法对旧政府中白人公务员的权益有保护条款。前政府时期的公务员(包括"黑人家园"政府的雇员)都不能解雇。他们如果提前退休,可以有两个选择,一是领取退休金,二是得到一次性高额补偿。以非国大为主导的新政府面临利用和逐步改造旧公务员队伍问题,使政府的行政效率不断提高,同时减轻财政负担。

新政府成立后,吸收大量黑人进入公务员队伍。同时,政府各部门高薪聘请顾问的费用,每年高达数亿兰特,加重了新政府的财政负担。公务员制度的改革自1996年开始,包括确定公务员队伍的适当规模,制定公务员新的工资制度,退休制度和自愿退职一揽子解决办法。到1996年11月,有2.9万名公务员申请自愿退职,其中1.9万名被准予按一揽子办法得到高额退职金。

南非的公务员人数1996年约117万。各部门都制定和实施了精简方案。根据南非国家统计局数字,黑人公务员的比例在1995/1996年度提高11.9%,到1996年底,黑人公务员已接近30万;同期,白人公务员比例下降3.9%。根据南非官方年鉴2004~2005年卷的数据,截止到2003年3月31日,公务员中非洲人占72.5%,亚洲裔人占3.6%,"有色人"占8.9%,白人占14.7%。在公务员性别构成方面,女性占52.5%,男性占47.5%。在高级管理人员当中,非洲人占56%,亚洲裔人占8.2%,"有色人"占10.1%,白人占25.6%。高级管理人员当

中的性别构成，女性占 22.1%，男性占 77.9%。国有企业董事会的人员构成当中，按种族区分，非洲人占 63%，亚洲裔人占 2.5%，"有色人"占 9.9%，白人占 24.7%；按性别划分，76.5% 为男性，23.5% 为女性。在国有企业高级管理层人员中，56.5% 为白人，43.5% 为黑人（包括非洲人、"有色人"和印度人）；其性别比例：男性为 75%，女性为 25%。[①]

经过近 10 年的调整，到 2004 年 12 月 31 日，南非公务员人数裁减至 1043698 人。其中 62% 在社会服务部门（卫生、社会发展和教育部门），19% 在司法部门，7% 在防务部门。截止到 2005 年 3 月 31 日，公务员当中 73.9% 为非洲人，3.7% 为亚洲裔人，8.9% 为"有色人"，13.5% 为白人；按照性别划分，53.3% 为女性，46.7% 为男性。高级管理人员当中 54% 为非洲人，7.5% 为亚洲裔人，7.7% 为"有色人"，30% 为白人；按性别划分，女性占 28.5%，男性占 71.5%。[②]

## 三　司法体制与司法机构

### （一）司法体制

南非共和国宪法（1996）是国家的最高法律，国家的所有立法、执法和司法机构必须受其约束。南非宪法（1996）第 8 章规定了法院和司法制度。按照宪法第 165 款的规定，南非的司法权力属于依照宪法成立的各级法院。实行司法独立，法院只对宪法和法律负责，遵循不偏不倚、无所畏惧、没有歧视的原则。任何人员和政府机构不得干预法院的运作。政府机构通过立法和其他方式，必须支持和保护法院的独立、公平、尊严、可接近和效率。法院的决议对相关人员和政

---

[①] *South Africa Yearbook 2004/2005*, Chapter 12.
[②] *South Africa Yearbook 2005/2006*, Chapter 12.

府机构具有约束力。

南非的法院体系包括：宪法法院；最高上诉法院；高等法院（包括根据议会立法成立的任何上诉高级法院，审理高级法院的上诉）；地方法院，以及根据议会立法成立的任何法院，包括任何与该级法院和地方法院类似地位的法院。

**（二）司法体系的改革**

南非的司法与宪法发展部是司法的行政管理部门，其职责是坚持和维护宪法与法制，提供易接近、公正、快速和低成本的司法管理，以使南非更安全、更安定。

南非新政府成立后，改造与整顿旧的司法系统，是一项重大的挑战。要改变过去主要为维护白人利益的司法制度，使其成为面向整个南非社会有信誉的、合法的司法制度。南非政府的重建与发展计划（RDP）强调，司法制度在南非公众的眼中应该是有信誉的、合法的，因此必须按照1996年新宪法的规定，不分种族和人人平等的价值原则改造司法体系，建立全国统一、公开透明、对南非全体公民公正负责的司法体系。根据1993年临时宪法的规定，必须相应改变以前"黑人家园"的地位和作用，改革最高法院及其受理上诉的法院、省级和地方司法机构。

司法与宪法发展部是组成"司法、预防犯罪、安全组"的主要政府部门之一，其任务是贯彻预防犯罪的国家战略。

1994年4月27日南非新政府成立后，中央政府的司法部门与以前的"黑人家园"的司法部门合并，随后召开了各类相关的咨询会议，在1996年形成一个改造司法行政管理与执行以及政府法律事务的战略计划——2000年司法展望。该计划于1997年开始实施，改造主要包括7个领域：（1）司法与宪法发展部；（2）法院和其他管理司法的机构；（3）惩治犯罪、治安和安全；（4）司法通道（access to justice）；（5）人力资源开发；（6）法律专业化；（7）国家法律和立法机构。

# 南非

按照南非有关就业领域要反映南非种族构成的政策和法律，司法部门在培训和增加黑人司法人员方面逐年取得进展。其采取的措施之一是，1994年9月南非政府与美国国际开发署签署为期5年的司法管理协议，在培训黑人法律工作者和司法官员，使法律和司法制度易接近，法律和司法改革，对工人和学生进行宪法和人权教育等方面进行合作。①

根据2004～2005年南非官方年鉴的数字，1994年以来政府投入资金16.42亿兰特，用于就业平等方面的工作。1994年南非的166名法官当中，162名是白人男子，2名白人妇女，仅3名是黑人男子，没有黑人女法官。到2003年，黑人法官已增加到73名（61名男子，12名妇女），白人法官人数下降到141名（128名男子，13名妇女）。1994年黑人法官仅占2%，2004年上升到34%。1994年以来任命的53名法官当中，89%是黑人；地方法官中50%为黑人，30%为妇女。②

司法与宪法发展部对法院和司法服务整顿的目的在于加强法院的能力，使其充分发挥潜力，为此制定了法院样板蓝图，以此为标准提升法院的司法水平。同时还推出改善司法服务计划，目的在于提高公众对法院体系提供服务的体验和认识。具体项目包括：建立地方法院一体化管理制度，法院管理信息的使用，判例流量管理，诉讼抗辩，审判前的服务，减少等候审判拘押人员的行动，视频传讯，以及法院使用者民意调查。

司法与宪法发展部还对各种司法管理机构进行了重组和改造，其中包括：法律援助部门（Legal Aid Board），南非法律改革委员会（South African Law Reform Commission），地方法官委员会（Magistrate's Commission），行政司法长官会议（Board for

---

① *South Africa Official Yearbook 1995*, Chapter 10.
② *South Africa Yearbook 2004/2005*, Chapter 12.

Sheriffs)，以及法院规则会议（Rules Board for Courts of Law）。

司法与宪法发展部实施改造司法部的过程，要达到目标是改善服务，以使国内和国外的委托人满意；确保司法业务以高效、低成本方式运行，首要关注的是法院和其他机构给予政府和公共的服务，包括提高法院的工作效率，使得司法更易于接受并且能够承受。

为此目的，司法与宪法发展部建立了以下业务单位：法院部门、长官办公室、法律部门、立法和宪法发展部门。为了辅助这些业务单位，成立了首席财政官员办公室，人力资源开发、信息和管理系统，公共教育与沟通等机构。[1]

（三）司法机构

根据南非宪法列表6第16条第6款（a）的规定，"所有法院的结构、组成、运行和司法权以及相关立法，必须按照建立一个符合宪法要求的司法制度的原则实现合理化。司法与宪法发展部部长在咨询司法人员委员会之后，管理这个合理化进程。所有法院的运作必须遵循国家法规，法院的规则和程序必须符合国家立法的规定。

1. 宪法法院（Constitutional Court）

宪法法院是审理与宪法相关案件的最高法院，只审理与宪法相关的案件，以及裁决与宪法案件相关的问题，对某个案件是否属于宪法案件或者某个问题是否与裁定宪法案件有关系做出最终裁决。宪法法院审理有关宪法的案件，必须至少有8名法官出席。

宪法法院的专属权力包括：裁决中央政府或省政府的机构之间在宪法地位、权力或运作方面的争议；裁决国民议会或省议会的法案是否符合宪法；裁决任何宪法修正案是否符合宪法；裁决

---

[1] *South Africa Yearbook 2003/2004*, Chapter 15.

议会和总统是否履行宪法职责；确认省的宪法；如果确认最高上诉法院、高级法院或同级法院的决议无效，必须在该决议生效之前。

1993年临时宪法规定，宪法法院必须独立、胜任，并且要做到种族和性别平衡。宪法法院由院长和10名法官组成，其中6名由总统根据司法人员委员会的建议任命，其他4名从最高上诉法院的法官中任命。阿瑟·查斯卡尔森法官（Arthur Chaskalson）被任命为宪法法院的院长。1995年2月14日，曼德拉总统主持了宪法法院的成立仪式，次日宪法法院开始审理案件。[①] 宪法法院设在约翰内斯堡。

1996年南非宪法第8章有关宪法和司法管理的规定，宪法法院由1名院长、1名副院长和另外9名法官组成。阿瑟·查斯卡尔森法官继续担任宪法法院的院长，副院长为皮尤斯·兰加法官（Pius Langa）。2005年6月阿瑟·查斯卡尔森院长退休后，副院长皮尤斯·兰加法官被任命为宪法法院院长，丁甘·莫塞尼科法官（Dikgang Moseneke）被任命为副院长。[②]

2. 最高上诉法院（Supreme Court of Appeal）

最高上诉法院是宪法事务之外的所有案件的终审法院，设在南非的司法首都布隆方丹。最高上诉法院对任何针对一个高级法院的判决提起的上诉有审理和决定的司法权力。最高上诉法院的判决对所有下级法院具有约束力。最高上诉法院由首席大法官、副首席大法官和若干上诉大法官组成，均由总统根据司法委员会建议任命。首席大法官为豪伊（CT Howie）。

3. 高等法院（High Court）

南非有10个省级分区高等法院，包括：好望角（设在开

---

[①] *South Africa Official Yearbook 1995*, Chapter 10.
[②] *South Africa Yearbook 2005/2006*.

普敦)、东开普(格拉姆斯敦)、北开普(金伯利)、奥兰治自由邦(布隆方丹)、纳塔尔(彼得马里茨堡)、德兰士瓦(比勒陀利亚)、特兰斯凯(乌姆塔塔)、西斯凯(比绍)、文达(西巴萨 Sibasa)、博普塔茨瓦纳(姆巴巴图 Mbabtho)。另外还有3个地区高等法院,包括威特沃特斯兰德地方分部(约翰内斯堡)、德班和海滨地方分部(德班)、东南开普地方分部。这些法院由有关省法院的法官主持。各高等法院在辖区内行使最高司法管辖权,主要审理地方法院无力或无权审判和量刑的案件。

与高等法院同级的法院还包括:

**土地权利追诉法院(Land Claims Court)、劳工法院(Labour Court)** 这两个法院与高等法院具有同等地位。土地权利追诉法院审理有关1913年之后由于种族歧视土地法律而失去土地的人们要求归还土地权利的案件。劳工法院审理与劳动纠纷有关的案件。

到2005年11月为止,土地权利追诉法院已经解决7900件土地权利追诉要求的80%,涉及的归还土地将近95万公顷,价值21亿兰特;同时涉及城镇居民的土地问题,以现金赔偿方式处理,已经接受的赔付金额为26亿兰特。土地权利追诉法院计划到2008年完成土地权利追诉的全部案件。

**地方巡回法院(Circuit Local Divisions)** 南非高等法院系统还设有地方巡回法院,由相关省高等法院的法官主持。这些巡回法院根据省高等法院大法官(院长)的决定,每年定期到辖区内的指定地方巡回审理案件。

4. 真相与和解委员会(Truth and Reconciliation Commission,TRC)

新南非政府为实现社会正义的目标,任务之一就是对种族隔离制度下的罪恶进行清算,使受害者得到精神和物质上的补偿。

## 南非

和解的实现需要谅解和宽容。

南非新政府对种族隔离时期罪行的清算是针对旧制度的整体清算,主要不是针对个人的惩处。但是,个人必须通过坦白求得宽恕。根据《促进民族团结与和解法》(Promotion of National Unity and Reconciliation Act,1995 年 34 号法令)建立的"真相与和解委员会",被赋予历史性任务,包括:(1)促进民族团结与和解,以理解的精神超越过去的冲突和分裂,通过调查与听政,对 1960 年 3 月 1 日至种族隔离制度废止期间所发生的粗暴侵犯人权的罪行的全部事实进行认定,包括:罪行的前提、环境、因素和内容,以及受害者的看法,对罪行负有责任者的动机和看法。(2)对于彻底坦白全部相关犯罪事实的人给予赦免,但是其行为必须是出于政治动机,并且其坦白符合该法令的要求。(3)确认并公布受害者的下落,通过给予受害者讲述自己受害的情节的机会,以恢复他们的人格和公民尊严,并对给予他们的赔偿措施提出建议。(4)编写一部尽可能全面的报告,记述真相与和解委员会在履行上述三项职责时的活动和结论,包括对今后避免发生侵犯人权问题的措施建议。

在 1996~2003 年的 7 年间,真相与和解委员会共审理了 2.2 万多个案例。图图主教在聆听成千上万受害者的控诉和加害者对罪行的描述时,常常泣不成声。他感到,我们"被一个又一个证词所揭示的惨绝人寰的细节和腐败堕落的罪行所震撼。按照常理,我们的人民对于施加给他们的暴行会怒不可遏。但是他们所表现的高尚精神和宽容的情怀使我们深深感动,尽管经受了那么多的伤痛和苦难,对那些在黑暗年代犯下灭绝人性罪行的人,他们表现出的谅解和宽容精神使世界为之惊叹。"[①]

---

[①] Preface by Archbishop Desmond Tutu for the book "Steve Biko, I write what I like", *Picador Africa 2004*.

第三章　政　治

到2003年3月真相与和解委员会提交最终报告时，共有1200人获得大赦，5500人的申请被驳回，[1] 但是对赦免的申请仍在审理。新南非已经废除死刑，那些未获大赦的犯罪人虽然要受到法律制裁，但还是给予生路。真相与和解委员会的工作开始于1995年12月16日，即南非的和解日，最终报告完成于2003年3月21日，即南非的人权日。图图主教在完成这一历史任务后感到，真相与和解委员会的成功，"确保我们避免了众多生命遭受涂炭的种族冲突的灾难"。[2] 南非独特的真相与和解委员会，得到国际社会的肯定和赞赏。

5. 地区法院（Regional Courts）

根据南非宪法，司法与宪法发展部部长可以把全国分为若干个地方行政区，并据此建立相应的包括若干行政区的地区法院。每个省建立的地区法院可以设在一个或多个地点，根据司法权限审理案件。与高等法院不同，地区法院的刑事审判权受到法律的限制。南非的地区法院分成13个区域，由首席地方法官主持。地区法院体系在省的司法界限内经过整合、简化之后，形成全国统一的提供规范法院管理的制度。

6. 地方法院（Magistrate's Courts）

地方法院是下级法院，绝大部分案件都由这一级法院审理。根据南非宪法，地方法院和其他低于高等法院的法院可以依照议会立法审理任何案件，但是宪法事务和总统事务除外。到2005年3月，南非共有地方法院366个，50个附属法院，103个分支法院，227个定期巡回法院，共有1767名地方法官。[3]

根据1993年地方法院法，南非所有的地方法官都不包括在

---

[1] *UN Integrated Regional Information Networks*, March 21, 2003.
[2] *South African Press Association*, March 21, 2003.
[3] *South Africa Yearbook 2005/2006*.

公职人员的范围之内，目的是保持司法的独立性。虽然地区法院的刑事审判权限高于地方法院，但是被告不能向地区法院提出上诉，而只能向高等法院提出上诉。

除了法律有特别的规定，民事案件一般由分区的地方法院审理，除非涉案各方同意诉诸更高级的法院。地方法院无权处理超过 10 万兰特（南非货币）的民事案件，除非当事人双方同意把赔偿金额限制在 10 万兰特以下。对于刑事案件，比较严重的刑事案件在地区法院审理。原因是分区的地方法院无权对被告作出 3 年以上徒刑的判决，或 6 万兰特以上的罚款。最严重的刑事案件在高等法院审理。

根据新宪法，南非废除死刑。

**7. 其他民事法庭**

得到授权的非洲人首领或他的副手，可以审理由于触犯本辖区法律或习惯而产生的案件。这类案件是发生在该首领的管辖区内的某个非洲人起诉另一个非洲人。这类法庭一般称为酋长法庭。酋长法庭的程序是非正式的。对酋长判决提起的上诉，由地方法院审理。

### （四）狱政（惩教）系统

在种族隔离制度下，南非人民、特别是黑人的行动受到各类种族主义法令的限制。不断强化的"安全法令"，给南非警察机构广泛的权力，拘捕和关押任何被怀疑有可能威胁"国家安全"的人。20 世纪 60 年代初以来，南非监狱不断爆满，成为世界上关押人数占人口比例最多的国家。

旧政府时期南非的监狱和整个南非社会一样，实行种族隔离制度。犯人不仅按种族分别关押，而且对白人、"有色人"、印度人和非洲人等不同种族的犯人的衣食实行不同标准，其他待遇也有区别。酷刑，在南非监狱司空见惯，每年都有人被折磨致死，而南非警方多以"自杀"和"疾病"为借口，搪塞舆论。

# 第三章 政　治

很多受害者是在被安全警察拘押期间遭拷打致死的。

1994年新政府成立后，按照新宪法的原则制定了1994年的惩教白皮书、1998年的惩教法，并在2003年修订了新的惩教白皮书，确定了种族平等、尊重人权和注重改造自新的惩教原则和政策。

南非政府的狱政部（即监狱管理部门）是南非内阁中的单列部门，不是列在司法部之下。该部的职能是保护社会的正义、和平与安全。通过执行法院的判决，把罪犯羁押于安全的监禁之中，并提供符合人道主义的惩教条件，促进在押犯和交由社区惩教人员的改造，提高他们的社会责任感和劳动技能。狱政部雇员约为34000人，管理全国240个惩教中心（监狱），收押犯人189748人。这造成南非监狱在押犯超员63%以上。同时，南非还有50220名假释犯人和26918名在社区接受改造的缓刑犯人。（2004年10月31日数字）

在全国240个惩教中心（监狱）当中，最大的防备最严密的监狱是处于西开普省的珀尔斯莫尔惩教中心，这里关押的是判处无期徒刑或长期徒刑的犯人。在比勒陀利亚和其他地区，也设有关押无期徒刑和长期徒刑犯人的监狱。

1998年的惩教法对在押犯人的营养、卫生、体检和看病等方面有详尽的规定。对患有传染性疾病（比如艾滋病）的犯人，给予特殊的医护。对于有5岁以下孩子的女犯，监狱为母子提供单独区域，其环境和设备要有利于孩子的成长。[①]

由于南非处在社会转型期，社会治安状况差，犯罪率高，等待审判和收监的犯罪嫌疑人也大量存在。高犯罪率对南非社会的安定和投资环境带来负面影响，引起南非政府、民众和商界的关注。

---

[①] *South Africa Yearbook 2005/2006* Justice；南非惩教部网页 http：//www.dcs.gov.za。

## （五）社会安全系统

根据南非宪法（1996年），内阁安全部的责任是维护社会治安，对政府和议会负责。安全部下属三个部门：安全和治安秘书处；独立投诉处；南非警察部队。根据法律授权，安全部的主要工作包括：增强南非人民的安全和安定；确保对犯罪案件的正确调查，并提供确凿的犯罪情报；保护知名人士；有效地管理南非警察力量，包括警察的资源、发展和行动。这些工作与司法体系一体化，与政府部门的司法、预防犯罪和治安口的目标相一致，共同协调预防犯罪。

安全和治安秘书处的工作主要是为安全部长提供咨询；提高警察部队的民主化、问责制和透明度；依照安全部长指示，对警察处理的案件进行调查，或对警务工作进行评估。

独立投诉处的职能，主要是保证对警察人员的犯罪和错误行为的投诉能够得到有效的调查。被调查的行为包括玩忽职守和违反警察行为准则。在警察局拘押当中造成死亡或因警员行为造成的死亡事件都必须进行调查，以确认警察是否在死亡事件中有犯罪行为。2003/2004年度，共接到5903件申诉，处理5790件。

南非警察总署（South African Police Service，SAPS）掌管全国、省级及地方警察机构，由1名警察总监和4名副总监领导。警察总监由总统任命，接受安全部长的政策指导和监督。新南非政府的警察部队建立于1995年1月27日，由种族隔离时期的白人警察力量和黑人家园的10支警察力量整编合并而成。为了应对严峻的治安状况，增加警力，提高警察的待遇，南非警察部队的财政预算从2000年开始每年增加10%左右。由于治安巡逻任务的增加，警察部队也相应扩大。到2007年3月，警察部队计划增加到156760人，实际人数为129126人，警察与人口比例为1∶367。[1]

---

[1] 南非警察署网站数字 http：//www.saps.gov.za/20070331。

## 第三章 政　治

**表 3-6　南非警察与人口比例**

| |
|---|
| (1) 2007 年 3 月警察人员总数——129126 人 |
| (2) 2006 年年中全国人口估计数字(南非统计署)——4739.09 万人 |
| (3) 警察与人口比例 |
| 　全国比例:1:367(每 367 人口有 1 名警察) |
| 　　东开普省:1:443(每 443 人口有 1 名警察) |
| 　　自由州:1:338(每 338 人口有 1 名警察) |
| 　　豪廷省:1:381(每 381 人口有 1 名警察) |
| 　　夸祖鲁/纳塔尔省:1:518(每 518 人口有 1 名警察) |
| 　　林波波省:1:584(每 584 人口有 1 名警察) |
| 　　姆普马兰加省:1:455(每 455 人口有 1 名警察) |
| 　　北开普省:1:229(每 229 人口有 1 名警察) |
| 　　西北省:1:397(每 397 人口有 1 名警察) |
| 　　西开普省:1:300(每 300 人口有 1 名警察) |

资料来源:南非警察署网站 htttp://www.saps.gov.za/20070331。

南非警察的作战反应部队(Operational Response Services)具有高技术和特种指挥官员,担负南非国土、领海和领空的巡逻任务,维护全国的公共秩序,执行中级和高级的危险行动,预防农村和城市的恐怖活动,执行搜寻任务以及预防跨界犯罪。

南非警察的特种任务部队(Special Task Force)接受世界一流的训练,在服务本国的同时,还为邻国提供警务技术和行动支持,并参与国际安全行动,为南部非洲国家训练警察人员。南非警察的空军联队多次执行境外任务。南非警察还为知名人士提供安全保卫。与许多国家一样,南非还把自己的警察系统与国际刑警相连接。

南非警察部队 2004～2007 年战略计划的主要任务包括四项:(1)打击有组织犯罪,重点是打击毒品和枪支走私、偷盗和抢

劫汽车，以及商业犯罪和公务员的腐败；（2）解决严重的暴力犯罪问题，改善犯罪高发区的治安；（3）打击团伙暴力行为，打击帮派斗殴；（4）维护重大公共活动的安全。[①] 此外，为了维护社会治安的需要，南非在 2000 年制定了《枪械控制法》，并于 2004 年 7 月 1 日正式生效。据此，全国范围内的非法枪械和弹药，在 2005 年的 1 月 1～31 日期间必须上交警察局。

在 2001 年 6 月，南非设立非洲首个启动失踪儿童网站，成为世界上第 11 个利用电脑技术寻找失踪儿童的国家，并设立了全国失踪人员局。该局具有一流的电脑设备，当获得被怀疑的绑架儿童的照片后，会在很短时间内在电视上报道。[②] 南非警察勤务部队建立了众多的社区安全中心，特别是向农村和非正式居住区的人们提供便利的服务。

根据 1993 年的南非宪法，政府建立了独立申诉委员会。有权调查对南非警察的违法和不良行为的控诉，在行动上独立于南非警察机构。

### （六）检察和反腐败机制

为了巩固新南非的民主制度，南非非洲人国民大会主导的新政府把反腐败作为国家战略，依照宪法建立了保护公民权利、监督国家财政的执行、维护国家利益的机构，制定了一系列预防和打击腐败的法律、准则，实行政务公开和透明运行的程序，保障公民的知情权、监督权和参与权。

1. 主要的反腐败立法

1994 年新政府成立之后，根据宪法第 182 条设立"公共保护者"。它具有宪法赋予的独立地位，有权调查政府各个部门和各层级官员在履行国家公务和行政管理当中被指称或者被怀疑有

---

① *South Africa Yearbook 2005/2006*, Safety, Security and Defence.
② *South Africa Yearbook 2003/2004*, Safety, Security and Defence Section.

不恰当或者造成不正当或不公正的行为，提出有关报告，采取纠正措施。

依据宪法第188条，审计总长必须对中央和省级政府部门的账目、财政报告和财政管理进行审计并提出报告，对中央和省级议会要求审计的大城市和其他机构和财务单位进行审计。1995年制定的审计总长法进一步加强了审计长的权力。

南非新政府成立后，沿用旧政府时期1992年的反腐败法，同时为制定更符合新政治经济体制的相关法律做准备：2002年4月提出《预防腐败法案》；2004年4月颁布《预防和打击腐败活动法》。该法规定了腐败的定义，犯罪类型的界定（包括南非人在国外和外国人在南非的同类犯罪），对调查相关财产、罪行推定和辩护、惩罚及相关事宜的确定（包括立案认可），以及对清偿盗用公款的注册登记等。

其他有关财政管理的立法还有：1999年的《公共财政管理法》，2002年的《市政财政管理法案》。

根据宪法第195条规定的公共行政管理的价值和原则，还制定了《公共事务法》和《政府采购优先政策框架法》。

**2. 行政管理的基本价值和原则**

为了保证执政的透明、公正、尽责，根据宪法第10章对行政管理基本价值和原则的规定，必须向公众提供及时、易于理解和准确的信息。为此，南非制定有《促进获得信息法》、《促进行政公正法》。根据宪法成立的"公共事务委员会"具有独立的不受行政干扰的地位，负责在政府部门推行宪法的价值和原则，调查、监督和评估公共管理部门和公务员的行为。

1994年新政府成立后，立即开始改造旧公务员队伍，确立国家公务员新的行为规范，以保证高水准和专业的公共服务。1996年宪法确认了这一原则，规定了公共管理的价值和原则。1997年公布了"公共事务委员会"制定的"行为准则"，并开

始在公务部门进行宣传、培训和贯彻。

南非议会的"道德和议员利益联合委员会"颁布了议员"行为准则"和议员工资外收入来源的公布制度。公布的内容包括：股票和其他金融收益，议会外有偿兼职收入，咨询和律师聘用费，赞助费，旅行，土地和财产，礼品和款待，津贴和补助等。

政府对内阁成员的行为规范有以下规定：（1）内阁成员和副部长的行为必须符合国家立法机构规定的道德准则。（2）内阁成员和副部长不能有以下行为：从事其他有报酬的工作；进行与其担当的工作性质不符或卷入使其面临公职与私利发生冲突风险的活动；利用其职务或其掌握的信息谋取私利或不正当地为他人谋利。

**3. 对腐败的调查和起诉**

南非国家检察署（National Prosecuting Authority）是根据南非宪法第 179 条第 1 款建立的国家检察权力机关，成立于 1998 年 8 月。由国家总检察长和 3 名国家副总检察长领导。国家总检察长由总统任命，任期 10 年，不可连任。

国家检察署的下属机构包括：国家检察办公室，特殊行动处，以及证人保护、财产没收、性侵犯和社区事务、特殊商业犯罪和一体化管理等单位。

依照 1998 年的《国家检察权力机构法》成立了 3 个调查指导处，负责调查严重的经济犯罪、有组织犯罪、公共场所暴力犯罪、腐败等。根据 2000 年对该法的修正案，3 个调查指导处合并为"特别行动指导处"，由国家副总检察长负责。为了更有效地调查和惩治腐败，1999 年 6 月 25 日姆贝基总统向议会宣布建立一支特殊行动队伍，以调查和处理所有全国性的重大腐败案件，包括警察的腐败。根据 2000 年国家检察法修正案规定，特别行动指导处成为单设的独立机构，称俗"天蝎队"。2005 年 5

月姆贝基总统任命成立调查委员会,研究特别行动指导处的职能。特别行动指导处的目标是调查起诉对国家民主和经济构成威胁的特别严重的犯罪和有组织犯罪,主要关注复杂的金融犯罪,有组织的团伙犯罪,影响国家经济主权和政府行政的高层腐败。

### 4. 公共监督和公众动员

在政府公共部门反腐败战略中,公众监督是重要的一方面。主要措施有:设立举报热线,改进检举的途径,保护揭发内幕的人员和证据。

2001年生效的《保护揭发者法》以立法的手段保护揭发者,并规定了公共部门和私人部门的雇员举报其雇主或其他雇员的非法或不规范行为的程序。

政府设立举报热线是易于公众操作的揭发方式。从1999年4月,南非中央政府和省级政府部门开始设立举报热线。公共事务委员会对热线的效果进行调查并提出报告。南非金融矿业中心所在的豪廷省对每月举报进行汇总,统计显示,2000年通过热线举报的案件有54%得到了解决。民间团体在反腐败中的作用受到政府的鼓励。

新闻媒体的监督很突出。根据1996年南非宪法的权利法案,人人享有自由表达的权利。新闻和其他媒体有接收和传递信息及思想的自由。南非新闻媒体是揭发和跟踪腐败事件的最大的非官方来源,政府对媒体揭露各级官员的腐败没有限制。

## 第三节 政党与团体

南非按照宪法实行多党民主制度,保护公民的政治权利。宪法第2章第19条规定:每一个公民都有政治选择的自由,包括组织政党、参加政党的活动和为政党吸收成员,以及为某个政党进行竞选活动。宪法第236款规定了对政党提供经费

的原则。为了加强多党民主制度,国家立法机构必须为政党提供经费,以便为它们在平等和按议席比例的基础上参加全国和省级的立法机构。依照此条款制定的《为有国会议员的政党提供公共资金法》(1997年103号法令),规定了政党经费来源及使用细则。在国民议会、省级立法机构或在两者都有议员的政党,有资格从"议会有代表的政党基金"中得到相应财政年度的资金。

种族隔离制度废除之后,南非社会和公民获得历史上最民主的政治生活,结束了国民党政府的专制时代,各种利益集团和政治派别都有充分参与国家政治的自由。南非各政党也都遵循共同认可的规则,依照宪法行事,不提出过分要求,不诉诸暴力。十多年来,南非政治力量逐渐产生变化和重新组合。以黑人为主体的政党当中,非洲人国民大会赢得并保持了执政党地位,因卡塔自由党在国民议会中为第三大党,其他比较小的黑人政党影响日渐微弱。白人政治力量出现较大的分化和改组,进一步超越了以往阿非里卡人和英语白人的分野,更倾向于按阶级、阶层和利益集团组合,种族色彩已失去吸引力。变化最明显的是前白人执政党国民党的分化,它反映了阿非里卡人的分化。种族隔离时期长期执政的国民党的势力和影响逐渐衰落,反对党的地位让位给了民主党。新出现的政党大多跨越种族界限,以新制度下的社会发展议题吸引选民。

## 一 政党[①]

### (一) 三方执政联盟 (Tripartite Alliance)

以非洲人国民大会为首的三方联盟的另两方为南非共产党和南非工会大会。三方联盟是在反对种族隔离

---

[①] 政党部分资料来源:http://www.southafrica.info/ess_info/sa_glance/constitution/polparties.htm;南非议会网站;中国驻南非使馆网站——南非内政20060425。

制度的岁月中形成的,从 1994 年第一次大选获胜开始成为执政联盟。

1. 非洲人国民大会(African National Congress)

南非执政党,简称非国大,党员 41.7 万(2002 年)。该党成立于 1912 年,是非洲大陆最早建立的非洲民族主义组织。它以团结南非的非洲人争取民族解放为基本宗旨,同时倡导种族团结,以建立统一的民主的南非为目标。非国大在长期的反对种族隔离制度的斗争中,与南非共产党和南非工会大会结成联盟,并接受"有色人"、印度人和白人民主人士加入它的队伍。在 20 世纪 40 年代,随着南非白人种族主义压迫的加剧,黑人的反抗斗争出现新局面,非洲民族主义思潮更为强烈。1944 年,非洲人国民大会中年轻的黑人工会活动家和青年知识分子成立了非国大青年联盟,主张非洲人只有依靠自己的力量才能取得解放,纳尔逊·曼德拉、沃尔特·西苏鲁、奥利弗·坦博和罗伯特·索布克韦成为非国大青年联盟的领袖人物。1949 年非国大青年联盟制定了"行动纲领",推动了 20 世纪 50 年代的反对种族歧视法律的群众运动。1955 年发动人民大会运动,制定并通过了《自由宪章》。自由宪章提出南非民主改革的基本任务和战略目标,成为非国大团结其他反种族主义组织的斗争纲领。

1959 年,长期存在于非国大内部的思想分歧,达到不可弥合的程度。非国大中的"非洲主义者"认为,非国大领导违背了 1949 年"行动纲领"的非洲民族主义方针,反对在组织上与印度人和白人联合,主张非洲人自己干。1959 年 4 月 6 日,脱离非国大的"非洲主义者"另外组成"阿扎尼亚泛非主义者大会"(简称泛非大)。

1960 年非国大和泛非大等黑人解放运动被白人当局取缔,非国大领导机构流亡国外,争取国际的支持,训练游击战士,建立军事组织"民族之矛";同时在国内进行地下斗争,发动群众

运动、开展武装斗争。在领导机关流亡国外的20多年间，奥利弗·坦博一直担任非国大主席，领导非国大在国际和国内的斗争。

1990年2月南非取消党禁之后，非国大领导机构转入国内，发展组织。在政治谈判进程中，非国大的政策纲领得到广泛的支持。在1994年4月首次全民大选中，得到63%的选票，在议会和政府中占主导地位。该党提出的《重建和发展计划》成为新南非经济社会发展的纲领。

黑人政治派别之间的冲突，主要表现在非国大与因卡塔自由党在夸祖鲁/纳塔尔省的争夺，也逐渐缓解。但是，长期以来形成的"暴力文化"，在大选之前仍时有表现。非国大对此表示了强烈反对，并宣布了严厉的组织纪律。任何非国大成员都不得卷入暴力冲突，不得阻拦选民按自己的意愿投票，违者将被开除。因卡塔自由党与非国大为制止暴力，也在谋求合作。非国大政府的民族和解政策，对南非的稳定过渡发挥了关键作用。

执政的非国大在1997年顺利地完成了政治权力的新老交接，是南非政治稳定的另一个重要因素。曼德拉的个人威望被认为是非国大的财富，是其赢得国内外支持的重要因素。1996年新宪法通过后，78岁高龄的曼德拉明确表示不谋求连任非国大主席，并宣布在1999年第一届政府任期届满时卸去总统职务。曼德拉的主动让位，得到普遍赞誉。1997年12月非国大第50次代表大会上选举了新的领导核心，担任南非副总统的塔博·姆贝基当选为非国大主席。56岁的姆贝基在过去几年中实际担负着管理政府的责任。

南非第二次民主大选于1999年6月2日顺利完成，非国大以66.35%的高得票率再次胜出。非国大在国民议会的席位达到266个（上届为254席），离2/3多数只差1席，几乎获得单独修改宪法的资格。在全国9个省当中，不仅保持了原来在7个省占绝对优势的执政地位,而且在另外两个省的支持率也有大幅度上升,对国民党和因卡塔自由党的势力范围构成挑战。在国民党执政的西开普省,非国大的支持率达到42.62%,成为第一大党。国民党在西开普省已失去主导地位(由53.2%降为34.38%),它依靠与民主党(14.18%)在该省继续联合执政。在夸祖鲁/纳塔尔省,非国大的支持率达到39.77%,已接近祖鲁族为主的因卡塔自由党的40.45%。据南非媒体分析,布特莱齐之所以未如传说的那样出任副总统,是因卡塔自由党不愿用该省省长职位与非国大作交换。双方经过几周的谈判,非国大放弃对省长职位的竞争,打破了该省省政府组阁僵局,因卡塔自由党与非国大继续联合执政。[1]

由于南非不可改变的人口构成,以及历史造成的种族利益的冲突与隔阂,南非社会发展的主要任务仍然是纠正种族隔离造成的不平等。作为代表人口多数的非洲黑人解放要求的非国大,以其符合南非发展的政治和解与经济稳定政策,必然成为绝大多数非洲人的政治选择,并吸引一部分白人选民的支持。非国大在3次大选中的得票率稳步上升,2004年大选则超过修改宪法所需的2/3多数,达到近70%。南非政治分析家普遍认为,非国大将在相当时期内保持执政党地位。

2007年12月非国大第52次党代会选出了新一届领导班子,南非前副总统祖马战胜总统姆贝基当选为非国大新领袖。

非国大有两个附属组织:

**非洲人国民大会青年联盟(ANC Youth League)** 成立于1944年,有光荣的斗争传统。1960年非国大被白人当局取缔,领导机构流亡国外,非国大青年联盟在国内的活动也难以开展。1990年2月非国大获得合法地位,领导机构迁回国内之后,当

---

[1] 〔南非〕1999年6月21日《星报》。

# 南非

年10月决定恢复青年联盟在国内的活动,成立了临时全国青年委员会,在国内青年学生运动中建立的29个青年组织加入了这个委员会。全国分成14个区,分别建立区委员会,发动青年参加南非的政治变革和社会重建。到1992年年中,非国大青年联盟取得在青年运动中的核心地位,成为沟通老一代解放运动领袖与青年一代的桥梁。

**非洲人国民大会妇女联合会（ANC Women's League）** 非国大从1943年开始吸收妇女为非国大成员,促进了妇女加入其中,1948年非国大妇女联合会建立。但是妇女在非国大中的地位仍然是附属性质。50年代,妇女组织的活动包括反对通行证法,反对歧视性的班图教育制度,反对当局限制黑人区设立啤酒店等。1952年妇女参加了非国大和其他反种族隔离组织掀起的"蔑视（种族歧视法律）运动"。1956年8月9日南非妇女运动向白人政府维尔沃德总理提交了《妇女宪章》。现今,8月9日成为南非的全国妇女日。

南非妇女联合会成立于1954年,成为团结和动员南非各界妇女的广泛联盟,推动了非国大关注全国妇女的利益。同时,妇女在非国大当中的作用也得到重视。1956年妇女联合会主席丽莲·恩皓伊（Lilian Ngoyi）当选为非国大全国执行委员会成员,成为非国大中第一位妇女领导成员。1960年非国大等民族解放组织被当局取缔后,妇女联合会的活动转入地下,主要是在基层发动妇女,产生了众多妇女运动领袖。同时,南非妇女联合会建立了与国际组织的联系,争取国际社会对南非人民反对种族隔离制度斗争的支持。

南非妇女联合会重视争取女性的平等权利,在1984年提出性别平等的理念,成为非国大的政策,后来写入了南非新宪法。妇女成为新南非政治经济生活的重要力量,在南非议会（国民议会和省务院）中,妇女议员占到24.3%,排在世界前10位,妇女议员中80%为非国大成员。在南非政府内阁29名部长中有9名女部长，占部长人数的31%（1999年数字）。在全国公务员性别构成方面，女性占52.5%。

2. 南非共产党

成立于1921年，建党时期的成员来自白人的工党分裂出来的左翼成员。他们由于反对工党对第一次世界大战的立场，认为一次大战是帝国主义之间的战争，工人阶级不应该卷入。工党左翼成员联合起来，于1921年7月30日在开普敦成立南非共产党（Communist Party of South Africa，CPSA），并与列宁领导的共产国际建立了联系。南非共产党最初主要关注白人工人的利益。20世纪20年代中期，南非共产党中出现严重分歧，焦点是该党能否吸收"非白人"成员。1924年该党决定取消种族界限，大批白人工会成员退党。通过发动黑人运动，该党在黑人工商业工会中得到发展。由于苏联共产党的影响，南非共产党在20年代出现极"左"的政策，不仅导致党内右翼被清除，而且造成大量黑人党员退党。党员人数从1928年的1750人下降到1935的150人。20世纪30年代末，南非共产党参加了反法西斯运动，并且支持黑人工会反对种族歧视运动。1948年南非国民党上台执政后，担心南非共产党在黑人反抗运动中扩大影响，于1950年公布《镇压共产主义法》。由于预计到白人当局的镇压，南非共产党自行解散，转入地下。该党按照革命分两个阶段的思想，首先的目标是支持民族主义运动争取政治解放，然后再争取社会主义的目标。1953年该党的英文名称改为 South African Communist Party（SACP）。

20世纪50年代，南非共产党和非洲人国民大会建立了密切的合作关系。1960年南非当局强化镇压黑人反抗，取缔非国大、泛非大等黑人解放组织，南非共产党骨干成员很多被监禁。之后，南非解放运动领导人流亡国外，南非共产党领导机构也转移

到国外，继续进行反对种族隔离的斗争。1990年2月南非当局取消党禁，南非共产党获得合法地位，其领导机构转回国内。从20世纪80年代末开始，南非共产党与非国大携手推动南非废除种族隔离制度的谈判，对非国大的政策调整起到关键的作用，并同非国大等政党一起参加了同白人政府的多党制宪谈判。1993年南非共产党总书记克里斯·哈尼被白人右翼分子暗杀，但并没有阻止南非的改革进程。在南非的政治变革当中，已故南非共产党总书记乔·斯洛沃在政策和思想方面发挥了不可替代的作用。曼德拉总统任命斯洛沃担任南非第一届新政府的住房部长，1995年1月斯洛沃因病去世。南非共产党领导成员中不少也是非国大全国执行委员会的成员。1994年4月，南非共产党与非国大一道参加民主选举并参政至今，在南非新政府中发挥了重要作用。

3. 南非工会大会（COSATU）

成立于1985年，其前身是1955年反对种族主义统治的人民大会运动中成立的南非工会大会。

20世纪80年代中期，南非国内反对种族歧视和种族压迫的群众斗争处于高潮，白人政权遭遇前所未有的国内外压力，不得不取消歧视黑人工人的种族主义劳工法律，黑人工会迅速发展。黑人工会运动成为非国大和非洲民族解放运动的最大的支持基础，在南非的政治变革和经济发展中的作用日益显著。南非工会大会是南非最大的工会联合会，下属21个工会，会员达180万人。[①] 1994年南非举行第一次不分种族的全民大选，南非工会大会和南非共产党在非国大的旗帜下，成为执政三方联盟的一部分。南非工会大会的领导人很多进入新政府担任要职。近年来，南非工会大会对非国大的政策，特别是经济政策方面的批评日渐

---

① 来自 Cosatu 网站。

明显,与南非共产党主张的关注工人利益、反对私有化的政策比较接近。但是三方联盟目前没有发生分裂的危险。

(二) 阿扎尼亚泛非主义者大会 (Pan-Africanist Congress, PAC)

1959 年,长期存在于非国大内部的思想分歧,达到不可弥合的程度。非国大当中的"非洲主义者"认为,非国大的领导违背了 1949 年制定的"行动纲领"中的非洲民族主义方针,反对在组织上与印度人和白人联合;认为"多种族主义"的口号不能唤起非洲人的民族意识,不能使非洲人在心理上摆脱自卑和对白人的依赖,主张非洲人自己干。1959 年 4 月 6 日,脱离非国大的"非洲主义者"另外组成"阿扎尼亚泛非主义者大会"(简称泛非大),它的第一任主席是著名的非洲民族主义者罗伯特·索布克韦。

泛非大成立之时,正是非洲大陆民族独立运动蓬勃发展的时期,同时南非国内黑人的反抗运动也日渐激烈,城镇地区群众暴动接连发生。德班市附近发生黑人群众不满警察暴行,奋起杀死 9 名警察的事件。庞多兰地区农民反对当局的"班图斯坦计划",聚集于山上举行起义。泛非大领导人认为,当时的形势有利于他们发动一场群众运动。

泛非大成立不久,立即着手组织反通行证法运动,并在 1960 年 3 月 21 日率先开始行动。泛非大主席索布克韦和其他几位领导人身先士卒,不携带通行证,到警察局门前示威时被捕,索布克韦从此身陷囹圄。成千上万的非洲人响应泛非大的号召,把通行证放在家里,到警察局门前示威。在黑人城镇沙佩维尔,一万多名黑人群众包围警察局,警察开枪打死 69 名非洲人,打伤 180 人,造成震惊世界的沙佩维尔惨案。在其他地区也爆发了黑人群众示威游行和警察枪杀黑人的事件。当局的镇压激起人民更大规模的反抗。开普敦附近的兰加镇有 5 万黑人响应泛非大的

号召，游行到开普敦市中心，要求取消通行证法。反通行证法运动遭到白人当局的残酷镇压，领导人索布克韦被囚禁到罗本岛监狱，泛非大被取缔，领导机关被迫流亡国外继续开展斗争。1990年取消党禁后，领导机关回到国内，参加制宪谈判。1994年大选中泛非大获得5个议会议席，1999年和2004年大选中议会议席降到3个，影响日渐微弱。

（三）阿扎尼亚人民组织（Azanian People's Oganisation-Azapo）

20世纪70年代黑人觉醒运动的继承者，早期以青年和学生为主体。60年代末70年代初兴起的"黑人觉醒运动"，是南非黑人运动走向高潮的新起点。黑人觉醒运动的核心是黑人大学生于1969成立的"南非学生组织"，著名的黑人青年领袖史蒂夫·比科是该组织的第一任主席，也是黑人觉醒运动的创始人。他号召黑人丢掉自卑，树立自尊和自信。黑人觉醒运动倡导黑人团结，认为非洲人、"有色人"和印度人都是被压迫民族，应当团结起来反对白人统治，争取黑人的权力。南非当局对黑人反抗斗争进行残酷镇压，1997年9月27日史蒂夫·比科被害死在狱中，黑人觉醒运动所属的17个组织和基督教协会被当局取缔。但是，南非国内的黑人群众运动在1978～1979年间又发展起来，其中影响最大的是在黑人觉醒运动基础上建立的阿扎尼亚人民组织。该组织在1999年国民议会大选中获得1个席位，2004年大选中获得两个席位。

（四）国民党（National Party）

该党目前已经解散。它成立于1914年，是以早期荷兰白人移民后裔——阿非里卡人为主的政党。该党以极端的种族主义和狭隘的阿非里卡民族主义为指导思想，曾在南非执政45年。1948年国民党执政后，实行全面的种族隔离政策。由于种族隔离制度与南非社会经济发展的矛盾越来越突出，广大黑人的反抗斗争日益高涨，国民党内部出现了对种族隔离政策的反思。1989年国民党领导人德克勒克执政后，决定放弃白人种族主义统治，与黑人分享权力。1990年宣布取消党禁，并开始与非国大等政党进行废除种族隔离制度的制宪谈判，并于1993年通过过渡时期临时宪法。1993年10月德克勒克与曼德拉一起获得诺贝尔和平奖。

在1994年举行的第一次全国大选中，国民党得到20%的议会选票，成为南非第二大党。该党主席德克勒克出任新南非第一届新政府的副总统。1996年德克勒克退出政坛后，该党逐渐衰弱。在1999年第二次全国大选前，国民党尽管改名为新国民党，但是由于缺乏有吸引力的新纲领，大选中的支持率下降了66%，仅得到6.87%的选票。在国民党的基地西开普省，支持率也从53%下降到34.38%，失去了在该省单独执政的地位。但是新国民党领导人明确表示，该党不准备加入右翼阵营，而要与其他反对党进行战略合作，以免进一步被孤立。

新国民党一度与代表英裔白人和大资本家的民主党结盟，后又与非国大合作。在2004年大选中，该党一部分选票又被新成立的独立民主人士党拉走，支持率下降到1.9%，地位一落千丈。该党在西开普省与非国大联合执政。该党主席范斯考尔克威克（Van Schalkwyk）被任命为内阁旅游部长。2004年8月，新国民党全国执行委员会决定该党解散。2005年4月9日新国民党的联邦委员会投票同意解散。同年8月5日，根据南非议员转党法，该党全部议会议员加入非国大。南非著名政治学教授汤姆·洛奇认为，这是新国民党的终结，但是将促进民族国家建设与和解。[①]

**（五）因卡塔自由党（Inkatha Freedom Party）**

该党是以祖鲁族"黑人家园"为基础的政治组织，是白人统治下准许合法存在的非洲人部落组织，其领导人为曼戈苏图·

---

① 〔南非〕*Sunday Times*（Johannesburg），2004/06/06.

布特莱齐酋长。因卡塔是1975年恢复重建的祖鲁民族文化解放运动，其前身是1928年建立的祖鲁民族文化运动。因卡塔反对白人当局的"黑人家园"独立的计划，主张通过和平谈判结束种族隔离。随着20世纪80年代种族矛盾的激化和黑人反抗斗争的发展，因卡塔的局限性越来越明显。为了维护该组织在夸祖鲁地区的控制地位，该党与支持非国大的联合民主阵线、南非工会大会之间流血冲突越来越严重，并接受白人军警的资助和训练。1990年初南非政治解决进程开始后，因卡塔在1990年7月改名为因卡塔自由党，主张在南非实行高度自治的联邦制。该党在1994年第一次全国大选中获10.7%的选票，成为议会第三大党。

在1996年南非新宪法通过后，因卡塔自由党没有步国民党后尘退出民族团结政府，而是继续与非国大合作。布特莱齐作为内政部长，几次在曼德拉出国期间被任命为代总统。这反映了曼德拉对布特莱齐及其领导的因卡塔自由党的重视，目的在于稳定夸祖鲁/纳塔尔省。1999年第二次全国大选中，因卡塔自由党虽然继续保持第三大党的位置，但是全国得票率由10.54%下降到8.58%。依照1996年南非新宪法，非国大可以单独组阁。但是，姆贝基新内阁继续保留因卡塔自由党3个内阁部长职位和两个副部长职位，因卡塔自由党领袖布特莱齐继续留任重要的内政部长一职，显示了非国大继续与因卡塔自由党合作的愿望和需要。因卡塔自由党在2004年全国大选中的支持率下降到6.97%，议会席位降到28席。该党领导人布特莱齐在大选后不再担任政府内政部长，但他保证他所领导的党将发挥道义的建设性的反对党作用。2005年5月该党资深人物恩古巴尼博士退出因卡塔自由党，他曾在1994～2004年任政府教育部长，后出任南非驻日本大使。2005年因卡塔自由党全国执行主席兹巴·吉亚尼（Ziba Jiyane）等4名国民议会议员退出因卡塔自由党，另组全国民主大会（National Democratic Convention）。由于退党问题，因卡塔自由党在国民议会的席位减少到 23 席。该党领袖布特莱齐(Dr. Mangosuthu Buthelezi)2004 年继续当选因卡塔自由党主席,任期 5 年。

(六) **民主联盟(Democratic Alliance)**

该联盟的前身可以追溯到以前的进步联邦党和后来的民主党,其主体以传统的"开明派"白人商界和知识界上层为基础。

民主党是 1989 年 4 月由原进步联邦党、全国民主运动和独立党 3 个开明派白人政党合并而成,主张通过和平方式废除种族歧视和种族隔离制度,建立单一民主制度的国家。在 1994 年 4 月大选中得票率为 1.73%。在 1999 年大选中一跃成为最大的反对党,支持率上升到 9.56%。该党的主要支持者是白人中、上阶层,特别是白人大资本占有者。民主党的竞选纲领反映多数白人关心的问题:犯罪、失业、教育质量下降、卫生医疗水平下降、非国大政府管理能力差、腐败问题、劳资矛盾等。民主党还以阻止非国大获得 2/3 多数为口号,吸引那些担心非国大修改宪法的白人选民。白人选民对民主党的支持率大幅度提高,特别是阿非里卡人大批放弃国民党而转向民主党。虽然也有不少阿非里卡人转而支持非国大,但是南非的政治分野仍然带有种族的烙印。民主党作为很"专业"的白人反对党,是南非内外愿意看到非国大的权力得到有效制约的人们的希望。2000 年民主党与新国民党组成民主联盟,但是 2001 年新国民党退出联盟。2004 年全国大选中,民主联盟获得 12.37% 的选票,成为议会中最大的反对党,也是南非议会第二大党。该党正在努力组织成有实力的反对党,企图在南非形成所谓"成熟"的两党制民主。

(七) **联合民主运动(United Democratic Movement)**

成立于 1997 年,在国民议会有 6 个席位。该党主席霍洛米萨是前特兰斯凯"黑人家园"领导人,曾加入非国大,后被非国大开除。霍洛米萨领导的"全国协商论坛"与前国民党内阁部长罗尔夫·梅耶领导的"新运动进程"在 1997 年 9 月合并为

联合民主运动。梅耶后来脱离政坛,另谋发展。联合民主运动自认为是对非国大权力的挑战。2004年4月全国大选中获得2.28%的选票。

### (八) 独立民主人士党 (The Independent Democrats, ID)

南非最新出现的政党,成立于2003年3月,在2004年全国大选中获得1.73%选票,在国民议会占有5个席位。该党领导人德莉莉是工会活动家,曾是泛非大资深成员和国民议会议员。她的退出,使泛非大议席减少到2席。独立民主人士党在短期内获得大量支持的原因,是德莉莉反对腐败的鲜明立场。该党与非国大在经济、卫生和就业问题上有相同的主张,但是批评非国大政府在处理艾滋病问题上的政策。该党在"有色人"中赢得很多选票,也吸引了不少前民主联盟的支持者,宣称有党员13000人。

### (九) 自由阵线 (Freedom Front)

成立于1993年,创建者是前南非国防军司令康斯坦德·维尔容 (Constand Viljoen) 将军。维尔容退休后带领一些想建立政党的阿非里卡人组成自由阵线。该党在南非政治变革中的作用主要是说服保守的阿非里卡人加入南非的新制度,并提出阿非里卡人自治的主张。后来该党更名为自由阵线加 (Freedom Front Plus,阿非里卡语为 Volkfront +),在2004年大选中支持率有所提高,目前在国民议会中有4个席位。

### (十) 非洲人基督教民主党 (The African Christian Democratic Party, ACDP)

成立于1993年12月,目的是在南非新政治体制的立法机构中代表基督教教徒的利益。该党主张坚持基督教原则、宗教自由、自由经济、家庭价值、强化社区、维护人权和联邦制度。该党在1994年大选中得到2个议会席位;1999年大选中获得6个议席;2004年大选中下降到4个议席。

### 第三章 政　治

**（十一）联合基督教民主党（The United Christian Democratic Party，UCDP）**

该党是前博普塔茨瓦纳"黑人家园"领导人曼戈皮（Lucas Mangope）建立的以该"黑人家园"为基础的政党。在种族隔离时期，联合基督教民主党曾是博普塔茨瓦纳唯一被准许存在的政党。1994年南非新制度建立，废除"黑人家园"制度，但是曼戈皮领导的联合基督教民主党继续存在，并参加了1994年以来的历次全国大选。目前在国民议会中有3个议席。

**（十二）少数派阵线（The Minority Front）**

印度裔人拉吉班西（Maverick Amichand Rajbansi）建立的政党，宣称代表南非印度人社团的利益。该党在国民议会中有两个席位，在德班市政委员会也有代表。

### 二　非营利组织

南非的非营利组织归社会发展部管理。根据1997年的《非营利组织法》，社会发展部要创造适宜的环境使非营利组织得到发展，成立了非营利组织管理处，负责管理非营利组织的登记，增加公众获取已经登记的非营利组织的信息资料。

根据法律规定，非营利组织管理处必须在接受某个非营利组织完整申请的两个月内办理登记，并为该组织的注册提供帮助。

非营利组织的注册和报告在1998年该项立法生效后有大幅度的增加。2005～2006年间，共有13405个非营利组织申请注册，其中8398个组织符合登记的要求。到2006年3月，已经注册的非营利组织共有37532个。大部分非营利组织在豪廷省，占全国该组织数量的32%；其次是夸祖鲁/纳塔尔省，占全国该组织数量的18%。[1]

---

[1] *South Africa Yearbook 2006/2007.*

# 第四章

# 经　　济

## 第一节　经济发展综述

### 一　概况

南非是非洲的经济强国。经过一个半世纪的矿业开发和工业化进程，南非已经建成世界领先的矿业、门类比较齐全的制造业、现代化的农业以及先进的能源工业和军火工业，拥有相当完备的金融体系和基础设施。南非是撒哈拉以南非洲唯一重要的制造业基地，具有技术和管理人才的优势。

20世纪90年代初期，即在政治变革之前，南非的经济总量已经占非洲大陆生产总值的1/4，约占撒哈拉以南非洲的40%，占南部非洲的80%。2000年，南非的国内生产总值占撒哈拉以南非洲近47%，按购买力平价计算，占38.18%。[1] 南非占非洲工业产出的40%，矿业产出的45%、发电总量的50%以上。[2] 2006年，南非的国内生产总值为2549.92亿美元，世界排名第27位，占撒哈拉以南非洲生产总值（7095亿美元）的35.94%。

---

[1] *Earth Trends 2003*: *Country Profile*, *Economic Indicators-South Africa*.
[2] www.SouthAfrica.info/The Official Gateway/South Africa: economic overview.

## 第四章 经　济

2006年，南非人均国内生产总值5411美元，按购买力平均价格为人均12760美元。[①]

然而，由于3个多世纪的白人种族主义统治，南非又是世界上贫富悬殊最严重的国家之一，种族间经济社会地位极其悬殊。根据联合国发展计划署的人类发展报告，南非2/3的总收入集中在最富有的20%人口手中，而最贫困人口的收入只占2%。

1994年种族平等的新制度建立以来，南非在成功实现政治变革的同时，保持了宏观经济的稳定，对旧制度造成的种族间资源占有和经济收入的巨大悬殊进行了改革和调整，经济社会呈现良好的发展势头。国际社会取消对南非的制裁，其经济获得前所未有的发展空间。但是，南非经济在种族隔离制度下形成的二元经济机构，将成为南非经济发展的障碍和长期的挑战。

二　政治过渡期保持宏观经济稳定

南非自1994年废除种族隔离制建立种族平等的民主制度以来，实现了政治稳定与民族和解，给经济发展带来空前有利的国内和国际环境。南非结束了种族隔离后期的经济衰退，在保持宏观经济稳定的同时，稳步进行经济改革，经济基本保持健康发展，投资环境和经济结构更趋优化，应对全球化挑战的竞争力加强，经济社会呈现良好的发展势头。

南非被世界银行列为中上等收入国家，按人均国民生产总值衡量，1997年与波兰、土耳其相当。但是，由于长期的白人种族主义统治，南非的经济结构是畸形的二元经济体制，即白人的第一世界和黑人的第三世界并存。新政府成立后，实行扶持黑人

---

[①] *World Development Indicators database*, World Bank, 1 July 2007; *South Africa 2007/2008 South Africa at a Glance*, p. 227. Editor Inc..

经济发展和改善黑人社会经济条件的政策,即"重建和发展计划",但短期内旧的经济结构难有根本变化。

新政府成立后,南非的行政区划由原来的4个省和10个"黑人家园",改为9个行政省。各省之间经济发展不平衡;处于中心地带的豪廷省占国土面积的1.7%,但占国内生产总值的近40%;经济规模占第二、第三位的是夸祖鲁/纳塔尔省和西开普省,分别占国内生产总值的14.89%和14.08%,其余各省占国内生产总值的比重均在10%以下,原"黑人家园"所在省份,经济发展普遍较落后。

根据南非官方发表的"十年回顾"的数据,1994~2003年,国内生产总值年均增长2.8%;人均GDP增长年均1%;财政赤字从1993年占国内生产总值的9.5%下降到2002/2003年度的1%;公共部门债务从1994年占国内生产总值的64%,下降到2003年占国内生产总值的50%;南非储备银行在国际外汇市场的净负债1994年达到250亿美元,1998年下降到225亿美元,到2003年为零;其间,外汇储备由可支付一个月的进口,增加1.5倍,达到可支付2.5个月的进口;财政赤字占国内生产总值的比率1993年为9.5%,2003年下降到1%。[1] 1993~2003年间,消费物价年均上涨7.3%,比1993年之前10年的14.3%几乎下降一半,多数年份通货膨胀率保持在3%~6%的水平;制造业产品占出口总值的比例1994年为25%,2003年增长到38%;私人部门投资增长在这10年中年均增长5.4%;居民家庭实际可支配收入在1993~2003年间综合计算年均提高3%。[2]

近年来,南非经济出现强劲的增长势头。2005年国内生产总

---

[1] "Towards a Ten Year Review: Policy Coordination and Advisory Services", *The Presidency*, October 2003, p. 33.

[2] 南非财政部长2004年度财政报告;南非储备银行2004年度经济报告。

## 第四章 经　济

值为 2394.2 亿美元，经济增长达到 4.9%，人均国内生产总值超过 5000 美元。南非经济已经持续 32 个季度保持增长，主要由国内需求驱动，其中建筑业和制造业的拉动作用突出。南非统计局 2006 年 11 月公布的经济统计修订数据表明，2006 年南非经济实际增长高于年初预期，达到 5%；2005 年经济增长由 4.9% 修订为 5.1%。业界曾担心政府收紧银根的政策会影响经济增长，但是统计表明，储备银行的软着陆政策已经实现，经常项目赤字、财政赤字和公共债务与 GDP 的比例也有所降低。南非经济专家认为，这使政府有条件实现 2010 年前经济增长保持 4.5%，而 2010 年后达到 6% 增长率，以实现到 2014 年（即新南非建立 20 周年）失业率和贫困人口各减半的目标。[1] 2006 年，南非已经提前实现联合国千年发展目标中为居民提供基本饮用水的目标，已经至少有 3570 万人（占南非总人口的 78%）可以得到免费的基本饮用水。[2]

国际货币基金组织有关南非的一份评估报告认为，南非政府在稳定经济方面取得可观的进展，并奠定了经济取得更高增长的基础。公共财政得到有效的加强，通货膨胀得到坚决控制，实际利率降低，负债状况得到改善。通过贸易自由化和取消控制，使南非经济更具有竞争力。[3]

同时，南非加入了几乎所有的国际经济组织，并成为其中活跃的成员。南非是外部世界与非洲国家签订自由贸易协定的优先考虑对象国，目前已经与南非签订自由贸易协定的有两个区域经济组织，即南部非洲发展共同体和欧盟；与南美市场共同体的自由贸易协定谈判已经完成，有待相关国家的议会批准；与南非正在进行自由贸易协定谈判的国家和地区组织包括：欧洲自由贸易

---

[1] *Business Day* 2006/11/29.
[2] *Bua News*（Tshwane）2006/07/07.
[3] IMF, *South Africa Staff Report for the 2004 Article IV Consultation* 2004/08/12.

联盟（瑞士、挪威、冰岛和列支敦士敦）、印度、中国和美国；同时，南非还在探讨与尼日利亚等国家和非洲某些地区组织签订自由贸易协定。南非还享受美国"非洲发展与机会法案"给予的贸易优惠。

**表 4-1　南非 1994~2005 年国民经济统计**

| 年份 项目 | 国内生产总值（百万美元） | 年经济增长（%） | 人均国民收入（美元） |
| --- | --- | --- | --- |
| 1994 | 121619 | 2.7 | 2997 |
| 1995 | 133926 | 3.4 | 3232 |
| 1996 | 126388 | 3.1 | 2987 |
| 1997[a] | 140802 | 2.6 | 3392[b] |
| 1998 | 126066 | 0.5 | 3007[c] |
| 1999[d] | 133032 | 2.4 | 3105 |
| 2000 | 121782 | 4.2 | 2786 |
| 2001 | 82560 | 2.7 | 1853 |
| 2002[d] | 135920 | 3.6 | 2975 |
| 2003[d] | 187956 | 2.8 | 4071 |
| 2004 | 214990 | 4.5 | 4627 |
| 2005[e] | 239420 | 4.9 | 5106 |

注：a. 1997~2003 年 GDP 根据各年份兰特与美元的比价折算。

b. 按 1996 年南非 4050 万总人口平均计算。

c. 1998~2003 年历年 GDP 数字来自 2004 年 11 月 30 日公布的南非统计署统计公报 P0441 表 B，人均 GDP 来自该公报表 F，笔者根据当年兰特与美元比价折算。

d. 世界银行数据南非国内生产总值 1999 年为 1311 亿美元，2002 年为 1063 亿美元，2003 年为 1599 亿美元。见 South Africa Data Profile, World Development Indicators database, August 2004。

e. 中国商务部网站，国别主要经济指标年度表。

资料来源：

1. 1994~1996 年数字来自南非储备银行。摘自南部非洲共同体 1997 年 5 月经济高峰会议报告，*Southern Africa: A New Growth Point*, p.58.

2. 1997~2004 年数字来自南非统计署统计公报 P0441，2004 年 11 月 30 日公布。

第四章 经　济

表 4-2　南非主要经济指标表

| 项目＼年份 | 2000 | 2001 | 2002 | 2003 | 2004 | 2005 |
|---|---|---|---|---|---|---|
| 国内生产总值(10亿兰特) | 922.15 | 1020.01 | 1168.78 | 1257.03 | 1386.66 | 1523.26 |
| 国内生产总值(10亿美元) | 132.96 | 118.56 | 111.14 | 166.17 | 214.99 | 239.42 |
| 国内生产总值增长率(%) | 4.2 | 2.7 | 3.7 | 3 | 4.5 | 4.9 |
| 人均国内生产总值(美元) | 2986.45 | 2632.83 | 2440.40 | 3611.62 | 4627.33 | 5106.17 |

资料来源：中国商务部网站，国别主要经济指标年度表。

经过一个半世纪的矿业开发和工业化进程，南非已经建成居世界领先的矿业、门类比较齐全的制造业、现代化的农业，并拥有相当完备的金融体系和基础设施。南非是迄今非洲大陆唯一拥有国际竞争力的跨国公司的国家。在联合国贸易与发展会议2004年度报告列出的发展中国家50家跨国公司中，南非有7家公司榜上有名。同时，作为南部非洲的门户，南非经济在该地区具有辐射效应，具有广阔的贸易和投资空间。

三　黑人经济地位的提高

伴随政治变革，必然发生经济利益的调整。南非的经济变革不是所有制性质的革命，而是资源分配的调整。它除了通过立法废除一切种族歧视性质的法规之外，主要是通过政府的财政政策和扶助黑人的相关经济社会发展计划，纠正种族隔离制度造成的经济不平等。南非政府历年财政预算中用于贫困群体的公共服务开支不断增加。在政府历年的财政预算分配中，教育、公共卫生、福利和社会服务项目占财政预算的1/2，2004年达到59%，其中教育经费占20%以上，公共卫生经费占10%以上。

根据南非财政部2004年财政预算报告的数字，在此前的10年，在改善广大黑人基本经济社会需求方面的业绩主要包括：建成160万套住房；新建700所卫生所；900万人得到罐装饮用水

供应；为 640 万人提供了新的卫生设施；450 万儿童从小学营养计划实施中受益；社会救济款项覆盖人群从 290 万增加到 740 多万。然而黑人的经济地位还很脆弱，失业率的上升加重了贫困人口的困难。南非政府确定的今后消除黑人贫困的首要任务是为他们创造就业机会。

为了纠正种族隔离制度对"非白人"（包括非洲人、印度人和其他"有色人"）在生产资料与发展机会（就业、教育）方面的剥夺，新政府成立以来，先后颁布实施了"肯定行动"（Affirmative Action）和《黑人经济支持法》（Broad-Based Black Economic Empowerment Act，BEE）等法规，以推动并帮助黑人在经济上得到发展。其目的不仅是改善黑人的基本生活条件，而且要"使所有权和管理结构的种族构成实现实质性变化"。南非政府的立场是，南非经济长期未能达到其发展的潜力，是因为占人口绝大多数的黑人的收入和创造收入的水平太低。占人口大多数的黑人能否有效地参与经济活动，关系到南非整个经济的稳定和繁荣。"肯定行动"政策强调的是纠正就业机会方面的不平等。《黑人经济支持法》强调的是资源（生产资料）的分配，便于使黑人获得发展的条件和机会，其确定的目标包括七个方面：（1）促进经济改革，以使黑人能够有实质意义地参与经济活动；（2）使所有权和管理结构的种族构成实现实质性变化；（3）扩大社区、工人、合作社和其他集体企业拥有和管理现有的和新办企业的程度，增加其获得经济活动、基础设施和技术培训的机会；（4）扩大黑人妇女拥有和管理现有的和新办企业的程度，以及获得经济活动和技术培训的机会；（5）推动投资项目，使黑人参与基础广泛和有意义的经济活动，以实现经济的可持续发展和普遍的繁荣；（6）通过获得经济活动能力、土地、基础设施、所有权和技术，来帮助农村和基层社区；（7）为支持黑人经济发展争取资金。

1994 年非洲人国民大会执政以来，一个日渐增长的黑人中

第四章 经 济

产阶层正在出现。根据南非贸易与工业部的数字,黑人在企业主中已经占到10%,在技术人员中已经占到15%。在消费人群的种族构成方面,黑人在南非450万高收入者中占180万人,约占40%(2004年)。2000年以来共有27万黑人的收入水平已经进入更高的收入阶层——"中产阶层"。在2000~2003年期间,南非有39万人上升到中产阶层行列,其中70%为黑人。

## 四 新兴产业成为经济增长点

一个半世纪以来,南非得天独厚的贵金属和战略矿产资源,一直是南非经济的支柱,形成了以矿业为中心的现代采矿业、冶炼业,以及相关的加工制造业、金融业和科技产业体系。1994年以来,南非经济发展的国际空间的空前开阔,带动了南非制造业和科技信息产业的迅速发展,产业结构随之发展变化。当前,矿业仍然是南非经济发展的优势产业,但是它在国内生产总值中的比例已经下降,而制造业和服务业的比重增大。信息通讯技术产业发展迅速,成为带动经济增长的重要因素。

南非政府重视科学技术和新兴产业的发展。1996年,南非政府建立创新基金。政府预算对科学发展的投入在过去5年间增加了27%。2002年政府批准"全国研究与发展战略",目的之一就是提高企业竞争力,同时注重人力资源的开发,特别是对黑人科技人员的培养。[①] 近年来,南非的研发经费投入逐年增加。2001/2002年度的研发投入为75亿兰特(约10亿美元),占当年GDP的0.76%。目前,南非研发经费投入的比例是,私营企业占54%,高等院校占25%,政府约占20%。[②]

电信业是南非增长最快的产业。政府重视信息产业部门在经

---

① *South Africa Yearbook 2003/2004*.
② 中国商务部网站。

## 南非

济中的重要地位,其相关政策对该产业的革命化进展起到关键作用。南非电信业居世界第 23 位。在互联网使用方面居世界第 17 位,互联网用户居非洲首位,截至 2001 年底,达到 289 万户(15 人当中有 1 人)。南非移动通信的增长速度居世界第 4 位,到 2003 年 10 月移动电话用户达到 1500 万;到 2006 年可以达到 2100 万,相当于总人口的 1/2。①

信息技术在企业的广泛应用超过美国和欧洲,政府和企业对信息技术应用的投入居世界前列。② 南非的几家大银行为了扩大在农村地区的业务,正在加大对卫星和移动通信技术方面的投资。③ 为了应对主办 2010 年世界杯足球赛的挑战,南非计划在今后 5 年大规模提升其信息技术的基础设施。④ 南非信息技术产业争取到的外国直接投资已经超过矿业。

表 4-3 南非国内生产总值的产业构成

单位:%

| 产业部门\年份 | 占国内生产总值比例 2002 | 占国内生产总值比例 2006 | 产业部门\年份 | 占国内生产总值比例 2002 | 占国内生产总值比例 2006 |
| --- | --- | --- | --- | --- | --- |
| 农业 | 4 | 2.7 | 批发零售商业 | 13 | 14 |
| 矿业 | 8 | 7.3 | 运输仓储通讯 | 10 | 9.6 |
| 制造业 | 19 | 18.6 | 金融和商业服务 | 20 | 21.4 |
| 电、气、水 | 2 | 2.3 | 政府服务 | 15 | 15.3 |
| 建筑业 | 3 | 2.4 | 其他服务 | 6 | 6.4 |

资料来源:Africa Economic Outlook, *South Africa*, Figure 3, AfDB/OECD 2004; *South Africa Statistics*, from South Africa 2007/2008 South Africa at a Glance, Editors Inc., p. 126。

---

① *South Africa Yearbook 2003/2004*.
② "SA IT Spend Rising", *ITWeb* (Johannesburg) 2004/11/22.
③ Business Day (Johannesburg) 2005/01/27.
④ *ITWeb* (Johannesburg) 2004/10/20.

## 五　固定资产投资走势渐强

南非国内外的经济分析家对南非经济的增长趋势普遍看好，人们对南非的投资信心走强。南非统计局2004年底公布的国内生产总值的修订统计发现，过去5年间南非经济发展规模和增长速度被低估，经济生产水平被低估约11%～14%，其中制造业和零售业比以前估计的低17%和20%，GDP增长被低估0.5%。国际评级机构Moody's表示，相信南非经济比以前官方统计数字所显示的要好。[①]

南非国内固定资产投资在2004年呈现突破性水平。南非投资的三大来源：国内私人部门、政府财政投资、外国投资近年来都有增长。投资环境虽然仍存在一些不确定的国际因素，比如石油价提升对经济的影响，战争带来的不稳定引起贵金属价格的波动。但经济学家认为，南非具备了有利的投资环境，其中包括利率较低、通货膨胀率低、消费需求旺盛，以及由此引起的对新投资的需求。南非的经济增长出现国内需求驱动的新动向。[②]

近年来，南非的大型跨国公司加大在国内的投资。如全球第二大酿造企业——南非酿造公司准备今后五年在国内投资50亿兰特。同样具有雄心勃勃投资计划的还有其他大公司，如南非萨索尔公司（拥有世界先进的煤变油技术）准备投资15亿兰特；汽车制造商在2004年的投资估计达到5年来的最高峰——35亿兰特。同时，以建筑业和汽车制造业带动的大型投资项目还会带动更多中小企业的投资活动。而且，这一轮大规模投资将会带动就业增长。与过去10年的投资主要目的是为提高自动化程度和提高国际竞争力不同，当前的投资热主要着眼于本国消费需求和

---

① *Business Day* (Johannesburg)，2004/11/23.
② *Business Day* (Johannesburg)，2004/12/15

国内经济发展的良好前景。

公共部门的国有企业也有大规模的投资计划，比如南非电力公司和南非交通公司准备投资1650亿兰特，用于改善南非的基础设施。固定资产投资的稳定增长开始于2002年，这反映了政府为扩大基础设施并改善公共服务而进行的高水平投入。[1]

国内公司大规模的投资计划，显示了对南非投资环境持续看好的信心，这会对潜在的外国投资者产生积极影响。2001年外国直接投资达到3707亿兰特，而1995年仅为547亿兰特。证券投资占外国投资总额1995年为37.5%（856亿兰特），1998年为43.9%，2001年降到34.1%（3202亿兰特）。外国投资的90%以上集中在四个部门：金融业、矿业、制造业和社区服务业。欧洲是南非最大的外资来源，1995年占南非吸收外资的57.3%，2001年增加到68.5%。同期，来自美洲的外资下降，而亚洲、非洲所占比例未变。[2]

同期，南非人在国外的资产增加了5倍，1995年为2346亿兰特，2001年达到8188亿兰特，这是在南非政府逐步放宽外汇控制之后出现的资本外流。与南非的GDP规模相比，南非在国外的资产应该说是很高的。

南非与其他新兴市场相比，投资水平仍然比较低。投资的进一步增长有赖于政府大型项目的出台，另一方面有赖于私人部门承受经济增长缓慢和工资增加的压力。[3] 近来，南非失业率趋于稳定，每年新增就业机会50万个，相当于新进入市场的劳动力人数。南非经济分析家认为，创造就业的前景乐观。中期看来，制造业的复兴，基础设施开支的增加，可能改变就业形势。[4]

---

[1] *Business Day* (Johannesburg), 2004/11/23.

[2] *Business Day* (Johannesburg), 2003/09/19.

[3] *Africa Economic Outlook*, South Africa, p. 281, AfDB/OECD 2004.

[4] *Business Day* (Johannesburg), 2005/07/29.

第四章 经 济

十多年来,南非结束了被孤立和制裁的地位,真正获得一个开放的世界市场。首先获益的是南非的跨国公司和金融机构,不仅传统的欧美市场结束了制裁重新向南非开放,而且非洲、亚洲、拉丁美洲的广大地区成为南非企业开拓的新天地。国际贸易、投资和人员往来以史无前例的规模为南非带来发展的机会。南非私人部门、大公司与南非政府的关系"不紧张",它们认为,南非新的经济环境为私人部门的发展提供了良好的条件,使其处于独特的有利地位,在非洲成长的经济中得到好处。

## 第二节 农业

### 一 农业经济现状

#### (一) 农业资源

南非气候多样,日照充足。东北部沿海是亚热带气候,西南部开普平原为地中海型气候,东部高山有降雪的冬天,西北部沙漠干旱炎热,东西温差大于南北温差。多样的气候为南非的农业提供了种植多种农作物的条件。尽管80%的国土面积用于农牧业生产,但是按世界标准,南非可耕地资源贫乏,南非的大部分土地只适于放牧。由于地表土壤复杂,有机物质含量低且土壤容易退化,加之地形多样,降雨量不均,周期性干旱,水资源缺乏,使得南非的农业用水基本依靠灌溉。南非的可耕地面积仅占国土的13%,其中22%为肥沃的可耕地,灌溉面积为130万公顷。[1]

按照气候条件、自然植被、土壤状况和耕作方式,南非的农业生产分为若干类型。在冬季降雨地区和夏季高降雨区有集约型

---

[1] *South Africa Yearbook 2005/2006*, Agriculture.

农作物生产和混合农业,在灌木地区是养牛业,在干旱地区是牧羊业。主要的混合农业地区在北部夏季降雨的高原地带,以及夸祖鲁/纳塔尔省中部(米德兰)地区和开普半岛西南部的冬季降雨地区。开普地区生产冬季收获的谷物、落叶类水果和享誉世界的葡萄酒。

(二)农业经济

南非具有非洲最发达的现代化农业,其农业科技和管理水平较高。南非农业产品品种丰富,自给率很高,不仅保证了南非的食品安全,而且在正常年份为粮食净出口国,是南部非洲地区重要的农产品供给来源。但是,农业在南非国民经济中的比重随着矿业和制造业的发展而不断下降。20世纪30年代,农业约占国内生产总值的20%,到1960年下降到11%,1995年又下降到4.1%。21世纪初,随着服务业的增长,农业初级产品在国内生产总值中的比例进一步下降,2001年降到4%以下,2004年降到3%以下,包括农产品加工业产值在内,农业相关产业对国民经济的贡献率为15%。

根据2002年南非商品农业调查数据,1993年南非共有农业经营单位57980个,2002年下降到45818个,其中22429个是营业额在30万兰特以上的农场,其余23389个营业额在30万兰特以下。① 农业占就业总人数的比例从20世纪90年代中期的13%,下降到2005的7.2%。但是,农业部门吸收的正式雇工保持在100万人左右。②

南非农业经济存在的主要问题是以下两方面。第一是双重结构,分为主要由白人经营的发达的商品农业和非洲人维持生计的传统农业两部分。前"黑人家园"地区的农业生产条件落后,

---

① "Statistics South Africa P1101", *Census of commercial agriculture 2002*.
② *South Africa Yearbook 1998、2005*, Agriculture.

长期得不到发展,而且人口密度大,土地因过度耕作而退化。1994年种族隔离制度废除后,新政府开始实施扶助小农场发展计划,旨在为刚刚进入商品农业领域的黑人提供服务。1995年,已有7万多个小农场发展起来。① 第二个问题是农业生产受气候变化的影响仍然严重,特别是经常受到干旱的威胁。

表4-4 农业产值占国内生产总值的比例

单位:百万兰特 (按2000年不变价格计算),%

| 年份 | 南非国内生产总值 | 农业国内生产总值 | 农业占国内生产总值 |
| --- | --- | --- | --- |
| 1995 | 706532 | 20850 | 2.95 |
| 1996 | 731335 | 25850 | 3.53 |
| 1997 | 750729 | 26070 | 3.47 |
| 1998 | 757142 | 24686 | 3.26 |
| 1999 | 776495 | 26213 | 3.38 |
| 2000 | 810767 | 27451 | 3.39 |
| 2001 | 835696 | 26558 | 3.18 |
| 2002 | 866414 | 28292 | 3.27 |
| 2003 | 895267 | 27700 | 3.09 |
| 2004 | 939123 | 28083 | 2.99 |
| 2005 | 987518 | 29232 | 2.96 |
| 2006 | 1041237 | 25390 | 2.44 |

参见 South Africa Statistics P0441 4th Quarter 2006 [1]。
资料来源:根据南非统计署2006年第四季度报告 [表1] 数字计算编制。

根据南非2005年农业调查,在农业总收入中,最大的份额是畜牧业,占35%;其次是园艺产品,占31%;第三位是农作物,占21%;畜产品加工业占12%;其他占1%。②

农产品出口在南非出口当中占有重要地位,所占比例约为农

---

① *South Africa Yearbook 1998*, Agriculture.
② "Statistics South Africa P1101.1", *Survey of Large Scale Agriculture 2005*.

业在国内生产总值比重的3倍。1995年,农产品出口额占出口总值的9.15%。2000~2004年的5年间,农产品出口额占出口总额的比例下降为8%。[①]

表4-5 南非农产品出口占出口总值的比例

单位:百万兰特,%

| 项目＼年份 | 1998 | 1999 | 2000 | 2001 | 2002 | 2003 | 2004 |
|---|---|---|---|---|---|---|---|
| 南非出口总额 | 147547 | 165143 | 210022 | 245448 | 308054 | 274640 | 292261 |
| 农产品出口额 | 13699 | 14774 | 15820 | 20075 | 25460 | 23001 | 22187 |
| 农业占总出口 | 9.3 | 8.9 | 7.5 | 8.2 | 8.3 | 8.4 | 7.6 |

资料来源:根据南非农业部统计数字、South Africa Yearbook 2003/2004、South Africa Yearbook 2005/2006 数据编制。

二 农产品

(一)种植业产品

种植业产品占南非农业总产出的1/3。南非现有耕地总面积约1000万公顷,其中36%为种植玉米,21%种植矮秆农作物。种植这些农作物加上种植油料作物和高粱的耕地,占耕地总面积的2/3。

南非主要农作物有:玉米、小麦、大麦、高粱、花生、葵花籽、甘蔗、土豆、烟草和水果。南非的葵花籽产量和蔗糖产量均居世界第10位。蔗糖、玉米和水果是南非的主要出口农产品。南非的酿酒业也很发达,葡萄酒产量占世界的3.5%(1995年)。

玉米是南非最重要的农作物,从事玉米生产的农场约有

---

① *South Africa Yearbook* 2005/2006, Agriculture.

15000个，主要分布在西北省，自由邦的西北部、北部和东部、姆普马兰加省的草原，夸祖鲁/纳塔尔省中部。1997年9月南非全国农作物估产委员会正式估计，1997年商品玉米收获量为848.8万吨，1996年为969万吨。国内玉米消费约为650万吨，好年景时用于出口的玉米约200万~300万吨/年。

第二位的农作物是小麦，主要产区分布在西开普省的冬季降雨区、西北省的夏季降雨区、林波波省和自由邦。目前，自由邦的小麦产量最高，但是各年的产量起伏不定。西开普省是小麦产量最稳定的地区，这得益于可靠的降水。1997/1998年度，南非小麦产量为230万吨。小麦出口量占农产品出口量的第二位。

大麦主产区在西开普省南部沿海平原，南非95%的大麦产于该区。1997/1998年度南非大麦产量为18.2万吨。

高粱产区主要在较干旱的夏季降雨区。花生产区在林波波省、姆普马兰加省、自由邦北部和西北省。

南非的葵花子产量居世界第10位，年产量在17.5万~63万吨之间，主要产区在姆普马兰加省草原地带、西北省和自由邦。

南非是世界第十大蔗糖生产国，蔗糖出口量占南非农产品出口量的第三位。主要蔗糖产区在沿海无霜降地带和夸祖鲁/纳塔尔省中部，此外，约有10%的蔗糖产自姆普马兰加省南部的灌溉区。

落叶类水果主要产于西开普省和东开普省的朗克鲁伏谷地，此外较小的水果产区分布在奥兰治河沿岸、姆普马兰加省和豪廷省。果品出口收入占南非农产品出口总额的21%。

南非葡萄种植园占地10万公顷、其中约90%的葡萄园种植酿造葡萄酒葡萄。产区主要在西开普省冬季降雨地区，在北开普省（主要用于制作葡萄干）、自由邦和林波波省有一小规模较小的葡萄种植园。葡萄酒生产为直接或间接提供21.5万个就业机

会。葡萄酒产值提供100亿兰特国内生产总值，其中62%来自西开普省。

柑橘类水果的产区主要限于灌溉地区，包括林波波省、姆普马兰加省、东开普省和西开普省及夸祖鲁/纳塔尔省。1997年，南非所产的易剥皮柑橘、无籽柑橘等第一次出口美国。

菠萝产区主要在东开普省和夸祖鲁/纳塔尔省北部。其他亚热带果品，比如鳄梨、芒果、香蕉、荔枝、番石榴、番木瓜、夏威夷果和山核桃，主要产在姆普马兰加省和林波波省的勒乌布安定特扎宁地区，其他产区还有夸祖鲁/纳塔尔的亚热带沿海地区和东开普省。

南非40%的土豆出产在自由邦和姆普马兰加省海拔较高的地区。其他土豆产区包括林波波省、东开普省、西开普省和北开普省，以及夸祖鲁/纳塔尔省地势较高的地区。

就生产者的收入而言，西红柿、洋葱、青玉米和甜玉米应该是最重要的作物。这些作物占蔬菜收入的27.14%到17%不等。西红柿在全国各地都有种植，但其主产区在林波波省、姆普马兰加省的低地草原和中部草原，夸祖鲁/纳塔尔省的旁勾拉地区，东开普省南部一些地区和西开普省。洋葱主要产于姆普马兰加省，西开普省的卡里顿、西勒斯和沃塞思特地区，以及温特斯塔德及其与自由邦南部相连的地区。

卷心菜的产地遍布全国，主要产地在姆普马兰加省，以及夸祖鲁/纳塔尔省的堪泊尔顿和格雷顿两个地区。

棉花主要产于林波波省。棉花产量占南非产天然纤维产量的74%，占全部纤维产量的42%。

弗吉尼亚烟叶主要产于姆普马兰加省和林波波省。少量的亚洲烟叶产于东、西开普省。全国约有1000个烟草种植场，所占耕地2.4万公顷，年产量3300万公斤。南非生产的烟草共有173个等级的弗吉尼亚烟叶和5个等级的亚洲烟叶。

第四章 经　济

罗依布斯茶是一种当地土生的草本植物饮料，主要产于西开普省的瑟德尔伯格地区。全国共有 280 个生产商，每年出口罗依布斯茶 580 吨。

(二) 园艺业产品

南非的园艺业发达，占农业生产的 20%~25%。

南非各地都有观赏植物，但是以出口为目的种植此类植物主要集中于林波波省中部、姆普马兰加省和豪廷省。观赏植物生产包括苗圃植物、插花和盆栽植物。南非最主要的出口观赏植物产品包括唐菖蒲、山龙眼、球茎植物、菊类插花和玫瑰花。

表 4-6　主要农产品和园艺产品产量

单位：千吨

| 产品＼年份 | 1996 | 1999 | 2002 |
| --- | --- | --- | --- |
| 玉　米 | 9958 | 7574 | 10073 |
| 小　麦 | 2604 | 1538 | 2331 |
| 高　粱 | 536 | 319 | 255 |
| 花　生 | 144 | 73 | 133 |
| 葵花子 | 784 | 585 | 965 |
| 落叶类水果 | 1269 | 1503* | 1602 |
| 柑　橘 | 591 | 1312 | 1896 |
| 亚热带水果 | 419 | 509* | 616 |
| 蔬　菜 | 2016 | 2159* | 2050 |
| 土　豆 | 1486 | 1627* | 1540 |

资料来源：*South Africa Official Yearbook 1996/1997*、*1998/1999*，农业部分，载自 www. gov. za. yearbook/agric. html；* 为 1998 数字。2002 年数字来自 *South Africa Yearbook 2002/2003*，Agricultural Statistics，Department of Agriculture。

开普半岛的南非花卉——芬博斯种类的插花、观叶植物和干花向世界市场出口。芬博斯种类花卉的生产为西开普省带来宝贵的外汇收入，该产业提供就业机会 1.5 万个。干花是芬博斯种类

园艺产品的重要部分。观叶植物主要在草原采集,草原植物和栽培植物的比例为65∶35。山龙眼是南非上乘的出口花卉。

### (三) 畜牧业产品

南非畜牧业发达,大部分地区都有畜牧业,占农业产出的40%。牲畜数量随气候条件而变化,主要养殖适合当地气候和环境条件的品种。根据南非官方年鉴数字,牛的存栏数约为1400万头,绵羊为2900万只。南非肉食自给率达到85%;15%靠进口,主要来自纳米比亚、博茨瓦纳、斯威士兰、澳大利亚和新西兰以及欧洲国家。[①]

**1. 养牛业产品**

奶牛场分布在全国各地,但集中在自由邦的东部和北部,夸祖鲁/纳塔尔省的米德兰地区,东开普省和西开普省,豪廷省大都市地区,以及姆普马兰加省南部的一些地区。主要奶牛品种有荷兰黑白花牛占76%,美国新泽西牛占16%;其次是苏格兰红赫花牛和英格兰格恩西牛。据官方记录,脂肪含量适当的牛奶的年平均产量,黑白花牛为5369公斤,新泽西牛为4533公斤。

肉牛养牛场主要分布在北开普省、东开普省、自由邦、夸祖鲁纳塔尔省的部分地区和林波波省。当地的阿非里卡、邦斯马拉、德拉肯斯伯格和恩古尼是常见的肉牛品种。同时,欧洲和美国的种牛主要作为配种用途的纯种牛加以保留。

陶鲁思牲畜改良合作社(在比勒陀利亚的艾勒尼)每年为全国肉牛饲养场主提供11万单位冷冻精液,为奶牛业提供58万单位的冷冻精液,用于人工配种。该合作社有400头优质公牛,致力于改良南非的牲畜。

牛屠宰量1997年为160万头,1998年为170万头,牛肉业产值分别约为50.28亿兰特和49.54亿兰特。

---

① *South Africa Official Yearbook 1999、2003/2004*,Agriculture.

## 2. 养羊业产品

绵羊养殖业主要集中在北开普省、西开普省、自由邦和姆普马兰加省。

羊毛：姆普马兰加省的厄麦罗（Ermelo）是最大的羊毛产区，年产羊毛约200万公斤。1996/1997年度羊毛总产量5510万公斤，平均每只羊产毛1.3公斤。南非是世界第四大羊毛出口国，羊毛是仅次于玉米的第二大出口农产品。

羊肉：南非绝大部分产肉绵羊是毛质优良的美利奴羊，占50%。其他产肉羊还有当地培育的品种，比如有适合干旱地区的毛肉兼用羊阿非里诺羊（Afrino）、多尼羊（Dohne），以及产肉率很高的品种多普尔羊（Dorper）。但是，美利奴羊是南非养羊业的主要品种。

本地的产肉型山羊布尔山羊占山羊总数的40%；安哥拉山羊占60%，主要用于生产马海毛。南非有3500家安哥拉羊牧场，1996年产马海毛约为670万公斤。

表4-7 南非牲畜数量

单位：万头，万只

| 牲畜种类 | 2001 | 2002 | 牲畜种类 | 2001 | 2002 |
| --- | --- | --- | --- | --- | --- |
| 牛 | 1350、 | 1360 | 山羊 | 680 | 670 |
| 绵羊 | 2880 | 2900 | 猪 | 160 | 160 |

资料来源：南非农业部农业统计数据，*South Africa Yearbook 2003/2004 Agriculture*。

## 3. 猪和家禽产品

猪和家禽的饲养与养牛和养羊业的粗放式经营相比显得更为精细。这类饲养场多靠近大都市，例如，豪廷地区、德班市、彼得马里茨堡、开普敦（开普半岛）和伊丽莎白港。主要的猪品种有南非兰德雷斯和大型白猪。

# 南非

南非鸵鸟养殖业发达,占世界鸵鸟产品销售量的80%左右,其中包括鸵鸟的皮、肉和羽毛。1996年南非出口鸵鸟肉800吨。1997年10月,南非议会通过法律,允许出口有繁殖力的鸵鸟和受精卵。以前这类出口被禁止,解除此项禁令后每年可望带来8亿兰特的收入。

### 4. 野生动物产品

南非拥有的野生动物数量和种类超过非洲其他国家。过去几年间,野生动物场发展很快,全国大约有8000个野生动物场,占地几百万公顷,投入了大量资本,已成为有活力和巨大经济发展潜力的产业。

野生动物场主要分布在林波波省、西北省、姆普马兰加省地区、自由邦、东开普省、卡卢地区、北开普省的卡拉哈里和夸祖鲁/纳塔尔省的荆棘丛林地区。过去几年虽然长期干旱,但是野生动物场的数量仍在持续增长。

## (四)水产品

### 1. 水产养殖业产品

南非的水产养殖业约占非洲该产业的5%,占世界的0.03%。这一产业在养殖技术、营销战略、营销实践和科学创新方面都取得了实质性的进展。主要的水产品种包括,贝壳类、鲑鱼类、牡蛎和开普海藻。[①]

鲍鱼养殖成为水产分支产业,西开普地区建立了新的养殖场。

### 2. 海洋捕捞业产品

南非有近3000公里的海岸线。南非政府遵循200海里捕渔区的原则,对其中的海洋资源实行严格的保护。海洋资源保护政策是根据环境与旅游部的海洋渔业研究所的科学研究制定的,该

---

① *South Africa Official Yearbook 1998*, Agriculture.

政策的执行由全职的海产保护监察员负责,此外还有义务监察员参与该项工作。①

海洋捕捞量每年约为60万吨,不到世界海洋捕捞总量的1%,其中90%来自西部海域。捕捞的主要海产品包括:鱼类、贝壳类和海藻。

南非拥有渔船4000艘,雇佣渔业员工约2.8万人。捕鱼方式包括大型渔网、拖网、潜水捕捞和季节捕捞。多种类浅滩捕捞占捕鱼量的一半,但是以经济效益计算,仍然以拖网捕捞为主。南非捕捞的主要鱼种是鳕鱼;限量捕捞的鱼类包括:鳀鱼、沙丁鱼、鳕鱼、鲷科鱼等。②

**(五)林业产品**

南非已发现的天然树种有1100种,其中近一半生长在南部和东部沿海地区,以及内陆山脉的南部和东南部坡地;其余一半分布在内陆高原地区。南非本地林木被看做是国家的自然遗产和自然风光的重要组成部分。南非的自然森林资源有限,19世纪时林木受到严重砍伐,森林资源遭到破坏。直至20世纪80年代,南非曾是一个木材和木材加工产品的净进口国。

南非政府对天然森林采取保护政策,并引进外来树种进行人工造林。同时,为了满足对木材和造纸的需要,南非发展起世界上最大规模的人造商品林。商品林地占南非国土面积的1.2%,约1428万公顷。其中约70%为私人所有,30%左右为国家所有。南非已开发的人造林资源在世界占领先地位。南非林木的52%为松木和有商业价值的软木,34%为桉树类林木,13%为金合欢类树木。南非有200多家木材加工厂,产品包括板材、夹板、胶合板等。林业和木材加工业能满足南非所需木材的90%

---

① *South Africa Official Yearbook 1997*, p. 96。
② *South Africa at a Glance 1996/1997*。

及所需的全部纸浆。进口木材主要是为满足特殊种类的需求，比如硬质枕木和制作家具的硬木。现在，南非已成为世界上重要的纸浆、纸张和其他木材加工产品出口国，还是世界上最大的人造纤维纸浆生产国，其纸浆生产和造纸技术在世界上处于领先地位。

人造林的产值每年约20亿兰特，加上林产品加工业，该行业年产值超过130亿兰特；其中1/3左右是出口收入，每年赚取外汇约50亿兰特。木材加工产品占加工业出口产品约10%。林业提供15万个就业机会。[1]

1980年以来，对林业的投资以每年5%的速度增长，1996年林业投资达到234亿兰特。根据目前的消费水平，南非必须再开发30万公顷林地，才能满足国家到2020年时的木材需求。南非的林业开发和加工必须严格按照环境保护规则进行。按1995年的《森林法修正案》规定，建立"全国林业咨询理事会"，负责对林业和木材加工业的商业和非商业事务提出政策建议。1996年8月，南非启动"全国林业行动计划"，英国对该计划提供了630万兰特的资助。

根据《南非官方年鉴》2005/2006年卷的数字，南非商业林生产1920万立方米木材，价值达41亿兰特（2003年），加上木材加工业，林业营业总额为146亿兰特，其中包括价值84亿兰特的纸浆。

**（六）农产品营销**

**1. 营销法律和机构**

《农产品营销法》（1996年第47号法）于1997年1月1日开始实行。至1998年1月，南非食品生产和销售完全按自由市场规则运行。

---

[1] *South Africa Official Yearbook 1997*, Agriculture.

第四章 经济

农业部的农作物和质量控制司，负责制定绝大部分农业和农业相关产品的评判标准。这些标准包括：成分、质量、包装、标志、标签，以及物理、生理、化学和微生物的分析。这些标准主要是根据南非国内的具体需要，并通常与国际标准一致。

2. 农产品的国际贸易

南非是世界上为数不多的常年出口农产品的国家，同时也进口农产品，但是总体上是出口大于进口。主要的出口产品有禽、蛋、玉米和牛肉。

南非的农产品贸易商、经纪人和南非期货交易市场的农产品营销部，都已加入国际农产品市场。

（七）农业科研

南非有一支很强的农业科研力量，包括4000名农业研究理事会的人员和1000名田野科学工作者。其中很多人是本领域具有世界水平的专家。

1. 农业生物技术

南非每年花费大量资金，利用化学、生物和机械手段控制杂草、植物病虫害。1998年，农业部的自然农业资源保护司用于杂草生物控制的开支约为44.1万兰特，该项目包括对褐色蝗虫和红嘴奎利亚雀的研究，研究的主要目的是寻找一些更利于环保的方法来控制这些虫害。2002年，南非农业研究委员会公布了第一部《植物虫害潜在危险指南》，该部指南在南部非洲其他国家也被使用。为了保护出口市场，农产品必须符合规定的标准。同时，根据1983年的《农业虫害法》，南非对进口产品的虫害控制也有严格的规定。[1]

南非1997年制定《生物转基因法》，并于1999年12月1日

---

[1] *South Africa Yearbook 2003/2004*, Agriculture.

开始实施，目的是规范南非的生物基因改良，保证生物安全和环境安全。2001年，南非农业部批准种植3种基因改良作物，包括防虫害棉花、抗莠棉花、防虫玉米。根据《南非官方年鉴》的信息，南非目前没有种植用于人类消费的转基因农作物，也没有出售转基因水果和蔬菜。[①]

2. 兽医服务

南非绝大部分边界设有防止牲畜和野生动物穿越的围栏，并进行常年巡逻和维护，以阻止邻国的牲畜或野生动物进入。

国家兽医服务机构常年从事防止国外动物疾病传入的工作，并预防和医治现存的动物疫病。这些疫病对国家经济可能构成巨大破坏，也可能威胁人和牲畜健康。

有关防治动物疫病的立法为防控动物疫病提供了根据。动物疫病包括：口蹄疫、猪瘟、狂犬病和炭疽病。目前，口蹄疫只在克鲁格国家公园流行，那里有携带口蹄疫的野牛出没。1996年，国际上承认，除了克鲁格国家公园和附近地区外，南非是一个无口蹄疫的国家。因此，为了保持现状，把疫病控制在流行地区之内很重要。自20世纪60年代和70年代初以来，由于实行了国家牲畜疫病控制计划，牲畜的肺疫和布鲁氏菌病率的发病率已经下降。为防止狂犬病发病率上升，特别是在夸祖鲁/纳塔尔省正在采取全面的措施加以控制。

南非1992年的《屠宰卫生法》规定，在屠宰场必须有具备资格的专业人员进行肉类检疫和卫生控制，以防止动物疫病通过肉食品传染给人类或其他动物。兽医公共卫生司作为国家机构，规定和审查了检疫准则和标准。为了对肉类的进出口标准进行监控，一项残留物检测计划正在全国实行。

国家农业部的生物制品司，能够生产满足整个非洲的兽医疫

---

① *South Africa Yearbook 2005/2006*, Agriculture.

苗的技术和能力。该司的独特之处在于，它是唯一向非洲提供防治动物疫病的15种疫苗的生产者，已加入泛非疫苗网络。它提供大量的疫苗用以对付突发的动物疫情，比如牛肺疫、皮肤病、裂谷热、马瘟疫和炭疽病等。生物制品司还参与了动物流行病国际局、世界卫生组织和欧盟的有关项目。1997年6月，生物制品司宣布将大量生产一种新疫苗，用于预防远东和非洲出现的骆驼瘟疫。

3. 林业科研

南非具有世界水平的林业科研设施和人员，用于林业科研的费用占林业年产值的3%。林业科研的优先领域包括：培育树种、实用造林学、气候、土壤、环境因素，以及森林生态及其保护。林业研究机构主要有：商业林业研究所、科学与工业研究理事会的环境技术部、植物保护研究所、斯泰伦博什大学和奥兰治自由邦大学的林业科研机构，以及林业公司的实用研究部门。

林学教育和林业技术人员培训也是国家农业部门优先考虑的。南非有关大学和技术学院设有林学专业，并给毕业学生授予相关学位。南非官方"研究开发基金会"为大学和技术院校与林业的相关研究项目提供资助，培养专门人材。林业公司也为这类技术培训提供奖学金。

三 农业政策

（一）农业发展战略

95年6月，南非政府公布《农业白皮书》，这个有关农业政策的文件包括以下原则。

（1）为以前被排斥在农业资源之外的人提供更广阔的渠道；

（2）为刚开始从事农业的农户提供资金和技术援助，使他们最终成为能独立经营的农场主；

（3）保持和发展商品农业部门的经济活力，该部门以家庭

为基础，以市场为导向，并具有竞争力；

（4）促进国家和家庭的食品安全；

（5）发展和支持市场体制，以形成国内的自由竞争，同时有助于南非农场主在国际农产品市场的竞争力；

（6）农业生产应可持续利用农业和水利自然资源；

（7）发挥妇女和农业工人在农业中的作用；

（8）制定农业灾害管理政策，在制定生产和营销计划时要考虑到干旱这个自然灾害的因素。

2001年制定的《南非农业战略计划》，主要包括三项目标：平等进入和参与；国际竞争力和收益；可持续的资源管理。[①]

**土地改革**　南非农业部和土地事务部的土地改革和重新分配土地的意图，是为黑人商业农场的发展创造条件。该项农业发展战略和计划旨在帮助正在兴起的黑人农场，使它们有能力进入南非的主流农业经济。从这个发展战略受益的人当中，除了新兴的黑人商业农场主之外，还有很多是黑人农业工人和佃户。

**粮食安全**　当前，南非的食品生产能够满足国内需求，但是，该国在粮食安全方面仍然面临各种挑战。比如，保持和改进现有的国家食品充足状况；制定全国性的粮食安全总体框架，使得每户和每个人都能得到可持续性的粮食安全。同时，制定和实施地区性和国际范围内的粮食安全合作计划。

南非农业部发展计划司负责推动和协调粮食安全政策的发展进程。南非政府的粮食安全文件承认，当前需要解决的是建立健全的粮食安全机构，成为政府部门、非政府组织和私人部门向最需要粮食安全保障的人口提供援助的渠道。粮食安全与消除贫困密切相关，农业对家庭粮食安全的重要作用包括推动各家各户的粮食生产、增加收入和创造就业。但是，由于农业政策改革进程

---

① *South Africa Yearbook 2005/2006*，Agriculture.

的缓慢，使得粮食安全计划的实施受到影响。

在南部非洲地区，南非承诺与南部非洲发展共同体其他成员国共同努力，以实现地区粮食安全。南非还从地区的工作经验交流计划中受益，加强了南非官员与地区性的粮食安全机构相联系。

在国际上，南非与其他国家进行合作，承诺支持《1996年罗马宣言》提出的世界粮食高峰行动计划。在这个行动计划中，联合国粮农组织成员国要保证采取行动，以确保技术发展、农场管理、贸易和经济增长政策，以及分配制度，都要有助于促进粮食安全，防止或预测自然灾害和人为灾害，以使对粮食安全的威胁降到最低程度。

**预警系统**　预警系统（EWS）是指建立的信息系统，以监测某国或某地的人口得到食品和水的情况，以便对即将发生的粮食危机及时发出警告，并引起适当的重视。南非的天气预报局和农业研究理事会是本国主要的天气预报机构。预警系统的运作不是由中央控制，这种情况近期将会改变。全国灾害管理中心将协调全国绝大部分地区的灾害控制活动，包括预警系统。南非于1998年出台《灾害管理绿皮书》。

1997年9月，南非政府提出要采取适当和有效的措施，以确保减少厄尔尼诺现象的危害；随后拟定了一个建议报告，帮助中央和省政府制订计划，减少可能出现旱灾。

**农业可持续发展研究**　为了应对农业可持续发展的挑战，南非农业研究委员会对全国的土壤、气候和水源进行了调查研究，旨在对土地使用的决策提供帮助。南非还建立了全国的"农业土地资源信息系统"（GIS），通过互联网向公众提供农业发展潜力和土地适用性质方面的信息。

南非农业存在的问题主要是农村地区土地退化。土地退化加剧的主要因素包括：生活用木柴的采集、土地使用不当、人口密度过大和过度放牧等；另外，种植某种农作物导致的土壤板结，

也是土地退化的原因之一。① 水土流失影响的耕地面积达到10万公顷；受风化影响的土地面积为1090万公顷。目前，南非土地退化情况还未建立信息档案。

**（二）土地管理与投资法规**

**土地管理** 农业部通过下属的土地管理局的财政和土地管理部门，控制和管理国有的农业土地。国有农业土地分为两部分：其中691407.787公顷是南非发展信托公司以前购买的土地，现已成为国有土地；另外一部分是商业用地，来自购买破产者的房地产（约92334.376公顷）。农业部的重要目标是，临时管理国有农业土地，最终用于安置农户。

**投资法规（投资法、商法、企业法、劳动法、税法）**

（1）贷款和援助

1997年8月南非政府通过了《农村财政服务调查委员会最终报告》。该报告的建议之一是，中央政府农业部门应该停止发放农业信贷，并暂停它以中央直接批发商的角色提出的政策动议。结果，农业信贷董事会（ACB）直接发放信贷的职能被终止，通过金融中介机构（批发职能）实行的政府援助生产贷款计划将分阶段推出。

有关政府修正对农业财政政策的初步报告提出的一些建议，主张通过促进机构和农场主金融代理机构来扩大信贷渠道。农业财政政策工作小组的报告草案已经完成，并将征求意见。该报告提出一系列措施，以使过去由于制度原因而被剥夺了资助渠道的人能获得适当的服务。

南非的农业部门长期以来是净借贷部门，即它的借贷高于储蓄。农业部门的累积债务1973年为17.25亿兰特，1984年为94.95亿兰特。1995年以来，农业单位的借贷以年均10%的速

---

① *South Africa Yearbook 2005/2006*, Agriculture.

度增长，到 2002 年达到 282.2 亿兰特。[①]

农业企业的借贷有六个主要来源：银行（占 39%）、农业合作社组织（占 14%）、土地银行（占 28%）、私人信贷（占 9%）、其他信贷和金融机构（占 8%）、政府（占 2%）。[②]

（2）土地和农业银行

南非土地和农业银行，一般称为土地银行。它是具有法定地位的金融机构，其权利和运作依照 1944 年的《土地银行法》（1944 年第 13 号法）的规定。土地银行按照商业规则向农场主、合作社和法定农业机构发放贷款。贷款分为短期、中期和长期三种。通常，最重要的长期贷款（抵押债券）是以农场固定资产为抵押。中期和短期贷款的批准是以该农业企业的经营期票做抵押。中期贷款通常发放给购买拖拉机、农具和牲畜者。短期贷款主要用于生产和销售某种农产品者，但是短期贷款只限于农业的少数部门。

## 第三节　矿业

一　矿产资源与矿业开发

南非矿产资源极其丰富，可谓得天独厚。除了石油和矾土两种战略矿产目前发现的储量较少之外，南非拥有几乎所有重要的战略矿产资源，储量占世界领先地位。这些矿产资源包括通常所说的五大类：贵金属矿物、能源矿物、有色金属矿物、铁类金属矿物、建筑用矿物。在德兰士瓦地区中部（包括西北省和姆普马兰加省）从东到西有一个方圆 5 万平方公里

---

① *South Africa Yearbook 1998/1999*、*2005/2006*，Agriculture.
② *South Africa Yearbook 2005/2006*，Agriculture.

的浅碟形地质构造，蕴藏着世界上很大一部分重要矿物，包括铂和铂族金属、铬、钒、镍、莹石和硅酸盐，其中铂、铬、钒的储量居世界之首。威特沃特斯兰德盆地，有世界储量最大的金矿带。开普敦西北部，有世界储量最大的锰矿。金伯利一带有世界著名的钻石矿带。南非的煤炭储量也很丰富，居世界前列。南非是世界最大的黄金和铂金生产国。南非的钻石生产位居世界第四，仅排在博茨瓦纳、加拿大和俄罗斯之后。

南非的现代矿业已经有150年的历史。19世纪60年代后半期在瓦尔河的冲积层发现钻石后，又在金伯利地区发现了更大规模的干矿床。钻石开采业的兴起吸引了成千上万采掘者，有白人，也有黑人。金伯利成为非洲第一个工业中心，并于1880年被并入英属开普殖民地。到1888年，为了达到垄断矿区土地的目的，建立起英国殖民者塞西尔·罗得斯控制的德比尔斯（De Beers）钻石公司。罗得斯利用其权力和财富取得开普殖民地总理职位（1890~1896年），并通过他的英国南非特许公司征服和统治了现今的赞比亚和津巴布韦。大约在20年后，1886年在威特沃特斯兰德发现了金矿，使南非90%的黄金生产集中在约翰内斯堡周围地区的威特沃特斯兰德盆地。欧内斯特·奥本海默1917年创建的"南非英美公司"是南非矿业中最大的垄断公司。过去一个世纪当中，世界黄金产量的47%左右出自南非。南非的铂和铂族金属蕴藏在约翰内斯堡以北的鲁斯腾伯格地区，这里是铂族矿业的中心。

南非矿业的开发虽然在19世纪后期吸引了英国和欧美的投资者，使非洲南端迅速进入西方工业化的体系。但是，南非矿业在后来一个多世纪的发展基本上属于国内私人部门，外国投资不占主导地位。矿业的兴起催生了南非的现代工业化进程，引起南非社会的深刻变化，形成资本和劳动的集中和对垒，也摧毁了传统社会的生产和生活方式。

南非矿业的勘探和开采，经百余年的发展已经形成完备的采、选、冶、炼和加工等全套现代矿业体系。南非具有世界规模的初级产品加工设备和能力，除黄金和铂产业之外，还包括碳钢、不锈钢和铝业。同时，矿业的下游加工业也有很大的发展空间，提高了当地铁、碳钢、不锈钢、铝、铂族金属和黄金产品的附加值。南非矿业的实力还体现在它的高水平的矿业技术和专业化的生产经验，以及全面的矿业研究和开发活动。

南非矿业随着本地和国际的需求与环境的变化而不断扩展变化。当前，矿业虽然在国内生产总值中的比重相对降低，但是在南非经济中继续发挥重要的基础作用，是外汇收入的重要来源，也是提供就业的重要部门。

南非的采矿机械、选矿技术设备、矿井通讯和安全保障技术、矿产品冶炼和加工技术等，均名列世界前茅。其深井开采技术输出到南美、澳大利亚、加拿大和欧洲，南非矿业公司也已打入欧洲、拉美和非洲国家的市场。

随着南非矿业公司向国际领域的开拓与并购，近年来南非的矿业跨国公司向着更加集中化、大型化和国际化转变。目前，南非的巨型矿业公司主要有盎格鲁铂金公司（Anglo Platinum）、盎格鲁黄金公司（Anglo Gold）、德比尔斯公司（De Beers）、康姆巴资源公司（Kumba Resources）、戈德费尔德公司（GoldField）、伊姆帕拉铂金公司（Impala Platinum）、米塔尔钢铁公司（Mittal Steel South Africa）等。[1]

代表南非矿业公司利益的南非矿业商会（Chamber of Mines），自1889年建立以来一直是南非最有影响的矿业行会，其成员包括独立的矿业金融公司和矿业公司，占南非矿业产出的85%。[2]

---

[1] *South Africa Yearbook 2003*, Minerals and Energy; *South Africa Chamber of Mines*; 参见中国驻南非使馆网站经济。

[2] "*South Africa Yearbook 2005/2006*, Minerals and Energy.

表4-8 南非矿业在世界上的地位（2004）

单位：%

| 矿品 | 储量世界排名 | 储量占世界 | 产量世界排名 | 产量占世界 |
|---|---|---|---|---|
| 铂族金属 | 1 | 87.7 | 1 | 57.8 |
| 锰矿石 | 1 | 80.0 | 1 | 14.8 |
| 铬矿石 | 1 | 72.4 | 1 | 44.5 |
| 黄金 | 1 | 40.1 | 1 | 13.8 |
| 蛭石 | 2 | 40.0 | 1 | 41.0 |
| 铝硅酸盐 | 1 | 37.4 | 2 | 38.0 |
| 钒 | 2 | 27.0 | 1 | 48.0 |
| 铀 | 4 | 9.6 | 10 | 2.1 |
| 镍 | 5 | 8.4 | 8 | 3.1 |
| 煤 | 6 | 6.0 | 5 | 5.2 |
| 铁矿砂 | 9 | 0.9 | 7 | 3.3 |
| 铝 | — | — | 8 | 2.9 |

资料来源：EIU, *Country Profile - 2006 South Africa*, p.53; Department of Minerals and Energy, *South Africa's Minerals Industry 2004 - 2005*。

## 二 矿业在经济中的地位

### （一）矿业在国内生产总值中的比重

自19世纪后半期钻石矿业和金矿业大规模开发以来，矿业一直是南非经济的支柱，矿业的发展带动了南非的工业革命。直到1943年，制造业在国内生产总值中的比重开始超过矿业，矿业在国内生产总值中的比例逐渐下降，到20世纪90年代初仅为10%左右。1994年以后，矿业在国内生产总值中比例虽然有起伏，但是大致在6%~8%之间。2005年，矿业对南非经济总增加值的贡献为6.9%，达到943亿兰特，比2004年增加了68.3亿兰特。[1]

---

[1] *South Africa Yearbook* 2006/2007, Minerals and Energy.

表4-9  1994~2006年南非矿业占国内生产总值（GDP）的比重

单位：百万兰特（按当前价），%

| 年份 项目 | 南非国内生产总值 | 矿业产值 | 矿业占 |
|---|---|---|---|
| 1994 | 482120 | 32111 | 6.66 |
| 1995 | 548514 | 34830 | 6.35 |
| 1996 | 617959 | 38768 | 6.27 |
| 1997 | 685732 | 40524 | 5.91 |
| 1998 | 742424 | 45879 | 6.18 |
| 1999 | 813684 | 52173 | 6.41 |
| 2000 | 922148 | 63391 | 6.87 |
| 2001 | 1020008 | 77214 | 7.57 |
| 2002 | 1168699 | 92113 | 7.88 |
| 2003 | 1260693 | 84258 | 6.68 |
| 2004 | 1398157 | 89290 | 6.39 |
| 2005 | 1539253 | 100515 | 6.53 |
| 2006 | 1726688 | 120221 | 6.96 |

资料来源：根据南非统计局 GDP by Industry 1993-2006 at Current Prices ［Table 05］编制。

## （二）矿业产品是南非外汇收入的主要来源

国际市场对南非战略矿产品有巨大的需求，尽管这种需求随着世界经济走势和政治安全形势的变化而时有波动，但是南非始终是国际战略矿产品的重要来源，近年来其地位更有上升之势。南非矿业在经济中的比重虽然下降，但是矿产品出口仍是其外汇储备的主要来源。1990年，矿产品占出口总值的61.55%，其中黄金占矿产品出口收入的61%；1994年，矿产品出口占出口总值的50%以上。从绝对数字看，矿业产品出口虽逐年有所增长，但是由于制造业的发展，制造业产品出口在1995年超过矿业。此后，矿产品占出口比例下降，1995年占44%，2000年占38%，

2005 年占 31%。① 但是，矿业对相关产业的带动有巨大潜力，因此矿业部门对国内生产总值的贡献大约为 7%。

表 4-10　1994~2003 年南非矿业产值和矿产品出口

单位：百万兰特，%

| 年份\项目 | 南非产出决算 | 矿业产出决算 | 矿业占总产出 | 南非进出口总额 | 矿业占出口 | 矿业占进口 |
|---|---|---|---|---|---|---|
| 1994 | 1394919 | 124306 | 8.91 | 181244 | 50.0 | 8.35 |
| 1995 | 1445972 | 120939 | 8.36 | 201120 | 44.09 | 9.70 |
| 1996 | 1449043 | 119817 | 8.27 | 213028 | 41.01 | 10.10 |
| 1997 | 1544756 | 122049 | 7.90 | 222342 | 39.62 | 13.68 |
| 1998 | 1618778 | 122145 | 7.55 | 231441 | 39.91 | 8.90 |
| 1999 | 1717345 | 120583 | 7.02 | 234208 | 37.91 | 11.25 |
| 2000 | 1893686 | 119376 | 6.30 | 276196 | 37.98 | 16.31 |
| 2001 | 1991566 | 119567 | 6.00 | 306307 | 37.89 | 15.06 |
| 2002 | 2109959 | 120703 | 5.72 | 354425 | 36.86 | 13.23 |
| 2003 | 2201512 | 126275 | 5.74 | 304142 | 33.15 | 13.20 |

资料来源：根据 South Africa Statistics Release P0441，1993-2003 South Africa Annual Production Accounts by Industry [Table 13]；http://www.thedti.gov.za/econdb/raportt/rapstruc.html，Structure of South African Trade: Turnover, Exports, Imports (1992~2003) 数据编制。

### （三）矿业是创造就业的重要部门

南非的矿业开采是劳动密集型产业，长期以来是提供较多就业岗位的部门。南非矿业工人数字在 1935 年就超过 40 万人，1945 年增加到 47.3 万人，1950 年超过 50 万人。从 1951 年开始，制造业雇工超过矿业；但是矿业雇佣工人数也在增长，1955 年增加到 54 万人；1965~1975 年保持在 63 万~64 万人；1985 年达到历史最高水平，超过 72 万人。从 1990 年开始，矿业雇佣工人下降到 70 万人以下，1995 年下降到近 60 万人，2000 年进

---

① EIU, *Country Profile - 2006 South Africa*, p.49.

第四章 经 济

一步减少到41万。[①] 进入21世纪，随着南非矿业的调整和国际需求的变化，矿业雇佣工人数在40万~57万人之间起伏，占全国劳工总数5%以下，在各产业雇员人数中列第8位。在南非矿业雇佣工人当中，金矿业约占一半，2003年为45.7%；其次是铂族金属业，占28.8%。随着铂矿部门的扩展，使铂矿雇佣工人从2003年的111745人，增加到2004年的140287人。[②]

表4-11 南非矿业雇工人数

单位：万人，%

| 年份\项目 | 矿业劳工人数 | 全国劳工总数 | 矿业劳工比例 |
| --- | --- | --- | --- |
| 2001 | 56.6 | 1227.5 | 4.6 |
| 2002 | 54.3 | 1161.7 | 4.7 |
| 2003 | 55.8 | 1130.4 | 4.9 |
| 2004 | 55.8 | 1139.2 | 4.9 |
| 2005 | 42.6 | 1190.7 | 3.6 |
| 2006 | 39.9 | 1245.1 | 3.2 |

资料来源：Statistics Release P0210, March 2006 Labour Force Survey, Table D。

"全国矿工工会"（National Union of Mineworkers）是南非实力最强的工会组织之一，目前有会员26.2万，其中的2/3为矿业劳工。

## 三 主要矿业部门

### （一）黄金

南非黄金的工业化开采已经有120多年的历史，在南非矿业生产中始终占据首位。但是，2001年铂族金属

---

[①] *South Africa Statistics 2003.*
[②] *South Africa Yearbook 2005/2006*, Minerals and Energy.

的收入（38.8亿美元）第一次超过黄金收入（33.7亿美元）。[1] 2006/2007年度，黄金占矿业总收入比重降到26.7%，铂族金属占27.6%。[2] 南非黄金的蕴藏量至今仍很丰富，到2004年依然占世界储量的40%。

南非的金矿95%为地下矿井，开采面最深达3800公尺。由于矿层埋藏深，开采亦更加困难。南非黄金产量在20世纪90年代中期开始呈下降态势。1994年南非矿业生产不景气，特别是黄金产量从1993年的619吨降至584吨；1999年进一步下降到400吨以下。黄金产量下降的原因有大选前后政局的不稳定和劳资冲突对生产的影响，也有国际金价波动和金矿石含金等级下降等因素。矿石含金量1999年为每吨4.6克，2000年为每吨4.5克。1980~2005年，黄金占南非货物出口收入的比例从51%下降到9.1%，金矿业工人也从47.6万减少到17.5万。

尽管如此，国际市场对南非矿产品的需求仍有增长趋势，这有利于南非矿产品价格和产量的提高。2004年，南非黄金产量约占世界产量的14%。[3] 南非黄金年产量虽然仍低于300吨，但是国际市场黄金价格的升高给金矿业的改造和发展带来希望。2005年，国际市场黄金价格回升到接近500美元/盎司；2006年5月金价更是攀升到725美元/盎司，达到近20年来最高价格。（详见表4-12）

2004年7月，南非黄金巨头盎格鲁黄金公司收购加纳阿杉提金矿后，形成世界第二大金矿公司盎格鲁-阿杉提黄金公司

---

[1] *South African Yearbook 2003/2004*, Minerals and Energy.
[2] *March 2007 South Africa Statistics P2041*, Table 4: *Contribution of the Mining Divisions to The total Mining Production*.
[3] South Africa Department of Minerals and Energy, *South Africa's Minerals Industry 2004-2005*.

## 第四章 经 济

（ANGLOGOLD ASHANTI）。[①] 兼并后，该公司的市值为 87 亿美元，在非洲、美洲和大洋洲的 11 个国家中拥有 25 家下属企业和分支机构，年产黄金约 700 万盎司。[②]

表 4-12　国际金价和南非黄金产量（1999~2005）

单位：美元/盎司，吨

| 年份\项目 | 国际市场黄金价格 | 南非年度黄金产量 |
| --- | --- | --- |
| 1999 | 252.80（1999/07/20） | 399.486 |
| 2000 | 294.00（2000/02/29） | 378.071 |
| 2001 | 263.46（2001/03） | 342.552 |
| 2002 | 307.70（2002/04/26） | 347.543 |
| 2003 | 384.00（2003/02/05） | 311.258 |
| 2004 | 387.38（2004/04/30） | 282.031 |
| 2005 | 487.70（2005/11/18） | 255.290 |
| 2006 | 725.00（2006/05/12） | 275.119 |

资料来源：http：//goldprice/org/Gold Price History-10 Year Gold Price History in US Dollars per Annual；Chamber of Mines of South Africa, Gold Mining Data, Annual Gold Production（1910-2005），http：//www.bullion.org.za/；Chamber of Mines of South Africa, Quarterly Gold Production 20070307。

### （二）铂族金属

铂族金属包括五大类，即铂、钯、铑、钌和铱。南非早在 1919 年就在几个大的金矿中找到铂族金属，1924 年发现第一个铂金矿。目前，南非有 18 个运行中的铂矿，两个恢复中的铂矿。

---

[①] 世界第一大金矿公司是总部设在美国科罗拉多州丹佛的纽蒙特金矿公司。
[②] 中国商务部网站 20040706。

## 南非

国际市场对铂族金属的需求近年来处于上升趋势，一个重要原因就是，美国和其他大国因减少对石油的依赖和限制排放的需要而寻找替代燃料。一种被看好的可能性是用氢为动力的富铂燃料箱/燃料电池，取代依赖石油的内燃机。另外，化学工业和计算机硬件以及首饰也需要铂族金属。南非占世界铂储量的70%，铂族金属价格的上升对南非的国际收支是利好因素。[1]

过去20年间，南非的铂族金属产量稳定增长，近年来更为突出。2001年，南非铂族金属产量为207吨；2002年，产量提高了4.7%，达到240吨，但是收入下降14.6%，为33.1亿美元。当年铂金均价为540美元/盎司；而钯的均价为337美元/盎司，下降了44.1%。

2004年，铂族金属产量增长7.7%，达到286吨；同年，铂族金属收益增长35.7%，达到51.7亿美元。2004年，铂金价格上升22.2%，达到每盎司846美元；钯的价格上升147%，达到每盎司230美元。2005年，铂族金属产量达到303吨，超过黄金产量。该部门雇员从2001年的1万人，扩大到2004年的14万人。

铂族金属在南非国内的销售近年来有突出的增长，从1997年的几乎零销售上升到2002年的4.15亿美元，主要需求来自国内制造业的发展和向国际市场提供汽车排放净化系统。

南非的铂金公司近年来在扩大投资。铂族金属矿业的投资增长，主要投入新矿建设、旧矿扩建以及矿产品加工厂和熔炼厂。盎格鲁铂金公司（Anglo Platinum）正在进行大规模的扩张计划，扩大生产规模75%，达到年产350万盎司。伊姆普拉茨

---

[1] *Business Day* (Johannesburg) 2002/07/11; EIU, *Country Profile* 2006 *South Africa*, pp. 49 – 52.

公司（Implats）的战略是保持它在南非西北部的伊姆帕拉（Impala）铂矿的产量（年产 100 万盎司），同时买进南非和津巴布韦新项目的部分股份，以使该公司的年产量在近期达到 200 万盎司。

在南非政府扶助非洲人经济发展的政策支持下，非洲人彩虹矿业有限公司（African Rainbow Minerals Limited）在两个铂金矿——莫迪克瓦矿和两河铂金矿拥有股份。在莫迪克瓦矿的股权当中，非洲人彩虹矿业有限公司占 41.5%，盎格鲁铂金公司占 50%；在两河铂金矿中，非洲人彩虹矿业有限公司占 55% 的股份，伊姆帕拉公司占 45%。[1]

表 4-13  1996-2005 年南非铂族金属的生产和销售

| 年份 | 产量（千克） | 出口 重量（千克） | 出口 金额（FOB）单位：1000 兰特 | 出口 金额（FOB）每千克单价：兰特 |
|---|---|---|---|---|
| 1996 | 188636 | 183962 | 7428137 | 40379 |
| 1997 | 196604 | 187167 | 8403862 | 44900 |
| 1998 | 199953 | 193502 | 11602274 | 59959 |
| 1999 | 216479 | 198713 | 13964729 | 70276 |
| 2000 | 206770 | 198944 | 24645761 | 123883 |
| 2001 | 228747 | 193354 | 29381009 | 151954 |
| 2002 | 239585 | 207637 | 30458603 | 146692 |
| 2003 | 266458 | 241262 | 25553565 | 105916 |
| 2004 | 276401 | 259716 | 29527109 | 113690 |
| 2005 | 302979 | 259014 | 33479777 | 129259 |

资料来源：南非矿产和能源部文件 D6/2007，PLATINUM-GROUP METAL MINES IN SOUTH AFRICA 2007, TABLE 2-SOUTH AFRICA'S PLATINUM-GROUP METALS PRODUCTION AND SALES, 1996-2005 http://www.dme.gov.za/pdfs/minerals。

---

[1]  南非矿产和能源部文件 D6/2007。

表4-14　2005年世界铂族金属供给量比例

单位：%

| 国　　家 | 占比例 | 国　　家 | 占比例 |
| --- | --- | --- | --- |
| 南　　非 | 56.7 | 美　　国 | 3.4 |
| 俄 罗 斯 | 32.7 | 其他国家 | 3.3 |
| 加 拿 大 | 4.6 | | |

资料来源：南非矿业和能源部文件 D6-2007 PGM Mines in South Africa, Figure 2。

## （三）钻石

南非的钻石矿业开始于19世纪中期，它是南非现代矿业的发端产业。南非的钻石蕴藏量占世界24%，排名世界第4位（1991年6月数据）；钻石产量占世界10%，排名世界第5位（1989年数据）。[1] 2002年南非钻石产量占世界总产量的8%，排名仍为世界第5位。其他钻石生产大国的排名如下：澳大利亚排名第1（占25%），博茨瓦纳第2（占22%），刚果（金）第3（占17%），俄罗斯第4（占15%）。[2] 由于世界市场对钻石的需求量增加，南非的钻石生产也受到刺激。根据南非矿业与能源部的数字，南非钻石产量2002年为1090万克拉；2005年增加到1580万克拉，价值约17亿美元。南非钻石主要产自金伯利钻石矿脉，2005年占全国产量的91%。产于冲积层的钻石约占全国产量的9%；海底钻石开采虽然在进行，但是产量很小。

德比尔斯矿业公司是南非最大的钻石公司，也是居世界首位的钻石大王。自1888年建立以来，德比尔斯矿业公司一直控

---

[1] "South Africa: The Minerals Bureau", from *South Africa 1993*, South Africa Foundation.

[2] "South Africa: Chamber of Mines/Minerals Bureau", from *SA 2004-2005, South Africa at a Glance*, by Editors Inc.

制着南非的钻石业，占南非钻石生产量的97%，并在很长时期占世界钻石产量的80%。但是，近年来，随着世界其他国家钻石矿业的发展，德比尔斯矿业公司所占世界份额下降到40%（2005年）。德比尔斯公司拥有并管理分布在四个国家的18个钻石矿。该公司与德比尔斯海洋公司（De Beers Marine）、纳米比亚德比尔斯钻石公司（Nandeb）和博茨瓦纳德比尔斯钻石公司共同拥有世界钻石产量的50%。[1] 尽管所占份额下降，但德比尔斯矿业公司在世界钻石业中仍然处于主导地位。德比尔斯矿业公司通过其设在伦敦的钻石贸易公司控制着世界60%的钻石市场。

为了保证国内钻石加工业得到足够的原料，发展南非的钻石切割和打磨企业，改变钻石加工由以色列和印度垄断的局面，南非议会在2005年底通过《钻石法修正案》，使南非政府能够有效控制国内钻石市场。根据这项立法，南非成立了钻石交换和出口中心、钻石规范机构和国家钻石贸易机构。该法还规定征收15%的钻石出口税。南部非洲其他钻石生产国，特别是世界第一大钻石生产国博茨瓦纳，也在实施钻石加工本地化的政策。博茨瓦纳政府与德比尔斯矿业公司签订协议，发展博茨瓦纳的钻石加工业，计划开办四个钻石加工厂，以增加钻石出口的附加值，使当地分享钻石生产的收益。[2]

### （四）其他矿产品

#### 1. 有色金属

南非的有色金属主要有铜、镍、钴、锆、锌、铅和砷精矿。有色金属占国内初级产品销售的12%，占初级产品出口的4%。该类产品44%的收入来自国内销售，主要用于增加附加值的加

---

[1] *Bua News*（Tshwane）2007/07/20.
[2] "Business in Africa" *NEWS*（Johannesburg）2006/05/23.

工业。

### 2. 含铁矿物

南非的含铁矿物主要有铁矿、锰矿和铬矿。近年来,由于国际市场对钢材和不锈钢需求的增加,含铁矿物成为南非初级矿产品工业的重要部门,年收入以10%的速度增长。2003年,含铁矿物出口收入为41.6亿兰特;2004年达到48.4亿兰特,年增长16.3%。由于含铁金属矿产品价格的提高,2004年总销售收入达到68.1亿兰特。

### 3. 工业建筑用矿物

南非有多种工业建筑用矿产材料,其产量的80%供应国内消费。2002年,在国内销售的工业建筑用矿产品主要包括:石灰石和石灰(占26%)、磷酸盐岩(数据未公布)、混凝土材料和沙土(25%)、硫磺(5%)。出口工业建筑用矿产品主要有石材(占46%)、蛭石(占15%)、莹石(占15%)、红柱石/硅酸盐(占9%)和磷酸盐岩(数据不详)。

2004年,工业建筑用矿产品国内销售收入按美元计算为9.42亿美元,比2003年增长25%;按兰特计算增长15%,达到50亿兰特;出口收入增长21%,为10亿美元。

### 4. 加工矿产品

南非生产多种加工矿产品,主要包括铁合金和铝,其他还有钛渣、磷酸、钒、锌化金属和低锰生铁。近年来,国际市场对加工矿产品的需求增强,使南非此类产品的出口量增加,每年收入以6%的速度上升。由于中国和东亚地区国家的需求旺盛,南非加工矿产品的出口收入2003年为28.89亿美元;2004年增加到40.96亿美元,年增42%。[①]

---

① *South Africa Yearbook 2005/2006*.

## 第四章 经济

### 表4-15 南非各类矿产占矿业生产比重（以2000年为100）

单位：%

| | | |
|---|---|---|
| 黄金 | | 26.7 |
| 非黄金矿产 | 铂族金属 | 27.6 |
| | 煤炭 | 20.0 |
| | 钻石 | 8.3 |
| | 铁矿石 | 3.1 |
| | 其他金属矿产 | 2.9 |
| | 建筑材料 | 2.6 |
| | 镍 | 2.0 |
| | 铜 | 1.6 |
| | 锰矿石 | 1.3 |
| | 铬 | 1.1 |
| | 其他非金属矿产 | 3.8 |
| 非黄金矿产占比例总合 | | 73.3 |
| 矿业总合 | | 100.0 |

资料来源：*March 2007 South Africa Statistics P2041*, Table 4: *Contribution of the Mining Divisions to the Total Mining Production*。

### 表4-16 南非矿产在世界排名

| 年份<br>项目<br>矿产品 | 1992 | | | 2004 | | |
|---|---|---|---|---|---|---|
| | 产量 | 占世界(%) | 世界排名 | 产量 | 占世界(%) | 世界排名 |
| 铝 | 173千吨 | 1 | 21 | 866千吨 | 2.6 | 10 |
| 铝硅酸盐 | 231千吨 | 35 | 1 | 234.4千吨 | 54.4 | 1 |
| 锑 | 3951吨 | 10 | 4 | 4967吨 | 3.1 | 3 |
| 石棉 | 133千吨 | 4 | 7 | | | |
| 铬矿石 | 3364千吨 | 30 | 2 | 7400千吨 | | |
| 煤 | 174400千吨 | 5 | 6 | 243000千吨 | 4.7 | 5 |
| 铜 | 176千吨 | 2 | 12 | 102.6千吨 | 0.7 | 18 |
| 钻石 | 10177千克拉 | 11 | 5 | 14400千克拉 | 9 | 4 |
| 铬铁 | 771千吨 | 21 | 2 | 2351千吨(2002) | | |
| 锰铁 | 536千吨 | 9 | 4 | 907.8千吨 | | |
| 硅铁 | 64千吨 | 1 | 9 | 184千吨(2002) | | |

续表 4-16

| 项目 \ 年份 | 1992 | | | 2004 | | |
|---|---|---|---|---|---|---|
| 矿产品 | 产量 | 占世界(%) | 世界排名 | 产量 | 占世界(%) | 世界排名 |
| 荧石 | 260 千吨 | 7 | 5 | 232 千吨(2002) | 5 | 3 |
| 黄金 | 613 吨 | 28 | 1 | 340.2 吨 | 13.8 | 1 |
| 铁矿砂 | 28200 千吨 | 3 | 8 | 36000 千吨(2002) | 3.3 | 8 |
| 铅 | 76 千吨 | 2 | 9 | 37.5 千吨 | 1.2 | 13 |
| 锰类金属 | 35 千吨 | 42 | 1(1991) | | | |
| 锰矿石 | 2464 千吨 | 11 | 4 | 4206.7 千吨 | | |
| 镍 | 38 千吨 | 4 | 6 | 40 千吨 | | |
| 磷酸盐岩 | 3051 千吨 | 2 | 8 | | | |
| 铂族金属 | 152891 千克 | 54 | 1 | 286733 千克 | 57.8 | 1 |
| 硅金属 | 35 千吨 | 5 | 7 | 42 千吨(2002) | 1.0 | 7 |
| 银 | 183 吨 | 2 | 7 | 72 吨 | | |
| 钛矿产品 | 751 千吨 | 20 | 2 | 643 千吨(2002) | 53.9 | 2 |
| 铀 | 1669 吨 | 5 | 8 | 887 吨 | 2 | 4 |
| 钒 | 25052 吨 | 42 | 1 | 27000 吨 | 41 | 1 |
| 蛭石 | 170 千吨 | 36 | 2 | 194.5 千吨 | 52.6 | 1 |
| 锌 | 72 千吨 | 1 | 17 | 105 千吨 | 1.2 | 22 |
| 锆矿产品 | 230 千吨 | 29 | 2 | 425 千吨(2002) | 46.7 | 1 |

资料来源：*South Africa Yearbook 1995*、2003/2004、2005/2006 年卷矿业部分资料。

## 四 矿业改革

94 年新南非政府成立后，规定了矿业的发展目标是使其更具国际竞争力，继续成为南非有活力的生产和经营基地，在国际矿业领域继续发挥重要作用。在南非经历政治变革和经济全球化的形势下，南非矿业开始结构改革和公司结构合理化的进程。改革的重点是确定赋予黑人经济权利的政策和计划，保障国民参与矿业开发的平等权利，使矿业造福整个社会；

其次是关注矿业的可持续发展,规范矿产资源的开采权。

南非政府的矿业与能源部,负责南非的矿产和能源资源的勘探、开发、加工、利用和管理。矿业开发的目标是改造采矿工业,推动矿业的可持续发展,使南非全体国民受益。

南非政府规范矿产资源的采矿权利管理的法律是 2002 年制定的《矿产和石油资源开发法》,于 2004 年 5 月公布,2005 年 5 月生效。这项法律承认国家对矿产资源的主权和管理权;规定对历史上受到不公正待遇的人士(主要是黑人)得到平等利用矿产资源的机会,得到经济发展、就业和社会经济福利以及土地使用权的保障。根据该项法律,南非建立了全国矿业促进体系,为矿业能源部改进矿业注册管理、促进投资、开采权注册提供了便利。[1]

## 第四节 能源工业

一 概况

南非能源工业占国内生产总值的 15%,创造就业机会 25 万个。[2] 南非是能源高消耗国家,其原因主要在于南非经济结构中占主导地位的是大型、高耗能的采矿业和初级矿产品加工业。

南非缺少石油和天然气资源,它的能源主要来自煤炭。煤炭占能源消耗的 80% 左右,其中 60% 用于发电。南非具有世界先进水平的电力生产和供应系统。南非国家电力公司(Eskom)的发电能力排名世界第 7 位,电力销售列世界第 9 位。南非电力生产占非洲的 50%。[3] 南非液体燃料的供应 36% 来自本国的萨索

---

[1] *South Africa Yearbook 2005/2006*, Minerals, Energy and Geology.
[2] *South Africa Yearbook 2005/2006*.
[3] *Vanguard* (Lagos) 2007/07/13.

**南非**

尔公司（Sasol），该公司是世界著名的能使煤炭转化为燃油的企业。液体燃料的其余部分依靠进口。煤气和天然气的供应占能源消耗的1.5%。

尽管南非是能源消耗大国，但是在种族主义制度下，南非的供电主要服务于白人区的经济和社会，而黑人区的供电在20世纪90年代初仅占35%左右。南非的家庭能源消耗占全国能源销售的17%。农村地区家庭能源消耗的50%来自木柴，煤炭占18%，照明用煤油占7%，以及很少量的液化气，电力的使用很少。

自1994年新政府成立以来，解决黑人居住区的电力供应，是政府纠正种族隔离造成的经济不平等的举措之一。

二 煤炭

南非的煤炭资源丰富，煤炭开采业规模庞大，技术先进。南非可开采的煤炭储量约286亿吨，列世界第7位。南非既有世界最大规模的煤矿，也有小型煤矿。由于近年来新增煤矿的发展，到2004年煤矿数量增加到64个。南非51%的煤矿是地下开采，49%为露天煤矿。南非的煤炭产量占世界的5%左右。煤炭产值占矿业总产值的20%，在矿业各部门中名列第3位。[1]

南非的煤矿工业高度集中，11个最大的煤矿占煤炭产出的70%。南非六大煤矿公司：因格韦（Ingwe – BHP Billiton）、昂格鲁煤矿（Anglo Coal）、萨索尔（Sasol）、埃耶司兹威（Eyesizwe）、库姆巴（Kumba）和克斯特拉塔（Xstrata），掌握91%的煤炭销售量。[2]

南非的煤炭产量2005年为2.45亿吨（《南非官方年鉴》2005/2006）。南非大型煤矿出产的煤炭主要用于国内工业。62%

---

[1] *March 2007 South Africa Statistics P2041*，Table 4.
[2] *South Africa Yearbook 2006/2007.*

第四章 经 济

用于发电，23%用于石油化工业（Sasol），8%用于一般工业，4%用于冶金工业（Mittal），4%卖给当地煤炭商人。小煤矿的产出当中21%用于出口，21%为本国消费，但不用于发电，其余煤炭因不适合出售而被废弃。根据南非矿业和能源部的调查，到2020年被废弃在地面的煤炭可能达到20亿吨，这部分煤炭资源的有效利用正在成为研究课题。

南非的煤炭产出约1/4用于出口，主要的煤炭出口口岸是里可德湾港。南非是世界第4大煤炭出口国。[①]

## 三 电力

南非的电力供应系统被认为是世界最先进的，电费也属世界最低，其主要原因是成本低和政策优惠，对矿业和制造业的用电大户的电费均有优惠。20世纪90年代中期，南非的发电量约为1670亿千瓦时，占整个非洲的1/2。高架输电线路长度为23.8万公里，地下电缆约6000公里。[②] 21世纪初，南非电力消费达到1894亿千瓦时。[③] 国家电力公司的电力销售占南非电力供应的95%，雇佣员工3.2万人。[④]

**火力发电** 南非90%的电力来自燃煤的火力发电。南非煤矿49%为露天矿，开采成本低，而且长期以来政府在税收方面给予优惠政策，这为电力生产提供了便利。南非国家电力公司拥有世界上规模最大的火力发电厂和世界最大的干冷发电站。

南非官方估计，到2020年之前，煤炭将继续是南非发电的主要能源。但是煤炭生产方式和燃煤对环境的污染日益得到关注。南非矿业与能源部和煤矿公司正在促进清洁煤炭技术的应用。

---

[①] *South Africa Yearbook 2005/2006.*
[②] *South Africa at a Glance*, SA 1996 – 1997, pp. 72 – 73.
[③] *South Africa at a Glance*, SA 2006 – 2007, p. 137.
[④] *South Africa at a Glance*, SA 2006 – 2007, p. 138.

## 南非

**水力发电** 南非东南部的夸祖鲁/纳塔省和东开普省是最适宜发展小型水电项目的地区。南非还参与国外的大型水电项目——开发刚果（金）水电资源的威斯特怀格（Westcor）项目，参加国家包括刚果（金）、安哥拉、纳米比亚、博茨瓦纳和南非。该项目的办公室设在博茨瓦纳首都哈布罗内。该项目的第一个工程是刚果河上的因加水电站三期工程。

此外，南非也在研究开发海洋能源，利用潮汐发电。

**核电** 南非国家电力公司拥有南非唯一也是非洲唯一的核动力发电站，设在开普敦附近的库伯格（Koeberg）。库伯格核电站建于20世纪70年代后期，核电占南非电力供应的6%。

**电力供应状况** 南非国家电力公司1994年在扩大电力供应方面取得显著进展，供电用户增加21%，用电家庭达到44%，但是农村地区的用电户仅为12%。1993年以来，电力消费稳定增长，1995年增长率达到8.3%，1999~2001年间回落到年增长2%~3%，与国内生产总值的增长相当。根据2001年人口统计数据，南非用电人口1994年占总人口的57.6%，2001年增至69.7%。2003年国家电力公司出售电力达到196980千兆瓦小时（GMh），占南非电力供应的95%，占非洲大陆电力供应的60%。[1] 1994~2006年间，国家电力公司新增供电用户335万个。从2003年起，已经通电地区的贫困家庭可以享受每个月50度免费用电。[2] 南非国家电力公司与南部非洲地区供电网络系统连接，向博茨瓦纳、莱索托、莫桑比克、纳米比亚、斯威士兰和津巴布韦供应电力。

近年来南非经济的增长以及电力供应范围的扩大，使南非出现了罕见的电力短缺。2004年，政府批准国家电力公司重启封存的发电站，并新建发电站。但是，南非电力需求在2006年用

---

[1] EIU, *Country Profile 2006 South Africa*, pp.35-37.
[2] *South Africa Yearbook 2006/2007*, Energy.

电高峰期达到 36000 百万千瓦小时，超过国家电力公司 27000 百万千瓦小时的总供电能力。当年在开普敦和约翰内斯堡都出现电力短缺和停电的情况。在南非经济年增长 4%～5% 的形势下，目前用电需求年均增长 4% 左右，电力供应的不足将越来越突出。为了应对电力需求的增长，南非国家电力公司计划投资 1030 亿兰特，以扩大发电能力。其中 619 亿兰特用于发电工程，100 亿兰特用于电力传输系统的建设，234 亿兰特用于电力供应设施，74 亿兰特用于公司开支和新开业务。[1]

四　液体和气体能源

南非的液体能源需求，主要靠四个炼油厂加工进口原油，以及萨索尔公司从煤炭提炼的石油。2003 年，液体燃料供应达到 209.34 亿公升。

为了解决石油和天然气的短缺，南非从 20 世纪 50 年代初开始进行合成燃料的研制和生产，即从煤炭中提取油和气。南非萨索尔公司的该项技术居世界领先地位。萨索尔公司主体业务是制造、加工和销售汽车和工业用燃油，也生产和销售航空用油、燃料酒精和照明用煤油。萨索尔公司还在加蓬开采原油，在南非国内炼油厂加工，并通过销售网络和中心出售燃油。2004 年初，萨索尔公司开始向客户供应莫桑比克天然气。该公司还在开发两个气体液化的项目。天然气的开发是该公司新的增长点，目前萨索尔已经进入南部非洲和西非地区的天然气勘探和生产。

煤气、天然气的供应，占南非能源消耗的 1.5%。[2] 南非天然气的开采和加工开始不久，位于开普半岛南端的莫塞尔湾的天然气田，据说有 15 到 20 年的开采寿命，并有很好的化工生产前

---

[1]　EIU, *Country Profile 2006 South Africa*, pp. 35 – 37.
[2]　*South Africa Yearbook 2005/2006*.

景。2002年，南非建立了国家石油、天然气和燃油公司，负责石油和天然气的勘探，以及生产和销售利用海外天然气合成的燃油。西开普省的莫塞尔湾有世界最大的商业化天然气液化工厂。

五 其他能源

为了推动可再生能源的开发，南非政府2002年发表了《可再生能源白皮书》[①]，并制定了可再生能源发展战略。

**生物燃料** 木柴是农村地区居民炊事和取暖的主要燃料。为了使天然林地得到保护，南非国家电力公司在东开普省的边远农村地区利用木材厂的废料开发生物发电。

**太阳能** 南非日照充足，大部分地区达到每年日照2500小时，每天日光辐射水平达到每平方米4.5～6.5千瓦时，高于美国和欧洲的日照水平。南非正在开发太阳能设备工业，生产太阳能热水器。太阳能还被用在农村地区的抽水和卫生设施。

**风能** 风力发电在南非也有很大开发前景。目前，南非国家电力公司正在西开普省地区建设风力发电场，该项目得到丹麦政府的支持。

六 能源有效利用战略

南非在全球温室气体排放总量中所占份额不大，但是按照人均标准，南非高于全球平均水平，也高于其他中等收入发展中国家的排放量。而且，南非每吨二氧化碳排放所产生的经济效益为259美元，高于韩国（131美元），但是低于巴西（418美元）和墨西哥（484美元）。[②]

---

[①] *Promotion of Renewable Energy and Clean Energy Development White Paper*：Part One：Promotion of Renewable Energy，2002/08/23.

[②] *South Africa Yearbook 2005/2006*，Energy and the environment.

第四章 经 济

南非的能源部门是温室气体排放的主要来源,其中包括火力发电和家用燃煤,以及煤炭转换燃油的生产过程。姆普马兰加省高地是南非火力发电厂集中的地区,也是萨索尔公司最大规模的煤转换燃油工厂的所在地,因此能源工业对环境的影响在该地区最为明显。同时,南非仍然有95万户家庭使用燃煤,300万家庭使用木柴做燃料,不仅造成室内空气污染,也是二氧化碳排放的重要来源。

南非政府在2005年批准"能源有效利用战略",目标是到2015年将能源利用率提高12%。能源有效利用战略包括国家电力公司对需求的管理,以及各大城市制定和实施能源有效利用战略。南非32个大公司同矿业与能源部及国家电力公司签订了能源效率准则,承诺实现该战略规定的目标。同时,政府对家庭能源节约进行宣传和普及。南非矿业与能源部及有关部门正在推广家庭利用太阳能,以及改造炉灶以充分利用能源等计划。[1]

## 第五节 制造业

### 一 概况

19世纪后期南非矿业的开发,带动了农产品加工和相关工业的发展。但是直到19世纪末,南非的经济仍以农业和矿业为支柱。当时南非的制造业主要是酿酒、制革、油烛制造等农产品加工业,只是为满足国内市场的需求。直至20世纪20年代,南非制造业产品仍很大程度上依靠进口,比如矿山机械、纺织、服装等。随着矿业的发展和城市的扩大,推动了新工业部门的兴起,以满足城市居民对加工食品和服装鞋类的需求。南非政府鼓励当地制造业的发展,通过建立国有企业发展电

---

[1] *South Africa Yearbook 2005/2006*, Energy efficiency.

力供应、钢铁产业，并通过关税政策保护当地制造业的发展。

在第二次世界大战期间，南非制造业产出以每年6%的速度增长。1948年以后，南非制造业的发展更快。在50年代初期，南非制造业产量达到年均增长13%左右。与此同时，南非的重工业得到巨大发展，特别为满足国内制造业发展的钢铁业成为增长的重点。南非制造业在政府税收优惠政策的支持下，发展成为资本集中的产业。在20世纪60~70年代，南非制造业经过一个世纪的发展，逐渐形成门类齐全的产业，包括冶金、机械、化工、电子、纺织、服装、食品加工、造纸等部门，以及军事工业，有些领域在国际上居领先地位，具有竞争优势。南非制造业所需原材料大部分来自国内，只有纺织、家具（硬木）、化工、交通器材等方面仍不同程度地依赖进口原料和中间产品。

在种族隔离时期，白人政府对制造业实行贸易保护政策。20世纪70年代，南非制造业大型企业的固定资产存量稳步增长，到80年代满足国内市场的生产能力已经过剩（相对于白人经济社会需求而言），但是吸收劳动力的潜力不大。当时由于经济发展速度放缓，以及长期的高通货膨胀和债务负担，使资本集中的制造业的增长速度下降，1981年增长率为3%，1991年下降到25%。下降最大的行业是纺织业、制鞋业、化工产业，以及有色金属产业。20世纪90年代初，制造业产出占南非生产总额的22%；发展劳动密集型制造业成为政府的产业政策。

1994/1995年度，南非制造业生产能力的利用率出现急剧增长，煤炭加工、有色金属、家具制造、制鞋业的生产能力利用率超过90%。但是南非制造业的国际竞争力并不高，特别是长期经济制裁造成的设备落后，需要大量的固定资产投资。[①] 制造业面临

---

① http://www.photius.com/countries/south-africa/economy/south-africa-economy-manufacturing.html.

第四章　经　济

更加开放的国际市场和竞争压力，使得缺乏竞争力的纺织服装业出现收缩，而具有出口潜力的部门，如汽车业得到发展空间，制造业当中增长最强劲的是汽车和零部件生产。近年来，矿山机械、交通机器设备、汽车和电子机械等部门有明显的增长。[①] 南非制造业自2001年的增长趋势，在2003年受到兰特升值和出口竞争力下降的影响，造成短暂的下滑。但是受到国内需求旺盛的拉动，制造业在2004年出现4.3%的增长，2005年小幅下降到3.4%，2006年上半年达到4.1%，呈现稳步增长态势。

南非制造业在经济中的比重逐渐增加。1911年制造业占国内生产总值的4%，1950年占16.1%，1990年增加到25.5%。由于第三产业的发展，制造业占国内生产总值有所下降，2002年为19%，2005年为19.1%。[②] 近年来，制造业占国内生产总值的比例保持在1/5左右。

表4-17　南非制造业在国内生产总值中比重

单位：百万兰特，%

| 年份 项目 | 制造业产值 | 国内生产总值(GDP) | 制造业占GDP |
|---|---|---|---|
| 1994 | 92069 | 482120 | 19.97 |
| 2000 | 159107 | 922148 | 17.24 |
| 2001 | 176907 | 1020008 | 17.34 |
| 2002 | 209605 | 1168699 | 17.93 |
| 2003 | 221652 | 1260693 | 17.58 |
| 2004 | 237100 | 1398157 | 16.96 |
| 2005 | 254993 | 1539253 | 16.57 |
| 2006 | 278794 | 1726688 | 16.15 |

资料来源：根据 South Africa Statistics, *GDP by industry 1993 - 2006*, Table - 5 Quarterly gross domestic product by industry at current prices 编制。

---

① "Manufacturing", EIU, *Country Profile 2006: South Africa*, pp. 52 - 53.
② *Africa Economic Outlook, South Africa*, Figure 3, AfDB/OECD 2004; SA 2006 - 2007 South Africa at a Glance, Editors Inc.

制造业产品出口仅占其生产总值的10.7%，其中1/4左右销往非洲各国。制造业产品出口前10项依次为：钢铁、有色金属制品、食品、纸张和纸产品、化工产品、金属制品、机械设备、纺织品、汽车车辆及部件、交通器材。长期以来，南非是一个原材料出口国和制成品进口国。除部分原材料外，南非进口需求主要是先进的机器和器械。1992年，出口制成品价值为251.88亿兰特；进口制成品价值为432.62亿兰特。[①]

近十年来，随着产业结构的调整，南非制造业产品中高科技产品比例增加。制造业产品占出口总值的比例1994年为25%，2003年增长到38%。高科技产品占制造业出口的比例1999年为8.2%，2002年为5.1%。[②]

表4-18　1993~2003年南非制造业产品进出口情况对比
（按1995年不变价格计算）

| 年份 | 制造业产品出口额（亿兰特） | 制造业产品出口额占总出口额（%） | 制造业产品进口额（亿兰特） | 制造业产品进口额占总进口额（%） |
| --- | --- | --- | --- | --- |
| 1993 | 355.93 | 40.35 | 599.60 | 84.57 |
| 1994 | 422.35 | 43.11 | 742.03 | 89.10 |
| 1995 | 512.57 | 50.20 | 863.04 | 87.16 |
| 1996 | 571.19 | 53.24 | 922.99 | 87.28 |
| 1997 | 623.01 | 55.27 | 920.72 | 83.99 |
| 1998 | 634.67 | 54.69 | 1025.47 | 88.87 |
| 1999 | 700.92 | 56.57 | 956.53 | 86.73 |
| 2000 | 844.19 | 57.83 | 1064.52 | 81.75 |
| 2001 | 952.00 | 57.78 | 1180.00 | 83.77 |
| 2002 | 1105.42 | 58.53 | 1396.05 | 84.33 |
| 2003 | 968.33 | 61.75 | 1246.83 | 84.63 |

资料来源：根据South Africa Statistics, *South Africa Trade Structure 1992-2003* 编制。

---

① 南非基金会，《南非1995》，第76~78页。
② South Africa Data Profile, The World Bank Group, World Development Indicators database, August 2004, file：//M：/1 D - documents/1 - sa/Economy/GDP - national Accounts/Worldbank.

制造业是南非创造就业岗位的重要部门,因此在政府发展战略中占重要位置。南非政府推动制造业大型资本集中项目的发展,到 20 世纪 90 年代中期,制造业雇佣员工占就业总数的 18%,约 140 万人。[1] 到 2006 年制造业就业人数增加到 173.7 万人,但是占就业总人数的比例下降到 16.2%。[2]

表 4-19  2001~2006 年制造业就业人数及占总就业人数比重

| 项目＼年份 | 2001 | 2002 | 2003 | 2004 | 2005 | 2006 |
| --- | --- | --- | --- | --- | --- | --- |
| 制造业就业人数(万) | 161.9 | 159.8 | 158.5 | 159.4 | 165.2 | 172.6 |
| 制造业占总就业比重% | 13.2 | 13.8 | 14.0 | 14.0 | 13.9 | 13.9 |

资料来源:根据 South Africa Statistics, Statistical release P0210 March 2006 Labour Force Survey. Table D: Employment by industry, March 2001 to March 2006 编制。

## 二 冶金工业

与南非矿业的发展有关,冶金工业和机械工业是南非制造业的支柱。南非具有现代化的冶金和机械工业企业,多具有大型、技术先进和通用的特点。1994 年共有 9000 家企业,雇员 32.5 万人,产值为 600 亿兰特,约 169 亿美元,约占第二产业当年生产总值的 1/3。[3]

冶金工业是南非制造业的主导产业。南非丰富的自然资源和良好的基础设施,为南非的制造业提供了发展的有利条件,形成相当规模的发达的制造业。冶金工业产值占制造业总产值的 1/3,主要包括基础铁矿石和钢材、有色金属和金属制品。钢铁基础产业包括从冶炼到半成品再到初级钢铁产品的制造。南非钢铁产业

---

[1] 南非基金会,《南非 1995》,第 78 页;*South Africa Yearbook 1994*, p.194。
[2] *South Africa Labour Force Survey*, September 2006, Tables D and N.
[3] "Manufacturing", EIU, *Country Profile 2006: South Africa*, pp.52-53.

2001年排在世界第19位；是非洲最大的钢生产国，占非洲钢产总量的60%。初级钢产品和轧制钢产品包括：钢坯、钢块、钢板坯、锻件、强化钢条、铁轨材料、钢丝杆、无缝钢管和6毫米以上钢板。南非是钢材净出口国，列世界第10位。2001年金属回收商出口约50万吨废钢。钢材进口2001年只占国内初级钢产品需求的5.8%。①

南非钢铁冶炼业的主要企业有：南非钢铁公司（Iscor，规模最大）、高草原钢钒公司（Highveld Steel and Vanadium）、司卡乌金属公司（Scaw Metals，属于南非英美公司）、开普敦钢铁工程公司（Cisco）等。其中，南非钢铁公司供应南非所需碳素钢的3/4。南非的冶金业和金属加工业，基本可以满足其国内对各种型号钢材、黑色和有色金属材料的需求。

南非的冶金业在国际竞争压力下不断进行合并和重组。1991年由高草原钢钒公司（Highveld Steel and Vanadium）等几家钢铁公司和南非国有的工业发展公司组成的财团，收买了米德尔伯格合金钢公司，共同建设一个大型钢铁项目——哥伦布不锈钢公司（Columbus Stainless Steel），并使该工程成为世界最大的不锈钢生产企业。由于一系列的并购，南非钢铁公司于2005年更名为南非米塔尔钢铁公司（Mittal Steel South Africa）。米塔尔公司是非洲最大的钢铁企业，每年生产730万吨液态钢。② 该公司成为世界最大的钢铁跨国企业美国Arcelor Mittal钢铁公司的一部分。

南非的炼铝业很发达，是南非最大的有色冶金部门。但是，由于南非缺少具有商业价值的铝矿，因此原料依靠进口。南非主要的铝冶炼厂有比利顿公司（Billiton）所属的里查德湾附近的两个冶炼厂，年产量约95万吨铝；此外还有胡利特铝冶炼厂

---

① http://www.southafrica.info/doing-business/economy/key-sectors/manufacturing.htm.
② http://www.iscor.co.za.

(Hulett Aluminium)。除了铝的冶炼之外，南非的有色金属工业还包括铜、铅、锌和锡。其他有色金属冶炼厂规模比例小，但是对于出口和赚取外汇却具有重要意义。

### 三 化学工业

南非的化学工业在种族隔离时期处于被孤立和自我保护状态，主要是针对国内市场的内向型发展，实行进口替代政策。由于缺乏在国际市场的竞争，进口原料价格高，因此南非化工产品出口的竞争力差。新制度建立后，南非全面进入国际市场，提高化工产品竞争力成为相关企业的目标。南非化工部门有两个特点，一是上游部门比较集中和发达，而下游部门欠发达；二是煤合成的液体燃料和以天然气为原料的液体燃料以及石油化工业比较发达，在世界处于领先地位。南非成为全球第25位的化学工业国。

化学工业对南非经济有重大作用，对国内生产总值的贡献为5%，占制造业销售额的25%，就业人数约17.5万。南非化学工业在非洲规模最大，具有高度复杂性和多样性，一些最终产品包含多种化学原料，已达到质量要求。化学工业中占主导地位的公司包括：萨索尔公司Sasol，建于1950年，生产煤转换燃油、燃气和其他化学品、AECI（1924年建立的非洲炸药和化学工业公司，主要产品包括矿用炸药，生产、生活用化学产品）、Dow Sentrachem（1967年有20多个小工厂合并而成，现今已是南非最大的化工企业之一，主要产品包括农用化学品、树脂材料、合成材料等）。这些公司近年来开展多种经营，向第三产业扩展，特别是生产有出口潜力的产品。

### 四 汽车工业

汽车工业是南非最重要的制造业之一。南非汽车工业主要分布在两个省份，东南沿海的东开普省和处于内陆

的豪廷省。世界多家跨国汽车公司在南非设厂，生产汽车配件和组装整车，满足南非国内和国际市场的需求。虽然距离汽车主要消费市场比较远，但是南非生产的汽车产品质量好而价格较低，具有竞争优势。南非汽车制造业出现快速增长，汽车产品出口增长，得益于南非与欧盟的自由贸易协定。

汽车工业对经济增长的贡献近年来呈增长态势。2006年初，汽车工业约占国内生产总值的7.4%，成为出口收入的重要来源，比10年前南非汽车装配工业的萎缩状态有了巨大改观。2004年南非汽车销售总量达到449603辆，2005年增加到565018辆。汽车配件的生产比整车生产增长更快，2004年占到汽车行业出口收入的60%。2006年国内的购车热由于利率的提高有所降温，但是汽车出口仍大幅度增长，超过50%。南非的主要汽车生产厂家有：德国大众公司、日本丰田公司、德美合资的戴姆勒－克莱斯勒（Daimler Chrysler）公司，以及美国通用汽车公司。

南非的目标是成为汽车工业公司投资的理想目的地。因此，改造和提升汽车工业，实现现代化以赶上国际竞争水平。南非目前利率低，有利于降低投资成本，因此吸引了世界大型汽车公司来南非投资。南非汽车工业的国内市场和出口前景都比较乐观，面临的挑战主要是如何提高产品的国内自给率。[1]

五 通信和电子产业

南非的通信和电子产业是南非经济中的新增长点，其发展速度超出世界平均水平。南非当地的信息通讯技术和电子部门共有3000多家公司，形成一个具有相当规模的尖端产业。根据南非官方信息网的数字，其信息产业的投入排在世界

---

[1] "Manufacturing in South Africa", http：//www.southafrica.info/doing_business/economy/key_sectors/manufacturing.htm.

第 22 位。① 南非已经拥有信息领域的尖端科技、设备和技术，并具有向非洲大陆迅速扩展的有利条件。南非的软件设计、开发的创新能力、生产水平和成本竞争力得到世界信息产业的承认。

南非的通信和电子产业分为三个分支：通信、电子和信息技术。

通信产业发展势头旺盛，目前已经占到国内生产总值的 7%。南非拥有约 550 万个固定电话，排在世界通信发展的第 23 位，占非洲有线电话总数的 30% 以上。

Telkom 是南非唯一的全国固定电话运营公司。该公司也是非洲东海岸海底电缆项目的主要推动者之一，该项目计划投资 6.3 亿美元，旨在满足非洲今后 25 年通信业发展的需求。南非第二家固定电话公司的竞标正在进行。

南非的移动电话市场每年以 50% 的速度增长，增长速度排在世界第 4 位。南非的卫星定位（GMS）移动电话市场有 3 个公司在运营，它们是 Vodacom、MTN 和 Cell – C. 世界上有名的通信公司已经在南非投资，包括西门子、阿尔卡特、SBC 通信公司（AT&T）、马来西亚通信公司，以及全球最大的移动运营商 Vodaphone（英国）。

南非的电子工业在创新和生产方面也在世界先进水平之列。该部门有生产能力很强的通用电子公司生产的专业电子产品，也有中小公司专门生产安全系统产品和预付款米表。南非电子产业存在众多的投资机会。

## 六　纺织服装业

20 世纪 20 年代之前，南非纺织品和服装大多依靠进口，本地主要生产毛毯和床单等家用纺织品。20 世纪

---

① http://www.southafrica.info/doing – business/economy/key – sectors/manufacturing.htm.

## 南非

50～60年代才出现生产编织/机织面料、棉纱、人造纤维和精纺羊毛/羊绒的厂商。南非纺织服装业规模不大，但是追求技术和质量。由于技术的不断发展，南非形成资本密集型的纺织服装业，合成纤维织物的生产不断扩大。南非是聚酯纤维和尼龙等人造纤维的生产大国，人造纤维的消费量占其纤维消费总量的67%。

服装工业也进行了技术更新。南非当地市场日益呈现对高质量服装的需求，即对精细的世界水平的产品需求量不断增加。因此本地纺织服装业根据市场需求，发展起全面的相关行业，从天然与合成纤维生产，到无纺布、纺纱、编织、簇绒、印染和精加工产品。自1994年以来，南非投入9亿美元用于纺织服装业的现代化和技术更新，以提高该行业的效率和竞争力。

目前南非共有约450家纺织厂，主要进行服装面料和家用纺织品的生产。纺织业是南非第11大制成品出口行业，占南非GDP约1.2%。2001年南非纺织品本地销售额为105亿兰特；服装出口额14亿兰特，纺织品出口额25亿兰特，出口市场主要是美国与欧洲。由于美国《非洲增长与机会法案》给予免关税优惠，南非出口美国的服装纺织品2001年增长62%。[1]

南非纺织产品主要包括：

——精纺毛条。南非2000年产出4980万公斤羊毛，其中以美利奴羊毛产量最大，精纺度平均在24微米以下。90%的毛条通过拍卖的形式销往国外。

——马海毛。南非东开普省的马海毛产量居世界之首，占世界产量的60%。

——棉花。南非2000/2001年棉花产量约4000万公斤，可

---

[1] http://www.southafrica.info/doing-business/economy/key-sectors/manufacturing.htm.

满足本国市场需求的40%，其余依靠进口。主要进口国家为津巴布韦、赞比亚和莫桑比克。除此以外，南非每年还需从中国、印度、巴基斯坦和津巴布韦等国进口棉料。

——剑麻。南非所产剑麻质量好，受到各国市场青睐。近两年剑麻产量略有下滑，平均每年约1000吨。

——人造纤维。南非是聚酯纤维和尼龙等人造纤维的生产大国。人造纤维的消费量占其纤维消费总量的67%。

南非服装业情况：据南非官方统计，南非约有2500家服装厂。南非年服装产量约4.35亿件，其中45%为内衣、领带、泳衣、帽子和T恤等小件服装。自1994年新政府上台、国际贸易封锁逐步解除后，南非的服装贸易才开始起步。新政府采取的自由贸易政策将服装的进口关税由1994年的90%降至2002年的40%。2001年南非服装进口额1.69亿美元，出口额2.22亿美元。来自中国、马拉维和印度的服装占南非服装进口总量的61%。美国和英国从南非进口服装的金额占其服装出口总量的68%。[1]

表4-20 南非纺织服装业统计

| 项目＼年份 | 2001 | 2002 | 203 | 2004 | 2005 | 2006 |
|---|---|---|---|---|---|---|
| 产量(2000年=100) | 102.1 | 117.7 | 98.8 | 101.3 | 92.8 | 92.3 |
| 销售额(亿兰特) | 169 | 204 | 192 | 197 | 190 | 184 |
| 进口(亿兰特) | 52 | 69 | 59 | 65 | 64 | 69 |
| 出口(亿兰特) | 34 | 45 | 38 | 32 | 32 | 31 |
| 就业人数(万) | 6.41 | 6.54 | 7.05 | 6.17 | 5.28 | 5.05 |

资料来源：南非纺织业商会网站 http://www.texfed.co.za，Current Trading Environment 2007。

---

[1] 中国商务部网站2003-02-09关于南非纺织服装工业的调研报告。

## 第六节　交通与通信

### 一　概况

**在**经济社会发展过程中，南非逐渐建成遍及全国的交通运输和通信体系。1910年，南非建立铁路和港口管理局，负责管理全国大部分交通网络。1985年，该机构转变为南非运输局（SATS）。南非的交通运输长期由政府交通部统一协调管理。1990年建立的交通网络有限公司（Transnet）是国有企业，主要经营6个方面的业务：铁路运输、公路运输、港口服务、南非航空公司、输油管道和邮政业务。种族隔离制度之下的交通设施建设如同其他领域一样，在"白人区"是第一世界水平，而黑人住区则是第三世界的状况。

1994年新制度建立后，政府在改善黑人住区基础设施和提高全国交通运输效率方面，制定了相关发展计划，并启动一系列大型建设项目。南非政府规范交通政策框架的法律主要是1999年的《南非运行战略》（Moving South Africa Strategy）和2000年的《全国陆地交通过渡法》（National Land Transport Transition Act）。南非政府交通方面的政策，主要是改进和扩大基础设施，提高交通运输效率，对公共交通给予补贴，减少公共交通的成本。2005/2006年度，南非为公共交通补贴的拨款为30亿兰特。[①]

南非政府在2004年10月投资1650亿兰特，用于基础设施项目建设，其中包括交通项目。交通网络有限公司（Transnet）计划在5年内投入420亿兰特，以改变南非与国际相比运输成本偏高的状况，降低运输成本，提高设备利用率。其中的190亿兰

---

[①] *South Africa Yearbook 2005/2006*, Transport.

特用于铁路建设,以吸引更多的客户从公路运输转向铁路运输;38亿兰特用于改善矿区铁道线路。南非航空港公司计划投资52亿兰特,在4年内提高机场基础设施,为2010年世界杯足球赛在南非的举行做准备,工程包括扩建航空站,在10个机场建设新的停机坪和停车场。①

1994年以来,交通网络有限公司扩大业务,现分为8个方面。在原来的6个领域之中,港口运输分成港口基础设施管理和港口终端与货物装卸两部分,新增加了电信部门的业务。

交通网络有限公司2004年运输总量包括:铁路货物运输量1.8亿吨,公路货物运输量6.5亿吨,港口装卸货物1.94亿吨,输油管道泵送1380万公升燃油。南非航空公司的航班运送国内和国际旅客共610万人次。南非交通网络有限公司雇员8万人,固定资产总额为720亿兰特。②

2005年,南非政府宣布的交通和通信基础设施建设计划,总投入接近600亿美元,主要投入三个方面的工程:(1)扩大和提升德班至豪廷省的货物运输走廊,这条交通线是南非最繁忙的非矿业产品运输通道。(2)由准国有企业森提克公司(Sentech)建设一套无线宽频网络系统,以降低通信技术成本,提高南非在全球呼叫中心业务中的竞争力。(3)在林波波省的奥利凡茨河(Olifants River)修建德乎普水坝(De Hoop)。③

二 铁路运输

南非铁路建设始于英国开普殖民地时期的1859年,从开普敦到惠灵顿的92公里铁路于1863年完工;另一

---

① EIU Country Profile, *South Africa 2006*.
② *South Africa Yearbook 2003/2004*、*2005/2006*.
③ *South Africa Yearbook 2005/2006*, Transport.

## 南非

条于1860年完工的3.2公里铁路位于东海岸,从德班市到德班港入海口的海角。南非钻石和金矿的开发推动了19世纪后期铁路的大规模建设,以及建设连接当时的葡属殖民地莫桑比克和英国殖民地罗得西亚(今天的津巴布韦)的铁路线。[1]

目前,南非铁路网总长22000公里,采用1.067米轨距的窄轨。另外还有314公里轨距为61厘米的铁道。正在计划兴建的准轨铁路线是约翰内斯堡到德班的720公里双轨铁路。连接邻国的铁路也在整修。[2] 早期铁路运输使用的机车以蒸汽发动机为动力,部分铁路早在1926年就已经电气化。20世纪70年代,铁路运输开始逐步废除蒸汽机车,采用电气机车。到20世纪90年代初期,南非一半以上的铁路网实现了电气化,大部分客货机车为电气机车,共有电气机车2000多辆。

南非铁路运营部门有两个:一个是交通网络有限公司下属的铁路网络公司(Spoornet),主要业务是货物运输和长途客运。南非铁路网络公司年营业额超过10亿美元,其中95%来自货物运输。另一个是1990年成立的南非铁路往返客运公司(SARCC),直属交通部管理,经营南非六大城市的短线客运,以及贵重物品的运输。

南非还有著名的豪华客运线路,即蓝色列车,往返于比勒陀利亚和开普敦之间,主要用于旅游服务。其他铁路线路还有:跨奥兰治列车,从东海岸的德班到西南海角的开普敦,全长2088公里;跨纳塔尔线路,从约翰内斯堡到德班,721公里;钻石快车线,563公里,往返于比勒陀利亚和金伯利之间;以及1376公里长的林波波线,从约翰内斯堡到津巴布韦首都

---

[1] *South Africa Yearbook 1982*, p. 392.
[2] http://www.answers.com/topic/transport-in-south-africa/International Railway Journal, 2005-01-03.

## 第四章 经　济

哈拉雷。

南非铁路往返客运公司的设备和资产包括 478 个火车站，2240 公里电气化单轨铁路，4564 节车厢。[1] 20 世纪 90 年代中期，上下班乘坐郊区短线往返火车（三等车）的人数每天 200 多万人次，乘客主要是居住在大城市周围黑人城镇的居民。这些主要服务于黑人城镇线路的火车，设备状况差。1994 年，新政府开始更新火车车厢，提高线路的现代化程度。南非铁路往返客运公司依靠政府补贴运行。2001/2002 年度该公司得到政府运营补贴 3.66 亿兰特，资本补贴 4.902 亿兰特。[2] 目前，都市铁路总长 2400 公里，火车客运每天运送 150 万人次，共 352 车次。[3]

南非铁路网络公司拥有南部非洲最长的铁路线和最大的货运能力。该公司运行的铁路总长为 30600 公里，拥有 3253 台机车，114433 节货运车皮、2102 节客运车厢，年货运量约 1.8 亿吨。该公司负责维护南非的铁路，并与撒哈拉以南非洲地区的铁路线相连接。该公司拥有的铁路基础设施占整个非洲的 80%。[4] 快速货运火车在全国 18 条铁路线运营，时速可以达到 120 公里，一般时速为 60 公里。铁路网络公司从 20 世纪 90 年代初期，开始用计算机管理运营信息系统。

南非的铁路对邻国的经济，特别是对几个内陆国家的经济有重要意义。1990 年南非和博茨瓦纳、莫桑比克、纳米比亚、斯威士兰、赞比亚、津巴布韦和当时的扎伊尔（现刚果民主共和国）等 7 个国家的铁路管理总经理协商，决定建立共同运营网络，以协调该地区的铁路运输。1994 年开始协调货运时刻表，

---

[1] *South Africa Yearbook 2006/2007*, p. 583.
[2] *South Africa Yearbook 2002/2003*, Transport.
[3] *South Africa Yearbook 2005/2006*.
[4] *South Africa Yearbook 2003/2004*, Transport.

以加快出口货物和易腐烂物品的运输,并简化海关手续。南非铁路还办理邻国的集装箱快运业务。①

## 三 公路运输

南非的公路里程在20世纪90年代初大约为18万公里(1992年),其中铺面公路有5.6万公里,约占公路里程的30%。公路分国家、省和城镇三级管理。国家级公路连接所有的中心城市、工矿区和港口,并与邻国公路相连。公路运输不仅承担南非国内的客货运输,而且承担与邻国进行双边和多边的运输业务。公路货运量约占陆路货运量的1/3。

近年来,南非公路交通有很大发展,道路网总长75.46万公里(含城市街道)。其中9600公里为铺面国家公路(包括收费公路2400公里与非收费公路);5.6万公里铺面省级公路;30万公里省级砾石公路;16.8万公里城市道路(包括铺面与非铺面道路),以及22.1万公里未划分等级的公路。南非政府制定5年计划,改善道路基础设施状况。②

南非公共交通设施仍比较差。根据南非2003年全国家庭出行调查,23%的家庭有一部汽车。月收入超过6000兰特的家庭中,82%的家庭至少有一部汽车。南非每1000人汽车拥有量是108辆,总体水平不高。但是,在不同种族人群中汽车拥有量差别很大。

由于白人大多拥有私家汽车,因此公共交通长期不被旧政府重视。城镇黑人外出工作主要靠城市郊区火车和出租车,公共汽车的覆盖面有限。根据南非全国家庭出行调查,2003年约390

---

① The Library of Congress Country Studies; CIA World Factbook. http://www.photius.com/countries/south africa/economy/south africa economy transportation and communication.html/

② *South Africa Yearbook 2005/2006*, Transport.

万人出行使用公共交通工具；250 万人乘坐小公共出租车；还有 32.5 万人有时乘坐出租小轿车。大城市公共交通由地方政府管理，由私人公共汽车公司运营，还有小公共出租汽车。

南非政府提出发展公共交通的主要目的是改进公共交通系统，向公众提供能承受的公共交通方式，以使经济更活跃。目前的主要做法是提供公共交通补贴。到 2005 年年中，政府给公共汽车交通的补贴共 22.8 亿兰特，其中 67% 拨给 34 个临时公共汽车合同单位。每年给乘坐郊区火车的往返劳工交通补贴 25 亿兰特。近年来，公路运输开始非国有化。目前，公共汽车客运大部为私营，因此出租车行业的竞争十分激烈。

促进农村地区交通的政策是发展非机动车交通，包括毛驴车和自行车，以及其他畜力和人力交通运输工具。[1]

## 四 水运与港口

南非海岸线总长 2954 公里。绕经非洲大陆南端的海上航线通常被称为开普航线，是连接大西洋和印度洋的重要海上通道。南非港口网络公司（Portnet）归属于南非交通网络公司，管理全国的港口运输。港口运输在南非经济中占重要地位，南非 98% 的出口货物通过海运。南非 8 个商业海港由国家港口代理处（NPA）控制和管理。国家港口代理处是 2001 年由港口网络公司改组而成，以适应 21 世纪海运环境的变化，提高南非港口运营效率。[2] 南非沿岸的海港从东北到西南海岸依次是：里查德湾港、德班港、东伦敦港、伊丽莎白港、莫塞尔湾港、开普敦港、萨尔丹哈湾港，以及距离伊丽莎白港 20 公里的新建深水港——恩库拉港（Ngqura）。

---

[1] *South Africa Yearbook 2005/2006*，Transport.
[2] *South Africa Yearbook 2005/2006*，Transport.

## 南非

德班港、开普敦港和伊丽莎白港有大型的集装箱码头。德班港是南非最重要和最繁忙的海港，也是目前南非最大的集装箱港口，设计能力为每年65万箱，1995年实际装卸量为85万箱。开普敦港的货运量也大幅度增长，1994年装卸集装箱15万箱，1995年增加到近30万箱。为了适应经济开放之后货运量的增长，南非港口网络公司正在实施扩建德班港和开普敦港的计划，使德班港的集装箱处理能力每年达到110箱，开普敦港达到每年43万箱。里查德湾港是1976年兴建的港口，年处理货物6500万吨，占南非海运货物总量的20%左右。1993年，在南非港口停靠的船只共有13437艘，总吨位4.41亿吨，港口货物装卸量接近1.23亿吨（不含石油产品）。

随着国内经济和对外经济合作的发展，南非的主要港口业务都面临压力。由于以前多年投入不足，港口吞吐能力与进出口货物的增加极其不适应。因此，近年来南非对港口建设的投入有比较大的增长。特别是两大主要港口开普敦港和德班港，近年来由于货物装卸量的增加而出现瓶颈制约。2002年，南非港口装卸集装箱2500万个，比1998年增加近1/5。南非交通网络有限公司2004年提出投资21亿兰特，用于提升开普敦港和德班港的集装箱码头，改进集装箱控制设备。同时，在伊丽莎白港附近新建的恩库拉港，预计将缓解开普敦港、德班港两大港口的压力，并促进恩库拉港和临近的库哈（Coega）工业开发区的发展。[①]

南非的港口是南部非洲内陆国家进出口货物的主要口岸。根据南非港口网络公司的长期规划，开普敦港将成为西非和中非的中心港口，而德班港成为东非印度洋沿岸的中心港口。

---

① EIU, *Country Profile*: *South Africa 2006*, Transport, communications and the Internet, pp. 29 – 34.

表 4-21　南非港口吞吐量统计（2006 年 1~12 月）

| 港口＼业务 | 年度货物吞吐量（吨） | 年度集装箱吞吐量（个） | 年度到港船只（只） |
| --- | --- | --- | --- |
| 里查德湾港 | 86319200 | 4191 | 1575 |
| 德班港 | 43861241 | 2198600 | 4566 |
| 东伦敦港 | 1506111 | 38308 | 332 |
| 伊丽莎白港 | 4870513 | 392813 | 1634 |
| 莫塞尔湾港 | 1518597 | — | 2548 |
| 开普敦港 | 4134740 | 782868 | 3044 |
| 萨尔丹哈湾港 | 37773192 | — | 492 |
| 总　计 | 179983594 | 3416780 | 14191 |

资料来源：National Ports Authority of South Africa Statistics，http://www.npa.co.za/PDF_ Documents/Statistics/Calender Year 2006.pdf。

## 五　输油管线

南非输油管线的建设和使用始于 20 世纪 60 年代。在种族隔离时期，白人政府为了对付国际社会的石油禁运，储备了大量石油。由于铁路网不能应付内陆市场对液体燃料的需求，修建了德班港到约翰内斯堡之间的成品油输油管。输油管线首次输送的油品是 1965 年 11 月 1 日为美孚（Mobil）公司输送的燃油。原油输送管线的使用开始于 1969 年，从德班港输送到内地炼油厂。1996 年，原油输送管道转换为输送气体燃料。同年，输送多种产品的管道线路转换为输送原油。航空燃油输送管道的使用开始于 1971 年。

目前，南非的地下输油管道总长 3100 公里，其中包括 931 公里原油输送管道，1748 公里输送其他石油产品管道，以及 322 公里天然气输送管道。[①] 南非石油网络公司是交通网络有限公司

---

① http://www.answers.com/topic/transport-in-south-africa/

## 南非

下属的国有公司之一，负责管理和维修输油管线，承担运输液体燃料（包括汽油、柴油、航空燃料油、原油），以及输送天然气业务。该公司承担南非全部散装燃油的输送业务。目前，每年输送160亿公升液体燃料、天然气4.5亿立方米。利用管道输送多种产品需要精心计划和分批操作，以防止相互沾染。对产品的检验分为三个阶段：管道入口，输送当中，送达客户，即输送全过程符合与用户约定的特定要求。

液体燃料输送的省份包括夸祖鲁/纳塔尔省、自由邦、豪廷省、西北省和姆普马兰加省。燃油输入口在德班的两个炼油厂，以及萨索尔二厂和萨索尔三厂。输油管线网络还包括一个油罐厂，储备能力为3000万公升，主要用于应付燃油短缺，并向博茨瓦纳供应液体油料。天然气输送管线是由原先的输油管道转换而成，从萨索尔公司所在的塞昆达，经过艾穆潘格尼至德班。输气管线在纽卡斯尔和里查德湾，以及艾穆潘格尼到德班的沿线，也有起始点。南非石油网络公司（Petronet）所有管线的标准基本上遵照美国制定的规范，主要是"烃类、液化石油气、液氧和乙醇的液态输送系统"（ASME B31.4）。石油网络公司共有员工约600人，分布在管线网络延伸分布的地区。该公司设在德班的总部对输油管道的压力实行每天24小时监控，一年365天不间断。地区办公室设在约翰内斯堡北部的白德福德弗尤（Bedfordview），主管市场经营、财务、人力资源、工程和信息系统；另一个分支机构设在派恩敦（Pinetown）。

石油网络公司对输油管道的完好状况进行不间断监测。管道内部检测工具是检测磁性的"智能猪"（Intelligent Pigs），以测定管道的腐蚀程度。南非输油管道使用电解技术进行维护。根据南非交通网络公司的资料，使用"智能猪"对南非输油管道的检测结果是状态良好。[①]

---

① http：//www.transnet.co.za/Petronet.aspx/

第四章 经　济

六　航空

南非航空公司（SAA）始建于1934年，是当时白人政府收购"联邦航空公司"后改名而成。南非航空公司是国有企业，属于南非交通网络公司管辖。2003年南非航空公司申请成为国际航空运输协会成员并被接受，2006年4月成为其正式成员。南非航空公司是非洲最大的商业航空公司，截至2007年3月，共有61架客机。

南非机场管理公司（ACSA）拥有并管理10个主要的飞机场，其中包括3个国际机场：坦博国际机场（即前约翰内斯堡机场）、开普敦国际机场和德班国际机场，以及匹兰内斯伯格机场（太阳城附近）和其他6个机场。截至2005年6月，南非共有136个注册机场和56个直升机起落点。

南非各大城市之间都有航线连接。南非航空公司国内航班每周600多架次。南非有19个航空港口，2000年接送进出港旅客543627人次，2001年为558743人次，2004年增加到567074人次。截至2005年中，南非注册的民用飞机共有9063架。南非国内运营的航线1994年为9条，2004年增加到50条。21个空中交通管制中心支持145个有铺面跑道的注册机场的运行，以及580个无铺面跑道的飞机场的运行。①

南非航空公司目前与非洲国家之间开辟有21条航线到达下列城市，其中包括：科特迪瓦的阿比让、加纳的阿克拉、塞内加尔的达喀尔、尼日利亚的拉各斯、安哥拉的罗安达、刚果共和国的黑角（Point Noire）、刚果民主共和国的金萨沙、肯尼亚的内罗毕、马拉维的布兰太尔和利隆圭、毛里求斯的路易港、莫桑比克的马普托、坦桑尼亚的达累斯萨拉姆、桑给巴尔和乞力马扎罗

---

① *South Africa Yearbook 2005/2006*, Transport.

## 南非

(2007年7月7日开始季节性航班)、乌干达的恩德培、赞比亚的卢萨卡、津巴布韦的哈拉雷和维多利亚瀑布，以及纳米比亚的温得和克。南非航空公司在非洲之外的国际航线通往12个城市，包括：巴西的圣保罗、阿根廷的布宜诺斯艾利斯(2007年7月8日开通)、美国的纽约、华盛顿和芝加哥(2007年5月8日开通)、英国的伦敦、德国的法兰克福和慕尼黑(2007年7月1日开通)、法国的巴黎、印度的孟买、中国的香港、澳大利亚的珀斯。南非航空公司还与国际大航空公司签订了联营协议。目前，南非航空公司的国际航班飞往26个国家，34个城市，每年运送旅客650万人次。在世界范围内雇佣12000员工，包括南非航空公司技术部雇员3600人。雇员当中包括800名飞行员，2800名航班服务员。南非航空公司领导层77%为黑人，男女比例为56:44。南非航空公司高级管理层44%是黑人，中层管理人员中黑人占41%，非管理层员工中黑人占55%。南非航空公司飞行20条国内航线，其中开普敦至约翰内斯堡航线每天有20架次航班。[①]

表4-22 南非三大国际机场旅客人数统计(2005年)

| 港口名称 \ 旅客统计 | 国内航班 到达 | 国内航班 出发 | 国际航班 到达 | 国际航班 出发 | 合计 |
|---|---|---|---|---|---|
| 坦博国际机场(前约翰内斯堡机场) | 4481520 | 4518872 | 3177330 | 3247068 | 15424790 |
| 开普敦国际机场 | 2737400 | 2766290 | 584627 | 583034 | 6671351 |
| 德班国际机场 | 1821178 | 1841849 | 10831 | 12067 | 3685925 |
| 总计 | 9040098 | 9127011 | 3772788 | 3842169 | 25782066 |

资料来源：*South Africa Yearbook 2006/2007*, p.587。

---

① http://flysaa.network.com.tw/s03.asp 南非航空股份有限公司台湾分公司。

南非航空公司在非洲规模最大，2003/2004 年度运送出港旅客 1190 万人次，① 2005 年增加到 1297 万人次。南非占非洲航空运输的 75%。近年来，私营航空公司开始在南非出现，与国营的南非航空公司相竞争。

七　通信业

南非的电信市场在非洲最为发达。南非国家电信公司（Telkom）在电信市场中占主导地位，该公司在 2003 年实行部分私有化，但在南非固定电话市场上居垄断地位。电信业的其他公司包括：沃达公司（Vodacom）、移动电话网公司（MTN）和无线电信公司（Cell-C）。南非电信市场年均增长速度达到 50%。

**电话**　南非固定电话用户占总人口比率为 10.9%；在黑人住户中只占 3%，仅略高于南部非洲地区的平均水平（2.6%）。

南非国家电信公司的国际通话费比较高。降低费用的可能性将来自国内其他电信公司的发展；同时非洲东海岸海底通信电缆的铺设，将使南非和东南部非洲的国际电话不必经过欧洲转接，因而可以降低通话成本。

南非移动电话近年来发展迅速。2002 年移动电话用户数量为 1370 万个，占总人口的 31.1%；2005 年达到 3100 万个，增加到占总人口的 65.4%。南非是发展中国家移动电话用户占人口比例最高的国家之一。沃达公司是南非最大的移动电话供应商，占有 58% 的市场份额；其次是移动电话网公司占 32%；无线电信公司占 10%。

**互联网业务**　南非的计算机使用率就全国人口而言还比较低，但是增长很快。根据联合国国际电信联盟的数字，南非在线

---

①　*South Africa Yearbook 2005/2006.*

上网人数 2003 年为 328 万，2004 年上升到 352 万，在非洲国家中为最高，其次是埃及、摩洛哥和肯尼亚。南非有多家互联网服务商（ISPs），但是由于电话费用高，同时南非国家电信公司提供的宽带服务不足，竞争力受到影响。该公司正在努力改善电信基础设施，以改变互联网使用费用高、连接缓慢等问题。专家估计，非洲东海岸海底电缆的启用，将会缓解这些困难。

**电子商务** 南非电子商务的发展与世界同步。据联合国的估计，非洲电子商务的营业额将从 2002 年的 5 亿美元，增加到 2006 年的 69 亿美元，其中南非将占 88%，为 61 亿美元。网上采购和供应链的管理，有益于减少交易成本，改善与客户的关系，因此很多企业乐于采用电子交易。同时，南非多数大型金融机构、矿业公司、化工企业和制造业公司在全球开展业务，与国际经营方式接轨程度比较高。因此，南非已经建立一系列的市场网站，为各类公司服务。南非的商家与消费者之间的网上交易方式，与美国、欧洲相类似。网上银行的使用在南非很普遍，仅次于电子邮件的使用。南非几家重要的银行提供综合性的商务和个人网上服务，包括账目审查、汇兑、单据呈递和支付，以及各种现金和证券管理业务。

**电子政务** 1998 年的《国家信息技术代理法》（Act 88 of 1998）在 2002 年通过修正案，准许代理机构建立电子服务辅助结构，并使该机构成为唯一向中央和省级政府提供信息技术产品和采购服务的代理。电子政务的建设也在进行。中央和地方政府网站的内容保持更新和全面，并不断推出新的服务项目，比如网上纳税、电子档案、南非税务局在线税收申报和缴纳等。根据电子档案网站的统计，南非有 250 万个人、公司、商贩和雇主使用互联网在线提交申报书。南非 13 个大都市地区已经实行在线缴纳交通罚款。

**邮政服务** 南非邮政局 1991 年成为国有公司，财政和服务

第四章 经　济

等方面存在问题。1994年新政府成立以后，开始改造邮政系统，以适应大量增长的递送业务。近年来，出现一些从事邮政业务的私人公司。

## 第七节　商业

### 一　商业发展历程

在早期的非洲人部落社会中，存在以物易物的贸易关系。南非土著居民与外部世界的交换关系可以追溯到1497年，葡萄牙冒险家范斯科·达伽玛率领的远征舰队到达非洲南端的莫塞尔湾（Mossel Bay），用面包和酒交换科伊人的牲畜。16世纪荷兰、英国、法国，以及北欧国家驶往亚洲的商船，也在开普半岛补充淡水和牛羊肉。这种交换方式持续了几个世纪。17世纪后半期欧洲移民在南非落脚之后，发展起农业和畜牧业，给欧洲过往的船只补充给养，同时南非白人社会依靠外部的商品供应，因此南非沿海地区商贸活动日渐发展。后来，白人移民向内地扩张，商贩用马车、牛车贩运货物，进行买卖。19世纪南非矿业兴起，矿业公司的资金日渐雄厚，开始直接进口所需货物，威胁到沿海商人的垄断地位。随着威特沃特斯兰矿业地区制造业的发展，沿海进口商行的作用日渐减弱。但是，围绕矿业的商业服务业逐渐兴旺，1892年建立了南非商会联合会。[①]

在19世纪中叶南非矿业开发和相关工业兴起时期，非洲人面临新的商品经济的挑战，采取的是起而应对的姿态。非洲人抓住机会开办商店、经营矿业，并且进入商品农业领域。但是很

---

① *South Africa Official Yearbook 1982.*

快，非洲企业的发展势头遭到打压。白人殖民当局制定法律和规章，强行剥夺非洲人的商业所有权，禁止非洲人在土著人保留地之外拥有土地及经商，非洲人商贩只能在非洲人住区经商。在奥兰治自由邦，非洲人的商业活动完全被禁止，以保护白人商人的利益。

1948年主张种族隔离的南非国民党上台执政后，于1950年公布的《种族住区法》，规定"有色人"和印度人在其划定的住区之外不准经商或办企业。1955年，白人政府规定非洲人在划定的非洲人保留地之外不准从事商业活动。对于那些已经在白人区经商的黑人，则强制他们在黑人区另外寻找场所。两年之后，非洲人住区的黑人商家也必须得到"土著行政官员"的批准才能在当地经商，当局的解释是他们与白人商业形成了竞争。20世纪60年代以后，对非洲人经商的限制更加广泛，在非洲人住区也不准许非洲人经商办企业。1968年，对非洲商人的限制更加严格，规定每个非洲商人只能有一个商铺，禁止非洲商人向其他人种的南非人卖东西或运送货物。凡此种种，使得非洲人失去经商和积累财富的条件[①]，白人垄断了商业活动。

南非传统的商品销售以农贸商店为主，后来发展成为更常规更专业的零售商店，在沿海地区长期存在这种经营形式，货源主要依靠批发商。在经济发达人口集中的矿业和金融中心威特沃特斯兰地区，后来发展起独立的零售业，形成连锁的商品集散网络，不再依赖批发商，并且与批发商形成竞争关系。第二次世界大战时，南非的制造业和商业得到空前的发展机会。1942年，阿非里卡人商业协会成立。二次大战后，南非零售商业进一步发展，到20世纪60年代，零售业的发展出现销售额大幅度增长和连锁店迅速发展的形势。但是，南非掀起"买南非货"的运动，

---

① *Alan Hirsch-Season of Hope-Economic Reform under Mandela and Mbeki 2005.*

使得进口货物中直接用于消费的物品的比例由40%降低到15%。① 这一时期，对市场研究的投入增加，1963年对市场研究的投入占国民收入的0.05%，影响最大的市场研究机构是南非大学市场研究所（Bureau of Market Research of the University of South Africa）。南非零售业商品的90%来源于国内。1970～1971年，南非零售业商品50%是食品、蔬菜、水果和综合类商品，其次是肉类、纺织品、家具、化工产品和杂货类等。

20世纪60年代中期到70年代末，南非制定了一系列商业管理方面的立法。1964年出台《物价控制法》（Act 25 of 1964），依照该法建立由工业部、商业部和旅游部组成的物价管理机构，其职责是以政府公报或书面通知的方式公布商品（包括服务）的最高限价。其他立法有1963年的《商标法》、1967年的《设计法》、1978年的《专利法》等。对零售商的管理曾实行许可证制度，后来逐渐放松，目前只需要向管理机构注册。

超级市场和商业中心的发展在南非已经有几十年的历史。随着大都市的发展和人口的集中，南非国内贸易方式也出现巨大变化，形成若干现代化的综合中心商业区。在约翰内斯堡周围地区、开普敦大都市区、伊丽莎白港和东伦敦地区、德班和彼得马里茨堡地区、布隆方丹和自由邦金矿地区等大城市郊区，建设起巨型的超级市场和商城，形成一站式和自助式的购物方式。20世纪70年代以后，黑人就业的增加和购买力的上升，也是推动南非零售业发展的一个因素。但是，在可支配收入总额中，1985年黑人占31.8%，白人占55.5%。② 南非黑人城镇零售业和超级市场的发展大大落后于以前的白人地区。1994年以后，黑人城镇的商业才得到平等的发展机会。

---

① *South Africa Official Yearbook 1982*, p. 504.
② *South Africa Official Yearbook 1991/1992*, p. 149.

## 南非

农村地区的销售系统中一个重要渠道是农业合作社,它们从事批发和零售业务,提供种类多样的商品。

### 二 商业现状

南非具有非洲大陆最发达和成熟的商业体系。基本实行自由市场制度,政府的管理主要在物价监控和质量监管方面。国家统计局定期发布消费物价指数和生产物价指数。南非贸易与工业部设有消费者和公司管理处(Consumer and Corporate Regulation Division),负责管理酒类和博彩行业,以及商业竞争和消费者保护政策。该部下设的公司和知识产权登记处,负责公司和知识产权注册,保留相关注册,整理信息以向利益相关方披露。正在起草的《消费者保护法案》(Consumer Protection Bill),旨在通过整合统一现有的各种消费方面的立法,维持公平、便利的消费市场和信贷秩序,特别是保护弱势的消费者免遭不法商人的侵害。[1]

南非有遍布全国的商品配送和销售系统和方式,包括使用代理人或分销员,通过现有的批发商或商人,直接把商品卖给百货商场或其他零售商,或者建立分支或附属机构。

南非商业部门雇员约占就业总人数的1/10。2005年,零售业和批发业雇员总数为999451人。

**零售业** 南非零售业有多种销售渠道,包括邻里便利店,小型综合店,经营单一商品的专卖店(比如服装、电器、家具店),时装专卖店,连锁店(食品、服装、盥洗用品、家庭用品),百货公司,现金支付并提货的批发和零售商店,服务农村地区的合作商店。这些商店90%的商品货源来自南非国内。

---

[1] *South Africa Yearbook 2006/2007*, Economy.

## 第四章 经　济

南非的超级市场（分为特大型市场 hypermarkets 和超级市场 supermarkets）被认为具有世界一流水平。南非各大城市都有现代化的大型购物商城，被称为 Mall。由于运用先进技术，并受到经济全球化的影响，货物供应充足，商品零售很兴旺。大型商城的营业面积远远超过以往的连锁商店。这些超级市场销售的大量货物是通过自助方式进行。超级市场建在城市郊区的商业中心，改变了以往商品分销的链条，不再直接从制造商采购，也越过了批发商。超级市场的销售方式利润率低但是营业额高，对其他竞争者在价格上构成压力。

特许经销业在南非正在日益发展，所有大型食品零售商在特许经销方面占重要地位。很多公司选择这种销售方式的原因是风险低，上货快。

售后代理对于外国出口商很重要。对于技术性产品的售后服务，外国商人需要指定南非当地的售后代理。这个代理公司可能不进口或经营相关产品，但是它必须在地理位置、技术能力和经营理念等方面符合要求。对于外国公司或商人，确定适当的售后服务代理很重要，它可以保障代理的产品在南非市场培养起良好信誉。

南非零售业也在向国际市场扩张。澳大利亚由于气候和消费者基础与南非类似，成为南非零售商的首选。其他国外市场还包括中东和非洲国家，它们与南非相近，而且利润率高。在激烈的国际竞争当中，南非零售商努力提高效率和降低成本，以提高利润率。

2005 年，南非零售业的总收入为 3122.63 亿兰特，其中最大份额来自销售食品、饮料和烟草的非专营商店，占总额的 25.6%。同年零售业支出总额为 2971.72 亿兰特。最大的贡献同样来自销售食品、饮料和烟草的非专营商店，占 26.3%。2005 年，零售业税前净利润为 167.73 亿兰特，其中盈利最多的商品

## 南非

是纺织品、服装、鞋类和皮革制品，利润金额为 65.45 亿兰特，占净利润总额的 39%。[①]

**批发业** 大宗消费品，或者工业原材料的进口，通常通过现有的批发商进行。同时，很多消费品的外国出口商直接卖给南非的零售组织，包括消费公司、百货商场、连锁店、独立零售商人的合作社。这些组织也进行批发、销售和存储。

南非批发业 2005 年总收入为 537516 亿兰特。销售收入来源占第一位的是食品、饮料、烟草（982.50 亿兰特，占 18.3%）；其次是机器、设备和耗材（937.31 亿兰特，占 17.4%）；再次是燃料及相关产品（865.27 亿兰特，占 16.1%）；其他家庭日用品（735.51 亿兰特，占 13.7%）。

**南非四大超级市场集团** （1）批克恩赔公司（Pick'n Pay）是家族控制的企业，1967 年购买了 4 个小商店，1968 年在约翰内斯堡股票交易所上市，目前是非洲最大的食品、服装和普通商品的零售商。[②] 批克恩赔公司的商店形式多样，由各自所处的地理位置和服务的社区而定。该公司的管理分为零售分部董事会管理和集团企业分部董事会管理。零售部分是其核心业务，包括特大型市场（设在郊外）、超级商场、家庭特许商店、肉店以及金融服务机构。集团企业分部管理该公司其他业务，包括为该公司在南非和国外寻找投资机会。

该公司的特大型商场是最大型的商业形式，在全国有 16 家市场。每一个特大型商场都是一站式打折零售，包括食品和一般商品。该公司在南非全国还有 142 家超级市场，与特大型商场以价格占优不同，以便利为其竞争优势。超级市场以新鲜食品为特色，而且品种丰富。超级商店介于特大型商场与超级市场之间，

---

① Key findings, "P6201-Retail trade industry", *Statistics South Africa 2005*.
② http：//www.picknpay.co.za/about us.html/

第一家超级商店 1980 年开设，1998 年被合并到临近的超级市场。

批克恩赔公司的家庭商店是该公司最初经营方式的继续。家庭商店的进货和运营得到总公司的支持。家庭商店的优势是可以深入到小的社区，并且营业时间长。在南非境内现有 127 家这类商店，在纳米比亚有 5 家分店。

集团企业分部管理特许经营，这是公司推广自己的品牌并减低金融风险的方式之一。而且特许销售使该公司得到很多机会，可以进入那些公司商店不能得到批准的领域。集团企业分布在全国，共经营 172 家商店，包括 115 家公司商店和 57 家特许专营店。[1]

（2）斯帕尔公司（SPAR）建立于 1960 年，最初是食品杂货连锁店。1963 年有 8 个批发商归入其名下，为 500 个小零售商供货。该公司遵循"自愿贸易"原则，鼓励旗下的零售商应用公司的销售力量向当地商人采购，因此该公司的零售点各有特色。目前有 6 个分销中心，向南非 800 个商店提供货物与服务。2005 年，斯帕尔公司在约翰内斯堡股票交易所上市。[2]

（3）绍普莱特集团公司（Shoprite）是非洲最大的食品零售商，总部设在南非西开普省，它在非洲、印度洋沿岸和南亚地区的 17 个国家共经营 1181 个分支机构。该公司是约翰内斯堡股票交易所的上市公司，同时还在纳米比亚和赞比亚的股票交易所上市，共有约 5000 个股东。该公司目前雇员人数为 68987 人，过去 4 年间创造就业 18000 个。该集团公司还为零售和批发部门培训技术和管理人员。[3]

---

[1] http：//www.pnp.co.za.
[2] http：//www.spar.co.za/Aboutus75.aspx.
[3] http：//www.shoprite.co.za/default.asp.

4. 伍尔沃斯公司（Woolworths）于1931年建立于开普敦，1934年在德班开设第二家分店，1936年又分别在伊丽莎白港和约翰内斯堡开设分店。目前，伍尔沃斯公司的商品在149个公司商店销售，同时在非洲和中东有51家特许店，在南非有69家特许店。[①]

**网上销售** 南非国内零售业的在线销售呈上升趋势。网上零售商利用先进的技术和销售战略，形成逐渐成熟的网上交易市场，为买主提供便利的购物条件。它吸引买主的另一个因素是在线购物极少出现假货，而且提供个性化服务。消费者本身的成熟也是原因之一，便利的网上商品信息查询使买主增加了自我保护的可能性。

2006年第三季度，南非在线销售额达到231亿美元，比2005年同期的188亿美元增长23%。2006年前三季度在线销售额为691亿美元，同比增长24%。[②]

三　商业组织

（一）商业基金会

**商业筹划基金会**（Business Map Foundation） 是一个非盈利的研究组织和智囊机构，关注南非和南部非洲地区的经济转型，对经济和投资问题进行广泛的研究并提供信息。

**商业领导人基金会**（Business Leadership Foundation） 是南非大公司和重要跨国公司的联合会，关注南非的经济增长、创造更多就业机会、包容性和减少贫困，在南非有重要地位。

**戈登商学研究所**（Gordon Institute of Business Science）

---

① http://www.woolworths.co.za/caissa.asp/history.
② http://press.arrivenet.com/industry/article.php/996081.html, ArriveNet July 12, 2007.

设在比勒陀利亚大学,其宗旨是通过各种活动和计划来提高个人和公司的竞争能力。

**(二) 全国性商业联合会**

**南非统一商会(Business Unity South Africa)** 建于2003年,由南非黑人商业委员会和南非商会合并而成的商业联合会,是南非第一个不分种族的统一商业组织。它包括南非的商业行会、工业行会、专业和公司联合会,以及单一部门雇主组织的联盟,是南非商业的主要代表。它关注南非的宏观经济和影响国内国际的高层次问题。

**南非商业和工业商会(Chambers of Commerce and Industry South Africa)** 2003年10月由南非四个主要的全国性商会联合而成。

(1) 南非商会(South Africa Chamber of Business),是南非最大的商业组织,会员有2万家企业,包括南非80家最大的公司,20个特定部门的商业联合会。它关注的重点是影响南非商业社团的经济、社会和政治问题,每月发表商业信心指数。

(2) 全国非洲人商业联合会(Nafcoc),是独立的商业援助组织,主要服务于黑人经济,扶助公司和小企业。

(3) 阿非里卡人商会(Afrikaanse handelsinstituut),建于1942年,是多部门的雇主组织,包括南非经济的几乎所有行业。

(4) 非洲人商业和消费者服务基金会(the Foundation for African Business and Consumer Services),成立于1988年,目的是使黑人经济进入南非的主流经济。该基金会有9个地区组织,由设在约翰内斯堡的秘书处管理,会员多达1万家公司,大部分是小企业和非正规经济部门的企业。

(5) 米纳拉商会(The Minara Chamber of Commerce),是代表和支持南非穆斯林商业和企业的商会。该组织的宪章和工作遵照伊斯兰行为准则和道德。

### (三) 省级商会

南非9个省都有地区性商会,其中以豪廷省最多(9个),其次是西开普省(5个),其他省各有1~2个商会。[①]

## 第八节 财政与金融

### 一 财政

#### (一) 财政制度

南非1996年宪法第13章对新制度下的财政金融体制有明确的规定。国家的总体财政事务包括:国家岁入基金;公平分享和分配岁入;国家财政控制;政府采购;政府担保;公职人员薪酬。宪法对全国性财政金融管理机构的规定包括:金融和财政委员会的建立、成员任期和报告制度;中央银行(即南非储备银行)的建立、基本目标、权力和运作;省级和地方政府的财政事务。

**国家岁入基金** 根据1996年宪法第13章第213条的规定,中央政府接受的全部款项必须上缴国家岁入基金(National Revenue Fund),除非根据议会的相关立法可以被排除的款项。从国家财政收入提取款项,只能按照议会相关立法规定的额度,依照宪法或法律的规定,需要国家岁入基金直接支付的款项。各省平等享有的国家财政收入,属于国家财政收入基金直接支付的款项。

**各级政府预算** 1996年宪法对中央、省级和市级政府预算的规定包括:

——各级政府制定预算的程序必须透明、负责,并有效地管理财政经济、债务和公共部门。

---

[①] http://www.southafrica.info/doing_business/sa_trade/help/sachambers.htm.

——国民议会必须规定各级政府预算的形式、呈交议会的时间，并要求各级政府的预算必须说明财政收入的来源，计划开支项目必须符合国家法律。

——各级政府的预算必须包括收支估算，区分资本项目与经常项目开支；对可能出现的财政赤字提出筹措资金的计划；对下一年度由于借贷或其他形式的公共负债而造成公共债务的增加必须说明意图。

**财政部管理** 国家依法建立财政部。国家财政部的宗旨是通过负责任的、节约的、公平的和可持续的公共财政管理，促进经济发展、治理良好、社会进步和人民生活水平的提高。宪法规定确保政府各部门开支的透明和得到控制的措施，包括必须采用公认的会计规则、统一的支出分类及财政部统一的规范和标准。

**政府采购** 宪法规定：中央、省级或地方政府的任何机构订购货物或服务，必须符合公平、透明、通过竞标和成本核算制度。

**政府担保** 中央政府，省政府或市政府可担保贷款，但该项担保必须符合国家立法规定的条件。各级政府每年必须公布说明它所提供的担保报告。

**工职人员薪酬** 议会必须通过立法，建立工职人员薪酬制度，确定国民议会议员、全国省务院常驻代表、内阁成员和副部长、传统领导人和传统领导人委员会的成员的工资、薪金，津贴和福利，以及省议会委员、行政会议成员及各类市议会议员的薪金津贴或福利的上限。国家立法机构必须建立一个独立的委员会对上述人员的薪金、津贴和补助款提出建议，只有在考虑独立委员会的相关建议之后，议会才能通过有关立法。

（二）财政政策

1. 实施财政紧缩和货币从紧政策，遏制通货膨胀

南非新政府1994年成立后，面临巨大的就业压力，在百业

待兴、信贷需求旺盛的形势下,实施财政紧缩和货币从紧政策,以保持金融秩序的稳定,抑制通货膨胀。它不求一时的高增长,争取在经济结构调整的过程中,逐步为可持续增长创造条件。

1996年2月至10月,南非出现金融危机,人们的投资信心受到影响,出现资本外逃和货币贬值,兰特下跌23%,资本净流入从1995年的190亿兰特降至1996年的40亿兰特,即不足10亿美元。由于外汇储备很低,不足以支持,只能让汇率随市场调整,至同年11月停止下跌。当年经济增长降至3%以下。

1996年6月,南非政府出台宏观经济发展战略——《增长、就业和再分配——宏观经济发展战略》(简称GEAR),以促进经济增长和创造就业为目标。其措施包括:加速金融制度改革,限制短期信贷的发放,以控制通货膨胀;逐步削减政府财政赤字,每年递减0.5%,同时改革税收制度;保持货币政策的稳定,逐步放宽外汇管制;进一步降低关税,三年内把保护性进口关税降低30%;以税收优惠政策吸引外资;逐步实行国有资产私有化;扩大基础设施建设,以支持工业和地区发展。

南非政府从1998年开始,实行"三年中期开支框架",即三年滚动预算,以保证公共财政的良好运行,削减政府开支,改进国内储蓄,降低通货膨胀。财政赤字从1993/1994年度的10.1%,下降到1998年的3.9%。主要消费品物价指数1998年1~3季度保持在7%左右。1998年10月中旬,南非金融市场回稳,兰特停止下跌,与美元比价上升14分,1美元兑5.67兰特。银行基本利率逐渐从25%回落到21%左右。南非经济在1997年和1998年连续两年下滑后,1999年上半年出现明显的上升趋势,同期的资本净流入达到220亿兰特(约35亿美元)。[①]

1999年6月,南非举行第二次全国大选,组成以姆贝基为

---

① 南非财政部长中期预算报告,1999年10月29日。

总统的新内阁。姆贝基内阁的特点是主管经济的部长全部留任,以稳定投资者的信心。新内阁名单公布后,南非货币兰特与美元的比价上升了4.3分;商业银行利率普遍降低一个百分点,降到18%。[①] 南非储备银行行长、副行长易人,但未引起波动。这也反映了对非国大管理经济的能力和政策的信心。

### 2. 债务管理

1994年南非新政府成立之初,面临沉重的国家债务负担,债务约占国内生产总值的48.6%。为了不影响外资的信心,新政府承诺继续偿还种族隔离时期的国家债务,包括10个"黑人家园"政府的债务。新政府成立初年,面临重建和发展任务,国家债务有所增加,1994/1995年度国债总额达到2740亿兰特,约合755亿美元,占当年国内生产总值的58%。虽然国家债务占国内生产总值的比例略有下降,1996/1997财政年度为55.8%,1997/1998年度下降至55.4%,但是外债总额占国内生产总值却有所上升,约占24%。国家债务还本付息占政府财政预算比例1998/1999年度为20.9%,1999/2000年度为22%。[②]

南非政府所采取可持续的财政与宏观经济政策,以及健全透明的债务管理制度,得到国际投资者的认可,使南非发行的以兰特为货币单位的国内债务和外债吸引了各类投资者。近年来,国际知名的投资评级机构(Standard and Poor's, Moody's Investors' Service)均提高了南非的债务等级,显示国际金融界对南非经济的信心。

按票面交易衡量,南非国内的政府债券市场的流动性近年来有大幅度增长,特别是1998年4月指定政府债券的初级交易商

---

① 〔南非〕1999年6月22日《星报》。
② 〔南非〕1997年10月29日《商务报告》;〔南非〕1999年3月9日《商务报告》。

之后，增幅提高明显。在积极管理债务组合当中，财政部负责识别、控制和管理政府面临的风险。财政部下属的综合风险管理机构要对风险做出定量分析，以确定风险的类型，进行监督和管理。①

**3. 节流与开源**

南非新政府成立之初，面临沉重的债务和工资负担，财政投资能力受限。

南非的公务员人数1996年约117万。根据南非宪法，前政府时期的公务员（包括10个"黑人家园"政府的雇员）都不能被解雇。同时，新政府成立后，吸收大量黑人进入公务员队伍，政府各部门高薪聘请顾问的费用每年高达3亿兰特。公务员制度的改革自1996年开始，包括确定公务员队伍的适当规模，制定新的工资制度、退休制度和自愿退职一揽子解决办法。到1996年11月，有2.9万名公务员申请自愿退职，其中1.9万名被准予按一揽子办法得到高额退职金。政府各部门都制定了精简方案。② 到2004年12月31日，南非公务员人数裁减至104万人。

随着南非经济的发展，其税收制度也有相应的改革。2001年，南非改变了以前按照收入来源征税的制度，代之以根据居住地征税。从2001年1月1日开始，南非居民（某些有条件的排除之外）在世界范围内的收入，无论在哪里获得的收入都要纳税。国外税收归入南非应纳税款，国外收入和纳税转换为南非货币单位兰特。

资本增值税从2001年10月1日起开征，作为收入所得税体系的一部分，包括资产处置带来的资产增值的应税收入。销售增值税的征收额度以14%为标准，包括所有货物和服务的销售。

---

① *South Africa Yearbook 2005*, Finance.
② 〔南非〕1997年11月6日《商务报告》。

按照1991年《增值税法》规定，被豁免、排除、扣除和调整的税项除外。南非中央政府征收的税种还包括转让税、遗产税、印花税、有价证券税、关税和国内税。

南非与外国签订的避免双重征税协定，旨在鼓励国家间的投资和贸易。

从南非经济的发展来看，南非政府的宏观经济战略和财政政策取得了预期的目标，虽然经历了国际金融危机的冲击和世界经济衰退的影响，南非经济基本面保持健康发展，财政收入逐年增加。南非财政部长曼纽尔1999年10月29日提交议会的《拨款修正案和中期预算政策报告》提出，财政赤字将从1999年度的2.8%降到2002/2003年的2.4%；同期债务负担占国内生产总值的比例也将下降，但是政府财政收入将从1998/1999年度的1845亿兰特（约300亿美元），增加到2002/2003年度的2430亿兰特（约400亿美元）；公共服务开支将由1999年的1720亿兰特（约280亿美元）增加到2070亿兰特（约340亿美元）。[①]根据南非财政部公布的财政收入数据，在2004年3月31日结束的2003/2004年度，财政收入为3028亿兰特（6.5兰特=1美元）。其中公司所得税为606.5亿兰特，个人所得税为982亿兰特，增值税为810亿兰特。[②] 2004/2005年度财政收入为3478亿兰特，2005/2006年度增加到4110亿兰特。财政收入的增长，加强了政府财政投资的能力，特别是对社会福利和基础设施建设项目的投入近年来有大幅度提高。

**（三）财政预算**

南非的财政权威机构是中央政府，它同时负责提供省政府的绝大部分预算。地方权力机构和地区的服务部门通过省政府从中

---

① 〔南非〕1999年10月8日《商务报告》。
② 中国商务部网站20040405。

央政府得到拨款。政府财政收入的主要来源是直接和间接税收，以及各类税捐。

1994 年南非结束种族隔离制度之后，新政府财政开支的侧重点是使广大黑人受益的社会服务项目，如教育、卫生、社会保险和福利。军费开支继续下降，但用于公共安全的警察部门的预算有所增加。政府到期债务付息仍是较大的财政负担。

1995 年，南非新政府提出第一个财政预算：1995/1996 年度财政收入为 1259 亿兰特，占国内生产总值 25%，比上一个年度增加 11%；预算支出为 1543 亿兰特，比 1994/1995 年度增长 95%；预算赤字为 284 亿兰特，占国内生产总值的 5.7%。在政府预算支出中，社会服务部门支出占 57.4%，安全部门占 21.7%，经济部门占 12.5%。① 1996/1997 年度财政收入为 1448.57 亿兰特，财政支出为 1736.6 亿兰特，财政赤字为国内生产总值的 5.1%。②

表 4-23　1993~1998 年南非财政预算状况

单位：亿兰特，%

| 年度<br>项目 | 1993/1994 | 1994/1995 | 1995/1996 | 1996/1997 | 1997/1998 | 1998/1999 |
| --- | --- | --- | --- | --- | --- | --- |
| 国家预算收入 | 967.021 | 1121.892 | 1259.495 | 1448.570 | 1633.896 | 1040.050 |
| 财政总支出 | 1367.435 | 1374.234 | 1543.941 | 1736.594 | 1899.475 | 2014.162 |
| 财政赤字 | 400.415 | 252.342 | 284.446 | 288.024 | 265.779 | 174.108 |
| 占国内生产总值 | 10.1 | 5.7 | 5.7 | 5.1 | 3.8 | 2.3 |

资料来源：根据南非财政部相关年度预算统计数据编制，参见 SA 1996-1997，South Africa at a Glance, Editors Inc.；South Africa Treasury Budget 1998，2005 statistic tables。

---

① South Africa Official Yearbook 1996, p. 214, 215.
② South Africa Official Yearbook 1997, p. 222, 228, 230.

# 第四章 经济

随着南非经济的发展和国民收入的提高，南非政府的财政状况逐年改善，财政赤字缩小到宏观经济战略预定的指标，政府财政性投资大幅度增加，社会福利和保障的投入明显增长。南非财政部长曼纽尔 2005 年 2 月 23 日向议会提交的财政预算被南非经济学家称为还利于民的预算，其中有几点引起关注。

——为个人和家庭减税 68 亿兰特，主要针对上年收入在 20 万兰特以下的家庭；

——免除年收入在 3.5 万兰特以下和年收入在 6 万兰特以下的 65 岁以上人口的税收；

——改变医疗制度中某些疗程的纳税规定，以减少低收入家庭的负担；

——废除信用卡和银行账户借贷的交易税，以使用户承担得起银行服务；

——提高啤酒价格和香烟价格；

——提高汽油和柴油价格；

——为小企业减税 14 亿兰特，以释放更多的增长资金；

——采取措施减少小企业的纳税程序成本和文牍主义；

——公司税由 30% 降低到 29%；

——改变对旅行津贴的税收，取消对高收入者没有正当理由的津贴；

——为老年人、残疾人和依赖照顾的人提高月补助金 40 兰特，达到每月 780 兰特；婴儿抚养补贴提高 10 兰特，达到每月 180 兰特；

——拨款 60 亿兰特，以使归还非洲人被侵占土地的计划在今后 3 年内完成；

——拨款 20 亿兰特用于新的综合住房战略，拨款 30 亿兰特用于社区相关的基础设施建设；

——17亿兰特用于供水、卫生等社区基础设施建设的投资；
——69亿兰特用于提高教师工资；
——50亿兰特用于提高警察工资和增加警察人员；
——30亿兰特用于公共交通和道路建设的投资；
——37亿兰特用于市政服务；
——7.76亿兰特用于全国学生资助计划；
——10亿兰特用于推动继续教育和职业培训；
——14亿兰特用于南非的非洲发展计划，包括资助维和行动、非洲联盟和泛非议会；
——10亿兰特用于新的小型农业资助计划。

表4-24  1999~2006年南非财政预算一览

单位：亿兰特，%

| 年度 项目 | 1999/ 2000 | 2000/ 2001 | 2001/ 2002 | 2002/ 2003 | 2003/ 2004 | 2004/ 2005 | 2005/ 2006 |
|---|---|---|---|---|---|---|---|
| 总税收 | 1981.624 | 2155.919 | 2482.624 | 2785.077 | 2994.312 | 3478.544 | 4110.851 |
| —占GDP | 23.7 | 23.8 | 23.6 | 24.6 | 24.6 | 24.7 | 24.7 |
| 总支出 | 2147.499 | 2339.340 | 2629.045 | 2915.240 | 3287.092 | 3685.412 | 4178.192 |
| —占GDP | 25.6 | 26.2 | 26.2 | 27.1 | 27.7 | 27.8 | 27.6 |
| 政府偿债费用 | 443 | 462 | 481 | 473 | 504 | 540 | 521.78 |
| —占GDP | 5.3 | 5.1 | 4.9 | 3.9 | 3.8 | 3.7 | 3.0 |
| 预算平衡 | -165.876 | -183.422 | -146.422 | -130.162 | -292.780 | -206.868 | -479.497 |
| —占GDP | -2.0 | -1.9 | -1.4 | -1.1 | -2.3 | -1.5 | -0.5 |
| 国内生产总值 | 8372.40 | 9516.82 | 10487.55 | 11983.44 | 12814.38 | 14199.91 | 15595.80 |

资料来源：根据南非财政部各年度预算报告编制。参见 Highlights of the 2001 Budget; Budget 2004 at a glance; 2006 Budget Review, p.160, Table 1 Main Budget: Revenue, expenditure, deficit and financing; Budget 2007 at a glance.

表 4-25　南非 2007/2008 年度政府开支分配

单位：百万兰特，%

| 项　目 | | 占总支出比例 | 项　目 | | 占总支出比例 |
| --- | --- | --- | --- | --- | --- |
| 教　育 | 105492 | 17.58 | 经济部门 | 109846 | 18.30 |
| 卫　生 | 62663 | 10.44 | 一般行政 | 40107 | 6.68 |
| 福利/社会保险 | 89353 | 14.89 | 划拨支出合计 | 541013 | 90.15 |
| 住房/社区发展 | 45334 | 7.55 | 利　息 | 56120 | 9.35 |
| 警察/监狱/司法 | 57926 | 9.65 | 紧急储备 | 3000 | 0.50 |
| 防务/情报 | 30293 | 5.05 | 预算总支出 | 600134 | 100.0 |

资料来源：Budget 2007 at a Glance, http://www.treasury.gov.za/

## 二　金融

### （一）金融体系

**南**非金融部门的服务范围包括商业银行、零售银行、商人银行，以及按揭贷款、保险和投资业务。南非的银行系统与国际同步，许多外国银行在南非有业务代表机构，电子银行设备广泛应用，在全国范围有自动取款机网络和网上银行系统。南非的金融服务董事会（Financial Service Board）监管资本市场的规则和运行机构，包括保险业、基金管理人和券商，但不包括银行、所有银行在中央银行（南非储备银行）的监管之下。

南非的银行系统成熟而有成效，其中包括中央银行（南非储备银行），几家规模大、资金雄厚的银行和投资机构，以及若干比较小的银行。

1994 年以来，在国际上对南非进行金融制裁结束之后，很多外国银行和投资机构在南非设立了业务代表机构。南非的银行法与英国、澳大利亚和加拿大相类似。南非 1998 年通过《国家支付制度法》，旨在使南非的金融结算制度符合国际结算制度和

制度化风险管理程序。

**南非支付协会** 南非支付协会在南非储备银行监管之下,推动采用付款结算协议,交易结算、清偿和净额结算协议,以及建立银行间结算的固定规则和降低系统性或其他类型的风险。南非银行业的这些措施使得南非与国际银行间结算的惯例相一致。

**银行监管** 1985年,德考科委员会对南非货币体系和货币政策的调查报告提出建议,把监管范围扩大到所有银行的国内业务,而这项工作过去是由金融机构注册部门负责。银行注册机关是储备银行的一部分,负责注册银行或者互助银行,并实施相关法律的所有要求。银行注册机关履行职责有一定的自主性,但是每年向财政部长提交报告,财政部长向议会提交该报告。在对整个银行部门监管的同时,各个金融机构的表现还要受到不间断的监督和检查。如果必要,将指定监察员对任何银行的业务进行检查,或者检查任何机构或个人在未注册的情况下开展银行业务。

**金融服务董事会** 它是依照法律成立的独立机构,为维护公共利益而监督南非的非银行金融服务业。金融服务董事会的宗旨是致力于促进完善和高效的金融机构和服务,为在南非金融市场保护投资者。

南非有非洲大陆最健全和现代化的资本市场,南非成熟的银行体系有很高的信誉。南非有系统的国民经济统计数据,它被列入世界银行"数据标准公告栏"(Data Standards Bulletin Board),1999年只有32个国家具有此资格,可见南非数据标准符合国际一体化要求。南非的金融体系具有国际水准,有先进的电子银行网络。南非有非洲最发达的产权投资市场。南非证券市场的资本约占整个非洲的85%。到1999年,南非70%的外汇管制已经取消,仍然保留的仅是对前南非公民的冻结财产的控制。

## （二）银行部门

### 1. 中央银行

南非储备银行（South African Reserve Bank）是南非的中央银行。根据 1920 年《货币与银行法》（Currency and Banking Act, No. 31 of 1920），于 1921 年建立，为股份制有限银行，总部设在比勒陀利亚。该银行的行长与副行长由政府任命，但是享有很大的独立决策权。

1985 年南非储备银行建立了一个银行监管部门，以监督南非银行的对外业务。南非承认 1983 年《巴塞尔协约》的原则，即中央银行承担对银行国际活动的监管，促进监管权力机构之间加强合作。

1994 年新政府成立后。曼德拉总统任命从 1989 年以来一直担任南非储备银行行长的斯塔尔思博士继续留任，以保持投资者对南非中央银行的信心。斯塔尔思行长的任职到 1999 年 8 月结束。姆贝基总统任命时任劳工部长的非国大成员梯托·姆伯威尼（Tito Mbowini）担任储备银行新行长，这也是南非历史上的第一次由黑人担任中央银行行长。

南非储备银行的主要作用是为中央政府提供银行服务。虽然政府开始在其他银行办理现金余额储蓄之后，储备银行的作用有所削减，但是储备银行是政府货币政策的制定者和执行者。储备银行不为省级政府、地方政府或国有企业提供银行服务。储备银行负责政府收支在银行间的往来，这种往来对于其他银行的现金余额产生影响，因此也是中央银行管理银行流动性的一个便利工具。

外汇管理政策是由中央政府和财政部长决定，南非储备银行的作用是给财政部长提供咨询建议。储备银行外汇管理的权力是由财政部长授权给行长或一位副行长，或授权储备银行的外汇管理部门的总经理，委托的权力包括财政部根据外汇管理规章所拥

有的所有权力、功能和责任。外汇管理部门负责日常的外汇管理。财政部长还指定一些银行作为特许外汇交易商，南非共有约30家国内银行和外国在南非的银行获得此种特许，其中包括中国银行的约翰内斯堡分行。

南非政府主张开放资本市场，但是坚持渐进式放宽外汇管制的政策，逐年有所松动。1995年废除对非本国公民换汇的限制，允许个人投资的额度逐步提高，从40万兰特增加到50万兰特，2000年2月上升到75万兰特。① 从2004年10月26日起，南非取消对南非公司到国外直接投资的限额，同时废除对在外国取得的红利汇回国内的限制。但是，到国外投资仍然需要向南非储备银行的外汇管理部门申请，以便监管，并按照现有的外国直接投资标准核定。南非公司到外国直接投资的请求，必须符合南非的国家利益，通过增加货物和服务出口，有利于南非的国际储备。南非储备银行对特大规模的境外投资相关的资本外流保留干预的权力，以防止对外汇市场的潜在冲击。南非公司可以保留在国外的红利，在2004年10月26日以后汇回的红利，可以随时转移到国外。南非公民个人也可以在南非上市的外国公司投资，不受任何限制。② 南非到2005~2006年外汇管制进一步放宽，废除对非本国公民和外国公司汇出资本和利润的限制，但是受制于外汇储备数额的有限，南非尚未实行完全的外汇自由化政策。③

南非储备银行是南非唯一有权制造、发行、销毁纸币和硬币的机构。南非造币公司是储备银行的下属公司，代表储备银行制造南非所有的硬币。南非银行纸币公司，同样附属于储备银行，

---

① *South Africa Yearbook 2005*，Finance.
② 南非新闻社SAPA 20041027。
③ EIU，*Country Profile South Africa 2006.*

代表储备银行负责印制所有纸币。自 1932 年 12 月 28 日以来，南非停止以纸币在储备银行兑换黄金。

储备银行负责保管南非国家的黄金和外汇储备。国际贸易和外国投资机构的外汇流入，存贮在储备银行备用。南非储备银行在国际外汇市场的净负债（Net Open Forward Position）1994 年曾高达 250 亿美元，1998 年下降到 225 亿美元，到 2003 年归零。

储备银行负责南非银行的规范和监管，目的是实现南非银行体系的健全和有效运行，为储户和南非经济服务。监管的方式包括发放银行执照，根据《南非银行法》（1990 年）和《互助银行法》（1993 年）对其他银行的行为进行监督。储备银行为商业银行提供流动资金，以解决它们临时的现金短缺。

储备银行收集、加工、分析和公布经济统计数据，向公众提供相关信息。为此，储备银行公布季度公报和年度经济报告。[1]

南非储备银行一直是股份制私有银行，目前有 630 多个股东。《南非储备银行法》规定，在已经发行的 200 万股份当中，每个股东所持股份不得超过 1 万股，除此之外，对股票持有没有限制。储备银行的收入在缴纳公司利润税、过户储备金和支付股东红利（每股不超过 10 分钱）之后，银行所得的剩余部分上缴政府。南非储备银行的运行不是为了盈利，而是为南非全体国民的利益服务。[2] 近年来，南非储备银行的收支保持盈余。2005 年 6 月，储备银行黄金和外汇储备为 187 亿美元，2006 年 6 月上升到 240 亿美元。[3]

---

[1] http://www.reservebank.co.za.
[2] 南非储备银行网站，http://www.reservebank.co.za/
[3] *2006 SARB Annual Economic Report.*

**表 4－26　南非储备银行资产负债简况**

单位：亿兰特

| 年份 | 总资产 | 总负债 | 年份 | 总资产 | 总负债 |
|---|---|---|---|---|---|
| 2003 | 1293.67 | 1248.14 | 2005 | 1288.52 | 1237.27 |
| 2004 | 1081.80 | 1034.97 | 2006 | 1423.52 | — |

资料来源：根据南非储备银行相关年度报告数据编制，见 Annual Report and Financial Statements 2004，2005，Annual Financial Statements 2006，http：//www.reservebank.co.za/

### 2. 商业银行

根据南非储备银行姆伯威尼行长 2004 年 12 月 4 日的报告，南非有 38 家注册银行，其中包括：15 家南非控制的银行，6 家非本国居民控制的银行（附属机构），15 家国际银行驻当地的分行，两家互助银行。此外，有 44 家外国银行在南非设有代表处，这些代表处不能接受存款。

南非银行系统有 5 大银行集团占据主导地位，它们包括：南非联合银行集团（Amalgamated Banks of South Africa Group Limited，Absa Group）、标准银行集团（Standard Bank Group）、第一兰德银行集团（FirstRand Bank Group，南非第一国民银行 1998 年加入该集团）、私人投资银行（Investec Private Bank）和莱利银行（Nedcor Bank Ltd.）。以上 5 大银行集团 1994 年占南非银行部门总资产的 83.8%，到 2004 年占 87.4%。银行部门其余 12.6% 的资产属于另外 31 家银行，不包括两家互助银行。

20 世纪 90 年代后半期，南非当地中小银行曾经出现稳定的增长，但是到 1999 年下半年，这些中小银行面临流动性压力，很多退出银行业。从 1999 年第四季度到 2003 年 3 月，共有 22 家中小银行退出。到 2004 年，中小银行占银行部门资产的

## 第四章 经济

3.1%,而在 1994 年曾经占到 21.7%。

20 世纪 80 年代中期,南非政治动荡引发外国资本撤出,到 1994 年新政府成立之前,极少有外国银行在南非保留业务。南非政府 1994 年的《银行法修正案》(Amendments to the Bank Act, 1994),准许外国银行在南非设立代表处和附属机构,而且准许开设分行。自从 1994 年南非金融体系开放之后,外国银行在南非银行业总资产中所占份额增长很快,1994 年为 3%,2003 年 10 月底上升到 9.5%。

外国银行在南非的发展,提高了南非金融市场的精深程度,也为南非增加了就业机会。同时,资金雄厚和富于经验的外国银行进入南非,对当地银行构成巨大挑战。为了生存和发展,南非银行必须设法适应新的形势。竞争的加剧造成贷款息差受到很大压力,有几家银行为了扩展业务,不得不以略高的信用风险进入市场。

同时,南非银行也向外国扩展业务,特别是在非洲的发展引人瞩目。2005 年英国巴克莱银行出价 54 亿美元收购南非联合银行 50.1% 股权,被国际投资界普遍看好。这是巴克莱银行在英国以外最大的一笔投资,对南非的投资信心是强有力的正面效应。而南非联合银行将接手巴克莱银行在非洲其他国家的业务。巴克莱银行计划把在非洲其他国家的银行业务出售给南非联合银行,使南非联合银行成为非洲大陆的主要银行之一。[1] 南非国有金融机构近年来在非洲的开拓主要发挥两种职能,其一是为非洲国家的发展项目提供资金,其二是为南非企业和国际公司在非洲国家的业务提供金融工具。南非工业开发公司(IDC)1999~2003 年间为非洲国家提供的资金占其金融保险业务量的 22%。

---

[1] *Business Day* (Johannesburg), 2005/07/08; EIU, *Country Report June 2005 South Africa*, pp. 30 – 31.

南非的南部非洲开发银行（DBSA）已经把业务扩大到本地区之外，为非洲其他地区的能源、电信、供水、交通、旅游、金融服务和农业等部门提供投资。① 南非工业开发公司和南部非洲发展共同体（SADC）还在研究和信息数据方面为非洲和国际投资者提供服务。

南非银行业十几年的发展总体是稳定的，尽管经历了20世纪90年代后半期的国际金融动荡，但是南非银行部门显现出应对危机的能力。南非银行业的资产负债状况不断改善。1994年12月，南非银行业总资产为3446亿兰特；1999年12月为7240亿兰特；到2004年10月底增加到14360亿兰特，相当于1994年的4.2倍。贷款和预付款1994年12月底为2708亿兰特，2004年10月底为11040亿兰特。国内公众存款是南非银行资金的主要来源，1994年12月底为2419亿兰特；2004年10月底达到8880亿兰特，相当于1994年的3.7倍。②

投资银行和商业银行在南非银行业最具竞争力。南非四大银行，即南非联合银行（Absa）、第一国民银行（First National Bank）、标准银行（Standard Bank）和莱利银行（Nedbank），在零售市场继续保持控制地位。

（三）证券市场

约翰内斯堡股票交易所（JSE Limited）建立于1887年，是非洲最早的证券交易所。根据世界交易所联盟的统计，南非约翰内斯堡股票交易所的市值近年来排在世界前20名之内，上市公司在400家左右。③

---

① "South Africa Foundation", *Occasional Paper* No. 3/2004.
② Address by Mr TT Mboweni, "Governor of the South African Reserve Bank", at *The year-end media cocktail function*, Johannesburg: 14 December 2004.
③ http://www.southafrica.info/doing_business/economy/key_sectors/financial.htm.

### 第四章 经 济

**表 4-27　南非十大商业银行（按 2005 年 12 月底总资产排序）**

单位：百万兰特，%

| 银　　行 | 总资产 | 市场份额 |
|---|---|---|
| 南非标准银行 | 436281 | 28.2 |
| 南非联合银行 | 368607 | 23.7 |
| 莱利银行 | 303225 | 19.6 |
| 第一兰德银行 | 307310 | 19.8 |
| 私人投资银行 | 97129 | 6.3 |
| 帝国银行 | 22290 | 1.5 |
| 非洲人银行 | 7462 | 0.5 |
| 商业银行 | 3431 | 0.2 |
| 特巴银行 | 2257 | 0.1 |
| 卡匹特克银行 | 1170 | 0.1 |
| 总　市　值 | 1549162 | 100.0(份额之和) |

资料来源：South African Reserve Bank, *Annual Report 2005 Supervision Department*; EIU, *2006 Country profile South Africa*。

约翰内斯堡股票交易所对南非经济发挥齿轮作用，为证券交易提供了一个有序的市场，从而创造新的投资机会。该交易所的主要功能是通过把现金转变为经济生产力的途径来促进资金筹集，从而促进南非经济的发展和增加就业。同时，该交易所还为物价的确定提供切实而有效的便利工具和物价风险管理机制。约翰内斯堡股票交易所为投资者提供四种市场选择，其中包括：证券市场、利息率市场、金融衍生市场和农产品市场。

南非债券交易所（The Bond Exchange of South Africa-Besa），1996 年正式注册为交易所，此前是以债券市场协会的名义进行交易，提供 3 天滚动结算和债券自动买卖结算系统。目前，该交易所每年的流动性为市值的 38 倍，成为世界上新兴债券市场当中最具有流动性的市场之一。

表4-28　南非约翰内斯堡股票交易所市场简况

单位：亿美元，%

| 年份＼项目 | 市　值 | 世界排名 | 交易额 | 世界排名 | 流动性 |
|---|---|---|---|---|---|
| 2007 | 8023.91 | 19 | 1507.70 | 22 | 38.6 |
| 2006 | 7112.32 | 19 | 3122.97 | 21 | 41.6 |
| 2005 | 5493.10 | 17 | 2014.91 | 21 | 35.5 |
| 2004 | 4425.20 | 15 | 1625.90 | 21 | 36.9 |
| 2003 | 2607.48 | 18 | 1021.73 | 23 | 35.4 |

资料来源：根据约翰内斯堡股票交易所相关年度市场报告编制。*JSE Market Profiles* 2007/06/01，2006/12/01，2005/06/01，2004/12/01。

表4-29　南非约翰内斯堡股票交易所上市公司一览

| 项目＼年份 | 2006 | 2005 | 2004 | 2003 |
|---|---|---|---|---|
| 外国公司 | 30 | 24 | 21 | 21 |
| 本国公司 | 371 | 364 | 383 | 405 |
| 公司总计 | 401 | 388 | 404 | 426 |
| 上市股票数 | 1047 | 984 | 673 | 745 |
| 上市公司市值（亿兰特） | 50415 | 35861 | 25664 | 17872 |

资料来源：*JSE Market Profiles* 2007/06/01。

# 第九节　对外经济关系

南非经济长期以来是西方经济体系的一部分，贸易、投资的主要对象是发达经济体。在种族隔离时期，由于国际社会对南非的经济制裁，南非长期奉行进口产品替代政策，采取关税保护和进口限量措施，以促进国内经济的发展。1994年新制度建立以来，南非继续保持并发展与欧洲、美国以及其他传统经济伙伴的关系，同时重视对非洲的贸易、投资，经济增长很快。在经济全

# 第四章 经　济

球化趋势下，南非经济面向更广阔的世界市场，向亚洲、拉丁美洲地区扩展。

南非的对外经济关系，由政府贸易与工业部的对外贸易关系局主管，其业务包括：建立与联合国经贸机构和其他国际经贸组织的关系，与外国建立双边和多边经贸关系。

## 一　对外贸易

### （一）外贸在南非经济中的地位

南非经济对外贸的依存度比较高，对外贸易在南非经济发展中占有重要地位。20世纪80年代中期，外贸曾占国内生产总值的60%，90年代初期约占国内生产总值的50%。1999年，货物贸易占国内生产总值的40.7%，2002年为56.6%。高科技产品出口占制造业产品出口的比例1999年为8.2%，2002年为5.1%。[1] 根据南非大学市场研究所的报告，1997~2002年，南非的货物出口额增长了131.3%，从1997年的1228亿兰特增加到2002年的2841亿兰特，年均增长18.3%。[2] 根据世界贸易组织的统计，2005年南非对外贸易占国内生产总值的比例为54.9%，占世界货物总出口的0.49%，占世界货物总进口的0.57%。[3]

近年来，随着制造业和第三产业的增长，南非对外贸易总额进一步提升。但是，由于进口需求的增加，贸易赤字也在扩大。

---

[1] South Africa Data Profile, The World Bank Group, World Development Indicators database, August 2004, file://M:\ 1D-documents/1-sa \ Economy \ GDP-national Accounts \ Worldbank.

[2] Linking South Africa's Foreign Trade with manufacturing Development, "The Spatial Implications" (Research Report no 317) compiled by Prof André Ligthelm of the Bureau of Market Research, and released on 2004-02-01.

[3] http://stat.wto.org/CountryProfile/ZA_e.htm April 2007.

表 4 - 30　南非进出口贸易与 GDP

单位：亿美元，%

| 项目＼年份 | 1985 | 1995 | 2004 | 2005 |
| --- | --- | --- | --- | --- |
| 国内生产总值 | 671.00 | 1511.00 | 2147.00 | 2402.00 |
| 对外贸易总额 | 311.39 | 678.00 | 1142.99 | 1293.30 |
| 出口总额 | 182.40 | 344.13 | 566.19 | 631.63 |
| 出口占国内生产总值 | 31.4 | 22.8 | 26.6 | 26.6 |
| 进口总额 | 128.97 | 333.87 | 576.80 | 661.67 |
| 进口占国内生产总值 | 19.2 | 22.09 | 26.87 | 27.55 |
| 对外贸易平衡 | 53.43 | 10.26 | -10.61 | -30.04 |
| 经常项目平衡占 GDP | 3.9 | 1.7 | -3.2 | -3.7 |

资料来源：根据 The World Bank Group, *South Africa at a Glance 2006/2008/13* 编制。

### （二）对外贸易结构

**1. 对外贸易商品**

南非经济以矿业及其相关的加工业和冶炼工业为基础，同时发展制造业和信息产业，现代化农业也具有比较高的水平。南非虽然是非洲的经济大国，但是它的出口产品长期是以矿产品和农产品为主。在 20 世纪 90 年代初，初级产品出口占其出口总额的 67% 左右（1990 年），其中矿产品约占 60%，黄金占矿产品出口值的 1/2。制造业产品占出口的 35%，其中仍以冶金产品为主，其次是纸张、纸浆、化工产品和食品。[1] 近 10 年来，南非的出口产品出现新变化。南非出口收入的主要来源为贵金属和战略矿产初级产品，以及加工矿产品和冶金产品，加工矿产品已经占出口矿产品的 1/3。2006 年，南非贵金属及其制品、贱金属及

---

[1] 南非基金会：《南非 1995 年》，第 29、46 页。

其制品和矿产品出口，合计约占其出口总额的六成。同时，制造业产品的出口逐年增加，目前已经接近出口总额的 2/3。2006 年，机电产品出口额为 57.8 亿美元，占出口总额的 10%，为第四大类出口产品。[1]

2005 年，农产品的出口品种主要是葡萄、葡萄酒、蔗糖和玉米。

南非的进口产品主要有五大类：机器设备、汽车部件与附件、化工产品（包括药用和工业用）、原油、服装与纺织品。近年来，机电产品、矿产品（主要是原油和成品油）、运输设备和化工产品是南非主要的进口商品。2006 年，机电产品进口额 177.6 亿美元，占进口总额的 26.1%，增长 23.5%；矿产品进口额 129.8 亿美元，占 19.1%，增长 56.4%；运输设备进口额 79.8 亿美元，占 11.7%，增长 9.5%；化工产品进口额 55.7 亿美元，占 8.2%，增长 12.5%。南非进口的矿产品主要是原油和成品油，2006 年原油进口额 94.4 亿美元，成品油进口额 25.7 亿美元。随着经济的持续发展，南非对外部能源的依赖性越来越强，为此，南非注重增加从非洲产油国进口原油。[2]

2. 外贸平衡状况

长期以来，由于国际市场对南非矿产品需求旺盛，南非进出口贸易一直保持顺差。近年来，由于国内需求增长的拉动，南非进口贸易增长的速度加快，进口产品不仅包括机械和制造业产品，同时中间产品和资本货物的进口需求明显增长，由此造成国际收支逆差增大。2003 年，出口商品总额为 387 亿美元，进口商

---

[1] 南非经贸形势及中南贸易关系 2007 年第 1 期，总 131 期，商务部网站国别数据。
[2] 南非经贸形势及中南贸易关系 2007 年第 1 期，总 131 期，商务部网站国别数据。

表4-31 进出口贸易总额及部门结构

单位：亿兰特

| 项目<br>年份 | 贸易总额 | 农业(占总额%) | 矿业(占总额%) | 制造业(占总额%) | 其他贸易(占总额%) |
|---|---|---|---|---|---|
| 1994 | 1812.44 | 69.35(3.83%) | 561.67(30.99%) | 1164.38(64.24%) | 17.03(0.94%) |
| 1995 | 2011.20 | 72.01(3.58%) | 546.13(27.15%) | 1375.61(68.40%) | 17.45(0.87%) |
| 1996 | 2130.28 | 78.77(3.70%) | 546.70(25.66%) | 1494.18(70.14%) | 10.62(0.50%) |
| 1997 | 2223.42 | 74.54(3.35%) | 596.62(26.83%) | 1543.73(69.43%) | 8.54(0.38%) |
| 1998 | 2314.41 | 79.79(3.45%) | 565.90(24.45%) | 1660.15(71.73%) | 8.57(0.37%) |
| 1999 | 2342.08 | 81.44(3.48%) | 593.95(25.36%) | 1657.46(70.77%) | 9.24(0.39%) |
| 2000 | 2761.96 | 77.25(2.80%) | 766.77(27.76%) | 1908.72(69.11%) | 9.22(0.33%) |
| 2001 | 3063.07 | 86.58(2.83%) | 837.46(27.34%) | 2132.00(69.60%) | 7.02(0.23%) |
| 2002 | 3544.25 | 119.80(3.38%) | 915.30(25.82%) | 2501.47(70.58%) | 7.68(0.22%) |
| 2003 | 3041.42 | 103.94(3.42%) | 714.27(23.48%) | 2215.16(72.83%) | 8.05(0.26%) |
| 2004 | 6031.73 | 190.09(3.15%) | 1403.94(23.28%) | 4412.08(73.15%) | 25.62(0.42%) |
| 2005 | 6830.70 | 197.60(2.89%) | 1541.37(22.57%) | 5072.28(74.26%) | 19.45(0.28%) |
| 2006 | 8615.69 | 203.49(2.36%) | 2045.53(23.74%) | 6344.23(73.64%) | 22.43(0.26%) |

资料来源：根据 http://www.thedti.gov.za/econdb/raportt/rapstruc.html, Structure of South African Trade, *Trade Turnover* (1992-2003); Structure of South African Trade, *Trade Turnover* (1992-2006) 数据编制。

## 第四章 经济

品总额为 353 亿美元；2004 年，出口商品总额为 482 亿美元，进口商品总额增长到 485 亿美元，出现近 3 亿美元贸易逆差；2005 年，出口商品总额增加到 546 亿美元，进口商品总额也相应增长，达到 565 亿美元，贸易逆差扩大到 19 亿美元。2006 年，南非进出口商品贸易总额为 1260.6 亿美元，较上年增长 12.8%，与上年增幅相比下降 1.4 个百分点。其中，出口商品总额 579.0 亿美元，增长 11.6%；进口商品总额 681.6 亿美元，增长 23.9%。由于进口增速持续快于出口增速，贸易逆差继续增加，全年累计为 102.6 亿美元，增幅高达 224.8%。[1]

表 4-32  1994~2003 年南非进出口贸易平衡状况

| 年份 | 进出口平衡（亿兰特） | 折合美元（亿美元） | 当年汇率（美元∶兰特） |
|---|---|---|---|
| 1994 | 146.82 | 42.29 | 3.471 |
| 1995 | 30.79 | 8.55 | 3.599 |
| 1996 | 15.35 | 3.68 | 4.163 |
| 1997 | 31.07 | 6.50 | 4.777 |
| 1998 | 6.66 | 1.24 | 5.367 |
| 1999 | 136.21 | 22.63 | 6.020 |
| 2000 | 157.69 | 23.04 | 6.844 |
| 2001 | 232.21 | 22.57 | 10.287 |
| 2002 | 233.14 | 22.19 | 10.506 |
| 2003 | 95.06 | 12.48 | 7.614 |

资料来源：根据 http://www.thedti.gov.za/econdb/raportt/rapstruc.html, Structure of South African Trade, *Trade Balance* (1992~2003) 数据编制。

---

[1] 南非经贸形势及中南贸易关系 2007 年第 1 期，总 131 期，中国商务部网站国别数据 Country Report.。由于南非经济统计数据不断调整，中国商务部的数据与南非贸易工业部的年度数字有所不同。

**表4-33 2004~2006年南非贸易逆差情况**

单位：亿美元

| 年份\项目 | 进出口总额 | 出口总额 | 进口总额 | 贸易平衡 |
| --- | --- | --- | --- | --- |
| 2004 | 967 | 482 | 485 | -2.81 |
| 2005 | 1111 | 546 | 565 | -19 |
| 2006 | 1260.6 | 579 | 681 | -102.6 |

资料来源：The Economist Intelligence Unit Limited 2006 www.eiu.com，Country Profile 2006 South Africa，The external sector；南非经贸形势及中南贸易关系2007年第1期，总131期，商务部网站国别数据 Country Report。

### 3. 主要外贸伙伴

南非对外贸易的主要伙伴是欧美国家。南非矿产品和农产品的主要出口市场是欧盟、美国和日本，而其制成品出口的主要市场在非洲。南非与非洲国家，特别是与南部非洲国家的贸易，近年来连续大幅度增长，其中的津巴布韦、莫桑比克和赞比亚是南非外贸产品的较大买主。1995年，津巴布韦成为南非的第9大贸易伙伴。南非在南部非洲的进口市场占控制地位，其中南部非洲关税同盟（SACU）成员国的进口消费品和资本货物的80%以上来自南非。1994年，南非向非洲国家的出口量相当于从非洲国家进口量的3.67倍；1995年增至4.87倍；1996年上升到6.38倍。南非向非洲国家出口商品的70%左右为制造业产品。南非制成品的出口对非洲市场的依赖趋势，近年越来越明显。南非进口商品的主要来源地是欧盟、亚洲国家和北美。

近年来，南非正在努力开拓亚洲和非洲市场，但是西方工业化国家仍是南非的主要贸易伙伴。1993年，南非的10大贸易伙伴依次为：美国、德国、日本、英国、瑞士、中国台湾地区、比利时、意大利、荷兰和法国。根据世界贸易组织的统计，2005年南非商品出口对象前5位依次是：欧盟（36%）、日本（11%）、美国（10.4%）、澳大利亚（3.0%）和中国（2.9%）；商品进口对象前5位依次是：欧盟（38.1%）、中国（9.0%）、美国（7.9%）、日本（6.8%）和沙特阿拉伯（5.5%）。[1]

## 二 黄金和外汇储备

南非近十多年来经济的稳定发展和对外贸易的扩大，使其外汇和黄金储备稳步增长。1993年，总储备为26亿美元；1994年增加到31亿美元；1995年底达到43亿美元；1996年由于兰特的下跌，总储备下降到22亿美元。1998年受亚洲金融危机的影响，南非兰特面临贬值压力，南非储备银行动用12亿美元力图保护兰特。但是，后来的政策倾向使储备银行不再保护兰特维持在预定水平。近年来，南非的外汇储备逐渐上升，其中一部分储备用在南非储备银行在国际外汇市场偿还负债（Net Open Forward Position）。南非的国际外汇市场净负债1994年达到250亿美元，1998年下降到225亿美元，到2003年7月全部还清。由于资本净流入强劲，同时商品出口收入的增加，南非储备银行的外汇储备稳步上升，2006年4月达到200亿美元。

南非与非洲国家的贸易在过去十年增长迅速。自20世纪90年代中期以来，国际市场对南非全面开放之后，对南非的贸易限制逐渐取消，南非对外贸易额大幅度增长，尤其是进口贸易额的增长更快。

---

1　http://stat.wto.org/CountryProfile/ZA_e.htm April 2007.

## 南非

表 4-34　南非贸易地区分布

单位：亿兰特，%

| 项目＼年份 | 2001 | 2002 | 2003 | 2004 | 占总额（2004） |
|---|---|---|---|---|---|
| 出口总额 | 2511.79531 | 3141.04294 | 2756.69139 | 2396.18781 | |
| 欧盟 | 802.64621 | 982.56760 | 842.58703 | 767.47196 | 36.6 |
| 北美自由贸易区 | 329.10296 | 385.74499 | 310.55096 | 267.33380 | 12.7 |
| 东北亚 | 235.81636 | 303.97204 | 285.88455 | 257.34784 | 12.3 |
| 南部非洲共同体 | 253.84213 | 317.90492 | 268.75686 | 212.24447 | 10.1 |
| 中国 | 104.49666 | 134.27070 | 150.52256 | 127.71578 | 6.1 |
| 中东 | 87.04344 | 109.84187 | 97.63172 | 83.08394 | 4.0 |
| 欧洲公平贸易联盟 | 43.62068 | 60.35305 | 61.38296 | 68.03588 | 3.2 |
| 东盟 | 63.42489 | 76.76882 | 73.54244 | 66.41032 | 3.2 |
| 大洋洲 | 43.63223 | 57.67365 | 63.31704 | 63.86035 | 3.0 |
| 西非 | 33.57003 | 51.93265 | 53.98656 | 47.05425 | 2.2 |
| 非洲总额 | 328.35726 | 434.77414 | 377.11669 | 302.03232 | 12.6 |
| 进口总额 | 2142.18525 | 2739.82158 | 2573.48512 | 2511.55579 | |
| 欧盟 | 887.31859 | 1151.34650 | 1094.43926 | 1013.70307 | 40.4 |
| 中东 | 284.96604 | 273.66267 | 284.99669 | 298.21613 | 11.9 |
| 中国 | 156.83420 | 220.46299 | 235.32555 | 247.54752 | 9.9 |
| 北美自由贸易区 | 278.98764 | 351.84713 | 277.43648 | 237.56056 | 9.5 |
| 东北亚 | 186.91677 | 236.36304 | 224.24766 | 223.01777 | 8.9 |
| 东盟 | 80.24973 | 115.53948 | 110.04275 | 113.38432 | 4.5 |
| 欧洲公平贸易联盟 | 54.97857 | 76.67980 | 79.66231 | 83.20098 | 3.3 |
| 大洋洲 | 65.11902 | 84.22988 | 67.65024 | 67.17667 | 2.7 |
| 南部非洲共同体 | 27.56017 | 41.71033 | 42.35018 | 51.88613 | 2.1 |
| 西非 | 19.24368 | 40.56994 | 30.34717 | 46.35121 | 1.8 |
| 非洲总额 | 56.10950 | 98.93845 | 81.66028 | 105.64475 | 4.2 |

资料来源：根据南非贸易工业部网站 http：//www.thedti.gov.za/econdb/raportt/rapregi.html/South African Trade by Region（1992~2003）数据编制。

## 第四章 经 济

表 4-35 南非与非洲贸易

单位：千兰特

|  | 2001 | 2002 | 2003 | 2004 | 占 2004(%) |
|---|---|---|---|---|---|
| 南非对非洲出口总额 | 328.35726 | 434.77414 | 377.11669 | 302.03232 | 12.6 |
| 南非从非洲进口总额 | 56.10950 | 98.93845 | 81.66028 | 105.64475 | 4.2 |
| 南非与非洲贸易差额 | 272.24776 | 335.83569 | 295.45641 | 196.38757 |  |

资料来源：根据南非贸易工业部网站 http：//www.thedti.gov.za/econdb/raportt/rapregi.html/South African Trade by Region (1992-2003)；http：//www.thedti.gov.za/econdb/raportt/rapstruc.html, Structure of South African Trade：Trade Balance (1992-2003) 数据编制。

表 4-36 南非在非洲的前 10 位贸易伙伴

单位：千兰特

| 出口对象 | 金额 2004 | 金额 2003 | 进口对象 | 金额 2004 | 金额 2003 |
|---|---|---|---|---|---|
| 津巴布韦 | 4954681 | 6551409 | 尼日利亚 | 4398949 | 2764216 |
| 莫桑比克 | 4129541 | 5676203 | 津巴布韦 | 2255140 | 2656012 |
| 赞比亚 | 3808200 | 4048960 | 安哥拉 | 1321214 | 28802 |
| 安哥拉 | 2534937 | 3393776 | 赞比亚 | 785867 | 571441 |
| 尼日利亚 | 2514962 | 2548612 | 马拉维 | 350744 | 381937 |
| 肯尼亚 | 2394300 | 2214106 | 喀麦隆 | 185283 | 140461 |
| 坦桑尼亚 | 1785203 | 1887931 | 莫桑比克 | 173198 | 280806 |
| 毛里求斯 | 1461375 | 2068591 | 坦桑尼亚 | 166690 | 136671 |
| 马拉维 | 1246835 | 1695534 | 加蓬 | 150853 | 59925 |
| 刚果（金） | 1111787 | 1257431 | 肯尼亚 | 113838 | 106585 |

资料来源：根据南非贸易工业部网站 http：//www.thedti.gov.za/raportt/RgbC01.html/South African Trade by Country-Regions 数据编制。

表 4-37　2004~2007 年南非黄金和外汇储备

单位：亿美元

| 年份＼项目 | 黄金储备 | 外汇储备 | 总储备 |
| --- | --- | --- | --- |
| 2004/03/31 | 16.40 | 82.76 | 99.16 |
| 2005/03/31 | 17.60 | 141.62 | 159.22 |
| 2006/03/31 | 26.19 | 214.81 | 241.00 |
| 2007/03/31 | 26.42 | 238.76 | 265.18 |

资料来源：根据南非储备银行黄金外汇储备报告的相关年/月份报表编制。

## 三　外资和外债

### （一）外国投资

1994年，南非政治变革带来的国际经济环境的改善，使南非的贸易和经常项目①发生变化，导致资本项目发生结构性变化。1984~1993年间，由于短期资本大量外逃，南非一度成为资本净流出国。1994年以后，南非的金融账户一直保持资本净流入；但是，大部分流入资本属于证券投资，具有短期和不稳定性，因此，南非政府和储备银行以吸引更稳定的外国直接投资为目标。南非新政府成立以来的经济政策和不断改善的投资环境，对吸引外国直接投资创造了有利条件。

由于公司并购和重组，到国外上市，以及集团操纵的投机资本流入，使得南非资本流动的变化成为常态。但是，目前南非的资本净流入对于平衡经常项目逆差发挥了作用。根据联合国贸发会（UNCTAD）2005年的《世界投资报告》，南非吸引的外国直

---

① 经常项目（current account）是指本国与外国之间经常发生的并且在整个国际收支总额中占主要地位的国际收支项目，它分贸易收支、劳务收支和转移三项。

接投资（FDI）2003年为7.2亿美元，2004年下降到5.85亿美元。根据国际货币基金组织的统计，2005年南非的外国直接投资上升到63亿美元。但是，外国直接投资进入南非仍然受到一些条件的影响。根据英国经济学家集团经济情报部2006年国别报告分析，南非吸引外国直接投资的制约，除了比较严格的劳工雇佣规则之外，还有高额的起始成本和投入成本，技术人员的缺乏，基础设施的不足，以及政府未能尽快建立外国直接投资的单一窗口并提供相应设施。

（二）外债

在20世纪80年代中期，南非种族主义政权受到国际社会的政治压力，美国等国家的银行拒绝延长南非短期债务的偿还期限，南非随之宣布停止偿还部分到期债务，因而发生金融危机。1994年，南非新政府成立，国际社会结束对南非的金融制裁后，南非的外债开始增加，但外债负担并不沉重。根据世界银行的数字，南非外债总额在2001年为241亿美元；2004年底达到285亿美元，占当年国内生产总值的13.3%，还债比例占6.3%。在主要的国际信贷机构的评级当中，南非偿还外债得到良好的评价。南非的债务管理政策、较低的债务存量和比较有利的偿债比例得到肯定，因此继续借贷没有困难。[①]

四 国际经济关系

南非是关贸总协定的签字国，是世界贸易组织的成员国。1994年以来，南非很快加入了几乎所有国际经济组织，并成为其中活跃的成员。南非是外部世界与非洲国家签订自由贸易协定的优先考虑对象。目前，已经与南非签订《自由贸易协定》的有两个区域经济组织，即南部非洲发展共同体

---

① EIU, *Country Profile South Africa 2006*, The External Sector.

和欧盟。它与南美市场共同体进行的自由贸易协定谈判已经完成，有待相关国家议会的批准。包括南非在内的南部非洲关税同盟与欧洲自由贸易联盟（瑞士、挪威、冰岛和列支敦士敦）的自由贸易谈判在2005年8月结束。与南非正在进行自由贸易协定谈判的国家包括印度、中国和美国。同时，南非还在探讨与尼日利亚等国家和非洲某些地区组织签订自由贸易协定。南非还享受美国《非洲发展与机会法案》给予的贸易优惠。

表4-38　南非外债情况

单位：亿美元

| 项目＼年份 | 2005/03/31 | 2006/03/31 | 2007/03/31 |
|---|---|---|---|
| 外债总额 | 461.39 | 538.91 | 562.63 |
| 公共权力机构外债 | 145.93 | 152.40 | 151.58 |
| 短　期 | 0 | 8.45 | 0 |
| 长　期 | 145.93 | 143.95 | 151.58 |
| 公共公司外债 | 51.60 | 52.88 | 46.52 |
| 金融权力机构外债 | 35.08 | 35.22 | 27.05 |
| 银行外债 | 114.69 | 138.45 | 156.73 |
| 其他部门外债 | 52.26 | 80.66 | 101.63 |
| 直接投资 | 61.82 | 79.30 | 79.12 |

资料来源：South Africa Gross External Debt 1st Quarter 2007. 南非储备银行 http://www.reservebank.co.za。

## （一）南非与南部非洲发展共同体（SADC）

南部非洲地区的和平与稳定的环境，特别是南非国家的变革，使南部非洲发展协调会议的改组提上日程。1992年它重组为"南部非洲发展共同体"，简称SADC。南非新政府成立后，于1994年9月正式加入南部非洲发展共同体。目前，该共同体有14个成员国，其成员国合计面积927.7万平方公里，人口1.8

## 第四章 经 济

亿，国内生产总值170亿美元。

南部非洲发展共同体内部还存在一个小的贸易圈，即南部非洲关税同盟（Southern African Customs Union，SACU），其成员除南非外，还包括博茨瓦纳、莱索托、斯威士兰和纳米比亚。这是一个以南非为中心的自由贸易区，最初建立于1910年的关税协定，1969年形成关税同盟。该同盟成员国还是共同货币区的成员，兰特为通用货币。南部非洲关税同盟成员国之间货物自由流通，实行统一关税。长期以来，南部非洲关税同盟成员国因在关税收入份额分配上有矛盾，在决策民主化、收入份额分配公平化等方面进行谈判。南部非洲关税同盟的新协定在2004年7月5日生效。根据新协定，南部非洲关税同盟部长理事会是同盟的最高决策机构，关税委员会负责向理事会提出关税和贸易补偿方面的建议。南部非洲关税同盟还建立了纠纷解决机制。同时，关税同盟成员国还对工业发展制定共同的政策和战略。[1]

1996年，南部非洲发展共同体国家首脑签署《南部非洲发展共同体贸易议定书》，取消了关税贸易壁垒，向最终形成自由贸易区的目标逐渐接近。南非加入南部非洲地区合作之后，同时由于国际环境的变化，特别是在经济日益全球化的形势下，南部非洲发展共同体的战略及其政治经济发展重点也有相应的变化。它目前更侧重于中长期的地区经济一体化，因为南部非洲国家承认，"南部非洲国家的经济规模小而且欠发达。因此，如今该地区想成为国际关系中一个有分量的角色，成员国必须共同努力，以加强它们的政治经济力量。"并且，"南部非洲任何一个国家都不可能单独依靠自己的力量取得这样的地位。"[2]

由于历史形成的地区经济结构，南非在南部非洲发展共同体

---

[1] *South Africa Yearbook 2005/2006*, Foreign Trade and Payment.
[2] *SADC Declaration 1992*, p. 4.

经济中占主导地位。但是，南非在该地区 GDP 的比例处于下降趋势，表明该地区其他国家的经济发展取得一定的进展。2002 年，该地区 GDP 总值为 2261 亿美元，同比增长 3.2%，高于人口增长率（2.6%）。根据南部非洲发展共同体统计数据，南非占地区 GDP 总值的 65.7%，其余国家占 1/3 左右。

**（二）南非与欧盟签订自由贸易协定**

南非与欧盟的自由贸易协定谈判经过 4 年艰苦的讨价还价，欧盟于 1999 年 3 月最终同意签署《欧盟南非自由贸易协定》，同年 8 月欧盟委员会通过了该协定。根据《欧盟南非自由贸易协定》，双方将在 12 年内取消 90% 的关税，其中南非将取消 86% 欧盟出口产品的关税，欧盟将取消 95% 南非出口产品的关税。

根据南非经济专家的估计，与欧盟的贸易协定将使南非在今后 12 年提高 GDP 的 1%，双边贸易可能增长 120 亿兰特，其中南非占 70 亿兰特。南非议会贸易工业委员会主席罗伯特·戴维斯认为，该协议对南非既有机会也有挑战。对南非的主要益处来自南非制造业产品可以免税进入欧盟市场；但在农产品贸易方面，由于欧盟的农产品贸易政策离实现自由贸易仍有很多阻碍。[①] 欧盟成员国，特别是南欧国家，出于保护其缺乏竞争力的农产品，接连节外生枝，阻挠自由贸易协定的实施。南非明确表示，这已超出贸易范围，而是欧盟成员国的内部问题。

《欧盟南非自由贸易协定》是迄今欧盟单独与一个发展中国家订立双边贸易协定的唯一特例。这反映了南非的经济实力及其在欧盟与非洲关系中的重要地位，更为重要的是，欧盟的意图在于把它与南非订立贸易互惠性协议作为一个范例，用于欧盟与"77 国集团"对《洛美协定》的重新谈判，代替以前的非互惠

---

① 〔南非〕1999 年 3 月 20 日《商务报告》。

第四章　经　济

性贸易协定。评论认为，这将对发展中国家与欧盟之间对《洛美协定》的重新谈判造成负面影响。

《欧盟南非自由贸易协定》最直接的影响是对南部非洲发展共同体国家。两个贸易协定同步实施，使南部非洲不仅要实现本地区贸易一体化，而且同时向欧盟敞开市场，与贸易全球化接轨。人们最担心的有两点：一个是除南非之外的南部非洲关税同盟国家（博茨瓦纳、莱索托、斯威士兰和纳米比亚）的关税收入随着关税的降低而大受损失；二是该地区弱小国家的当地幼稚的工业会受到欧盟产品的冲击。南非在与欧盟谈判的过程中一直承诺，不会接受可能损害南部非洲共同体其他国家利益的交易。南非贸易与工业部长欧文认为，南非与欧盟自由贸易协定谈判中有关对南部非洲关税同盟和南部非洲发展共同体国家发展援助方面的条款，对这些国家应该是可以接受的。他说，欧盟承诺对博茨瓦纳、莱索托、纳米比亚和斯威士兰4国可能出现的关税损失给予直接的财政援助或其他方式的支持。对南部非洲发展共同体国家与南非的贸易，协定条款中允许南非采取保护措施，如果来自欧盟的进口会取代从南部非洲共同体的进口。而且，南非向南部非洲发展共同体国家开放市场的时间表早于向欧盟的开放，并且对该地区国家的贸易优惠也高于对欧盟产品的优惠条件。[①]

## 第十节　旅游业

一　旅游资源

南非旅游资源极其丰富。这里气候宜人，有绵延3000公里的海岸线和许多金色沙滩，有陡峭的山脉和高原

---

① 〔南非〕《全球对话》杂志对欧文部长的专访（1999年4月）。

## 南非

草地，有天然植物园，还有多处野生动物保护区。南非的多种族社会和多样的民族文化，也成为发展旅游业的资源。而且，南非交通和通信等基础设施完善，是南部非洲的交通枢纽，已成为很多游客的中转站。南非独特优美的自然景观，丰富多样的动植物种群，以及多彩的传统文化，吸引着世界各地的观光客。

南非旅游业增长最快的是生态旅游，包括大自然摄影、观察鸟类、植物研究、潜水和登山。同时，村社访问日益受到游客的欢迎，旅游者希望感受南非农村和黑人城镇的生活。[1] 商业旅游也在增长，且具有发展潜力。目前，南非商业旅游收入每年约200亿兰特，从业人员6万，雇员工资达60亿兰特，纳税40亿兰特。

促进南非旅游业发展的另一个原因，是众多的国际会议和国际展览选择在南非举办。到2006年8月，南非被列入"国际会议联盟"的世界前40名会议目的地，排名第32位。在南非召开的国际会议占整个非洲的63%，创造1.2万个就业机会，为国内生产总值贡献26亿兰特。

南非的旅店业发达，可以为旅游者提供多种多样的选择，从正规的饭店到非正式的节日套房和小型别墅，从动植物保护区的旅居棚屋、宾馆到青年旅店，以及私人家庭提供的住宿加早餐服务。游客不仅可以方便地得到南非的旅游地图和旅游指南，并且可以在互联网上查询南非的旅游网站。

南非旅游业等级评定委员会2001年开始实行自愿评级制度，按照国际通行的星级饭店标准对南非接待游客的单位划分等级，并把这种评定制度推广到与旅游业相关的行业。按照提供接待服务的类型，南非共有9类可以提供食宿和接待的设施，其中包括：住宿加早餐、宾馆、饭店、自助伙食、背包旅行者旅店、帐

---

[1] *South Africa Yearbook 2006/2007.*

## 第四章 经济

篷和宿营、农村住房、会展和团体活动设施以及餐馆。到2005年3月，南非完成了对54%旅店房间的评级，其中包括3万个旅客接待单位、40个会议场所。对提供食品和饮料部门的评级也在进行中。[1]

同时，南非经济的稳定发展，物资供应充足，食品和生活用品价格比较低廉，也是吸引旅游者的因素之一。南非被美国年度度假生活指数评级机构确定为生活开支最低的旅游目的地之一。[2]

南非政府鼓励旅游业的发展，把它作为实施"南非加速与共享增长计划"的重要部门。预计到2010年，旅游业就业人员会达到120万人，旅游业产值占国内生产总值的8%。

南非是《非洲发展新伙伴计划》的发起者之一，因此它支持该计划把发展非洲旅游业作为发展非洲经济的重要部门的主张。

南非官方列举了10大旅游景点。

**克鲁格国家公园**（Kruger National Park） 它是南非21个国家公园中最大的野生动植物园，位于南非与莫桑比克交界地带，面积2000万公顷，具有丰富的野生动物和天然植物种类。作为保护区，它建于1898年，这里的环境和野生动植物资源保护具有世界先进水平。目前，该国家公园有336种树木、49种鱼类、34种两栖动物、114种爬行动物、147种哺乳类动物和507种鸟类。是南非五大类野生动物最集中的地区。南非与莫桑比克和津巴布韦合作，建立了一个跨国野生公园，把南非的克鲁格国家公园与莫桑比克、津巴布韦的国家公园连成一片，形成三国跨界大林波波公园，以促进地区性野生动植物保护和旅游业的

---

[1] *South Africa Yearbook 2005/2006*.
[2] http://www.southafrica.info/plan_trip/holiday/amexsurvey070605.htm 20050628.

发展。

**桌山国家公园（Table Mountain National Park）** 由开普敦市临海的顶平如桌面的山峰而得名，是开普敦的地标性景观。在狭窄的开普半岛，从南端的开普海角向北延伸分布着桌形山脉，其间有美丽的峡谷、港湾和海滩，构成一个开放的天然公园。在开普半岛南端，有世界著名的开普植物园区，面积55.3万公顷。著名的好望角就在开普半岛的最南端，也是旅游胜地。

**花园大道（Garden Route）** 南非南部沿海一条欣赏自然风光的道路，从南非西南角的开普敦到东南角的伊丽莎白港（现为纳尔逊·曼德拉湾），沿途有陡峭的山脉、原生的森林、清洁的湖泊、湿地、瀑布、隐蔽的海湾和绵延的银色海滩。沿途还可以观赏沿岸的野生动植物和鲸鱼。这一带是地中海型温和气候，全年都适合旅游。花园大道已经成为南非最有吸引力的旅游线路，尤其受到自驾车出游者的青睐。

**开普敦的维多利亚和阿尔弗雷德滨水商业区（Victoria and Alfred Waterfront）** 建在原开普敦港码头，处在桌山和罗本岛的旅游中心线路上，目前每年吸引2000万游客来此观光。

**罗本岛（Robben Island）** 南非西南海域大西洋上的一个小岛，距离开普敦12海里，面积8平方公里。岛上有以前关押黑人解放运动领袖的政治犯监狱，现改为罗本岛博物馆。该海岛因为曾监禁纳尔逊·曼德拉而受到世界的注目，吸引着成千上万的游客前来参观。它也成为世界著名的音乐家和社会活动家举办公益活动的场所。

**海滩（Beaches）** 南非沿海的金色沙滩和银色沙滩是吸引国内外游客的重要项目。

**太阳城（Sun City）** 地处西北省（在原博普塔茨瓦纳"黑人家园"范围内），是在干旱的灌木和草原上建起的绿洲，是南非由酒店和赌场组成的综合性旅游度假区。

**传统文化村（Cultural villages）** 主要展示非洲人传统的村社生活、他们的工艺和歌舞，其中以祖鲁族的传统文化村最为突出。

**黑人城镇索韦托（Soweto）** 位于约翰内斯堡西南，是南非最大的黑人城镇，人口约90万（2001年）。1904年由几个黑人劳工居住区组成的克里普斯普鲁特（Klipspruit）是索韦托的前身，1963年白人政府确定现在的名称（意思为西南城镇）。这里是南非近现代反对白人种族主义统治的前哨，早期的非洲民族主义运动、黑人工人运动和后来的黑人学生运动都活跃在这里，纳尔逊·曼德拉、德斯蒙德·图图主教等黑人领袖都曾居住在索韦托，使这里成为世界著名的黑人城镇，现在成为旅游者光顾的景点。

**人类祖先遗址（The Cradle of Humankind）** 位于约翰内斯堡附近。是世界上出土古人类文物最多的地方，故被称为人类祖先遗址。这里的斯托克方丹山洞（Sterkfontein Caves）曾发现250万年前的人类遗骨化石和330万年前的人类足迹化石，属于世界文化遗产。

南非有7处被联合国教科文组织确认的世界文化遗产。除上面提到的罗本岛、开普植物园区、斯托克方丹山洞——人类摇篮之外，还有大圣卢西亚湿地国家公园（the Greater St. Lucia Wetland Park）、乌克哈兰巴－德拉肯斯伯格国家公园（Ukhahlamba-Drakensberg Park）、马蓬古布韦文化景观（Mapungubwe）和佛瑞迪堡彗星冲击坑（Vredefort Dome）。[①]

此外，南非西开普省的康斯坦夏（Constantia）葡萄酒之乡，约翰内斯堡附近的黄金矿遗址，分布在南非各省的国家公园和南非各地的纪念馆、博物馆，都是发展旅游业的资源。

---

① Pocket Guide to South Africa 2005/2006，http：//www.gsis.gov.za/docs/publications-pocketguide.pdf.

## 二　旅游产业政策

南非环境与旅游部的旅游分部负责旅游政策的制定和实施。该部与南非旅游局（South Africa Tourism）、各省旅游管理机构、旅游行业和其他相关部门合作，目的是确保旅游业的持续发展，能够使广大南非人民受益。南非政府 1996 年发布的《旅游白皮书》（White Paper: The Development and Promotion of Tourism in South Africa, May 1996）为旅游业的发展提出了政策框架，其中包括：加强能力建设，重视对旅游基础设施的投资，向国际市场大力推销南非的旅游业，促进国内旅游业的发展。白皮书特别强调，开发社区旅游资源，特别是自然生态和传统文化项目。白皮书还指出，黑人社区和农村地区的发展需要改变观念，鼓励黑人参与旅游业的发展，改变过去那种把旅游看做是白人上层和中产阶级享受的观点。

南非政府在旅游业发展计划中，鼓励中小旅游企业的发展。南非从 2000 年开始实施为期 4 年的"旅游企业计划"，政府通过商业信托公司给私营旅游企业提供 6040 万兰特资助，用于发展中小旅游企业，并创造就业机会。在达到第一阶段的预期目标之后，政府环境与旅游部和商业信托公司又继续提供为期 3 年的 8000 万兰特的资助，更加强调对旅游从业者进行专业培训，支持地方旅游协会的发展，使中小旅游企业在黑人经济辅助计划中受益。2006 年又创立了 2000 万兰特的旅游平等基金，主要用于支持中小型旅游企业。为了促进旅游业的发展，南非政府主要关注与旅游业相关的 7 个优先领域，即交通、安全、旅游产品开发、扩展市场、信息产业、黑人经济辅助计划和专业人员培训。

南非政府重视旅游业人才的培养。1996 年建立的南非旅游学院（South African Tourism Institute，SATI），得到西班牙政府提供 1300 万兰特的资助。学院初建时，共设 14 所学校、800 名

## 第四章 经　济

学生；到2004年，扩大到700所学校、15万学生。同时，该学院还设立旅游信息和待客专业，建立了一个信息中心提供有关旅游产业的电子信息和资料，并向公众开放。为了更广泛地实施旅游人才培养计划，南非环境与旅游部还对所有愿意开设旅游专业课程的中等学校提供支持。[①]

旅游业是劳动力密集型产业，也是创造就业机会的重要产业。南非政府重视旅游项目的开发，2003年投入2.32亿兰特，用于旅游产品开发、基础设施建设、能力建设和人员培训，资助小旅游企业的发展，以此创造更多的就业机会，实现消除贫困的目标。2000/2001年度，南非共兴建76个旅游工艺产品项目，创造就业机会8600个。[②]

2003年6月，南非政府通过的《国际旅游增长战略》确定，优先开发针对欧洲、亚洲和非洲游客的国际旅游市场；同时确定其发展领域，包括：增加旅游者在南非的停留时间和在南非的旅游消费，尽量使旅游者到南非各地访问，不要只停留在少数地点。

在开发和利用旅游资源的同时，南非在环境保护方面也有明确的法律和规定。2005年联合国环境署授予姆贝基总统和南非人民"地球卫士"称号，以表彰南非为保护"文化和环境多样性"所作出的贡献。[③]

### 三　旅游业发展状况

种族隔离时期，由于国际社会对南非的制裁，旅游业规模很小。20世纪90年代以来，随着南非被国际社会接纳，这个新生的国家成为国际旅游者的向往之地。旅游

---

① *South Africa Yearbook 2005/2006*.
② *South Africa Yearbook 2003*.
③ 南非国际贸易委员会：《今日南非》，http://www.southafrica.info。

## 南非

业成为南非经济增长最快的产业之一,也是外汇收入最大的部门,旅游业对国内生产总值的贡献迅速扩大,超过了黄金的出口收入。根据南非政府1996年《旅游白皮书》的数据,1994年旅游业增加值对国内生产总值的贡献约为2%,1995年上升到约4%。而1995年世界旅游业对经济的贡献为10.9%,其中,美国为10.5%、英国为12.3%、欧洲为13.4%、加勒比地区为31.5%,因此,南非旅游业的开发仍有很大潜力。南非旅游业的三个市场,即海外、非洲地区和南非国内,都有发展空间,到访游客人数和旅游的开支都在增长。通过航空到达的国际旅客的人均开支为1.4万兰特(含机票费用),通过陆路到达的非洲游客人均消费600兰特。同时,商务活动、国际会议和休闲类旅游,对南非旅游业的拉动作用也日益增加。[①] 近年来,南非旅游业对经济的贡献有明显增长,2006年达到8.3%,计划到2014年达到12%。[②]

### (一) 国际旅游

1994年访问南非的外国旅游者共300万人;1995年增加到498万人,其中非洲游客占73%,欧洲游客占15%,其余12%来自美洲、中东、澳大利亚和印度洋岛国;2004年增加到670万人;2005年上升到740万人,比2004年增加10.3%。游客数量的增长主要来自中东地区,来访者增加21.9%;亚洲和大洋洲游客增加7.1%;巴西游客增加了32%;英国、德国和美国的旅客是南非旅游业长期以来最重要的客源。2005年旅游业产值占国内生产总值的7.1%,与旅游业相关的就业人数达到120万人,旅游部门直接就业人数达到53.9万人。[③]

---

[①] White Paper, *The Development and Promotion of Tourism in South Africa*, 1996.
[②] "Tourism Grows Faster Than Global Tourism" *Bua News* (Tshwane), 2007/03/03.
[③] *South Africa Yearbook 2006/2007*, Tourism.

2006年，共有840万国际旅客到访南非，比2005年增加13.9%。根据南非环境与旅游部首席执行官提供的数字，2006年南非旅游业的增长速度相当于世界旅游业增长率的3倍多。2006年全球旅游业增长4.5%，而南非增长14%，其主要推动因素来自非洲国家游客数量的增加。南非把非洲国家作为旅游业市场开发的目标，2006年增长16.9%；其次是美洲，增长11.2%；亚洲和澳大利亚增长9.8%；欧洲增长5.6%。各国通往南非的航线日益增多，法国增加了两次从巴黎到约翰内斯堡的航班，使总数达到每周14次航班。这样，每周从约翰内斯堡到欧洲的航运中心阿姆斯特丹和巴黎的航班达到28架次。

中国东方航空公司从2007年4月27日起正式开通中国首条飞往南非的航线，这条航线由上海浦东机场经马尔代夫至南非的约翰内斯堡，由此，中国内地游客前往南非无需经香港或新加坡中转。

表4-39　南非国际旅游业

| 年份 \ 项目 | 国际游客人数（万） | 旅游业占国内生产总值（%） |
| --- | --- | --- |
| 2004 | 670 | 7.1 |
| 2005 | 740 | — |
| 2006 | 840 | 8.3 |

资料来源：根据 SA Tourism Triple World Average, 14 May 2007; Tourism SA Chief Blasts Home Affairs for Visa Delays, Business Day (Johannesburg), 30 August 2006 数字编制，http://www.southafrica.info/plan_trip/holiday/tourism-140507.htm。

### （二）国内旅游

在发展国际旅游的同时，南非政府鼓励和支持国内旅游。国内旅游对南非旅游业的发展起到重要作用，特别是在旧制度下受到限制的黑人群体由于得到了迁徙和流动的自由，他们旅游和出

行的人数开始增多。南非环境与旅游部和南非旅游局在2004年5月共同发起国内旅游增长战略。1994年,国内旅行者达到790万人次;2005年,国内旅游为4930万人次,旅游收入达到470亿兰特,占旅游总收入的46%。

根据该项发展战略所作的研究报告发现,国内旅游者的2/3具有探亲访友的目的,单纯度假旅游者只占国内旅游者的16%,但是占到国内旅游收入的44%。因此,旅游业关注假日旅游的开发,以促进国内旅游经济的增长。国内旅游者的60%是在本省内旅行,其余40%为跨省旅行。在南非9个省当中,夸祖鲁/纳塔尔省、豪廷省和东开普省的游客占国内旅游者总数的64%,这3个省的国内旅游收入占国内旅游业总收入的60%。[1]2006年开始公布南非国内旅游年度报告,根据该报告的数据,2005年南非国内旅行人次为3620万,国内旅行收入达到212亿兰特。

### (三) 旅游安全

南非旅游局在确保旅游安全方面采取了一系列措施,其中包括与恩金石油公司(Engen)和旅游信息和安全呼叫热线(0831232345),为旅游者提供在紧急情况下如何行动以及求救的信息。南非旅游局设在约翰内斯堡的呼叫中心于2004年10月开始运行,提供与旅游相关的信息,并且以多种语言提供语音和电子邮件服务。南非环境与旅游部建立全国旅游安全网络,吸收多个相关部门和各省有关机构参加,并制定了旅游安全通信战略。[2] 为游客提供旅游安全事项的手册在南非所有国际机场散发。

健康安全方面主要是对疾病的预防。南非旅游局提示外国旅游者,到访南非除携带有效的护照和签证(除免签国家)外,来自非洲黄热病地区和美国的游客需要进行防疫注射。南非的夸

---

[1] *South Africa Yearbook 2005/2006.*
[2] *South Africa Yearbook 2006/2007.*

第四章 经　济

祖鲁/纳塔尔省、姆普马兰加省和林波波省是疟疾病多发区，到上述地区旅游需要采取预防措施。

## 第十一节　国民生活

### 一　社会发展政策

南非政府中与社会发展相关的部门包括：社会发展部、教育部、卫生部、科学与技术部、住房部、艺术与文化部和体育与娱乐部7个部，组成"社会口"，主要关注消除贫困，通过一系列的发展计划，解决就业、人力资源和财产贫富悬殊等问题。

南非人口增长率在20世纪80年代约为3%，到2001～2003年下降到年均增长2%。南非新政府成立后先后在1996年和2001年进行过两次全国人口调查。根据2003年7月公布的2001年人口调查数据，南非人口从1996年的4050万人，增长到2001年的4482万人，每年增加80万人。根据南非国家统计局的数据，到2006年中，南非人口约为4740万人。

南非的人均国民收入2005年超过5000美元，但是贫富悬殊，基尼系数高达57～59。根据南非统计局的数据，1995年南非28%的家庭和48%的人口生活在贫困线以下，计算的根据是开支情况，没有包括获得服务和财产情况。1999年，南非全国1140万个家庭中，有370万个家庭处于贫困线以下，约占33%。根据南非官方的解释，与1995年相比，贫困家庭比例有明显增加的部分原因是贫困人口的传统大家庭分解为小家庭。贫困家庭的收入，平均低于贫困线的12%，与大多数发展中国家相类似。[①]

---

① *South Africa Yearbook 2004/2005.*

# 南非

表 4–40  2006 年南非人口指数

| 总人口(年中) | 4740 万人 |
| --- | --- |
| 妇女生育数量 | 2.7 个 |
| 预期寿命 | 50.7 岁 |
| 城市化比例 | 59.2% |
| 人均国内生产总值* | 5411 美元 |
| 基尼系数** | 57.8 |

The Economist Intelligence Unit Limited, *Country Profile 2006 South Africa*, http://www.eiu.com。

*中国商务部网站，南非主要经济指标年度表，2006/12/27。

**2000 年指数，见 UNDP, *Human Development Indicators 2004*, *South Africa*。

资料来源：*Statistics South Africa*；World Bank, *African Development Indicators*。

在种族隔离时期，政府对白人实行就业保留政策（即为白人保留高工资收入的就业机会），限制黑人从事技术性工作。1950 年白人当局公布的《种族住区法》规定，"有色人"和印度人在其划定的住区之外不准经商或办企业。同时，白人当局限制非洲人在白人企业中升迁和选择职业，目的是保护白人的就业机会和对技术工种的垄断。白人当局不断公布禁止非洲人从事的行业和工种，规定了一些领域中白人与黑人雇员比例的最低标准。同时，非洲人还长期被排斥在工会之外。为了限制非洲人获得技能，当局限制非洲人进入科学技术学校或科技工程大学。在班图教育制度下，非洲人儿童享受不到义务教育；非洲人也得不到技术培训，把非洲人排斥在技术性工作之外，只能从事低收入的下等工作，也没有就业保障，只能充当可以被任意解雇的流动劳工或往返劳工。由于长期实行种族歧视政策，黑人失业率很高，而且与白人工人的工资差距很大。以南非经济支柱产业金矿业为例，黑人的低廉工资是金矿业高额利润的基本保障。20 世纪 70 年代中期以前，南非金矿公司的矿工中约 70% 是来自邻国的黑人流动劳工，这也是长期以来矿业公司

第四章 经  济

压低矿工工资的条件之一。1911~1971年，金矿业中黑人与白人工人平均工资之比为1:14.6。1974年莫桑比克独立之后，南非的廉价劳动力供应受到威胁，矿主不得不提高黑人矿工的工资。1975年，金矿业黑人与白人工人平均工资之比降到1:8.4，1982年为1:5.5。[1]

为了纠正种族隔离制度对黑人，即对所谓"非白人"（包括非洲人、印度人和"有色人"），在生产资料与发展机会（就业、教育）方面的剥夺，新政府成立以后先后颁布实施了"肯定行动"（Affirmative Action）和《黑人经济支持法》[2] 等法规，以推动并帮助黑人在经济上得到发展。南非新政府认为，南非经济长期未能达到其发展的潜力，因为占人口绝大多数的黑人的收入和创造收入的水平太低。占人口多数的黑人能否有效地参与经济活动，关系到南非整个经济的稳定和繁荣。分配，不仅是收入范畴，更是获得发展生产的资源和技术能力的机会的分配。"肯定行动"政策强调的是纠正就业机会方面的不平等；《黑人经济支持法》强调的是资源（生产资料）的合理分配，以使黑人获得发展的机会，并为他们提供必要条件。

二 就业、收入

（一）就业概况

南非旧制度造成的结构性失业问题，由于经济全球化的影响，近年来更为加剧。就业是社会分配的主要手段。新政府经济发展政策的优先考虑是创造更多的就业岗位。在1994~2003年的10年间，虽然新增就业机会约100万个，但是

---

[1] Alan Hirsch, *Season of Hope—Economic Reform under Mandela and Mbeki*, University of KwaZulu-Natal Press 2005, pp. 14-15.
[2] *Broad-Based Black Economic Empowerment Act* (BEE), No. 53, 2003.

每年约有 60 万高中毕业生进入劳动力市场，而经济增长率不高，使成年劳动力的失业率长期保持在 30% 左右。

根据南非统计局 2004 年 3 月公布的劳动力调查报告，南非共有经济活跃人口（15~65 岁）1619 万人，其中 428 万为失业劳动者（失业率为 26% 左右），15~24 岁年龄段劳动者的失业率最高。为了解决失业问题，南非政府进一步加强吸引投资、增加就业。2004 年，南非共增加新就业机会 50 万个，主要分布在商业零售业（10.7 万个）和矿业（2.1 万个）部门。而在同期，制造业解雇工人 6.2 万人，主要原因是南非货币兰特升值造成的出口困难。近年来，南非失业率趋于稳定，每年新增就业人数相当于新进入劳动力市场的人数。南非经济分析家认为，创造就业的前景乐观。从中期看来，制造业的复兴，基础设施建设开支的增加，可能改变就业形势。[①]

南非政府对公共工程项目的投入的增加，对创造就业岗位有明显的推动。2004 年，政府对水利工程计划投入达到 10 亿兰特，创造就业机会 22718 个；对水土保持项目投入 2500 万兰特，创造 7000 个工作机会。在 2004 年大规模兴建公共工程项目之前，在 1998~2002 年期间，这方面的投入已经从 18.1 万兰特增加到 11.97 亿兰特，吸收就业人员 124808 人。

### （二）就业者的种族结构和性别结构

在黑人和白人当中，对失业等问题都有抱怨和失望。黑人由于受长期的种族歧视政策的制约，在教育程度和技能水平方面处于劣势，就业困难，失业比例最高。而且，黑人就业人员中大多从事初级工作，这些人占黑人就业人员总数的 34%，占南非全国初等就业人员的 82%（2001 年南非人口调查数据）。白人的不满主要是针对新的就业政策，即鼓励雇佣黑人和妇女的照顾性

---

① 〔南非〕2005 年 7 月 29 日《商务日报》。

## 第四章 经 济

计划。① 依照政府规定,各部门(主要是公共部门)雇员的比例要逐渐反映南非的种族构成,这使非洲人在寻找工作时处于某种优势地位。而白人中缺乏专业技能的人在失去种族隔离制度的保护之后,处在就业竞争的弱势地位。

根据南非官方统计,黑人在公共服务部门管理人员中的比例有明显增长:1994 年为 6%(不包括前"黑人家园");1997 年在中央公共部门占 33%,省级公共部门占 54%,其中妇女所占比例从 1994 年的 2%,分别上升到 1997 年的 12%(中央)和 15%(省级);1998 年,黑人在中央和省级公共服务部门中管理人员的比例分别为 44% 和 53%,妇女均占 15%。② 到 2003 年,黑人在各级公共部门雇员的比例占 72%。南非公务员总数从 1994 年的 120 万人,缩减到 2001 年的 100 万人。③ 宪法对旧政府的白人公务员的权益有保护条款,不能随便辞退。他们如果提前退休,可以有两种选择,一是领取退休金,二是获得一次性补偿。

但是,新制度下在就业方面受益的不仅是非洲人,由于印度人受教育程度和技能方面的条件较好,他们在公共部门就业的比例超过其在南非人口中的比例。据南非人文科学研究院的阿尔文·布哈纳的调查,白人妇女除了专业技能具有一定优势之外,根据就业政策中性别平等要求,也使白人妇女得到照顾,因而成为新就业政策的受益人群。④

由于黑人的高失业率,很多黑人家庭的妇女必须进入劳动力

---

① RDP White Paper, Chapter 5, 5.6 Affirmative Action, *South African Government Document*, Printed by CIP Book Printer, Cape.
② *South Africa Yearbook 1998*、*2000/2001*.
③ *South Africa Yearbook 2000/2001*, p. 12.
④ Professor Arvin Bhana, *Human Sciences Research Council*, *Durban South Africa*, 2004 年 4 月 6 日接受笔者采访。

市场。虽然政府在妇女就业方面规定了男女平等政策，但是妇女的失业率（46%）仍然远高于男子的失业率（35%）。[①]

总体而言，除公共部门外，目前南非的企事业单位，包括南非的跨国公司，虽然都安排了有政治和专业背景的黑人进入高级管理层，但是白人在私人企业和科教机构的高层管理和专业人员中仍占有控制地位。根据南非2001年人口调查数据，白人虽然占全国人口的比例不到10%，但是占全部高级官员和经理人员的55.7%；而占全国人口3/4的非洲黑人，虽然在个别政府部门和公司高层中有大量的黑人进入，但是在高级官员和经理人员中的比例只占27%。

表4-41　南非2001年各种族人口（15~65岁）就业情况

| 职业＼种族 | 非洲黑人 | "有色人" | 印度人/亚洲人 | 白人 | 总计 |
|---|---|---|---|---|---|
| 国会议员/高级官员/经理 | 139509 | 42202 | 46591 | 287087 | 515389 |
| 专业人员 | 241578 | 47599 | 48192 | 331094 | 668463 |
| 技术员/助理专业人员 | 486731 | 101800 | 48762 | 282481 | 919774 |
| 办事员 | 479146 | 158679 | 83614 | 326260 | 1047699 |
| 服务员/售货员 | 631999 | 103637 | 48453 | 193497 | 977587 |
| 农业和渔业技术工人 | 191720 | 30207 | 1545 | 44638 | 268110 |
| 手工艺人及相关行业工人 | 809756 | 157292 | 40732 | 157193 | 1164973 |
| 工厂/机器操作装配人员 | 674066 | 97725 | 33073 | 39369 | 844233 |
| 初等职业 | 2081268 | 385536 | 21078 | 52060 | 2539942 |
| 不确定 | 380056 | 82716 | 24891 | 149931 | 637593 |
| 总　计 | 6115829 | 1207393 | 396931 | 1863610 | 9583762 |

资料来源：Statistics South Africa, *Census 2001*, *Census in Brief*, Table2.32, p.59。

---

① *Business Day* (Johannesburg), 2004/11/9.

表 4-42　南非各种族人口的失业率

单位:%

| 年份<br>种族 | 2001年<br>3月 | 2002年<br>3月 | 2003年<br>3月 | 2004年<br>3月 | 2005年<br>3月 | 2006年<br>3月 |
|---|---|---|---|---|---|---|
| 非洲黑人 | 31.1 | 35.2 | 37.3 | 34.2 | 31.6 | 30.7 |
| "有色人" | 21.2 | 24.1 | 22.4 | 18.0 | 19.8 | 18.9 |
| 印度人/亚洲人 | 16.7 | 20.1 | 22.4 | 16.5 | 18.0 | 11.2 |
| 白　人 | 6.9 | 6.5 | 6.5 | 4.9 | 5.1 | 4.7 |

资料来源：Statistics South Africa P0210 xvi Figure 8。

### (三) 技术开发和劳动保护

南非政府的《就业和技术开发战略》和劳工部人力资源开发分部，负责贯彻两方面的法规：一是实施1998年《技术开发法》和2003年的修正案；二是执行1999年《技术开发征税法》及其修正案。同时，劳工部人力资源开发分部还要与教育部合作，贯彻1995年《南非资格管理局法》。

技术培训作为人力资源开发的重要内容，是劳工部和教育部的共同职责。两个部相关的资金由南非资格管理局进行分配，用于建立全国统一的机制和准则，以确保技术培训的学习质量。南非政府1999年设立全国技术基金，资助中小企业的技术培训。该基金资金来源的20%来自南非税务局征收的技术开发税款。2002~2005年间，全国技术基金共筹集资金312亿兰特。在全国技术开发战略的指导下，各经济部门负责本领域的教育和培训计划，以确保全国技术开发战略的实施。

劳工部开展的2001~2005年全国技术开发战略，已全部实现预定目标。到2005年3月，共有304万工人完成了培训计划，超过原计划的139.8万人。同期，53%雇佣人员在50~150人的

企业得到政府的技术开发拨款（原计划为40%）；37%新登记和已有的小企业得到政府在技术开发方面的支持（原定目标为20%）。2002~2005年间，全国技术基金共筹集资金312亿兰特，该基金管理之下的社会发展培训款项中，89%已经划拨到各省和专门项目使用。到2004年10月，共有85753人参加学习和培训，超过了预定8万人的目标。

2005年3月，在全国技术大会上，启动了2005~2010年的5年技术开发战略，该项目拨款共219亿兰特。政府的目标是通过技术培训，到2014年使南非的失业率降低1/2。为了实现平等就业的目标，该战略要求技术培训的受益者中，84%为黑人，54%为妇女，4%为残疾人。

**失业保险基金** 南非政府2003年通过《失业保险法修正案》，解决失业保险基金的管理和发放，完善失业人员数据库。南非税务局继续管理工人交纳了雇员税的企业应纳的失业保险金；其他企业的失业保险金由失业保险委员会征收。

**赔偿基金** 赔偿基金会是劳工部下属的公共实体，主要职责是向遭遇工伤的职工和在工作场所感染职业病的工人提供赔偿，包括给予严重事故的家属的赔偿。该基金的管理根据1993年《工伤和职业病赔偿法》及其1997年的修正案。到2005年2月底，共有283732个企业在该基金注册。该基金的收入来自注册企业根据评估应付的款项。该基金的资金为140亿，其中有115亿进行了投资。积累的资金当中，60亿兰特为退休金账户，40亿兰特为法定公益金。[1]

**（四）劳资纠纷解决机制**

1994年11月，根据《全国经济发展和劳动委员会法》(National Economic Development and Labour Council Act, 1994)，

---

[1] *South Africa Yearbook 2004/2005、2006/2007*, Economy-Employment and Skills.

建立了由政府、工会和商会三方组成的全国经济发展和劳工理事会。这是南非解决劳资关系的国家级机构，根据国家的经济发展情况，考虑有关劳动立法和社会经济政策的变化。

劳资关系当中的集体讨价还价原则（collective bargaining system）在南非已经实行多年。1995年《劳动关系法》（Labour Relations Act, 1995）第二章共52条，对集体谈判（也称集体讨价还价）有详细的规定，包括工会组织的权利，集体协议的形成，讨价还价委员会的权利及其运作，以及法定谈判委员会的建立等诸多方面。集体讨价还价制度还要扩大到处于弱势地位的工人，以保证劳动法的切实贯彻。

根据1995年《劳动法》，于1996年成立的和解、调解与仲裁委员会是独立的纠纷解决机构，不属于任何政党、工会或者商界。在1996~2006年的10年间，该委员会共处理1043078份送交的纠纷案例，解决率达到65%。

南非劳工部的劳工组织登记部门负责审查工会和雇主协会的资格，标准是根据《劳动法》的相关条款规定每年上交年度审计报告，并且是真正存在并运行的组织。

**（五）收入水平和贫富差距**

**工资水平** 根据南非统计局2003年2月发布的劳动统计——平均月收入调查（选择部分行业），2003年2月的月平均工资（包括奖金和加班费）为6294兰特，比上一年同期提高10.0%。[①]

**家庭和个人收入** 根据南非统计局2002公布的1995年10月到2000年10月收入和支出调查结果，考虑到通货膨胀因素，南非家庭年收入和支出都有所下降。

1995年10月，南非全国家庭平均年收入为37000兰特，包

---

① *Statistics South Africa Statistical Release P0272*, p.1.

括工资收入和其他收入。2000 年的家庭平均实际年收入为 45000 兰特，如果考虑到通货膨胀因素，应该为 51000 兰特。家庭平均年支出情况与收入大致相同。

表 4-43　月平均工资（包括奖金和加班费）

单位：兰特，%

| 行　　业 | 2003 年 2 月工资 | 与 2002 年同期比较 |
| --- | --- | --- |
| 矿业/采掘业 | 5604 | +11.1 |
| 制造业 | 5488 | +13.3 |
| 电、气、水供应业 | 16277 | +34.8 |
| 建筑业 | 3987 | +21.1 |
| 批发/零售、汽车销售、饭店业 | 4483 | +11.2 |
| 运输、贮藏、通信业 | 7156 | -4.5 |
| 金融业 | 11770 | +17.5 |
| 社区、社会和个人服务行业 | 7681 | +7.4 |
| 中央政府 | 8428 | +0.5 |
| 省政府 | 7697 | +11.3 |
| 地方政府 | 5933 | +6.4 |
| 其他政府机构 | 10136 | +8.6 |
| 政府部门总平均 | 7724 | +7.6 |
| 洗涤服务业 | 2010 | +12.1 |
| 所选行业总平均 | 6294 | +10.0 |

资料来源：Statistics South Africa, *Statistical Release P0272 Survey of average monthly earnings February 2002*。

近年来，南非经济出现持续增长，内需的拉动是重要因素。2004 年圣诞节期间，南非出现 20 年以来最火暴的购物热潮。南非斯泰伦博什大学经济研究所的研究表明，圣诞节期间居民开支的增加不单纯是周期性波动，更重要的推动力量是结构性变化——特别是各个阶层人员收入的上升和黑人中产阶级人员的增长，高收入和低收入人群工资都有提升。根据该研究所的报告，高收入者是指月收入在4500兰特以上者，而低收入者指月收入在4500兰特以下者。低收入者除得益于工资提高之外，还得益于社会救济和低廉的食品价格。由于经济的发展，特别是黑人企业的兴起，投资收入占南非人口个人可支配收入的比例从1990年的7%上升到2003年的35%。[①]

**不同种族人员的收入依然悬殊**　1995年和2000年南非家庭收入和支出情况，在种族、性别、城乡和各省之间仍有很大的差距。非洲人家庭的平均收入和支出最低，其次是"有色人"家庭，印度人和亚洲人家庭略高，白人家庭最高。非洲人妇女为户主的家庭收入，低于男性为户主的家庭收入，并以白人男人为户主的家庭收入最高。城市家庭收入高于农村。各省的收入差别来自经济发展程度的差异，西开普省和豪廷省的最低收入家庭所占比例很小。在家庭各项开支中，1995年和2000年用于食品支出占20%和22%，用于住房支出占14%和16%，所得税占14%和9%，交通费用占10%。

1995年和2000年，最低收入家庭的支出只占全国家庭总支出的3%，其中至少以50%用于食品支出。最高收入家庭的支出占1995年总支出的63%，占2000年的64%，用于食品的支出占其总支出少于1/7。最低收入家庭的食品开支1995年为2800兰特，2000年下降到2400兰特；而高收入家庭的食品支出1995年为15100兰特，2000年上升到16200兰特。可见，在1995~2000年期间，贫富家庭之间生活质量的差距进一步拉大。

从收入支出情况看来，种族隔离政策的后遗症依然存在，非洲人家庭，特别是以非洲人妇女为户主的农村家庭，继续处在最

---

① 〔南非〕2004年11月17日《商务日报》。

贫困的境地。在基础设施和服务等社会支出方面，情况有所改善。但是，这些社会支出如何转化为贫困家庭和人口的收入变化，还需要时间。

根据联合国发展计划署的《人类发展报告》，南非 2/3 的总收入集中在最富有的 20% 人口的手中，而最贫困人口的收入只占 2%。近 2/3 的劳动者（绝大多数为黑人）的月收入不足 250 美元。白人的大部分由于具有较高的知识水平、劳动技能和财产，收入远高于黑人的平均水平。[1]《金融邮报》1997 年提供的南非最富有的 25 个家庭全部是白人，他们共拥有财富 236 亿兰特。[2]

**黑人社会贫富的分化**　　1994 年非洲人国民大会执政以来，一个日渐增长的黑人中产阶层正在出现。根据南非贸易与工业部的数字，黑人在企业主中已经占到 10%，在技术人员中已经占到 15%，黑人中最富有者的收入增长了 30%。南非百万美元富翁 2004 年达到 3.7 万人。根据 2005 年《世界财富报告》，南非占非洲 7.5 万个百万美元富翁的一半以上。一年之内，新增百万美元富翁数量可以与南非相比的只有新加坡、中国香港地区和澳大利亚。有分析家认为，南非兰特与美元汇率的升值，也是南非百万富翁大增的原因。南非原来的矿业大亨（比如奥本海默家族和鲁珀尔斯家族），现在与一批新生巨富共同分享南非超级富豪的地位。[3]

在消费人群的种族构成方面，南非斯泰伦博什大学经济研究所的研究估计，黑人在南非 450 万高收入者中占 180 万，约占 40%（2004 年），2000 年以来共有 27 万黑人的收入水平已经进

---

[1] EIU, *Country Profile 2003*, South Africa, p. 31.
[2] *Sunday Times* (Johannesburg) 2005/07/17.
[3] *Sunday Times* (Johannesburg) 2005/07/17.

入收入较高的"中产阶层"。在 2000~2003 年，南非有 39 万人上升到中产阶层的行列，其中 70% 为黑人。在消费结构方面，低收入者主要购买非耐用消费品，如食品等，消费总额为 137 亿兰特；而高收入阶层购买的主要是服务产品和耐用消费品，比如汽车和家具，2002/2003 年度消费额为 1040 亿兰特。①

但是，南非政府的《黑人经济扶持计划》在造成一批黑人中产阶层崛起的同时，在广大黑人经济地位的改善方面被认为进展缓慢，受到多方面的指责。2007 年 3 月公布的《商业路线图基金会调查报告》显示，黑人当中的激进观点认为，政府的《黑人经济扶持计划》对消除贫困作用很小。很多受访者表示，从该计划中受益的多数是非国大中的显要成员或者与他们关系密切的人。

## 三 社会福利

### （一）社会补助

南非在种族隔离时期，社会补助的发放是以种族为基础的歧视性政策。在旧制度下，社会救济主要面向白种人。在新制度下，取消了一切带有种族歧视的法规，社会福利的覆盖面惠及全体国民。南非社会补助的发放对象包括：养老金、有子女的贫困家庭、解放战争老战士、照顾儿童和需要帮助人的家庭的寄养补助。2000 年以来，政府扩大社会福利金的发放范围，同时兴建公共工程项目，是解决贫困群体的重要措施。2004年，南非通过了《南非社会保障机构法》和《社会援助法》，统一管理全国的社会补助金。

通过社会援助计划而增加收入的家庭所获补助金从 2002/2003 年度的 429 亿兰特，增加到 2005 年的 742 亿兰特，年均增

---

① 〔南非〕2004 年 11 月 17 日《商务日报》。

长 20%。到 2006 年 3 月，南非接受社会补助的人口达到 1100 万，约占全国人口的 1/4。

交通补贴的受益人群主要是黑人工人。由于绝大多数黑人居住在远离中心城市的黑人城镇，他们每天上下班的交通费用支出约占收入的 1/3，因此南非新政府的交通补贴政策对广大黑人上班族是减少交通费负担的重要措施。1999/2000 年度，政府支出的交通补贴为 29 亿兰特，资助 180 万乘坐公共汽车人员和 220 万乘坐郊区铁路往返的工人。2004/2005 年度政府的交通补贴支出 21 亿兰特。

虽然黑人与白人之间的经济收入差距仍然很悬殊，但是，多数黑人的生活条件有相当程度的改善。特别是黑人城镇地区，在住房、供电、供水、教育、公共卫生和社会保障方面，政府给予巨大的投入。仅养老保险和贫苦儿童救济金等社会救济款项，1994~2004 年南非政府的补助支出就从 100 亿兰特增加到 371 亿兰特，增长了 3.7 倍，受惠人数从 260 万人上升到 790 万人。[1]

根据研究发现，政府的社会补贴减少了饥饿和极度贫困的人数，而且使众多的家庭可以得到基本的社会服务和经济发展的机会。社会援助金额是 2001 年以来政府支出中增长最快的项目，2006 年达到 700 亿兰特，占国内生产总值的 3.4%。社会补助款项占南非 20% 最贫困家庭收入的 1/2 以上，2001~2006 年间增长一倍。到 2006 年 5 月，共有 750 万儿童得到相关补助，老年补助金是第二项最大的社会补助。[2] 南非的社会救济占个人可支配收入 1990 年为 5%，2003 年增加到 7%。[3]

---

[1] *South Africa Yearbook 2004/2005*.
[2] *South Africa Yearbook 2006/2007*.
[3] 〔南非〕2004 年 11 月 17 日《商务日报》。

第四章 经　　济

表4-44　南非社会援助每月补助金额

单位：兰特

| 补助项目 | 2005/04/01 | 2006/04/01 |
| --- | --- | --- |
| 老年补助（Old-age grant） | 780 | 820 |
| 残疾补助（Disability grant） | 780 | 820 |
| 助学金（Grant-in-aid） | 170 | 758 |
| 解放战争老战士补助 | 758 | 590 |
| 寄养补助 | 560 | 820 |
| 赡养子女的贫困家庭补助 | 780 | 190 |
| 儿童抚养补贴 | 180 | 170 |

资料来源：根据 South Africa Yearbook 2005/2006，2006/2007 中社会发展章节数据编制。

### （二）社区基础设施的发展

南非政府把消除贫困列为南非社会发展的首要任务。除了社会援助的各项补助之外，南非政府在消除贫困方面还注重支持社区发展计划。南非政府建立的"独立发展基金"，负责实施对社区发展项目的支持。社区发展项目包括：青年发展、妇女合作社、艾滋病防治、食品安全、老年人服务和社会融资。

南非政府提出，第二个10年（2004～2014）在经济方面主要关注的是提高人民参与经济活动的能力，以减少对政府社会保障和救济的依赖。2004年，南非的财政预算包括一系列政府干预性项目，特别是对基础设施工程的投入，在创造就业机会的同时，也为改善落后地区的经济发展创造条件。

**饮水和卫生设施**　南非政府在解决贫困人口居住区的清洁饮用水和卫生设施方面，给予大量的投入，取得的成效得到联合国的承认。南非得到清洁饮用水供应的家庭在1995年占全国家庭的60%，到2003年增加到85.5%。到2004年11月，南非共有1000万人受益于清洁饮用水供应计划。2006年，南非已经提前

# 南非

实现联合国千年发展目标中为居民提供基本饮用水的目标,至少有3570万人(占南非总人口的78%)可以得到免费的基本饮用水。[①] 有卫生设施的家庭1995年占全国家庭的49%,到2003年上升到63%。1994~2003年间,政府为640万人提供了新的卫生设施。

**供电** 南非新政府在提供居民供电保障方面成绩显著。1992年,连接供电网络的家庭仅占全国家庭的32%,到2001年增加到70%。利用电力取暖的家庭在2001年占49.1%。2001年农村家庭通电户占52%,城市家庭通电户占80%。

**医疗保健** 为了改变南非不平等的卫生保健制度,南非卫生部对卫生服务体系开展彻底的改造,其中包括:增加基础卫生保健服务的开支,除医院之外的基础卫生保健服务开支,在1992/1993年度为每人58兰特,2002/2003年度增加到141兰特,到2005/2006年度达到183兰特。在建设和改造门诊所计划方面,1994~2004年间共新建1200个门诊所,另外有252个门诊所得到扩建和改造,还有2298个门诊所得到新的设备和局部改造。由此增加固定就业机会1.1万个、临时就业机会约2万个。

1994年,开始实施对孕妇、哺乳母亲和6岁以下儿童的免费医疗政策。1996年,免费医疗范围扩大到公共医疗系统的每个人的基础卫生保健服务,出诊率大幅度增加。一岁儿童免疫接种覆盖率1998为63%,2002年增加到72%,2003年上升到89%。到1999年,南非已经消灭了小儿麻痹症(脊髓灰质炎)和由于麻疹导致的死亡。小学生营养计划的覆盖率已经达到95%,2002/2003年度约有450万名小学生受益。

南非的艾滋病感染率非常高。2001年成人(20~64岁)感染率为14.5%,2006年上升到17.7%。艾滋病感染者占总人口

---

① *Bua News* (Tshwane) 2006/06/07.

比例 2001 年为 8.5%，2006 年上升到 10.9%。妇女（15～49 岁）感染率更高，为 16.1%，2006 年上升到 20%。对胎儿艾滋病毒感染率的调查显示，1990 年为 0.7%，2001 年增至 24.8%。政府对艾滋病防治的投入 1994 年为 3000 万兰特，2001/2002 年度增加到 3.42 亿兰特，2005/2006 年度提高到 36 亿兰特（不含省政府的相应拨款）。2007 年 5 月，南非成立全国艾滋病防治委员会，制定了 2007～2012 年的 5 年防治计划，目标是在 5 年内使新感染者的比例降低 50%，为 80% 的感染者及其家庭提供治疗和援助服务。[1] 在防治肺病和疟疾方面，南非政府也进行很大的财政投入，并取得公认的成绩。

四 住房

南非以往的种族隔离制度的重要支柱政策之一是居住区域的隔离。中心城市郊区是白人的聚居区，基础设施完备，环境优雅。而黑人城镇大多远离中心城市，缺少基础设施，住房简陋而且拥挤。农村地区的非洲黑人仍保留着村社的传统居所，由于白人政府划给非洲人的土地只占南非面积的 13%，因此这里的人口密度大。同时，还有大量从农村地区涌入城市寻找工作的黑人栖息在非正规的棚户区。新政府成立后，面临严峻的住房短缺问题。因此，南非新政府在 1994 年公布的第一项政策白皮书，即是有关住房问题的《南非住房的新政策和战略》。

（一）政府补贴新建低价住房

南非政府从 1994 年开始实施为贫困人口解决住房问题的计划，已经连续进行了十多年。在 1994～2003 年间，住房建设投入共 142.2 亿兰特，共批准 19.85 亿兰特的住房补助金。由此，南非拥有住房的居民的比例由 1995 年的 46.5%，增长到 2001 年

---

[1] *South Africa Yearbook 2004/2005.*

的69.8%。1994~2005年3月，南非政府提供补贴建设的新住房共183.1万套。但是，南非历史上长期积累的住房短缺问题仍然存在。为了加快解决住房问题，南非政府住房部简化了住房补贴的行政管理，采取的措施包括：

——放宽给予住房补贴家庭的收入标准，使符合标准的家庭得到同样的住房补贴；

——扩大住房计划的涵盖范围，把享受住房补贴的条件从月收入3500兰特扩大到月收入7000兰特的家庭；

——改善非正规住所的居住条件。

根据1998年《住房消费者保护措施法》，住宅建设公司必须向国家住宅建筑商注册委员会登记，并且有责任向该委员会的缺陷保修计划登记所有新建住房。该法的目的是保护住房所有者免遭劣质施工之苦。建筑商对于住房的设计和材料缺陷在3个月内负有责任，漏顶在1年内负责，住房结构问题在5年内负责。所有政府补贴的新建住房项目的施工质量都受到监督。国家住宅建筑商注册委员会的检查员在住房建设过程中或完工后应评估建筑质量。

南非政府1998年的《防止非法驱逐和非法侵占土地法》规定，禁止非法驱逐房屋住户，并规定了详细的条例。

2000年《住房贷款和抵押贷款披露法》规定，建立"披露办公室"，监督金融机构向需要住房信贷的社区提供服务，要求金融机构披露信息，指出歧视性的借贷做法。该法的实施规则颁布后，即开始实施。

**（二）为贫困家庭提供廉租房**

南非中低收入家庭中，有180万户需要租房居住。全国71.14%的家庭租用住房，城市地区71.76%租房户住在正规的住宅。在租房户中，黑人家庭占比例最大，其次是"有色人"家庭。中低收入家庭对租房的需求每年在10万套左右，其中贫困家庭对公共廉租房的需求很紧迫。

南非住房部制定了一个可承受的租房计划，使低收入者可以住在以前政府部门提供的住处，或住在公共企业以前给流动劳工提供的单身宿舍，或建设新的高层住宅租给低收入家庭居住。

南非1999年《租赁住房法》在2001年8月生效，该法规定了政府对租房市场的责任，也规定了房主和房客的权利和责任，并规定建立各省的租房法庭，以便快速和节约成本地解决租房纠纷。[1]

---

[1] *South Africa Yearbook 2006/2007.*

# 第五章

# 军　　事

南非军队的职能，在很长的一段时间内是维护南非白人的种族隔离制度的工具，其任务是镇压对这一制度不满的各族群的反抗，同时对周边支持南非黑人解放运动的国家发动攻击和战争。因此，南非的军事动向，成为非洲，特别是南部非洲的稳定与动乱的重要指标。1994 新制度建立后，南非政府对军队和军事工业进行改革，赋予军队保卫南非的民主制度和国家安全以及维持非洲和平的新使命。

## 第一节　建军简史

一　南非军队的建立和英国的影响（1910～1948 年）

1910 年南非联邦建立后，为维护少数白人的统治，统一军队的建立被提上日程。南非于 1912 年通过《防务法》和《警察法》，并建立了联邦国防军。英国支持建立南非军队的目的是希望其能在大英帝国的总体防卫中扮演角色，而许多阿非里卡人却希望通过建立南非军队以排除英帝国的军队，因此，南非军队是英国式军队建制和阿非里卡人的突击队的结合。

# 第五章　军　事

到1948年，南非军队建设初步定型，除少量常备军（2500人）之外①，大部分武装力量是非正规的民团。南非军队的这种体制，一直持续到1994年新南非的建立。南非统一的警察力量，始建于1913年，它是一支武装警察部队，分为现役和后备役两部分，担负治安和防务双重任务。

南非的空军、海军以及军事工业，在英国的扶持下逐步建立。1919年，英国政府作为礼物送给南非联邦政府100架飞机，并培训南非联邦的飞行员，以代替从英国临时调派的人员。② 4年以后，空军建成为一支常备军事力量。南非海军于1922年建立，但由于1929年经济危机的来临，于1934年被放弃。③ 1933年建立特种兵营。二战期间，在英国帮助下，南非不仅第一次建立了自己的军事工业④，而且还利用与英国等西方国家迅速升温的军事关系，大力扩充军队的数目与装备，尤其是使空军与海军的实力得到了相当的增强，以至到1946年，海军已成为南非军队中一支独立的军事力量。⑤

南非联邦军队的指挥权掌握在英帝国手里，南非军队的作用总体上是为英帝国的战略服务。在两次世界大战中，南非都站在英国一边对德国作战。英国重视南非的战略地位，为保护通往远东的开普航线，自从1921年获得开普敦附近的西蒙斯顿基地的使用权后，英国海军就一直出现在南非的海岸，直到1975年。

---

① Gavin Cawthra, *Brutal Force: The Apartheid War Machine*, International Defence and Aid Fund for South Africa, London, 1986, p. 6.
② *Star*, (Johannesburg), 1980/02/09.
③ Gavin Cawthra, *Brutal Force: The Apartheid War Machine*, International Defence and Aid Fund for South Africa, London, 1986, p. 9.
④ Gavin Cawthra, *Brutal Force: The Apartheid War Machine*, International Defence and Aid Fund for South Africa, London, 1986, p. 89.
⑤ Gavin Cawthra, *Brutal Force: The Apartheid War Machine*, International Defence and Aid Fund for South Africa, London, 1986, p. 10.

此外，南非主要的武器输入和人员培训大都由英国控制与安排。[①] 在面临危机时，南非政府还得请英军帮忙。例如，在1913年，印度人、非洲人和白人工人在南非许多地方发动罢工，为平息罢工，南非政府不但动员了警察和部分军队，还动员了在南非的英国驻军。[②]

## 二 南非军队的阿非里卡人化和现代化（1948年~20世纪70年代早期）

从1948年到70年代早期，是南非军队基本定型期，体现在以下三个方面。

### （一）南非军队实现阿非里卡人化

由于英国人与布尔人在历史上争夺南非所造成的纠葛的影响，以及布尔人在工业和商业方面较落后的现实，使他们一直对英语白人有一种排斥的心理。1948年，主要代表阿非里卡人民族主义的国民党上台后，采取了一些消除英国影响的新建军措施，最终使南非的军队实现阿非里卡人化和国家化。

20世纪50年代，随着国民党执政地位的巩固，国民党政府逐步以阿非里卡人军官替换英语白人。到70年代初，阿非里卡人官兵已占陆军的85%，占空军的75%，占海军的50%。[③] 阿非里卡语也成为常备军的通用语言，在大多数军事机构用语中，阿非里卡语已占据主导地位。

---

[①] IDAF 1980b, *The Apartheid War Machine*：*The Strength and Deployment of the South African Armed Force*, Fact paper on Southern African, No.8, IDAF, London, p.19.

[②] Simons, J & Simons, R 1983, *Class and Colour in South Africa*, *1850 - 1950*, IDAF, London. pp.156 - 161.

[③] Kenneth W. Grundy, *Soldiers Without Politics*, University of California Press, 1983, p.104.

## 第五章 军 事

国民党政府推行军队的民族主义计划。1956 年，英国与南非达成协议，共同使用西蒙斯敦海军基地，结束了英国独占的历史。军队的名称由南非联邦国防军改称南非国防军，扩充了对白人的义务兵役制，建立了为培训军官的军事院校，过去的阿非里卡人"民团"全部并入南非国防军，通过了南非军队新的勋章、制服、徽章。为了能把所有在南非和纳米比亚的白人都动员起来，1963 年，在比勒陀利亚建立了民防部，该部最初由司法部直辖，6 年后被移交给国民党政府的国防部。到 1974 年，大多数的地方政权（包括在南非和纳米比亚）都建立了民防结构。[①] 1967 年，南非开始在纳米比亚的白人男子中实行普遍征兵制度。[②]

20 世纪 60 年代开始，南非当局推行多项政策使南非由白人社会军队化过渡到全社会军事化。1957 年的《防务法》，把黑人排除在征召者之外，但又规定政府可通过公告把《防务法》的范围覆盖到"非白人"。1968 年，南非当局通过法令，强迫开普省西部的"有色人"青年登记去劳动营接受准军事培训。在 1968 年 1 月，所有 18~24 岁的"有色人"都必须按法令去警察局进行准军事军官学员培训登记。[③] 60 年代末，印度人也被准许入伍。到 70 年代初，非洲人也开始进入南非的常备军。1970 年，南非女性第一次在开普省乔治亚的南非军队女子学院接受培训，[④] 以准备她们在常备军、民团和突击队中服役。到 1972 年底，南非常备军的力量估计约 18000 人；民团人数超过 26000

---

① *1973 Defence White Paper.*

② Gavin Cawthra, *Brutal Force*: *The Apartheid War Machine*, International Defence and Aid Fund for South Africa, London, 1986, p. 19.

③ Gavin Cawthra, *Brutal Force*: *The Apartheid War Machine*, International Defence and Aid Fund for South Africa, London, 1986, p. 67.

④ *SA Digest*, 7.6.74; *Debates*, pretoria, 22.4.77.

人，这使南非军队武装人员的总数超过45000人。另外，还有75000人的男性突击队和40000人的民团预备队。①

**（二）军备升级和常规军备生产本土化**

20世纪60年代，特别是在1960年3月发生"沙佩维尔惨案"之后，南非当局镇压黑人的行径引起世界的震惊和谴责，国际社会的制裁与武器禁运导致的压力巨增。在联合国安理会于1963年通过对南非实行自愿武器禁运的决议之前，南非从英国获得其大多数的武器。1964年后，英国对南非实行部分禁运，但英国在1964年之前与南非签订的合同仍然有效。根据1955年的《西蒙斯顿协议》，英国不仅继续向南非提供一支小型现代海军舰队的装备和一些巡逻飞机，而且还向南非移交英国的"海盗"、"坎培拉"喷气式轰炸机、"大黄蜂"直升机、装甲车和其他军用车辆的底盘等。② 此外，法国、意大利、比利时等国也乘机而入，违反联合国的规定，与南非展开军事合作。根据瑞典国际和平研究所（SIPR）的统计，在60年代，南非进口武器中的44%来自法国，在1970～1974年间这一比例超过50%；在1970～1976年间，估计意大利占南非武器进口的19%。③

南非与西方的军事合作，除了直接引进武器，它的一些私有企业还利用西方的许可证生产军火，使南非的军事力量得到极大的提升。南非陆军装备了来复枪、机关枪、迫击炮和大炮系统，这些都是当时许多北约部队中的标准装备，法国装甲车成了南非国防军的重要装备。南非海军从法国获得第一艘潜艇，加上英国

---

① IDAF 1980b, *The Apartheid War Machine*: *The Strength and Deployment of the South African Armed Force*, Fact paper on Southern African, No. 8, IDAF, London, Nov. 1983, p. 41.

② Gavin Cawthra, *Brutal Force*: *The Apartheid War Machine*, International Defence and Aid Fund for South Africa, London, 1986, p. 90.

③ 1978 *SIPRI Yearbook*, p. 233.

## 第五章 军事

的巡逻艇,加强了南非的海军。20世纪60~70年代,南非空军依靠法国供应飞机,或根据许可证在南非组装直升机、运输机、幻影F1和幻影Ⅲ等最现代化的、先进的喷气机。[①] 南非空军还装备了意大利制造的"英帕拉"战机。法国公司根据与南非的协议,向南非提供各种导弹,并共同生产"仙人掌"地对空导弹。

南非是世界上主要的铀生产国之一。从1955年开始,南非利用铀矿资源与西方交换核技术。在50年代中期,南非通过与国际原子能机构的接触开始发展核研究能力,在华盛顿的和平利用核能的计划下,1957年南非与美国签订为期55年的核合作协议,美国向南非提供了第一座核反应堆(Safari-1),1965年开始运行,培训南非的核科学家。后又在美国的帮助下,南非建立了第二座核反应堆(Safari-2)。南非的核工程师在英国、德国、法国和美国受训。[②] 到1970年,南非掌握了铀浓缩手段,并拥有制造和投掷核武器的能力。[③] 1977年8月,苏联、美国均通过卫星发现,南非在卡拉哈里沙漠附近有个原子弹爆炸试验场。

为了更好地利用外国技术和协调武器生产的发展,南非在1968年建立了两个国家级组织,一个是军备局,负责购买武器和在武器生产方面的质量控制和价格控制;另一个是阿姆斯科公司(Armscor),负责控制武器生产。[④] 1970年,南非通过了《国家供应采购法》,便利了私营经济部门向南非国防军供应物资,

---

[①] *Air International*, May 1976.

[②] United Nations, 1981, *South Africa's Plan and Capability in the Nuclear Field*, Doc. A/35/402, United Nations, New York, pp. 8–12.

[③] SMITH D., 1980, *South Africa's Nuclear Capability*: World Campaign Against Military and Nuclear Collaboration with South Africa, Olso. pp. 8–9.

[④] *Rand Daily Mail*, Johannesburg, 1.3.68.

使国防部长有权根据南非政府的安全考虑命令任何公司或个人制造、加工、处理、供应南非国防军所需的商品或服务。①

此外,面对与日俱增的国际制裁压力,南非加快了武器装备的自给能力,大幅度增加军费。20世纪50年代,南非开始自制导弹的研究。1968年,在纳塔尔省北部建立了导弹试验场,阿姆斯科公司还建立新的分公司,从事导弹技术的研究。② 到60年代中期,南非军费猛增到占国家财政预算的21%。到60年代末,南非国防军使用的步枪、迫击炮、弹药、炸弹、手榴弹、地雷和汽油弹都由本国制造。到1971年,南非在制造步兵武器及弹药、装甲车和简易通讯设备方面达到近乎自给的能力。③ 此后,军费开支居高不下,到70年代中期,军费占到国民生产总值的4%。

在南部非洲国家的民族解放运动取得进展、国际社会加大对南非进行孤立的形势下,南非加快扩充军事力量和制造武器能力,以提高南非国防军的机动性和打击能力。1972年,南非建立了国家安全委员会,对国家机器和社会进行全面监控;1973年建立由退役警察组成的警察后备力量。④ 至此,南非为保障白人统治而建立的防务系统基本形成。

### 三 "全面战争"中的南非军队(20世纪70年代早期~80年代晚期)

1974年葡萄牙发生军事政变后,葡属非洲殖民地莫桑比克和安哥拉在1975年先后获得独立。南部非洲国

---

① *National Supplies Procurement Act No. 89 of 1970.*
② *Rand Daily Mail*, Johannesburg, 7. 8. 68.
③ Robert S. Jaster, *South Africa's Narrowing Security Options*, Adelphi Paper No. 159 (London: IISS, Spring 1980), pp. 15 – 16.
④ 1973, *Defence White Paper*, p. 9.

## 第五章 军　事

家组成"前线国家"组织，反对南非的种族隔离制度，支持南非人民反对种族主义政权的斗争。南非解放运动加强了在国内的活动，非国大领导的"民族之矛"不断袭击南非的重要战略设施和南非国防军。同时，国际社会对南非的压力和制裁加剧。在这样的形势下，南非当局把面临的困境称之为共产主义的"全面进攻"，提出"总体战略"，进一步扩军备战。

### （一）全方位国防战略

面对国内、国际的新形势，南非当局确定了全方位的国防战略，进一步加快军队现代化，军事战略成为国家战略的一部分。国家安全委员会成为南非政策制定和政府权力的中心。1977年的《国防白皮书》，确定了警察与部队的关系。对付内部特别是城市骚乱的责任主要由南非警察承担，但南非军队必须时刻准备在全国范围内快速动员、调动部队，为南非警察提供援助。

为加强对边界的控制，南非当局1978年通过法令，给南非国防军清除南非边界10公里之内的居民的建筑和森林的权利。到70年代晚期，南非军队沿北部边界建立一个"钢铁之环"，以防止游击队从邻国的渗透。同时，南非当局还把防务延伸到国内的农村，提出区域防卫战略，并采取"争取人心"的措施。1985年南非政府进一步使边界区域军事化，向白人农场主发放武器，士兵被派到所有的白人农场进行保护。政府向放置地雷、设置安全篱笆、警报设施和强力照明灯的农场主提供补助，并宣布在沿津巴布韦的边界建立高压电网。[①]

### （二）更新和扩充军备

1974年葡萄牙发动军事政变后，南非启动一个5年的军事现代化和扩展计划，军费有一半用于防务工程发展计划，或购买

---

① Gavin Cawthra, *Brutal Force: The Apartheid War Machine*, International Defence and Aid Fund for South Africa, London, 1986, p. 228.

新装备。根据1974年《国防专门账户法》，设立专门账户用于国防活动和购买相关武器。这个专门账户不受国家的审计，并向公众和政府其他部门保密。[1] 1977年60%的国防预算拨付通过这个专门账户。在1975~1985年间，军费预算增加了500%。[2]

南非千方百计绕开联合国强制性武器禁运的限制，从欧洲国家进口先进的雷达系统、计算机和电子设备。从1981年起，美国成为南非军事技术和装备的重要来源。80年代末，南非得到9艘小型以色列的"雷谢夫"级导弹攻击舰，其中的5艘得到许可证在德班建造，其余的4艘在以色列的帮助下建造。[3] 南非国防军还提升了空中加油能力，扩大了飞机的续航范围。南非的"库克里"（Kukri）空对空导弹，是美国的响尾蛇导弹（Sidewinder）、法国玛特拉公司的MatraX Magic系统和南非改装的混合物。南非声称其"仙人掌"导弹是自主研发的，实际上南非为发展此系统向法国公司支付了近70%的资金。[4] 根据1984年呈交给负责监视和执行武器禁运的联合国安理会委员会的证据，在当年南非总的武器采购预算16.2亿兰特中，有9亿兰特用于从国外购买武器。[5]

为了提高军事应急能力，南非实行公路与飞机跑道两用计划。到1983年，双重用途的公路在靠近博茨瓦纳和莫桑比克的边界建立起来，并计划建设更多的此类公路，以促进迅速布置反

---

[1] *Debates*, pretoria, 14.2.74.
[2] Gavin Cawthra, *Brutal Force: The Apartheid War Machine*, International Defence and Aid Fund for South Africa, London, 1986, p.81.
[3] Gavin Cawthra, *Brutal Force: The Apartheid War Machine*, International Defence and Aid Fund for South Africa, London, 1986, p.100.
[4] Gavin Cawthra, *Brutal Force: The Apartheid War Machine*, International Defence and Aid Fund for South Africa, London, 1986, p.101.
[5] Gavin Cawthra, *Brutal Force: The Apartheid War Machine*, International Defence and Aid Fund for South Africa, London, 1986, p.103.

## 第五章 军事

应部队。

为了镇压民众反抗,到 80 年代中期,南非警察全部装备已经现代化。1980 年以来,南非警察的开支大大超过国防军的开支。在 1981~1983 年间,南非警察人数每年增加 8000 人以上,相当于过去 10 年警力增加的总数。到 1984 年,南非警察总数达到 45000 人,其中近一半为黑人。[1]

### (三) 扩充兵种

为了镇压国内反抗和打击邻国对南非解放运动的支持,南非不断组建新兵种。20 世纪 70 年代中期,南非建立特种部队及其所属的侦察突击队,专门从事非传统的、秘密的行动。[2] 为了减轻南非国防军的人力短缺和减少南非白人士兵的伤亡,一个被称为"布须曼"的第一支黑人分队于 1974 年建立;[3] 在 1976 年和 1977 年,还建立了班图斯坦武装力量。[4] 1984 年 10 月,南非"黑人家园"当局被允许建立各自的警察力量。在 1985 年的 5 月,第一支社区警察部队完成培训,用以保卫黑人区的种族隔离机构。[5]

为了清剿西南非人民组织(纳米比亚解放组织)在安哥拉南部的游击活动,1979 年南非又建立了一支南非国防军的秘密分队——第 32 营。这支分队由安哥拉的黑人组成[6],几乎都在

---

[1] Gavin Cawthra, *Brutal Force: The Apartheid War Machine*, International Defence and Aid Fund for South Africa, London, 1986, p. 133.

[2] *Sunday Express* Johannesburg 23. 12. 84.

[3] IDAF, 1982a, *Apartheid's Army in Namibia: South Africa's illegal Military Occupation*, Fact Paper on Southern Africa No. 10, IDAF, London, p. 30.

[4] IDAF, 1982a, *Apartheid's Army in Namibia: South Africa's illegal Military Occupation*, Fact Paper on Southern Africa No. 10, IDAF, London, p. 30.

[5] Gavin Cawthra, *Brutal Force: The Apartheid War Machine*, International Defence and Aid Fund for South Africa, London, 1986, p. 134.

[6] Robert Scott Jaster, *The Defence of White Power: South Africa Foreign Policy Under Pressure*, The Macmillan Press, 1988, p. 93.

安哥拉内部作战，袭击当地村庄、搜寻西南非洲人民组织人员，并摧毁当地的桥梁、公路和住房等。1980年4月，南非还正式建立了西南非洲领土部队（SWATF）。同时，南非开始征用纳米比亚的黑人作为边境警卫，到1981年，在南非白人国防军指挥官的指挥下共有五个战斗分队，总共近4000人。①

**（四）军事动员**

为了扩充兵力，南非当局不得不在"非白人"当中扩充兵源。1975年的《国防白皮书》宣布，开始在"有色人"当中培训步兵，并在第二年任命了首批"有色人"军官。1976年9月，一个由"有色人"组成的开普敦兵团分队被派往纳米比亚执行军事任务。一部分印度裔男人也被纳入南非国防军。1975年的1月，在德班建立了一支印度人组成的海军分队。②到1985年，有近1000名印度人男子以自愿兼职的身份在突击队民兵系统中服役，还有超过1700名"有色人"男子和431名非洲人男子在突击队中服役。③1978年2月南非政府宣布，将在"有色人"和印度人学校中建立军校学员制度，并将所需经费列入1978/1979年度的国家预算中，在遭到反对后，改为开展针对"有色人"和印度人学校学生的假期训练营。1980年底，南非军队征召的对象扩大到纳米比亚的黑人。④

但是，南非的武装力量仍以白人为主。80年代初期，南非军队进一步扩大在白人中的征召范围，延长了白人男性的服役期限，民团的服役期增加到12年。1982年3月，南非政府通过法令，号召55岁以下的男性白人从事某种形式的军事服务，没有

---

① Robert Scott Jaster, *The Defence of White Power: South Africa Foreign Policy Under Pressure*, The Macmillan Press, 1988, p.94.
② *Sunday Times*, Johannesburg, 30.11.75.
③ *Debates*, pretoria, 12.3.85.
④ *Windhoek Advertiser*, Windhoek, 31.10.84.

## 第五章 军　事

被征召入伍的白人每年要在突击队服务 20 天。① 南非军事动员范围覆盖了几乎 100 万白人男性。② 在 1985 年，近 20 万白人学生在军校接受培训，几乎包括所有中学的男生和部分白人女生。

不仅如此，1984 年南非当局通过法令，强制要求在南非居住 5 年以上、获得南非公民权的 15 岁半至 25 岁的外国移民承担军事征召义务。③ 同时，南非扩大征用雇佣军，一些非洲国家的黑人雇佣军被纳入南非国防军队伍，还从海外和南部非洲国家招募白人雇佣军。④ 雇佣军中有大量前罗得西亚（现津巴布韦）白人和先前在安哥拉和莫桑比克的葡军人员。这些人对邻国情况熟悉，为南非对邻国的侵略提供便利。南非 1983 年通过了《反对雇佣军法》，但是军方对招募雇佣军进入南非各兵种的军官并没有惩罚。⑤

20 世纪 80 年代末冷战结束后，南非于 1989 年 4 月停止了与邻国的边界冲突。南非从安哥拉和纳米比亚撤军，纳米比亚在 1990 年 3 月获得独立后，南非停止了对邻国的军事进攻，放弃了破坏地区稳定的政策。

### 四　南非军队的转型（1994 年以后）

南非在 1994 年 4 月举行了种族隔离制度结束后的第一次民主选举，在 1996 年通过了新宪法，对军队的性质和职能作出新的规定。新南非政府开始对军队进行改造与重建。

---

① *Rand Daily Mail*, Johannesburg, 24.3.82; 25.3.82.
② *BBC*, London, 28.5.85; *Star*, Johannesburg, 3.7.85.
③ *Star*, Johannesburg 20.10.84.
④ Gavin Cawthra, *Brutal Force*: *The Apartheid War Machine*, International Defence and Aid Fund for South Africa, London, 1986, p.77.
⑤ *Debates*, pretoria, 12.2.82; 19.2.82.

## （一）建军新原则

### 1. 法律依据

根据《南非宪法》（1996年）第11章对国防力量的规定，南非的安全部门包括统一的国防军和统一的警察部队，以及根据宪法建立的情报部门。

国防军是南非共和国唯一合法的军事力量。国家安全部门的设立和规范必须依据宪法相关规定，其成员必须依照宪法和法律行事，包括南非共和国承诺的国际法和条约的义务。

为了贯彻政治透明和负责的原则，多党议会的相关委员会必须依照议会制定的规则和命令对国家安全部门实行监督。

国防军的首要目标是保卫共和国的领土完整，保护国民。军事力量的使用必须依照宪法和国际法的相关规定。

宪法对武装力量的政治责任有以下规定：（1）一名内阁部长负责国防事务。（2）只有作为国家行政首脑的总统有权部署武装部队，同时总统必须及时通知议会，并提供军队部署的细节，包括部署国防军的理由、地点、兵力、时限等内容。如果在部署国防力量的7天之内正值议会休会，总统必须向监督委员会提供以上要求的报告。（3）总统是武装部队的统帅，有权任命国防部队的军事指挥部。（4）总统可以宣布国家进入国家紧急状态，但是必须迅速通知国会并提供相关详细情况。（5）国会必须建立一个文职秘书处，在负责国防的内阁成员指导下工作。南非国防部根据《南非宪法》（1996年）、《国防法》（2002年）和《国防白皮书》（1996年）的授权行使职责。

### 2. 军队改革原则

南非军队整合与改革的原则包括：文官领导原则，自愿、民主和非党派原则，尊重士兵人权原则，民主治军和军队职业化原则等。

实行志愿兵役制，是新制度下的国防军与种族隔离时期南非

第五章 军　事

军队建设的重要区别。根据自愿、民主和非党派原则，1997年将义务兵役制改为志愿兵役制，预备役人员也是根据自愿原则服役。国防部设立了专门资金和其他激励措施，以鼓励人们自愿加入到兼职的服役中。南非宪法规定，常备军的任何成员不得在任何政党或政治组织中任职，国防军是南非共和国唯一合法的军事力量。作为国家安全力量的一部分，国家安全部门及其成员，在履行职责时，不得歧视符合宪法的党派的利益。

降低国防成本是根据新南非的国内外形势而确定的建军原则之一。建立一支规模较小的常备军和充足的、规模较大的预备役部队，是保障建立低成本的防务能力的重要措施之一。常备军和预备役部队共同组成统一的南非国防军，成为南非国防的核心力量。南非国防力量的常备军由陆军、海军、空军和卫生部队四个兵种组成。预备役部队是南非陆军、海军、空军和卫生部队的不可分割的一部分，预备役部队的85%为陆军。南非空军的预备役部队由两组人员构成，一组是志愿飞行中队，由注册飞行员组成；另一组是具有特殊技术的专家后备队伍，以备随时解决南非空军的特殊问题或提供高级技术支持。海军预备役部队负责海上军事航运管制、港口保卫和为常备部队执行特殊任务时提供辅助并在船上服务。南非卫生部队的预备役部队与常备军密切合作，并为南非陆军、空军、海军和警察服务。[1]

为了严肃军纪，国防部支持设立军事申诉调查委员会。其主要的职责是对军事人员和公众对南非国防军的不满进行调查。南非警察部队鼓励社区、机构等自愿加入反对犯罪、维护治安中去。2002年被称为是志愿者年，有7万名志愿者在全国的各警察站服务。[2]

---

[1]　http：//www.rfdiv.mil.za/aboutus/overview.htm 20060306

[2]　*South Africa Yearbook 2003/2004*：Safety，Security & Defence Section.

## （二）军队的整合

新南非武装力量的整合是军队重建的基本环节。根据宪法，新南非的国防军包括前白人政府的军队、黑人解放组织的武装力量和前"黑人家园"的军事力量。军队整合范围包括《军事人员注册证明》名单上的所有人员，包括正规和非正规的武装人员。

1994年的大选后开始了军队的整合过程，以实现军队人员合理的安排。为了重新安置和部署前白人政府军队的官员和雇员，国防部建立了人员合理化咨询和协调委员会。新建立的南非国防军中，34.15%是前南非国防军人员，24.48%来自民团，14.14%来自非洲人国民大会的武装力量——民族之矛（MK），10.06%来自前班图斯坦的武装力量，5.5%来自泛非主义者大会的军事力量——阿扎尼亚人民解放军（APLA），2.61%来自因卡塔自由党的民兵，1994年以后加入的人员占9.27%。[①]

整合过程巨大地改变了国防军的结构。由于历史的原因，南非国防军并没有反映南非的人口结构。根据新的政策，南非国防军各个种族的基线目标是：非洲人占65%、"有色人"占10%、印度人占0.75%、白人占24%。到2003的3月，南非军队中非洲人占62%、"有色人"占12%、亚洲人占1%和白人占25%；85%是男性，15%是女性。2004年7月，南非启动了南非警察女性网，支持在该部门的女性，提高女性的生活和地位。

在整合现有军事力量的同时，南非还制定了招收新兵的新机制。2003年启动了军事技能发展系统（MSDS），以确保能持续招纳年轻的南非人进入军队。这是重新恢复南非军队生机的重要举措，并为年轻人提供就业的机会。为了提高南非军队的战斗力，国防部在2005年启动了核心部队系统，使更多的军事技能

---

[①] www.globalsecurity.org/military/world/rsa/army.htm South African Army.

发展系统招纳的人员进入常规部队。南非还推行人力资源 2010 战略,确保国防部队由最有效的、最适当的人员构成。南非国防军的军事人员服役期限为两年,在两年的期限结束后,大部分人将被纳入预备役部队,只有其中的佼佼者将继续在南非国防军中服役。[①]

经过整编的南非国防军,统一建成一支 12 万人的新军队。军队整合和改造的最终规模,要逐渐符合南非实际的国防需要。根据 1996 年的《复员法》(Demobilisation Act, 1996),1998 年底军队裁减到 9 万人,并计划继续缩减到 6 万~7 万人。为此,国防部执行退役合理化政策。复员是在自愿的基础上,根据宪法,对南非国防军中部分以前非正规部队的人员实行复员政策。退役人员可根据宪法而设立的《专门退休金法》得到补偿。国防部还为以前的士兵推行有意义的公民职业发展计划,《军队老战士事务法》,在 2001 年 2 月 1 日正式生效。[②]

### (三) 军队职能的变化

根据 1996 年的《南非宪法》,南非国防力量的主要职能包括,(1) 保卫共和国,保护其主权和领土完整;(2) 与国际机构和其他国家一道,遵守共和国的国际义务;(3) 保卫(公民)生命、身体或者是财产;(4) 提供或维持重要的服务;(5) 与南非的警察部门合作,捍卫国家的法律和秩序;(6) 支持政府其他部门以发展社会经济为目标的努力。南非国防军的军事战略目标为:(1) 提高和保持全面的防卫能力,包括根据国际法为抵抗外来的威胁提供自卫能力;(2) 推进在地区和非洲大陆的和平、安全和稳定,包括根据国际义务,为部署在国外的部队,或根据行政部门增进安全的决定,提供支持;(3) 向南非人民

---

① www. saactc. army. mil. za 200611.
② www. saactc. army. mil. za 200611.

提供支持，特别是提供其他部门没有能力提供的支持。

具体而言，南非政府不但通过推动南非国防军各个部门的种族平等，保证过渡期的稳定，而且还要为社会经济发展作出贡献。如，南非国防军通过其卫生部队，帮助防治纳塔尔爆发的严重的霍乱，以及防止、遏制口蹄疫的发生。为了支持社会经济发展，南非军队支持政府部门的工作。为捍卫国家的法律和秩序，南非国防军与南非的警察勤务部队相配合。

在履行国际义务方面，根据南非参与国际和平使命的白皮书，南非国防军继续支持维和使命，并培训相应的人员。南非参与了在布隆迪等非洲国家的维和使命。2001年4月，南非开始参与在刚果民主共和国的维和行动；2006年5月，约1500名南非军人被部署在刚果民主共和国；2006年5月，318名南非军人在苏丹执行维和任务。南非国防部与非洲大陆的其他国家的警察机构，为实现《非洲发展新伙伴计划》和非洲联盟的目标，帮助培训莫桑比克、肯尼亚和尼日利亚等国的维和人员。

为适应南非国防军参与国际和平任务，1999年南非国防军建立了军事观察员预备人员部署机构，这些人员可作为联合国的军事观察员、军事联络官和任务总部的工作人员。

### (四) 军事工业的改革

军事工业变革的原则，是为适应新南非经济和社会发展的需要，在减少国防开支和全球武器销售下滑的环境下，政府鼓励国防工业在不丧失市场所需要的核心军事技术能力的情况下，把生产能力转向非军事生产，从而缩减南非军事工业的规模。军事工业改革的另一项举措是在国防工业承包当中贯彻支持黑人经济发展的政策。1996年10月，国防部发布采购政策文件，声明支持历史上处于不利地位的社会成员的能力建设，在国防承包中给予优惠。

设立国家常规武器控制委员会，监督军工政策的执行，并为

## 第五章 军事 South Africa

　　南非的武器贸易设置控制机制，确保武器贸易符合国际规则。为审核国家常规武器控制委员会批准的武器出口证，还设立了一个武器控制理事会。此外，还设立了一个独立的督察团，确保武器出口程序的各个层次接受独立的检查和监督，并且其操作遵循国家常规武器控制委员会的政策和指导纲领，独立的督察团还定期向常务国防议会委员会汇报。[①]《南非军备公司法案》将代替1968年通过的《军备发展和制造法》。

　　南非政府承担武器控制的国际义务。1991年7月，南非成为《核不扩散武器条约》(NPT)的成员，加入联合国常规武器注册机制，南非公开其进口和出口的7种主要武器系统。1995年，南非成为《导弹技术控制体制》(MTCR)的一员。同年，南非批准《禁止化学武器协议》(CWC)，该协议禁止生产、采购、储存、转移和使用化学武器。南非还加入《瓦塞纳尔安排》(Wassenaar Arrangement)，承担在转移常规武器方面的透明度和责任。1995年，南非接受《禁止或限制使用某些常规武器协约》。[②] 1994年7月，南非对出口地雷执行无限期延期。1996年，南非通过《禁止杀伤人员地雷法案》，禁止出口各种类型的地雷，并禁止使用、发展、制造和储存反人类的地雷。到1998年，南非国防部所拥有的约31.2万颗杀伤人员地雷全部被销毁。[③]

　　南非国防力量的改革旨在使南非的军队成为保卫国家、维护非洲和世界和平的力量。到2004年，军队的整合过程基本完成。但是，军队建设中仍然面临很多困难，特别是空军和海军专业人员的短缺、军人中的艾滋病以及国防经费不足等问题仍有待解决。

---

[①] *South Africa Yearbook 2003/2004*: Safety, Security & Defence Section.
[②] 1999南非国防相关工业白皮书。
[③] *South Africa Yearbook 2003/2004*: Safety, Security & Defence Section.

## 第二节 国防和军队体制

一 国防体制

1910年南非联邦成立,联邦国防军的陆、空、海军以英国的部队为样板。尽管南非政府和议会对国防军的行动具有很大的决定权,但在1948年前,英国对南非武装部队却占据主导性的影响,[1] 南非在两次世界大战中都站在英国一边。

1948年,代表阿非里卡人民族主义利益的国民党上台后,逐渐采取措施,消除英国的影响及推行新的建军措施。但南非的自治领地位,使英国政府对南非的行政干预权力一直持续到南非脱离英联邦的1961年。之后,南非的国防决策由国民党政府领导人中的一小部分人决定,很少有或根本没有统治圈外的人参与,这种现象在1966~1978年B. J. 沃斯特为南非总理期间表现得尤为明显。[2] 1975年,在没有与内阁充分协商,或与其他的相关政府部门充分协商的情况下,沃斯特就决定入侵安哥拉,而且在战场上具有重大政治影响的决定都是由当时战地的军事指挥员制定的。[3]

1978年,P. W. 博塔当任南非总理后,改变了沃斯特时期在军事方面个人的、随意的、秘密的领导风格。在总体战略下,1972年建立的由外交部长、司法部长、安全情报部长、国防军

---

[1] Gavin Cawthra, *Brutal Force: The Apartheid War Machine*, International Defence and Aid Fund for South Africa, London, 1986, p. 7.

[2] Robert Scott Jaster, *The Defence of White Power: South Africa Foreign Policy Under Pressure*, The Macmillan Press, 1988, p. 26.

[3] Robert Scott Jaster, *The Defence of White Power: South Africa Foreign Policy Under Pressure*, The Macmillan Press, 1988, p. 27.

总司令和警察司令组成的国家安全委员会，成为制定国家政策和政府权力的核心机构。1984年9月，南非实行总统制，总统担任国家安全委员会主席，南非国防军由国防军总司令（国防部长）领导，国防军总司令的顾问包括陆、海、空军参谋长、国防参谋长、国防军管理署署长和国防军主计长。[1]

1994年，南非新宪法规定，总统为武装力量最高统帅。最高国防决策机构为国家安全委员会，由总统任主席，副总统任副主席，成员包括国防、司法、外交、安全、财政、运输等部长及国防军司令、三军司令等。国家安全委员会下辖国防咨询委员会和国防部。国防咨询委员会由总统任主席，成员包括副总统、国防军司令、军备公司执行主席和各军种司令，主要负责内阁各部间有关国防事务的协调。国防部为政府中的一个部，是最高军事统帅机构，国防部长负责处理军队日常事务。国防秘书协助国防部长工作。国防军司令部隶属国防部，国防军司令负责全军的作战、指挥和军事训练等。武装力量由正规军、预备役部队和准军事部队组成。总统通过国防部和国防军司令部对全国武装力量实施领导和指挥。[2]

## 二 国防开支

南非白人统治时期，国防开支随着国内外形势而变化。到20世纪60年代初期，军事开支超过南非国民生产总值的1%。[3] 为了维持白人统治，南非当局加强军事镇压机器。官方公布的军费数字一直保持在国家财政预算的15%～20%。[4]

---

[1] 国防科学技术工业委员会科技情报局编《世界军事工业概览》，国防工业出版社，1990，第1099页。
[2] 《世界军事年鉴2005》，解放军出版社，2005，第192页。
[3] 《世界军事年鉴2005》，解放军出版社，2005，第341页。
[4] *South Africa Official Yearbook 1978*, p.327；*South Africa Official Yearbook 1984*, p.318.

20世纪70年代中期,安哥拉和莫桑比克独立后,南非通过纳米比亚北部侵略安哥拉。尽管南非经济逐渐陷入困境,但军事开支却有增无减。1977/1978年度,军事开支占南非国民生产总值将近5%,超过政府总开支的18%。[1] 1975~1985年间,南非通货膨胀高达380%,同期的军费增长了500%。[2] 80年代晚期,军费开支超过国内生产总值的4%,接近政府总开支的13%。[3]

20世纪90年代初南非开始政治谈判进程,特别是废除种族隔离制度后,军费逐渐减少,使南非1989/1990年度到1997/1998年度的国防预算降低幅度超过50%,国防预算在政府开支中的份额从1989/1990年度的近13%降到1997/1998年度的5.4%。同期,国防预算占国内生产总值的份额从4%降到1.6%。[4]

世纪之交,南非为了更新国防装备,军事预算的总量呈现增长的趋势。早在1998年,南非国防部推出了新的防务计划,决定加快军队装备现代化建设的步伐。南非在加大自研自创力度的同时,实施了历史上最大的一次外购行动。其中,南非海军不仅一次性向德国采购4艘"梅科"级轻型护卫舰,还采购了3艘209级柴电潜艇。据称,这3艘潜艇作为南非国家战略

---

[1] Peter Batchelor, Paul Dunne, Guy Lamb, *The Demand for Military Spending in South Africa*, Journal of Peace Research © 2002, Sage Publications, Ltd. Vol. 39. No. 3. p. 341.

[2] Gavin Cawthra, *Brutal Force: The Apartheid War Machine*, International Defence and Aid Fund for Southern Africa, London 1986, p. 81.

[3] Peter Batchelor, Paul Dunne, Guy Lamb, *The Demand for Military Spending in South Africa*, Journal of Peace Research © 2002, Sage Publications, Ltd. Vol. 39. No. 3. p. 342.

[4] Peter Batchelor, Paul Dunne, Guy Lamb, *The Demand for Military Spending in South Africa*, Journal of Peace Research © 2002, Sage Publications, Ltd. Vol. 39. No. 3. p. 342.

第五章 军事

武器装备库的一部分，将用于取代20世纪70年代初服役的3艘"达芙尼"级潜艇。① 此外，还从瑞典和英国购进喷气式战机。为了实施部队信息技术和地方区域网络控制计划，南非军队向最基层部队发放电脑设备，以推进南非国防军的现代化进程。② 2003年南非的国内生产总值为1590亿美元，国防支出为26亿美元，在1999年的基础上增长了45%；③ 2004年的国防开支的数额继续增加，约32亿美元，占国内生产总值的1.5%。④

### 三 兵役制度与军阶

#### 1. 兵役制度

旧政府时期，南非实行义务兵役制。随着国内外环境的变化，南非的兵役制度也随之更动。1912年《防务法》规定，只有白人才能加入武装力量，但政府可通过公告把《防务法》的范围覆盖到非白人的人口。《防务法》要求17岁至60岁的所有男性白人承担服兵役的义务。从60年代末期始，"有色人"、印度人和非洲人也逐步被征召进入南非常备部队。1976年和1977年，班图斯坦（黑人家园）建立了各自的军队。多种武装力量并存的状态，持续到1994年南非政治变革之前。

根据1996年《南非宪法》等相关法律的规定，南非各种武装力量统一为南非国防军。从1997年起，义务兵役制改为

---

① http://war.163.com/06/0512/09/2GTOG3310001123L.html，南非军队积极加快海军装备建设步伐。
② www.army.mil.za/corebusiness/corebusiness.htm.
③ http://goliath.ecnext.com/coms2/summary_0199-4607789_ITM. Harris, Geoff. *Towards more rational military budget formation in sub-Saharan Africa: the relevance of security sector reform.*
④ http://9link.116.com.cn/knowledge/4569/12591.

志愿兵役制,同时实行柔性服役制,分为 4 种服役期:长期服役、10 年、6 年和 1 年。① 旧的突击队系统计划在 2009 年逐步撤出。

2. 军衔

南非国防军的军衔分为 5 等 17 级。②

将官:上将、中将、少将、准将;

高级军官:上校、中校、少校;

低级军官:上尉、中尉、少尉、预备军官;

准尉级军官:准尉副官、一级准尉、二级准尉;

士兵:上士、中士、下士、一等兵。

## 第三节 军种、装备

南非国防军包括四个兵种:陆军、海军、空军和卫生部队。卫生部队主要承担后勤医疗等任务,大规模的作战任务主要由陆、海、空军承担。因此,陆海空三军的发展情况,不仅是种族隔离时代南非安全的重要保障,而且是新世纪南非军队重建的重要内容。

表 5-1 2005 年南非国防军常备部队人数

| 军种 | 陆军 | 海军 | 空军 | 卫生部队 | 总计 |
| --- | --- | --- | --- | --- | --- |
| 人数 | 36000 | 4500 | 9250 | 6000 | 55750 |

资料来源:International Institute for Strategic Studies, *The Military Balance 2005/06*。转引自 "South African National Defence Force", EIU, *Country Profile: South Africa 2006*.

---

① 《世界军事年鉴 2005》,解放军出版社,2005,第 193 页。
② http://www.army.mil.za/

# 第五章 军事

## 一 陆军

如同大多数国家的陆军部队一样,南非陆军也被分为数个兵团,包括步兵团、装甲兵团、炮兵、信号兵、人事服务、工程师、兵工署、军事警察、后勤部门和情报部门。[1]

南非陆军的历史,最早源于 1913 年的南非联邦国防军的步兵部门。[2] 经过几十年的组合变化,到 1977 年,陆军占到南非军队兵力总数的 80%,占南非军费总额的一半以上。[3] 到 20 世纪 80 年代末,南非的陆军曾一度达到 7.5 万人。

1994 年南非新政府成立后裁减军事力量,2001 年陆军降到 4.249 万人。到 2005 年,南非陆军人员总数为 3.6 万人,被编为 5 支地区联合特遣部队;1 个特种部队旅,下辖 1 个坦克营、1 个装甲车营、16 个步兵营(含 2 个机械化步兵营、1 个空降营、3 个摩步营、10 个轻步兵营)、2 个炮兵营(含 1 个高炮营)和 5 个工兵营。像大多数步兵一样,南非部队有大批的人员从事后勤保障和行政事务。

南非陆军的装备包括:主战坦克"号角"约 167 辆;装甲侦察车 176 辆;步兵战车"非洲獾"1200 辆;装甲运兵车:"卡斯皮尔"370 辆、"马姆巴"440 辆;牵引炮:140 毫米 75 门;155 毫米 72 门;155 毫米自行火炮 43 门;127 毫米火箭炮 51 门;迫击炮 1226 门(包括 81 毫米和 120 毫米);反坦克导弹 52 枚;

---

[1] Gavin Cawthra, *Brutal Force*:*The Apartheid War Machine*, International Defence and Aid Fund for South Africa, London, 1986, p.117.

[2] http://www.answers.com/topic/south-african-infantry-corps. *South African Infantry Corps.*

[3] Gavin Cawthra, *Brutal Force*:*The Apartheid War Machine*, International Defence and Aid Fund for South Africa, London, 1986, p.117. 南非 1977 年《国防白皮书》。

106毫米无后坐力炮100门；高射炮76门（包括23毫米和35毫米）；"绿衣箭手"和"辛伯林"侦察雷达若干部。①

二 海军

南非海军的历史可追溯到1885年4月30日在德班组成的纳塔尔海军志愿队，以及后来于1905年在开普敦组建的开普海军志愿队。1913年，这两个志愿队组建成皇家海军志愿预备队。1922年4月1日，在原英国殖民军的基础上，吸收了英国和荷兰的移民，创建了"南非海上自卫队"，并从英国得到首支舰船（HMSAS Protea）及2艘扫雷艇（HMSAS Sonneblom and HMSAS Immortelle）。② 1940年1月，南非组建"海上防务部队"，在南非海域执行扫雷、反潜和考察等任务。1942年的8月1日，南非海上防务部队和南非皇家海军志愿预备队联合，形成了南非海军部队。③

二战期间，南非海军曾和英国军队一起参加对德作战。1946年后，南非海军代替英国皇家海军，对南非海域进行巡逻。1951年1月，南非海军部队正式命名为皇家南非舰队。④ 1955年，南非与英国签订《西蒙斯顿协议》，扩建海军。之后，从英国购买了10艘海岸扫雷艇、4艘快速护航舰、4艘海防舰，以及"海盗"号、"白头翁"号、"大黄蜂"号海岸飞机、直升机。南非海军与英国皇家海军经常举行军事演习。⑤

1961年5月31日，南非联邦更名为南非共和国，皇家南非

---

① 《世界军事年鉴2005》，解放军出版社，2005，第192页。
② http://www.answers.com/topic/south-african-navy. *History*.
③ http://www.answers.com/topic/south-african-navy. *History*.
④ http://www.ship.cetin.net.cn/mseo/zazi20/j00802.htm. *MODERNSHOPS2000.8*
⑤ Gavin Cawthra, *Brutal Force: The Apartheid War Machine*, International Defence and Aid Fund for South Africa, London. 1986, p.115.

舰队被改名为南非舰队,南非海军徽章上的皇冠变成了狮子。[1]为了应付内部和边界冲突,南非采取各种措施,以加强海军的实力。1970年,从法国购买了"桂树神"级潜艇,成立了海军潜艇分队,建立西蒙斯顿监视和指挥中心,对海军船坞和其他在西蒙斯顿的设施进行升级,增强该港口的能力。[2] 1975年,《西蒙斯顿协议》被英国工党政府中止,停止向南非供应英国的军舰和设备。武器禁运影响了南非的海军扩建计划。

1994年南非新制度建立后,南非海军为配合南非"回归国际社会",加强与其他国家海军的来往。1994年英国、法国、美国海军舰队相继访问南非。南非舰队也参与同其他国家的联合海军演习。南非海军还应其他非洲国家政府的要求,提供支持。如在20世纪90年代早期,南非海军人员为扎伊尔维修海军设施,为莫桑比克执行海上勘查,向肯尼亚运输救灾物资等。[3]

在南非国防军整合过程中,南非海军按照政府的要求,对其兵力、结构等进行了调整。南非海军的组织结构,主要由在比勒陀利亚的海军总部、海军舰队司令部和海军后勤司令部组成。此外,南非海军还有一个海上协调中心,包括在西蒙斯顿港的海上搜救协调中心,以及三个通讯中心和三个无线电站。1999年,海军舰队司令部由比勒陀利亚迁至西蒙斯顿,下辖作战参谋部、兵力准备局、人力资源局、系统生产支援局、海军采购局、教育训练与发展系统局、德班海军基地和西蒙斯顿海军基地。[4]

---

[1] http://www.answers.com/topic/south-african-navy. *History*.
[2] *Star*, (Johannesburg), 1974/12/14.
[3] *Star*, (Johannesburg), 1974/12/14.
[4] http://country.9c9c.com.cn/index/index.php? action = topic&topic = 14965. 南非海军的现状。

**南非**

同时,南非政府加快海军装备的现代化,以壮大海军实力。如1995年南非海军购买了乌克兰的"尤本特"号滚装船,以用于"塔菲尔伯格"号战舰的海上补给。该船属多功能船,甲板上配备有4台吊车,设3个货舱,15节航速,时续航力为8000英里。该船具有破冰和供直升机起降功能。1997年9月,该船完成改装后被命名为"奥本尼奎"号海上补给船。现在该船可搭载4艘登陆艇、10台车辆、600名陆战队员,装备有4座20毫米"厄利孔"火炮。南非还研制出先进的"矛式"垂直发射舰载防空导弹系统,用于防御飞机和导弹的攻击。[①] 1998年,南非海军潜艇更新计划正式得到政府的批准,涉及3艘209级/1400型潜艇,该类潜艇由蒂森莱茵科技公司等组成的德国潜艇集团建造,用来代替3艘现已过时的法国产"桂树神"级潜艇。南非还对"桂树神"级潜艇进行现代化改装,为其安装了先进的作战系统,以适应新世纪的作战需要。南非还计划在今后几年购买4架"大山猫"海上直升机,用于装备护卫舰。[②] 到2005年,南非海军人员共4500人,编为潜艇、攻击和扫雷3支舰队,其中包括潜艇3艘、小型护卫舰4艘、海岸巡逻艇8艘、扫雷舰艇5艘、支援及勤务舰船33艘。[③]

三 空军[④]

根据1912年的南非《国防法》规定,建立了南非航空兵团,作为当时现役民团的一部分。1919年,参加第一次世界大战的南非空军部队,得到英国政府的支持,英国从

---

① http://www.ship.cetin.net.cn/mseo/zazi20/j00802.htm. *MODERNSHOPS2000. 8*
② http://www.ship.cetin.net.cn/mseo/zazi20/j00802.htm. *MODERNSHOPS2000. 8*
③ 《世界军事年鉴2005》,解放军出版社,2005,第192页。
④ 资料收集来自网站:http://www.globalsecurity.org/military/world/rsa/saaf-history.htm. *South Africa-Air Force History*

第五章 军事　South Africa

其战争储备中分配给南非近 100 飞机。南非还从其他来源得到 13 架飞机，从而使南非的飞机达到 113 架。为此，南非在 1920 年建立了空军部队。

一次世界大战后到二战结束，是南非空军发展的关键期。1935 年，南非国防部长宣布将扩建南非国防军，使空军的总规模从 4 个中队扩充为 7 个中队。1940 年，根据建立联合航空培训计划，英国皇家空军、南非空军和其他盟国的空军和地面人员在南非的 38 个航空学校受训。在这个计划下，南非空军加速发展。联合航空培训计划最终使南非航空人员增加到 33347 名，其中包括 12221 名空军人员。1940 年 5 月 10 日，还建立了南非女性辅助空军部队。在二战期间，超过 1 万名妇女在南非女性辅助空军部队中服役。

1945～1959 年，南非空军有了进一步的发展。英国政府再次提出向南非空军捐赠 220 架飞机和装备，南非接受了 80 架"喷火"式（Spitfires）飞机，同时决定再购买 56 架同类飞机。南非还接受了 12 架"桑德兰特"式飞机（Sunderlands），并另外购买了 3 架。1946 年，南非空军有 12 个空军基地，控制着 4 个飞行大队、一些中队、培训学校和军需库。南非空军参与了二次大战后美国对柏林的空运。在 20 世纪 50 年代初的朝鲜战争中，南非政府向以美国为首的"联合国军队"提供了南非空军第二中队参战。

20 世纪 60～80 年代，南非种族主义政权继续扩充空军装备。1963 年 4 月，南非购买了第一架"幻影"（Mirage IIICS）战斗机和新型的直升机。同时，南非还生产了"猎豹"（Puma）330C、"超级空中大王"（Super Frelon）32IL 中型运输直升机。1966 年 10 月 8 日，在许可证的安排下，南非制造了首架"马基"MB-326（Aermacchi MB-326）轻型军用喷气飞机。1985 年，南非首架自产的攻击直升机"阿尔法"XHI（Alpha XHI）

## 南非

开始了首航。在此飞机后,出现了第二版本的设计,"贝塔"XTP-1(Beta XTP-1)直升机。

20世纪90年代后,南非空军进入一个新时期。1994年新政府成立后,南非空军开始了全面合理化和重组过程,撤出一些过时的飞机类型,关闭伊丽莎白港的空军基地,遣散了5个中队,减少在南部和西部空军指挥部的行动。把沃尔维斯港湾移交给纳米比亚后,南非最终在1994年2月撤出了鲁伊科普(Rooikop)空军基地。到2005年,南非空军有9250人,空军司令部设在比勒陀利亚,下设4个编队,编成2个攻击机/战斗机中队、1个空中加油机/电子战飞机中队、5个运输机中队、1个直升机中队和1所航校。南非空军团下辖12个安全中队。

南非拥有在非洲装备最先进的空军。它的攻击/战斗机包括:"英帕拉"24架、"猎豹"26架;加油/电子战飞机包括:波音707-320型3架;运输机包括:C-130型、C-47型、超级空中大王等共60架;直升机包括:SA-316、SA-319型等共75架;教练机包括:PC-7型等共78架;无人机3架及1个控制站。空军的其他装备包括:空空导弹、地空导弹、空军地面部队雷达站等。[1]

在空军装备的国产化方面也有新的进展。由南非阿特拉斯公司研制的"石茶隼"(CSH-2 Rooival)武装直升机于1995年投入使用。"石茶隼"的武器系统中核心的观瞄系统是目标探测、截获和跟踪系统(TDATS)。"石茶隼"的驾驶舱舒适,自动化程度高,驾驶舱朝各个方向视界均较好,还具有主动电子对抗手段和良好的贴地飞行性能。[2]

---

[1] 《世界军事年鉴2005》,解放军出版社,2005,第192~193页。
[2] http://gongxue.cn/guofangshichuang/ShowArticle.asp.

## 第四节 军事工业

**南**非是非洲的军事强国,军事工业在其政治、经济中占有重要的地位。南非的军事工业的发展,主要经历了三个阶段:即第二次世界大战至20世纪60年代初期的起步阶段;60年代初期至80年代的军事工业实现自给与发展阶段;90年代初期开始的重组阶段。军事工业的变革是新南非推行非军事化,改造种族隔离体制、建立民主政体的重要内容。

### 一 军事工业的起步(二战期间至20世纪60年代初)

**南**非国内的军工业可追溯到19世纪,但只有在第二次世界大战期间,英国才决定在其自治领南非大量制造军备,并在1940年任命国防力量需求咨询委员会研究和估计南非军事工业的潜力。依靠该委员会的建议和英国的帮助,南非政府建立了6个军工厂,生产或组装弹药、炸弹、榴弹炮、迫击炮、装甲车辆和电子装备。到二战结束时,南非总共制造了5770辆装甲车、600门大炮和3万辆军用车辆。在南非本国的武器和装备制造中,其中最突出的是MK1型装甲车和JB1型雷达。(1999年《国防工业白皮书》)在此期间,许多私人工业也参与了武器的制造。[1]

二战后,为促进军事工业研发和生产能力,南非政府在1945年建立了科技和工业研究委员会;1948年10月成立联邦军事装备需求咨询委员会,1949年改为国防资源局,协助国防部及其下属的国防生产局的工作。国防生产局负责采购武器装备,并管理从

---

[1] 来自网站:http://www.globalsecurity.org/military/world/rsa/industry.htm South African Defense Industry。

事军工生产的民用工厂。① 1953年，国防生产局建立了国防军械厂（DOW），生产轻武器和弹药。国家国防研究院负责开展军事科研工作。同年，还建立了第一个步枪制造厂和李特尔顿（Lyttleton）机械厂（此前称为国防军械工厂）。1954年，政府又建立了国家国防研究所（NIDR），以评估和提高建立初期的国防工业。②

1960年3月1日，南非国民党政府制造"沙佩维尔惨案"。之后，当局加快了提高武装力量和武器制造的步伐，并在国外寻求新的武器来源及获得新的军工技术系统。1963年8月，联合国安理会通过对南非实行自愿性武器禁运的决议，要求各国禁止向南非出售和运送各类武器、弹药与军用车辆。同年12月，这种禁运的范围扩大到武器制造和维修的技术、设备与原材料。从此，南非开始发展自己的军事工业。③

二　军事工业实现自给并获得发展（20世纪60年代初~80年代）

根据1964年的《军械法》④，南非建立了军备制造董事会，以管理李特尔顿机械厂和一个国有军需工厂。该董事会承担在政府、军方和私人机构之间协调武器购买的任务。同年，南非航空工业的核心企业——阿特拉斯公司成立，以购买外国专利生产权的方式，制造军用飞机。⑤ 60年代后期，南非为

---

① 国防科学技术工业委员会科技情报局编《世界军事工业概览》，国防工业出版社，1990，第1100页。
② 来自网站：http://www.globalsecurity.org/military/world/rsa/industry.htm South African Defense Industry。
③ 国防科学技术工业委员会科技情报局编《世界军事工业概览》，国防工业出版社，1990，第1100页。
④ Act No. 87 of 1964.
⑤ 国防科学技术工业委员会科技情报局编《世界军事工业概览》，国防工业出版社，1990，第1106页。

## 第五章 军 事

获得武器、弹药和军事车辆，向国外购买了大量专利。据说，1965年就至少获得了127种外国生产许可证，[1] 南非曾主要从英国采购战斗机、舰艇、海军装备，军用巡逻飞机，但禁运使南非很难获得替代品和替代的部件，南非不得不对军事装备进行保持、升级和仿制。根据1968年的《军备发展和制造法》，建立了军备发展和生产公司（Armscor），推动和发展南非国内的武器工业。通过该公司的努力，南非不久便取得在小型武器、军事车辆、光学设备和弹药生产方面的自给能力。此外，政府通过支持战略工业，推行进口替代举措，建立了符合制造军事装备的质量标准，对提高军工制造业产品的质量标准有很大的影响。

在20世纪70年代，南非扩充和提高了为国内军工制造业获得外国援助的能力。在南非工业广泛增长的基础上，南非从制成品进口转向由本国设计或仿制军工产品。跨国公司和银行成为对南非军事工业提供技术和资金的主要来源。[2] 此外，1976年，军备董事会和阿姆斯科公司合并为南非军备公司——阿姆斯科公司，承担为南非国防军采购和制造装备的任务。1977年11月4月，联合国安理会通过第418号决议，对南非实行强制性武器禁运，要求所有国家立即停止向南非提供任何武器装备、军用物资和军工生产技术。但与此同时，这导致英国、法国和联邦德国在南非的跨国公司都为南非当局所接收，它们的军工技术都落入南非手中。为争取在军备上自给，打破和绕开制裁，阿姆斯科公司成为南非政府的机构。根据南非的《军备发展和制造法》和1999年的《南非国防白皮书》，阿姆斯科公司有三个主要任务：制造军备、采购和武器控制。

---

[1] 国防科学技术工业委员会科技情报局编《世界军事工业概览》，国防工业出版社，1990，第1106页。

[2] 来自网站：http://www.globalsecurity.org/military/world/rsa/industry.htm South African Defense Industry.

## 南非

20世纪70年代和80年代,南非主要通过与联邦德国、意大利、以色列、法国、比利时和加拿大的许可证和公司协议获得军事技术,因此很难从中辨别南非本身的制造能力和依赖外国技术所占的比重。据报道,1986年南非推出"猎豹"战斗机,实际上是法国"幻影Ⅲ"战斗机的改进型,但机上装有新型的导航系统和火控系统。[①] 在南非引进的"双重用途"设备和技术方面,如电子计算机、通信、机床等工业设备和制造技术虽不在禁运的范围内,却能用于军事工业。南非的工程师在使用外国的技术和系统时,能对许多的武器进行改装、重新设计和升级。如,泰克太尔(Tectel)公司,在60年代末开始向南非陆军提供自行生产的法国汤姆逊无线电公司的TRC-300型无线电台,以及根据丹麦的设计进行生产的甚高频无线电台。[②] 南非也投资于战略性的外国工业、招聘外国技工设计和制造武器;通过求助于秘密的公司、欺骗的手法和经第三国运输的方式,走私武器和军工技术以满足其国防的需要。

所以,尽管在70年代和80年代,有众多的对南非的武器贸易禁运,南非不但发展了非洲大陆最先进的常规武器,而且依靠本国的铀资源和西方国家的援助,南非成为非洲大陆唯一曾拥有核威慑力量的国家。

### 三 军事工业的重组(20世纪90年代至今)

在20世纪90年代初期,南非政府开始对其部分武器工业实行私有化。1992年4月开始了重大重组,阿姆斯科公司的一部分和几个其附属的子公司被重组为一个独立的武

---

[①] 国防科学技术工业委员会科技情报局编《世界军事工业概览》,国防工业出版社,1990,第1106页。

[②] 国防科学技术工业委员会科技情报局编《世界军事工业概览》,国防工业出版社,1990,第1110页。

## 第五章 军事

器制造公司——丹尼尔（DENEL）。丹尼尔和几个其他的制造公司接受阿姆斯科公司的合同，制造军事装备。阿姆斯科公司保留了对军事采购总体负责的地位。阿姆斯科公司作为国家机构，管理军事装备的进口与出口，发放市场证书，并确保坚持国际协议。此外，随着地区安全形势的变化，南非决定完全放弃核威胁力量，以一个无核国家身份加入《核不扩散协议》（NPT），到1991年6月底基本完成。

1994年新政府成立后，南非决定保持一个高水准的国防制造业，并计划在90年代的晚期增加军事工业品的出口。政府认为，军事工业的发展将使社会受益。因为增加军工产品出口，将推动外汇储备的增加，减少失业人数。

南非鼓励军工产品出口，加快军队的现代化建设。国防部通过任命和管理一个市场辅助局（MSB），对南非军工产品销售举措的计划和执行进行管理。[①] 为了支持本国国防工业的可持续发展，进口超过价值1000万美元的国防产品中，与本国国防相关的工业参与制造的比例至少要达到50%，以保持南非国防战略的重要技术和能力。[②] 1996年《国防白皮书》明确声明，为推动经济和减少军工产品的生产成本，南非相关国防工业需要走向国际市场。

在武器出口方面，南非建立了相关的控制与核查制度。根据南非的法律，军事产品出口到其他国家，必须得到内阁的批准和阿姆斯科公司的核实。南非承诺，它生产的武器将不会出售给对邻国有战争威胁的国家。[③] 1995年，南非设立国家常规武器控制委员会（NCACC），为南非的武器贸易设置控制机制，确保武器

---

① 1999 南非国防相关工业白皮书。
② 1999 南非国防相关工业白皮书。
③ 来自网站：http://www.globalsecurity.org/military/world/rsa/industry.htm South African Defense Industry.

贸易的政策符合国际惯例。

目前，南非的国防工业有若干个组织、公司和商业部门组成，包括股份控制公司、私营公司、国有国防工业设施，以及研究和开发设施、检测设施、南非军队的工业设施等。目前，南非军工企业由丹尼尔公司和 3 个大型私营工业集团（Altech，Reunert，Grintek）主导着南非的国内军需品市场，这 4 个公司在国内军需品采购中超过 90%。丹尼尔公司现已成为南非最大的军事工业公司。

## 第五节　对外军事关系

从1910年南非联邦成立到1994年南非变革之前，与南非有军事关系的国家或地区主要分为三类：一是南非在很长的时间力争保持较密切的关系的国家，如西方大国中的英、美等；二是与南非同病相怜，在国际上处于"孤立"地位的国家，如以色列等；三是同南非在军事上处于对抗状态的国家，其中最典型的是非洲各国，特别是南部非洲国家。

一　同英、美的军事关系

在1910~1934年间，南非还是英国的一个自治殖民地，在对外关系上主要是与宗主国英国打交道，受到英国的控制。1914年第一次世界大战爆发后，应英国要求，南非出兵占领德属西南非洲。1934年，南非议会通过了《联邦地位法》正式确立了南非主权完全的独立。这标志着南非在对外关系方面已获得了完全自主权，从而揭开了南非外交史上新的一页。[1] 第

---

[1] 艾周昌、舒运国、沐涛、张总祥：《南非现代化研究》，华东师范大学出版社，2000，第 226 页。

## 第五章 军 事

　　二次世界大战期间，南非利用参加同盟国作战的机会，开始与英国以外的主要西方大国建立军事关系。如南非参加同盟国一方作战期间，就同美国建立了特殊的关系，双方签订过一个租借协议。南非军队曾参加盟军的北非战役，并且在意大利战场与美军并肩作战。

　　二战后，南非领导人抱有一些希望，即认为南非将被西方大国接受为北约的南方一翼，或至少与其能建立某种军事联盟，使西方能致力于保卫南非。在20世纪50年代左右，南非为取得此目标做了多种努力，以显示南非对反对共产主义战争的承诺，使南非与西方一道卷入军事计划和行动。1951年底，美国与南非签订《共同防务援助协定》。1951年，南非的马兰政府提倡非洲防卫组织的主张，提出建立一种与北约有关系的殖民宗主国和南非的联盟，实际上，南非是想变相地加入北约组织。但是，此建议随着后来西方在非洲殖民体系的土崩瓦解而陷入破灭。之后，南非参加了几个由殖民宗主国主持的非洲防务会议。但是，南非始终没有获得西方对非洲防卫组织的支持。[1]

　　1955年，南非和英国签署《西蒙斯顿协议》。根据协议，英国把在开普敦附近的西蒙斯顿海军基地转交给南非。该协议规定，英国及其同盟国（首先包括美国）不论在战时或平时都有权使用该军港。这使南非与英国的防卫利益建立正式联系，而且付出极少的代价。在协议签署的最初几年内，英国和南非的海军进行了几次联合军事演习。英国向南非提供了中型战舰、直升机和长距离的飞机，以增强南非国防军在开普周围海域巡逻的能力。[2]

---

[1] Robert Scott Jaster, *The Defence of White Power: South Africa Foreign Policy Under Pressure*, The Macmillan Press, 1988, pp. 12 – 13.

[2] Robert S. Jaster, "South Africa's Narrowing Security Options", *Adelphi Paper* No. 159 (London: IISS, Spring 1980), p. 7, 14.

# 南非

从20世纪60年代末起,南非又热衷于组建一个以南非为基地的"南大西洋条约组织",建议由南非与南美洲的阿根廷、巴西等南大西洋沿岸国家组成一个类似于北约的军事联盟,以保卫北约国家在南大西洋航线的安全,充当北约的南翼。南非甚至不惜以向北约提供铀为条件,换取北约的支持。[①] 对此,美国鉴于国际国内的压力,一方面于1963年宣布对南非进行武器禁运,但另一方面又重视与南非的合作。1961年,美国国家航空和航天局(NASA)在南非建立了3个空间跟踪站,每年耗资250万美元,主要用于追踪从卡纳维拉尔角发射的洲际弹道导弹并追踪卫星。[②] 此外,美国海军还定期使用南非开普敦和德班两个港口,美国飞机也在南非机场停降、加油。美国中央情报局(CIA)与南非国家安全局(BOSS)还有情报交换关系。[③] 南非还以苏联在非洲扩张为由,要求西方国家重新考虑其关于加入北约的战略。

20世纪70年代初期,南非加入西方防卫联盟的前景变得日益黯淡。美苏两个超级大国处于核僵局,同时,西方海军和飞机的有效巡航距离得到巨大的延伸,西蒙斯顿基地和开普敦航线的战略重要性也因此而降低。这些因素,加上西方对种族隔离制度的冷淡,几乎排除了西方政府和南非间结成联盟的任何机会。1975年,英国终止了《西蒙斯顿协议》。1977年,联合国安全理事会通过了对南非的强制性武器禁运的决议。但南非丝毫没有减少与西方建立更正式的军事联系的愿望和计划,南非企图继续

---

[①] 杨立华、葛佶、何丽尔、舒展、贺文萍:《正在发生划时代变革的国度——南非政治经济的发展》,中国社会科学出版社,1994,第207页。

[②] Frederick S. Arkhurst, *US Policy Toward Africa*, Praeger Publisher Inc., 1975, p. 114.

[③] 杨立华、葛佶、何丽尔、舒展、贺文萍:《正在发生划时代变革的国度——南非政治经济的发展》,中国社会科学出版社,1994,第209页。

# 第五章 军事

以苏联的威胁和西蒙斯敦港的作用作为加强与北约军事联系的纽带。南非在1972年宣布扩建西蒙斯顿港基地的庞大计划，旨在使该基地能停泊50艘战舰，包括核潜艇，这远远超过南非海军的需要。作为该项计划的一部分，南非在西蒙斯顿为西方军事人员建立办公室和就寝设施，以监视开普水域船只的行动。尽管在1975年后，西方对苏联和古巴在南部非洲地区的军事存在日益担心，然而出于多种原因，西方并没有承认南非作为在该地区的军事同盟者的地位。到80年代，由于南非加剧对邻国的军事打击，实际上导致几个西方国家政府为津巴布韦和莫桑比克提供武器和军事训练。

20世纪80年代初期，南非对与西方建立军事同盟不抱太大幻想。除了在安哥拉内战期间，南非与美国有秘密合作之外，两国军事联系仅限于情报信息的交流和低级官员间的访问和交流。但是，西方在遵守联合国的武器禁运方面并不严格。例如，美国对南非的"灰色区域"的出口，及其与南非的情报交流，虽在卡特政府时期终止，但在1981年里根上台后，美国视南非为对付苏联的盟国，对南非执行"建设性交往"，并准许以色列将含有美制部件的飞机和武器出口南非。1981年，美国与南非就帮助训练海岸警卫队达成协议。从1982年起，美国放宽了向南非出口警用和军用物资的限制，允许向其出口防暴工具、电子设备、直升机、核材料等物品。据统计，在里根执政的最初4年，美国向南非销售有军事价值物资的总额达2800万美元，仅在1981～1983年销售额便超过以往30年的总和。[1] 80年代后期，随着苏联对外扩张势头的收缩，美国加大了对南非的政治压力。1986年10月，美国参众两院通过了对南非的制裁法案，其中包

---

[1] 艾周昌、舒运国、沐涛、张总祥：《南非现代化研究》，华东师范大学出版社，2000，第238页。

括重申禁止向南非出口武器和核能设备。①

1994年，南非成功实现向种族平等的民主制度的过渡。作为非洲首屈一指的军事强国，南非在美国对非洲地区关系中占有重要地位。但南非新政府在与美国等西方大国合作的同时，保持自己外交的独立性。南非对于美国试图在非洲扩大军事影响存有戒心，对于美国发动的阿富汗战争和伊拉克战争也持不同的态度。南非外交部官员2001年9月20日明确排除了在军事上卷入美国打击恐怖主义行动的可能，不给予美国参与阿富汗战争的航空母舰在南非港口的停靠权。另一方面，为了增强自身的军事实力，南非也与西方进行有限的军事合作。

## 二　同以色列的军事关系

面对国际社会的制裁和黑人民族解放运动的高涨，南非白人当局除了加紧拉拢西方主要国家外，还与以色列发展各种关系。南非白人政权与以色列保持了长期密切的军事关系。

### （一）常规武器贸易

20世纪50年代至1972年，南非与以色列之间的军事关系以单纯的武器交易为主。从20世纪50年代，以色列开始同南非的军火交易，此种交易几乎一直在继续。1963年联合国第一次通过对南非实行武器禁运和1967年法国总统戴高乐宣布对以色列实行武器禁运，两国则通过互相供给幻影飞机和部件的方式，帮助对方绕开制裁。在1967年中东战争中，以色列曾使用南非的飞机。据报道，与南非分享情报的以色列情报机构"摩萨德"获得了"幻影"飞机蓝图，还与南非讨论共同制造这种飞机。②

---

① 艾周昌、舒运国、沐涛、张总祥：《南非现代化研究》，华东师范大学出版社，2000，第238页。

② Jane Hunter, *Israel and the Bantustans*, Journal of Palestine Studies © 1986 University of California Press Vol. 15. No. 3. p. 55.

## 第五章 军　事

　　1972～1977年，南以双方除在武器贸易之外，还加上了军工合作发展的内容。1972年南非和以色列签订了合作发展常规武器的协议，由南非负责提供主要的军事科研经费及用于军工生产的钢材等原料，以色列则主要提供技术。在这种分工协作下，两国陆续合作研制了代号为"09"的850吨排量的小型导弹护卫舰，威力强大的G5和G6远程火炮，以及类似以色列"幼狮"式轰炸机的南非"猎豹"式新型轰炸机等。1976年，双方合作研制了制造"战车"式坦克的装甲钢板，南非提供合金钢，以色列负责设计方案。[1] 南非也依赖以色列对其常规武器计划的技术支持。

　　1977年联合国通过对南非的武器禁运决议后，以色列同南非的军事合作在延续以前的基础上，进入秘密交易时期。自从南非与英国的军事协定在1975年终止后，以色列扮演了支持南非海军建设的角色。在1976年后，以色列向南非种族隔离政府出售了现代化的海军装备，包括"雷谢夫"快速攻击艇、德班巡逻艇、雷达站、渗透警报系统和夜视装备等。根据瑞典和平机构的研究，在1970～1979年间，以色列出口的武器中45%是海军船只，而南非购买了其出口船只的35%。[2] 当然，在以色列帮助等因素下，南非本身也在制造供出口的武器。比如，南非出口最多的一种步枪，就是以"加利"5型（Galil 5）56毫米半自动步枪为基础，这种步枪是在以色列军事工业的一项许可证安排下建造的；南非出口的许多大炮、迫击炮、空投军事物资、手榴弹、地雷都是利用以色列的技术发展起来的。阿姆斯科公司的主席皮特·马雷斯（Piet Marais）曾证实了《金融时报》的一则报

---

[1] 杨立华、葛佶、何丽尔、舒展、贺文萍：《正在发生划时代变革的国度——南非政治经济的发展》，中国社会科学出版社，1994，第246页。
[2] Esther Howard, *Arms Suppliers to the Dictators*, Journal of Palestine Studies © 1983 University of California Press vol. 12, No. 3. p. 228.

## 南非

道，即南非企图通过以色列向那些不能从南非公开购买武器的国家寻求销售其军事硬件。[1]

1980年，南非开始暗中与以色列合作制造高技术的"幼狮"（Lavi）战斗机。[2] 1986年，以色列还将50架"瞪羚"式直升机转手卖给南非，并向南非空军提供2架改装后具备空中加油和电子对抗能力的波音707飞机。1987年，南非成功地进行了900~1400公里中程导弹的发射试验。1987年，以色列政府承认，10多年来该国与南非的武器交易每年都在4亿~8亿美元之间。[3]

1994年种族隔离制度废除后，南非与以色列防务同盟迅速解体。以色列对南非非国大政府的不信任，促使其终止与南非所有敏感的合作关系，包括与南非分享军事情报和出售武器装备。根据美国五角大楼的消息，以色列确实大大地减少了在南非的军事和情报使命，并且命令其军工企业关闭在开普敦和约翰内斯堡的办公室。[4]

### （二）人员交流

在20世纪70年代，南非与以色列的高级军政官员互访频繁，并建立了正式的部长级联系机制。南非安全局局长1973年访问以色列。1976年4月，南非总理约翰·沃斯特访问以色列，两国政府建立了包括两国国防部长在内的正式的部长联合委员会。根据两国1976年的协约确定的模式，以色列与南非之间进

---

[1] Esther Howard, *Arms Suppliers to the Dictators*, Journal of Palestine Studies © 1983 University of California Press vol. 12, No. 3. p. 229.

[2] Jane Hunter, *Israel and the Bantustans*, Journal of Palestine Studies © 1986 University of California Press Vol. 15. No. 3. p. 56.

[3] 杨曼苏主编《以色列——谜一样的国家》，世界知识出版社，1992，第206页。

[4] http：//www.wrmea.com/backissues/0795/9507031.htm, *As South Africa Integrates, Israel Cutting Military Ties*, By Tim Kennedy.

行武器和战略物资的交换。① 两国军队的高级人士互访不断,南非还定期派出军事代表团走访特拉维夫,以便学习以色列对付巴勒斯坦游击队的"策略"和"经验"。以色列也向南非派驻数以百计的现役军官,帮助训练南非军队学会使用从以色列购进的先进武器和装备。② 1978 年《纽约时报》的一则报道说,近 5000 名以色列人在近几年内移居南非,这些人中可能包括一些对以色列制造的产品有技术洞察力的技术人员。③

(三)核领域的合作

南非与以色列间不但在常规武器领域开展合作,而且还在核领域进行秘密合作。这种合作始于 20 世纪 60 年代初。1967 年中东"六日战争"之后,法国总统戴高乐告知以色列,以色列不能再依靠法国的技术支持和专业知识,这促使以色列和南非间的核武器合作联系得以加强。1968 年,南以两国都拒绝签署《核不扩散条约》。1976 年,双方签署了《全面联合研制核武器协定》。据此,南非向以色列提供铀,换取以色列向南非提供研制核导弹和发射系统的高技术。④ 据美国中央情报局的一份秘密报告称,1979 年的核爆炸是南非与以色列联手进行的一次约 4000 吨 TNT 当量的核爆炸试验。据报道,南非和以色列还在南极洲某地修建了一个核试验基地,其中包括简易机场、通信站和研究中心等设施。为此,联合国反对种族隔离特别委员会在 20 世纪 80 年代末的一份报告中确认,南非与以色列之间确实存在

---

① Esther Howard, *Arms Suppliers to the Dictators*, Journal of Palestine Studies © 1983 University of California Press vol. 12, No. 3. p. 227.
② 杨立华、葛佶、何丽尔、舒展、贺文萍:《正在发生划时代变革的国度——南非政治经济的发展》,中国社会科学出版社,1994,第 245 页。
③ Esther Howard, *Arms Suppliers to the Dictators*, Journal of Palestine Studies © 1983 University of California Press vol. 12, No. 3. p. 228.
④ 杨立华、葛佶、何丽尔、舒展、贺文萍:《正在发生划时代变革的国度——南非政治经济的发展》,中国社会科学出版社,1994,第 246 页。

着核合作。到1985年，南非具有足够用于制造原子弹的可裂变物质。[1] 南非和以色列之间的此种合作关系持续到90年代初。在1990年的9月，美国中央情报局解密了几项报告，揭露了南非在核武器方面展开了广泛的研究。以色列为了掩饰与南非间先前的包括核合作在内的秘密军事合作，开始有步骤地从以色列南非联合核计划中撤出。1994年新南非政府建立后，以色列终止与南非进行了30多年的核合作进程。

（四）在国际和国内问题上相互支持

南非是继美国之后第二个承认以色列的国家。在随后的中东战争中，南非向以色列提供了大批食品、医药、武器和资金的援助，另有数百名南非犹太人前往以色列参战。[2] 1967年第三次中东战争爆发，南非给以色列送去了武器、飞机和派出军事代表团。之后，两国开始分享军事情报信息，这为南非对邻国的侵略提供了帮助。[3] 在1973年第四次中东战争中，南非有1500多名志愿兵前往以色列参战。[4]

1977年，联合国通过对南非实行强制性的武器禁运决议，但以色列决定站在南非一边。据《经济学家》杂志报道，1975年初，以色列政府曾派军队去安哥拉以配合南非军队对付"安人运"。美国国务卿基辛格在1977年回应美国众议院的质讯时表示，当时以色列确实已经向南非派遣顾问。尽管联合国要求南非放弃对纳米比亚的殖民统治，但以色列还是为南非在纳米比亚的

---

[1] http://www.wrmea.com/backissues/0795/9507031.htm, *As South Africa Integrates, Israel Cutting Military Ties*, By Tim Kennedy.

[2] 杨立华、葛佶、何丽尔、舒展、贺文萍：《正在发生划时代变革的国度——南非政治经济的发展》，中国社会科学出版社，1994，第241页。

[3] Jane Hunter, *Israel and the Bantustans*, Journal of Palestine Studies © 1986 University of California Press Vol. 15. No. 3. p. 55.

[4] James Adams, *The Unnatural Alliance-Israel and South Africa*, Quartet Books, 1984, pp. 13 – 15.

## 第五章 军　事

军事行动提供帮助,反对西南非洲人民组织的解放战争。[1] 以色列前国防部长沙龙曾在 1981 年访问过纳米比亚前线。[2] 1981 年 12 月,以色列国防部长沙龙对南非进行了为期 10 天的访问,并访问了南非对安哥拉发动大规模跨界进攻的"军事行动区域"。沙龙说,"与南非高层次的反叛乱合作在继续"。[3]《兰德每日邮报》报道,1981 年 6 月,以色列人正在纳米比亚的沃尔维斯湾培训萨文比领导的"安盟"反政府部队。但是,以色列极力否认自己的军人作为顾问或战斗者参与南非的部队,出售了大量的军事装备和联合企业为南非提供了大量的反叛乱的武器和装置。以色列还向南非提供反游击队的电子篱笆和监视装备,阻止南非解放组织从邻国的渗透。[4]

### 三　同非洲国家的军事关系

1914 年第一次世界大战爆发后,英国要求南非出兵占领德属西南非洲(今纳米比亚)。1915 年南非出兵进攻德属西南非洲,并实施占领。1920 年,国际联盟委任南非对德属西南非洲进行统治,建立了委任统治地。在此后的 20 年里,南非将大量的白人移民迁入西南非洲作为它的统治支柱,同时将大量当地的非洲人驱赶到西南非洲北部土壤贫瘠、水源缺乏的地区。南非还倚仗强大的军事力量对西南非洲人民实行高压,多次动用飞机和大炮镇压当地人民的反抗。第二次世界大战后,西南

---

[1] Esther Howard, *Arms Suppliers to the Dictators*, Journal of Palestine Studies © 1983 University of California Press vol. 12, No. 3. p. 228.

[2] Jane Hunter, *Israel and the Bantustans*, Journal of Palestine Studies © 1986 University of California Press Vol. 15. No. 3. p. 56.

[3] Esther Howard, *Arms Suppliers to the Dictators*, Journal of Palestine Studies © 1983 University of California Press vol. 12, No. 3. p. 229.

[4] Esther Howard, *Arms Suppliers to the Dictators*, Journal of Palestine Studies © 1983 University of California Press vol. 12, No. 3. p. 228.

# 南非

非洲又成为联合国交给南非的托管地。1949年,南非通过《西南非洲事务修正法案》,规定该领土上的白人可直接参与南非联邦众参两院的事务,[①] 并且在那里设立行政长官、派驻军队,把南非的种族歧视和种族隔离政策也移植到那里。

20世纪60年代,非洲民族解放运动蓬勃兴起。1964年赞比亚获得独立,对南非国内反种族隔离的斗争以及南部非洲国家的解放斗争影响巨大。在赞比亚总统卡翁达和坦桑尼亚总统尼雷尔的倡导下,南部非洲独立国家通过了促进该地区民族解放的《卢萨卡宣言》。南非的维沃尔德政府拉拢南罗得西亚和葡属莫桑比克的白人统治者,共同防守赞比西河。1961年和1964年,在葡萄牙占领的安哥拉和莫桑比克,安哥拉人民解放运动和莫桑比克的莫桑比克解放阵线相继成立,开始了武装斗争。1964年10月,南非同葡萄牙就一系列经济协议交换了备忘录,两国外长一致表示要捍卫"西方文明"。同年11月,南非又同南罗得西亚白人政府缔结类似条约,形成了南部非洲捍卫白人统治的神圣同盟。之后,上述三方定期举行防务会议,南非军事专家频繁来往于南罗得西亚和葡属殖民地之间。1965年,南罗得西亚白人政权总理史密斯单方面宣布独立后,南非还以各种方法帮助南罗得西亚逃避国际制裁,并向史密斯政府提供镇压非洲游击队的金钱、武器和弹药。[②] 到1968年,派到南罗得西亚的南非警察人数为1700人。[③] 南非与葡属殖民地(安哥拉、莫桑比克)以及南罗得西亚和西南非洲,组成了南部非洲的白人防线。

1971年,国际法庭裁决南非继续占领西南非洲为非法。为

---

[①] 杨立华、葛佶、何丽尔、舒展、贺文萍:《正在发生划时代变革的国度——南非政治经济的发展》,中国社会科学出版社,1994,第231页。

[②] 杨立华、葛佶、何丽尔、舒展、贺文萍:《正在发生划时代变革的国度——南非政治经济的发展》,中国社会科学出版社,1994,第233页。

[③] 1986年9月5日《今日新闻》。

## 第五章 军事

缓和关系，南非当局于1974年表示愿意通过"和平谈判"来解决西南非洲问题。但在1978年5月，南非又侵入安哥拉境内150英里，袭击西南非洲人民组织的营地。[1] 70年代中期，随着葡萄牙在非洲的殖民统治的崩溃，安哥拉、莫桑比克先后独立，苏联、古巴军事卷入南部非洲。南非当局认为，苏联的下一个目标必定是西南非洲和南非。1978年，南非国防部长P. W. 博塔出任总理后，加剧了对邻国的越境袭击和破坏。

1980年4月，坦桑尼亚、津巴布韦、莫桑比克、安哥拉、马拉维、莱索托、斯威士兰等9国，组成了"南部非洲发展协调会议"，明确宣布通过地区合作来减少对南非的依赖。南非博塔政府从1981年开始，实行破坏南部非洲国家稳定的政策，使南部非洲战乱不断。南非政府对莱索托的乔纳森政府接受南非流亡人士一事感到不满，一再逼迫乔纳森政府与南非签订所谓"互不侵犯"条约，乔纳森没有屈服。于是，南非当局于1986年元旦派兵四面封锁莱索托的边界，并切断对莱索托的一切物资供应，迫使乔纳森政府倒台。[2] 南非还在5个邻国扶持武装反对派，它们是莫桑比克全国抵抗运动、莱索托解放军，津巴布韦的超级津巴布韦人民联盟、赞比亚的穆沙拉匪帮和安哥拉的安盟。这也使南非的军事预算大幅度增加，在1976～1986年增长了8倍以上。南非对所有的邻国进行了明目张胆的侵犯和武装恫吓，威逼它们改变对南非的态度。1983年5月，南非出动7架"海市蜃楼"式飞机和"穿刺"式飞机，轰炸莫桑比克首都马普托。此外，莱索托也因为接纳南非非洲人国民大会的成员前来避难，而多次遭到南非的恫吓。津巴布韦独立后，南非在其边境继续屯

---

[1] 艾周昌、舒运国、沐涛、张总祥：《南非现代化研究》，华东师范大学出版社，2000，第236页。

[2] 杨立华、葛佶、何丽尔、舒展、贺文萍：《正在发生划时代变革的国度——南非政治经济的发展》，中国社会科学出版社，1994，第237页。

## 南非

集兵力，并制造边境摩擦和武装冲突。[①]

到 80 年代末，随着东西方关系的缓和，南部非洲的情况也发生了变化。南非军队从安哥拉撤出，并允许西南非洲获得独立。1989 年 9 月，德克勒克接任南非总统，积极进行重返"国际社会"的新外交活动，以摆脱被孤立的局面。1989 年底，南非国防部长马兰公开表示，要停止对邻国的越境袭击和对邻国反政府组织的支持。在安哥拉内战的问题上，南非停止了对安哥拉反对派"安盟"的支持。德克勒克政府履行了联合国有关纳米比亚独立的决议和协议，撤出了驻纳米比亚的军队。

1994 年南非新政府成立后，奉行独立自主的全方位外交政策，主张在尊重主权、平等互利和互不干涉内政的基础上，同一切国家保持和发展双边友好关系。在非洲和平与安全问题上，与非洲统一组织和后来的非洲联盟合作，参与一系列国家的促进和平与维持和平的任务。

---

[①] 艾周昌、舒运国、沐涛、张总祥：《南非现代化研究》，华东师范大学出版社，2000，第 248 页。

# 第六章
# 教育、科学、文艺、卫生、体育

## 第一节 教育

南非具有非洲最发达的教育体系。1994年以来,南非新政府把提高全民教育水平作为基本政策,尤其重视改善在种族隔离制度下受到歧视的非洲黑人的受教育条件,以增强他们在社会经济中的竞争力。南非政府对教育给予相当大的投入,年度教育经费保持在财政预算的20%左右,义务教育、专业技术教育和高等教育都得到前所未有的发展。

### 一 教育立法

1996年颁布的《南非共和国宪法》第2章"权力法案"第29条规定:人人享有接受基本教育和继续教育的权利,享有选择官方语言或其他语言接受教育的权利,以及享有自费建立独立的教育机构的权利。

新南非诞生以后,议会通过了多项新教育政策法,为教育领域的变革与重建奠定了基础。这些立法主要包括:1996年的《国家教育政策法》,规定了教育部长在教育政策、立法和监督方面的职责以及中央与各省教育部门的关系,确立了教育合作治理的原则。1996年的《南非学校法》,旨在促进学校教育体制的

完善，让所有适龄儿童都能接受义务教育，保证教学质量和实行民主管理。1997 年的《高等教育法》，规定了全国统一的高等教育规划体制，该法与《高等教育白皮书》和"全国高等教育计划"一起，为高等教育部门的变革奠定了基础。1998 年的《继续教育与培训法》，确立了发展全国协调的继续教育与培训体制的基础。1998 年的《教育工作者就业法》，规范了教育工作者在专业、思想品德和职业道德方面的责任和能力。2000 年的《成人基本教育与培训法》，对拨款建公立、私立成人教育中心，以及对公立中心的管理和成人基本教育与培训的质量保证机制做了规定。2002 年的《高等教育修正法》，就高等院校合并涉及工人与学生等方面的问题做出规定，并根据新情况对高等教育法做了修订。[1]

## 二 种族隔离时期的教育状况

种族隔离时期，南非教育制度是当局保持白人至上、黑人低下的种族主义统治的重要手段。20 世纪 50 年代初，南非当局按照托管和种族分隔的思路，首先把非洲人教育控制起来。1953 年颁布的《班图教育法》，把各省的非洲人教育统统置于土著人事务部的管辖之下，不经批准，任何学校不准建立；以往教会办的非洲人学校，不再享受政府补贴，并限期关闭或卖给土著人事务部。新办的非洲人中学必须建在土著人保留地内，从而造成大批城镇非洲人子女上学困难。该法还规定，为减轻"班图教育经费"的压力，学校须自筹经费 50%；非洲人学生家长负担学生住宿费和书本费，并停止向非洲人学生供应午餐。种族隔离制度的设计师、时任土著人事务部长的维沃尔德对

---

[1] 有关南非教育的立法见南非教育部网站（http://www.education.gov.za）和南非议会网站（http://www.parliament.org.za）。

## 第六章 教育、科学、文艺、卫生、体育

"班图教育"做过如下诠释:"教育对人们提供的培训和知识,必须与他们在生活中的机会相符合,必须与他们生活的环境相一致",非洲人"在特定形式的劳动水平之外就没有他们的位置了"。"班图教育"旨在使非洲人青年日后只能从事低收入的职务,阻止他们与白人竞争,以保护白人的特权地位。因此,非洲人学校在教育设施、教材和师资水平方面,都大大低于白人学校。种族隔离盛行时期,一个白人学生的人均政府教育开支是非洲人学生的10倍。即使到了种族隔离制度行将寿终正寝的1994年,在非洲人学校经费有所增加的情况下,在城镇的差距仍有2.5倍以上,在"黑人家园"则达到3.5倍。非洲人的学校缺水少电,卫生设施严重不足。1991年,全国非洲人中、小学校各缺少1.4万间和2.9万间教室;非洲人中、小学校师生的比例是1:39,而白人学校是1:18;非洲人学校合格教师仅占全部教师15%,而白人学校则高达96%。1976年6月16日,在南非最大的黑人城镇索韦托,数千名中、小学生上街游行,抗议南非当局强行规定黑人学校必须用南非白人通用的语言——阿非里卡语授课。在事先没有给予任何警告的情况下,全副武装的警察向赤手空拳的学生开枪,200多名学生被打死,造成了举世震惊的"索韦托惨案"。

  南非当局对白人、"有色人"(16岁以下)、印度人(15岁以下)儿童实行义务教育;但对非洲人儿童,由于很多地方连学校都没有,义务教育无从谈起。到20世纪80年代后期,实际得到义务教育的非洲人儿童仅占10%左右。非洲人儿童的失学率和辍学率都很高,能够达到高中毕业的非洲人学生很少,80年代中期仅为在校非洲人学生总数的2%。种族主义的教育制度剥夺了很多非洲人受教育的机会。据南非人文科学研究委员会1986年调查,20岁以上的非洲人中,仅有45%的人具有小学四年级以上的文化水平;白人的比例为97%,印度人为80%,"有色人"为78%。中等技术学校的非洲人学生约占学生总数的

13%，使大部分非洲人只能从事非技术性工作，从而形成了受教育程度差、工作差、收入低的恶性循环。

对"有色人"和印度人教育的限制，发生在20世纪60年代初。1963年《有色人教育法》把"有色人"学校置于"有色人"事务部下，并规定私立学校不准招收14名以上的"有色人"学生，除非该校符合当局的有关规定，或转到"有色人事务部"控制之下。"有色人"学校的经费虽由政府提供，但每个"有色人"学生的经费只相当于白人学生的1/4。1965年《印度人教育法》规定，印度人的中、小学校由印度人事务部控制；印度人学校的经费也由政府财政提供，印度人学生的人均教育经费虽略高于"有色人"，但仅相当于白人学生经费的28%。[①]

高等教育的种族隔离始于20世纪50年代末。1958年颁布的《扩充大学教育法》规定，按种族分别建立非洲人、"有色人"和印度人大专院校。非洲人院校由"班图教育拨款"，统一给予财政补贴；"有色人"和印度人大专院校的经费来自统一财政，但理事会和评议会均由白人组成，非白人另组咨询性理事会和评议会。白人学生不准上"非白人"大专院校，而以前接受"非白人"的大学，从规定之日起，禁止再招收"非白人"学生，只有南非大学（函授大学）和纳塔尔医学院除外。用英语授课的开明大学，从70年代开始招收黑人学生。1980年以后，阿非里卡语的大学也向黑人开放。尽管如此，非洲人大学生还是很少，1985年，每1000名大学生中，非洲人仅占2.6%，白人则高达31.1%。[②] 20世纪80年代中期至90年代初期，南非当局看到种族隔离已行不通，其种族主义教育政策逐渐

---

[①] *Race Relations Survey 1988 – 1989*, *South African Institute of Race Relations*, Johannesburg: 1989, p. 245, 850, 862, 868.

[②] 参见杨立华等编著《南非的政治经济发展》第四章第二节，中国社会科学出版社，1994。

## 第六章　教育、科学、文艺、卫生、体育

有所松动，政府用于不同种族人教育经费的差距有所缩小。1993年，德克勒克总统召集教育专家制定教育改革的政策框架，并将1993/1994 财政年度教育经费占国家预算的比例提高到 23.5% 作为支持，但他的改革未及实施就下台了。

### 三　新政府的教育政策和教育改革

19 94 年新南非诞生以后，种族主义教育成为历史，教育部门的变革和重建随即展开。新政府的重要任务是促进建立统一、公平、高质量的国家教育体制，使所有南非人都能够平等地接受教育。南非是世界上教育投入比例最高的国家之一，2005/2006 年度教育经费为 955.2 亿兰特，2006/2007 年度增加到 1054.9 亿兰特，约占当年国内生产总值的 5.44%。

第一，在立法和政策的引导下，整合教育机构，确立公平的教育资源分配机制。设立国家教育部，统管全国教育规划，实施、监管、评估高等教育，废除种族隔离时期分管不同种族教育的 15 个教育部门。[1] 国家教育部将以前 10 个"黑人家园"的教育机构统一到所属 9 个省的教育管理部门。[2] 国家教育部的作用是将政府的教育与培训政策和宪法条款变为国家教育政策和立法框架。按照合作治理的原则，教育部与 9 个省政府合作管理中、小学校。所有公立学校由民主选举产生的"学校管理机构"管理，其成员包括学生家长、教职员、学生（中学）的代表。此外，南非还设立了法定的教育辅助机构，它们是：1. 教育部长理事会，由教育部长、副部长和 9 个省分管教育的执委组成，定期开会，讨论促进国家教育政策，交流全国教育的情况和看法，就共同感兴趣的问题协调行动。2. 教育厅

---

[1] *South Africa Official Yearbook 1989/1990*, p. 485.
[2] *South Africa Official Yearbook 1995*, p. 343.

长委员会,由教育部的总司长、副总司长和9个省教育厅长组成,为发展全国教育体制提供便利,交流全国的教育情况和看法,进行行政协调,就与教育体制运行有关的专题向教育部提供咨询。以上两个机构是各级政府间合作发展教育制度的论坛。3. 基础和中等教育与培训质量保证委员会,为确保教育和培训工作者的教学能力,评估资格认证和学习计划。4. 南非资格认证署,由劳动部和教育部部长共同任命的29人组成,保证南非资格认证的质量。5. 高等教育理事会,负责促进和检查高等教育质量。6. 南非教育工作者理事会,负责对教育工作者的登记和检查,促进和监督他们的专业发展,维护职业道德,就有关专业问题向教育部提供咨询。7. 继续教育与培训董事会,就继续教育与培训的改革问题向教育部长提供独立的战略性建议。8. 教育劳动关系理事会,由全国和省教育部门负责人和教育工会的代表组成,协商解决教育系统内部矛盾与问题。

政府在考虑现实需要和历史遗留问题的基础上,按照"公平分配公式"、"全国学校经费规范标准"和"全国岗位规定标准",向各省公平分配国家收入。政府的教育支出,根据各省适龄儿童人数、公立学校在校学生人数和基本建设投资需要进行分配,其中88%用于人员支出。教育经费投入一般占到政府财政总支出的20%以上,在西开普省则占到30%;越贫穷的地方,中央政府的教育拨款越多。1999年出台的"全国学校经费规范标准",旨在公平分配省教育财政的非人员支出,解决学校中的贫困学生问题。根据该政策,一个省60%的非人员支出资助公立学校的40%穷困的学生;其中20%穷困学生得到非人员支出的35%,而20%富有学生仅得到5%。该政策还规定,可全部、部分或有条件地免除家庭经济困难学生的学费,以保证他们有学上。"全国岗位规定标准"旨在缩小教师与学生比例方面的不公正，为历史上处于教育资源劣势的地区增加教师数量。①

另外，"全国学生财政援助计划"向大学生发放贷款和奖学金，帮助他们完成大学学业。过去的10年，该计划支出50亿兰特，为40多万大学生提供了援助。每个学生可领到2000至3万兰特不等的援助。2004/2005年度，贷款额度近29.96亿兰特，增加了34%；2005/2006年度又额外拨款7.76亿兰特，比上年增长50%。"全国学校营养计划"于2004年4月1日起从劳动部转由教育部负责，2005/2006年度国家为此提供的财政补贴为91.22万兰特。截止到2005年，已向1.7万所学校的530万名学生提供了课间餐，并建立了2800多个食品生产点支持该计划。国家还为省教育厅增加符合艾滋病防治计划规定的财政补贴77.14亿兰特，以改善和加强各级教育部门对艾滋病的防治。②

第二，进行课程改革，加强师资培训，改善和提高教学水平。南非新政府颁布的《教育与培训白皮书》（1995年）、《南非资格认证法案》（1995年）、《国家教育政策法案》（1996年）和《南非学校法案》（1996年），全面阐述了南非新政府有关学校课程政策与规范化的要求。在此基础上，出台了于1998年制定、2002年修改的"全国课程框架"（又称"2005课程"）。它是南非新政府为推行国家课程进行的最重要的教育改革，从计划到所有年级全部实施长达10年，彻底结束了种族隔离时期的课程政策。南非教育部原计划在1995～2000年在所有年级全部实施新课程。但是，由于准备不足和教育资源、师资等问题，将时间推迟至2005年，因此称为"2005课程"。其主要目的是奠定国家核心课程的基础，使南非中、小学课程走向规范化。课程改革删除了与种族隔离相关的和过时的内容，力求体现教育的主体价值。

---

① *South Africa Yearbook 2005/2006*, Education.
② *South Africa Yearbook 2005/2006*, Education.

## 南非

　　国家课程的设置以终身教育为指导思想，这种教育将学前教育到9年级分3个阶段来实施新课程：基础阶段（从学前教育到3年级）、中级阶段（从4年级到6年级）、高级阶段（从7年级到9年级）。基础阶段的国家课程有3门：语言、数学和生活相关课程。中级与高级阶段有8个学习领域：语言、数学、自然科学、社会科学、艺术与文化、生活指导、经济与管理科学和技术学。环境教育虽未列入国家课程，但环境教育的理念被整合到社会科学、艺术与文化和生活相关的学习领域中。语言学习包括南非语言委员会批准的所有11种官方语言以及盲文与手语，所有学生须精通母语并至少掌握其他任何一种官方语言，目的"是为了理解与欣赏不同的语言与文化"。

　　"全国教师教育框架"的制定，旨在改正非洲人学校师资水平低的历史遗留问题，提高初、中级教师的教育水平。"数学、科学和技术计划"旨在提高数学、科学和技术授课教师的教学水平。在此计划下，自2002年以来，先后有3500多名教师获得教育学学士学位或教育高级证书。根据"全国教育工作者专业文凭计划"，对因历史原因不具备资格的6000名教师经过培训使其获得正式文凭。

　　第三，采取措施改善学校基础设施。据调查显示，自1994年以来，南非全国学校的基础设施有了相当大的改善。截至2005年2月，全国用不上水的学校减少至4774所，而2002年有7817所。用不上电的学校减少至5233所，而2002年有12257所。学校危房从2000年的4389间下降到2005年2月的1719间；土坯房校舍同期从1751间下降到939间。2004年未设图书馆的学校减少至7216所，而2000年有12192所。历史造成的教室短缺现象已有了很大改观。2004年，教育部着手制定学校基础设施标准，包括最低基本服务要求，并利用技术手段跟踪统计仍在树下、土坯房或不安全条件下上课的学生人数。2005年4

月，教育部和公共工程部联手成立专门班子，解决历史遗留的校舍问题。教育部还建立了监督体制和资料库，跟踪调查贫困人口是否获得了国家教育资源中较大的份额。

第四，重组高等教育部门，建立统一协调的高等教育体制。政府首先出台了高等教育体制变革的政策和法律框架，即《高等教育变革计划》和1997年的《高等教育法》。在此基础上，政府制定了《全国高等教育计划》，提出了高等教育变革进程的具体目标：大学入学率在今后10~15年从15%提高到20%；人文科学、商学和科技工程学科招生比例在今后5~10年从49:26:25调整到40:30:30；提高黑人、女大学生的比例以及公平就业目标，纠正种族和性别不平等；结合能力建设发展战略，改善历史上落后的黑人大学的状况；根据研究成果的产出，提供科研经费；把包括研究生奖学金在内的专项拨款用于增强科研能力等。2005年1月，高等教育机构重组完成，36所大学和技术院校被整合为24所，其中包括11所大学、5所技术大学、6所综合学院。2001/2002年度至2006/2007年度，高等教育体制重组费用估计为19亿兰特。

## 四　教育结构

### （一）正式教育

南非实行9年制义务教育，儿童法定入学年龄为5岁。2006年，南非中、小学在校学生人数为1230万，教师38.66万人；中、小学校26292所，其中高级中学6000所，私立学校1098所。公立学校师生比例为1:32.6，私立学校师生比例为1:17.5。私立学校学生有34万人，占学生总数的2.8%。[1] 南非目前有24所大学。根据2001年人口统计公报，南

---

[1] http://www.southafrica.info/ess_info/sa_glance/education/education.htm; *South Africa Yearbook 2005/2006*, Education.

非全国5~24岁的人口中在各类教育机构接受教育的人数为1372.8万人,其中在高等教育机构就读人数为50.68万人(包含综合性大学在校学生16.96万人)。[①] 2005年,高等学校在校学生增加到73.6万人,其中黑人占60.9%、白人占25.2%、印度人占7.4%、"有色人"占6.3%。[②]

南非正式教育由以下三个阶段组成:

第一阶段为普通教育与培训(包括成人基本教育与培训),从学前教育到9年级,其中又可细分为基础阶段(学前教育至3年级)、中级(4年级~6年级)和高级(7年级~9年级)三个阶段。

第二阶段为继续教育与培训,从10年级到12年级,以及相应学历资格框架下的教育与培训。继续教育与培训学院经重组后从152所合并为50所,主要提供高技术和职业培训等。

第三阶段为高等教育,重组后新的高等教育体系由24所大学组成。

**威特沃特斯兰德大学(University of Witwatersrand)** 1922年获得正式大学地位,位于约翰内斯堡市区,校园占地400多公顷。设有6个学系(商学、法律与管理、工程与环境、健康学、人文学、科学)、35所学院,以及残疾人部和聋哑研究中心,被世界聋哑人联合会命名为"世界聋哑人教育专家"。研究生课程有人口统计学和人口研究、遗产管理研究和环境管理。该校曾培养出4位诺贝尔奖获得者:纳尔逊·曼德拉(和平奖)、阿朗·克拉格(Aaron Klug,化学奖)、悉尼·布里内尔(Sydney Brenner,医学奖)和纳丁·戈迪默(Nadine Gordimer,文学奖),以及14位南非A级科学家。

---

① *South Africa Consensus 2001* Table 2.27.
② *Education Statistics in South Africa at a Glance in 2005*, Department of Education November 2006.

# 第六章 教育、科学、文艺、卫生、体育

**开普敦大学（University of Cape Town）** 建于1918年，是南非最古老的大学。其前身是1829年建立的南非学院，当时只招收男生，1879年开始招收女生。现设有7个系（高等教育中心、商学、工程与环境、健康学、人文、法律、科学）、18个专业，近40个研究中心和研究所，每年授予3000多个本科学位。现有教职员4000多人；学生1.7万多人，其中1/3是研究生，包括来自70个国家的2500名留学生。

该校科研实力雄厚，享有世界声誉，是非洲学术研究中心之一。世界上第一例人类心脏移植手术就是由该校附属医院之一的格鲁特斯库尔医院的克里斯·巴纳德（Chris Barnard）教授完成。该校有两名教授曾获诺贝尔奖：阿兰·科马克（Allan Cormack，1979年诺贝尔生理学医学奖）、阿朗·克拉格（Aron Klug，1982年因其在电子显微镜学及核酸合成物方面的成就获诺贝尔化学奖）；有22名A级科学家，居南非各大学首位。在世界大学排名中，该校被列为非洲第一。

该校与国内外大学进行了许多国际性的合作研究项目，如胸外科、白血病防治、儿童健康、地球化学、动物学、海洋学、分子学等研究。它的生命学院的菲茨帕特里克非洲鸟类学研究所是南半球最主要、最好的鸟类学研究机构之一，每年都吸引了其他国家的许多科学家来此访问和工作。1976年成立的非洲研究中心，主要致力于非洲人文领域（包括历史、考古、语言、文学等）的教学和研究。2000年3月，我国北京大学与开普敦大学签署了学术交流意向书。

**罗德斯大学（Rhodes University）** 南非百年名校，建于1904年，位于东开普省格雷姆斯敦市。南非前总统曼德拉曾任该校名誉法学教授。拥有4个博物馆、多个图书馆；共设有6个系近50个专业，约有学生6000人、教职员1000人。校园与自然保护区相邻，常年绿色环绕，景色优美宜人。

## 南非

**斯泰伦博什大学（Stellenbosch University）** 始建于1865年，位于距开普敦50公里的斯泰伦博什大学城，是南非唯一以阿非里卡语教学的大学，前南非执政党国民党培养政治家的摇篮。现有150个专业、10个专门学院和40个研究中心，其中的林学系和军事科学系是南非大学中独有的。现有学生1.5万人左右。

该校以教学质量优越而享有盛名，拥有相当好的科研实力。研究生教育和培养高科技人才是该校的优先发展目标，研究生毕业者占全部毕业生的45.3%。第一颗由非洲人研制并发射成功的人造卫星Sunsat（1999年2月），即由该校设计制造。

根据中国教育部与南非教育部达成的合作协议，2004年该校成立了中国研究中心和中文部，由中国教育部派两名汉语教师任教，该校现有学习汉语的南非学生90人。

**西开普大学（University of the Western Cape）** 1960年根据南非议会为"有色人"建立专门学院法案而建立。2004年1月斯泰伦博什大学的口腔学系并入该校。它位于离开普敦25公里的Bellville区，是一所综合性大学，现有7个系（艺术、社区与健康、口腔学、经济与管理、教育、法律、自然科学）、68个专业、16个研究所，学生1.2万人左右。该校在社会和人文学科方面的学术水平以及在宏观经济、国家税收政策和经济计划等方面的研究处于国内领先地位，并参与了《南非宪法》的起草工作。

种族隔离时期，该校曾是南非学术界反种族隔离运动的基地，南非新政府的多位高官均出自该校或在该校接受过教育。南非黑人大主教、诺贝尔和平奖得主图图任该校名誉校长。

**祖鲁兰德大学（University of Zululand）** 位于夸祖鲁/纳塔尔省东北部，靠近里查德湾。原称祖鲁兰学院，成立于1960年，附属于南非大学。该学院从一个"丛林学院"逐步发展成为正规大学,于 1970 年获得大学地位。学生来源除本国学生外,还吸收非洲其他国家的留学生。

**文达大学**(University of Venda) 建于 1982 年,位于林波波省。原为综合性大学,从 1995 年开始将教学重点转向科技学科,2002 年改革后,面向农村和南部非洲地区发展。该校设有 3 个系、8 个学院。

**自由邦大学**(University of the Free State) 2003 年 1 月北方大学的夸夸(Qwa Qwa)校区并入该校,2004 年 1 月维斯塔大学布隆方丹校区并入该校。

**西北大学**(North West University) 由波彻斯卓姆大学(Universities of Potchefstroom)、原西北大学和维斯塔大学的塞勃肯校区合并后组成。

**比勒陀利亚大学**(University of Pretoria) 成立于 1930 年 10 月,2004 年 1 月维斯塔大学的玛梅洛迪校区并入该校。设有 10 个系:经济管理学、人文科学、健康学、工程、环境科学、信息技术、自然与农业、教育学、法学、兽医学等。该校继续教育学院开设短期技术培训课程。

**夸祖鲁/纳塔尔大学**(University of KwaZula-Natal) 由原纳塔尔大学和德班-威斯特维尔大学合并组成。纳塔尔大学建立于 1910 年,主校园位于南非东海岸的海港城市德班,是一所综合性大学,课程设置广泛,有多个研究机构。德班-威斯特维尔大学建立于 20 世纪 60 年代,是种族隔离时期专门招收印度裔学生的大学。2004 年两校合并后,成为南非东海岸规模最大的大学。该校设有人文学院,农业、科学与工程学院,健康科学学院,法律和管理科学学院。

**南非大学**(University of South Africa) 是世界巨型大学之一,专门从事远程教育,有 130 多年的历史,提供多层次的学历与非学历教育。2004 年初,南非理工学院和维斯塔大学远程教

育校区并入该校。该校注册学生总数为 23 万人，于 2002 年通过美国远程教育和培训理事会鉴定委员会的鉴定，在非洲以至世界享有很高声誉。该校还是非洲最大的教材发行中心，年发行量高达十几亿兰特，非洲大学中使用的教材几乎都来自该校。

**茨瓦内技术大学（Tshwane University of Technology）** 由原比勒陀利亚理工学院、北豪廷理工学院和西北理工学院合并组成。

**德班技术学院（Durban Institute of Technology）** 由原萨尔坦理工学院（Technikon M. L. Sultan）和纳塔尔理工学院合并组成。

**自由邦技术中心大学（Central University of Technology Free State）** 位于南非中部自由邦首府布隆方丹，前身为 20 世纪 80 年代初建立的原自由邦理工学院，2003 年升格为大学，设有工程、信息通讯技术、管理科学、卫生与环境科学等系。

**曼戈苏图理工学院（Mangosuthu Technikon）** 成立于 1979 年，创建者是曼戈苏图·布特莱齐博士（当时的夸祖鲁"黑人家园"领导人和因卡塔自由党的主席）与南非矿业大亨哈里·奥本海默。

**约翰内斯堡大学（University of Johannesburg）** 2005 年 1 月由原兰德阿非里卡大学、金山理工学院和维斯塔大学的索韦托、东兰德校区合并组成。

**林波波大学（University of Limpopo）** 2005 年 1 月由原南非医科大学和北方大学合并组成。

**纳尔逊·曼德拉市大学（Nelson Mandela Metropolitan University）** 2005 年 1 月由原伊丽莎白港大学、伊丽莎白港理工学院和维斯塔大学伊丽莎白港校区合并组成。

**沃尔特·西苏鲁科技大学（Walter Sisulu University for Technology and Science）** 位于东开普省，2005 年由特兰斯凯大

学、博德理工学院和东开普理工学院合并组成,是南非最年轻的理工大学,拥有1.5万多名学生和4个校区。

**黑尔堡大学**(University of Fort Hare) 成立于1916年,位于南非东开普省的阿利斯。原名为"南非土著人学院",1923年置于南非大学管辖之下,改名为南非大学黑尔堡学院。纳尔逊·曼德拉、罗伯特·穆加贝等民族解放运动领袖曾就读于该校,被称为非洲精英的摇篮。1960年之前,该校是南非唯一的黑人大学,1970年成为独立的大学。目前,该校有3个校园,除阿利斯主校园之外,还有设在比绍和东伦敦的两个校园。该校有5个系,分别是教育、法律、商业与管理、科学与农业、社会科学和人文科学。2006年在校学生8548人。

**开普半岛技术大学**(Cape Peninsula University of Technology) 2005年由开普理工学院和半岛理工学院合并组成,设有12个学院、65个大专文凭课程、46个学士学位课程,在校学生2.5万人。

**北开普高等教育学院**(Northern Cape Institute of Higher Education) 2003年6月成立。

**姆普马兰加高等教育学院**(Mpumalanga Institute of Higher Education) 2005年成立。

南非高等学校虽然归国家教育部领导,但是各高校都设有管理委员会,在管理方面拥有很大的自主权和独立性,并充分体现教授治校原则。大学自治却不私立,大部分经费由国家拨款,约占政府财政支出总额的3%。南非政府按照在校学生人数尤其是黑人学生人数拨给高校经费,一般每个学生每年为12万兰特,因此南非高校吸收学生入学的积极性普遍较高。高校均设财务总监,负责管理及监督学校的经费开支,对教学管理委员会负责。政府投入经费后,一般不再过问其使用情况。

南非国民接受过高等教育的人数约占总人口的8.4%,其中白人占多数。过去几年,南非高等院校中"非白人"学生和教

员的数量大幅度增加。但是，从大学生在各族群的比例来看，黑人中的大学生比例仍然大大低于白人。

### (二) 成人教育与培训

据 2001 年人口统计，全国至少有 400 万 20 岁和 20 岁以上年龄段的人没有上过学，另有 400 万人仅有小学文化程度。按照这个统计估算，全国人口中至少有 18% 的人（不包括在校儿童）需要扫盲。

政府 2000 年出台的《成人教育与培训法》，为建立、管理和资助成人教育与培训提供了法律框架。实施《成人教育与培训法》，旨在促进成人教育与培训质量的改善。南非设立了全国成人教育与培训理事会，作为教育部部长的咨询机构，审阅各部门执行计划情况的报告。教育部还设立了南非扫盲机构，负责动员志愿服务人员和机构支持全国扫盲行动。该机构自 2002 年成立以来，已有 32 万多人到非正式扫盲点、63 万多人到公共成人学习中心接受了扫盲。2005 年，南非 15 岁以上成年人识字率达到 82.4%，15～24 岁青年人的识字率达到 93.9%。[1] 在 20 岁以上人口当中，白人中 65% 具有高中或中等专业文化程度，印度人的比例占 40%，"有色人"的比例占 17%，黑人的比例只占 14%。[2]

为了提高全国扫盲水平，除举办年度表彰活动外，还开展一些多方合作项目，如未来桥梁项目，教育部、大学和非政府组织的合作项目，国际合作项目等。

### (三) 特殊教育

中央和省级教育部门为患有以下症状或情况的人提供教育

---

[1] UNESCO Institute for Statistics, *Education in South Africa* 2005. http://stats.uis.unesco.org/unesco/TableViewer.

[2] http://www.southafrica.info/ess_info/sa_glance/education/education.htm.

服务：孤独症、多动症、视力损伤、肺结核、违犯法律、体残、神经和特殊学习残障、多种残疾、智残、听力损伤、语言障碍、癫痫症、超龄学生等。2005/2006年度教育部挑选了30个普通小学，希望它们能够多接收体残儿童，并对教师进行对有特殊需要儿童教学的培训，然后再将取得的经验扩大到其他学校。

**（四）学前教育**

作为儿童早期发展方案，学前教育被纳入国家教育体制。目前，学前教育从3岁开始，以自愿为原则，尚未正式纳入国家教育体制。全国非营利学前教育场所有100多万个。由于贫困家庭财力有限，学前教育质量难以保证。教育部中期目标是，到2010年使所有儿童均能接受学前教育。教育部、卫生部和社会发展部联手，正在制订出生至4岁儿童综合发展计划。

## 第二节　科学技术

一　科技体系

**（一）立法和管理机构**

南非作为一个发展中大国，重视科学技术的发展，有比较完备的科技体系，政府29个部中有14个部与科技有关。最高科技领导机构分为立法和执法两部分：议会中的科技与文艺委员会下设的科技分委会，负责科技立法；国家科技委员会（亦称部长科技委员会）是国家最高科技领导机构，负责执法。副总统任该委员会主席，与科技有关的14名内阁部长任委员。[1]

---

[1] 参见中国驻南非使馆网站"南非科技"2006/04/22。

# 南非

南非首个民选政府于1994年执政后,即成立了艺术、文化、科学和技术部。2002年8月,该部一分为二,南非科技部正式成立。科技部是政府科技政策的制定和协调机构,负责发展、协调和管理国家创新体系,为科学研究和技术开发提供战略指导和支持;并依据相关技术发展、基础设施条件和人力资源情况,确定基础研究和定向服务研究的合理结合,通过科技成果的推广和使用支持和推动国家战略目标的实现,使国家创新体系有力地推动南非人力资源的培养、经济的可持续增长和人民生活水平的改善。

南非还设立了与科技部密切相关的诸多机构,其中最重要的有国家创新咨询委员会(NACI)、国家研究基金会(NRF)和创新基金会(IF)。

**国家创新咨询委员会** 其组成人员具有广泛的代表性,其成员来自政府部门、大学、产业界和非营利部门。它的主要职责是就科技政策和资金分配等问题向科技部长提供咨询。

**国家研究基金会** 主要负责促进和支持基础研究、应用研究和创新研究,塑造一个知识驱动型社会。该基金会将经费直接用于学术研究、培养高级人才、支持国家研究设施,以促进人文科学、社会科学、自然科学、工程技术以及本土知识等领域的研究工作。

**创新基金会** 它是科技部下属的政策执行机构,主要作用是在关键技术及经济领域奠定知识基础,把现有的研发成果商业化,对技术创新项目进行投资,同时支持落后企业的技术改造。近年来,南非对各个科学理事会的资金分配进行很大的改革,除主要资金由南非议会批准外,还通过创新基金会的竞投程序来分配资金。该基金会对参加竞投的科技项目有三个选择标准,即它们是否有竞争性,是否有助于提高南非人民的生活质量,是否有助于可持续发展。目前由该基金会资助的项目已经为南非市场带来新的产品和服务。

(二) 科研机构

南非的科研机构主要由高等教育机构（23家）、科学理事会（8家）、科技工程研究机构与政府有关部门（35家）、商业研究机构（45家）和非政府研究机构（约80余家）等构成。其中前三类机构主要由政府资助。

南非的8家科学理事会都是国家级科研机构，它们是：农业研究理事会（ARC，隶属农业部，与科技部共同资助）、科学与工业研究理事会（CSIR，隶属工贸部，2005年划归科技部管理）、地学理事会（CGS，隶属矿产能源部，与科技部共同资助）、医学研究理事会（MRC，隶属卫生部，与科技部共同资助）、矿业技术理事会（Mintek，隶属矿产能源部，与科技部共同资助）、南非标准局（SABS，隶属工贸部，与科技部共同资助）、人文科学研究理事会（HSRC，隶属科技部）和国家研究基金会（NRF，隶属科技部）。前7个理事会实际上是国家级科学研究院，接受行业部门和科技部双重领导，从事具体的研发工作。它们除了承担国家的科研项目和定向任务外，还为工商企业的研发课题服务。而国家研究基金会被授权管理议会拨款、工贸部的"THRIP计划"和科技部的"创新基金"，同时管理南非科技进步局（SAASTA）、Hartebeesthoek射电天文台、Hermanus地磁观测台、南非天文台、南非环境观测网、南非水生生物多样性研究所、Themba加速器科学实验室和南部非洲大型天文望远镜基金会有限公司。

南非科学院和工程院基本上是学术管理机构，主要进行学术交流与对院士的选拔和管理工作，不直接组织科学研究工作。

另外，还有一些依托于政府部门的研究机构，如卫生部的国家病毒研究所、环境与旅游部的国家植物研究所、国家海洋渔业研究所，以及高等院校、工矿企业和民间的研究机构。

## 二　科技政策

### (一) 科学技术白皮书

南非政府于1996年9月颁布了《科学技术白皮书：为21世纪做准备》,[1] 这是一份以"国家创新体系"概念为框架基础的科技政策文件。"国家创新体系"概念被定义为向一个市场（包括经济和社会）引入新的或改良的产品和服务。虽然"创新"的概念此前已在世界上其他地方出现，但南非是第一个引用它作为国策框架基础的国家，这一做法后来为许多国家所效仿。该白皮书的主要内容是建立科技自主能力，开发人力资源，创造性地解决与科技有关的国家重大课题；根据科技领域优先的原则，重新分配政府拨款，鼓励建立国家研究机构与竞争性拨款机制；通过实施中期费用支出计划，加快制定国家长期科技规划的预算，推广研究机构改革经验和采纳合理化管理建议等。

### (二) 国家研究与开发战略

南非政府于2002年7月批准了《南非国家研究与开发战略》[2]，这是南非科技政策发展的里程碑之一。该战略分析了当时南非科技体系存在的六大弱点，即对国家创新体系的投入不足，对科技发展战略考量的不充分，人力资源缺乏，对私营部门研发的投入减少，知识产权的立法落后，以及对科研机构缺乏统一管理。

该战略依据上述分析，并在1996年发布《科学技术白皮书》的基础上，进一步强调了南非科技发展的三个战略重点，即创新、科学工程技术方面的人力资源开发、政府有效的科技管

---

[1] Department of Arts, Culture, Science and Technology, *White Paper on Science & Technology*, *Preparing for the 21st Century*, 4 September, 1996.

[2] South Africa's National Research and Development Strategy August 2002, Published by The Government of the Republic of South Africa.

## 第六章　教育、科学、文艺、卫生、体育

理体制。创新指的是确定并投资与国家经济和社会发展有重大关系的四个主要科技项目,即减贫(通过示范和传播技术来改善人民的生活);建立关键技术平台(重点是建立知识密集型新产业,如建立生物技术和信息技术平台);提高制造业的技术水平和建立一体化管理;利用并改造传统的资源型企业(把它们改造为新的知识型企业)。人力资源开发指的是南非建立民主政府后急需更广泛的人群特别是妇女参加科技队伍,需要激发年轻人对国家科技发展的理解和追求的热情,并把最主要的科技力量集中于南非具有天然优势或知识优势而最有可能成功的领域,诸如天文学、古人类学等。政府有效的科技管理体制指的是把科技部的综合作用和其他部门的作用清楚地划分,建立标准的报告和管理制度,确保政府在基础研究、技术创新和风险投资等方面的投入,能按照合理的国际惯例进行。

该战略指出,南非在科技研发方面的投入仅占其国内生产总值的 0.7%,不足以保证未来的国家竞争力,因此必须加大对科技研发的投入,使投入强度在 2008/2009 年度达到 GDP 的 1% 左右。经过几年的努力,南非的科技研发投入在 2003/2004 年度达到 GDP 的 0.81%,2004/2005 年度达到 0.87%,已逐步逼近 1% 的目标。[1] 另外,就投入比例而言,南非私营部门和政府在科研发投入上基本各占 50%,但私营部门的科技研发投入近几年下降的幅度较大。为了解决这一问题,南非政府利用风险资金激励和财政刺激两种手段,来鼓励和提高私营部门加大对科技研发的投入。[2]

---

[1] "Country's Research And Development Spending At New Highs", *Business Day* (Johannesburg), 2006/06/23.
[2] 参见中国科技部"在可持续性基础上创造财富——南非的科技创新政策",《科技日报》2005 年 12 月 29 日驻南非记者郑焕斌。http://www.cws.net.cn/CWSNews_View.asp? CWSNewsID=22733.

## 三　重大科技战略、计划和项目

**南**非根据其科技政策，特别是围绕《南非国家研究与开发战略》中确定的三个战略重点，近年来制订和实施了一系列科技发展计划或项目，并且每年还在不断启动新的战略计划和推出新的科技项目。根据南非国家 2005/2006 年鉴和南非科技部的报告，目前正在实施下述重大科技计划或项目。

### （一）先进制造技术战略

该战略从 2003 年 10 月开始启动，计划在能源、矿业等行业进行技术创新，开发新技术、新产品，使这些行业成为知识密集型产业，提高它们的附加值。

### （二）国家技术转让战略

南非认为，技术在创造财富和社会发展过程中有非常重要的作用，因此很重视技术转让工作，特别希望通过技术转让使南非的中小企业迅速发展起来，增强它们在市场上的竞争力，同时也使农村的贫困人群能掌握一技之长，以改善他们的生活。

### （三）模块式球床高温气冷堆（PBMR）项目

南非十分重视对核能的开发，其国营电力公司 Eskom 计划投资 110 亿兰特在开普敦附近兴建一座新型核电厂——模块式球床高温气冷堆。这是一种国际核能界公认的具有很好安全特性的先进核反应堆。此项目标志着南非在核科技领域已有重大的发展，并且比世界上其他同类项目提早大约 4 年。该核反应堆一旦建成，南非就会在能源技术领域走在世界的前列。

### （四）加强公众对科技理解的计划

南非政府近年来特别重视加强公众对科技的理解和热情，制订了许多鼓励妇女和年轻人参与科技工作的计划。自 2000 年以来，科技部每年都组织为期一周的"科学周"活动，在全国 40 多个地方开展科技宣传活动，鼓励年轻人积极学习数理化，选择科学研究为职业。

### （五）国家生物技术战略

该战略于2001年启动，确定了大力发展南非生物技术工业的方针。近年来，南非的生物技术工业发展十分迅猛。政府对遗传工程的拨款在2002~2004年增加了360%。与此相关的行业，如生物化学、遗传学、分子生物学、微生物学、遗传工程学和生物技术，都有超过46%的增长。[①] 南非根据该战略建立了若干地区生物技术创新中心，对生物技术的各个方面进行广泛的研究。

### （六）创新与孵化器计划（Godisa[②]）

南非科技部和工贸部在欧盟的支持下，于2001年出台了国家创新与孵化器计划。该计划旨在加强南非中小型及微型企业的竞争能力、生产能力和可持续发展能力，针对这些企业在技术改造和产业化启动初期面临的高风险，在高附加值产业中所占比例偏低，技术设备比较落后，给予扶持，并提供必要的技术孵化平台。目前，1280个南非小企业已得到该计划下的信托基金的扶持，很多南非人借助该基金实现着他们创新或创业的想法。该计划涉及的主要领域有生物技术、生命科学、医疗设备、软件、嵌入式系统、精细化工、小型矿业和出口鲜切花水培法等。

### （七）技术站伙伴计划（Tshumisano）

这是一项工科大学和中小企业合作的计划，是由南非政府、德国政府和南非工科大学合作投资的项目。它的主要目标是在技术转让和技术创新方面向中小型及微型企业提供支持，通过发展新的中小企业加强南非黑人的经济能力。从2002年开始，在南非工科大学建立了9个技术站。南非高等院校通过这些技术站与

---

① *South Africa Yearbook 2005/2006*, Science and Technology.
② 茨瓦纳语（Setswana）的培育或帮助成长之意。

企业建立起直接的伙伴关系，向它们提供科技支持，帮助它们解决技术落后、创新能力差、增值产品比率低、企业倒闭率高等问题，向它们推广新技术和新产品，加强它们在化工、纺织、电子、金属加工、机械制造和食品技术等领域的竞争力。这些技术站同时还为理工科学生提供实习培训和就业的机会。

### （八）减贫计划

该计划旨在根据南非政府的国家研究与发展战略，在贫困地区采取多种方式进行减贫扶贫工作；特别是通过推广教育，提供技术示范和支持，帮助贫困人口开展养蜂、造纸、用天然纤维生产织物、养牛等生产活动。

### （九）"本土知识体系"计划

南非政府认为，发展科技的重点选择要集中在本国潜力大的科学领域，并把国家的优势分为两部分。一部分是因地理因素造成的优势，诸如天文学，古人类学，生物多样性，南极研究等；另一部分是因显著的传统知识而造成的优势，如南非人民集体继承下来具有本土知识优势的深度采矿技术。这项计划的目标是在评估、整理南非本土知识体系潜力的同时，鼓励发展有独特优势的小型科技企业。南非希望通过弘扬本国与非洲的文化传统和科技知识，增进人民对自身优势的了解和自豪感。

## 四 科技优势

### （一）矿业科研

南非拥有从地质普查、勘探到采矿、选矿、冶炼和加工的完善的矿业体系，它的采矿机械、选矿设备、矿井通信技术、矿产品冶炼和加工技术都位居世界先进行列。金矿开采深度超过4000米，拥有超深开采和矿井微波通信技术。矿冶技术研究理事会研究开发的生物氧化提取黄金技术和利用细菌选矿，已实现工业化生产。

## （二）农牧业科研

南非所拥有的南部非洲特色植物多达2.7万多种，目前已具有经济价值的植物（含药用植物）有4000种。南非70%的国土为高地草原，草的种类达947种。南非拥有丰富的抗干旱和抗病虫害种子资源和优良的畜禽品种，如布尔山羊耐干旱、食粗饲料、形体大、生长快，能适应恶劣气候环境。南非农业基础设施、生产技术、机械化程度都较高，劳动生产率较先进。农业生物技术应用广泛，涉及细胞克隆基因工程、发酵化工、食品添加剂合成、水果保鲜等诸多方面。在使用生物防治技术消灭各种果树病虫害方面成果不少。在家畜疾病防疫方面，开发了世界第一个家畜动物血清诊断包。

## （三）医学科研

南非拥有先进的医学科研能力和医学科研设备。世界第一例人类心脏移植手术于1964年在开普敦医院取得成功。无论在基础医学研究，还是在应用医学研究方面，南非近年来都有重大突破。南非的医务工作者编制了《非洲大陆疟疾分布图》，根据气候条件、蚊子种类、药物使用等参数，指明疟疾高中低发病率区，以便于指导防治工作。南非医学研究理事会骨骼研究组找到了促进人体骨组织再生的蛋白，这种蛋白用生物工程合成，用于治疗外伤和肿瘤。开普敦大学生物医学工程系和神经外科系合作设计制造了脑瘤及脑血管损伤生物立体定位仪，可准确确定脑部病灶，为脑外科和放射治疗提供了先进的仪器。另外，2007年3月南非政府讨论了《2007～2001年艾滋病防治国家战略计划》草案，计划用5年时间将南非艾滋病病毒新感染病例降到目前的一半。[1]

---

[1] HIV and AIDS and STI Strategic Plan for South Africa, 2007 - 2011, http://www.doh.gov.za/docs/whatsnew-f.html/

## 五 重大科技成果

南非原子能公司于1998年完成分子激光同位素分离研究项目,正在筹建国家级激光技术研究设施,以提高物理学、化学、医学和材料科学等领域的基础研究和应用研究水平。1999年2月,南非斯泰伦博什大学设计制造的小型试验卫星(Sunsat)发射成功,虽重量仅63公斤,但它是第一颗由非洲人研制的人造卫星。1998年至今开展的"超深井采矿技术研究"取得阶段性的成果,在开采技术的经济性、安全性和有效性,以及生命保障系统、地下矿石处理等方面都取得可喜成果。始于1999年的《南非艾滋病疫苗行动倡议》(SAAVI)于2003年取得了重大进展,开发出首个备选疫苗,并于2003年下半年进入临床实验的第一阶段。南非核能研究所研发的"模块式球床高温气冷堆"是国际核能界公认的具有很好安全特性的先进核反应堆,被推荐为第四代核电站的备选堆型。在2005/2006财政年度,南部非洲最大的天文望远镜SALT于2005年11月在南非建成并投入使用,它有一个直径为11米的主球面镜,是南半球最大的单一光学望远镜。南非还启动了国家纳米技术战略,建造了南非第二颗微型低地观测卫星,制定了国家空间计划,以及设立了Meraka信息技术研究所。

## 六 对外科技合作

94年以前,南非与国际科学界的联系十分有限。1994年成立民主政府后,南非大力开展双边和多边的国际科技合作,积极寻求战略性合作伙伴,把国际科技合作视为国家创新体系中一个不可缺少的重要组成部分。

### (一)双边合作

1999年6月,南非科技部制定并颁布了"双边国际科技合作政策",明确规定了国际科技合作的目标和优先领域等。截至 2006 年,南非已同中、俄、美、英、法、印度等 35 个国家签订了政府间科技合作协定。中国科技部与南非科技部在 2003 年 3 月签订了科技合作协议,双方愿意在交通,信息,航天,农业,矿业,医疗等领域开展科技交流和合作。2006 年,南非与芬兰围绕发展创新体系达成合作协议,希望借鉴芬兰在过去 25 年中积累的独特的科技创新经验。

(二) 多边合作

近年来,南非不断加大对国际经济合作与发展组织(OECD)下属各个机构的参与,与国际基因工程和生物技术中心进行合作。同时,它作为非洲大陆科技和经济发展的火车头,也积极参与非洲国家之间的科技合作项目,并推动与其他不结盟国家和发展中国家的科技合作。

国际科技合作经费在南非的科技研发投入中所占比例在 1994 年时基本为零;而到 2003/2004 财政年度时已达到总投入的 10% 以上;2004/2005 财政年度,用于国际科技合作的经费约 2470 万兰特。

(三) 战略合作

欧盟于 1983 年推出了一个科技框架计划,作为对科学技术和创新的主要拨款机构。该计划支持科研领域的国际合作和科研人员的交流,目前已进行了六轮。南非是在第四轮时参与这一计划的。2005/2006 年度南非从该计划中得到 8000 万兰特的研发经费。迄今为止,南非的科研机构、大学、中小企业、非政府组织等,总共从该计划得到超过 5 亿兰特的研发经费。第六轮计划的重点是基因组学,生物技术,信息技术,纳米技术等。南非研究人员在生物技术和基因组学方面做了很好的工作。南非将继续积极参加于 2007 年开始的第七轮计划。

地球观测组是一个由 44 个国家和 26 个组织参加的国际合

作伙伴组织,旨在提供从宇宙、空中、陆地或海洋平台上得到重要的地球观测数据。这些数据可以应用在估测粮食收成、监视水和空气的质量、改善飞行安全、预报天气等方面。自从它于2003年成立以来,南非和中国、美国及欧盟共同担当该组织的主席。

### (四) 大型国际科技合作

南非十分重视"大科学"研究项目,致力于把南非打造成为吸引国际大科学计划前来选址或合作的国家,争取把尽可能多的国际科技设施建立在南非,以便与国际合作伙伴分担项目经费和分享科研成果。南部非洲大型天文望远镜项目(SALT)是南半球最大的可见光/红外天文望远镜,2000年9月1日在南非开普敦Sutherland天文台破土动工,已于2005年底竣工。它同北半球美国的豪贝-埃勃利(Hobby-Eberly)天文望远镜相似,物镜直径11米,用于观测研究行星和银河系。南非政府计划投资50%,其余50%靠国际合作筹集。现有美国、英国、德国、新西兰和波兰5国的8个机构参与合作,南非及国际参与者提供的资金达2530万美元。每一合作伙伴可根据其贡献分享相应的望远镜观测时间。南非还与美国合作在非洲大陆建立第一个卫星激光测距地面站(SLRS),设备费用由美国航空航天局(NASA)提供,南非政府负责该项目运营费用。该测距地面站建成后。与分布全球的其他40多个卫星激光测距站联网,可提供精确的卫星高度,以及海平面高度等测地数据。

《南非国家研究与开发战略》确定把生物技术作为关键性的技术平台而加以开发。开普敦大学的传染病及分子医学研究所已被选作国际基因工程和生物技术中心的第三个国际性实验室(其他两个实验室分别设在意大利和印度),南非科技部将在未来3年出资2200万兰特建造该实验室。

第六章 教育、科学、文艺、卫生、体育

## 第三节 文艺

**南**非是一个多种族的国家,种群多不胜数,官方语言有11种之多,"彩虹之国"象征南非多元文化的特点。南非历史上曾经长期遭受种族歧视和种族隔离的困扰,因此以反种族歧视和反种族隔离为题材的文艺作品特别多。南非政府重视文学艺术对打造"南非新民主"的作用,强调文艺的"社会凝聚力",提倡文艺"为全南非人民服务"的理念。南非文化艺术部是全南非文学、戏剧、电影、音乐、舞蹈、美术、博物馆等文化事业的政府管理机构,是2004年大选后从原科技部剥离出来新成立的一个政府部门。其宗旨是"继承和发展南非文化,确保社会凝聚力和国家建设,是南非多元文化遗产、语言和艺术的保护者"。

一 文学

**南**非文学丰富多彩,从20世纪30年代的阿非里卡诗人群到40年代的优秀小说,从黑人文学复兴到反种族隔离大潮,优秀文学作品层出不穷。

(一)阿非里卡语和英语文学

阿非里卡语和英语是南非社会主要的交流工具,也是文学创作的两大书写语言。60%的南非白人讲阿非里卡语。阿非里卡语是早期荷兰移民在非洲定居下来后逐渐脱离母语,到1750年前后形成了自己独立的语言体系。但是,阿非里卡语读物如报纸、杂志和书籍是在一个世纪以后的1875年才出现的。1899~1902年的英布战争之后,确立了阿非里卡语作为民族语言的地位。1925年,"阿非里卡语二次运动"在当时的开普省展开,此后正式确定阿非里卡语为南非官方语言。阿非里卡语至今仍保留古荷

兰语的一些形式。

"二次运动"中涌现出来的阿非里卡语诗人中较突出的有尤金·玛雷恩斯（Eugene Marains）和田园派诗人让·弗朗西斯·埃里耶·塞利耶（Jan Francois Ellias Celliers）。雅可博 D. 杜托伊（Jakob D. Du Toit）的挽歌写得最好。路易斯·雷伯德（Clouis Lerpoldt）是著名的战争题材诗人。现实主义小说家有约克姆·万·布鲁金（Jochem Van Bruggen）和雅万·莫勒（Janvan Melle）。浪漫主义小说家有 D. F. 马尔赫伯（D. F. Maherbe）和万丹·希沃尔（C. M. Van den Heever）。20 世纪 20 年代，宗教和人文关系问题抬头，希沃尔是当时最著名的诗人，他的反盲目继承主义推动了 20 世纪 30 年代"新诗歌"创作的潮流。

20 世纪 30 年代涌现出来的一批优秀诗人，是阿非里卡语文学史上值得庆贺的一件大事。W. E. G. 卢乌（W. E. G. Louw）是新一代诗人的突出代表，作品有《三十年代人》（*Dertigers*）和《富有的傻瓜》（*Die ryke dwaas*）等。他的抒情诗、十四行诗、现代芭蕾和民歌等作品，享有极高的声誉，被认为是具有里程碑意义的作品。他创作的独角戏《上帝的狗》（*The Hound of God*）在荷兰文学史上至今无人超越，而他的叙事诗《Raka》更是独占鳌头，无人比拟。

从牧场逐渐向城市化过渡的时期，也是阿非里卡语一个实质性的演进过程。20 世纪 50 年代后期，一批年轻的作家崭露头角，他们在短篇小说、散文诗、实验剧和诗歌创作方面都有不俗的表现。布兰登·布兰登巴赫（Breyton Breytonbach）是一位激进派诗人，他在 20 世纪 60 年代流亡海外，70 年代回南非后又被投入监狱，他的特殊经历让他创作出特殊的作品《白化病恐怖者的真实证词》（*True Confession of an Albino Terrorists*，1996），这是他多年牢狱生活的内心独白，书中体现出超现实主义观点和佛教禅宗的理念。这一时期涌现出来的文学家还有诗人英格丽特·约克（Ingrid Jonker）、小说家恩蒂安娜·勒沪（Etienne Leroux）和安德鲁·布里克（Andre Brink）。布里克是使用阿非里卡语和英语两种语言写作的作家，他的作品无论在英语文学界还是阿非里卡语文学界都占有一席位置，作品有《面向黑暗》(*Looking on Darkness*, 1973)，《一个白色的干燥季节》(*A Dry White Season*, 1982)，前者描写的是一个激进的黑人青年在狱中被折磨致死的事件，作品问世后反响极大。《恐怖行动》(*An Act of Terror*, 1991) 讲述一持不同政见者沦为"恐怖者"的过程。《反叛说》(*On the Contrary*, 1993) 是戏说南非的殖民统治历史。

南非的英语文学作品出现在 19 世纪末期，盛行于 20 世纪。许多白人作家虽具南非国籍，但他们的思维和行为都不像南非人，他们长期居住在国外，只在说英语的人群里活动，如奥利沃·普洛麦尔（Oliver Polmer）、南丁·戈迪默（Nadine Gordimer）；黑人英语作家有兰维斯·克西（Lewis Nkosi）、埃扎科伊·法赫莉莉（Ezekiel Mphahlele）。"找适合南非的语言和旋律很困难"，这是南非英语诗人中普遍的共识，一些人甚至认为自己是外国人。盖·巴特勒（Guy Butler）在其诗集《家乡思维》(*Home Thoughts*) 中着重表达了这种思想。F. C. 斯雷特（F. C. Slater）在自己的诗集《死亡母牛的悲恸》(*Lament for a Dead Cow*) 中也在追思着这方面的独特体验。

《一个非洲农场的故事》(*The Story of an African Farm*, 1883) 是南非文学史上具有奠基意义的第一部小说，作者是奥利沃·施雷纳（Olive Schreinder）。施雷纳出生在一个传教场所，曾做过开普地区一个封闭式农场的管理人。她在小说中描述的人物和故事情节有些是她亲身经历的。她通过书中的女主人公林丹提出男女平等的主张，并且反对殖民统治。她支持布尔人争取自由的反英战争。她在作品中生动地描述了南非农村的真实生活，

# 南非

被普遍认为是表达了"南非的真实声音"。[①] 历史上长期的种族歧视政策，激起了一个作家群反种族歧视的强大创作热情，其中的威廉姆·普洛麦尔（William Plomer）堪称反种族隔离文学之父。1925 年他发表了第一部反种族隔离小说《*Turbott Wolfe*》，小说的主线是将白人和黑人的血液融合起来（主张白人与黑人通婚），保证南非未来的自由，反对白人单独统治。

殖民统治时期从南非移民中产生的第一部小说是神话兼探险小说家莱德·翰哥德（Rider Haggard）的《索罗门王的金矿》（*King Solomon's Mines*, 1886）。该部小说发表后一度成为畅销书，近一个世纪后的 1980 年还被拍摄成电影。他的探险小说至今仍有一定的读者群。这一时期值得一提的另外一名作家是道格拉斯·布兰克本（Douglas Blackburn）。他是当时英国派驻南非的记者，恰逢英布战争爆发，他谴责了英国的殖民统治，同时揭露了布尔共和国的腐败。他有两部小说传世，一部是《*Prinsloo of Prinsloosdorp*》（1899），另一部是《一个唐吉珂德式的公民》（*A Burghur Quixot*, 1903）。他在作品中描述了布尔人的幽默性格和他们当时真实的社会处境。

南丁·戈迪默（Nadine Gordimer）是南非文学史上两位诺贝尔文学奖（1991 年）得主之一。她生于 1923 年，9 岁开始写作，15 岁开始发表作品，她的处女作《说谎的日子》（*Lying Days*）于 1953 年出版后获得国内外读者的普遍认可。但是，大家更加推崇的是她的短篇小说，如《撒旦的柔声细语》（*Soft Voice of the Serpent*, 1952）、《国家的六英尺》（*Six Feet of the Country*, 1956）、《星期五的脚印》（*Friday's Footprint*, 1960）、《不是为了发表》（*Not for Publication*, 1956）、《贵宾》（*A Guest of Honour*, 1971）和《灵石伴侣》（*Living-stone's Companion*,

---

[①] Thomas Thale, *South African Literature*.

1971)。1976年,她的短篇小说集问世。

另外还有珀林·史密斯(Pauline Smith),他的作品《小草原》(*The Little Karoo*)描写的是开普地区农村阿非里卡人的生活境况。阿兰·帕顿(Alan Paton)的《哭吧,敬爱的祖国》(*Cry, the Beloved Country*)流传甚广,他的《德比的故事》(*The Story in Debbie*)和《回家》(*Go Home*),让他享有很高的国际声誉。

被称为受限制的畸形幽默作家丹·雅可伯森(Dan Jacobson)的传世之作有《创始人》(*Beginners*, 1966)、《我的邻居乞丐》(*Begger My Neighbor*, 1964)、《塔马的洗劫》(*Rape of Tamar*),这些作品都是以《圣经》故事为题材而创作的。

现时代出现的诗人有:道格拉斯·莱温斯顿(Douglas Livingstone)、西尼·克劳茨(Sidney Clouts)、露丝·米勒(Ruth Miller)、莱尼尔·阿布拉汗姆斯(Lional Avrahams)、斯蒂文·格雷(Stephen Gray)。莱温斯顿对生命有深刻的理解,阿布拉汗姆斯擅长深层次的思考,而格雷则善于讽刺时弊和写批判性小说。

J. M. 乔伊奇(JM Coetzee)是南非文学史上另一位获得诺贝尔文学奖(2003年)的作家。[1] 他于1940年2月9日出生在开普敦,母亲是教师,父亲曾做过见习律师。他于1968年获英语、日耳曼语语言学博士学位,曾在纽约州立大学任助理教授,后在开普敦大学任教。他于1969年开始写作,他的《迈克尔的生活时代》(*Life and Times of Michael K*, 1983)和《耻辱》(*Disgrace*, 1999)让他两度获得英国的布克尔文学奖(Booker Prize in Britain)。前者讲述一位"有色人"青年在内战时期历经千辛万苦生存下来的感人故事;后者讲述种族隔离制度解除后的南非现状,即旧的创伤尚未医好又添上新的伤疤。在《等待野

---

[1] Thomas Thale, *South African Literature*, p. 10.

蛮人》（*Waiting for the Barbarians*，1980）中，乔伊奇似乎想回答当时南非的社会问题，故事讲的是一位官员在一个不知名的王国边界村落遭到一群野蛮人的威胁。乔伊奇也是一位杰出的文学理论家，《*Doubling the Point*》（1992）是他文学理论方面的专著。《少年时代》（*Boyhood*，1998）是他有关南非成长的论文集。他的近作有《动物的生活》（*Lives of Animals*，2001），散文集《陌生的海岸（1986～1999）》（*Stranger Shores*，2001），还有两部小说《青春》（*Youth*，2002）和《慢人》（*Slow Man*，2005）。

（二）黑人文学①

彼得·阿卜拉赫曼（Peter Aburaham）是一位"有色人"多产作家，作品有：《矿山小子》（*Mine Boy*），描写乡下人进城后的种种尴尬，其主体表现南非文学史上所谓"吉米进约翰内斯堡"现象；《危险道路》（*Path of Thurder*，1948），描述的是不同种族青年男女之间的爱情故事；《回归戈里》（*Return to Goli*，1953）描写了作者结束流亡回到约翰内斯堡后的生活；还有他的自传体小说《说自由：非洲的记忆》（*Tell Freedom：Memories of Africa*，1954）。他用"有色人"群体使用的英语方言写作的作品有《阿莱克斯·拉古玛》（*Alex La Guma*）。其他主要作品有短篇小说集《夜间行走》（*A Walk in the Night*，1962）和《三倍带》（*And a Threefold Cord*，1964）。后者塑造了一位在白人富翁家中打工的黑人妇女的愿望。他的作品还有《石头国》（*The Stone Country*，1965）、《季节雾》（*In the Fog of a Season's End*，1972）等。种族隔离时期，南非人是看不到他的作品的，直到1990年解禁后，他的作品才被允许在南非出版发行。

索罗门·坦吉索·普拉杰（Solomon Thekiso Plaatje）被认为是黑人文学之父。他曾经是非洲人国民大会前身南非人国民大会

---

① 这里指南非的"非白种人"，包括"有色人"、非洲人和印度人的文学作品。

的秘书长。① 他的作品《Mhudi》(1930) 描述了茨瓦纳人与祖鲁人发生部落冲突,致使祖鲁人向内地迁徙的史实。他的《南非土著人的生活》(Native Life in South Africa, 1916) 据说是南非研究土地掠夺的证据性文献。他还将莎士比亚戏剧译成茨瓦纳语,介绍给自己的族人。托马斯·莫弗洛(Thomas Mofolo)的作品《祖鲁王》(Shaka),一改欧洲文学作品中描述的非洲部落首领思维简单、粗暴残忍的形象,将祖鲁王描绘成一个爱憎分明、坚强刚毅、性格复杂的民族英雄。

20世纪50年代,以《鼓》杂志为标志出现了一批作家群,在南非文学史上被称作《鼓》时代。他们鼓吹男权,被公认为代表非洲黑人的声音。他们中有鲁伊斯·恩克西(Lewis Nkosi),此人是评论集《家乡和流放》(Home and Exile, 1965) 的作者。埃扎科伊·法赫莉莉(Ezekiel Mphahlele)的自传性作品《走下第二大街》(Down Second Avenue, 1959) 已成为南非的经典文学作品。奇廉·贝克(Jillian Becker) 有《坚持》(The Keep, 1967)、《同盟》(Union, 1971) 问世。H. C. 博斯曼(H. C. Bosman) 是这类作者群中鲜有的幽默喜剧作家之一,也是南非人比较喜爱的一位作家,主要作品有《铁石坚牢》(Gold Stone Jug, 1949),主要讲述他的狱中生活;还有《血节》(The Blood Knot, 1965) 和《住在那里的人们》(People Are Living There, 1970)。2001年,南非文艺界为纪念他逝世50周年,举行了纪念活动,还再版了他的著作。

《鼓》时代较有名的作家还有 H. 德罗默(Hie Dhlomo),作品有《千仞山谷》(The Valley of a Thousand Hills),他主张用传统的方法解决现代问题。B. W. 维拉卡西(B. W. Vilakazi),祖鲁族诗人,是用本民族语言进行文学创作的第一人。

---

① Thomas Thale, *South African Literature*.

## 南非

贝塞耶·赫德（Bessie Head）是女性黑人作家，其作品多反映普通黑人女性的生活。她的自传体小说《财富的积累》(*The Collection of Treasures*, 1977) 塑造的就是一位出身贫寒、意志坚强的女性形象。她的作品还有《权力问题》(*A Question of Power*, 1973) 等。威尔伯·斯密施（Wilbur Smith）是一位流行文学作家，他的著作畅销国内外。《喂狮子》(*Lion Feed*, 1964) 和《雷声》(*The Sound of Thunder*, 1966) 是南非淘金时代的文学产物。其作品涉及从以色列国到意大利占领时期的埃塞俄比亚，从航海时期的海盗到古埃及的法老时代，内容大多涉及色情和凶杀。

黑人文学在动荡的20世纪70年代取得了长足的进步。M. 赛洛特（Mongaue Serote）、希泊·赛帕姆拉（Sipho Sepamla）和 O. J. M. 姆茨莎里（Oswald Joseph Mbuyiseni Mtshali）是南非文学史上索韦托诗人群中的优秀代表。[①] 赛洛特是非国大领导人之一，他的作品有长诗《花儿般的母亲》(*Behold Mama, Flowers*, 1978)，《希望跟随着我》(*Come and Hope with Me*, 1994) 曾获南非诺玛奖（Noma Award for Publications）。小说《血缘》(*To Every Birth Its Blood*) 记叙了20世纪70年代的政治事件。《我们时代的众神》(*Gods of Our Times*, 1999) 记录了与种族隔离政策斗争的军民运动。姆茨莎里的诗作《牛皮鼓声》(*The Sound of Cowhide Drum*, 1971) 在为黑人弟兄们呐喊。赛帕姆拉的成名作是《我所爱的索韦托》(*The Soweto I Love*, 1977)，小说有《叱咤风云》(*A Ride on the Whirlwind*, 1981)，1984年还出版了诗集。

20世纪80年代，是种族隔离政策面临挑战的时期。恩加布罗·恩德比勒（Njabule Ndebele）是教会里为罪犯作忏悔的

---

① Thomas Thale, *South African Literature*, p. 9.

牧师。他的获奖小说集《傻瓜和其他人的故事》（*Fools and Other Stories*，1983），主张用人性的力量战胜政治上的敌意，生动入微地描写了城市人的生活节奏和用自己的聪明智慧化解争端的故事。这部作品后来被拍成电影在南非上映，赢得了很高的上座率。

（三）种族隔离制度结束后的文学

随着种族隔离政策的终结，南非产生了新的民主政府。种族隔离制度取消了，但种族隔离的影响远未结束。南非社会"旧伤未愈，又添新伤"。这个时期的作家有诗人兼剧作家塞克斯·穆达（Zakes Mda）。他于1995年开始发表作品《她戏弄黑暗》（*She Play with Darkers*）、《死亡方式》（*Ways of Dying*）曾获M-Net图书奖（M-Net Book Prize）；他的《红心》（*The Heart of Redness*，2001）以人类忏悔为主题，获得英联邦奖。伊万·沃拉迪斯拉维奇（Ivan Vladilavic）系后现代主义作家，有两本故事集和两部小说问世。它们分别是：《失踪的人》（*Missing Persons*，1990）和《纪念碑的宣传》（*Propaganda by Monuments*，2000）；《荒唐事》（*The Folly*，1993）和《不安的超级市场》（*The Restless Supermarket*，2001）。兰斯格·拉姆布鲁根（Lesego Rampolokeng）是南非文学界敢于向权威挑战并发出不和谐声音的作家，已经出版了两部诗集：《低谷号角》（*Horns for Hondo*，1991）和《终结于开端》（*End Beginnings*，1993）。K. 索罗·德雷克（K. Sello Duiker）是近年来崭露头角的年轻作家，作品有《十三分硬币》（*Thirteen Cents*，2000）、《梦的无声暴力》（*The Quiet Violence of Dreams*，2001），颇获好评。马克·比尔（Mark Behr）的《苹果味》（*The Smell of Apples*，1977）用阿非里卡语讲述了满脑子种族隔离思想的白人的故事；《拥抱》（*Embrace*）讲述了青年同性恋者的故事。以反种族隔离为题材的作品还有佐伊·维克姆（Zoe Wicomb）的《戴维的故事》

(*David's Story*, 2001), 获得 M-Net 图书奖。另外还有迈克·尼科尔（Mike Nicol）的《权势》(*The Power That be*, 1989) 和《朱鹭织锦》(*Ibis Tapestry*, 1998)。

近年来，南非文艺部越来越重视多民族语言的文学作品，鼓励使用各种民族语言从事创作活动，并从制度上建立了对优秀文学作品的奖励制度。

南非口头文学源远流长，主要根植于各部落种群中，他们世代相传，既有历史的记忆，也有经验的传承。[①]

2000年9月，南非大学（比勒陀利亚）设立了"非洲语言文学馆"。 另外，在格雷姆斯敦有一个英语文学馆，在布隆方丹有一个阿非里卡语博物馆。

二　戏剧、电影

南非的戏剧舞台花样繁多，土洋杂陈，有本土的音乐舞蹈、滑稽剧、讽刺剧，也有伦敦西区和百老汇的古典音乐和现代歌剧。

在南非早期的戏剧舞台上曾经上演过20世纪60年代的音乐剧《金刚》（King Kong），但是，真正由南非人创作的戏剧作品则开始于70年代中期。这一时期，南非的劳资矛盾激化，再加上1976年的学生暴动，播下了社会变革的种子。当时的种族压迫非常严重，甚至禁止人们在街头和公共场所举行抗议活动。在这种情况下，戏剧舞台成为传递抗议声音的重要手段。当时，各个社会团体、大学、工会和黑人觉醒运动等组织纷纷组建剧院，以便表达自己的声音。1972年成立的"音乐剧文学艺术研究会"和"凤凰剧社"，其宗旨就是振兴舞台剧的"自决、自立、自助"能力。德班的萨赫戏剧学校直到80

---

[①] *South Africa Yearbook 2003/2004*, p. 120.

## 第六章 教育、科学、文艺、卫生、体育

年代还在上演舞台剧,东伦敦1970年成立了伊密塔(Imitha)剧社,1974年在格雷姆斯敦出现了茵韦兹(Inkhwzi)剧社。

1972年,威尔卡姆·姆桑密(Welcome Msonmi)、伊丽莎白·司南登(Elizabeth Sneddon)和彼德·西门(Peter Simon)合作完成了《歌剧女伶》(*Umabatyha*)、《祖鲁版的麦克白》(*Macbeth*),并在南非和伦敦同时上演。凤凰剧社的编剧博尼·西门(Banney Simon)执导完成了非洲爵士音乐剧《Phiri》,这部音乐剧奠定了城市剧的基础。

大多数城市剧社的戏剧都用英语出演,但也夹带一些非洲语言,以引起黑人观众的兴趣。这样的语言对长期处于种族隔离状态的白人来说,无疑如同外语一样。

有了剧本、导演和演员,还需要有场地。种族隔离时期的政府主管——表演艺术委员会(Performing Arts Council)是不可能提供舞台的,因为它不愿意改变当时的政治现状。经过艰苦努力,新型的不分种族的剧场在金伯利大学出现了,还有开普敦的"空间剧院"(Space Theatre)、德班的"安定剧院"(Stable Theatre)。最具影响力的是1976年在约翰内斯堡成立的"市场剧院"(Market Theatre)。市场剧院是由天才导演兼编剧博尼·西门(Barny Simom)和著名导演马尼耶·马尼姆(Mannie Manim)联手成立的,这是约翰内斯堡第一家不分种族的剧场。这里各种族人民不论肤色和信仰均可自由出入,这在种族隔离时期是难能可贵的。更重要的是,他们鼓励本土的编剧、演员在市场剧院演出本土的剧作,这为他们赢得了很高的国际声誉,剧场运作也取得了巨大成功。市场剧院抵制种族隔离的效应,也扩散到文化、体育和学术方面,通过舞台和音乐的形式在80年代流传到海外。还有1977年在开普敦大学校园里出现的"Baxter剧院",也是当时比较有名的不分种族的演艺场所。

南非电影业比较发达,主要集中在开普敦和约翰内斯堡,

2005/2006年度电影业产值为5.18亿兰特[①],从业人员具备较扎实的专业基础。南非最大的三家电影公司[②]与全世界1000多家注册电影生产商有合作关系。

电影及影像出版委员会(FPB)是全南非影视业的政府管理机构。该委员会成员由公众推选产生,推选出来的委员们在种族、性别和宗教信仰方面具有广泛的代表性,并富有经验。他们改变了以前的审查做法,制定了划分儿童适宜等级制度,以此来有效地保护儿童免受色情和暴力出版物的侵害。

影像出版物含以下内容者属违禁之列:18岁以下或疑似18岁以下未成年人性行为;人兽性交;明显的暴力行为;挑起种族仇恨的影像资料;与性活动有关的明显暴力行为。

根据1997年通过的《国家电影及影像法案》,成立了国家电影及影像制品基金会(NFVF)。该组织在发展南非电影业的同时,注重发展影视业,并逐步改善历史遗留的影视基础设施不平衡状态。

### 三 音乐、舞蹈

南非音乐是不同音乐流派的混合载体。

南非孕育和发展了从南非爵士乐到现代演奏乐等一大批有特色的音乐风格,为非洲音乐作出了贡献。

克威托(Kwaito)是一种流行音乐,它将打击乐(rap)、强节奏的黑人音乐(reggae)和街舞(hip-hop)混合起来,形成一种新的音乐风格。比较出名的流行音乐家有亚瑟·马冯凯特、邦古·穆法恩(Bongo Muffin)、T.克奇(T Kzee)、曼多札

---

[①] *South Africa Yearbook* 2005/2006, p. 24.
[②] 三家电影公司为:Ster-kineker, United International Pictures, Nu-Metro。

（Mandoza）和穆督（Mdu）。

"开普敦国际音乐节"自 2001 年 3 月首次举办以来，巩固了南非在国际爵士乐领域的地位。2003 年开始的"南非音乐周"，主要为普及学校音乐教育而设立。

黑人音乐家索罗门·林达（Solomon Linda），祖鲁族人，1939 年因演奏《你是狮子》而出名。这首乐曲后来被迪斯尼公司采用，成为经典电影《狮子王》的主旋律。据说这个曲子共赢得 1500 万美元，而林达本人只得到 10 个先令的报酬。这位天才音乐家 1962 年与世长辞，临终时银行只有 100 兰特存款。他的女儿为争取版权打了 6 年的官司，最终从版权持有者手里获得一笔数目不详的赔款。

舞蹈：南非的舞蹈团体、舞蹈家和舞蹈设计家遍及世界各地。美国、澳大利亚和欧洲各国都能看到南非舞蹈家的身影。

从传统的行为艺术动作到非常规的舞蹈设计应有尽有，这或许是源于非洲人善舞的经验。约翰内斯堡的市场剧院，是各类舞蹈动作的永久性展示平台。南非威特沃特斯兰德大学的"维兹剧场"（Wits Theatre）是第一国民银行（FNB）舞蹈伞项目的发源地。2005 年，舞蹈伞项目设有 19 个舞蹈项目，几乎涵盖了南非舞蹈设计动作的全部形式。开普敦城市芭蕾舞团成立于 1934 年，是南非最古老的芭蕾舞组织。

四　美术

南非有许多艺术画廊，如德班的"德班艺术画廊"，约翰内斯堡的"约堡艺术画廊"，开普敦的"国家美术馆"，东开普省伊丽莎白港的"乔治六世画廊"等。除此以外，各大学也设立了自己的艺术画廊，而且很有特色，如斯泰伦博什大学美术馆收藏有中世纪的美术作品和文艺复兴时期的木雕，还收藏有德国印象派画家的精美作品。

## 南非

南非自然风光优美，动植物资源丰富，再加上众多的历史遗迹，有人将南非称作"摄影家的天堂"。南非每年都有国际性的摄影展或摄影比赛。世界顶尖的野生动物摄影家把南非作为他们最佳的拍摄场地。

戴维·戈尔布兰特（David Goldblatt）是南非著名摄影家，他的作品曾在欧洲、美国、澳大利亚等地展出。巴黎国家美术馆、伦敦维多利亚博物馆与阿尔波特博物馆、纽约现代艺术馆、巴塞罗那现代艺术馆都收藏有他的作品。南非国家美术馆也有不少他的摄影藏品。

南非的各类艺术节很多，主要的有：东开普省的格雷姆斯敦艺术节，每年6月举行，是南非文化品类最多、规模最大的艺术节；阿非里卡语艺术节（Klein Karoo Nasionale Kun Stefees），出演包括滑稽剧、现代和古典音乐等；还有约翰内斯堡国际流行艺术节（Arts Alive International Festival）。

此外，还有一些有特色的艺术节，如约翰内斯堡的"遗产恢复节"（Vrededorp），是由社区组织的艺术活动；南非"旅游文化节"（Macufe）；阿非里卡人艺术节（Aardklop），属荷兰人的传统节日，也是当地艺术家展示才华的舞台，经常上演他们新创作的节目；国际爵士乐文化节（Calabush）；非洲音乐节（德班）；西开普省西皮尔仲夏节（Spier Summer Festival）；约翰内斯堡的温迪布郎戏剧节（Windybrow Theatre Festival）。

### 五　博物馆、纪念馆

南非博物馆数量之多令人惊叹，全非洲约有1000个博物馆，南非占了300多个。[1] 2005年6月，南非德班市举办了世界遗产大会，180多个国家的代表与会。这次会上，

---

[1] *South Africa Yearbook 2005/2006.*

南非和其他非洲国家共同起草并制定了《非洲遗产保护十年计划》。

博物馆是一个国家展示自然和文化遗产的窗口。根据1998《文化机构法》，南非以开普敦和豪廷省为中心形成了南北两个博物馆群。南方博物馆群以开普敦的南非博物馆为主，包括：非洲文化历史博物馆、南非国家美术馆、一些个人收藏馆。北方博物馆群包括：国家文化历史博物馆、卫星博物馆、陨星坑博物馆、农业博物馆、拓荒者博物馆、自然历史博物馆（比勒陀利亚）、军事历史博物馆（约翰内斯堡）等。

除此以外，南非比较有名的博物馆还有布隆方丹战争博物馆、金伯利艺术馆和罗本岛世界文化遗址。

南非自然和文化遗产收藏最丰富的博物馆中，除上面提到的以外，还有伊兹科（iziko）博物馆、纳塔尔博物馆、布隆方丹国家博物馆（化石）、东伦敦博物馆（鱼化石）、南非鱼类研究所（在格雷姆斯敦）、伊丽莎白港博物馆和德班自然历史博物馆等。

在豪廷省和西北省的斯托克方丹山洞（Sterkfontein, Swartkrans, Dromdraai）地区约4700英亩的地区，被南非人称为是"人类的摇篮"。这里至今已经发现了950多块灵长类动物化石标本，这是世界上灵长类化石埋藏最丰富的地带，在这里找到了300万~500万年前人类进化的证据——南部非洲灵长类动物（猿人）的化石。在距今25亿年前沉积的白云岩床上，发现了人类早期祖先及其邻居古代灵长类动物的遗迹和植物遗迹。

比勒陀利亚的德兰士瓦博物馆（Transvaal Museum），收藏有250万年前灵长类动物头盖骨化石，它揭示了生命的起源和从单细胞生命形成到哺乳动物及初始人类的进化过程。这里还收藏有早期人类化石标本。

# 南非

南非的许多岩洞中，保存有石器时代的绘画遗迹。岩石壁画主要表现狩猎者的形象以及人与动物的关系，当地土著人的枪、矛、公牛和扁尾羊，欧洲定居者在马上的形状、枪炮、军舰和士兵。在北方省库茹曼（Kuruman）地区的万德尔沃克（Wonderwork）岩洞中，发现了距今1万年前的石浮雕艺术品。在坎果大峡谷（Cango Valley）布姆普拉斯（Boomplass）岩洞中，发现了距今6400年前的古代石画。这些不朽的艺术品——刻在石头上的复杂符号，反映了非洲先民从大自然那里获取的超自然的能力。

金伯利德比尔斯（De Beers）博物馆，有人类用铁锹挖出的世界上最大的人工坑洞，人们曾经在这里寻找钻石。游者歇息地（Pilgrims' Rest）金矿博物馆（在姆普马兰加省）保留了黄金无价时期完整的房舍和早期掘金人的工棚和作业面。西开普省的克雷恩普拉西（Kleinplasie）农业博物馆，主要展示葡萄酒文化和葡萄种植园的情况。约翰内斯堡种族隔离博物馆，主要介绍20世纪70年代和80年代种族隔离的情况，并有影视资料供参阅。

目前，南非共有7处地方被联合国教科文组织列为"世界自然遗址"或"世界文化遗址"。列入"世界自然遗址"的有：圣卢西亚湿地（St. Lucia Wetland）、开普花卉区（the Cape Floral Region）、沃兰德佛天穹流星撞击遗址（Vredefort Dome Meter Impact Site）；列入"世界文化遗址"的有：玛帕谷贝考古遗址（Archaeological Site of Mapungubwe），这是一座1200~1650年古城遗址，据悉是印度和中国宋代商人进行黄金和象牙交易的场所；罗本岛。德拉肯斯堡山脉（Drakensberg Mountain Range），因其优美的风景和奇特的岩石艺术，2005年6月被联合国教科文组织并列为"世界自然遗址"和"世界文化遗址"。

第六章　教育、科学、文艺、卫生、体育

南非还有许多部落文化村，如：自由邦的巴苏托（Basotho）文化村、纳塔尔省的沙卡兰（Shakaland）祖鲁文化村、姆普马兰加地区的露天博物馆和尚加拉（Shangala）文化村、豪廷省的莱希迪（Lesedi）文化村、伊丽莎白港附近的卡亚兰达巴（Khaya Lendaba）文化村等。

## 第四节　医疗卫生

一　医疗卫生体制概况

与其他非洲国家相比，南非的医疗卫生状况比较好：大城市的私营医院设备齐全；各省市设有省级公立医院。公立医院治疗费不高，但病人较多，等候时间长；私营医院条件好，服务好，但收费较高。

新南非政府成立后，对发展公共医疗卫生事业十分重视，但在目前，私营医疗部门的比例仍高于公共医疗部门。根据南非卫生部统计，目前享有医疗保险的人数虽然只占人口的20%，但其医疗费用方面的支出却占了全国总量的60%。目前，南非私营医院拥有全国60%的医生、70%的药剂师、89%的牙医、77%的专业医生和62%的实习医生。截至2003年，南非约有386个省级公共医院，约350家私营医院。[①]

艾滋病是目前南非面临的严重社会问题之一。南非成人中的艾滋病毒（HIV）携带者和艾滋病患者1999年有420万人，2001年达470万人，现在估计超过500万人，居全球之首。[②] 因

---

① 南非卫生部网站（http://www.doh.gov.za/docs/index.html）。
② Pat Sidley, "1 in 4 pregnant women in South Africa has HIV", 载自《英国医学杂志》（中文版）2001年第4期；http://www.un.org/chinese/events/HIV/1.htm；http://news.sohu.com/20060515/n243229446.shtml。

此,南非政府特别重视解决艾滋病问题。南非气候宜人,除疟疾外,无其他非洲国家常见的流行疾病。

南非目前医疗费用的支出约占其GDP的8.5%,介于中等收入国家和高等收入国家水平之间,其中主要支出面向白人。[①]2005/2006财政年度的医疗卫生支出预算是98.25亿兰特,比上一财政年度增加11.4%,在2007/2008财政年度增加到111.84亿兰特。

二 医疗卫生立法和政策

1. 医疗卫生立法

《国家卫生法》(2003年)为南非医疗卫生系统提供整体法律框架,明确了医疗提供者和使用者的权利和义务,确保从最基层的医疗单元到全国一级机构均能广泛参与医疗保健事业。该法案还确立了省级医疗服务体系,规定了省级医疗机构的一般职能。

《传统医术行医者法》(2004年)于2005年初颁布施行,并将建立该行业专门协会来监督该法的实施。

《护理法》规定了护理制度在社区层面的运行,规定了为满足公众需求如何使护士在各个社区进行公平分配;还规定了护理教育纪录可登记备案,从而使护士有了得到社会承认的资质记录,便利了将来的进一步深造与发展,免去了以往不得不进行的耗时费力的重复性培训。

《精神卫生法》(2002年)是根据宪法保障公民享有精神卫生权利规定而制定的法律,旨在为发展精神卫生保健服务,并根据情况而设计调整;对有精神疾病的患者给予基本权利,禁止对其有任何形式的剥削、虐待和不公正的歧视;还规定对

---

① *South Africa Yearbook 2005/2006*, Health.

于精神疾病的医疗要分配足够的资源,在社会各层面都要有相应的投入和领导,使患者能够积极接受治疗和融入社会。为达到上述目标,还规定在各省建立监审协会,以保证精神卫生服务的质量。

2. 医疗卫生政策

全国卫生系统着眼于通过预防和提倡健康的生活方式来提高公众的健康水平,努力争取使医疗更加公正、有效、高质和可持续,扩大民众享有医疗的范围,从而不断地提高国家医疗卫生的质量。

2004~2009年,全国卫生系统的战略优先任务是:

——提高全国医疗卫生系统的管理水平;

——促进健康的生活方式;

——提高医护质量,使人民享受应有的尊严;

——提高对传染性和非传染性疾病的预防治疗水平;

——加强"基本医疗"、急诊服务和医院服务水平;

——加强医疗后勤保障;

——加强对医疗人力资源的计划、开发和管理;

——做好医疗卫生的计划、预算、监督和评估环节;

——起草和实施有关医疗卫生的立法;

——加强医疗卫生的国际交流。

三 医疗卫生管理部门

1. 政府卫生部门及其职能

南非卫生部通过以人为本、高效运转的全国医疗卫生体系,促进南非国民的健康,这一体系是建立在"基本医疗"(Primary healthcare, PHC)之上的。[1]

---

[1] *South Africa Yearbook 2005/2006*, Health.

（1）中央政府卫生部门主要负责如下职能：

——制定医疗卫生政策和相关立法，制定医疗的规范与标准；

——确保医疗卫生资源的合理使用；

——协调信息共享，监督全国医疗卫生目标的实现；

——调节公营和私营医疗机构间的关系；

——确保公众能够得到低成本、有效能的医疗商品；

——与国际卫生机构和其他国家卫生部门进行联络。

（2）省级卫生部门主要负责如下职能：

——提供医疗卫生服务；

——制定与实施省级医疗卫生政策、标准和立法；

——计划和管理省级医疗卫生信息系统；

——对医疗卫生服务进行研究评估，以确保其效能和质量；

——控制医疗卫生服务及其设施的质量；

——审查发放私人医疗机构的营业申请和执照，检查其设施；

——协调下级地区医疗部门的资金支持与管理；

——对社区一级医疗卫生事务的有效咨询；

——确保下级医疗卫生机构职能的有效发挥。[1]

2. 药品行政管理

卫生部建立了指导处，研究并确定药品的经济性能比，提高对药品定价的指导能力；加强对药品生产商的注册与认证工作，使制药行业生产的抗艾滋病类药物能让更多的人消费得起。调查显示，基本药品计划得到了广泛实施。

3. 国家卫生实验室服务系统（NHLS）

该系统由 250 个公立和私营实验室组成，包括著名的"国家病毒研究所"（NIV）和"国家职业病中心"（NCHO），其活

---

[1] *South Africa Yearbook 2005/2006*，Health.

动主要是提供诊断实验服务、研究、教学、培训，生产抗蛇毒血清和各种试剂，面向从公立到私营的各类医疗机构和个人。

**4. 法定机构和行业协会**

医疗卫生服务行业的一些法定机构包括：南非卫生行业协会（HPCSA）、南非牙科从业人员协会（SADTC）、南非护理协会（SANC）、南非药品协会（SAPC）和南非其他医术行业协会（AHPCSA）等。医疗规划协会（Council for Medical Schemes）对私营卫生机构进行监管；药品控制协会（Medical Control Council）负责确保药品的安全、质量和有效性。[①]

## 四　医疗保健种类

### 1. 基本医疗（PHC）

南非政府1994年确立了让民众普遍享有基本医疗的政策。这是南非社会医疗保障的基石，对南非的人口发展状况产生了巨大影响。

依据新的大城市和地区中心城市区划的框架，南非建立了53个卫生大区。同时，伴随着医疗设施和服务范围的扩大以及基本医疗免费的政策，人年均使用基本医疗的次数已从1992年约1.8次上升到2001年的2.3次，到2003年一些省份达到了3.5次。由基本医疗工作者提供的服务包括：免疫、传染病防治、母婴护理、婴幼儿疾病综合管理、保健宣传、青年健康咨询、慢性病及老年病护理、康复、事故急诊、计划生育和口腔健康服务。

到基本医疗服务诊所就医的病人由专门护士甚至医生治疗，患有较复杂病症的由高一级的医院治疗。医疗援助的受益者不享受免费服务。

---

① http：//www.doh.gov.za/links/index.html；*South Africa Yearbook 2005/2006*，Health.

国家药品政策在很大程度上是为了保证向所有南非公民提供安全有效、质量过关的基本药品。

2. 社区保健

2004年2月,政府发动"社区卫生工作者计划",从而建立起全国社区卫生工作者队伍,估计其人数在4万人左右。社区卫生工作者是着眼于"与贫困与疾病作斗争"这一由总统倡议行动的基本力量,它将大规模扩展,为总体性延伸公共医疗卫生服务作出重要贡献,将有效地整合卫生工作与其他社会服务。

3. 远程医疗

南非政府已将远程医疗作为促进公平的医疗保健和教育的重要渠道之一,以改变边远地区缺医少药的局面。当今南非已建起多个远程医疗点。

1998年,卫生部制定了全国远程医疗项目规划。1999年9月,卫生部和医疗研究协会(MRC)共同建立了"国家远程医疗研究中心",其任务是:评估全国范围内由远程医疗项目提供的服务,以确保其达到应有水准;使用远程就诊研究测试床,检测新的远程医疗技术的临床应用和成本效益比;为实施远程医疗提供相应的培训、教学材料和专业设施等;对远程医疗的相关规范、标准和法律问题进行研究。

4. 全国性学校卫生政策

全国性学校卫生政策,旨在确保所有的儿童不论种族、肤色和来自何方都能平等地得到学校卫生服务。这与联合国《儿童权利公约》的内容是一致的,肯定了国家向有关各方,尤其是父母和儿童,提供有关儿童健康、营养、个人与环境卫生和预防事故的信息及知识的义务。

卫生部官员访问各省,督促其将学校卫生计划与培训负责基本医疗的护士培训结合起来。

相关的培训内容包括:给儿童提供卫生教育,传授生活技能；帮助小学一年级、学前班的学生及青春期的学生以适应可能经历的心理变化；尽早发现儿童的残疾，找出那些错过了免疫接种的孩子。

5. 社会医疗保险

南非实行覆盖广泛的医疗保险制度，即使是属于弱势群体的黑人患病都可及时得到治疗，不需要支付医疗费。医疗保险由保险公司负责，个人自愿投保，根据保费金额不同，指定到公立或私营医院享受不同的医疗服务。在保期内，患者看病、住院等费用由医院与保险公司直接结算。

社会医疗保险主要面向那些有就业者的家庭，特点是：与风险紧密相关的交叉补贴；与收入相关的交叉补贴；强制性投保。

## 五 医疗卫生人力资源

### 1. 有关医疗卫生人力资源的政策

《国家卫生法》要求各个卫生协会在全国医疗卫生系统内制定人力资源的开发、分配及有效利用的方针政策，调动相关部门和人员的积极性。卫生部于2005年8月提交了人力资源开发框架草案，随后得到了内阁批准，其中的一些具体措施有：

——从双边和多边一起入手，促进和管理医务工作者的跨国流动；

——将人力资源开发计划与建立和激活医疗卫生设施相结合；

——提高医务工作的总体工作条件；

——提高农村地区医务工作者的工作补助和特殊技术津贴。

医务工作者是实现卫生部工作目标的关键组成力量。当前，吸引他们去农村地区工作仍有一定难度。卫生部向他们提供农村地区补助和稀缺岗位津贴，目前已有一些年轻的医务人员在完成社区医疗服务任务后，前往农村地区工作。

南非卫生部与英国等国就医务工作者的跨国流动保持密切沟通，并同伊朗政府签署了《引进专业医生的协议》。南非政府为推进实现高质量医疗的目标，正在培养一批新的中级医务后备人才。他们将大大减轻现有医生和药剂师的压力，提高总体医疗水平。

2. 医生

截至 2005 年 8 月，包括公立和私营医疗机构及个体行医者在内，南非共有注册医生 32617 名，其中以私营部门的医生占大多数。根据行医职业标准，所有医生不论其早期行医记录，必须具备相应的条件才能注册。这些条件包括参加学术研讨会与国际专业会议，更新知识，参加本科室的例会和成为医学杂志会员，否则会被吊销其行医资格。

对从医学院校毕业不久的实习医生，必须先去公立医院为社区提供医疗服务，经过一段时间后才被允许行医。

前来南非申请行医的外国医务工作者，要经"国家卫生与牙医检查协会"审查合格，并经过考试才能取得行医资格。

表 6-1　2002~2005 年注册牙医、实习医生和医生人数

|  | 2002 年 | 2005 年 8 月 |
| --- | --- | --- |
| 牙医（Dentists） | 4560 | 4773 |
| 实习医生（Medical interns） | 2306 | 2535 |
| 医生（Medical practitioners） | 30271 | 32617 |

资料来源：南非卫生行业协会（Health Professions Council of South Africa）提供的数据。

3. 药剂师

自 2000 年 11 月 20 日起，南非所有药剂师有义务在公立医疗部门进行为期一年的社区服务，未能尽到这一义务者，不允许作为药剂师独立行医。

2000年制定并于2003年生效的《药业修订法》规定，非药剂师也可以开设药店，旨在扩大药品的分配与销售渠道，使公众更容易得到消费得起的药品，以保护消费者的利益。

截至2005年5月，经"南非药品协会"注册的药剂师为11167名，其中8310名在私营部门，2277名在公立部门。

4. 护士

南非护士协会（SANC）确立了护士教育和培训的最低标准，给予那些满足这些标准的学校以相应的认可，只有经过这些学校接受教育和培训的护士才被允许职业注册。护士在整个医疗人员中的比例超过50%。

表6-2 2004年南非各省的注册和实习护士人数

|  | 注册护士 | 实习护士 | 护工 | 护理专业学生 |
| --- | --- | --- | --- | --- |
| 东开普省 | 12025 | 3073 | 5155 | 2908 |
| 自由邦 | 7199 | 1302 | 3070 | 966 |
| 豪廷省 | 26864 | 8391 | 14749 | 9045 |
| 夸祖鲁/纳塔尔省 | 18995 | 10929 | 9039 | 8524 |
| 林波波省 | 7284 | 2913 | 4170 | 1947 |
| 姆普马兰加省 | 4674 | 1768 | 1803 | 568 |
| 西北省 | 6382 | 2097 | 3884 | 1189 |
| 北开普省 | 1919 | 531 | 928 | 210 |
| 西开普省 | 13148 | 4262 | 7905 | 1800 |
| 总　计 | 98490 | 35266 | 50703 | 27157 |

资料来源：南非护士协会（South African Nursing Council）提供的数据。

5. 其他医术行业人员

2005年经"南非其他医术行业协会"（AHPCSA）注册的其他医术从业人员统计如下：

印医从业人员 122 人；

中医和针灸从业人员 656 人；

脊椎推拿从业人员 506 人；

顺势疗法从业人员 726 人；

自然疗法从业人员 158 人；

正骨疗法从业人员 62 人；

芳香治疗法从业人员 1123 人；

按摩治疗法从业人员 346 人；

屈伸治疗法从业人员 1935 人；

## 六 医疗机构

1. 诊所

由政府设立的诊所网络构成了南非基本医疗和预防性医疗的骨干。1994～2004 年，南非新建或扩建的共有 1300 个诊所。

2. 医院

据南非卫生部统计，截至 2003 年，南非共有 386 所公立医院。政府近年来一直采取各种措施来提高医院的设施和医疗水平，使病人应享有的权利得到更好的保障。2004～2005 年，用于医院更新的政府拨款达到 9.12 亿兰特，新建了 4 所医院。在 2005～2006 年，这一拨款达到了 10.27 亿兰特，增加了 12.7%，更新了 16 所医院。

3. 非赢利性卫生机构

南非各级非政府组织在卫生领域起的作用越来越大，许多非政府组织还同政府有关部门合作来实现医疗目标，对全社会向艾滋病、结核病、癌症和残疾的斗争及完善基本医疗体系作出了很大贡献。特别值得一提的是"灵魂之城"（Soul City）和"关爱生命"（Love life）这两个组织，它们在促进国民健康生

第六章　教育、科学、文艺、卫生、体育

活和通过媒体提高人们的防病意识，使人们关心健康，进行了创造性的工作。"卫生系统基金"、"南非癌症协会"、"南非反吸烟协会"等，在帮助年轻人、使医疗保健进入每一个社区等方面贡献不菲。具有悠久历史的全国性组织"圣约翰救护车"和"南非红十字"等，在处理急诊和紧急医疗援助方面也不可或缺。国际上的传统组织"狮子会"和"扶轮社"在南非也很活跃，尤其是在帮助治疗小儿麻痹症和白内障等疾病上作出了贡献。

"医疗规划委员会"根据《医疗规划法》（1998年）对私人医疗救助规划领域进行了调节。

### 4. 非洲传统医药机构

2003年，南非建立了"非洲传统医药研究中心"，它参与评估非洲传统医药在治疗艾滋病、结核病和其他慢性病上的价值，同时保护传统行医者的知识产权。世界卫生组织估计，有80%的非洲人在使用非洲传统医药。南非估计有20万传统医药行医者，他们在农村地区行医尤为普遍。

## 七　南非常见的疾病和防治

南非最常见的传染病有：艾滋病、结核病、疟疾、麻疹和性病。给儿童及时打预防针是预防传染病的十分经济且行之有效的方法。在南非，一般5岁以下的儿童就开始接种预防大多数常见儿童疾病的疫苗，主要有小儿麻痹症、结核病、白喉、百日咳、破伤风、麻疹和乙肝等。

### 1. 小儿麻痹症和麻疹

上一例因患小儿麻痹症而死亡的病例是在1998年。自2000年以来，没有出现因麻疹而死亡的病例。南非政府和社会一直努力维持较高的预防水平，确保南非及附近地区彻底消除小儿麻痹症。

483

## 2. 疟疾

南非大约有 10% 的人生活在疟疾病高发区，主要集中在林波波省、姆普马兰加省和夸祖鲁/纳塔尔省东北部地区。过去 5 年，上述地区的疟疾发病率急剧下降，有的地方从 80% 降到了 10% 以下，这主要归功于在室内喷撒杀虫剂及与邻国莫桑比克和斯威士兰的防治合作。2004 年，因疟疾致死的患者有 55 人；2005 年则只有 35 人，下降了 36.4%，同期的发病率也下降了 44.5%。根据《阿布贾宣言》，南非承诺到 2010 年将疟疾发病率和死亡率均减少 50%。

## 3. 结核病

南非虽然并未放松对结核病的防治工作，但该病仍呈上升趋势，1996 年为 109328 例，到 2003 年达到 255773 例。南非采取以下措施加强对结核病的预防和治疗：在每一个卫生大区内指定专门的防治结核病协调员；加强有关实验室的工作；加强实施"短期直接观察治疗法"，动员社区力量，确保病人完成每个疗程；在公立医院和诊所实施对该病的免费治疗。

## 4. 艾滋病毒（HIV）和艾滋病

为了防止艾滋病毒和艾滋病的传播，改善和提高对感染艾滋病毒患者和艾滋病人的治疗，南非卫生部制定了《政府管理、医护和治疗艾滋病患者的综合计划》，不仅强调避免早期感染，而且还提供抗逆转录病毒疗法（ARV），多管齐下进行防治。计划在全国每个卫生大区建立一个服务点，五年内在每个城市建立一个服务点，提高防治艾滋病服务的覆盖率。具体来说，卫生部的措施从两个层面展开：一是加强防治艾滋病相关的宣传和教育，尽量减少因无知而感染病毒；二是对患者进行全面的护理与治疗，包括提供免费咨询和测试。政府用于治疗艾滋病毒阳性患者的预算，从 2004/2005 财政年度的 7.82 亿兰特增加到 2005/2006 财政年度的 11.35 亿兰特，增加了 45%。

为阻止艾滋病毒的母婴传播,卫生部门依据研究成果,向艾滋病毒感染者和患者母亲提供替代性哺乳及用药方式,以切断传染途径。对于因遭强奸而感染艾滋病的患者,2002年政府已做出向其提供抗逆转录病毒疗法(ARV)的决定,并对治疗进行跟踪服务。

为了研究和开发有效、实用和针对南非当地情况的艾滋病疫苗,南非于1999年制定了"艾滋病疫苗研究计划"(SAAVI)。至今,它在生物技术方面取得了一定进展,并与非洲和国际上的相关机构保持密切合作。

## 第五节 体育

1994年以来,体育事业为促进南非国家建设与社会和谐发挥了重要作用。政府不仅将体育事业作为增强人民体质、培养健全心智、提高竞技水平的手段,同时发挥体育促进道德风尚的作用,注意利用体育明星对普通人的激励与示范效应,而且还通过将体育作为产业进行深度开发,来推动国民经济的发展。1998年,体育事业对GDP的贡献率为1.9%,2006年这一数字达到2.1%。[1]

### 一 体育事业发展简要回顾

南非现代体育事业发展分为两个阶段。在南非废除种族隔离制度之前,体育领域也深深地打上了种族隔离的烙印。这种不平等首先体现在白人运动员和黑人运动员之间,并随后慢慢扩展至男女运动员之间、健康人与残疾运动员之间。由于南非体育存在着严重的违反人权的种族歧视,从而违背了奥林

---

[1] *South Africa Yearbook 2006/2007*, Sport and Recreation.

# 南非

匹克精神，因此从1964年起南非运动员被拒绝参加国际奥运会长达28年之久。1970年，南非奥委会也因此被开除出国际奥委会。在联合国和国际奥委会的压力下，全世界的体育界对南非进行了抵制。面对压力，当时的南非白人政府也曾做出一些妥协。比如1976年，政府体育部门同意不同种族的体育团体可以相互进行比赛；1978年，允许由不同种族人组成的体育俱乐部的存在。[①]

1994年后，情况发生了根本的改变。1996年南非新宪法的通过，为体育立法提供了宪法基础；特别是其中的权利法案，使不同种族的运动员获得了平等的参与体育运动的权利。1998年，南非国民议会通过了南非历史上重要的两部体育法律：一是《南非体育与娱乐法令》（NSR法令），并经过三次修改；另一是通过了《南非体育委员会法令》（SASC法令）。2004年，长期负责国家体育事务的南非体育委员会（SASC）正式被政府的体育与娱乐部（SRSA）和体联暨奥委会（SASCOC）完全取代。[②] 由于南非体育委员会已不复存在，议会于2005年通过法令，废除了《南非体育委员会法令》。该法对南非体育向种族平等的方向发展作出了很大贡献。在种族平等的法律制度的保障下，崭新的新南非体育呈现在世界面前，并逐渐得到国际社会的承认。在1992年的巴塞罗那奥运会上，南非运动员重新出现在奥运赛场上。政府要求板球和橄榄球项目的国家代表队及各省球队都要有黑人球员参加，从而带动了其他体育项目、各体育协会向追求种族平等的趋向发展。[③] 值得一提的是，前总统曼德拉为南非体育重新获得国际社会的接受、利用体育促进种族间平等作出了巨大贡献。

---

① 树理、青山：《南非体育法律制度初探》，《西亚非洲》2007年第7期。
② *South Africa Yearbook 2006/2007*，Sport and Recreation.
③ 黄世席：《南非体育介评》，《河北法学》2007年第8期。

## 二 主要体育立法

《南非体育与娱乐法令》是南非最重要的一部体育立法,是南非体育的基本法。该法共有16条,从宏观上对南非的体育事业进行规制:体育政策的制定、体育领域的国际交往、体育委员会的组成、体育与娱乐组织、体育人员培训、促进体育与娱乐中的公平、国家对体育事业的资助、体育与环境、体育纠纷的解决、体育规则的制定等。从内容上看,该法与世界上许多国家的体育基本法有相同之处,例如对国家的体育基本体制进行了规划,对体育组织、体育资金使用、体育纠纷解决等基本制度做了规定。但它也有自己的一些特色,如明确规定要促进体育中的公平,在体育活动中要保护环境等。

1998年颁布的《南非体育娱乐白皮书》也很重要,其主题是"让整个国家运动起来",主要内容包括:南非体育与娱乐部负责制定和颁布涉及体育运动的政策和规定;政府主要通过体育与娱乐部长对有关的体育政策、立法和预算进行阐释;设立负责推广体育政策的主要部门等。

南非现行的其他重要体育立法还有:《体育领域反兴奋剂机构法令》,《彩票法令》,《体育与娱乐活动安全法令》,《拳击法令》等。1997年通过的《体育领域反兴奋剂机构法令》规定,具体负责实施该法令的是南非体育领域反兴奋剂研究所,该机构有固定的工作人员及必要的技术装备。[①] 2006年6月6日,国民议会专门通过了《2010年国际足联世界杯南非特别措施法令》,为举办世界杯的组织及安全保障提供了法律支持。

---

① 树理、青山:《南非体育法律制度初探》,《西亚非洲》2007年第7期。

### 三 体育机构和组织

南非负责体育的有两个主要机构,一个是官方的南非政府体育与娱乐部,由体育与娱乐部长领导;另一个是南非体联暨奥委会,属非营利的半官方性质,是国际奥委会、英联邦运动协会和国际残奥会的成员。南非体育正是以这两个机构为核心,分两条线进行管理。体育与娱乐部的职能是:主管群众性体育、学校体育、客户服务,负责国际联络、国家体育政策的制定以及行政管理。体育与娱乐部下属组织有:反兴奋剂研究所、南非国家拳击理事会、南非残疾人运动协会、九省政府体育厅以及地方体育与娱乐局等。体联暨奥委会主要负责体育专业人才的培养和竞技体育,以及组织各种国际重大赛事(包括奥运会、英联邦运动会和全非运动会等)。体联暨奥委会下属组织有:各专项体育联合会、9个省的体育学院、省级专项体育联合会及体育俱乐部、地方体育学院等。①

制定体育政策的主要渠道是,首先由体育与娱乐部酝酿,然后提交体育与娱乐部长,再上交议会的体育与娱乐委员会讨论,最终由议会通过。体育与娱乐部对国家各专项体育联合会予以资金支持,体现了"政府决策并支持,由各个协会及联合会实施"的特点。②

### 四 传统体育强项及竞技水平

南非作为英联邦成员之一,它的板球和橄榄球运动非常普及,长期处于世界领先水平。新南非诞生后,更受黑人喜爱的足球运动获得了长足发展,南非国家足球队成为非洲

---

① 南非政府体育娱乐部网站(http://www.srsa.gov.za/Organogram.asp)。
② *White Paper on Sport and Recreation of South Africa*,1998.

强队，多次打进世界杯决赛阶段的比赛。南非也培养出一些高水平的田径、游泳和拳击运动员，常在世界赛场上摘金夺银。南非还有众多的马拉松运动爱好者，每年都举办超长距离的马拉松友谊赛。另外，由于运动场地资源的丰富与传统，高尔夫球在白人及富裕黑人中也很普及，并有个别世界级选手。南非每年都要举办多次高尔夫球比赛，如莱银行太阳城高尔夫球挑战赛和总统杯赛等。

南非1995年承办世界橄榄球赛并获得"橄榄球世界杯"，时任总统的曼德拉亲自为南非橄榄球队颁奖，南非全国为之欢欣鼓舞。1996年，南非首次参加第20届非洲国家杯足球赛即获得冠军。1998年，南非足球队首次入围足球世界杯赛决赛圈。2004年12月17日到2005年2月13日，南非主办的"板球世界杯"赛非常成功，给世界留下美好印象。南非还于2004年争取到2010年第19届世界杯足球赛的举办权，由开普敦市主办，这也是非洲历史上第一次举办这一赛事，这将对南非体育事业和国家发展带来巨大促进。

在2004年的雅典奥运会上，南非获得1枚金牌、3枚银牌、2枚铜牌，共6枚奖牌，超过上一届奥运会获5枚奖牌的好成绩。在2004年残奥会上，南非获得15枚金牌、13枚银牌、7枚铜牌，共35枚奖牌，列奖牌榜第13位。在2006年英联邦运动会上，南非赢得12金、13银和13铜的好成绩，位居所有参赛队的第5位，获得金牌的主要是游泳和田径项目。南非是非洲体育强国，2007年7月在阿尔及利亚举行的第9届全非运动会上，南非获得61枚金牌，位居金牌榜第3位。

五　发展体育和娱乐业的计划

南非的自然环境、气候特点和基础设施都非常适合户外体育活动。政府根据南非的自然条件、物质基础和传

统，着力做了以下工作：

**1. 大力发展体育、娱乐旅游**

政府通过体育旅游计划，鼓励本国举办具有国际影响力的赛事以吸引外国观众，同时与旅游部门配合，使体育旅游为促进体育发展、拉动经济增长、创造就业发挥重要作用。过去 10 年，风靡全球的极限运动如蹦极和滑翔等在南非广为流行。而 3000 公里长的高质量海岸线、充足的开阔地、崎岖的山脉和峡谷及溪流等，为冲浪、潜水、徒步旅行和漂流等提供了理想场所。由于技术先进和劳动力便宜，南非的游艇制造业位居全球五强之列。

**2. 通过各种计划发展体育、娱乐事业**

这些计划有：

——年轻冠军计划。通过与警察、司法、各级体育协会等各部门合作，实施该计划以鼓励年轻人，尤其是犯罪高危人群参加体育活动，协助落实国家的全民道德重建计划；

——杰出表现计划。建立世界一流的科技资源基地，为优秀运动员提供营养、物理治疗、心理治疗、药物治疗等各方面的专业服务；

——全民参与计划。推动全民参与运动、健身、舞蹈、户外活动等各种形式的体育、娱乐活动；

——学校体育计划。由体育与娱乐部和教育部合作，通过完善课程设置和增加预算来推进学生体能和身体素质的提高，促进学校体育运动的开展；

——有氧健身计划。吸引更多公民，尤其是体育发展落后地区的公民参与更为健康的体育活动；

——趣味体育计划。向小学生推出既富有趣味又培养基本体育技能的体育活动；

——体育调整计划。调整成人体育运动中的相关规则、器具、条件，以促使少年儿童发展体育技能、体会运动的乐趣并逐步入门；

——传统游戏计划。推广吸引社会各阶层尤其是农村人口参加的传统娱乐游戏；

——省级体院计划。各省成立体院，开展地方体育工作；

——技能发展计划。为体育事业管理者、教练员、技术官员等提供培训机会。[①]

---

[①] *South Africa Yearbook 2004/2005*；*South Africa Yearbook 2006/2007*，Sport and Recreation.

# 第七章
# 对外关系

## 第一节　对外关系概况

一　种族隔离时期

（一）外交目标——维护白人统治

南非的地理位置，使它远离世界政治、军事角逐的中心，在冷战时期美苏两霸争夺中不占优先地位，没有外部军事大国的直接威胁。在南部非洲地区，由于悬殊的经济、军事力量对比，邻国对南非也不构成严重的挑战。因此，南非政权似乎可以偏安一隅。但是，南非的白人种族主义政权有不可克服的政治危机，由于是由占人口少数的白人对绝大多数黑人的统治，种族主义政权的合法性越来越遇到国内外的挑战。

南非的白人种族主义统治，在第二次世界大战后受到国际社会的关注。1948年国民党上台执政后，实行了更为严格的种族隔离政策，继续非法占领西南非洲（今纳米比亚），与世界的非殖民化和反对种族主义的历史潮流大相径庭，因而日益遭到世界舆论的谴责和孤立。南非的种族隔离政策，成为近半个世纪期间影响其对外关系的主要因素。其原因大致有以下两方面：一是南非的白人种族主义统治是欧洲列强殖民征服和统治的继续。黑人

## 第七章 对外关系

反对种族隔离制度的斗争,与非洲大陆的反殖民主义斗争有共同的历史内涵。二是种族主义制度的反人道性质,已被德国法西斯的种族灭绝行径所证实,世界人民对此记忆犹新,因此,反对南非白人种族主义统治就成为人类社会的共同责任。

在这样的国际环境下,南非政权对外关系的基本目标,就是保护白人种族主义统治,为白人政权的继续存在寻找外部条件。南非以阻挡共产主义在非洲的扩张为借口,力争成为西方安全体系的一部分。它对周围邻国则以经济拉拢和武力威胁相并用,力求把黑人革命运动阻挡在南非边界之外。随着国内外压力和挑战的增大,南非政权的外交政策和手段也相应变换,然而保持白人种族主义统治的目标没有变。因此,南非白人政权就摆脱不了日益被国际社会孤立的命运;南非黑人的解放运动和反对种族隔离的民主运动,就越来越得到广泛的国际同情和支持。

(二) 白人南非的双重认同

南非白人政权的对外政策,有两个主要方面:一是保持与西方世界的联系;二是处理与非洲国家的关系,特别是与南部非洲国家的关系。南非白人政权在心理上有两种认同,但它首先把自己看做是欧洲和西方世界的一部分,自认为担负着在非洲土地上保留欧洲文明的责任。然而,南非白人毕竟脱离了欧洲本土长达3个多世纪,阿非里卡人虽自称为非洲土生白人,而宣称他们对南非土地的合法占有权,但是南非白人不得不把自己当作非洲的成员。

1. 白人南非与西方的关系

白人种族主义统治下的南非,是西方政治经济体系的一部分。南非与西方的关系以与英、美的关系最重要。西方与南非关系的演变,主要出于经济和战略利益,道义始终是第二位的因素。

南非白人种族主义政权与西方的关系,以1961年南非退出

## 南非

英联邦为转折点。在此之前,南非联邦政府一直设法削弱和摆脱英国对其内政和外交的控制和影响。1934年的《联邦地位法》英国确认了南非的主权独立,但是在1961年之前,南非作为英联邦的成员,英国的君主是其国家元首,对其外交使节具有任免权。南非的外交活动,与英国大体一致,成为西方联盟的一部分。南非在两次世界大战中都参与英、美盟军方面作战。第一次世界大战后,南非从国际联盟获得对前德属西南非洲的委任统治权。南非在二战时期的政府总理史末资(Jan Smuts),由于他领导南非参加盟军方面作战,并成为战后组建联合国的重要发起人之一,从而在西方世界享有很高的声誉。但是,史末资领导的联合党在1948年大选中败北,使极端种族主义的国民党上台执政。

阿非里卡人的国民党,曾主张抵制和摆脱英国影响和控制的政策,但在上台以后,采取了保持与英国的密切关系,包括军事关系的立场,力图在非洲独立运动中得到西方的安全保护。国民党政府在20世纪50年代初,参与了西方对西柏林的空运,南非空军还参与了朝鲜战争。冷战时期,南非一直企图正式加入西方的防务体系,想成为北大西洋公约的南翼,即与一些拉丁美洲国家建立所谓南大西洋公约组织。虽然西方没有接纳南非作为军事盟友,南非的种族隔离政策也受到西方国家政府的批评,但是,南非仍被看做是西方的一部分。[1] 只是在1960年南非警察枪杀黑人的沙佩维尔惨案之后,联合国安理会通过决议,要求南非当局取消种族隔离政策,实行种族平等,西方国家才与南非当局在外交上保持一定的距离。

---

[1] Robert Scott Jaster, *The Defence of White Power*, South African Foreign Policy Under Pressure, The Macmillan Press Ltd. 1988, pp. 10 – 13; James Barber and John Barratt, *South African Foreign Policy-The Search for Status and Security 1945 – 1988*, Cambridge University Press, 1990, p. 6.

## 第七章 对外关系

白人南非与西方的关系，除血缘和政治文化的联系之外，主要是经济交往。南非的黄金和战略矿产品，在西方经济中一直占有重要地位，成为西方世界黄金和重要矿产品的主要供应国。环绕非洲南端的开普海域是西方，特别是欧洲的石油运输线和战略航线。西欧进口石油的57%，美国进口石油的20%，都要经过开普航道；北约国家所需战略原料的70%也走开普航线。[1] 因此，尽管西方国家在口头上谴责南非的种族隔离制度，但对南非的经济制裁并不认真执行，与南非的贸易始终保持并有增长。英、美、德、日4国是南非的主要贸易伙伴。南非也打算利用其特殊的国际地位，充当西方与黑非洲之间的桥梁。在国际制裁呼声不断高涨的形势下，西方国家与南非的贸易仍在增长。美国对南非的贸易在20世纪60~70年代增长很快，到1978年，美国超过英国成为南非第一大贸易伙伴；同期，日本和欧洲国家与南非的贸易也大幅度增加。

南非对西方资本有很强的吸引力。1960年的沙佩维尔惨案虽引起国际社会的愤怒和外资的撤离，但是不久就有大量西方投资涌向南非。由于资源丰富、劳动力廉价和基础设施完备，南非的外资利润率在20世纪70年代达14%~15%。到70年代末期，外国在南非的投资总额为263亿美元，其中英国资本占40%、美国占20%、联邦德国占10%、瑞士和法国各占5%。[2] 美国在南非的投资在1966~1981年间增长了5倍，达到24亿美元。[3] 据《华尔街日报》报道，1970年美国在南非的260家公司的利润，在美国海外投资公司中为最高。

美国对南非的投资和贸易额虽然仅占其海外投资和贸易的

---

[1] *South Africa: Time Running Out*, 1981, p.329.
[2] 汤普森：《南非史》，第217页。
[3] *The Johannesburg Star* 1983/8/17.

1%，但美国与南非的关系主要着眼于战略好处。① 与苏联在南部非洲和印度洋的争夺，是美国的主要考虑。在美、苏两霸的争夺之中，南非白人政权是西方用来抗衡苏联在南部非洲扩张的力量，特别是遏制苏联和古巴军事力量在安哥拉的存在，以及南下威胁南非白人政权的可能。因此，美国与南非在军事情报和军事技术方面，一直暗中往来，并默许以色列在军事技术方面与南非合作。西方大国一直反对强制性全面制裁南非，美、英、法3国利用安理会常任理事国的地位，一再投票否决联合国安理会对南非施行强制性制裁的动议，这种做法使得安理会始终未能通过对南非的全面强制性制裁的决议。②

### 2. 白人南非与非洲的关系

白人种族主义统治下的南非，虽然在地理上属于非洲，但是与非洲分居两个营垒，无论是文化认同还是利益诉求都大相径庭。

从20世纪20年代开始，南非在外国设立贸易促进处，但在非洲设立的贸易和领事机构却很少，1923年在东非设立贸易促进机构，1929年在莫桑比克的马普托设立总领事馆。二战后，南非与埃及于1945年建交，但是1961年南非驻开罗使馆被关闭。20世纪50年代，南非与英属南罗得西亚（今津巴布韦）建立直接的外交关系。③ 在非洲，南非当局视为盟友的，是南部非洲的罗得西亚（现为津巴布韦）和西南非洲（现为纳米比亚）白人种族主义政权以及葡萄牙殖民当局。他们结成联盟，阻挠和

---

① Update South Africa, *Time Running Out*, *The United States and South Africa*: *The Regan Years*, by Pauline Baker, The Ford Foundation and the Foreign Policy Association, 1981, p. 357.
② *Apartheid the Facts*, by the International Defence and Aid Fund Research, Information and Publications Department, 1983, p. 87.
③ *South Africa Official Yearbook 1982*, pp. 249–250.

## 第七章 对外关系

破坏南部非洲国家的民族独立运动。然而，在非洲民族独立运动不断发展的趋势下，南非当局不得不接受现实，考虑与独立的非洲国家共存，但是前提是不能威胁南非的白人统治。南非白人政权的安全防线，在非洲独立大潮的冲击下逐步南移。

20世纪50年代末60年代初，民族解放运动浪潮席卷非洲大陆。短短几年间，大多数前英属和法属殖民地获得了独立，南部非洲国家反殖运动开始走上武装反抗的道路，对南部非洲白人种族主义政权和葡萄牙殖民当局的统治构成前所未有的挑战。

非洲国家的独立及其在国际组织中影响和地位的提高，改变了非洲的政治局面，甚至影响到世界政治舞台的力量对比。非洲国家在联合国和其他国际组织中形成一股重要的力量，影响了世界舆论。20世纪60年代初大批非洲国家获得独立后，纷纷与南非断绝殖民时期建立的外交关系，并呼吁所有联合国成员国对南非政权实施经济制裁，同时吁请阿拉伯国家对南非实行石油禁运。1963年非洲独立国家成立非洲国家统一组织（简称非统），并建立非统解放委员会，支持非洲尚未独立国家的反殖斗争和民族解放运动。南非国内的两个黑人解放组织——非洲人国民大会和泛非主义者大会，得到非统的承认和支持。反对南非的种族隔离制度，成为非统的主要政治议题。整个非洲大陆，除马拉维在20世纪60年代末与南非建立外交关系之外，全部抵制南非白人政府，南非成了非洲的"孤家寡人"。非洲国家一致反对南非的立场，不仅影响了联合国及其他国际组织对南非问题的投票，而且制约了西方国家对非洲的政策。南非白人政权逐渐正视它在非洲的困难处境。南非沃斯特政府在20世纪60年代后期实行"外向政策"，认为南非的前途在非洲。

20世纪70年代中期，南部非洲的力量对比发生突变。1974年葡萄牙发生政变，加速了葡属非洲殖民地莫桑比克和安哥拉的独立，使南非白人政权东西两翼的安全防线南移到林波波河与库

内内河。在莫桑比克、安哥拉独立的鼓舞下，南非国内的黑人反抗运动结束了长达10年的低潮，学生运动、罢工斗争此起彼伏，非国大等黑人解放组织利用有利的国际环境加强了武装斗争。南非入侵安哥拉，卷入安哥拉内战，使西方担心产生对其不利的局面。南非对邻国的威胁可能迫使南部非洲国家寻求苏联的军援和保护，给苏联在这一地区的进一步军事扩张造成机会。因此，美国不敢把南非作为它在南部非洲的军事盟友，暗中合作也处于低姿态。

1980年津巴布韦摆脱英国殖民统治获得独立后，坚决支持南非的黑人解放运动，并促进了南部非洲经济合作组织的建立。1980年4月1日，南部非洲发展协调会议（SADCC）正式成立，其成员包括除南非及其占领的西南非洲（纳米比亚）之外的所有南部非洲国家；其宗旨是通过集体自力更生，摆脱对南非的经济依赖。20世纪80年代后期，南非的地区战略陷入全面失败，除了面临安哥拉战场的失利之外，在西南非洲的统治也日益艰难。在内外压力下，南非当局不得不走到谈判桌前，以古巴从安哥拉撤军为条件，同意撤出入侵安哥拉的军队，并按照联合国第435号决议解决西南非洲独立问题。

（三）国际社会对南非的孤立和制裁

第二次世界大战后，国际社会开始关注南非的种族歧视问题。1946年，联合国大会第一次会议，应印度的要求，对南非的种族歧视提出争论。印度在当年断绝了与南非的外交和贸易关系，成为联合国成员中第一个对南非进行制裁的国家。1948年上台的国民党政府，通过一系列种族主义法令，建立起更严格的种族隔离制度。从1952年起，联合国大会把反对种族隔离列入年会的议题。国际社会普遍认为，南非当局的政策违背了《联合国宪章》和《世界人权宣言》；但是在50年代，对南非多限于道义上的谴责。

## 第七章 对外关系

国际社会采取孤立和制裁南非的行动,开始于20世纪60年代初。

1960年3月,南非黑人群众掀起大规模的反对通行证法的运动,遭到警察血腥镇压。在黑人城镇沙佩维尔,69名非洲人被打死,180多人受伤,引起世界舆论的震惊。联合国安理会第一次就南非问题通过决议(第134号决议),要求南非政府采取措施缓和种族矛盾,取消种族隔离政策。但是白人当局一意孤行,宣布实行紧急状态法,取缔黑人政治组织。联合国大会1962年11月6日通过决议,呼吁成员国采取行动,与南非断绝外交关系,中止贸易往来,包括武器弹药的供给,对南非船只关闭港口,抵制南非货物;并要求安理会对南非加以制裁。联大还成立了反对种族隔离特别委员会,在联大休会期间考察南非的形势,不间断地注意这个问题,并在必要时向联大和安理会报告。在南非当局大肆逮捕和监禁黑人运动领袖和成员,把南非变成警察国家的情况下,国际舆论要求对南非进行制裁。联合国安理会在1963年8月7日通过第181号决议,决定对南非实行自愿武器禁运,英国和法国弃权。同年,联大通过《联合国消除任何形式的种族歧视宣言》,并开始关注南非的政治犯及其家属的处境,给他们提供人道主义援助。

非洲统一组织1963年成立后,明确反对南非白人种族主义政权,支持南非黑人的斗争,为黑人解放运动提供支持与援助,并一再呼吁国际社会对南非实施强制性制裁。

对南非政权进行经济制裁的要求,是南非黑人运动在反对种族隔离斗争中寻求国际社会支持的重要手段,是切断白人当局的外部供应和支持,削弱其镇压能力的途径。非国大前主席卢图利酋长在1959年的一次讲话中,集中表达了南非黑人愿为此作出牺牲的决心,他说:"对南非进行制裁无疑将加重非洲人的困苦。……但是如果这个办法将缩短流血的日子,我们所遭受的痛

# 南非

苦就是值得付出的代价。"[1] 从 1965 年开始，联合国大会虽然不断要求安理会依照联合国宪章第七章的规定对南非实行强制性制裁，但由于美、英、法 3 个常任理事国交替使用否决权，安理会一直没能通过对南非实行强制性经济制裁的决议。因此，对南非的经济制裁，主要是通过各国政府的政策和立法，或其他国际组织的决议实行的。对南非的石油禁运，由非洲和阿拉伯产油国于 1973 年做出决议并加以实施，迫使南非不得不以高价从黑市购买石油。

20 世纪 70 年代初，南部非洲的形势发生了巨大变化。两个葡属殖民地——莫桑比克与安哥拉以及白人种族主义政权统治的罗得西亚，都面临民族独立和解放运动的冲击。国际社会对南非的谴责和压力，也随之加强。在联合国政治专门委员会会议中讨论的问题，约 1/3 是关于南非的种族隔离问题。要求制裁和抵制南非的呼声，敦促南非当局释放政治犯的压力越来越强烈。[2]

联合国大会于 1973 年通过禁止和惩罚种族隔离罪行的国际公约。紧接着，在 1974 年停止了南非政府参加联合国大会的资格。然而，安理会讨论将南非逐出联合国的议案，因英、法、美 3 国否决而未通过。1976 年，联合国大会邀请非国大和泛非大代表出席联合国大会，参加对种族隔离问题的辩论，自此这两个组织开始向联合国派出常驻代表团。联大还宣布，10 月 11 日是南非政治犯团结日，6 月 16 日为支持南非人民斗争国际团结日，并通过详细的反对种族隔离行动计划。在 1976 年 6 月索韦托学生和平抗议遭到残酷镇压，1977 年黑人青年领袖史蒂夫·比科被迫害死于狱中之后，国际社会对南非当局的制裁有了新的进展。然而安理会于 1977 年通过的对南非实施强制性武器禁运决

---

[1] *Apartheid The Facts*, op. cit., p. 83.
[2] *James Barber and John Barratt*, op. cit., pp. 168 – 169.

## 第七章 对外关系

议的执行遇到障碍。南非的主要经济伙伴——西方大国不认真执行对南非的制裁。西方资本在20世纪60~70年代中期大量涌进南非，西方国家和南非的贸易仍继续进行。

20世纪80年代，形势出现了变化。南非当局为维护种族主义统治所推行的对内镇压和对外侵略、破坏的政策，遭到国内外的反对。非洲人国民大会开展了大量的外交宣传活动，呼吁西方国家对南非实行强制性制裁。非国大主席奥利弗·坦博在联合国有关制裁南非的大会上说，"除非国际社会现在采取坚决的行动，否则南非将难免一场血战。"坦博还接连会见英国、美国和南非的大企业家和银行家，呼吁他们对南非当局施加压力。南非黑人宗教领袖图图主教和博萨克牧师，也到美、欧等地奔走呼吁。

与此同时，国际社会对南非的谴责和孤立，要求南非当局释放黑人领袖曼德拉的呼声达到高潮。西欧、北美的各国公众掀起了声势浩大的运动，向本国政府和与南非有关系的公司和银行施加压力，要求它们断绝与南非的经济关系。1981年，联合国特别委员会和非洲统一组织在巴黎召开制裁南非国际会议，124个国家政府的代表和联合国及其他国际组织的代表、民族解放组织和非政府组织的代表参加，通过制裁南非的《巴黎宣言》，呼吁对南非实施全面强制性制裁。1982年是联合国宣布的"国际动员制裁南非年"。20世纪80年代中期以后，联合国和其他国际组织对南非的谴责和制裁更为强烈。美国国会在1986年10月通过《全面反对种族隔离法》，对美国官方和民间与南非和纳米比亚的投资、贸易、金融、科技等方面的往来规定了严格的限制和惩罚办法。[1] 美国和欧洲国家的公司和银行纷纷撤出南非，使南非面临空前的经济制裁，陷入金融危机。这对南非政权和白人社

---

① *Update South Africa: Time Running Out*, op. cit., pp. 138-145.

# 南非

会构成政治上和心理上的压力,使南非经济陷入前所未有的困境,由此导致严重的政治危机。南非当局保护白人统治的外交失败了。

到 20 世纪 80 年代后期,南非在外交上的孤立状况更为严重。与南非保持外交关系的为数不多的西方和拉丁美洲国家中,又有一些国家中断了与南非的外交往来。与南非有外交关系的国家和地区在 1966 年有 22 个,西方国家中的挪威、丹麦、新西兰、日本与南非的关系限于领事级。[1] 从 60 年代末到 70 年代初,虽然有一些国家与南非建有外交关系,但是到 1987 年与南非继续保持外交关系的国家和地区只有 23 个。[2] 与此形成对照的是,南非黑人解放组织,特别是非国大在国外的代表机构,大大超过南非当局的外交机构,并且得到联合国和众多国际组织的承认,被看做是南非人民的合法代表。美、英政府到 80 年代末期,也开始与非国大和泛非大接触,并要求南非当局与黑人组织对话,通过谈判解决种族隔离问题。

南非黑人的命运在半个世纪当中受到联合国和国际社会的关注,而且南非是世界上唯一的有 4 名诺贝尔和平奖获得者的国家。该奖项曾于 1962 年、1984 年和 1993 年先后授予非国大主席卢图利酋长、黑人大主教图图、黑人领袖曼德拉与主张改革的白人总统德克勒克,为了同一个主题——在南非实现公正与和平。

南非白人当局的对策是:保持与西方的经济联系,争取成为西方安全战略的一部分,利用西方国家对南非的双重标准求得南非在国际社会的地位与合法性。为达到这个目的,南非外交部不惜工本企图影响西方舆论;新闻部还在国外大行贿赂手段以求美

---

[1] *James Barber and John Barratt*, op. cit., p. 113.
[2] 〔南非〕1987 年 5 月 6 日《公民报》。

化南非当局的形象；更有甚者，南非国家安全局和军方的情报部把手伸到国外，对解放运动进行间谍活动和暗杀行径。[1] 但是，所有这些做法都不能使南非摆脱困境，反而更加剧了被孤立的处境。

冷战结束后，南非对于美国和其他西方国家的战略重要性减少，不再把南非当作阻挡苏联势力在南部非洲扩张的堡垒，因此对在南非保持一个白人政权已无太大兴趣，而希望在南非出现一个不敌视西方的黑人政权，以继续保持西方在南非的战略和经济利益。

## 二　政治过渡阶段

### （一）非国大走到南非外交的前沿

以1990年取消党禁、释放曼德拉为标志，南非进入废除种族隔离、开始政治过渡的新阶段。合法化后的非国大，在南非对外关系中日益处于主导地位。

非国大获得合法活动的条件后，最迫切的任务是尽快把领导机构从国外转回国内，恢复和发展国内组织。曼德拉出狱后不久，首先与西苏鲁等非国大领导人于1990年2月27日访问赞比亚首都卢萨卡——非国大国外总部所在地，向赞比亚总统卡翁达和人民表示感谢。赞比亚政府组织了盛大的欢迎仪式，公共汽车和政府部门的车辆免费把欢迎人群送到卢萨卡机场，并宣布这一天为全国节日。到机场迎接的除了非国大总部人员和东道主赞比亚的官员外，还有南部非洲前线国家的领导人、乌干达总统穆塞维尼和巴勒斯坦解放组织主席阿拉法特，以及联合国、英联邦的代表和加拿大外交部长。曼德拉由衷地说，没有赞比亚和非洲其他前线国家的支持，非洲人国民大会就不会取得今天的突破。曼

---

[1] *James Barber and John Barratt*, op. cit., pp. 115–116.

## 南非

德拉和非国大领导人参加了南部非洲前线国家首脑会议，讨论了南部非洲的新形势以及南部非洲国家如何继续支持南非的解放运动。

离开赞比亚后，曼德拉接着访问了津巴布韦、坦桑尼亚、埃及等非洲国家，所到之处，人潮汹涌。在埃及首都开罗的欢迎会上，狂热的人们涌向曼德拉，把他的鞋子挤掉，曼德拉无法向欢迎的人群发表讲话，欢呼声淹没了一切。访问非洲国家之后，曼德拉前往瑞典看望老战友奥利弗·坦博，对坦博在最艰苦的年代领导非国大所取得的国内和国际斗争的成就表示感谢和慰问。在南非走向政治谈判的同时，邻国纳米比亚摆脱了南非75年的殖民统治，取得独立。曼德拉应邀参加了1990年3月21日纳米比亚的独立庆典。很多国家的政府首脑和高级官员出席了这个标志非洲殖民历史终结的庆典。美国国务卿和苏联外长，分别与曼德拉会见。

曼德拉出狱后，很多国家反对种族隔离的组织成立了"曼德拉接待委员会"，准备迎接这位传奇式的英雄。伦敦在1990年4月举办了大型音乐会，欢迎曼德拉访问英国，众多世界著名的音乐家都参加了演出，曼德拉向世界各国人民表示感谢。曼德拉成为非国大乃至南非国家最高贵的外交代表。

但是，南非国内的政治气候仍很严峻。取消党禁后，全国紧急状态法还在施行，南非军队还未撤出黑人城镇，大批政治犯仍在狱中，镇压性的治安法规还威胁着黑人组织的正常活动。因此，促使德克勒克政府消除谈判障碍，创造谈判气氛，是合法化后的非国大的首要任务。国际社会也以此作为判断南非当局有无谈判诚意的尺度。非国大利用国内外的有利形势，采取稳住经济界、抓住德克勒克政府、顶住白人右翼威胁的策略，全力推进政治谈判。

在与南非当局争夺政治解决进程主动权的较量当中，非国大

# 第七章 对外关系

除了继续发动群众运动向白人当局施加压力之外，另一个压力手段是促使国际社会继续关注南非问题，特别是促使联合国介入南非的政治解决进程。德克勒克政府以拖延战略来扼制非国大的发展势头，释放政治犯不仅没有按期在1991年4月底完成，而是拖延到1992年11月才最后解决；对于流亡人员的大赦，白人当局一直坚持个案审查，直到1991年8月中旬才与联合国难民事务高级专员公署签订协议，对4万多名南非流亡人员予以赦免。联合国在南非设立难民事务机构，以确保流亡人员安全回国。与此同时，非国大将其关押在国外的32名南非当局特务释放回国。

除了要求继续保持国际社会对南非当局的经济制裁和武器禁运之外，非国大还要求国际社会对南非的政治过渡进行监督。在曼德拉的要求下，联合国安理会在1992年7月18日讨论南非问题，并通过第765号决议。联合国秘书长加利指定万斯为特别代表访问南非，就有效制止暴力和创造谈判条件提出建议。联合国的50人观察组陆续进驻南非，英联邦、欧共体和非洲统一组织的观察小组也相继到达南非。国际社会的监督，有助于暴力冲突的缓解和对南非军警行为的监督。国际社会对南非问题的关注虽然已经不如种族隔离时期，对南非的经济制裁也已纷纷取消，但是国际舆论对南非的谈判进程仍有影响力。德克勒克政府也改变了反对国际社会干预南非问题的立场，同意接受国际社会的监督和介入。

（二）取消制裁，结束孤立

国际社会为促使南非变革，采取鼓励和压力并用的手段。从1990年以来，随着谈判进程的发展，南非总统德克勒克多次应邀出访，一些国家和国际组织对南非的制裁逐渐松动，南非的外交孤立状况也有所改变。南非与苏联、东欧国家的外交和经济关系有很大突破，苏联和东欧国家的大量移民涌向南非。一些非洲国家也向南非敞开门户，邀请南非的官员和商人来访。但是在过

## 南非

渡谈判阶段，国际社会基本上尊重南非黑人解放运动的要求，继续保持对南非政权的压力，特别是继续对南非实行金融制裁，以促使南非政权向民主制度过渡。

谈判取得实质性进展，南非议会于1993年9月23日通过成立"过渡行政委员会法案"。9月24日，曼德拉参加联合国反对种族隔离特别委员会的会议，他向全世界发出明确的信息，呼吁国际社会解除对南非的制裁，并欢迎外国资本到南非投资。之后，国际社会纷纷响应曼德拉的呼吁，取消对南非的制裁。1993年10月8日，联合国大会一致通过决议，取消对南非的经济制裁，包括解除在贸易、投资、金融、旅行和交通运输方面的禁止和限制。但是，安理会对南非武器禁运的决议继续有效，对南非的自愿石油禁运将保留到过渡行政委员会成立。国际社会对南非政治变革的前景普遍看好。南非不仅有希望得到外国政府的援助和国际金融组织的贷款，而对外国私人资本也有很大的吸引力。外国资本对南非的前景虽然仍有疑虑，但是对参与南非经济表现出兴趣，这不仅着眼于南非，而且看到了以南非为基地向南部非洲拓展的机会。

国际货币基金组织在与曼德拉会谈后，宣布将向南非提供8.5亿美元的贷款，这标志着对南非金融制裁的结束。美国总统克林顿表示将尽快促使国会通过法律，进一步取消对南非的制裁。英联邦和欧共体也相继作出取消制裁的决定。非洲统一组织认为，南非民主进程取得进展，已经使国际社会有可能取消对它的制裁，并呼吁国际社会帮助南非恢复经济。一些南部非洲国家还很快与南非建立了正式的外交关系，如莫桑比克和斯威士兰。很多国家的政府和民间组织向南非大选提供资助，包括选民教育和维持和平的费用；同时对改善黑人的居住和卫生条件，发展黑人小企业，提供援助。

1993年10月15日，曼德拉和德克勒克共同获得当年的诺贝尔和平奖,表明他们对推动南非民主进程的贡献得到国际社会的承认。

南非在世界上的孤立状态至此基本结束。据南非外交部发言人说,到1993年7月,与南非建立大使级外交关系的国家已有55个,建立了商务代表处的国家更多。但是,南非重返联合国,外交关系的全面突破,还要等到1994年4月的大选之后。

### 三 新南非的外交

#### (一)外交政策的目标和原则

南非废除种族隔离制度之后,结束了孤立处境,全面重返国际舞台。南非建立民族平等的民主制度之后,外交政策也进行了根本性的改革,使南非成为受国际社会尊重的合作伙伴和维护世界正义与和平的积极力量。纳尔逊·曼德拉总统把南非国际关系的变革称为一次革命。南非被国际社会接纳,同时在国际、非洲大陆和南部非洲事务中承担相应的义务和责任。

1994年新政府成立以来,南非的外交战略逐渐明确,参与国际事务的姿态也从新政府成立之初的低调和谨慎,到日益显现出发挥积极作用的趋势。但是,南非新政府的外交战略目标优先考虑的是服务于国内政策,特别是促进民族国家的建设,减少贫困,创造经济发展机会,改善人民生活,为此,南非确定的外交政策目标包括:

——实现南非与国际社会外交关系的正常化,并不断加强;

——通过双边和多边关系保护和促进南非的国家利益和价值;

——在相互依存和全球化的世界经济中促进南非的经济发展、科技进步与合作;

——推动国际社会尊重人权和民主;

——为国际和平、安全稳定作出贡献;

## 南非

——促进国际社会关心非洲的利益与发展；

——促进南南合作及南北合作；

——支持建设一个多边、有效和平等的国际秩序，促进和保护发展中国家的利益。

1994年以来，南非实现了国际关系正常化，与南非建交的国家已从1993年55个增加到目前的186个，有115个国家和21个国际组织在南非设立了外交代表机构。[1] 南非重新加入了几乎所有重要的地区、非洲大陆和多边国际组织，包括非洲统一组织（后来的非洲联盟）、不结盟运动和77国集团；重新加入英联邦；恢复了在联合国的席位。南非成为70多个国际组织的成员，担任过联合国贸发会议、不结盟运动、南部非洲发展共同体等国际机构的主席国。南非废除种族隔离后，众多国家和国际组织的领导人频频访问南非，各类国际会议纷纷在南非举行。南非是很多重要国际会议的举办国，其中包括1996年联合国贸易和发展大会，1998年不结盟运动大会，1999年英联邦会议，2001年反对种族主义世界大会，2002年非洲联盟大会，2002年世界可持续发展高峰会议。南非还是2010年世界杯足球赛的主办国。举办这些国际活动，不仅提高了南非的国际形象，而且促进了南非的旅游业和贸易投资的发展。

随着外交关系的扩大，南非与世界的经贸联系全面展开，与美国、英国、法国、德国、中国政府分别建立了双边委员会和双边论坛；与欧盟谈判签订贸易和发展合作协定，这是欧盟与一个发展中国家迄今签订的唯一双边自由贸易协定。南非在联合国大会及其下属委员会中发挥着积极作用，并倡导改革联合国，主张改革世界贸易体制、把发展纳入全球化进程，积极促进发展中国家在建立世界经济新秩序中发挥更大作用。

---

[1] 南非外交部网站。

## 第七章 对外关系

国际社会对南非期望很高。联合国秘书长加利希望曼德拉和南非政府对解决非洲出现的冲突作出贡献,法国总统密特朗邀请南非领导人参加法语非洲国家首脑会议。但是,南非新政府成立初期的外交政策比较谨慎,不承担超过本国能力的国际义务,特别在财政援助和军事力量卷入问题上更加慎重。

南非政府明确表示,其外交活动服务于国内经济的重建和发展,要求它所有驻外机构宣传"重建和发展计划",争取外部援助。南非新政府对外关系的优先考虑,首先是南部非洲,其次是非洲大陆,第三是西方工业化国家。拉丁美洲、中东欧和亚洲排在其后。但是它认为,亚洲给南非提供了最大的机会和挑战。

南非政府2006~2009年的外交战略计划,旨在应对全球化形势下非洲和发展中国家面临被边缘化的挑战。为此,南非外交政策遵循以下原则:

——非洲大陆的利益在南非外交政策中占中心地位;

——人权问题在国际关系中占中心地位,不仅涉及政治,而且包括经济、社会和环境;

——公平和持久地解决人类面临的问题,只能通过促进世界范围的民主;

——国家间关系应该以正义和尊重国际法为指导原则;

——和平应该是所有国家努力的目标,在和平遭到破坏的地方,应该遵照国际公认的非暴力机制,包括以有效的武器控制规则解决问题;

——多边主义是处理全球范围相互关系的方式;

——在相互依存的世界上,经济发展依赖不断加强地区和国际经济一体化。[1]

---

[1] *South Africa Department of Foreign Affairs Strategic Plan 2006 - 2009.*

## (二) 南非融入非洲

### 1. 立足非洲，倡导非洲复兴

1994年以来，新南非对非洲政策发生了根本性的变化，结束了与非洲的对立，努力融入非洲，在非洲事务中日益发挥重要作用。南非与非洲的交往有三个支柱：加强非洲的多边机构，包括非洲联盟和南部非洲区域组织（SADC）；支持非洲发展新伙伴计划的实施；通过建立有效的对话与合作机制来加强双边政治和社会经济关系。

南非是非洲的地区性强国，其外交战略以非洲为基础，优先考虑的是南部非洲。从曼德拉总统到姆贝基总统都十分重视这个立足点。姆贝基在1999年总统就职演说中强调了南非的非洲属性，他说，南非不能再继续被假定为欧洲在非洲的前哨基地，它是一个处在形成和新生的复杂进程的非洲国家。近年来，南非为促进非洲联合自强，积极参与非洲的维持和平、调解冲突、紧急救灾和发展援助等方面，树立起负责任的地区大国的形象。

姆贝基是非洲复兴的倡导者，他呼吁人们不仅为南非的富强，而且要为非洲的复兴作出贡献，以使21世纪成为"非洲的世纪"。在南非的推动下，非洲国家制定了"非洲发展新伙伴计划"，并建立了一系列相关的机构和机制，以推动非洲的一体化进程。比如，建立非洲复兴协会，探讨政治民主化与传统文化价值的关系，加强非洲国家在教育、通信、经济统计、公共卫生等方面的协调与合作。南非政府还批准建立了"非洲复兴国际合作基金"，作为南非援助非洲国家和利用外部援助与非洲国家搞合作项目的机制。南非与非洲国家关系的改善，也推动了与非洲国家的贸易和经济合作，开拓了非洲市场。2002年非洲联盟成立大会在南非召开。2004年非洲联盟确定南非为"泛非议会"办公机构的东道国。南非还逐渐加大了对非洲和平与安全事务的参与程度。南非加入南部非洲地区合作组织之后，在地区一体化中日益发挥推动作用。

同时，南非政府把本国的经济利益与非洲的发展日益紧密联系在一起。南非利用国际机构和论坛为非洲的利益积极呼吁，包括免除非洲国家的债务，取消发达国家的农产品补贴，争取非洲国家在国际经济中的合法权益。

南非在解决非洲地区冲突当中的举足轻重的调解作用得到非洲内外的公认，卢旺达、苏丹相继请求曼德拉和南非政府调解它们的内战和地区冲突。而南非的国力和地理位置使其能在第一时间投入紧急救援。无论是救助莫桑比克的水灾，还是埃塞俄比亚的火灾，甚至包括美国驻肯尼亚使馆被炸后对伤员的紧急抢救，南非都发挥了不可替代的作用。南非注意与非洲其他地区大国的磋商，共同对解决非洲事务发挥作用，特别是密切与尼日利亚的关系，加强双方在非洲事务中的合作。

南非的未来与非洲和南方国家紧密相连，非洲问题是南非与国际社会交往的出发点，多边机构的计划需要在地区和非洲大陆层面得到加强。因此，南非始终坚持加强非洲联盟和执行"非洲发展新伙伴计划"，使南部非洲关税同盟成为南部非洲发展共同体一体化发展的推动力。和平与稳定对非洲大陆的经济发展非常关键，因此南非将继续努力寻找持久和可持续的办法，以解决非洲大陆的冲突、战后重建与发展。同时，南非努力发展与非洲其他国家的双边关系，实现向每个非洲国家都派出外交代表机构的目标。

### 2. 优先考虑南部非洲

南非新政府对外关系的优先考虑是南部非洲。曼德拉总统在1994年7月中旬做白内障手术后不久，即起程访问莫桑比克，双方签署了合作协定。接着，曼德拉又先后对纳米比亚和津巴布韦进行国事访问。由于过度疲劳，影响眼疾恢复，医生强令他休息，改由时任副总统的姆贝基代表他赴博茨瓦纳，参加南部非洲

发展共同体1994年8月的首脑会议。新南非改变了与邻国为敌的政策，加入地区合作组织，在地区一体化当中日益发挥推动作用。同时，南部非洲国家对新南非也寄予很高的期望。

南非新政府认为，南部非洲国家的和平共处和经济发展，是南非发展的重要条件，主张根据互利和相互依存的原则，促进地区性政治和经济协作。南非在南部非洲发展共同体当中，分工负责金融和投资部门。南非与邻国的贸易，几年间连续大幅度增长，非洲成为仅次于美国的南非第二大出口市场，津巴布韦、莫桑比克、赞比亚是最大买主。南非政府还放松对非洲投资的外汇管制，以鼓励南非企业向非洲，特别是南部非洲投资。南部非洲发展共同体的防务和安全部门，将由坦桑尼亚分管转为由南非负责。维护社会治安不仅成为新南非的当务之急，也是该地区吸引外资、发展经济的先决条件。南非在南部非洲地区经济一体化进程中发挥着主导作用，促进了地区贸易自由化和金融一体化发展，改善了该地区的投资环境，而最大的受益者无疑是地区强国南非。

**（二）南非与西方关系的调整**

南非与西欧和北美有传统的政治、经济联系。为实现经济重建和发展计划，南非需要西方的投资和援助。同时，美国和西欧国家的政府也十分重视南非在非洲的地位，看到占领南非市场对开拓南部非洲的好处，因此争相向南非提供援助。西方对南非虽没有正式的"马歇尔计划"，但是美国和西欧国家及日本等承诺提供大量的经济援助，国际金融组织也向南非敞开大门。西方私人资本对南非市场的兴趣和信心也在提高，20世纪80年代撤出的美国和西欧资本已陆续返回。美国和西欧国家把南部非洲的政治经济发展看做是一个整体，在提供援助时采取促进地区平衡发展的政策，其目的是维护它们在这个地区的传统利益。但是。南非曼德拉政府对接受援助和贷款持谨慎态度，对每一项贷款的附加条件都认真审查，看是否符合本国的利益。以致出现欧共体和日本一再催促南非政府尽快接受援助款项的事情。

姆贝基在长期流亡期间，曾主管非国大的宣传和外交事务，熟悉西方和东方的政治、经济和外交。姆贝基在 1999 年出任总统之后，继续实行以非洲为基础、以西方为重点的全方位外交政策。南非在保持与美国、西欧国家的密切关系的同时，坚持外交政策的独立性。南非与美国双边合作委员会年会定期举行，在政治、经济和安全方面进行广泛的磋商与合作。南非与西欧的传统关系近年来也得到加强，官方和民间的社会、文化和经济往来很频繁。虽然出于道义的援助可能减少，但是西方仍然需要南非作为民主制度的范例，国际资本也会看重南非的发展潜力和姆贝基政府的能力与信誉。

在南北合作当中，南非力主改革南北关系，通过双边和多边会议，包括参加西方 8 国峰会的机会，维护发展中国家，特别是非洲国家的利益。在减免债务、市场准入和公平的贸易条件等方面表达发展中国家的要求。

### （三）倡导南南合作

南非还倡导发展中国家加强合作，改变西方大国主宰一切的局面。2002 年 11 月底世界贸易组织西雅图会议期间，美国总统克林顿有意争取南非支持其提案，但是南非不买账，在抨击欧盟的破坏性农业利益集团的同时，批评美国的贸易保护主义。南非贸易与工业部长指出，西方国家的保护主义已使它们不能发挥任何建设性的领导作用，他倡议有远见的发展中国家起来填补这个空白。南非联合其他农产品出口国，提出取消最不发达国家出口产品关税的动议。在 2003 年 1 月的达沃斯世界经济论坛和 2 月的曼谷联合国贸发会议上，南非与其他发展中国家一道继续呼吁富国对穷国的产品提供更大的市场准入机会，重申全球化不能把贸易和发展分隔开。这种积极的外交活动有助于改变西方大国控制的国际舆论。

南非政府主张，发展中国家应该发挥集体的力量，以应对

"北方"的挑战,并希望在建立国际新秩序当中加强南非与中国的合作。2001年初,南非政府提议建立"南方八国首脑会议"(G-8 South)机制,由中国、南非、印度、巴西等发展中大国组成,通过集体磋商,形成发展中国家的共同声音。南非极其重视中国的作用,因为中国是联合国安理会常任理事国当中唯一的发展中国家,中国的发展经验受到广泛的赞赏,中国的参加和支持将加强"南方"的声音和分量。南非积极倡导和推动发展中国家的磋商与合作,2003年6月成立了南非、印度、巴西3国对话论坛(IBSA),三边合作迅速发展。南非与其他发展中国家一道,继续呼吁富国对穷国的产品提供更大的市场准入机会,重申全球化不能把贸易和发展分隔开来。南非还利用国际机构和论坛,如参加西方八国集团峰会等机会,为非洲的利益积极呼吁,包括免除非洲的债务,取消发达国家的农产品补贴,争取非洲国家在国际经济中的合法权益。

中国对发展中国家的多边合作一直持积极态度。1991年中国与77国集团形成"77国集团+中国"合作模式以来,中国与该组织在多个领域展开合作,特别是在建立公正合理的国际经济秩序方面作出了很大努力。南非为2006年"77国集团+中国"轮值主席国,中、南双方在该组织会有更多的合作机会。中国还参加了包括6个非洲国家的15国集团以及包括8个非洲国家的24国集团在国际领域的磋商与合作。中国与南非在很多方面具有共同语言,除了有关非洲事务中的共识外,双方在更广泛的国际领域有合作的基础。

南非在国际事务中主张多边主义,强调多边合作以应对全球面临的贫困、不安全和欠发达问题,并推进世界的人权、民主、和平与稳定,建立合理的国际贸易秩序,实现可持续发展。

(四) 维护世界和平与安全

1994年建立民主制度以来,南非国内和国外对南非在国际

## 第七章 对外关系

事务中应承担的义务都抱有期望,其中包括对南非在国际维持和平方面的期待。南非政府奉行和平的外交政策,并承担相应的国际义务和责任。作为非洲的地区强国,南非积极参与非洲联盟的维持和平使命。

《南非参加国际和平使命白皮书》(1999年)申明,南非根据本国以往的历史经验,确信任何冲突的解决都可以通过和平的方式,因此南非愿意参与国际权威机构授权和平使命,帮助其他国家的人民解决类似的冲突。南非支持联合国、非洲统一组织(后来的非洲联盟)和南部非洲发展共同体的和平使命。南非可以提供的帮助包括有专门人员组成的各种民间志愿服务(类似解决冲突、监督选举、医疗、清除地雷以及通讯服务),派遣军队和警察参与维和行动。南非政府负责挑选适当的人选参加相关的和平使命。南非派遣维和力量的水平和规模,取决于与该项使命与南非本国利益的相关程度,以及该项和平使命的要求。派遣国家军队参与维和使命,必须有明确的国际授权,以及共同承担执行该项授权的有效手段。南非坚持参与和平使命的自愿原则,并维护国家的尊严不受损害。

对于因战乱和其他原因产生的难民问题,南非的政策是普遍接纳。根据1998年南非颁布的《难民法》(Act 130 of 1998)[①],南非接受有关难民问题的国际条约和非洲统一组织大会的相关规定。南非对待难民问题的基本原则是,禁止拒绝难民入境,禁止驱逐、引渡或者返回他国,条件是以上做法将造成该人由于种族、宗教、政治观点或因为是某个社会集团的成员而遭到起诉,或者该人的人身安全和自由受到外部因素的威胁。

在种族隔离时期,南非黑人解放运动成员和反对种族主义制度的民主人士得到国际社会的庇护,特别是非洲国家为南非

---

① 1998年《难民法》2000年4月1日生效。

流亡人员长期提供避难所并支持他们的斗争。因此，南非新政府和民众对非洲国家由于战乱或其他政治原因到南非寻求避难的人抱同情态度，并给予庇护。根据南非内政部的数据，到2004年底，南非官方承认的难民共2.7万人，其中多数是安哥拉人。南非政府内政部向难民发放联合国的难民旅行证件。每年内政部的此项财政支出为1100万兰特。[1] 从2005年5月起，向在南非境内的难民发放智能身份证，使证件更加安全，信息不会丢失。到2006年年中，难民事务部门加快了办理难民申请工作，以解决积压的11万多人的申请[2]，帮助符合标准的寻求避难者得到承认和安置。内政部还帮助难民当中有专门技术的人在南非经济中发挥作用。南非政府还与联合国合作，在难民所属国家具备了接纳条件时，与其签订相关的安排难民返回国内的协定。

对于国际安全与反对恐怖主义问题，南非有自主的政策。南非政府对美国的反恐战争提出了明确的原则：在采取任何军事打击行动之前，必须有不可辩驳的证据；打击恐怖主义必须有明确的目标；军事打击不要伤及平民；反恐要在联合国的协调下进行。姆贝基总统在2003年2月在南非议会发表的国情咨文中，强调了南非实现21世纪和平发展的主张。他指明，南非由于以往的历史遭遇，更加珍惜自由与和平，希望21世纪不同于20世纪，新世纪应该是非洲和平与世界和平的世纪。南非主张以和平方式解决国际冲突，因此支持维护和平的努力，反对战争行为，包括伊拉克战争。[3] 南非主张联合国发挥更大的作用，在国际法原则下通过多边努力维护世界和平。

---

[1] *Cape Argus* (Cape Town), 2004/12/06.
[2] *South Africa Yearbook 2006/2007*, Chapter 12.
[3] "State of the Nation Address of the President of South Africa, Thabo Mbeki", *Houses of Parliament* (Cape Town), 2003/02/14.

第七章 对外关系　South Africa

## 第二节　同非洲国家的关系

1994年新政府成立后,南非开始了与非洲关系的新篇章。南非对非洲的政策是认同、融入、合作、共同发展。南非是非洲的地区性强国,其外交战略以非洲为基础,优先考虑南部非洲。近年来,南非促进非洲国家联合自强,积极参与维持和平、调解冲突、紧急救灾和发展援助,树立起负责任的地区大国的形象。南非注意与非洲其他地区大国的磋商,共同为解决非洲事务发挥作用。

一　融入非洲

(一)与非洲国家关系正常化

南非新政府成立后,很快与非洲国家普遍实现了国家关系正常化,并积极参与非洲大陆的政治、经济组织的活动。南非总统曼德拉出席了1994年5月13~15日在突尼斯举行的非统组织首脑会议,并被选为第二副主席。随后,南非于5月23日成为非统组织的第53个成员。截至1996年2月,南非已经与50个非洲国家建立了正式的外交关系,在25个非洲国家设立了外交代表机构。[①] 1997年1月8日,南非与利比里亚建立了外交关系。唯一尚未与南非建立正式外交关系的非洲国家是陷入内战的索马里。2004年9月15日,南非与撒哈拉阿拉伯民主共和国(西撒哈拉)建立大使级外交关系,导致摩洛哥召回其驻南非大使,但是摩南两国继续保持外交关系。2007年10月26日,南非驻联合国大使提出支持摩洛哥允许西撒哈拉自治的解决方案。

---

① *South Africa Official Yearbook 1996*, pp. 179–180.

### (二) 参与非洲联盟建设

南非加入非统组织后，参与到非洲联盟（以下简称非盟）的组建进程之中。1995年，南非在埃塞俄比亚设立大使馆，大使兼任南非驻非统组织的外交代表。1995年6月，南非副总统姆贝基率团参加非统组织部长理事会和非洲国家政府首脑会议。南非参与非统组织在非洲发展与和平安全方面的工作，并积极促进非统组织向非盟过渡。

1999年9月9日在利比亚的苏尔特市举行的非统组织第4次特别首脑会议，在《苏尔特宣言》中提出建立非盟和泛非议会。随后，2000年5月27~29日，在利比亚首都又召开了由法律专家和非统组织成员国议会代表参加的专门会议，就此进行讨论，形成一个报告草案，由法律专家组和议会代表组通过。紧接着，非统组织成员国外交部长会议于5月31日至6月2日在利比亚举行，讨论非盟宪章草案。2000年7月10~12日，在多哥首都洛美举行的第36届非洲国家首脑会议，通过了《非洲联盟宪章》（以下简称《非盟宪章》，所有成员国都在《非盟宪章》上签了字。2001年3月，姆贝基率领南非代表团参加在利比亚苏尔特举行的非统组织/非洲经济委员会第5次特别高峰会议，峰会根据成员国的一致意见，通过了成立非盟的决定。按照决议，在2/3的成员国批准《非盟宪章》30天之后，该宪章开始生效。

南非总统姆贝基于2000年9月8日签署《非盟宪章》，南非议会于2001年2月27日批准该宪章。南非在2001年4月23日向非统组织秘书长递交了批准《非盟宪章》的文件，成为批准该宪章的第35个非洲国家。尼日利亚在2001年4月26日递交批准书，是第36个批准宪章的国家，使得批准国家的数量达到法定的2/3，因此该宪章从2001年5月26日开始生效。南非在2001年7月成为非统组织/非盟的三个主席国家之一，任期3年。

## 第七章 对外关系

2001年7月9~11日,非统组织第37届成员国首脑会议在赞比亚首都卢萨卡举行。会议召开之时,非统组织53个成员国当中,有50个已经批准了《非盟宪章》。这次高峰会议被称为非洲发展历史上的里程碑,1963年成立的非统组织将结束历史使命,同时非盟正式宣告成立。大会选举了科特迪瓦前外长阿马拉·埃西为新任秘书长,接替担任了12年非统组织秘书长的萨利姆。埃西将在非统向非盟的过渡进程中负责秘书处的工作。

经过一年的过渡准备,非盟在2002年7月如期于南非的德班市举行成立大会。50多个非洲国家的元首和政府首脑出席大会,体现了非洲国家的团结愿望和自主发展的决心。非盟成立后关注的首要问题是促进和维护非洲国家的和平与安全。德班峰会上通过了《建立非洲联盟和平与安全理事会的议定书》,非盟据此成立了和平与安全理事会,以取代以前的"预防、处理和解决冲突机制"。和平与安全理事会由非盟大会选举产生的15个成员国组成,非洲各地区有平等的代表权,并实行轮换制度。作为非盟处理集体安全和预警安排的常设决策机构,和平与安全理事会旨在及时应对非洲可能发生的冲突和危机,还负责制定非洲大陆共同的防务政策。到2003年9月,和平与安全理事会下属机构的建立也取得进展,其中包括非洲常备部队、智者论坛、预警机制和支持和平与安全理事会活动的和平基金。2004年2月,南非财政部长宣布,将在3年内拨款1.65亿美元用于南非在非洲大陆的维和任务,以此作为对非盟和"非洲发展新伙伴计划"的支持。除了资金支持外,南非还参与了非盟的多项维和使命。

泛非议会于2004年9月16日在南非米德兰的伽拉格尔举行开幕典礼,这里是泛非议会在2010年前暂时的办公地点。为泛非议会总部设在南非,并为它建设永久办公地点的准备工作,都在进行之中。2006年5月泛非议会第五次会议在南非约翰内斯

堡召开。南非已经批准《非洲人权法庭议定书》,南非大法官恩厚佩被任命为11人组成的审判法庭的成员。

(三) 推动"非洲发展新伙伴计划"的制定和实施

20世纪70年代中期,非洲国家把经济社会发展的任务提上日程。1980年在尼日利亚召开的非统首脑会议通过的《拉各斯行动计划》,是非洲第一次提出自己的经济发展计划,是朝着实现经济一体化目标迈进的重要一步。

1991年的《阿布贾条约》是"拉各斯行动计划"的具体化。在尼日利亚召开的非统首脑会议通过并签署的《阿布贾条约》,肯定了非洲大陆以前所做的促进经济一体化的努力,决定在以往努力的基础上建立"非洲经济共同体"(AEC),分6个阶段(计划34年)完成非洲经济共同体的建设。[1] 但是,当时的国际环境没有给非洲实施自主发展计划的机会。每当非洲提出自己的经济发展计划,试图把非洲团结起来,都遭到西方的威胁和打压。"拉各斯行动计划"提出之后,世界银行立即炮制一个《伯格报告》,干扰"拉各斯行动计划"的实施,诱迫一些非洲国家实施世界银行和国际货币基金组织强加给非洲的结构调整计划。

1991年的《阿布贾条约》决定建立非洲经济共同体,到1994年5月批准该条约的成员国达到法定的2/3多数,条约正式生效,并开始运行。1996年11月,非洲经济共同体的经济社会委员会在科特迪瓦首都阿比让召开第一次部长级会议,会上通过了促进非洲大陆一体化进程的工作计划。

南非作为非洲的经济大国,新南非政府有意在非洲经济一体化进程中发挥更积极的作用。南非在1997年10月10日签署《阿布贾条约》,2000年11月3日,南非议会批准加入该条约。

---

[1] http://www.panafricanperspective.com/aec.htm.

同时，南非积极推动非洲制定一个自主发展的战略和计划，即"非洲发展新伙伴计划"。

"非洲发展新伙伴计划"是非洲大陆应对经济全球化和实现可持续发展的纲领和战略，简称 NEPAD。它是非洲复兴思想的具体体现，来源于由南非、尼日利亚和阿尔及利亚等国起草的"非洲千年复兴计划"和塞内加尔起草的"奥米加计划"。2001年5月，两个文本融合为统一的发展规划，即"新非洲行动计划"（A New African Initiative）。

"新非洲行动计划"在2001年7月的卢萨卡非统组织首脑会议上通过。2001年10月，在尼日利亚首都阿布贾召开的实施委员会15国政府首脑会议上，"新非洲行动计划"改名为"非洲发展新伙伴计划"，该计划实施的基础是非洲的地区合作组织，其目前关注的重点是调整与发达国家和国际组织之间的关系。

"非洲发展新伙伴计划"在2002年7月南非德班召开的非盟成立大会上得到确认。为了具有更广泛的代表性，更充分地动员非洲大陆的资源，实施委员会由15国扩大到20国。"非洲发展新伙伴计划"主要在经济发展方面促进非洲一体化战略的落实。为此，2002年下半年先后召开了非洲国家财政和计划部长会议，以及通信、农业、科技和工业发展战略等方面的研讨会。

"非洲发展新伙伴计划"得到国际社会的普遍响应。2002年6月，在加拿大举行的西方八国首脑会议作出支持"非洲发展新伙伴计划"的决定，通过了"八国非洲行动计划"，承诺作出与非洲的努力相称的援助，包括实现非洲的和平，促进专业人员的培养和能力建设，鼓励贸易和以增长为导向的直接投资，以及提供更有效的官方发展援助。

"非洲发展新伙伴计划"的秘书处设在南非米德兰的南部非洲开发银行。

## 二　与非洲国家的经济关系

### (一) 以非洲为基础的发展战略

南非把本国的经济利益与非洲的发展紧密联系在一起。在推动制定"非洲发展新伙伴计划"之后，南非政府还批准建立了"非洲复兴国际合作基金"，作为南非援助非洲国家和利用外部援助与非洲国家搞合作项目的机制。当然，南非并不只是付出，南非与非洲国家关系的改善，也推动了与非洲国家的贸易和经济合作，开拓了非洲市场。同时，南非利用国际机构和论坛为非洲的利益积极呼吁，包括免除非洲国家的债务，取消发达国家的农产品补贴，争取非洲国家在国际经济中的合法权益。

南部非洲是南非传统的经济合作区域，以南部非洲共同体为一体化的载体，是南非经济向非洲拓展的基地。近年来，随着非洲经济的发展，南非政府与企业界重视非洲一体化所带来的商机。南非除与南部非洲发展共同体国家和部分英语非洲国家的经贸联系之外，与非洲其他国家的经济关系迅速发展。南非与非洲国家的经贸关系呈现全面进展的态势，南非利用其在非洲的区位及其知识和人才优势，正在成为非洲国家最重要的贸易伙伴、投资来源和市场整合力量。

### (二) 南非经济在非洲经济中的地位

南非面向非洲的经济战略与非洲国家的发展是相互需求、共同受益的关系。

20世纪90年代中期，即在政治变革之前，南非的经济总量已占非洲大陆生产总值的1/4，约占撒哈拉以南非洲的40%，占南部非洲的80%。2000年，南非的国内生产总值占撒哈拉以南非洲的近47%，按购买力平价计算，占38.18%。南非占非洲工业产出的40%、矿业产出的45%、发电总量的

50%以上。① 2001年，南非国民收入总值占非洲的22.8%，占撒哈拉以南非洲的39.6%，占南部非洲的70.3%。② 2002年，南非的GDP占非洲大陆的19%，占撒哈拉以南非洲地区的33%，占南部非洲的64%。③

非洲移动电话市场在过去5年间的增长速度超过世界其他地区。南非占非洲大陆电话拥有总量的1/2（包括固定和移动电话）。2004年底，非洲的移动电话用户达到7680万，占人口总数的8.8%，相当于固定电话的近3倍。④ 南非在非洲大陆移动电话拥有量的比例在20世纪90年代初几乎为100%，但是到90年代中后期，非洲其他国家的移动通信开始快速发展，并逐渐超出南非的拥有量。南非移动电话用户占非洲的比例约为40%，仍是非洲最主要的用户。⑤

**（三）非洲是南非重要的贸易出口市场**

国内投资环境的改善，国际市场对南非的空前开放，不仅使南非传统的矿产品和农产品出口量大增，而且制造业产品的出口也大幅度提高，其中大部分面向非洲国家。

南非与非洲国家的贸易，自1990年以来大幅度增长，尤其是南非向非洲国家的出口增长更快。1991年南非向非洲国家商品出口额为50亿兰特（约合18亿美元），2002年增长到430亿兰特（约合43亿美元）。根据南非贸易与工业部的统计数字，近年来南非对非洲的出口占其出口总值的12%～14%，超过对

---

① www.SouthAfrica.info/ The Official Gateway/South Africa: economic overview.
② 根据世界银行《2003年发展报告》表1、表a数字计算。
③ "South Africa's Business Presence in Africa", *South Africa Foundation Occasional Paper*, No. 3/2004.
④ *This Day* (Lagos), 2005/07/21.
⑤ "South Africa's Business Presence in Africa", *South Africa Foundation Occasional Paper*, No. 3/2004.

美国和很多欧盟国家的出口。南非向非洲国家的出口商品大部分是高附加值产品，如机械、钢铁制品、运输车辆、化工产品、塑料和橡胶产品等。非洲市场对南非制造业的支持作用日显重要。

南非从非洲国家的进口增长却赶不上出口。到 2004 年，南非从非洲国家的进口总值仅占出口的约 1/3。但是，南非从非洲国家进口的石油近年来大幅度增长，与撒哈拉以南非洲最大的石油生产国尼日利亚的贸易总额中，南非的进口约占 64%（8 亿美元），其中主要为石油产品。①

南非向非洲国家的出口，2003 年占南非出口总额的 13.68%，2004 年占 10.2%。南非从非洲国家的进口，2003 年占其进口总额的 3.15%，2004 年南非从非洲国家的进口额绝对值增加了约 30%，但是占南非总进口的比例只上升到 3.4%。②

**（四）南非是非洲国家最大投资来源之一**

南非经济和非洲经济近 10 年来的稳定增长，为吸引外部投资创造了基本的条件。同时，中东地区持续的不稳定状态，如伊拉克战争，以及亚洲地区的恐怖主义活动造成的投资风险，正促使国际投资者在包括非洲在内的其他地区寻找机会。国际商业咨询业界对非洲地区的投资机会正在觉醒。同时，由于南非与非洲其他地区的广泛联系，国际投资公司及其顾问们对南非特别关注。根据美国克罗尔风险咨询公司非洲部经理分析，南非处在最有利的位置来收获国际社会对非洲的关注。③

南非在非洲国家投资的主要领域除传统的优势产业如矿业、土木工程建设、农业、旅游业、制造业和服务业外，近年来加大

---

① *Inter Press Service*（Johannesburg），20050827.
② *South Africa Yearbook 2005/2006*, Economy, Foreign Trade; *Structure of South African Trade*, *Exports and Imports 1992 - 2006*.
③ *Business Day*（Johannesburg），2004/10/13.

了在非洲国家能源产业的投资（石油和天然气），以及在新兴的通信技术行业的投资。南非的经济管理体制、贸易与汇率控制的自由化进展，为南非公司在非洲地区扩张提供了条件。南非英美公司所属的盎格鲁铂金公司（Anglo Gold）在收购加纳的阿杉提（Ashanti）金矿后，已经跃居世界首位。南非酿造公司（SAB Miller）已经跻身世界最大酿造公司之列，在包括非洲在内的40个国家控制着160多家工厂。

根据2004年9月联合国贸易与发展会议年度报告，南非是非洲国家最大的外部投资来源，同时也是该地区对外资最具吸引力的国家。联合国贸发会议的《2004年度世界投资报告》称，南非占非洲对外直接投资流出总量的60%，该国排在发展中国家对外直接投资的第9位。

根据《南非2004年财政预算报告》，南非对非洲国家的投资1994年为54亿兰特，2001年为268亿兰特。根据南非"透明非洲"网站（Liquid Africa）的数据，南非对非洲的投资总额在1990～2000年间共125亿美元。同期，美国居第二位，对非洲投资总额为100亿美元，大大领先于英国、德国等国家。根据南非基金会2004年的研究报告，在1990年国际社会逐渐解除对南非的经济制裁之前，南非在非洲的投资仅为85项。1991年以来，南非资本向非洲的投入大幅度提高。到2004年3月，南非主要的80多家公司在非洲的投资项目达到460个，其中37%的投资额投入南部非洲关税同盟国家。1996年以后的增长超过以往投资的100%。

南非国有金融机构近年来在非洲的开拓主要发挥两种职能，一是为非洲国家的发展项目提供资金，二是为南非企业和国际公司在非洲国家的业务提供金融工具。南非工业开发公司1999～2003年间为非洲国家提供的资金占其金融保险业务量的22%。南非的南部非洲开发银行已经把业务扩大到本地区之外，为非洲

其他地区的能源、电信、供水、交通、旅游、金融服务和农业等部门提供投资。① 南非工业开发公司和南部非洲共同体还在研究和信息数据方面为非洲和国际投资者提供服务。

1994 年以来，南非每年参与近百个非洲国家的援助项目，涉及农业、教育、卫生、职业培训和社会福利等领域。

(五) 重视地区性基础设施

近年来，随着"非洲发展新伙伴计划"的制定和实施，一些跨地区的大型基础设施项目正在非洲兴建，包括南部非洲、西非和东非地区的电力网络、西非四国天然气管道系统，信息通信技术在非洲的推广和运用正在非洲迅速发展。最令人瞩目的是，环绕非洲大陆的海底光纤通信电缆，已经有了非洲西海岸海底电缆，目前非洲东海岸从南非德班到非洲之角吉布提的海底光纤电缆工程也完成在即。② 这将大大提高非洲国家间和与非洲大陆之外的电信联系，缩小非洲与世界其他地区的数字化差距。

南非在通信、电力和信息化等基础设施和人才方面的优势，将使其在非洲一体化过程中发挥作用。南非是非洲电信领域"部长级监督委员会"（1998 年成立）的主席国，利用本国的产业优势，推动非洲大陆电信业的发展，支持非洲通信联盟提出的多项重要的发展计划，包括电子医药、电子卫生、电子教育、电子农业等。南非国有电力公司（Eskom）是南部非洲供电网络的主要推动力量，并且也在关注本地区以外的电力建设项目。南非交通网络公司（Transnet）所属的铁路网公司（Spoornet）在十几个非洲国家参与运营和管理铁路运输，其所属的港口当局为非洲国家的港口管理提供培训和咨询。③

---

① *South Africa Foundation Occasional Paper*, No. 3/2004.
② *Bua News*（Tshwane），20050824.
③ *South Africa Foundation Occasional Paper*, No. 3/2004.

## 第七章 对外关系

随着非洲市场对南非的开放,南非在非洲国家的建筑业也有大幅度的拓展,其中很多建筑工程带给南非与非洲相关国家贸易和投资的增长,特别是在石油、天然气部门,比如安哥拉、尼日利亚、刚果(金)、坦桑尼亚和西非几内亚湾的产油国家(加蓬、赤道几内亚、喀麦隆等)。

在承包工程的同时,南非管理和服务业的优势也得到发挥,比如有关建筑、工程、咨询公司,有关研究机构的专业技术人员,已进入非洲国家。南非服务业的优势在饭店业、旅游业、商业方面也得到非洲国家的承认。[1]

南非对非洲国家的拓展还具有整合地区市场的作用。比如南非西开普省政府计划建立"西非地区石油和天然气服务中心",旨在帮助南非企业开发非洲西海岸(从安哥拉到尼日利亚)诱人的近海石油天然气资源,使西开普省发展成为非洲的石油和天然气供应港。另外,南非完善的经济环境和设施,使它成为外国石油天然气公司在非洲的理想基地。[2]

### 三 南非与南部非洲一体化进程

#### (一) 经济发展一体化

从1994年开始,南非与南部非洲国家的合作关系进入了平等互惠的新阶段。南非把南部非洲一体化发展放在其对外经济关系的首位。

南非1994年被接受为南部非洲发展共同体成员。当时正值该地区组织开始调整其战略和政策,以适应南非种族隔离制度结束后的地区形势。新政府领导下的南非,发现自己与现有地区组织的基本原则和目标有共同之处。很自然,长期支持南非黑人解

---

[1] *South Africa Foundation Occasional Paper*, No. 3/2004.

[2] *Business Day* (Johannesburg), 2004/09/01.

放运动而遭受南非白人政权军事和经济打击的邻国,对南非寄予很高的期望。作为地区强国,南非应该也有意发挥领导作用,但南非表示并不谋求控制地位,因为控制会造成与其合作伙伴的距离。而且,南非必须先考虑国内需求,然后是地区发展的日程表。在加入南部非洲发展共同体初期,南非对地区事务采取谨慎和抱歉的态度。考虑到国内黑人多数要求改善生活条件的紧迫任务,南非明确表示,地区发展不能仅是南非向其他南部非洲国家提供帮助,而应是通过密切合作对开发地区资源进行协调,共同利用技术专家,实现贸易一体化,促进规模经济的形成。在南非日益成为地区合作的重要角色的情况下,南非官方和非政府范围内似乎有日益明显的愿望,希望在地区事务中发挥适当的领导作用。

南非政府各部门与南部非洲发展共同体相关部门建立了合作关系。1995年,南部非洲发展共同体在约翰内斯堡举行成员国首脑会议。曼德拉在会上表示,南非的命运与邻国的发展息息相关。1996年,在莱索托首都马塞卢召开的共同体高峰会议上,曼德拉被选为南部非洲共同体主席,任期从1996年8月到1999年8月。此次共同体会议总共通过了四项议定书,其中包括《南部非洲贸易议定书》。此后,就议定书具体操作的谈判主要集中在削减关税的时间表、原产地规则、纠纷解决机制、糖业的专门安排、消除非贸易壁垒,以及关税和贸易文书的统一等方面。上述问题达成一致之后,议定书在2000年9月1日正式启动。南非批准了《南部非洲贸易议定书》,促进南非企业到南部非洲国家投资,扩大了与南部非洲国家的贸易。到2005年年中,除了安哥拉、刚果民主共和国和马达加斯加以外,其他成员国都开始实施该议定书。共同体国家间在海关文书和程序一体化方面取得进展,并准备签订《海关管理合作与相互支持备忘录》。

南部非洲发展共同体成员国缴纳会费的原则是各国均摊,以

第七章　对外关系

使各国平等参与共同体的决策。南非在 1996 年的会费为 120 万兰特，此外，南非还为共同体的交通委员会、农业部门等提供经费支持。

（二）政治安全合作

南非成功的政治过渡和经济的稳定恢复，具有榜样的作用，给南部非洲地区稳定带来积极因素。南非的政策是在南部非洲积极推行其外交政策原则，并鼓励该地区国家改善人权状况，推进民主，在该地区实现持久的和平与安全。南非的新民主制度和曼德拉总统的崇高威望，成为南非的道德力量，推动着南部非洲地区和平与稳定的发展。

南非政府对于其军队参与地区维和行动，确定了应该遵照的原则。《南非国防白皮书》强调，南非国防军已经从种族隔离时期的孤立主义和进攻态势，转变为保持基本的自卫态势，并为建立南部非洲地区安全作出贡献。南非强调通过与其他国家合作以预防冲突，主张把使用和威胁使用武力作为最后的手段。因此，南非军队参与别国的维和行动，必须具备以下条件：该行动要得到联合国安理会、地区组织的认可；必须得到南非议会的批准和支持；该行动必须有明确的授权、使命和目标；必须有可行的进入和撤出标准。南非参与维和行动，不仅限于军队的部署，还应包括提供设备与后勤支持、技术服务、通信设施，以及医务人员和设备。除了必要的法律依据之外，公众对南非参与国外维和行动的广泛支持也很重要。南非军队的跨界行动，不仅有维和行动，而且包括跨界救援工作，比如协助邻国大选期间的维持社会秩序和救灾任务。[①]

南非在该地区维护和平的作用，表现在调解 1994~1995 年

---

① 《南非国防军在非洲维和行动中的作用》，http://www.mil.za/articles&papers/peacekeeping.htm。

## 南非

莱索托政治危机,推动安哥拉的和平进程,参与1997年刚果(金)的政权过渡。1998年刚果(金)内战再次爆发后,南非坚持以和平谈判途径解决该国冲突。南非参加了联合国在刚果(金)的维和行动,向刚果(金)派遣了1264名军人,以及派出22名军人协助该国军队整合与培训。上述和平使命应该在2007年6月到期。南非政府在2007年3月决定将在刚果(金)的维和使命延长一年。

清除地雷是南部非洲普遍关注的重要安全问题。南非在1997年向莫桑比克提供1200万兰特,资助莫桑比克的清除地雷计划。南非的米切姆机械化工公司与南非政府签订合同,负责扫雷工作。莫桑比克和安哥拉是世界上受地雷危害最严重的国家。南部非洲发展共同体的专家使用卫星技术测定地雷分布情况,以便在该地区进行更系统地清除地雷行动。南非与其邻国在安全方面的合作还包括,在边界地区共同巡逻并协调行动以反对毒品和轻武器走私。

南非发挥带动作用的另一个明显的例证,是2000年5月提出的禁止从冲突地区走私钻石的动议,目的是制止钻石生产国的武装反对派利用钻石走私的收入继续打内战。走私钻石占世界钻石市场的4%,南部非洲的安哥拉和刚果(金)深受其害。南非的动议得到40多个钻石出口、加工和进口国家的响应,成为共同提案国。联合国大会在2000年12月通过了以南非动议为蓝本的决议,要求国际社会关注钻石走私对一些国家持续内战所产生的负面影响,以及对相关国家和地区的和平与稳定的破坏。

在政治方面,南非也积极参与南部非洲发展共同体促进该地区国家政治民主化的努力。对于津巴布韦出现的政治危机,南部非洲发展共同体坚持把解决本地区问题的主导权掌握在自己手里,反对西方国家实施对津巴布韦的制裁。南非接受共同体的授权，在调解津巴布韦政府和反对派的政治冲突中发挥了建设性的作用。

## 第三节 同欧洲国家及欧盟的关系

由于南非种族隔离时期的统治民族来自欧洲，因此南非与欧洲的关系有一种血缘和文化的联系。1994年新南非政府建立后，与欧洲国家和欧盟的关系全面发展。南非与所有欧洲国家都建立了外交关系，并与欧盟保持经常性交往，双方在高层政治协商、经济关系和发展援助方面交流频繁。南非与英国、法国、德国、瑞典、西班牙、意大利和葡萄牙建立了双边政治和经济委员会。南非与部分北欧国家建立了双边政治磋商机制。南非与欧洲国家的多边对话包括全球化、市场准入、债务减免、联合国安理会的作用及其改革，以及裁军和人权等话题。

### 一 与英国的关系

南非与英国的关系，占其与西方关系的首位。从1795年英国占领开普殖民地，到英国在南非全境确立宗主国地位，英国的殖民统治给南非的政治制度、经济发展和社会文化留下了延续至今的影响。英国在南非有重要的政治经济利益。

**（一）政治、军事关系**

1910年南非联邦成立后，虽然英国对南非不再直接统治，但是英国在南非建立的政府、军队、司法制度继续存在。南非作为英联邦的成员，继续与英国维持着密切的关系，虽然阿非里卡人中敌视英国、欲摆脱英国影响的势力在增长。

与英国的关系，是南非白人政治争论的重要问题。其中以两

## 南非

次世界大战期间阿非里卡人政党的分歧为最明显的例证。第一次世界大战时,英国对德宣战后,南非像其他英属自治领一样,自然参战。英国要求南非政府出兵占领德属西南非洲的港口和首都。一部分阿非里卡人对英布战争的旧恨未消,反对南非站在英国一边打击德国,因而举行武装反叛,但是被路易斯·博塔政府镇压。南非军队进军西南非洲,于1915年5月占领温得和克。南非将军史末资,指挥英皇家军队在东非与德国人作战,成为英国战时内阁的成员,并对国际联盟的建立作出贡献。①

第一次世界大战后,阿非里卡人中的自治倾向进一步发展。1925年,阿非里卡语代替荷兰语,成为与英语并列的南非官方语言。此后,赫尔佐格政府(1923年上台),要求英国承认南非联邦的平等地位。1927年的《贝尔福宣言》规定了英国与其自治领的关系,承认自治领在大英帝国之内的自治地位,与英国没有附属关系,相互平等。同年,南非政府建立了自己的外交部,1929~1930年间,英国高级专员和英国总督的职务分开,前者代表英国政府,后者代表英王。② 1931年英国议会通过《威斯敏斯特条例》,确认了《贝尔福宣言》的原则。南非议会1934年通过《联邦地位法》,确定了南非议会的立法主权地位。同年,南非与一些欧洲国家建立了直接的外交关系。

第二次世界大战开始,1939年英国对德宣战。同年9月4日,史末资政府的参战动议在南非议会通过。南非参加第二次世界大战,加强了与英国和其他同盟国的关系。史末资成为英国的陆军元帅,并成为丘吉尔制定盟军战略的重要顾问。二战后,史末资参与筹建联合国,并参与起草联合国宪章序言。二战中,由

---

① Leonard Thompson, *A History of South Africa*, Yale University Press, 1990, p. 159.
② *South Africa Official Yearbook 1989/1990*, p. 12.

## 第七章 对外关系

于军品生产的大量需求带动了南非制造业的增长,促进了南非工业和交通的发展。

二战后,世界范围的民族独立运动不断发展,特别是非洲反殖斗争的兴起,使南非白人种族主义统治感到威胁。这成为1948年南非白人大选当中,鼓吹白人至上的阿非里卡人的国民党,以反英和反共口号和以种族隔离为竞选旗帜,击败史末资领导的联合党的原因。

国民党上台后,一方面在政府和军队中削弱英国的影响,排挤英语白人;而另一方面采取亲英国政策。国民党政府由阿非里卡人独占,英语白人在1961年才有人进入内阁。在军队中,有作战经验的英语白人军官被忠诚于国民党的阿非里卡人代替。1955年南非与英国达成协议,两年后,西蒙斯敦海军基地由英国移交给南非,至此,英国放弃了在南非保留的最后一块领地。但是,英国仍是南非最主要的武器和军用飞机的供应者,并继续与南非的空军和海军保持关系。1957年,南非联邦旗帜成为唯一的国旗,而阿非里卡人的《呼声》(Die Stem)成为唯一的国歌。然而,国民党政府在对外关系方面却有赖于英国的支持。在非洲的民族独立浪潮和所谓"共产主义威胁"面前,马兰政府的《非洲宪章》以反共、反非洲独立为目标,而采取了亲英政策,以得到英国的保护,认为英国对文明的影响是不可避免的,英国的领导和保护是不能缺少的。南非甚至想与英国结成军事同盟。

但是,在第二次世界大战后,英国调整了在非洲的政策。英国在考虑它在南非利益的同时,也顾及它在南部非洲的其他利益。英国和中非联邦(赞、津、马)都决心限制南非的影响。国民党上台后,南非进一步表示对贝专纳(博茨瓦纳)、巴苏陀兰(莱索托)和斯威士兰3个英国保护国的野心,与英国的利益发生矛盾。英国充当该3国保护人的角色,反对南非

的吞并企图,直至这 3 个国家在 20 世纪 60 年代获得独立。1960 年,英国首相麦克米伦访问南非,发表了著名的非洲大陆"变革之风"的演讲;并表示,如果南非企图阻挡非洲民族主义运动,英国不会支持南非。这引起白人当局的不满,决定一意孤行。1960 年 10 月 5 日,南非白人公民投票,赞成把联邦改为共和国。1961 年 3 月英联邦伦敦会议期间,南非的种族隔离政策遭到批评,南非退出英联邦,并于 1961 年 5 月 31 日正式改名为南非共和国。1964 年英国工党政府上台后,决定执行安理会 1963 年的对南非自愿武器禁运的决议,但是继续对南非已有的武器提供配件和弹药。[1]

### (二) 经济关系

南非与英国的经济关系,比与其他西方国家更密切、更重要。同其他英国殖民地一样,南非从 19 世纪开始就是英国的原料产地、商品市场和投资场所。同时,英国与南非之间的通信和交通也发展很快,19 世纪 70 年代开普与伦敦之间建成海底电缆。英国金融业也扩大到南非。

英国对南非贸易的控制地位,在 19 世纪中期就已形成。1865 年,英国占南非进口的 80%,占南非出口的 85%。[2] 英国作为南非的第一大贸易伙伴的地位,一直持续到 20 世纪 70 年代末,英国每年向南非的有形出口额达 10 亿英镑多一点,被认为是南非最可靠的贸易伙伴。[3] 1978 年,美国超过英国成为南非第一大贸易伙伴;之后,日本、德国与南非的贸易额也分别处领先地位。但在投资方面,英国始终占第一位。

---

[1] James Barber and John Barratt, *South African Foreign Policy: The Search for Status and Security 1945 – 1988*, Cambridge University Press, 1990, pp. 157 – 158.
[2] 汤普森:《南非史》,第 66~67 页。
[3] 〔南非〕1989 年 3 月 31 日《星报》。

## 第七章 对外关系

英国始终是南非最大的外资来源。与南非的经济关系对英国具有重要性，英国在 1978 年占南非外资的 40%。英国海外直接投资的 10% 在南非。英国巴克莱国际银行和标准银行，控制着南非银行存款的 60%。英国公司占南非 2000 家外国公司的一半。英国石油公司和英荷合资的壳牌石油公司，为南非供应 40% 的石油。英国还向南非提供计算机和工业方面的最新技术。[1] 英国巴克莱银行拥有南非第二大银行——南非巴克莱银行 40% 以上的产权。南非与英国在矿业方面的关系极其密切，据来自南非公司的秘密文件揭露，南非大部分金矿和铂矿保安警察的管理、训练和武器装备是由伦敦矿业所的一个"综合金矿公司"（Consolidated Gold Fields）负责提供。[2] 英国在南非的公司为服兵役的雇员提供工资补贴。[3] 20 世纪 80 年代初期，英国公司来自南非的利润总额，等于英国全部公司利润的 2%。英国在南非直接投资为 27 亿英镑，每年获得利润 4 亿英镑。[4] 英国企业界对制裁南非持反对态度。

英国无论是保守党政府还是工党政府，出于英国资本利益的考虑，都在联合国投票时反对强制性制裁南非。1979 年保守党撒切尔政府上台，采取更强硬的反对制裁南非的立场，拒绝英联邦其他成员国要求英国共同采取制裁南非的强硬经济措施。撒切尔政府和美国里根政府，为南非博塔当局改善其国际处境大帮其忙。撒切尔政府极力阻止英联邦国家对南非采取一致的制裁行动。但是，在英国公众的压力下，迫使一部分英国公司在 20 世纪 80 年代撤出南非。据英国贸易和工业部数字，1982～1984 年，英国从南非撤出投资的金额共 1.47 亿英镑，但这只是英国

---

[1] South Africa: Time Running Out, pp. 302 – 303.
[2] 〔英国〕1986 年 11 月 25 日《卫报》。
[3] 〔英国〕1986 年 7 月 27 日《观察家报》。
[4] 〔南非〕1986 年 7 月 01 日《经济日报》。

在南非投资的很小一部分。80 年代中期,英国在南非投资总数为 66 亿英镑,占南非全部外国投资的 1/3。到 90 年代初,英国投资已占南非外资的 1/2。①

### (三) 民间关系

英国与南非的关系带有很多前宗主国与殖民地关系的痕迹和特征。即使在 1961 年南非退出英联邦后,英国与南非的关系,依然很密切。南非的白人中有约 40%(200 万左右)是英裔白人,并与英国保持联系,不少英裔白人持有英国护照,在英国有亲戚。英国是南非白人移民的主要来源,1964~1973 年间,移入南非的白人为 417422 人,其中 168770 人来自英国,约占 40%。因此,英国朝野对南非的关注,比其他国家更多,英国与南非的关系也成为政党间争论的话题。

英国是反对种族隔离运动民众组织最多、最强的西方国家。原因之一就是英国聚集了很多南非的反种族隔离的政治流亡者,其中有白人也有黑人。20 世纪 60 年代初,流亡英国的南非人和英国反种族隔离人士、英国工会领导人共同发起成立"反对种族隔离运动"(简称 AAM)。20 世纪 50 年代曾在南非的反对种族隔离法群众运动中发挥了重要作用的赫德尔斯敦神父,是该运动的领导人。反对种族隔离运动还发展到其他西方国家,推动了国际社会对南非的谴责和压力,并监督和揭露西方政府和公司与南非的关系。英国工会还派代表团到南非,调查英国在南非的公司中黑人工人的待遇。英国《卫报》揭露了南非的一些英国公司压低黑人工资、待遇恶劣的情况,引起公众的愤怒。1974 年,英国政府不得不提出一个行动准则,要求英国在南非的公司自愿执行。80 年代,英国公众响应并支持南非国内要求释放曼德拉运动,掀起广泛的促进活动。1984 年 10 月,赫德尔斯敦神父把

---

① *South Africa Foundation Review*, 1992/4, p. 5.

## 第七章 对外关系

50万人签名的呼吁书交给联合国秘书长德奎利亚尔。英国还是南非黑人解放组织的出版物最多的地方。不少南非人在英国接受高等教育，包括黑人解放组织的一些重要成员也是在英国获得硕士、博士学位。因此，英国文化不仅在南非白人中有很大影响，在黑人中特别在非洲人和印度人中也有广泛的传播和认同，如非国大前武装力量总司令克里斯·哈尼就对英国文学很有兴趣。

另一方面，南非白人的极右势力，特别是右翼英语白人，与英国社会的反共势力和种族主义组织有密切的关系，并得到它们的资助。南非白人保守党1名英裔议员还被选为英国一个右翼组织"西方目标"的副主席，并与英国保守党中的极右分子过从甚密。英国右翼势力还扶持南非祖鲁族"黑人家园"的领导人布特莱齐，把他奉为南非黑人中西方利益的代表，支持他所领导的部落组织——因卡塔自由党，与非国大等黑人解放组织抗衡。

### （四）英国在南部非洲的平衡政策

20世纪80年代，南非与南部非洲前线国家之间的对抗越来越严重。而前线国家中，除两个原葡属殖民地——安哥拉和莫桑比克之外，其余均为前英国殖民地。英国在这些国家仍有经济和战略利益，文化和人员的交往也很频繁。英国在莫桑比克还有大量的经济投入，与莫桑比克的关系比西欧或东欧的任何国家都密切。英国伦罗公司（Lonrho）是参与莫桑比克经济最大的私人公司。英国政府投入4500万英镑用于修复马普托到津巴布韦的林波波铁路，英国海外发展机构——英联邦发展公司大量参与改善莫桑比克交通设施的项目。而且，英国政府准备以军事援助来支持它对莫桑比克的承诺。[①]

英国虽然不同意对南非实施经济制裁，但反对南非对邻国的

---

① 〔南非〕1989年3月23日《每周邮报》。

颠覆破坏,要求南非改善与南部非洲国家的关系。1986年初,英联邦名人小组访问南非,与南非各界会晤,向南非政府提出解决国内政治危机的建议。但是,博塔政权并没有与黑人组织平等谈判的意图,而是以更大规模的武装破坏邻国来回答英联邦名人小组的建议。到20世纪80年代后期,英国为了其在南部非洲地区的利益,把政策重点从南非扩展到整个南部非洲。英国政府通过财政、军事和其他援助,帮助南部非洲国家减轻南非对它们的经济、军事压力。

尽管如此,英国保守党政府仍是南非白人政权的最重要的伙伴。英国首相撒切尔夫人虽然也呼吁南非当局释放曼德拉、缓和种族冲突,但是她一直坚持在非国大宣布放弃暴力之前,她不与非国大对话。

(五) 新南非与英国的关系

南非废除种族隔离建立新制度之后,与英国继续保持特殊的伙伴关系。两国首脑多次互访会晤,两国政府内阁部长的磋商也很频繁。1995年和1999年英国女王两度对南非访问,首相布莱尔1999年1月和11月以及2006年2月3次访问南非。南非总统姆贝基2006年访问英国,并且在国际会议上与布莱尔首相会见。双方部长级官员定期会晤。[①] 南非与英国关系密切,合作领域包括防务、贸易自由化、社会经济发展和艾滋病防治等方面。

南非与英国国家间的双边论坛每年进行一次。2001年6月南非总统姆贝基访问英国,巩固了良好的双边关系,并就"非洲发展新伙伴计划"、钻石走私和南部非洲国家(刚果民主共和国、安哥拉和津巴布韦)的形势等问题交换了意见。

英国是南非主要贸易伙伴之一,2000年双边贸易额达到330

---

① http://www.fco.gov.uk/ Country, Profile & aid.

第七章 对外关系

亿兰特。南非在英国的贸易伙伴中列第 22 位。2006 年英国对南非的出口总额为 22 亿英镑。英国与南非的双边贸易额 2006 年为 70 亿英镑，排在德国之后，列第二位。

英国也是对南非直接投资最多的国家，投资总额为 240 亿英镑。英国政府的贸易与投资机构（UKTI）在南非约翰内斯堡设有总部，在开普敦和德班设有商务分部。该机构为英国在南非的商人和贸易公司服务，也为南非公司到英国投资提供帮助。该机构把南非列为高增长市场。英国公司在南非投资的优先领域包括：农业、机场、教育和培训、环境保护、能源，以及体育和休闲部门。有投资机会的部门包括：汽车业、建筑业、创新产业、金融服务、人寿保险和铁路建设等行业。2005 年，英国巴克莱银行出价 54 亿美元收购南非联合银行（ABSA）50.1% 股权，是多年来最大的一笔外国直接投资。英国与南非的经济合作有天然的有利条件，包括英语为主要的商业语言，相近的法律体系和商业文化。在欧盟—南非合作协定的框架下，2000 年以来英国与南非的经济合作更为顺畅。英国也把南非作为开拓南部非洲的门户，看好该地区将近 2 亿人口的潜在市场。[1] 英国还是南非外国旅游者的重要来源国。[2]

二 与德国的关系

（一）历史联系

在南非早期欧洲移民中，德国血统占 40%，是阿非里卡人的重要构成部分。虽然在相当长的时期内德国由于混战而无力顾及非洲南端，但德国在 1871 年统一为德意志帝国后，即加入帝国主义争夺非洲的角逐。德国觊觎南非新开发的

---

[1] https://www.uktradeinvest.gov.uk/south_africa
[2] *South Africa Yearbook 2003/2004.*

## 南非

钻石矿，1875年一个德国商号派汉堡人阿尔弗雷德·贝特到南非购买钻石，德国资本加入南非的钻石矿和金矿的开发。在南非最大的矿业公司——南非英美公司的前身联合矿业公司中，1/3的股份是德国资本。这一点在第一次世界大战期间对联合矿业公司吸引其他欧洲资本不利，于是该公司转向美国资本，并改名为英美公司，美资占1/2，其他是英资和南非资本，德国资本比例减少了。[1]

1876年，吕德里茨等德国商人向德国首相俾斯麦建议，在布尔人共和国建立德国殖民地，德国宣传机器鼓吹建立德意志南非帝国。19世纪90年代初，德国打通东西非洲的计划与英国的开普—开罗计划产生矛盾，虽然由于《赫耳果兰条约》的签订而告一段落，但德国并未放弃此野心。19世纪90年代下半期，英、德在南非的矛盾转移到争夺布尔人共和国上。1883年，德国侵入西南非洲（今纳米比亚）。同年，德兰士瓦共和国领导人克鲁格游历欧洲，带回一批德国专家，德国垄断资本在布尔人共和国广泛活动。1884年，德国与德兰士瓦签订商约，为德国资本的活动进一步开辟道路。以克卢伯公司为首的德国工业垄断组织，供应德兰士瓦全部铁路设备。以德意志银行为首的德国各大银行在德兰士瓦投资，设分支机构。德国还控制了布尔人共和国的军火工业。1888年，德国获得在德兰士瓦全境生产火药的权利，后又获得生产、销售甘油炸药的特权。1886～1896年间，德国对德兰士瓦的出口贸易由30万英镑增至1200万英镑。英布战争前，德国军舰（1895年1月）开到南非德拉戈阿湾示威，支持布尔人。[2]

---

[1] Duncan Innes, *Anglo American and the Rise of Modern South Africa*, New York：Monthly Review Press, 1984, pp. 91 – 92.
[2] 汤普森：《南非史》，第138页；杨人鞭：《非洲通史简编》，人民出版社，1984，第544~545页。

# 第七章 对外关系

在第一、二次世界大战中，南非均站在英国一方与德国作战。一战期间，南非取代德国占领西南非洲。南非于1934年与德国建立外交关系，随着二战的爆发外交关系中断。但是，阿非里卡人中有一部分人在思想意识上与德国接近。二战前，一些阿非里卡人在德国学习，接受德国的纳粹思想。二战期间，一些阿非里卡人不愿与英国结盟，希望德国胜利，收听德国广播。但是，仍有成千上万阿非里卡人青年参军，投入反法西斯的战斗。第二次世界大战后，南非参与西方对柏林的空运，1951年南非与联邦德国外交关系正常化。至今，法西斯种族主义思想在南非右翼白人中仍有市场，南非极右翼新纳粹组织与欧洲特别是德国的种族主义组织联系密切。

**（二）贸易、投资伙伴**

联邦德国与南非的贸易，在经济制裁处于高潮的20世纪80年代有大幅度的增长。1979年，双边贸易额超过30亿美元。1988年，联邦德国超过日本，成为南非第一大贸易伙伴。据波恩公布的数字：1988年，联邦德国对南非贸易比1987年增长33%，达56亿美元，出口增长30.7%，达33.3亿美元。[1] 据南非1991年《贸易统计年鉴指南》的数字，1990年德国与南非的贸易额为40.13亿美元。德国从南非进口的铬占其该项进口的60%，锰、铂各占50%，石棉占90%。联邦德国的银行在1972~1978年间向南非提供贷款24亿美元；在南非的大公司有33家；在南非的直接投资有3.36亿美元，仅次于英国和美国。在技术方面，德国为南非煤、石油和天然气公司萨索尔公司（Sasol）的3个工厂提供特殊设备，德国在技术和专家方面给南非很大帮助。[2]

---

[1] 〔南非〕1989年3月23日《每周邮报》。
[2] *South Africa: Time Running Out*, p. 304.

德国政府不支持对南非经济制裁。德前总理施密特说过,削减德国的铬供应的30%,将使德国经济增长下降25%,并使250万德国人失业。[1]

(三) 新南非与德国的关系

1994年以来,德国扩大了对南非的发展援助。南非与德国的关系,在1996年两国间建立国家双边委员会之后有很大的发展。双边委员会定期进行会议,合作领域包括政治、经济、科技、文化和环境等方面。到2000年,德国在金融、技术合作方面给予南非的支持达到14亿兰特,成为南非最大的国际合作伙伴。南非与德国建立了国家间合作委员会,以加强双方的政治关系和科学技术、经济联系。2001年7月,双方进行第3次双边委员会会议。2001年6月底,南非总统姆贝基访问德国,与德国总理和总统会谈,讨论"非洲发展新伙伴计划"等非洲发展问题。德国表示坚决支持"非洲发展新伙伴计划",非洲是德国发展合作的主要关注地区。

南非是德国在非洲的最大贸易伙伴。德国是南非的最大贸易伙伴。德国与英国、美国在南非的贸易、投资、金融和旅游业中的地位排在前三位。德国有370家公司在南非有投资,共创造就业机会6.5万个。近年来,德国与南非的经济合作还包括:已经提交南非议会批准的32项发展合作协定;签订了四项价值7.48亿兰特的投资项目;在德国举办了以2010年世界杯为重点的商业和投资大会。德国通过欧盟和八国峰会对非洲的发展提出积极的政策,支持南部非洲发展共同体及其发展计划,包括双边与多边的财政支持。姆贝基总统于2005年11月出席了在波恩举行的非洲伙伴计划大会。[2]

---

[1] 美国国会听政会材料,1981/07/08。
[2] *South Africa Yearbook 2006/2007*, Relations with Europe.

## （四）军事、技术合作

德国承认与南非在空间研究方面的合作。德国国家空间研究机构与南非科学和工业研究委员会之间有长期的合同。1989年5月，联邦德国的一颗卫星（DFS-COPERNICUS）是在南非的哈特比斯和克地面站发射的。

联邦德国向南非出售德国潜艇技术的情况已被报界揭露。联邦德国潜艇工程师声称，第一艘潜艇正在南非桑德罗克（Sandrock）造船厂建造，得到德国国有制造厂家的积极支持。[①] 德国与南非进行有利可图的（军民）两用贸易，德国的公司与法国、意大利和美国公司，一直向南非阿特拉斯（Atlas）飞机公司出售机床和其他非军事设备，而该公司是南非军用飞机制造公司。德国还向南非出口核技术以换取南非的铀。据斯德哥尔摩国际和平研究所1976年的报告，德国参与向南非出售重型武器，并发给许可证。[②]

1994年以后，军事方面的合作包括南非国防军人员在德国进行培训，内容包括潜艇训练和联合国观察员培训。

## 三 与法国的关系

**法**国与南非于1934年建立外交关系，但是二者的关系有更远的历史渊源。组成阿非里卡民族的早期欧洲移民中，有20%是法国血统。他们的祖先1688年因躲避宗教迫害和战祸而逃到南非，被吸收到荷兰移民社会中成为布尔人，断绝了与法国的文化和政治联系。

法国在南非的经济利益不大，法国的主要利益在法属非洲。

---

① 〔英国〕1989年8月29日《卫报》。
② Kunirum Osia, *Israel, South Africa and Black Africa*, University Press of America, 1981, pp. 56-57.

## 南非

在南非钻石和金矿业的发展初期，法国资本也参与进来。但是，到20世纪80年代，法国资本约占南非外资的5%。法国在南非的贸易伙伴中处于第8、9位。法国主要进口南非的矿产品，法国进口煤炭的40%和进口铀的50%来自南非。此外，法国还靠南非供应锰、铁矿石、铬和铂。[1]

法国长期是南非政府主要的武器供应者。法国向南非提供的是军事技术和装备，特别是军用飞机和核能技术。法国没有遵守联合国安理会1963年的对南非自愿武器禁运的决议，20世纪60年代中期以后成为南非武器的主要供应者。南非获得法国先进的喷气战斗机，得到核项目方面的合作，都是通过以色列。此外，法国公司还帮助南非发展导弹雷达系统，卖给南非装有大口径火炮的装甲车，并给南非生产这种装甲车的许可证。60年代初，法国国家飞机制造公司（SNIAS）在南非德兰士瓦省建立阿特拉斯飞机公司，该公司成为南非空军的主要装备——"英帕拉"（IMPALA）和幻影式战斗机的生产者，并具有许可证。法国公司还向南非出售空对空导弹、巡逻艇、潜艇、反潜艇驱逐舰。[2]

法国与南非关系中最引起争议的，是在核能方面的合作。1976年，南非电力供应委员会（ESCOM）和法国一个联合公司（Framatome Alsthom, and Spie-Batjgnolles）达成一个耗资12亿美元的核电站交易，提供了两个核反应装置和两套汽轮机发电机组。[3] 法国公司在南非库伯格（Koeberg）建起两个核电站，1984/1985年度投入生产。[4]

---

[1] *South Africa: Time Running Out*, p. 306.
[2] Kunirum Osia Israel, *South Africa and Black Africa*, pp. 42 – 47.
[3] Kunirum Osia Israel, *South Africa and Black Africa*, pp. 47 – 48.
[4] Robert Scott Jaster, *The Defence of White Power, South African Foreign Policy Under Pressure*, The Macmillan Press Ltd., 1988, p. 167.

## 第七章 对外关系

法国德斯坦政府虽然在1977年联合国安理会通过对南非强制性武器禁运的决议时投了赞成票,也发表过禁止向南非出售武器的讲话,但是这更多的是外交需要,特别是平衡与其他非洲国家的关系。据瑞典国际和平研究所的数字,在1960~1983年,法国公司是南非种族主义政权的最大武器供应者。20世纪60年代,南非武器进口的44%来自法国;1970~1974年间增加到50%;即使到80年代初国际社会对南非普遍实施制裁的形势下,法国供应的武器仍占南非武器进口约30%。[1]

南非与法国的双边关系在1994年以后有了很大的发展,并建立了合作机制。双方签订了政治对话谅解备忘录,建立了贸易与工业、艺术文化以及科技方面的联合委员会。民间来往和交流发展很快,文化、艺术和体育交流很频繁。

2003年6月26日,南非外长与法国外长在开普敦进行双边会谈,签署了技术合作协定。同年11月,姆贝基总统对法国进行国事访问。2006年9月,南非与法国签订了《伙伴关系协议》,确定了价值31亿兰特的发展项目。两国的"伙伴关系规章框架"包括:公共服务、小企业发展、创造就业,以及有效利用能源等方面。[2]

双方在推动非洲发展方面,建立了共识。2003年1月26日两国在科特迪瓦举行特别峰会之后,又于2月20~21日举办法国—非洲峰会。法国总统希拉克在八国峰会上对非盟和"非洲发展新伙伴计划"表示坚决的支持。

在促进多边南北合作方面,法国与南非也有互动。2006年3月1日,南非外交部长代表南非参加了法国总统希拉克召集在巴

---

[1] Gavin Cawthra, *Brutal Force-The Apartheid War Machine*, International Defence and Aid Fund for Southern Africa, London, 1986, p. 91.
[2] *South Africa Yearbook 2006/2007*, Relations with Europe.

黎举办的"创新的发展融资和打击流行病会议",100多个国家的代表出席了这次南北对话会。

### 四 与西欧其他国家的关系

#### (一)历史联系

**欧**洲国家中,斯勘的纳维亚半岛国家对南非种族主义政权的制裁和抵制态度最明确,也是南非解放运动最重要的财政支持者。20世纪80年代,非国大每年得到瑞典2000万美元的财政援助,接近苏联的实物援助价值(约为2400万美元)。此外,欧洲的教会和援助组织也提供了资助。[1]

1979年,瑞典在西方国家中率先对南非施行经济制裁。瑞典议会通过禁止向南非新投资的法律,后来又通过对南非经济制裁的立法,这是瑞典宣布为中立国之后采取的第一个针对某个国家的制裁法律。瑞典政府对南非反种族隔离运动和解放组织的援助,在西方国家中也很突出。瑞典每年援外预算为12亿美元,其中给南部非洲国家和解放运动的援助为5.04亿美元,占援助总额的42%。南非非国大的主要财政支持来自瑞典。瑞典公众对南非解放运动的支持非常坚决,政府即使想削减援助也要得到公众的同意。[2]

丹麦采取坚决的制裁南非的立场,断绝了与南非的所有联系。

荷兰与南非的关系有其特殊性。荷兰是最早把欧洲殖民主义带到南非的国家,早期荷兰移民的后裔在南非实行的种族主义制度,对他们是一种不光彩的遗产,因此荷兰公众反对种族隔离运

---

[1] 〔英国〕1986年12月10日《非洲秘闻》。
[2] 〔英国〕1986年11月26日《非洲秘闻》;〔英国〕《非洲经济》1987年第5期。

动是欧洲国家中最强的,荷兰的尼德兰归正教在 1978 年与南非荷兰归正教会断绝了关系。但是,荷兰也有一些种族主义势力继续支持南非的种族隔离,并扬言组织别动队,帮助南非极右势力为恢复布尔人共和国而战斗。[1]

与瑞典相反,瑞士这个中立国不但不对南非进行制裁和抵制,而且还成了南非政府最重要的财政"防护堤"。1980～1984 年,瑞士三家大银行给南非的信用贷款增加两倍,成为仅次于联邦德国的第二大贷方。在制裁南非形成高潮的 80 年代末,南非所得贷款的 20% 是瑞士法郎,相当于 1975 年的两倍。瑞士 100 多家私营公司活跃在南非,瑞士航空公司在世界绝大多数国家抵制南非的情况下,一直与南非保持关系。[2]

**(二) 1994 年以来的关系**

1994 年以来,荷兰政府对新南非的发展给予支持,两国之间的双边关系与多边合作持续发展。两国之间签订了大量的双边协议。两国部长级会议经常进行。2005 年,荷兰外交部长访问南非,与南非外交部长、国防部长和财政部长会晤,双方签订了若干合作协议,其中包括《避免双重征税协定》和两个防务方面的协定。荷兰驻南非使馆向南非的全国读书计划提供 1500 万兰特的资助,2006 年又追加 4000 万兰特。该项目向南非的学校提供图书,向没有固定图书馆的社区提供流动图书馆。

比利时与南非保持良好的关系。比利时政府对南非、南部非洲和大湖地区的事务继续表现出兴趣,对刚果民主共和国的和平进程尤其关注。南非与比利时之间在地区事务与冲突的解决方面经常交换意见。1995～2000 年期间,比利时佛兰德地区向南非提供的发展援助达到 2 亿兰特。2000 年 11 月,南非与比利时佛

---

[1] 〔南非〕1993 年 7 月 13 日《公民报》。
[2] 〔南非〕1988 年 3 月 14 日《星报》。

# 南非

兰德地区签订了继续执行现有的合作协议,把双方的合作从文化艺术和科技领域扩大到其他领域。2000/2001 年度,比利时向南非提供了 0.48 亿兰特的援助。① 2006 年 2 月,比利时菲力普王子率领 200 人的商业代表团访问南非,双方签订了一系列贸易协定。

南非与北欧国家的联系在 1994 年以后有进一步发展。在北欧国家民间组织和民众长期支持南非民主变革的基础上,北欧国家的政府对南非的民主化进程和社会经济发展也给予支持,双边合作几乎涉及官方和民间的每一个领域。北欧国家对南非的发展援助范围广、规模大,对南非民间社会有很大收益,对南非各级政府也很有帮助,在国际领域的多边合作也很紧密,比如禁止针对人类的地雷问题。2000 年和 2002 年,南非总统姆贝基和北欧国家的总理举行了高峰会议,讨论了进一步加强合作,以及北欧国家支持非洲复兴和参与"非洲发展新伙伴计划"等问题。

2001 年 3 月,南非总统姆贝基访问瑞典,在国际民主讨论会上发表演讲。南非与瑞典的贸易额 2000 年为 40 亿兰特。南非与瑞典的双边国家间合作委员会于 2000 年 9 月建立,并于 2001 年 10 月举行第一次会议。2003 年 10 月,南非副总统祖马与瑞典副总理共同主持了双边国家委员会第 3 次会议,讨论的主题包括政治事务、经济合作、社会与发展合作。南非对瑞典的出口额从 1999 年的 2.31 亿兰特,增加到 2002 年的 7.36 亿兰特;瑞典向南非的出口额 2002 年为 3.31 亿兰特。根据瑞典国际发展机构的数字,瑞典在南非的投资在 2002 年达到 8 亿兰特,在南非的 80 家瑞典公司为当地创造 1200 多个就业岗位。瑞典是南非五大捐助国之一。②

---

① *South Africa Yearbook 2001/2002*, Relations with Europe.
② *South Africa Yearbook 2003/2004*, Relations with Europe.

1999年,南非与挪威、芬兰也建立了磋商机制。2001年3月,南非与芬兰达成双边磋商议定书。

1994年之后,西班牙、葡萄牙、意大利、瑞士、奥地利等国与南非保持高层政治对话和经贸合作关系,并在南非和非洲的发展与和平安全方面提供援助。

南非与东欧和中欧国家的关系也有发展,南非公司在那些地区发现了贸易和投资合作的机会。2000年9月,南非副总统祖马访问乌克兰、捷克和保加利亚等国,以加强与这些国家的双边关系。

五 与欧盟的关系

长期以来,南非与欧盟的前身欧洲共同体保持密切的经济关系。在南非废除种族隔离制度之前,欧洲共同体国家对南非的投资占南非外资的50%,与南非的贸易占南非对外贸易的53%,因而在制裁南非方面,欧共体很少作为。在谴责和制裁南非的国际舆论下,西欧国家与南非的外交关系一般保持低调,但是英、德等国随时准备接纳南非政府,帮助它改善在国际上的处境。到1984年博塔政府与莫桑比克和安哥拉签订缓和关系的条约后,7个西欧国家立即邀请博塔访问,使南非总统获得20年来第一次访问欧洲的机会。80年代后期,欧共体国家虽然不得不顺应潮流,对南非实施一定的制裁,但是都有意避免在"关键领域"和有"战略意义"的物资方面实施制裁。而在事实上,南非与其主要欧洲经济伙伴的贸易,在80年代末都有20%~50%不等的增长。[①]

在废除种族隔离制度之后,南非新政府重视与欧洲的关系,

---

① 〔南非〕1989年7月2日《金融邮报》;〔英国〕《非洲经济》1989年第10期。

认为欧洲是重要的全球角色,对世界政治、经济和国际事务有关键性作用。同样,欧洲也重视南非在非洲和发展中国家以及在国际事务中的独特地位。1994年以来,南非与欧洲的关系有积极和稳定的发展。

### (一) 贸易、发展与合作协定

1994年以来,南非继续保持欧盟在非洲的主要贸易伙伴的地位。南非与欧盟国家的贸易总额在1990~2000年的10年间增长了一倍,欧盟国家占南非对外贸易的45%。

双方在1999年3月就自由贸易的谈判达成一致,同年8月欧盟委员会通过了《欧盟—南非贸易、发展与合作协定》(the Trade, Development and Co-operation Agreement, TDCA)。该协定包括建立自由贸易区、金融支持和发展合作,与贸易相关的问题,经济合作,社会文化合作,以及政治对话等方面的条款。经过所有签字国批准之后,该协定在2004年1月1日正式生效。此前,协定中的贸易和发展合作的条款在2000年1月1日起作为临时协定执行。从2002年1月以来,南非向欧盟国家的出口额每年达806亿兰特,从欧盟国家的年进口额达到1202亿兰特。欧盟国家还是南非最大的外资来源,占南非外国直接投资的44%,在南非的外国公司中60%来自欧盟国家。[1]

在《欧盟—南非贸易、发展与合作协定》框架下,欧盟与南非举行定期的高层政治对话。第一次南非—欧盟部长级会议在2004年11月23日召开,以后历年举行。最高层级的战略对话,主要通过首脑之间的定期访问。2004年双方对在《欧盟—南非贸易、发展与合作协定》进行了回顾,认为总体上继续可行,只是其中部分条款需要更新,2007年开始对该协定进行修订,主要是有关自由贸易的部分,需要根据欧盟与非加太(ACP)国

---

[1] *South Africa Yearbook 2006/2007*, Relations with Europe.

家的有关《经济伙伴协定》（Economic Partnership Agreement, EPA）的谈判情况，特别是南部非洲发展共同体与欧盟经济伙伴协定的谈判而定。根据《欧盟—南非贸易、合作与发展协定》建立了南非与欧盟合作联合委员会，以保证协定的正常运作和对话的顺利进行。从2004年11月开始，该合作委员会提升到部长级会议层级。

南非与欧盟于1997年签署科学技术合作协议，目的是确保南非参与欧盟框架计划。2000年7月，双方的"科学技术合作联合委员会"在南非的比勒陀利亚召开会议，回顾了执行该协议的进展，提出加强双方科技合作框架计划下的研究与技术开发。南非与欧盟的葡萄酒和白酒协定在2002年1月28日签订。渔业协定谈判根据双方意愿，已经终止。

南非在1996年成为非加太集团的成员，1997年成为《洛美协定》及其后来的《科托努伙伴协定》的合格成员。南非的合格成员资格，意味着被排除在欧盟与非加太国家的贸易优惠和发展援助的安排之外，但是可以在所有非加太国家参与项目投标。

欧洲继续保持南非的主要经济合作伙伴的地位，在贸易、投资、金融和技术转让方面占重要地位。双方合作的优先领域包括：经济调整、更大的市场准入、更多的直接投资、旅游业，以及科学技术方面的进一步合作。

（二）发展合作

欧盟对南非的发展援助通过"重建与发展欧盟计划"（European Programme for Reconstruction and Development, EPRD）进行，资金来自欧盟委员会的预算。根据欧盟与南非的发展合作规则，2000～2006年，欧盟向南非提供8.855亿欧元的援助。每年的财政援助为1.25亿～1.30亿欧元。在新的《2007～2013年发展合作计划》中，预计援助金额为9.8亿欧元。欧洲开发

银行与南非签订有贷款协定,每年平均提供贷款1.2亿欧元。欧盟还是南非最重要的捐助国,欧洲委员会及其成员国向南非提供的捐助占南非外部捐助总额的70%,约占南非政府预算的1.3%,约占南非国内生产总值的0.3%。"重建与发展欧盟计划"是南非接受的最大的一项外国援助计划,欧洲的其他援助来自欧洲投资银行的软贷款。欧洲的发展援助主要用于支持南非政府的宏观经济政策,特别是经济增长和创造就业方面。欧盟对南非的发展援助,也包含对南部非洲地区的发展援助,"重建与发展欧盟计划"援款的10%可以用于地区发展,援款的1.5%用于非洲和平使命。"重建与发展欧盟计划"援助的另一个重点是区域一体化,促进南非与欧盟的经济、社会与文化互动关系。

(三)战略合作关系

在1994~2000年合作的基础上,欧盟—南非合作委员会在2004年11月的共同结论中,表明了双方未来合作建立新伙伴关系的指导方针。双方将在一体化发展、贸易、政治对话,以及经济等领域加强合作,以建立一种互利伙伴关系,使贫困人口、非正规经济部门受益,同时使各自的发达部门和社会得到好处。创造就业和消除贫困将成为合作的重点。

欧盟委员会向合作委员会和欧洲议会提交了一份《欧盟—南非战略伙伴意见书》。欧盟—南非战略伙伴关系的目标是为双方未来合作建立一个全面、一致和协调的长期合作框架。欧盟认为,南非在南部非洲地区将进一步发挥稳定作用,同时在非洲和世界事务中将发挥更大作用,因此加强欧盟与南非的战略合作关系具有重要意义。双方需要更深入地进行政治对话,以便对地区和非洲事务及全球事务有更多的共同立场;根据最新发展修订《欧盟—南非贸易、合作和发展协定》;欧洲委员会和九个成员国驻南非的代表机构共同起草了一个对南非的国家战略,以及2007~2013年的相关预期计划,该计划有待欧盟及其成员国和

第七章　对外关系

南非政府的正式批准。2006年11月联合合作委员会通过了战略伙伴声明，提出制订欧盟与南非联合行动计划。

## 第四节　同美国的关系

南非历来被美国当作在非洲的主要伙伴国，是美国实现全球战略的重要环节。南非作为一个中等发达国家，是非洲首屈一指的政治、经济、军事强国，在美国对非洲的地区关系中占有主要地位。在撒哈拉以南非洲国家中，只有尼日利亚可与之相比。在白人种族主义统治时期，南非被西方看做是维护"自由世界"文明和价值、阻挡共产主义在非洲扩张的力量。冷战时期，南非在美国的外交政策中虽然不占优先地位，但在美国的军事战略考虑范围之内。

1994年南非废除种族隔离制度、占人口多数的非洲人成为南非政治的主导力量之后，美国仍然把南非作为其全球战略中非洲事务的主要关注点和依托。美国朝野主张巩固和加强与南非关系的力量占主导地位。

南非一向重视与美国的关系。在种族隔离时期，白人政府企图与美国和西方形成盟友关系，借以获得对白人安全的保障，同时获得南非经济和军事发展所必需的资本和技术。新南非政府同样把与美国的关系放在重要地位，发展与美国的全面合作关系，并争取美国对非洲发展计划的支持。这也是南非谋求地区大国地位和在国际舞台上发挥更大作用的需要。

### 一　种族隔离时期南非与美国的关系

#### （一）历史联系

美国与南非的官方关系始于1799年。当年，美国在开普敦设立了领事馆，主要为了照顾来往于开普航线的

美国船只和人员。美国传教士从 19 世纪 30 年代开始到南非传教,也有一些南非人(特别是非洲人)到美国留学,两国之间的文化和民间联系延续至今。1925 年,南非在北美设立贸易促进办事处。1929 年,南非在华盛顿开设公使馆。[1]

美国资本在 19 世纪后期进入南非,投资矿业开发和铁路建设。20 世纪初,美国推行自由贸易政策以扩大与非洲的商业和金融联系,福特汽车公司和奥的斯电梯公司等到南非投资,同时美国对南非的商品出口也大量增加。但是,第二次世界大战之前,美国把非洲视为欧洲的势力范围,因此在政治上采取不干涉政策。[2] 南非在美国公众舆论中很少受到关注。虽然美国的一些民主人士对南非的种族主义政策感到不满,但是当年美国自身的种族歧视政策也在盛行。

第二次世界大战当中,南非军队参与盟军在北非和意大利战场作战,因此南非成为美国的盟友。作为战时同盟,美国还与南非签订了一项租借协议,双方可以平等地租借和交换一些战略物资和武器装备。[3] 美国国务院负责规划战后殖民地前途的部门,甚至设想把葡萄牙的殖民地莫桑比克割为两部分,分别并入英属南罗得西亚和南非联邦。[4]

二战后,在组建联合国的过程中,南非总统史末资与美国紧密合作,参与起草《联合国宪章》的序言部分,在美国赢得声望。美国在战后继续把南非作为盟友,南非也积极参加美国和西方的军事活动。南非空军参与了 1948～1949 年美国对柏林的救

---

[1] *South Africa Official Yearbook 1982*,p. 249.
[2] *South Africa: Time Running Out*, *The Report of the Study Commission on US Policy Toward Southern Africa*,University of California Press,1981,p. 341.
[3] 贺文萍:《美国与南非:没有结盟的盟友》,杨立华等编著《南非的政治经济发展》,中国社会科学出版社,1994,第 207 页。
[4] *South Africa: Time Running Out*,p. 343.

## 第七章 对外关系

援物资空运。1950年朝鲜战争爆发后,南非空军派遣两个空军中队,编入美国空军第18战斗轰炸机联队参战。[1]

从20世纪40年代末开始,南非继续占领西南非洲以及南非的种族隔离问题开始成为联合国大会的议题,也成为美国外交政策的问题。1949年,南非宣布不遵守托管协定,不再向联合国提供有关西南非洲的报告。[2] 美国认为南非与西南非洲问题属于国家间关系问题,对于南非违背《联合国宪章》的作法,美国官员曾有过批评。1949年,美国支持联合国决议,把西南非洲问题提交国际法庭裁决。

南非本身的种族隔离问题在联合国大会1946年的第一次会议上就引起注意。美国考虑到与印度的关系,因此支持联合国对南非的种族歧视问题通过措辞温和的决议。但是,由于本国存在种族矛盾,因此美国把南非的种族问题以"国内司法问题"对待。1952年,亚洲和阿拉伯国家把南非的种族隔离问题第一次提到联合国大会,美国代表团在"国内司法问题"和"道义问题"上发生分歧。但是,美国国务院最终决定弃权,"不干涉由于道义问题而引发的别国内政问题"。[3] 美国在联合国对南非问题采取弃权的做法,成为20世纪50年代的惯例。

尽管面对道义压力,美国与南非在军事和经济方面的合作照常进行。美国虽然不理会南非一再要求加入北约,但是双方军事合作密切。1955年,南非与英国签订《西蒙斯顿协议》,美国作为盟国,也取得战时使用南非海空军设施的权利。美国的军舰经常到访南非的港口。1959年,美国军舰与英国、法国、葡萄牙和南非军队共同在南非的南部海域进行反潜艇联合演习。

---

[1] *South Africa Official Yearbook 1989*, p. 258.
[2] 何丽儿:《最后一块殖民地》,引自《南部非洲动乱的根源》,世界知识出版社,1989,114~117页。
[3] *South Africa: Time Running Out*, p. 345.

# 南非

　　美国与南非在核研究与实验方面的合作也在悄悄进行。南非是世界上重要的铀供应国，对美国和西方有重要价值。1957年，国际原子能机构成立①，南非在当年成立了原子能总署。同年，在和平利用核能的口号下，美国与南非签订一项为期20年的《核能研究与发展合作协议》。根据这个协议，南非有94名核科学家到美国接受培训。② 通过与西方的合作，南非从中获得大量核领域的技术信息。由于美国等西方国家的支持，南非在20世纪70年代初已可独自进行铀浓缩，到70年代末已经能够制造核弹。1978年卡特执政期间，美国国会通过了一项《禁止核扩散法案》（该法案要求今后美国出售给南非核燃料的任何协议都要与南非参加《不扩散核武器条约》以及接受国际原子能机构制订的保证条款结合起来），这在一定程度上限制了美国对南非核燃料的出口。但是，美国不仅通过法国向南非供应核燃料，而且还准许向南非出售有关核设施的核技术。③

　　美国与南非之间在安全情报方面也有密切合作。美国中央情报局和南非国家安全部门官员密切接触，国防部高级官员也经常互访。

　　20世纪50年代，美国与南非的经济关系并没有受到种族问题的影响，南非的投资机会对于美国资本有吸引力。1953年，美国在南非的投资为2.12亿美元，到1960年增加到3.5亿美元。

　　但是到了50年代末期，由于加纳等非洲国家的独立，以及苏伊士运河危机对西方利益的冲击，美国在对待前欧洲殖民地问题上倾向于采取与殖民宗主国不同的独立外交原则。美国对南非

---

① 国际原子能机构网站 http://www.iaea.org/About/history.html/David Fisher, History of the IAEA: The First Forty Years.
② *South Africa: Time Running Out*, p. 345.
③ 参见贺文萍《美国与南非：没有结盟的盟友》，杨立华编著《南非的政治经济发展》，第210~211页。

第七章　对外关系

的地位也有重新的定位，国务院把南非从欧洲处转到近东、南亚、非洲局的非洲处，1958年美国国务院单列非洲事务局。在联合国等国际机构对南非的种族主义制度进行批评时，美国不再单纯使用弃权策略，对南非问题也开始使用"遗憾"与"关注"等措辞。美国国内的种族矛盾，经常使其在国际舞台上面临尴尬处境。

**（二）20世纪60～80年代美国与南非的关系**

20世纪60年代，随着非洲民族独立浪潮的兴起和南非种族主义统治的强化，西方国家对南非的政策产生道义和利益的冲突，日益受到国内外舆论的压力，美国亦是如此。1960年3月，南非当局血腥镇压和平抗议的黑人，发生沙佩维尔惨案，引起全世界的震惊。当年3月22日，美国国务院发表声明，希望"南非非洲人的不满与冤情能够得到合法的解决"。同时，美国不顾南非的一再抗议，促成联合国安理会通过决议（英、法弃权），指出南非形势的继续将威胁国际和平与安全。肯尼迪政府和约翰逊政府（1961～1969年）时期，美国对南非的种族歧视政策和南非占领纳米比亚问题的批评比以往更严厉，美国主管非洲事务的高官提出"非洲是非洲人的非洲"的概念，引起南非当局的不满。

尽管美国政府对南非问题措辞有变化，但是双边关系几乎没有受到影响，特别是在有关军事战略利益方面，美国与南非的关系依旧。1960年9月，美国国家航空航天局在南非建立了三个空间跟踪站，并私下规定只有白人能够到跟踪站工作。1962年6月，美国与南非达成协议，以在南非建立美国军事空间跟踪站作为交换条件，美国同意向南非出售用于反对"共产主义进攻"的武器。①

---

① *South Africa: Time Running Out*, pp. 347–348.

## 南非

20世纪60年代初,美国国内民权运动出现空前的发展,美国民间反对种族隔离运动的兴起,使得南非的种族隔离问题与美国国内政治发生了联系。1967年,南非与美国的核合作协定续签,日常军方往来与核合作在悄悄进行。同年,"罗斯福号"航空母舰从越南返美途中计划在南非开普敦港停泊加油,军人上岸。这一消息传到美国黑人领导人非洲问题会议,受到强烈反对,改为只加油,不上岸。此后,美国军舰平时不再停靠南非港口,只在紧急状态下使用南非港口。

1969年尼克松政府就职后,主要关注美国与苏联的全球战略关系。期间,有关南部非洲政策最主要的文件是"第39号国家安全研究备忘录"(NSSM 39),这是美国总统国家安全顾问基辛格的85份政策研究报告之一,并非特意关注非洲问题。39号备忘录提出,美国在南部非洲的政策目标是保持平衡,既考虑在白人统治的国家维护美国的经济、科技和战略利益;同时要使美国与南部非洲的白人政权的种族政策保持一定距离,以维护美国在非洲的政治利益。该报告的结论是维持现状,认为在可以预见的将来,南非白人政权和罗得西亚白人政权将维持下去,而纳米比亚问题也没有解决的迹象。基于这种政策,尼克松政府缓和了对南非的立场。在军售方面放宽限制,允许向南非出售轻型飞机、直升机、装甲运兵车和通信设备,企图以最小的政治代价维护美国在该地区的利益。[①] 在经济方面,鼓励美国公司到南非投资。

20世纪70年代中期,南部非洲发生了超出美国预料的变化。1974年,葡属殖民地莫桑比克和安哥拉相继独立,南非国内的黑人反抗运动掀起高潮。基辛格报告中提出的维持南部非洲现状的政策被动摇。苏联和古巴在安哥拉的军事卷入,使得美国

---

① *South Africa: Time Running Out*, p. 351.

## 第七章 对外关系

把安哥拉问题看做是美、苏关系的一部分,而不单纯是非洲问题,因此美国中央情报局暗中鼓励南非出兵干预安哥拉内战。其效果反而加强了安哥拉的冲突,引起非洲国家的反对,也引起美国国会的批评。于是,基辛格访问南部非洲,提出迫使罗得西亚史密斯白人政权通过谈判结束白人统治,并鼓励南非当局进行变革的新政策。美国认为南非与津巴布韦、纳米比亚不同,美国虽然表示反对种族隔离制度,但是认为白人将在那里继续存在,黑人与白人共存是南非的未来。[①]

卡特政府(1977～1981年)对南非采取比较强硬的政策,认为把非洲民族主义看做是南部非洲地区的推动力量,符合美国的利益。这一时期美国对南部非洲的政策,很大程度上考虑到苏联军事力量的增长而增加插手第三世界冲突的可能,而美国经济依赖第三世界国家的资源和市场。同时,美国在南部非洲的政策也受到国会中黑人议会党团的监督,以及美国民间的反对种族隔离运动的压力。因此,卡特政府的南部非洲政策出现调整,提出对该地区要有所作为,以纠正不公正的种族政策。卡特政府下令停止对南非的"灰色区域"军售,美国支持联合国对南非的强制性武器禁运的决议(1977年11月4日),并采取了更为严厉的措施。但是美国不主张断绝与南非的核合作,理由是担心南非一意孤行。1980年津巴布韦取得独立,实现非洲人多数统治之后,南非种族主义制度成了白人统治的孤岛,美国对南非的政策也不得不调整。

20世纪80年代,美国对南非的政策从"建设性接触"到"全面制裁",反映了南部非洲和南非形势和力量对比的变化。

---

① William E. Schaufele, JR, Assistant Secretary of State for African Affairs, *U. S. Relations in Southern Africa*, The Annals of the American Academy of Political and Social Science, Vol. 432, No. 1, pp. 110 - 119 (1977).

## 南非

里根政府（1981~1989年）期间，美国在武器禁运、技术转让、核合作、美国与南非共同支持安哥拉反对派武装等问题上，日益受到国内外的批评和压力。1984年底，美国公众，包括政界人物，在南非驻华盛顿使馆门前示威，反对种族隔离，呼吁释放曼德拉，要求美国对南非实施经济制裁。1985年6月，美国国会众参两院先后通过了对南非实行有限经济制裁的决议。1986年6月南非宣布在全国实行紧急状态后，美国国会再次通过对南非实施更为严厉的制裁方案，迫使里根政府不得不对南非实施经济制裁。[①] 美国1986年10月27日宣布的《全面反对种族隔离法》（the Comprehensive Anti-Apartheid Act），禁止向南非的投资、银行贷款和部分贸易。美国在南非的280家公司当中，有200家全部或部分从南非撤资。1987年《情报授权法》禁止美国与南非之间分享情报。

在20世纪70~80年代，美国政府强调与南非的共同战略利益，反对外部势力干预南非问题的解决，因此在联合国安理会反对全面制裁南非的提案。美国历届政府虽然口头上谴责南非的种族隔离，但是基本上反对在经济上强制性制裁南非，理由是制裁会伤及南非的穷人。实则是保护美国在南非和南部非洲地区的经济和战略利益。即使在制裁南非的年代，美国也是南非的第二大投资来源国，并且是南非最主要的贸易伙伴。[②]

里根政府还在有关纳米比亚独立问题上支持南非的"内部解决"方案。为了把苏联和古巴的军事力量挤出南部非洲，里根政府提出"联系方案"，即接受联合国安理会解决纳米比亚问题的1978年的435号决议，但是以古巴从安哥拉撤军为先决条

---

[①] http://www.gwu.edu/~nsarchiv/nsa/publications/s_africa/s_africa.html/South Africa: The Making of U. S. Policy, 1962 - 1989.

[②] http://www.country-studies.com/south-africa/relations-with-the-united-states.html/

## 第七章 对外关系

件。1984年美国又提出一揽子解决方案，把古巴从安哥拉撤军、南非从安哥拉撤军和纳米比亚独立相联系。80年代后期，由于苏联国内政治发生变化，各方接受了联系方案，最后导致80年代末南非同意纳米比亚独立，同时古巴从安哥拉撤军，美国对苏联和古巴在南部非洲军事存在的担忧也随之解决。

纳米比亚独立进程开始以后，国际社会强烈要求南非当局彻底废除种族隔离制度，要求白人政府与黑人领导人谈判。1989年上任的美国总统布什则进一步作出姿态，会见黑人大主教图图等南非黑人宗教领袖和南非国内民主联合阵线的领导人西苏鲁夫人等。美国驻赞比亚使馆也与非洲人国民大会的领导机构保持接触，并于1989年准许非洲人国民大会在美国华盛顿设立办事处。[①]

1990年初，南非德克勒克政府宣布解除党禁，释放政治犯。非洲人国民大会与执政的白人国民党以及其他党派开始废除种族隔离的制宪谈判。1991年7月，美国总统布什宣布南非的民主化进展已经不可逆转，美国开始解除对南非的制裁，但是国际货币基金对南非贷款的限制以及对南非与军事相关贸易限制一直保持到1994年。

二 新南非与美国的关系

新南非与美国的关系可以概括为：互有所求，各有所持。美国在非洲有重要的政治、经济和安全利益，加强与南非的合作是美国实现这些利益的重要策略。南非新政府重视与美国保持良好的关系，以利于本国的经济发展和安全，并有利于南非在非洲发挥领导作用。双方在国际问题上的共识包括：促进国际人权状况，推动国际贸易，防止大规模杀伤性武器扩散，以及禁止非法毒品走私等。南非与美国在民主、法制、良政

---

[①] 英国广播公司新闻稿，1989年3月24日。

与和平解决非洲的冲突等方面有着共同的价值标准。①

1994年以来,两国政府首脑之间保持了经常的沟通。双方政府高官和国会代表团的互访也很频繁。两国官方的来往加强了两国之间的联系,建立了长期的合作关系。

双边关系关注的领域包括:双边合作论坛,争取美国政府和国会对"非洲发展新伙伴计划"的支持,利用美国的《非洲增长与机会法案》和双边的《贸易投资框架协议》等机制,扩大双边贸易,鼓励和支持投资。

## (一) 双边关系的框架和机制

### 1. 克林顿政府时期

美国从支持南非白人种族主义政权到接受新政府,其政策调整发生在克林顿政府执政初期,即南非完成政治变革的1994年。南非成功的政治过渡和种族平等的民主制度的建立,得到世界的公认。美国克林顿政府对南非的政策迅速作出调整,新南非也把美国放在外交关系的优先考虑之一,双方保持高层接触,领导人之间建立了良好的个人关系,两国关系全面发展。

美国与新南非的关系,在克林顿时期奠定了基础,建立了基本框架。主要包括:

(1) 双边国家委员会(Binational Commission,BNC),成立于1995年,由各自副总统为首,定期举行年度会议。在该委员会之下,逐步建立了10个专门合作委员会,包括:双边"经济开发委员会"(为美国在南非投资公司与南非黑人小企业之间建立联系)、人力资源开发委员会、科学技术委员会、农业委员会(关注农业和农村发展问题)、水土保持环境和水利委员会、可持续能源委员会(关注清洁能源及环保问题)、司法和打击犯罪合作委员会、防务委员会等。双方签署了相关协议,包括《贸

---

① 南非外交部网站 http://www.dfa.gov.za/bilateral/usa.html.

易与投资框架协议》，建立了双边"贸易投资理事会"和"技术援助中心"。

（2）美国通过南非与南部非洲发展共同体合作，支持地区一体化发展。

（3）与南非在非洲维和方面的合作。美国把南非当做在非洲起稳定作用的地区大国。克林顿政府重视南非的政治影响，承认并利用南非的道义优势。南非在解决非洲地区冲突当中的举足轻重的调解作用得到非洲内外的公认，卢旺达、苏丹相继请求曼德拉和南非政府调解它们的内战和地区冲突。而南非的国力和地理位置使其能在第一时间向非洲国家投入紧急救援。美国驻肯尼亚使馆被炸后对伤员的紧急抢救，南非发挥了不可替代的作用。

**2. 布什政府时期**

2001年布什政府上台后，没有继续克林顿政府建立的美国南非双边国家委员会的运作，双边政治关系由于对阿富汗战争和伊拉克战争的不同态度有所降温。但是，布什政府继续重视南非的影响，特别是南非在促进非洲国家民主进程和倡导对非洲国家政府实行互查制度方面的主张，以及南非作为稳定和理智的力量在非洲一体化当中的主导作用，与美国力图阻止极端主义势力控制非洲的意图相吻合。

但是，南非没有被美国纳入其反恐战争的安排。"9.11"事件后，南非政府和曼德拉等几位诺贝尔和平奖获得者立即谴责恐怖主义行径，表示对美国的支持和同情。但是，南非政府也对美国的反恐战争提出了明确的原则：在采取任何军事打击行动之前，必须有不可辩驳的证据；打击必须有明确的目标；军事打击不要伤及平民；反恐要在联合国的协调下进行。南非虽在情报方面与美国有合作，但是南非外交部官员2001年9月20日明确排除了在军事上卷入美国打击恐怖主义的行动，不给予美

# 南非

国参与阿富汗战争的航空母舰在南非港口的停靠权。南非不同意美国把反恐战争扩大化的政策。南非对巴以冲突中美国对以色列的偏袒政策也不认同,南非对巴勒斯坦人民给予道义和物质的支持。

布什政府时期,美国与南非之间继续保持高层互访和接触。美国国务卿鲍威尔2001年5月访问南非等非洲国家。2001年6月,姆贝基总统应邀访问美国,布什政府对姆贝基所表示的尊重和热情体现了美国对南非的重视。"布什政府在寻求巩固美国在非洲的影响的过程中,将会期待南非发挥更大的战略作用"。在姆贝基总统访问美国期间,双方同意把克林顿政府时期的双边国家委员会继续下去,但是改为双边合作论坛(Bilateral Cooperation Forum,BCF)。

美国总统布什2003年7月7~12日访问包括南非在内的非洲5国。美国非洲事务助理国务卿对此说,"巩固与南非的双边关系是布什此次访非议程的首要位置。"尽管在伊拉克战争前南非强烈的反战立场和外交活动,曼德拉抨击布什绕开联合国对伊拉克开战,但是布什访问非洲6天行程中,3天逗留南非,可见对南非的重视。南非的反战联盟和非国大、南非共、南非工会大会等团体在美国驻比勒陀利亚大使馆外组织约1万人的抗议示威,但是南非官方的欢迎仪式还是友好而隆重。布什访问南非期间,美军与南非军队联合进行了人道和灾害救援的军事演习。布什对南非军队的专业水平和能力评价甚高。但是南非主张非洲自主发展,反对外部大国干涉非洲内部事物,与美国的军事合作也有限度。

南非的政治评论认为,布什与姆贝基的会晤是两国关系的转折点,实用主义已经超过意识形态,双方更注重实质内容而不是形式。布什对姆贝基处理非洲事务的原则的认同,标志着南非地位的提升,南非已经提升到美国外交政策的战略伙伴水平。

## 第七章 对外关系

### (二) 双边的经济关系

南非是美国在非洲的主要经济伙伴,双边贸易额占美国对撒哈拉以南非洲贸易总额的1/4。美国对南非的出口额大于向俄罗斯的出口额。南非向美国的出口除了传统的铬类金属、钻石之外,汽车整车向美国出口数量近年也有大幅度增长。2003年6月,美国与南非为首的南部非洲关税同盟国家的自由贸易协定第一轮谈判结束,为美国扩大在该地区乃至整个非洲的贸易打下了基础。

美国在非洲的经济利益当中首要关注是石油(非洲石油占美国石油进口的15%)。据美国战略与国际问题研究中心的研究报告数字,美国在非洲的投资在2000年底累计达到150亿美元,高于美国在中东或原东欧国家的投资。在南部非洲,美国的主要经济利益除安哥拉的石油之外,主要的经济伙伴是南非。两国经贸方面的关系在1993年美国废除制裁南非的法律后得到大幅度增长。1999年美国与南非签订《投资与贸易框架协议》,这是美国与撒哈拉以南非洲国家签订的第一个此类协议,表明美国对南非经济实力的重视。

美国与南非的经济关系中,战略矿产资源仍然占有重要位置。美国政府在"9.11"事件之后,把反恐战争作为其国家安全的重中之重。同时,美国以反恐战争拉动的军备竞赛,对战略矿产品的需求也将加大。南非作为世界战略矿产的生产大国,不仅黄金价格的回升使其受益,而且占南非外汇收入第一位的铂的价格也出现大幅度增长。其中原因之一是美国对铂的需求扩大。据南非媒体报道,美国政府为了确保能源安全,决心试验推广以氢为动力的富铂燃料箱/燃料电池。这种燃料电池被证明最适合替代依赖石油的内燃机。南非占世界铂储藏量的70%,在美国的这一战略选择中将占据重要地位。另外,南非的优质不锈钢材技术和产品也是美国汽车工业所需的环保型汽车油箱的选择之一。

## 南非

**1. 投资**

近年来，美国在南非的外国直接投资当中增长较快。美国在南非的直接投资自1994年以来呈现大幅度增长，1994~2000年间，美国在南非的直接投资为28亿美元。这使美国在南非的直接投资累计达到38亿美元，虽然只占南非1999年底外国直接投资年终库存的7%，但是增长快。根据美国驻南非大使馆的估计数字，目前美国直接或间接在南非运营的企业达到900个，雇佣人员12.5万人。近年来，美国保持南非外国直接投资来源国家之首，其次是德国。

2007年11月中旬，美国公司理事会非洲会议（CCA）在南非开普敦举行经济峰会，这是该理事会第一次在非洲举行峰会。美国财政部长出席这次会议并讲话。

**2. 贸易**

南非是关贸总协定缔约国和世界贸易组织成员国。美国的产品享受南非最惠国关税率，南非的货物在美国享受美国普惠制待遇。1994年以来，双边贸易持续发展，美国是南非最重要的贸易伙伴之一。2001年美国成为南非最大的贸易伙伴国。根据美国商务部的统计，2001年双边贸易总额为72.5亿美元，南非的贸易顺差为16亿美元。2002年双边贸易总额为65.52亿美元，美国占南非出口贸易的12%~15%。[①] 南非占美国对非洲贸易总额的1/4。[②]

美国总统克林顿于2000年5月签署的"非洲增长与机会法案"，强调通过贸易加强与撒哈拉以南非洲国家的关系。南非向美国的出口除了传统的铬类金属、钻石之外，由于"非洲增长与机会法案"的实施，南非的汽车整车向美国出口数量也大幅度增长。

---

① 南非外交部网站 http://www.dfa.gov.za/bilateral/usa.html。
② 美国商业部1999年数字。

美国考虑到南非与欧盟已经签订自由贸易协定,出于对南部非洲市场的竞争,因此美国也在与南非和南部非洲关税同盟其他国家谈判自由贸易协定问题。

**3. 官方援助**

美国对南非的官方发展援助在 1994~2000 年间,共计 8.435 亿美元,主要援助领域包括:民主与治理;教育改革;医疗体系的统一;经济政策能力建设;私人部门发展;改善南非的住房与城市发展以及环境保护等。两国政府部门之间也有 20 多项合作协议,美国的援助金额 1994~2000 年间为 2.49 亿美元。2000~2005 年间,美国对南非战略性发展项目的援助计划约为 3 亿美元。[①]

**(三) 国际安全方面有限度的合作**

南非的国力和地理位置使其能在第一时间向非洲国家投入紧急救援,甚至包括 1998 年美国驻肯尼亚使馆被炸后对伤员的紧急抢救,南非空军发挥了不可替代的作用。但是南非主张非洲自主发展,反对外部大国干涉非洲内部事务,与美国的军事合作也有限度。非洲联盟也坚持主要依靠自身机制解决各种冲突,维护非洲地区的和平。

南非在与美国等西方大国合作的同时,保持自己外交的独立性。在安全合作方面,美国曾资助南部非洲发展共同体的军事训练和演习。但是,对于美国在 1996 年提出的建立"非洲危机反应部队"的提议,即建立一支有干预能力的常规武装力量,南非等非洲国家表示疑虑,并且直到今天仍在抵制美国的这个动议。后来,美国把它修改为只限于军事训练的"非洲危机快速反应计划"。

---

① USAID: South Africa FY 2002 Congressional Budget Justification, http://www.usaid.gov/country/afr/za/

## 南非

2007年2月初，美国总统布什批准组建非洲司令部之后，美国一直在游说非洲国家，为组建非洲司令部寻找落脚点，但是非洲国家普遍拒绝为美军非洲司令部提供基地。[①] 南非国防部长莱科塔在当年8月29日说，由南非、纳米比亚、赞比亚等14个国家组成的南部非洲发展共同体已共同做出决定，任何一个成员国都不愿接纳美国军队。

美国对南非的政策今后仍然服从于美国的长期战略考虑：在开拓非洲市场当中占据有利地位；能源安全战略中增加非洲的地位；把非洲国家纳入美国的全球反恐安排。南非对美国的战略利益不是威胁，但是在维护平等的国家关系方面有一定的挑战。总体上，双方都将努力保持友好合作关系，美国将继续重视南非在非洲大陆事务和国际领域的作用。

## 第五节　同苏联/俄罗斯的关系

南非与苏联/俄罗斯有很长的历史联系。苏联与南非共产党的关系开始于20世纪20年代；与非国大的联系建立于1963年。从1964年开始，苏联向非国大设在坦桑尼亚的军事训练营地提供武器，这种支持持续到20世纪80年代初期。苏联曾经是南非解放运动主要支持者之一，同时也与南非种族主义政权长期处于对立状态。80年代中期，苏联国内政治巨变，对外政策随之调整。苏联领导人宣布，放弃以革命手段在南非夺取政权的理念，转而提倡南非政府与反对力量之间通过谈判解决问题。苏联与南非白人政府也有意改善双边经济和外交关系。苏联解体后，南非是第一个承认独联体的非

---

[①] *Africom-the New U. S. Military Command*, Fahamu (Oxford), Analysis 7 November 2007.

洲国家。1992年2月8日，南非与俄罗斯建立了正式外交关系。[1]

一　与苏联的关系

战后，基于意识形态的对立和政治制度的不同，南非与苏联的关系很快恶化。在整个冷战时期，双边关系都处于一种全面对抗和敌视的状态。南非大力渲染来自"共产主义"的"红色威胁"，并以此为借口扩充军备，镇压国内黑人反抗和武装入侵邻国。苏联则通过支持黑人民族解放运动、向南部非洲军事渗透等手段，加紧在该地区扩张势力和影响。20世纪80年代中期以后，随着戈尔巴乔夫的上台及美苏关系的缓和，苏联与南非的敌对状况逐渐缓解。冷战结束后，双边关系更加改善，结束了敌视，走向了合作。

**（一）二战前后的双边关系**

南非与俄国的早期联系最早可上溯至19世纪末20世纪初的英布战争时期。当时沙皇俄国为削弱英国的全球影响，曾鼓励俄国志愿者赴南非帮助布尔人与英国人作战。20世纪初，俄国官方还曾阴谋煽动南非黑人开展反抗英国统治的活动。1917年十月革命成功后，新生苏维埃政权对外政策的最终目标是促进世界社会主义革命的胜利。在南非，随着1921年南非共产党的成立，苏联很快便通过共产国际（1926年南非共产党正式加入共产国际）与之建立并保持了联系。从20世纪20年代直至二战结束，南非共产党一直追随共产国际的方针政策，领导南非国内的工人运动，并积极参加非国大等领导的反对种族主义制度的活动。二战期间，南非共产党也曾配合苏联的反法西斯斗争，支持南非当局参加同盟国一方作战，并肯定南非当局在世界反法西斯同盟中

---

[1] 南非外交部网站 http://www.dfa.gov.za/foreign/bilateral/russia.html。

的积极作用。苏联也借助南非共产党与非国大的合作，与非国大保持一定的联系，但这种联系在20世纪60年代以前总的说来还相当微弱。

由于在世界反法西斯战争中的合作，尤其是为了战时从南非运往苏联的物资能顺利启运，苏联与南非白人政权在1942年建立了领事级外交关系。但这一关系随着战后冷战的开始很快就中断。1948年激烈反共的南非国民党上台执政。1950年南非当局制定了《镇压共产主义条例》，迫使南非共产党转入地下。1956年2月，南非关闭了苏联驻南非的领事馆，断绝了与苏联的所有外交联系。此后，双边关系便一直处于全面对抗和敌视的状态。

**（二）冷战时期的全面对抗与敌视（20世纪80年代中期以前）**

二战后的历届南非政府都打出"苏联威胁牌"以争取西方的支持，也作为武装入侵邻国、对内镇压民族民主运动和强化国家机器的借口。南非自1956年断绝了与苏联的外交关系后，除在联合国以外，南非与任何共产党执政的国家都再没有直接的外交接触。

20世纪70年代中期，随着葡萄牙殖民统治崩溃和安哥拉、莫桑比克的先后独立，苏联、古巴军事力量卷入南部非洲。这使南非白人惊恐万状，认为共产党人的下一个目标必定是纳米比亚和南非。1978年，博塔出任南非总统后，把苏联的威胁称作"马克思主义的总攻势"。在1982年的《防务白皮书》中，南非声称，"苏联及其盟国的最终目标是要推翻现存的南非共和国，并以一个马克思主义政权取而代之。"[1] 为对付所谓"全面进攻"，博塔提出了"总体战略"的概念，进而掀起新一轮扩军浪潮，并对邻国展开武装入侵。南非把对邻国的侵略美其

---

[1] 〔南非〕《非洲观察》1990年第3期，第199页。

名曰"同俄国、古巴帝国主义"作战,是在"为自由世界而只身抗拒共产主义"。① 据不完全统计,从1975年至1982年底,仅对安哥拉,南非就发动过165次陆上袭击,451次空袭,3051次空中和陆上侦察活动。② 除此之外,南非还死守纳米比亚。南非国防部长马兰曾明确说:"如果南非撤出纳米比亚,那么主战场就要从安哥拉南部的库内内河转移到南非西北部的奥兰治河和北开普一带","这样,红色地带将紧贴过我们的边界","我们的边界之门就会对恐怖分子和入侵者敞开"。③

苏联在支持亲苏的黑人民族解放运动的同时,扩大对南部非洲地区的军事卷入。其战略考虑之一是与西方争夺南部非洲的战略资源。苏联将其南部非洲的政策目标设定为:支持黑人民族解放运动,反对并致力于消除殖民主义和种族主义残余,广泛发展并增进与南非邻国的关系,大力支持并援助"以社会主义为发展方向的国家",并通过以上政策达到降低、减少乃至消除西方在该地区的影响和存在的目的。

20世纪50~60年代,在非洲民族独立浪潮的推动下,南部非洲各国的民族解放斗争进入了一个新的阶段。从60年代初至1966年,苏联先后同安哥拉人民解放运动(安人运)、莫桑比克解放阵线(莫解阵)、西南非洲人民组织(纳人组)、津巴布韦人民联盟(津人盟)和非国大等正式建立了联系,邀请这些组织的领导人访苏,并给这些组织提供武器和培训干部。1961年11月,南非非国大建立军事组织"民族之矛",开始了武装反抗白人政权统治的新阶段,苏联很快就为之提供军事援助和军事训练。尽管苏联官方否认曾给予非国大以"任何军事援助"④,但

---

① 〔美国〕1970年1月28日《纽约时报》。
② 转引自《亚非问题研究》总第7期,第89页。
③ 〔美国〕《非洲报道》1984年第2期,第59页。
④ 英国广播公司广播稿,1986年5月22日。

## 南非

据美国国务院估计,非国大至少60%的财政支持、90%的武器和绝大部分军事训练是来自苏联、民主德国和古巴。

20世纪70年代中期以后,苏联在南部非洲的渗透,主要以军事援助为手段大规模的军事卷入只限于安哥拉。

在安哥拉,苏联利用该国独立初期三个民族解放运动组织之间为争夺权力而爆发的内战,采取拉一派打一派的做法,大举向安哥拉渗透。1974年,苏联出动了飞机、船只,向安人运提供价值5亿美元的军火,并向安哥拉派出100多名苏联军事顾问。同时,近3万名古巴军队进入安哥拉,帮助安人运于1976年初取得了政权。同年10月,苏联与安哥拉签订了为期20年的带有军事同盟性质的《友好合作条约》。1977年3月,苏联最高苏维埃主席波德戈尔内率团访问莫、赞、坦桑3国期间,又与莫桑比克签订了为期20年的《友好合作条约》,承诺一旦莫桑比克受到"外来军事威胁",苏联即提供帮助。随后,成千名苏联、民主德国军事顾问和教官涌进莫桑比克,控制了该国的公安系统和各种技术兵种的组建工作。从1977年起,苏联每年都派军舰访问马普托、贝拉和纳卡拉港。在莫桑比克首都马普托,苏联还建有4个萨姆-3导弹场。

通过与安哥拉、莫桑比克签订带有军事性质的《友好合作条约》,苏联取得了使用安、莫两国港口的特权。1981年3月,在南非军队袭击莫桑比克首都城郊的三周后,苏派出三艘战舰驶入马普托港,苏联驻莫桑比克大使声称,如果需要,这些战舰将用来保卫莫桑比克政府,他还警告说:"我们并不想威胁任何人,但任何人一旦袭击我们的朋友,我们就要做出适当的反应。"[1] 同年8月,当南非袭击安哥拉南部的纳人组游击队营地时,苏联又将战舰驶入了安哥拉南部的库内内河。

---

[1] 科林·利吉姆编《当代非洲实录》(1980~1981年),第18~19页。

第七章　对外关系

尽管在政治、军事上对立，而在实际上，苏联与南非在经济方面，特别是在钻石销售上的秘密交易，已多次被西方新闻媒介揭露。自20世纪50年代苏联发掘并向国际市场出售其钻石以来，南非德比尔斯公司就试图将苏联的钻石生产和销售纳入该公司的体系。经过双方多次秘密接触和谈判，从70年代中期开始，苏联开采的钻石就经由德比尔斯公司控制的伦敦中央销售组织出售。苏联对此一直否认。但是，揭露的材料表明，这个协议一直在执行，苏联从钻石销售所得的收入，已成为其金矿、石油以外的最大硬通货来源。1977年，德比尔斯公司付给苏联5亿多美元的钻石销售款，80年代中期达到每年6亿~7亿美元。[1]

（三）戈尔巴乔夫上台后对南非政策的变化

1985年3月戈尔巴乔夫上台后，苏联的外交政策开始发生明显转变。戈尔巴乔夫的"新思维"体现在南非问题上的战略变化，主要表现在以下几个方面。

对南非革命形势和社会主义发展前景重新估计。过去，苏联认为南非的解放力量足以推翻南非种族主义政权，并代之以一个"以社会主义为发展方向"的新南非。但是，到20世纪80年代中期以后，随着形势的发展，苏联提出重新评估南非的革命形势，对"南非革命正在临近"的看法提出了疑问。苏联学术界有人认为，南非的解放斗争目前尚处于摇篮时期，革命的时机还远未成熟。[2] 他们认为，非国大应避免采取全盘国有化的政策，不要急于向社会主义过渡。

主张通过政治手段解决南非问题及南部非洲的地区冲突。在

---

[1] 〔美国〕《非洲报道》1986年3~4月号。
[2] 格勒伯·斯达尤申科：《南非反对种族主义和殖民主义斗争中存在的问题》提交第二届苏联非洲和平合作和社会进步会议的论文，莫斯科，1986年6月。

## 南非

20世纪80年代中期以前,苏联一直主张通过开展武装斗争推翻南非白人种族主义政权,并为此向非国大和南非共产党提供武器和财政支持。80年代中期以后,随着对南非形势的重新评估,苏联转而主张非国大和南非共产党放弃武力推翻政府的企图,代之以同南非政府谈判。

苏联官方也一改过去孤立南非的做法,定期与南非政府联系。据美国《华盛顿邮报》报道,早在1988年,南非和苏联外交官就秘密讨论过正式恢复两国外交关系的事宜。[①] 1988年10月,苏联还派出以前驻赞比亚大使瓦西里·索洛多夫尼科夫为首的代表团,与非国大一道,在联邦德国与白人自由派人士(包括前博塔政府的一些官员)进行座谈。

南非当局对苏联的战略变化感到振奋,把苏联对南部非洲的新政策视作该地区局势"稳定的源头",并认为苏联与南非在"经历了多年的敌视和猜疑之后",终于又走到了一起"[②],而且今后苏联对南非将不再构成威胁。用南非国防部长马兰的话说:"苏联的想法变了,革命已失去了势头"。[③] 因此,南非也相应地在纳米比亚独立问题上与美、苏采取合作态度,并同时寻求与黑非洲国家建立良好关系,重返国际社会。南非总统德克勒克还赞扬戈尔巴乔夫结束了冷战,说苏联从南部非洲的脱身战略有助于纳米比亚的独立和该地区紧张状况的缓解等。[④]

与南非当局的态度相反,非国大和南非共对苏联的上述变化则有些疑惑和不悦。苏联人以自己的意识形态和思维方式指点别国政治的旧习,尤其引起南非国内黑人群众组织的蔑视。非国大的一些基层干部和青年激进派甚至认为"苏联叛徒"正

---

① 〔南非〕1988年3月3日《每周邮报》。
② 〔英国〕1991年11月8日《非洲秘闻》。
③ 《简氏防务周刊》1989年12月16日。
④ 英国广播公司新闻稿,1991年12月26日。

第七章　对外关系

在背叛南非的反种族主义斗争，并表示南非人民绝不放弃并要加强反对种族主义的斗争。[1] 1989年6月，南非共产党第七次代表大会也没按惯例在莫斯科举行，而改在古巴的哈瓦那召开。

苏联政策的变化，虽不是导致南非黑人运动选择谈判的主要原因，但对非国大和南非共调整经济纲领，起了重要的参照作用。

## 二　与俄罗斯的关系

由于1991年苏联的解体，俄罗斯的内政外交面临艰难的过渡和调整，无暇顾及非洲。南非与俄罗斯的关系很长时间处于冷却状态，甚至在曼德拉领导的非国大赢得大选执掌政府之后，两国来往也很少。曼德拉总统对俄罗斯比较冷淡，他执政期间没有访问过俄罗斯，直到1999年他卸任之前才到访了这个曾经与非国大有密切关系的大国。根据南非政治分析家的看法，非国大政府把苏联解体后的俄罗斯政府看做是对历史的反动。而俄罗斯由于忙于调整与欧美的关系，发展与中国的关系，无力重返包括南非的非洲。近年来，俄罗斯与南非关系的升温，很大程度上由于在世界矿产资源市场上的合作需要。

### （一）政府间合作机制

1991年初，南非与俄罗斯同意在各自驻澳大利亚大使馆设立利益代表处。一年后，南非向俄罗斯派出第一位贸易代表。1992年2月，两国建立外交关系，同年12月俄罗斯联邦向南非派出第一任大使。但是，多年间双方政府并没有建立起固定

---

[1] 〔美国〕《非洲报道》1989年第6期，第60页；〔英国〕1989年3月25日《经济学家》。

## 南非

的磋商机制。直至1999年,南非与俄罗斯的双边关系才实现机制化。

1999年4月,南非与俄罗斯建立了政府间贸易与经济合作委员会,每年举行副部长级会晤。2004年1月29日,南非与俄罗斯有关打击国际恐怖主义的第一次部长级政治磋商会议在南非行政首都比勒陀利亚举行,双方外交部副部长讨论了如何执行第58届联合国大会有关防止恐怖主义分子获得大规模杀伤性武器的决议。[1] 两国政府间贸易与经济合作委员会2004年11月在比勒陀利亚举行第4次会议,双方签订了和平利用原子能协议。该合作委员会第5次会议2005年10月在莫斯科召开,会议期间双方签订了《海上运输合作协议》和《空间与核研究领域合作备忘录》;双方在加强互利合作方面取得了很大进展,签署了《海洋交通合作议定书》,以及在天文与核研究领域的谅解备忘录。为了加强两国在核研究方面的合作,2006年2月南非科技部接待了俄罗斯核研究联合研究所(JINR)的高级代表团。[2]

近年来俄罗斯加快重返非洲的步伐,发展与南非的全面合作关系。

2006年9月5~6日,俄罗斯总统普京率代表团访问南非,这是俄罗斯国家领导人第一次访问南非。俄罗斯代表团包括100多名俄罗斯商界领袖,显示出对南非市场的重视。南非总统姆贝基在开普敦接见普京总统,双方就政治、经济关系进行会谈,并签署了一系列协议,其中包括卫生和医学领域的合作,外层空间的和平利用,以及航空、水资源和森林资源等领域的合作。两国首脑参加了开普敦的圆桌会议,普京在会上提出两国经济合作的

---

[1] *South Africa Yearbook 2004/2005*.
[2] *South Africa Yearbook 2006/2007*, Relations with Europe.

## 第七章 对外关系

其他领域，其中包括工程设计和建设，铀生产与核能合作，地质勘察和矿产资源勘探。姆贝基总统表示，南非将其与俄罗斯的关系定位为"战略性伙伴关系"。两国元首一致认为，当时两国的政治联系明显超前于经贸合作，经贸合作潜力很大。俄罗斯把增加在非洲的影响力，作为其实现"振兴大国"战略目标的不可缺少的条件。[1]

### （二）矿业能源领域的合作

矿业是双方的优势产业。南非和俄罗斯都属于世界十大矿业生产国之列，两国相加生产世界所有矿产品的60%以上，因此具有控制世界市场的潜力。俄罗斯有意在矿业方面与南非携手，在具有控制地位的矿产品供应方面垄断世界市场。[2]

早在1990年7月，南非矿业大亨德比尔斯公司就与苏联签订合作协议，其中包括向苏联提供10亿美元贷款，德比尔斯公司获得苏联出口未加工钻石的专卖权。[3] 近年来，双方在矿业方面的合作发展迅速。

2004年3月，俄罗斯矿业集团诺里尔斯克镍业公司（MMC Norilsk Nickel）以11.6亿美元收购南非金矿业中戈德费尔德公司（GoldField）20%的股份。诺里尔斯克公司是俄罗斯最大的采矿及冶金公司。按数量计算，该公司还是世界上最大的镍和钯生产商。2005年，该公司在采矿方面的收益大约为70亿美元左右。[4]

2005年10月莫斯科矿业大学校长在访问南非时，甚至提出南非与俄罗斯携手垄断世界白金市场的想法。南非占世界白金产量的50%，俄罗斯占35%，两国携手可以控制世界白金供

---

[1] 2006年9月8日《人民日报》。
[2] *Bua News*（Tshwane），2005/10/03。
[3] 美国国会图书馆网站 http://lcweb2.loc.gov/cgi-bin/query。
[4] *South Africa Yearbook 2004/2005.*

应量的 85%。而汽车行业是白金的重要消费产业,用于自动催化剂。俄罗斯阿尔罗萨(Alrosa)矿业公司派遣地质专家和企业家到南非访问,了解南非的矿业体制和地质环境,以及南非政府的黑人扶助计划,以便明确外国企业在南非需要承担的社会责任。[①]

2006 年 9 月俄罗斯总统普京访问南非期间,俄罗斯矿业工业集团雷诺瓦(Renova)资产管理公司与南非的交通运输网公司(Transnet)和卡拉哈里联合锰业公司(United Manganese of the Kalahari-UMK)签订合作协议,为库哈的一个铁合金冶炼厂运送锰矿石和煤炭等原料。雷诺瓦公司与南非国有电力公司(Eskom)签订合作协议,为北开普省一个锰矿提供电力。雷诺瓦公司还与南非库哈开发公司(Coega)和卡拉哈里联合锰业公司签订协议。雷诺瓦公司将在 5 年内向南非投资 10 亿美元,用于建设一个锰矿、一个冶炼厂和其他相关资产和基础设施。姆贝基总统强调,俄罗斯与南非的长期经济合作计划,包括建立定期培训计划,将促进南非锰矿业建设自己的技术基础。他认为技术是南非的迫切需要,这将有利于扩大就业。[②]

普京访问南非期间签署的矿业方面的协议还包括,俄罗斯矿业公司阿尔罗萨(Alrosa)和南非钻石业巨头德比尔斯公司签署了合作备忘录。这两个公司联合起来将生产全球 75% 的钻石,德比尔斯公司 2005 年生产全球 40% 的钻石。双方签署的谅解备忘录使双方在俄罗斯进行钻石勘测和勘探,并计划把业务扩大到世界其他地区,包括非洲。雷诺瓦公司所属的俄罗斯第二大铝业公司(Sual Holdings)还对库哈的铝冶炼厂扩建产生兴趣,该项目投资金额为 27 亿美元。但是这个项目最终被世界第二大铝业

---

① *Bua News* (Tshwane), 2005/10/03.
② *Bua News* (Tshwane), 2006/09/06.

第七章　对外关系

公司——加拿大的阿尔坎公司获得。[1]

双方在能源领域的合作，主要在核能的研究和开发方面。1990年8月，南非贸易与工业部长访问莫斯科，讨论南非帮助苏联清理切尔诺贝利核电站污染场地的可能性。为了加强双方在核研究领域的合作，并探讨南非与俄罗斯的核研究联合研究所之间的新合作机会，2006年2月南非科技部接待了俄罗斯核研究联合研究所的高级代表团。

2006年7月，南非矿产能源部代表团访问俄罗斯，在俄罗斯访问期间，南非代表团参观了几个核研究机构。俄罗斯方面表示，希望扩大与南非在核工程设计和建造方面与南非合作。俄罗斯向南非提供了低浓度铀，还与南非探讨在南非合作建造一座大型的常规核电站，预计比南非现有的库博格（Koeberg）核电站具有更先进的技术。

2006年9月普京访问南非期间表示，俄罗斯向南非提供液化石油气与核燃料的计划也在进行当中，这是南非为实现提升能源供应能力的需要。在9月5日的会谈中，俄方已经确认将在2010年前为南非的核电站项目提供核燃料，并考虑向南非供应液化天然气的可能性。

根据南非矿业能源部长2007年2月的说法，俄罗斯希望与南非和其他国家合作寻求新技术加工铀，为核电站提供燃料。南非政府计划宣布铀为战略金属，将开始储备铀燃料以保障南非核电站的燃料供应。俄罗斯把南非看做是铀燃料市场，而南非更希望在铀选矿方面与俄罗斯合作。南非希望铀加工在南非国内进行，还希望回收和加工用过的铀燃料。南非正在进行大规模的核能发展计划，准备建设24~30个新的核电站，总耗资预计9000

---

[1] Business Day (Johannesburg), 2006/10/02.

亿兰特。[1]

### (三) 科技领域的合作

2001年6月，南非外交部副部长珀哈德率领科学技术和教育专家代表团访问俄罗斯，与俄罗斯外交部副部长进行政治磋商，并在科学、技术和教育领域探讨了合作机会。

2006年9月普京访问南非期间，双方签署了《和平探测与利用外层空间合作协议》。姆贝基总统表示，两国已就空间技术合作达成协议。根据该协议，南非可以利用俄罗斯的火箭和技术，发射小型太空卫星，以使南非在空间技术的利用方面"赶上世界其他地区"。南非政府出资的第一颗低轨道地球卫星"引路号"由俄罗斯海军在巴伦海峡的潜水艇发射升天。这是南非科技部3年卫星开发计划的一部分。该卫星的功能是电信、广播和观测地球。

### (四) 经贸合作的其他方面

20世纪90年代初，南非与俄罗斯有意发展贸易联系，特别军事装备贸易方面的合作，虽然南非与俄罗斯在国际军火贸易方面存在竞争。[2]

南非从俄罗斯的商品进口额在2003～2004年增长30%，但是只有900万美元。2005年1～9月南非从俄罗斯进口额达到1820万美元，南非向俄罗斯出口额同期达到1.065亿美元。2005年两国贸易额约为2亿美元。南非对俄罗斯出口的商品主要是新鲜水果、汽车发动机、机器配件和钢材。从俄罗斯进口产品的65%是镍族金属。[3] 2006年俄罗斯向南非的出口有大幅度增长，双边贸易总额达到历史最高水平，约为3.5亿美元。南非

---

[1] *Business Day* (Johannesburg), 2007/02/22.
[2] 美国国会图书馆网站 http://lcweb2.loc.gov/cgi-bin/query.
[3] *Business Day* (Johannesburg), 2006/10/02.

## 第七章 对外关系

向俄罗斯的出口在其出口目的国排第 50 位上下，南非从俄罗斯的进口在其进口来源地排在第 25 位上下。

表 7-1　2003～2006 年南非与俄罗斯的贸易

单位：亿兰特

| 年份＼项目 | 南非出口额 | 南非进口额 | 双边贸易总额 |
| --- | --- | --- | --- |
| 2003 | 5.99123 | 2.41308 | 8.40431 |
| 2004 | 6.29444 | 2.51705 | 8.81149 |
| 2005 | 4.49274 | 6.29046 | 1.07832 |
| 2006 | 6.75737 | 18.95874 | 25.71611 |

资料来源：南非贸易工业部网站，2003～2007 年南非贸易国别统计，http://www.thedti.gov.za/

## 第六节　同中国的关系

中国与南非虽然相距遥远，但是南非对于中国人民并不陌生。华人落脚南非的历史可以追溯到 300 多年前。20 世纪初期，几万名契约华工到南非金矿出卖苦力。南非臭名昭著的白人种族主义制度，以及非洲人维护生存权利的斗争，特别是南非民族领袖纳尔逊·曼德拉和他领导的黑人解放运动，长期受到中国政府和人民的关注。1994 年新南非的诞生，被看作人类正义事业的共同胜利。

中华人民共和国与南非共和国于 1998 年 1 月 1 日建立大使级外交关系。两国建交时间虽然不长，但是两国政府间的战略共识不断加深，合作关系全面快速发展，2000 年双方建立了"伙伴关系"；2004 年确立了"战略伙伴关系"；2006 年签署《中国南非关于深化战略伙伴关系合作纲要》。

# 南非

## 一 历史纽带

### (一) 南非华人

南非华人的历史有近三个半世纪之久。以往的《南非官方年鉴》对华人进入南非的记述，均以20世纪初南非金矿招募中国劳工为起点，有关南非的史书记载亦如此。1996年，两位南非华裔女作者编著的《南非华人史》，纠正了这一偏差。

欧洲殖民者在占据非洲南端的开普半岛之初，就面临劳动力缺乏问题，因而从非洲其他地方和东南亚国家运进奴隶，同时陆续引进中国的工匠和技师，以满足开发的需要。据《南非华人史》所述，华人到南非始于1660年，至19世纪末约有几百名华人到达南非，在开普、纳塔尔和伊丽莎白港地区落户，其中多为广东、福建籍人。[1]

20世纪初，殖民主义者争夺南非的英布战争之后，南非金矿的恢复急需大量劳动力。英国利用1860年《北京条约》第五款的规定，决定在中国招募劳工，就此与清政府在1904年5月达成具体协议。从1904年5月到1906年11月，共有6万余名中国劳工被运到南非约翰内斯堡地区，其中多数来自山东。华工占当时南非矿工总数的40%。华工的辛勤劳动，很快扭转了金矿的困难局面。到1906年底，南非金矿恢复并超过英布战争前的水平，重新成为世界最大的黄金产地。由于英国工会和南非当地劳工的不满，英国政府1907年1月决定停止招募华工。到1910年2月，合同期满的华工绝大部分离开南非回国。几千名华工因采矿条件险恶和奴隶般的待遇，客死他乡，伤残者更多，

---

[1] Colour, Confusion and Concessions, *The History of the Chinese in South Africa*, by Melanie Yap and Dianne Leong Man, Hong Kong University Press, 1996, p. 5.

极少数华工继续留在当地谋生。①

中国与南非的官方关系可以追溯到20世纪初。当时的清政府为管理在南非金矿的华工事宜,于1905年派首任总领事到约翰内斯堡。1911年清政府被推翻后,南非华人事宜曾一度由美国驻约翰内斯堡领事馆代理。后来,中华民国政府陆续派遣领事或代表到南非,直至1948年。②

现今华裔南非公民的先辈,多数是在20世纪20年代移居南非,他们绝大多数来自广东的梅县、顺德和佛山等地,到南非后经营零售商业或其他小本生意。以后陆续有华人迁往南非。根据南非1946年的人口统计,华裔南非人共计4340人。这些华人已融入当地社会,第三、四代华裔很多不会讲汉语,而操英语或阿非里卡语。③南非种族主义法律把华人划归"有色人种",受到各种歧视,没有政治权利。

20世纪60~70年代以后,来自中国台湾地区到南非定居的华人日益增多,形成"新侨"社团,同时也有来自香港地区的华人到南非发展。90年代初,南非开始废除种族隔离制度,对外开放,中国内地陆续有数千人到南非经商、谋职或求学,其中部分人已在南非定居。据报道,目前在南非生活着大约20万华人。④

(二) 中国与南非黑人解放运动

中华人民共和国成立后,一贯支持南非人民反对种族隔离制

---

① 陈翰笙:《华工出国史料汇编》第八、九、十辑,中华书局,1984,第146~149页;Peter Richardson, *Chinese Mine Labour in The Transvaal*, University of Melbourne, the Macmillan Press Ltd, 1982, p.105, 168, 172, 176.
② Colour, Confusion and Concessions, *The History of the Chinese in South Africa*, by Melanie Yap and Dianne Leong Man, Hong Kong University Press, 1996, pp. 171-174.
③ Ibid. pp. 208-209.
④ 新华社记者南非行综述:透视南非华人参政现象,中国驻南非使馆网站20060927。

## 南非

度的斗争,与南非白人种族主义政权没有来往。

新中国成立之初,就对南非人民反抗白人种族主义统治的斗争给予深切的同情和支持。毛泽东主席和周恩来总理于1950年和1952年先后致电,支持南非印度人大会和非洲人国民大会发动的蔑视种族隔离法的群众运动。周恩来总理在电报中表示:"站起来的中国人民完全理解并深切同情南非的非白色人民以及一切被压迫民族的苦难,相信他们一定能够在持久不渝的斗争中求得自由幸福与解放。"[①]

20世纪50年代初,南非白人当局强化了种族主义统治,民主运动的处境极端困难。为了解放运动的生存和发展,非国大中以曼德拉为首的一批年轻领导人主张重新考虑该组织1912年成立以来所坚持的非暴力、合法斗争的方针,准备进行武装斗争。南非黑人的斗争受到世界的关注。1953年,担任非国大总书记的沃尔特·西苏鲁受到"世界青年学生和平友谊联欢节"的邀请,与非国大青年联盟书记杜玛·诺克韦等人一起秘密离开南非,辗转前往捷克首都布拉格。临行前,曼德拉建议西苏鲁访问中国,争取中国对武装斗争的支持。当时,在非国大内部对暴力斗争方式仍有争议。但是,西苏鲁与曼德拉的观点一致,认为民主运动将会失去合法斗争的条件,必须为武装斗争做准备。

西苏鲁一行在布加勒斯特会议之后来到中国,在5周的访华期间,西苏鲁和诺克韦受到中国领导人和人民的热情欢迎。西苏鲁在北京广播电台发表了讲话,介绍南非的形势和黑人的反抗斗争。南非客人还应邀参加了当年的国庆观礼。回到南非后,西苏鲁和诺克韦在当年12月召开的非国大代表大会上报告了访问中国的情况。西苏鲁还在《解放》杂志上发表文章《我看到了中

---

[①] 1952年2月《新华月报》,第65页。转引自陆庭恩、彭坤元主编《非洲通史》现代卷。华东师范大学出版社,1995,第666页。

## 第七章 对外关系

国》。

以西苏鲁一行访华为起点,南非黑人解放运动与中国的联系一直延续下来。在1955年的万隆会议上,南非非洲人国民大会和南非印度人大会的代表见到周恩来总理。会后,非国大领导人摩西·科塔尼一行访问了中国。同年,周恩来总理还给非洲人国民大会发去贺信,向南非不同肤色的人们共同组织的"人民大会运动"表示支持。随后几年,南非其他群众组织的代表也相继访华。

1960年3月南非白人当局开枪镇压黑人反通行证法的示威活动,造成"沙佩维尔惨案",引起国际社会的强烈谴责。中国在1960年断绝了与白人种族主义统治的南非的经贸关系。

60年代初,南非黑人解放运动被白人政府取缔,领导成员一部分流亡国外,为开展武装斗争做准备。非国大曾派遣几批游击战士到中国接受军事训练。最早的一批由来自东开普地区的雷蒙德·姆拉巴(新南非第一任东开普省省长)带队,于1962年离开南非到中国,经过短期学习后返回南非开展武装斗争。

在中国与南非黑人解放运动的关系中,"中苏分歧"曾造成非洲人国民大会与中国的短暂疏远。由于当年苏联的政策是只支持它认定的南部非洲国家5个"真正的解放运动组织",南非非洲人国民大会由于同南非共产党长期的合作关系,得到苏联的承认和支持。很多流亡在外的非国大成员到苏联和东欧国家学习和生活。而当时中国在长期支持非洲人国民大会的同时,也承认和支持较为激进的"阿扎尼亚泛非主义者大会"(简称泛非大)。

尽管如此,中国与非国大的联系一直没有中断,通过中国驻非洲国家的使馆和新华社与流亡在当地非国大领导机构和成员进行沟通并提供支持。1975年,非国大主席奥立弗·坦博率团访华。1979年1月,李先念副总理访问赞比亚时会见非国大领导人姆卡纳(Mkana)。1983年1月,中国总理访问赞比亚时会见

坦博主席。1983年5月,坦博主席率非国大代表团访华。1986年,非国大总书记恩佐访华。非国大国外领导机构的其他成员,先后多次访问中国,增进了相互的理解和友谊。1988年,在曼德拉70岁寿辰之际,中国首都北京举行大型群众集会,声援南非人民的反抗斗争,要求释放被关押的黑人领袖。非国大前外事书记马卡蒂尼率领代表团到北京参加这次大会。

1990年南非白人政府宣布取消党禁,开始废除种族隔离制度。非国大、南非共产党和泛非主义者大会等解放组织获得合法地位,投入政治与社会变革。中国继续给予解放运动支持和援助,以实现废除种族隔离制度的最后胜利。

### (三) 台湾地区与南非的关系

20世纪60年代初,南非白人政府强化对黑人解放运动的镇压,遭到国际社会的谴责并陷入孤立之时,台湾当局与南非白人政府于1962年建立"领事关系"。1972年台湾当局被驱逐出联合国。1973年联合国大会通过《禁止和惩罚种族隔离罪行的国际公约》,紧接着1974年中止南非政府参加联合国大会的资格。台湾当局和南非政府"同病相怜",于1976年把双边关系升格为"大使级外交关系"。70年代中期,国际社会对南非的制裁加剧。南非白人政府以优惠政策,吸引台湾地区的商人到南非投资。华人在南非虽然没有选举权,但是南非白人当局出于经济上的考虑,给予来自台湾地区华人"名誉白人"的待遇。此后,移居南非投资办厂的台商约有数百家,台商还购买了大片土地进行经营。在国际社会制裁南非期间,台湾地区与南非的经贸关系迅速发展,双边贸易额每年约15亿~19亿美元,台湾地区在南非投资达15亿~16亿美元。[1]

---

[1] 参见钱其琛《外交十记》,世界知识出版社,来源:文学报,http://www.zhongguotongcuhui.org.cn/06tybbs/next040226.htm.

## 第七章 对外关系

### 二 两国正式建交

1990年是南非政治的转折点,以取消党禁、释放曼德拉为标志,开启多党制宪谈判进程。非国大在近30年的流亡之后,在国内重建组织,准备迎接第一次全国大选。

1994年南非首次举行不分种族的大选,非国大赢得选举,组成以曼德拉为总统的新政府。在废除种族隔离、确立种族平等的新体制之后,南非全面重返国际舞台。南非新政府确立了独立自主的全方位外交政策,主张在尊重主权、平等互利和互不干涉内政的基础上同一切国家保持和发展双边友好关系。

中国重视与南非的关系,希望发展双方的政治、经济合作。1991年中国与南非前政府达成互设民间机构的协议。随后,双方分别在对方首都设立"研究中心",作为非正式的联系渠道。1992年,中国在南非首都设立"南非研究中心",南非相应地在北京设立"中国研究中心"。1992年10月4～10日,南非非洲人国民大会主席纳尔逊·曼德拉访问中国,受到中国政府和人民的热烈欢迎。杨尚昆主席、江泽民总书记分别会见并宴请了他。中国政府向"非国大"捐款捐物1000万美元,北京大学授予曼德拉名誉博士学位。

尽管当时尚未建立正式的外交关系,中国与南非的经贸往来发展很快。1993年9月,中国贸促会正式宣布恢复与南非的经贸关系。双边贸易额1993年达到6.58亿美元,1994年为9亿美元,1995年超过13亿美元,南非成为中国在非洲的最大贸易伙伴。两国间的投资与技术合作也有进展。中国公司开始在南非投资或合资办厂。南非一些实力雄厚的企业,如南非酿造公司(SAB)、南非伊斯科钢铁公司(ISCOR),已在中国投资。[1] 中

---

[1] 1996年4月13日《中国日报》。

## 南非

国经济增长的势头和巨大的市场潜力,使得南非企业界看好在中国的发展前景。南非的大公司成为促使政府尽快与中国建交的推动力之一。

1996年,中国对外经济贸易合作部吴仪部长赴南非参加联合国贸易发展会议期间,转交了江泽民主席给曼德拉总统的信。在信中,江主席重申了中国政府解决台湾问题的基本方针和关于两国建交问题的原则立场,表示了中国人民有能力自主实现祖国的统一。吴仪部长还从经贸角度说明了建交有益于两国的经济发展,希望能站在21世纪的高度,以政治家的远见卓识,尽快作出同中国建交的决策。曼德拉总统与吴仪进行了"亲切、友好、坦诚、长时间的会见,双方都表示愿意继续发展两国人民之间的友谊,并就发展两国关系交换了意见"。吴仪与南非贸易与工业部长进行会谈,签署了一项相互给予最惠国待遇的换函,以进一步促进双方在经贸领域的合作。[1]

香港回归成为促使南非政府做出与中国建立正式外交关系的抉择。面临1997年7月1日中国对香港恢复行使主权时刻日益临近,南非作为中国的非邦交国将不能在香港设立领事馆,不能享受航空器在香港的着陆权。南非与香港的经贸关系非常密切,香港是南非第二大亚洲投资者,南非至香港的航线是南非至远东最重要的航线之一,对南非有着重大意义。南非在香港的长期经济利益和商业联系将受到影响。南非政府在与中国建交问题上已经没有迟疑的余地。

1996年11月26日,曼德拉总统把南非不晚于1997年底同台湾断交而与中华人民共和国建交的决定,通知了台湾当局驻南非的"大使"和中国驻南非研究中心主任。11月27日,曼德拉总统和非国大分别就与中国建交的决定发表声明。曼德拉在声明

---

[1] 1996年4月30日《人民日报》。

## 第七章 对外关系

中表示，在国际关系上，南非积极参与非洲统一组织、不结盟运动以及联合国范围内的活动。因此，继续给台湾以"外交承认"与南非在国际事务上的作用不相符。曼德拉在12月5日给江泽民主席的信中明确提出，南非将于1997年12月31日结束对台湾的"外交承认"，现在正是南非遵循国际惯例，实现与中华人民共和国关系正常化平稳过渡的合适时机。当天下午，曼德拉总统、恩佐外长和帕哈德副外长召开记者招待会，正式宣布了这一决定，并希望于1997年1月开始与中方进行建交谈判。[①]

1997年1月下旬，中国外交部部长助理吉佩定访问南非，与南非帕哈德副外长就两国建交问题举行了首轮谈判，递交了中方准备的建交公报和备忘录。当年6月8日，帕哈德副外长访华，双方就建交公报和内部谅解备忘录达成了一致，并草签了文件。

南非确认不晚于1997年12月31日与中国建交。中方对南非在香港的利益也做了临时性的安排，即1997年7月1日至12月31日，南非驻香港总领馆暂时保留；南非—香港间现有民航安排及互免签证待遇暂时不变。中方还同意南非航空公司至日本航班机飞越中国领空。南非方面对中方的有关安排感到非常满意。[②]

1997年底，钱其琛副总理兼外长访问南非，与南非外长恩佐正式签署两国建交联合公报和谅解备忘录。1998年1月1日，中国驻南非共和国大使馆举行了开馆仪式，中国和南非正式建立外交关系。

三 双边关系的发展

中国与南非实现邦交正常化之后，双边关系全面迅速发展。通过频繁的高层互访和众多领域的交流，逐渐形

---

[①] 新华社约翰内斯堡1996年11月28日电。
[②] 参见钱其琛《中国与南非建交纪实》，http://www.zhongguotongcuhui.org.cn/06tybbs/next040226.htm/

# 南非

成政治上互信、经济上互利、国际上互助的战略伙伴关系。

## (一) 两国政府间战略共识与合作机制

1998年建交之后,中国与南非政府建立了双边对话协商机制,签订了数十项合作协议,为两国合作的健康有序发展提供了保障。2000年4月,中、南非两国签署《中华人民共和国与南非共和国关于伙伴关系的比勒陀利亚宣言》。2000年12月,双方签署《中华人民共和国和南非共和国关于"国家双边委员会"组织形式的外长间换文》,两国建立了高级别的"国家双边委员会",迄今已举行多次双边委员会全体会议,并召开了外交、经贸、科技、国防、教育分委会会议。[1] 2004年双方确立了平等互利、共同发展的战略伙伴关系,两国关系进入了新的发展阶段。2006年两国签署《中华人民共和国和南非共和国关于深化战略伙伴关系的合作纲要》,对今后几年双方在各个领域的合作做出了规划。两国执政党之间的交流与合作密切,成为政治沟通的重要渠道。

南非把与中国的战略伙伴关系置于对外政策的优先地位。[2] 南非总统塔博·姆贝基在参加2006年11月中非论坛高峰会议之后,撰文表达了对中非合作的深切理解和期望。他在《希望从北京天安门诞生》一文[3]中指出,非洲现在面临的最核心、最紧迫的挑战,就是如何提高人民生活水平。非洲必须承认中国是当今世界上最大的经济体之一,并且妥善回应这一现实。姆贝基总统认同胡锦涛主席所说的"随着中国经济社会的发展,中国人民将一如既往地向非洲人民提供帮助和支持,努力实现中非共同发展。"他认为,中非之间就是在危难时刻能伸出援手互相帮助

---

[1] 中国驻南非使馆网站,"双边关系",2006年9月13日。
[2] 2006年10月31日《人民日报》。
[3] Thabo Mbeki, "At the Heavenly Gate in Beijing hope is born!" *ANC Today* Vol. 6 No. 44, 10 November 2006.

第七章 对外关系

的真诚伙伴。这只会产生于历史遭遇相似、寻求互利合作、坚持平等互利的穷兄弟穷邻居当中。

胡锦涛主席在2007年2月访问南非期间,同南非总统姆贝基进行会谈。胡锦涛主席指出,中、南非两国人民有着深厚的传统友谊。现在,中、南非关系正站在一个新的起点上。胡锦涛主席访问南非期间在比勒陀利亚大学的演讲中说,"中南加强全方位合作,符合两国和两国人民的根本利益,有利于发展中国家团结合作,也有利于世界和平与发展。"①

随着双方经贸合作与民间交流的开展,南非民众对中国的好感也在增加,对中国的发展经验和传统文化感兴趣。

(二) 经济贸易关系的发展

南非是迄今非洲大陆唯一拥有国际竞争能力的跨国公司的国家。在联合国贸易与发展会议2004年度报告列出的发展中国家50家跨国公司当中,南非有7家公司是非洲仅有的榜上有名的公司。南非既有扩大出口的需要,也有对外投资的能力。中国市场对南非的开放,为南非有竞争优势的矿产品和制造业产品的出口,为南非跨国公司寻求更大的发展空间,提供了机遇。

1. 贸易

中国与南非的经济互补性,已被双方贸易额的大幅度平衡增长所证实。1998年1月1日两国建交后,经贸合作取得快速进展。据中国原外经贸部发布的统计数字,1999年,中国与南非的贸易总额为17.22亿美元,约占中非贸易总额的27%。近年来,由于中国从非洲其他地区进口的增加,特别是进口非洲石油的上升,中、南非贸易额约占中非贸易总额的20%②(参见表7-2)。2006年,两国双边贸易额为88.6亿美元,较上年增长

---

① 2007年2月8日《人民日报》第01版。
② 商务部网站,2005年11月8日。

40.4%，高于南非平均进出口增速 27.6 个百分点。中国位列南非出口市场的第 6 位，排名比 2005 年提升了两位。南非从中国进口商品额 68.2 亿美元，增长 38.4%，从中国的进口额占其进口总额的 10%，仅次于德国。南非与中国贸易统计方法的差异，导致双方对贸易逆差的认识距离比较大，影响贸易氛围。虽然中国对出口南非的纺织品主动设限，南非与中国的贸易逆差有所下降，但是根据南非官方统计，2006 年南非与中国的贸易逆差为 47.8 亿美元，增长 34.7%，中国已成为南非最大贸易逆差来源国。[①]

表 7-2　2004~2007 年中国与非洲和南非贸易一览表

单位：亿美元，%

| 地区国家 | 年　份 | 贸易总额 | 中国出口额 | 中国进口额 | 双边贸易年增长率 | 中国出口年增长率 | 中国进口年增长率 |
|---|---|---|---|---|---|---|---|
| 非洲 | 2007(1~8月) | 457.8438 | 234.1717 | 223.6721 | 29.5 | 43.6 | 17.4 |
|  | 2006 | 554.6409 | 266.9012 | 287.7398 | 39.6 | 42.9 | 36.6 |
|  | 2005 | 397.4680 | 186.8344 | 210.6336 | 34.9 | 35.3 | 34.6 |
|  | 2004 | 294.6161 | 138.1563 | 156.4598 | 58.9 | 35.7 | 87.2 |
| 南非 | 2007(1~8月) | 89.7917 | 46.4038 | 43.3879 | 52.6 | 38.4 | 71.3 |
|  | 2006 | 98.5620 | 57.6782 | 40.8838 | 35.6 | 50.8 | 18.7 |
|  | 2005 | 72.7066 | 38.2631 | 34.4346 | 23.0 | 29.6 | 16.4 |
|  | 2004 | 59.1244 | 29.5232 | 29.6012 | 52.8 | 45.5 | 60.9 |

资料来源：根据中国商务部相关年度中国贸易年度统计数据编制。

然而，中国巨大的潜在市场对南非企业有很强的吸引力，中国与南非在探讨建立自由贸易区的可能性。2004 年 6 月，南非承认中国市场经济地位，并代表南部非洲关税同盟（SACU）宣

---

[①] 南非经贸形势及中南贸易关系，商务部网站国别数据 Country Report，2007 年第 1 期，总 131 期。

## 第七章 对外关系

布同中国启动自由贸易区谈判。

### 2. 投资

南非是中国在非洲投资的重点国家之一。南非有发达的金融体系和比较完善的基础设施。当地政府为吸引投资、增加就业，为外国投资者提供了相对优惠的投资环境。因此，南非多年来是非洲吸引外资最多的国家。

随着外交关系的建立，中国与南非之间在矿业开采与冶炼业、能源工业、农产品加工业、航天通信等高科技领域的投资项目正在取得进展。据中国商务部统计，截至2004年底，南非在华合同投资额4.91亿美元，实际投资金额2.08亿美元。至2005年底，南非在华协议投资额7.7亿美元，实际投资3.1亿美元，实际投资增长两倍（参见表7-3）。在华投资的南非企业包括：南非矿业跨国公司英美资源集团、拥有煤转化油技术的萨索尔公司和南非啤酒公司。[①] 为了给两国间贸易和投资提供便利，中国与南非在金融领域的合作在建交之后也得到发展。

表7-3 2003~2005年中国南非两国间投资情况表

单位：亿美元

|  | 2003年 | 2004年 | 2005年 |
| --- | --- | --- | --- |
| 中国在南非投资合同金额 | 1.3 | 2.33 | 2.53 |
| 中国在南非实际投资金额 | — | — | — |
| 南非在中国投资合同金额 | 3.3 | 4.91 | 7.7 |
| 南非在中国实际投资金额 | 0.9855 | 2.08 | 3.1 |

资料来源：http://fec.mofcom.gov.cn/aarticle/duzpb/cf/ap/200412/20041200319846.html；中国驻南非使馆网站，中南双边关系，2006-09-13。

---

① http://fec.mofcom.gov.cn/aarticle/duzpb/cf/ap/200412/20041200319846.html；中国驻南非使馆网站，中南双边关系，2006-09-13。

### 3. 承包工程

1994年以来，新南非政府的"重建与发展计划"，在解决黑人区住房、家庭用电、清洁饮用水以及改善道路交通等基础设施方面制订了一系列规划，并有大量资金投入。在竞争激烈的南非建筑市场，中国企业逐渐取得了发展空间。截至2004年底，中国在南非共签订承包劳务合同金额5.47亿美元，营业额1.45亿美元。[1] 南非政府2006年提出的庞大基础设施工程，对中国公司无疑是巨大的机会。在为举办2010年足球世界杯比赛的筹备当中，中国公司参与了南非现代化体育场的建设。[2]

中国经济的高速发展，也吸引着南非有竞争能力的公司到中国寻找商机。南非蓝派冲击压实技术开发公司是第一个向中国引入具有专有技术和设备的南非公司，十多年来，该公司在中国各地承建公路、机场（包括香港新机场地基建设）、水坝工程160多项。

### 4. 科技合作

中国与南非在科技领域的合作具有很大潜力。自1999年两国建立政府间科技合作关系以来，两国科技界的交流与合作发展迅速。

双方同意在生物技术（含食品加工、农业和医药）、新材料和先进制造技术、信息技术及系统、环境保护、矿业、冶金、资源勘探、空间技术、交通科技、农业技术、本土知识系统等领域开展合作。南非是非洲大陆能够向中国提供拥有自主知识产权的先进技术的国家。南非重要的跨国公司在中国的投资与技术合作呈上升势头。

---

[1] http://fec.mofcom.gov.cn/aarticle/duzpb/cf/ap/200412/20041200319846.htm；中国商务部网站，中国与南非双边经贸合作简况，2005-11-08。

[2] *The Post* (Lusaka), 2006/09/14.

### 5. 文化交流与民间往来

两国建交后,注重人员往来,促进相互了解,为双边关系的快速健康发展建立了坚实的基础。两国政府间的文化交流计划,人力资源培训领域的合作,以及两国公共卫生和医学科学方面的交流,正在全面开展。中国与南非在发展经验方面的相互学习和借鉴,也成为合作的重要内容。

### 四 国际领域的合作

发展中国家的战略合作,是当前世界事务中的新动向。中国和南非两国在推动非洲发展,促进发展中国家的团结协作,以及在国际政治和经济秩序中维护发展中国家的利益、争取世界沿着更平等、更公平的方向发展等方面,加强了磋商与合作,正在建设新型战略伙伴关系。

#### (一) 共同促进非洲的和平与发展

非洲大陆是中国实现外交战略的重要合作伙伴和舞台。2006年1月12日中国政府公布的《中国对非洲政策文件》进一步阐明了这个立场,重申加强与非洲国家的团结与合作,始终是中国独立自主和平外交政策的重要组成部分。中国与非洲的交往,不是攫取,不是施舍,而是以共同发展为目标。

维护非洲的和平与发展是中国与南非的共同目标。在1999年总统就职演说中,姆贝基强调南非的非洲属性,他呼吁南非人民不仅要为南非的富强而且要为非洲的复兴作出贡献,以使21世纪成为"非洲的世纪"。南非政府还批准建立"非洲复兴国际合作基金",作为南非援助非洲国家和利用外部援助与非洲国家搞合作项目的机制。近年来,南非促进非洲联合自强,积极参与维持和平、调节冲突、紧急救灾和发展援助,树立起负责任的地区大国的形象。2004年2月,南非财政部长宣布,将在3年内拨款1.65亿美元用于南非在非洲大陆的维和任务,

以此作为对非洲联盟和非洲发展新伙伴计划的支持。中国自1990年开始参加联合国在非洲的维和行动。至今,中国已经参加联合国在非洲的12项维和行动,先后派出3000多名维和人员。

温家宝总理在2006年6月访问南非期间,专门会见了"非洲发展新伙伴计划"设在南非的秘书处首席执行官。中方重视并支持"非洲发展新伙伴计划",愿在中非合作论坛框架下,帮助非洲实现自主发展。南非支持中国对非洲的政策,赞赏中国为促进非洲经济发展和摆脱贫困所做出的努力。

(二) 加强发展中国家的团结与协作

中国和南非都是南南合作的倡导者和推动者。

南非倡导发展中国家加强合作,改变西方大国主宰一切的局面。南非政府主张发展中国家应该发挥集体的力量,以应对"北方"的挑战,希望在建立国际新秩序当中加强南非与中国的合作问题。中国对发展中国家的多边合作一直持积极态度。1991年中国与77国集团形成"77国集团+中国"合作模式以来,中国与该组织在多个领域展开合作,特别是在建立公正合理的国际经济秩序方面做出很大努力。南非为2006年"77国集团+中国"轮值主席国,中、南非双方在该组织有更多的合作机会。中国还参加了包括6个非洲国家的15国集团以及包括8个非洲国家的24国集团在国际领域的磋商与合作。

中国与南非对不结盟运动也给予了积极支持。在万隆会议50周年之际,亚非峰会于2005年4月24日在印度尼西亚首都雅加达举行。在纪念会上,亚非峰会两主席印尼总统苏西洛和南非总统姆贝基正式签署了《亚非新型战略伙伴关系宣言》,标志着宣言实施启动。中国国家主席胡锦涛出席会议并签署了宣言。姆贝基总统对中国参与发展中国家的多边合作给予积极评价。

### （三）在联合国等国际组织中争取发展中国家的权益

中、南非两国建交后，在联合国及其他国际组织中的协调与合作不断加强。

中国作为最大的发展中国家和联合国安理会常任理事国，在发挥联合国的作用，维护基本的国际法准则，参与联合国在非洲冲突地区的维和行动，以及在世界贸易组织的谈判和规则制定等方面发挥影响，都需要与非洲国家加强沟通、协商与合作。南非和其他非洲国家一样，希望日益强大的中国在国际事务中，特别是在维护发展中国家的利益和权益方面，发挥更积极的作用。

《中华人民共和国和南非共和国关于深化战略伙伴关系的合作纲要》（2006年6月21日）确认，双方在促进多边主义和国际关系民主化、维护发展中国家共同权益，以及推动国际社会更加关注非洲问题等方面，具有共识和一致的诉求。定期开展战略对话，并在联合国、更为广泛的国际组织及其他重要多边场合加强磋商和协调。

双方对改革联合国安理会以使其更为有效并更具代表性，具有共同的立场。中国支持增加非洲成员国在该机构的代表性的主张。在联合国改革的复杂进程中，中国和南非力求加强沟通与合作，以真正促进联合国履行维护世界和平、促进人类发展的使命。

2007年，南非担任20国集团（G20）会议的主席国。南非将在任期内推动世界银行和国际货币基金组织的改革，把维护国际金融秩序的稳定作为重要议题。南非利用国际机构和论坛，以及参加西方八国集团峰会的机会，为非洲的利益积极呼吁，包括免除非洲的债务，取消发达国家的农产品补贴，争取非洲国家在国际经济中的合法权益。中国对南非的上述努力始终给予坚决支持。

中国的和平发展和建立和谐世界的主张，南非的包容共享、

**南非**

平等参与的理念,以及其他发展中国家和地区组织提出的建立平等民主的国际秩序的创意,正在形成对传统的西方国际政治的强权和排他性理念的挑战。世界绝大多数人口的诉求,终究会成为国际政治经济发展理念的主流。

中国与南非存在发展长期稳定友好合作关系的基础。两国没有历史积怨,相互不构成威胁,而是互有需要,对共同利益有不断加深的战略共识。中、南非两国都是重要的发展中大国,而且是理性的、负责任的国家。今后在双边和国际关系中的磋商与合作将会进一步加强,继续为世界的健康发展贡献智慧和能力。

在中、南非建交十周年之际,双方都有进一步加强合作的愿望和信心。"双方一致同意从战略高度看待和发展两国关系,保持高层政治往来,深化在各个领域的合作,加强在国际和非洲事务中的磋商,共同努力,推动中南关系再上新台阶。"①

## 第七节 多边外交

南非主张多边国际合作,包括南北合作、南南合作,以及发展中国家间的多边合作;主张加强联合国在国际事务中的作用。南非积极参与联合国、英联邦和不结盟运动等国际组织的政治对话与合作计划,对联合国改革、维持和平行动、裁军问题、全球发展问题、与欧盟的贸易谈判、不结盟运动的前途、联合国《二十一世纪议程》及其后续条约(包括生物多样性和气候变化)、国际毒品控制、国际打击犯罪措施、良政、人权和人道主义援助等全球性议题,有独立自主的立场,坚持国际社会必须关注发展问题。

---

① 2007年2月7日《中华人民共和国和南非共和国联合公报》。

## 第七章 对外关系

### 一 南非与联合国

#### （一）南非在联合国机构中的作用

南非在1994年重新被联合国接纳之后，正式参加相关国际组织的活动，并发挥一个非洲大国的作用。1994年10月12日南非政府与联合国开发计划署签署了《标准基本援助协定》，获得正式受援国地位。联合国开发计划署在南非比勒陀利亚设有办事处，负责协调联合国机构在南非的运行。南非每年捐款给联合国开发计划署，以帮助它支付在南非活动的部分费用。2006年，南非为联合国经常性预算提供4983万美元，向联合国维持和平任务预算提供约250万美元。南非还向卢旺达和前南斯拉夫国际法庭提供46万美元。2006年，南非全部及时地交纳了联合国会费的财政份额，使南非成为少数按时交纳联合国会费的成员国之一，再次被列入联合国秘书长的荣誉名单。

南非作为一个发展中的非洲大国在联合国各种机构中发挥积极作用，当选为以下机构的成员：联合国经济及社会理事会（1995~1997年，2001~2003年，2005~2007年），开发计划署执行理事会（1998~2001年）；世界气象组织执行理事会（1998~2002年），联合国难民署执行委员会（1997~    ），联合国人口与发展委员会（1998~2001年），联合国儿童基金执行委员会（1998~2000年），联合国教科文组织（1997~2001年），消除种族歧视委员会（2005~2008年，詹纽瑞－巴迪尔大使）。

南非在国际司法机构中的任职包括：国际法律委员会（2002~2006年，约翰·杜加特教授），南斯拉夫国际刑事法庭（2005~2009年，J.莫罗托法官），国际刑事法庭（2003~2009年，M.皮雷法官），国际海洋法法庭（2005~2009年，A.霍夫

曼法官)。[①]

南非在联合国财政和行政管理当中发挥突出的作用。从2000年开始南非的审计长担任联合国审计委员会董事会三委员之一，后来连选连任，目前的任期到2012年。2002年南非公共服务与行政部长婕拉尔丁·弗雷泽-莫莱凯蒂女士被选为第一届联合国公共行政专家委员会成员，2006年被选为联合国公共行政和财政专家委员会的副主席，任期3年。作为联合国改革的步骤之一，2006年成立了高级别小组负责评估联合国系统的管理状况。南非公司管理委员会的莫弗因·金法官被选为一个高级别专门筹划小组的主席。高级别小组于2006年11月初向秘书长提出了"全系统一致性问题高级别小组的建议"。

南非把维护人权作为其在联合国外交活动的一个重要方面，推动联合国制定一部国际人权法。南非在联合国人权理事会的建立过程中发挥了积极作用。2006年3月14日，联大以170票支持、4票反对和3票弃权的压倒性多数通过建立人权理事会的决议，这个理事会取代已经运行了50多年的联合国人权委员会。2006年5月9日第60届联大举行新成立的人权理事会首届理事国选举，选出了47个理事国，其中包括中国和13个非洲国家，南非是当选国家之一。南非努力推动保护残疾人权益的国际行动，在起草联合国促进和保护残疾人权利和尊严国际公约的特别委员会中发挥积极作用。

2007年1月2日南非开始履行联合国安理会非常任理事国的职责。南非政府期望借此在联合国和国际事务中推动全球治理的多边体制，以解决人类面临的重大挑战；同时促进非洲联盟安全委员会与联合国安理会的合作，以加强在非洲预防冲突、维护和平的工作取得成效，并促进"南方国家"在世界范围的

---

[①] *South Africa Yearbook 2001/2002、2003/2004、2006/2007.*

合作。

### （二）联合国改革问题

南非积极参与落实联合国《2005年世界首脑会议成果》的文件，包括联合国改革方面的文件。南非对联合国改革持积极态度，但是认为期望对联合国做全面改革并不现实。2006年南非担任77国集团的主席国，在代表132个发展中国家的谈判中发挥独特作用。南非坚持，在人类发展和消除贫困当中必须实行充分的多边合作体制，包括实现千年发展目标，解决环境恶化的共同斗争，追求广泛人权的议事日程，推进民主和良政，打击恐怖主义和武器扩散（包括大规模杀伤性武器和小型武器）。南非认为，这些问题对世界和平与安全都构成威胁。

姆贝基总统率领南非代表团参加了2005年9月第60届联合国大会，出席了2005年千年发展目标回顾高峰会。这次高峰会在某些方面取得了成果，但是在一些问题上没有形成决议，包括联合国安理会改革和扩大问题，对裁军和核不扩散问题没有任何涉及。南非认为该次高峰会对发展问题的讨论结果令人失望，在推动南方国家的发展方面没有取得任何进展。高峰会的一个积极成果是一致同意把《千年发展目标》作为衡量发展进步的尺度。姆贝基总统也出席了2006年联合国大会。

### （三）可持续发展问题

2002年，南非举办了可持续发展世界首脑会议，即约翰内斯堡首脑会议。出席会议的包括各国国家元首和政府首脑、政府代表和非政府组织、工商界和其他群体的领导人，将全世界的注意力集中在可持续发展的各项行动之上。会议回顾和总结了1992年巴西里约热内卢地球问题首脑会议"上国际社会通过的《21世纪议程》的执行情况。该议程载有2500多条各式各样的行动建议，包括如何减少浪费性消费、消除贫穷、保护大气层、海洋和生物多样性以及促进可持续农业的详细建议。约翰内斯堡

首脑会议上各国领导人作出承诺,将采取行动落实《21世纪议程》,并实现可持续发展。

南非是联合国有关气候变化、防止沙漠化和生物多样性公约的成员,因此承诺实现到2010年的减少贫困和减少生物多样性损失的目标。南非也承诺保护海洋和对海洋资源的可持续管理。南非签署了所有主要的有关海洋保护的条约,诸如《联合国海洋法公约》及其相关文件《国际海事公约》和联合国粮农组织关于《公海深海渔业国际准则的履约协定》。

南非在全球人道主义援助方面发挥积极作用,特别是对非洲大陆的援助。南非政府在2005年向联合国世界食品计划、粮农组织捐助1.4亿兰特,用于帮助南部非洲7个国家实现可持续食品安全和牲畜发展计划。同年,南非还向联合国各种人道主义机构提供8700万兰特捐助,帮助非洲、巴勒斯坦和伊拉克的弱势群体(妇女、儿童、难民等)减轻困苦。2005年南非还向遭受自然灾害的国家提供了实物和资金支持,这些灾害包括尼日尔的饥荒、巴基斯坦的地震和美国的卡特里纳飓风等。

### (四) 关于裁军和防止核武器扩散问题

南非是世界上唯一曾经拥有核武器但自动销毁并放弃核发展计划的国家。1994年建立的南非新制度坚持维护世界和平,主张裁减军备、防止核武器扩散和实行核武器控制,积极参与地区和国际裁军领域的对话。南非参加了一系列有关核裁军与核不扩散的论坛,包括2005年核不扩散条约审议大会。由于一些国家不履行对核不扩散条约的承诺,从以前会议达成的协议后退,因此国际社会在核裁军与核不扩散制度面临的挑战面前难以前进。南非与其他愿意发挥作用的国家一道,积极参加国际原子能机构(IAEA)的决策部门的会议。南非相关的核专家参加了国际原子能机构的各种技术和专家会议,这不仅对南非的核工业发展有帮助,而且与非洲大陆的经济增长也有关系。

## 第七章　对外关系

南非反对核扩散，但是不反对和平利用核能。2007年3月南非常驻联合国代表库马洛作为联合国安理会该月轮值国主席，向安理会理事国散发了一份文件，要求修改美国、英国、法国、俄罗斯、中国和德国6国提交的有关制裁伊朗的决议草案。文件强调，决议应该只针对伊朗的核项目，因此有必要删除草案中与核项目无关的内容。库马洛对记者说，南非反对核扩散，但支持和平利用核能，希望安理会决议能在处理核扩散问题的同时，也能够重视通过政治谈判解决争端。[1]

南非也明确反对化学武器和生物武器。南非是《禁止化学武器公约》和《禁止生物和毒素武器公约》的缔约国。2006年3月南非被选为禁止化学武器组织的执行委员会主席。南非强调禁止化学和毒素武器的重要性，主张加强该条约的实施，以解决恐怖主义者或非政府势力使用生物和毒素武器的危险。

小武器的扩散是非洲安全面临的主要威胁之一。联合国关于小型武器和轻武器的违禁贸易以及所有相关问题会议2001年在美国召开。会议产生了行动纲领，建议在国家、地区和全球采取行动。随后召开的评估行动纲领实施情况的成员国会议在2003年得出结论，行动纲领正在开始产生作用。南非积极参与了2004年开始的磋商，目标是形成有效的国际文件，以使各国能及时、有效地鉴别和追查小武器和轻武器。联合国的相关文件在2005年12月获得通过，但是并没有法律约束力，只是形成了一个可操作的框架，帮助各国政府追踪和控制小武器的扩散。南非积极参与制定有关联合国禁止小武器扩散的非洲共同立场，该文件在2006年1月通过。

1995年12月，美国、英国、加拿大、法国、俄罗斯等国在

---

[1] 新华网联合国2007年3月19日电，http://www.kyaz.com/readarticle/htm/25/2007 3 21 3125.html。

# 南非

荷兰瓦森纳宣布成立"瓦森纳安排"。这是巴黎统筹委员会解体后，西方国家与俄罗斯联合建立的集团性出口控制机制，也是第一个有关常规武器和双用途物品及技术出口控制的全球性多边安排。它于 1996 年 7 月经 33 个创始国批准，1996 年 9 月开始运作。南非 2005 年 12 月加入"瓦森纳安排"，是加入该安排的第一个非洲国家，2006 年 2 月 28 日成为其正式参加国。

南非参加的其他军控方面的国际机构还有核供应国集团、赞格尔委员会和导弹技术控制制度。南非在参加军控谈判的同时，坚持为和平目的获得先进技术的原则，以使不扩散和军备控制不会成为一种手段来阻止发展中国家获得本国发展所需要的技术。

南非批准了联合国打击跨界犯罪方面的条约和议定书包括，《联合国反对跨国有组织犯罪公约》及其三个附加议定书——《反对陆路、航空和海路移民走私议定书》，《预防、制止和惩罚人口走私议定书》，《关于打击非法制造和贩运枪支议定书》，并于 2005 年 10 月加入了《联合国反对跨国有组织犯罪公约》的缔约方会议。2006 年，南非批准并加入《联合国反对腐败公约》。

## 二 南非与英联邦

英联邦现有成员国 54 个，人口 15 亿。由于与英国的历史联系，英语是其共同语言。南非 1994 年重新加入英联邦，距离 1961 年南非退出该组织已经 33 年。南非外交部负责与英联邦国家的政策协调。1999 年南非举办英联邦政府首脑会议，姆贝基总统在讲话中介绍了南非对发展、贸易和信息技术运用的立场，以及南非对促进南方国家的利益和非洲复兴的战略。英联邦国家决定成立高级工作组，以回顾和评估英联邦的作用，提出在新世纪如何应对变化的建议。这个高级小组的成员包括：澳大利亚、印度、马耳他、巴布亚新几内亚、新加坡、南非、坦桑尼亚、特立尼达和多巴哥、英国、津巴布韦，南非担任该小组主席。

## 第七章 对外关系

### 三 南非与不结盟运动

不结盟运动创建于1961年,目前有115个成员国,旨在反对大国的霸权和控制,维护亚非拉国家的主权和领土完整,坚持自决原则和经济文化的平等权利。南非在1994年废除种族隔离建立新政府之后,加入不结盟运动,成为它的正式成员。在1998年9月不结盟运动第12届国家元首和政府首脑会议上,南非被选为该组织的主席国。1998年第12届不结盟运动首脑会议在南非海滨城市德班举行。2002年4月28日,南非总统姆贝基在德班举行的不结盟运动部长级会议开幕式暨不结盟运动成立40周年庆祝典礼上说:"为了巩固我们已经实现的团结,我们应加强与77国集团和中国的伙伴关系。"他说,目前,不结盟运动、77国集团和中国之间的合作,通过在纽约的共同协调机构,已经取得了富有成效的进展。

2003年马来西亚接任该运动主席国后,南非以前任主席国身份继续在现任、前任和候任主席国的"三驾马车"中发挥作用。不结盟运动的"协调局"(Coordinating Bureau)设在纽约,南非担任主席国,主要职责是在联合国的各种会议论坛上推进不结盟运动的共同立场。根据不结盟运动高峰会议的授权,在南北合作的对话当中,不结盟运动的三个主席国(三驾马车)与欧盟三个主席国和八国集团在1999年和2000年举行对话。姆贝基总统应邀与其他发展中国家首脑共同参加了2000年在日本冲绳举行的八国集团峰会,为推动南北对话发挥了作用。

南非担任不结盟运动主席国期间,为加强不结盟运动作出了积极贡献。

不结盟运动是长期支持巴勒斯坦人民的国际论坛。南非担任不结盟运动主席国期间,在联合国大会和安理会以及伊斯兰会议组织发起支持巴勒斯坦的活动。

四 南非与南北对话

南非对南北合作持积极政策。南非外交部负责协调南非与世界贸易组织（WTO）、经合组织（OECD）和世界知识产权组织等重要的全球经济机构的对话。南非参与南北对话的目标是使发展议题成为国际经济论坛的关注点，特别是在八国集团的年度会议和世界经济论坛的年会上。南非是经合组织发展中心的成员。2007年6月，南非成为加入经合组织反对贿赂公约的第一个非洲国家。

2005年7月6~8日在英国召开的八国集团格伦伊格尔斯首脑会议，姆贝基总统与其他非洲国家和发展中国家首脑应邀出席，会议发表了有关非洲的政策声明。2006年，南非与中国、印度、巴西、墨西哥等国应邀参加了在俄国举行的八国集团峰会。

南非是布雷顿森林机构之下的20国集团的成员。作为其中的发展中国家，南非主张对布雷顿森林体系的代表性、运作和战略进行审议，以促进发展中国家更有效地参与。2007年南非担任20国集团（G20）会议的主席国。南非财长表示将在任期内推动世界银行和国际货币基金组织的改革，把维护国际金融秩序的稳定作为重要议题。

日本主办的非洲发展东京国际会议于1993年启动，这是日本与联合国和非洲联盟合作推动非洲发展的国际论坛。南非把东京会议作为促进南非发展和推动国际社会支持"非洲发展新伙伴计划"的机会，参加历届东京国际会议。

南非与欧盟在非加太框架内的对话是南北对话的重要领域和平台。

五 南非与南南合作

南非倡导发展中国家加强合作。南非政府主张，发展中国家应该发挥集体的力量，以应对北方的挑战，并希

## 第七章 对外关系

望在建立国际新秩序当中加强南非与中国的合作。2001年初，南非政府提议建立"南方八国首脑会议"（G-8 South）机制，由中国、南非、印度、巴西等发展中大国组成，通过集体磋商，形成发展中国家的共同声音。南非极其重视中国的作用，因为中国是联合国安理会常任理事国当中唯一的发展中国家，中国的发展经验受到广泛的赞赏，中国的参加和支持将加强"南方"的声音和分量。

南非倡导发展中国家加强合作，利用国际机构和论坛以及参加西方八国集团峰会的机会，为非洲的利益积极呼吁，包括免除非洲的债务，取消发达国家的农产品补贴，争取非洲国家在国际经济中的合法权益。

为了加强多种形式的南南合作和多边合作，南非与印度、巴西建立了合作安排。2003年6月6日上述3国的外长在巴西利亚举行会议，通过了《巴西利亚宣言》，决定建立印度—巴西—南非对话论坛，并在2003年9月的联合国大会期间正式启动了该论坛。3国将在能源、卫生、医药、科学、教育、文化、军事、政治等领域加强合作，并签订了相关合作协定。2007年10月17日在南非比勒陀利亚的茨瓦尼举行印度、巴西、南非3国第二次高峰论坛，发表了《茨瓦尼宣言》，提出3国全面合作的计划。3国承诺在争取联合国常任理事国席位上相互支持。

南非参加了2005年6月在卡塔尔的多哈举行的第二届南方高峰会。

南非积极评价中非合作论坛，倡导把中非合作论坛的行动计划与"非洲发展新伙伴计划"结合起来，以更适合非洲发展的需要。

# 参考文献

## 一 外文参考文献

### 官方年鉴

*South Africa Yearbook 2006/2007.*
*South Africa Yearbook 2005/2006.*
*South Africa Yearbook 2003/2004.*
*South Africa Yearbook 1994~2001/2002.*
*South Africa Official Yearbook* 1992.
*South Africa Official Yearbook* 1982、1989/1990.
*South Africa Official Yearbook* 1978.

### 政府文件

"Migration and Urbanisation in South Africa", *Statistics South Africa 2006*.

*Republic of South Africa Constitution Act 32 of 1961.*
*Republic of South Africa Constitution Act 110 of 1983.*
*Constitution of the Republic of South Africa Act 200 of 1993.*
*Constitution of the Republic of South Africa Act 108 of 1996*, as adopted on 8 May 1996 and amended on 11 October 1996 by the Constitutional Assembly.

# 参考文献 South Africa

*Promotion of National Unity and Reconciliation Act*, No. 34 of 1995.

*March 2007 South Africa Statistics* P2041.

*South Africa Business Guide*, Edition 10, 2005/2006, the Department of Trade and Industry, South Africa.

*Pocket Guide to South Africa 2005/2006*, http://www.gsis.gov.za/docs/publications-pocketguide.pdf.

*Defence White Paper 1973*, South Africa.

*New Housing and Policy Strategy for South Africa: White Paper, 1994*.

*White Paper: The Development and Promotion of Tourism in South Africa*, May 1996.

*White Paper on National Defence for the Republic of South Africa, Defence in a Democracy*, May 1996.

*White Paper on Science & Technology, Preparing for the 21st Century*, Department of Arts, Culture, Science and Technology 4 September 1996.

*White Paper on the Conservation and Sustainable Use of South Africa's Biological Diversity*, May 1997, Draft for Discussion, South Africa Department of Environmental Affairs and Tourism.

*White Paper on Sport and Recreation of South Africa*, 1998.

*Promotion of Renewable Energy and Clean Energy Development: White Paper: Part One: Promotion of Renewable Energy*, 23 August 2002.

*South Africa Refugee Act, Act No. 130, 1998*.

*South Africa Consensus 2001*.

*South Africa's National Research and Development Strategy August* 2002, Published by: The Government of the Republic of South Africa.

*Broad-Based Black Economic Empowerment Act (BEE)*, No. 53, 2003.

*State of the Nation Address of the President of South Africa*, Thabo Mbeki, Houses of Parliament, Cape Town, 14 February 2003.

*Annual Report 2004 - 2005*, Department of Science and Technology of South Africa.

*HIV and AIDS and STI Strategic Plan for South Africa, 2007 - 2011*.

*South Africa Department of Foreign Affairs Strategic Plan 2006 - 2009*.

*Statistics South Africa 2002*, Selected findings and comparisons from the income and expenditure surveys of October 1995 and October 2000 earning and spending in South Africa.

*Statistics South Africa 2005*, Key findings: P6201-Retail trade Industry, 2005.

*Statistical Release P6101 Wholesale Trade Industry 2005*.

South Africa Reserve Bank, *SARB Annual Economic Reports 2004 - 2006*.

*South Africa Statistics P2041*, Table 4: *Contribution of the Mining Divisions to the Total Mining Production*, March 2007.

South Africa Department of Minerals and Energy, *South Africa's Minerals Industry 2004/2005*.

*South Africa Business Guide*, Edition 10, 2005/2006, the Department of Trade and Industry, South Africa.

*Education Statistics in South Africa at a Glance in 2005*, Department of Education, November 2006.

## 外文参考书目

Leonard Thompson, *A History of South Africa*, Yale University Press, 1990.

## 参考文献 South Africa

Wilson and Thompson, *Oxford History of South Africa*, Vol. II, Oxford University Press, 1971.

Christopher Saunders and Nicholas Southey, *A Dictionary of South Africa History*, David Philip, Cape Town and Jonannesburg, 1998.

Duncan Innes, *Anglo American and the Rise of Modern South Africa*, Monthly Review Press, New York, 1984.

Brian Willan, *Sol Plaatje*, University of California Press, 1984.

T. R. H. Davenport, *South Africa: A Modern History*, Southern Book Publishers, Second Impression, 1989.

Shula Marks and Richard Rathbone ed., *Industrialisation and Social Change in South Africa*, Longman, 1982.

Peter Warwick, *Black People and the South Africa War 1899 – 1902*, Ravan Press, Cambridge University Press, 1983.

Muriel Horrell, *Legislation and Race Relations*, South African Institute of Race Relations, Johannesburg, 1971.

Ken Luckhardt and Brenda Wall, *The History of the South Africa Congress of Trade Unions*, Lawrence and Wishart London, 1980.

Peter Walshe, *The Rise of African Nationalism in South Africa: The African National Congress, 1912 – 1952*, C. Hurst & Company University of California Press, 1970.

Rian Malan, *My Traitor's Heart*, Vintage Edition, London, 1991.

Graham Leach, *South Africa: No Easy Path to Peace*, Methuen, London, 1987.

*Race Relations Survey 1988 – 89*, South African Institute of Race Relations, Johannesburg, 1989.

*Race Relations Survey 1989 – 90*, South African Institute of Race Relations, Johannesburg, 1990.

Sebastian Mallaby, *After Apartheid: The Future of South Africa*,

(US) Times Books, 1992.

Colin Legum, *Africa Contemporary Record*, *1977 - 1978*.

Barbara Rogers, *Divide and Rule South Africa's Bantustans*, International Defence and Aid Fund, London, 1976.

Gavin Cawthra, *Brutal Force: The Apartheid War Machine*, International Defence and Aid Fund for Southern Africa, London 1986.

W. J. Foltz and Henry S. Bienen, *Arms and the African*, Yale University Press, 1985.

Nelson Mandela, *The Struggle Is My Life*, International Defence & Aid Fund for Southrn Africa, London, 1978.

*Apartheid: The Facts*, by the International Defence and Aid Fund Research, Information and Publications Department, 1983.

Tom Lodge, *Black Politics in South Africa Since 1945*, Longman, London and New York, 1983.

*South Africa: Time Running Out: The Report of the Study Commission on US Policy Toward Southern Africa*, University of California Press 1981.

(Update) *South Africa: Time Running Out: The United States and South Africa: The Regan Years*, by Pauline Baker, The Ford Foundation and the Foreign Policy Association, 1981.

Edward Roux, *Time Longer Than Rope: A History of the Black Man's Struggle for Freedom in South Africa*, The University of Wisconsin Press, 1964.

Jack and Ray Simons, *Class and Colour in South Africa 1850 - 1950*, International Defence and Aid Fund for Southern Africa, 1983.

Thomas Karis and Gail M. Gerhart, *From Protest to Challenge: A Documentary History of African Politics in South Africa*, *1882 - 1964*, Volume 3, Hoover Institution Press, Stanford University, 1977.

# 参考文献 South Africa

Baruch Hirson, *Year of Fire, Year of Ash—The Soweto Revolt: Roots of A Revolution?* Zed Press, 1979.

*The Madela Document*, Published by the ANC, January 1990, Lusaka, Zambia.

Tom Lodge and Bill Nasson, *All Here and Now: Black Politics in South Africa in the 1980s*, South Africa Updated series, Ford Foundation—Foreign Policy Association, 1991.

Hendrik W. van der Merwe and Thomas J. Johnson, *Resitution in South Africa and the Accomodation of an Afrianer Ethnic Minority*, The International Journal of Peace Studies, July 1997.

Mavivi Myakayaka-Manzini, "Women Empowered-Women in Parliament in South Africa 1998", http://www.parliament.gov.za/misc/cabinet.html/

*SA 96 - 97 South Africa at a Glance*, South Africa Foundation, Editors Inc..

*Earth Trends 2003: Country Profile, Economic Indicators-South Africa.*

*South Africa's Business Presence in Africa*, South Africa Foundation Occasional Paper No. 3/2004.

*World Development Indicators Database*, World Bank, 1 July 2007.

*South Africa Data Profile*, The World Bank Group, World Development Indicators database, August 2004.

*EIU Country Profile 2003*, South Africa.

Alan Hirsch, *Season of Hope—Economic Reform under Mandela and Mbeki*, University of KwaZulu-Natal Press, 2005.

"Towards a Ten Year Review: Policy Coordination and Advisory Services", *The Presidency*, October 2003.

*Africa Economic Outlook*, South Africa, p. 281, AfDB/OECD 2004.

*Statistics South Africa P1101*: Census of Commercial Agriculture

2002.

Statistics South Africa P*1101.1*：*Survey of Large Scale Agriculture 2005*.

*South Africa Statistics 2003*, 9. Labour, 9.1.1 Historical Review.

South Africa Department of Minerals and Energy, *South Africa's Minerals Industry 2004 – 2005*.

*Africa Economic Outlook*, *South Africa*, Figure 3, AfDB/OECD 2004.

*South Africa Labour Force Survey*, September 2006.

Colin Legum, *Africa Contemporary Record*, *1977 – 78*.

*IMF South Africa Staff Report for the 2004*, Article IV Consultation 2004/08/12.

*EIU Country Profile – 2006 South Africa*.

*Linking South Africa's Foreign Trade with Manufacturing Development*：*The Spatial Implications* (Research Report No.317), compiled by Prof. André Ligthelm of the Bureau of Market Research, and released on 2004 –02 –01.

Kenneth W. Grundy, *Soldiers Without Politics*, University of California Press, 1983.

Robert S. Jaster, *South Africa's Narrowing Security Options*, Adelphi Paper No.159 (London：IISS, Spring 1980).

Robert Scott Jaster, *The Defence of White Power-South Africa Foreign Policy Under Pressure*, The Macmillan Press, 1988.

Peter Batchelor, Paul Dunne, Guy Lamb, *The Demand for Military Spending in South Africa*, Journal of Peace Research©2002, Sage Publications, Ltd. Vol. 39. No. 3.

Frederick S. Arkhurst, *US Policy Toward Africa*, Praeger Publisher Inc., 1975.

参考文献 South Africa

Jane Hunter, *Israel and the Bantustans*, Journal of Palestine Studies©1986 University of California Press Vol. 15. No. 3.

Esther Howard, *Arms Suppliers to the Dictators*, Journal of Palestine Studies©1983 University of California Press vol. 12, No. 3.

James Adams, *The Unnatural Alliance-Israel and South Africa*, Quartet Books, 1984.

UNESCO Institute for Statistics, *Education in South Africa 2005*.

James Barber and John Barratt, *South African Foreign Policy-The Search for Status and Security 1945 – 88*, Cambridge University Press, 1990.

Kunirum Osia, *Israel, South Africa and Black Africa*, University Press of America, 1981.

*EU Relations with South Africa*, 4.1 the Trade, Development and Co-operation Agreement, http://ec.europa.eu/development/Geographical/RegionsCountries/Countries/South-Africa.htm 2007/06/06.

*Forging a World of Liberty under Law – U. S. National Security in the 21st Century*, G. John Ikenberry and Anne-Marie Slaughter, Co-Directors, September 27, 2006, Final Paper of the Princeton Project on National Security.

William E. Schaufele, JR, Assistant Secretary of State for African Affairs, "U. S. Relations in Southern Africa", *The Annals of the American Academy of Political and Social Science*, Vol. 432, No. 1, 110 –119 (1977).

Peter M. Lewis, "Pursuing U. S. Economic Interests in Africa", A CSIS Africa Program Working Paper, February 2001.

"USAID: South Africa FY 2002 Congressional Budget Justification", www.usaid.gov/country/afr/za. Investment Climate Statement for South Africa 2001, usembassy.state.gov/

*Africom-the New U. S. Military Command*, Fahamu (Oxford), Analysis 7, November 2007.

David Fisher, "History of the IAEA: The First Forty Years", http://www.iaea.org/About/history.html/

## 二　中文参考书目

《马克思恩格斯选集》第4卷，人民出版社，1972。

陈翰笙：《华工出国史料汇编》第八、九、十辑，中华书局，1984。

《简明不列颠百科全书》第1卷，中国大百科全书出版社，1986。

《简明不列颠百科全书》第8卷，中国大百科全书出版社，1986。

黄绍湘：《美国史纲》，重庆出版社，1987。

杨曼苏主编《以色列——谜一样的国家》，世界知识出版社，1992。

李毅夫、赵锦云主编《世界民族大辞典》，吉林文史出版社，1994。

杨立华等编著《南非政治经济的发展》，中国社会科学出版社，1994。

葛佶主编《简明非洲百科全书》（撒哈拉以南非洲），中国社会科学出版社，2000。

《非洲各国农业概况》（1）南非，中国财政经济出版社，2000。

国防科学技术工业委员会科技情报局编《世界军事工业概览》，国防工业出版社，1990。

《世界军事年鉴2005》，解放军出版社，2005。

艾周昌、舒运国、沐涛、张总祥：《南非现代化研究》，华东师范大学出版社，2000。

## 三 相关网站

http：//www. southafrica. net/
http：//www. polity. org. za/
南非议会网站 www. parliament. gov. za/
南非警察署网站 htttp：//www. saps. gov. za/
南非非洲人国民大会网站，http：//www. anc. org. za/
南非矿业和能源部网站，矿业安全 http：//www. dme. gov. za/mhs/mine safety. stm/
南非教育部网站 http：//www/education. gov. za/
南非外交部网站 http：//www. dfa. gov. za/
中华人民共和国驻南非共和国大使馆网站 http：//www. chinese-embassy. org. za/
http：//www. photius. com/countries/south _ africa/economy/south_ africa_ economy_ manufacturing. html/
http：//www. southafrica. info/doing_ business/economy/key_ sectors/manufacturing. htm/
http：//www. southafrica. info/doing _ business/sa _ trade/importing/import-distribution. htm
http：//www. transnet. co. za/Petronet. aspx/
http：//www. picknpay. co. za/
http：//www. resbank. co. za/
http：//www. picknpay. co. za/about_ us. html
http：//www. spar. co. za/Aboutus75. aspx
http：//www. shoprite. co. za/default. asp

http：//www. woolworths. co. za/caissa. asp/history

http：//press. arrivenet. com/industry/article. php/996081. html

http：//stat. wto. org/CountryProfile/ZA_ e. htm

http：//www. southafrica. info/plan_ trip/holiday/

http：//www. answers. com/topic/transport-in-south-africa/

http：//www. globalsecurity. org/military/world/rsa/saaf-history. htm/

http：//stats. uis. unesco. org/unesco/

http：//www. doh. gov. za/docs/whatsnew-f. html/

南非政府体育娱乐部网站 http：//www. srsa. gov. za/Organogram. asp/

南非军方网站 http：//www. mil. za/

国际原子能机构网站 http：//www. iaea. org/

## 四 报刊

*Business Day* (Johannesburg).

*Bua News* (Tshwane).

*Sunday Times* (Johannesburg).

*Cape Argus* (Cape Town).

*Cape Times* (Cape Town).

*The Star* (Johannesburg).

*Rand Daily Mail* (Johannesburg).

*Mail & Guardian.*

*International Railway Journal.*

*New Era* (Windhoek).

*Windhoek Advertiser* (Windhoek).

*Africa Recovery* (United Nations).

# 《列国志》已出书书目

**2003 年度**

《法国》，吴国庆编著

《荷兰》，张健雄编著

《印度》，孙士海、葛维钧主编

《突尼斯》，杨鲁萍、林庆春编著

《英国》，王振华编著

《阿拉伯联合酋长国》，黄振编著

《澳大利亚》，沈永兴、张秋生、高国荣编著

《波罗的海三国》，李兴汉编著

《古巴》，徐世澄编著

《乌克兰》，马贵友主编

《国际刑警组织》，卢国学编著

**2004 年度**

《摩尔多瓦》，顾志红编著

《哈萨克斯坦》，赵常庆编著

《科特迪瓦》，张林初、于平安、王瑞华编著

《新加坡》，鲁虎编著

《尼泊尔》，王宏纬主编

《斯里兰卡》，王兰编著

《乌兹别克斯坦》，孙壮志、苏畅、吴宏伟编著

《哥伦比亚》，徐宝华编著

《肯尼亚》，高晋元编著

《智利》，王晓燕编著

《科威特》，王景祺编著

《巴西》，吕银春、周俊南编著

《贝宁》，张宏明编著

《美国》，杨会军编著

《国际货币基金组织》，王德迅、张金杰编著

《世界银行集团》，何曼青、马仁真编著

《阿尔巴尼亚》，马细谱、郑恩波编著

《马尔代夫》，朱在明主编

《老挝》，马树洪、方芸编著

《比利时》，马胜利编著

《不丹》，朱在明、唐明超、宋旭如编著

《刚果民主共和国》，李智彪编著

《巴基斯坦》，杨翠柏、刘成琼编著

《土库曼斯坦》，施玉宇编著

《捷克》，陈广嗣、姜琍编著

**2005 年度**

《泰国》，田禾、周方冶编著

## 《列国志》已出书书目

《波兰》，高德平编著
《加拿大》，刘军编著
《刚果》，张象、车效梅编著
《越南》，徐绍丽、利国、张训常编著
《吉尔吉斯斯坦》，刘庚岑、徐小云编著
《文莱》，刘新生、潘正秀编著
《阿塞拜疆》，孙壮志、赵会荣、包毅、靳芳编著
《日本》，孙叔林、韩铁英主编
《几内亚》，吴清和编著
《白俄罗斯》，李允华、农雪梅编著
《俄罗斯》，潘德礼主编
《独联体（1991~2002）》，郑羽主编
《加蓬》，安春英编著
《格鲁吉亚》，苏畅主编
《玻利维亚》，曾昭耀编著
《巴拉圭》，杨建民编著
《乌拉圭》，贺双荣编著
《柬埔寨》，李晨阳、瞿健文、卢光盛、韦德星编著
《委内瑞拉》，焦震衡编著
《卢森堡》，彭姝祎编著
《阿根廷》，宋晓平编著
《伊朗》，张铁伟编著
《缅甸》，贺圣达、李晨阳编著
《亚美尼亚》，施玉宇、高歌、王鸣野编著
《韩国》，董向荣编著

## 2006 年度

《联合国》，李东燕编著

《塞尔维亚和黑山》，章永勇编著

《埃及》，杨灏城、许林根编著

《利比里亚》，李文刚编著

《罗马尼亚》，李秀环编著

《瑞士》，任丁秋、杨解朴等编著

《印度尼西亚》，王受业、梁敏和、刘新生编著

《葡萄牙》，李靖堃编著

《埃塞俄比亚　厄立特里亚》，钟伟云编著

《阿尔及利亚》，赵慧杰编著

《新西兰》，王章辉编著

《保加利亚》，张颖编著

《塔吉克斯坦》，刘启芸编著

《莱索托　斯威士兰》，陈晓红编著

《斯洛文尼亚》，汪丽敏编著

《欧洲联盟》，张健雄编著

《丹麦》，王鹤编著

《索马里 吉布提》，顾章义、付吉军、周海泓编著

《尼日尔》，彭坤元编著

《马里》，张忠祥编著

《斯洛伐克》，姜琍编著

《马拉维》，夏新华、顾荣新编著

《约旦》，唐志超编著

《安哥拉》，刘海方编著

《匈牙利》，李丹琳编著

《秘鲁》，白凤森编著

**2007 年度**

《利比亚》，潘蓓英编著

《博茨瓦纳》，徐人龙编著

《塞内加尔 冈比亚》，张象、贾锡萍、邢富华编著

《瑞典》，梁光严编著

《冰岛》，刘立群编著

《德国》，顾俊礼编著

《阿富汗》，王凤编著

《菲律宾》，马燕冰、黄莺编著

《赤道几内亚 几内亚比绍 圣多美和普林西比 佛得角》，李广一主编

《黎巴嫩》，徐心辉编著

《爱尔兰》，王振华、陈志瑞、李靖堃编著

《伊拉克》，刘月琴编著

《克罗地亚》，左娅编著

《西班牙》，张敏编著

《圭亚那》，吴德明编著

《厄瓜多尔》，张颖、宋晓平编著

《挪威》，田德文编著

《蒙古》，郝时远、杜世伟编著

## 2008 年度

《希腊》，宋晓敏编著

《芬兰》，王平贞、赵俊杰编著

《摩洛哥》，肖克编著

《毛里塔尼亚　西撒哈拉》，李广一主编

《苏里南》，吴德明编著

《苏丹》，刘鸿武、姜恒昆编著

《马耳他》，蔡雅洁编著

《坦桑尼亚》，裴善勤编著

《奥地利》，孙莹炜编著

《叙利亚》，高光福、马学清编著

## 2009 年度

《中非　乍得》，汪勤梅编著

《尼加拉瓜　巴拿马》，汤小棣、张凡编著

《海地　多米尼加》，赵重阳、范蕾编著

《巴林》，韩志斌编著

《卡塔尔》，孙培德、史菊琴编著

《也门》，林庆春、杨鲁萍编著

## 2010 年度

《阿曼》，仝菲、韩志斌编著

《华沙条约组织与经济互助委员会》，李锐、吴伟、金哲编著

## 图书在版编目（CIP）数据

南非/杨立华主编 .—北京：社会科学文献出版社，2010.7
（列国志）
ISBN 978-7-5097-1286-3

Ⅰ.①南… Ⅱ.①杨… Ⅲ.①南非（阿扎尼亚）-概况 Ⅳ.①K947.8

中国版本图书馆 CIP 数据核字（2010）第 012935 号

## 南非（South Africa） ·列国志·

| | |
|---|---|
| 主　　编 / | 杨立华 |
| 审 定 人 / | 曾　强 |
| 出 版 人 / | 谢寿光 |
| 总 编 辑 / | 邹东涛 |
| 出 版 者 / | 社会科学文献出版社 |
| 地　　址 / | 北京市西城区北三环中路甲 29 号院 3 号楼华龙大厦 |
| 邮政编码 / | 100029 |
| 网　　址 / | http：//www.ssap.com.cn |
| 网站支持 / | （010）59367077 |
| 责任部门 / | 《列国志》工作室　（010）59367215 |
| 电子信箱 / | bianjibu@ssap.cn |
| 项目经理 / | 宋月华 |
| 责任编辑 / | 朱希淦 |
| 责任校对 / | 苏向蕊 |
| 责任印制 / | 岳　阳　郭　妍　吴　波 |
| 总 经 销 / | 社会科学文献出版社发行部<br>（010）59367080　59367097 |
| 经　　销 / | 各地书店 |
| 读者服务 / | 读者服务中心（010）59367028 |
| 排　　版 / | 北京中文天地文化艺术有限公司 |
| 印　　刷 / | 三河市尚艺印装有限公司 |
| 开　　本 / | 880mm×1230mm　1/32 |
| 印　　张 / | 20.25 |
| 字　　数 / | 519 千字 |
| 版　　次 / | 2010 年 7 月第 1 版　印次 / 2010 年 7 月第 1 次印刷 |
| 书　　号 / | ISBN 978-7-5097-1286-3 |
| 定　　价 / | 49.00 元 |

本书如有破损、缺页、装订错误，
请与本社读者服务中心联系更换

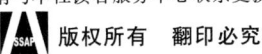

版权所有　翻印必究

# 《列国志》主要编辑出版发行人

| | |
|---|---|
| 出 版 人 | 谢寿光 |
| 总 编 辑 | 邹东涛 |
| 项目负责人 | 杨 群 |
| 发 行 人 | 王 菲 |
| 编辑主任 | 宋月华 |
| 编 辑 | （按姓名笔画排序） |
| | 孙以年　朱希淦　宋月华 |
| | 宋培军　周志宽　范 迎 |
| | 范明礼　袁卫华　徐思彦 |
| | 黄 丹　魏小薇 |
| 封面设计 | 孙元明 |
| 内文设计 | 熠 菲 |
| 责任印制 | 岳 阳　郭 妍　吴 波 |
| 编 务 | 杨春花 |
| 责任部门 | 人文科学图书事业部 |
| 电 话 | (010) 59367215 |
| 网 址 | ssdphzh_cn@sohu.com |